KB130558

Correctional Welfare: Theory, Field and Practice

교정복지론

이론, 현장 그리고 실천

조흥식 · 이형섭 공저

학지사

머리말

사회복지사의 도움을 필요로 하는 클라이언트 중에는 범죄나 비행으로 형사사법기관에 의뢰되어 전문적인 치료와 사회복귀를 위한 지원을 받아야 할 사람들이 있다. 사회복지의 가치 기준으로 볼 때, 비록 범죄를 저지른 사람이라고 하더라도 공동체의 일원으로서 개인의 고유 가치가 존중되어야 하고, 그들의 문제해결을 위한 자원·서비스 제공과 변화의 기회가 공정·균등하게 보장되어야 한다. 이러한 문제를 전문적으로 다루기 위하여 교정사회복지사가 필요하며, 대학 및 대학원에서 구체적인 교육과정을 통해 이러한 전문가를 육성하기 위한 학문적 노력 또한 필요하다. 여기에 바로 교정복지학의 필요성이 있다.

그러나 아직 우리나라에서는 교정복지가 다른 사회복지 분야에 비하여 상대적으로 학자들의 관심을 덜 받고 있는 실정이다. 그 이유는 범죄인이나 비행청소년 등을 도움의 대상으로 하는 것에 대한 사회적 공감과 합의가 부족하고 교정 분야가 사회복지뿐 아니라 형사법 등의 전문지식을 필요로 하여 접근하기 어렵기 때문으로 볼 수 있다. 이러한 상황에서 교정복지 분야에 진출하는 사회복지사의 전문적 역량을 강화하기 위한 전공 교과서의 출간은 매우 의미 있는 일이라고 할 수 있다.

이 책은 가장 중요하고 또한 새롭게 부각되면서도 흔히 그 중요성이 과소평가되거나 오해받기 쉬운 실천영역인 '교정복지'를 다루고자 한다. 저자들은 이 책에서 교정복지를 "형집행 단계인 교정이라는 특수한 실천영역에서 범죄인과 비행청소년의 원활한 사회복귀와 그들의 가족 및 지역사회 차원의 범죄원인 관련 문제해결을 위한 전문적 사회복지실천"이라고 정의하였다. 저자들은 이러한 교정복지의 효과적 실천에 꼭 필요한 지식과 기술에 관한 내용을 이 책에 포함하고자 노력하였다.

특히 이 책은 사회복지의 교육과 실천현장의 괴리를 메우는 데 기여할 것으로 기대된다. 왜냐하면 이 책에서 다루고 있는 실천기법의 상당한 부분은 보호관찰소 등 실제 형사사법기관에서 활용되고 있는 전문적인 처우 매뉴얼 등을 반영하고 있기 때문이다.

특수한 실천현장으로서의 형사사법체계에 대한 이해와 형사사법제도와 관련된 각종 법률 지식은 교정사회복지사가 범죄인이나 비행청소년을 대상으로 효과적으로 활동하는 데 필수 불가결한 요소다. 따라서 저자들은 사회복지를 전공하는 학생이 부족하기 쉬운 형사정책 및 형사법적 소양을 함양할 수 있도록 관련 내용을 알기 쉽게 풀어쓰는 데에도 상당한 지면을 할애하였다.

이 책은 총 5부, 15장으로 구성되어 있다.

제1부는 교정복지의 기초를 이해하기 위한 것으로서, 교정복지의 의의 및 역사 그리고 범죄인과 그들에 대한 처우의 대강을 파악하는 데 필요한 기초적 논의를 포함하고 있다. 특히 제1장에서는 교정복지의 개념과 필요성 등을 다루며 인접 학문과의 관계를 논의함으로써 '교정복지학'의 학문적 성격을 명확히 하고자 노력하였다.

제2부는 교정복지의 실천과정에서 유용하게 사용될 수 있는 범죄원인론을 다루고 있다. 범죄원인론은 범죄학이나 형사정책학의 주된 논의 영역이지만, 교정사회복지사가 실천현장에서 범죄인과 비행청소년을 제대로 진단·파악하기 위하여 필수 불가결한 것이기도 하다. 따라서 가장 핵심적인 범죄이론들의 기본 개념을 설명하고, 이를 교정복지와 관련지어 그 정책적·실천적 시사점을 고찰하였다.

제3부는 교정복지의 법적 체계와 실천현장을 이해하기 위한 내용을 다루고 있다. 주로 현행 형사사법체계의 주요 구성요소를 설명하고, 교정복지의 대표적인 실천현장이라고 할 수 있는 보호관찰소, 소년원, 교도소, 치료감호소의 현황과 각 현장에서의 비행청소년 및 범죄인 처우의 내용과 특성을 이해하도록 기술하였다.

제4부는 교정복지의 실천기술에 대한 것이다. 저자들은 교정사회복지사가 현장에서 직접 활용할 수 있는 구체적인 기법들과 실천적 팁(tip)을 담고자 노력하였다. 특히 제13장은 성폭력사범, 약물사범, 폭력사범 등에 대하여 현장에서 실제로 활용되고 있는 처우 매뉴얼을 참고하여 작성되었다.

제5부는 이 책의 마지막 부분으로서 교정복지의 최근 동향과 발전과제에 대하여 논의하였다. 교정복지의 최근 동향으로는 회복적 사법, 범죄피해자에 대한 지원 그리고 형사사법제도의 민영화 등과 같은 첨예한 이슈들을 다루었다. 향후 발전과제로는, 교정복지의 학문적 정체성을 '사법복지'로 전환하여야 할 필요성이 있다는 새롭고도 도전적인 아이디어를 제안하였다.

비록 저자들이 교정복지 분야에 다년간의 학술적·실천적 경험을 가지고 있지만, 이 책의 집필 과정은 결코 순탄하지 않았다. 국내의 학문 공동체에서는 교정복지에 대한 연구가 비교적 생소한 편이고 기본 개념에 대해서조차 충분한 학술적 합의가 이루어지지 않은 상황이기 때문이다. 나아가 교정복지 실천현장의 운영과 관련된 여러 자료들에도 접근하기 쉽지 않았다. 이런 측면에서 관련 자료 수집과 정리에 도움을 준 법무부 범죄예방정책국 관계자들, 특히 김병철, 임명숙 책임관과 정혜실 주무관에게 각별한 감사의 말씀을 드린다. 또한 이 책이 나오기까지 원고의 교정과 출판을 정성스럽게 지원해 주신 학지사 김진환 대표와 편집부의 김선영 과장에게도 깊은 사의를 표하는 바다.

부디 이 책을 읽는 사회복지 전공자들이 범죄인이나 비행청소년 등과 관련된 활동을 할 때 훨씬 더 준비된 상태로 형사사법체계에 개입하기를 기대한다. 또한 이 책이 교정복지 영역에서 현재 활동하고 있는 실천가들에게도 형사사법(교정) 분야에 대한 그들의 특수한 지식에 사회복지실천기술을 보다 잘 접목하도록 지원함으로써 우리나라 교정복지실천이 한 단계 발전하는 데 조금이나마 기여할 수 있게 되기를 바란다.

2014년 7월
저자 대표

차 례

□ 머리말 / 3

제1부 교정복지의 기초

■■I 제1장 **교정복지의 의의** • 13
    1. 교정복지의 개념 … 13
    2. 교정복지의 필요성 … 23
    3. 교정복지의 지도원리 … 31
    4. 교정복지와 인접 학문 … 34

■■I 제2장 **교정복지의 역사** • 41
    1. 범죄인처우의 시대적 변화 … 41
    2. 우리나라 범죄인처우의 발달사 … 47
    3. 교정복지의 역사적 전개 … 56

■■I 제3장 **범죄, 범죄인 그리고 범죄인처우** • 73
    1. 범죄에 대한 이해 … 73
    2. 범죄인에 대한 이해 … 76
    3. 범죄인처우에 대한 이해 … 81

교정복지와 범죄원인론

■■I 제4장 **범죄이론의 유용성과 신고전주의 이론 • 89**
    1. 범죄이론의 유용성 … 89
    2. 신고전주의 이론 … 93

■■I 제5장 **교정복지와 개인중심 범죄원인론 • 105**
    1. 생물학적 범죄원인론 … 106
    2. 심리학적 범죄원인론 … 124

■■I 제6장 **교정복지와 사회중심 범죄원인론 • 139**
    1. 사회과정이론 … 140
    2. 사회구조이론 … 157
    3. 사회갈등이론 … 169
    4. 최근의 범죄이론 … 177

 교정복지의 법적 체계와 현장

■■I 제7장 **형사사법체계의 이해 • 193**
    1. 형사절차의 원칙과 개관 … 194
    2. 형사절차와 교정복지 … 198
    3. 형사제재와 범죄인처우 … 208

■■I 제8장 **보호관찰제도와 교정복지 • 227**
    1. 보호관찰의 연혁, 의의 및 조직 … 228
    2. 보호관찰의 현황 … 240

3. 보호관찰의 실시방법 … 251

4. 보호관찰과 교정복지 … 267

■■▮ 제9장 **교정제도와 교정복지** ▪ 279

1. 성인 교정시설의 처우와 교정복지 … 280

2. 소년교도소의 처우와 교정복지 … 296

■■▮ 제10장 **치료감호 및 소년보호제도와 교정복지** ▪ 303

1. 치료감호제도와 교정복지 … 304

2. 소년보호제도와 교정복지 … 310

제4부 교정복지의 실천기술

■■▮ 제11장 **교정복지실천의 이론과 기본기술** ▪ 327

1. 교정복지실천의 이론적 배경 … 327

2. 교정사회복지사의 기본적 원조기술 … 342

■■▮ 제12장 **교정복지 실천과정과 기술** ▪ 355

1. 실천과정의 이해와 인테이크 단계의 기술 … 355

2. 사정 및 계획 단계의 실천기술 … 362

3. 개입단계의 실천기술 … 370

4. 평가 및 종결 단계의 실천기술 … 376

■■▮ 제13장 **범죄유형별 교정복지 실천기술** ▪ 379

1. 성범죄 대상 실천기술 … 380

2. 약물범죄 대상 실천기술 … 392

3. 일반폭력범죄 대상 실천기술 ··· 410
4. 학교폭력 대상 실천기술 ··· 430

 제5부 교정복지의 동향과 발전과제

■■| 제14장 **교정복지의 최근 동향** • 443
1. 회복적 사법과 교정복지 ··· 444
2. 범죄피해자에 대한 지원 ··· 452
3. 형사사법제도의 민영화 ··· 460

■■| 제15장 **교정복지의 발전과제: '사법복지' 로의 전환** • 465
1. 사법복지의 개념과 역사 ··· 466
2. 사법복지실천의 현황과 향후 전망 ··· 472

□ 부록 / 479
□ 찾아보기 / 507

제1부

교정복지의 기초

제1장 교정복지의 의의

제2장 교정복지의 역사

제3장 범죄, 범죄인 그리고 범죄인처우

교정복지의 의의

'교정복지'를 알아 가기 위한 첫걸음은 그 기본개념을 파악하고 실천의 장(場)으로서의 '교정'에서 복지적 실천의 필요성을 이해하는 것이다. 따라서 이 장에서는 이 책의 중심이 되는 용어인 '교정복지'의 개념을 정의하고, 그 필요성과 역사적 발전을 알아보도록 한다. 이어서 교정복지의 기본원리를 논의함으로써 이 분야 사회복지실천의 전제조건과 지켜야 할 원칙을 살펴본다. 마지막으로 교정복지와 인접 학문과의 관계를 살펴봄으로써 제2장 및 제3장으로의 논의 전개를 위한 기초를 마련하도록 한다.

1. 교정복지의 개념

우리나라에서 '교정복지'(correctional welfare)가 사회복지 실천영역의 하나로 인정받기 시작한 것은 비교적 최근의 일이다. 더구나 아직도 많은 경우에 '교정'(correction)이라는 용어는 학자들마다 또는 적용되는 맥락마다 다의적으로 사용되고 있는 모호한 개념이다. 따라서 교정복지의 개념을 논의하기 위해서는 우선 복지적 실천의 장(場)으로서 '교정'이 무엇인지에 대하여 정의할 필요가 있다.

1) 교정의 개념

교정이라는 용어는 일반인에게 사실 '처벌' 이라는 말과 거의 동의어로 인식되는 경향이 있다. 그러나 이 용어는 처벌이라는 목적 이외에 범죄인의 사회복귀라는 이상을 담고 있다(Carlson, Hess, & Orthmann, 1999: 7).

형법학 또는 형사정책학에서는 '교정' 이라는 용어를 주로 현행 법령에서 규정하고 있는 의미로 제한하여 사용하고 있다. 그런데 현행 법령에서 이 용어는 단독으로 사용되기보다는, 주로 '교정시설, 교정직, 교정처우, 교정처분' 과 같은 복합 용어의 형태로 표현되고 있다. 이때의 '교정' 은 일반적으로는 교도소 등 구금시설과 그 시설에 수용처분하는 형사정책을 의미한다. 예를 들면, 현행 법령상 '교정시설' 이라는 용어는 교도소, 구치소 및 그 지소와 같은 범죄인의 수용 및 격리구금 시설을 말한다(「형의 집행 및 수용자의 처우에 관한 법률」 제2조). 따라서 교정이라는 용어를 이와 같이 현행 법령의 의미로 국한하여 좁은 의미로 사용할 경우, 범죄인을 일정한 구금시설에 수용하여 처우하는 것, 즉 '시설내처우' 로 이해할 수 있다.

한편 '교정' 이라는 용어가 보다 일반적으로 교정주의, 교정이념 등으로 표현되는 경우는 범죄인에 대한 범죄대책 패러다임을 지칭하는 것으로 그 의미가 확장된다. 사실 교정주의는 범죄인의 사회복귀사상에 근거를 두고 있는 이념이다. 사회복귀사상은 형벌의 본질이 범죄에 대한 응보(應報), 즉 복수가 아니라 범죄인의 개선과 교화를 통한 사회복귀에 의의가 있다는 것이다. 실증주의 범죄학자인 앨런(Allen, 1981)은 "교정주의 이념이란 범죄인의 성격, 태도, 행동에 변화를 줌으로써 바람직하지 않은 행위에 대한 사회방위능력을 높이는 것이며, 이를 통해 범죄인의 복지와 행복에 기여하는 것을 형벌의 주된 목적으로 보는 것" 이라고 하였다(김용우, 최재천, 2006: 27). 이 경우 교정은 구체적인 시설이나 법제도에 더하여 교정주의 이념으로 접근하는 '기능적 관점' 을 더하게 된다. 따라서 교정이란 유죄가 인정된 범죄인(persons convicted of crimes)을 관리 · 감독하는 책임을 지는 제도(institutions)와 기관(agencies)뿐 아니라 관련 서비스(services)와 프로그램 (programs)을 총칭하는 말이다(Carlson, Hess, & Orthmann, 1999: 7). 이러한 맥락에서 영국에서는 교정서비스(correctional service)를 "범죄인 또는 비행청소년을 교화 · 개선시켜 건전한 사회인의 한 사람으로 사회에 복귀하게 하는 일련의 활동" 으로 정의하고 있다(홍봉선, 2007: 19).

교정복지가 범죄인의 변화를 도모하고 이를 통하여 지역사회의 안전과 복지를 증진하는 목표를 추구한다면 후자와 같은 '넓은 의미의 교정개념'을 채택하는 것이 타당하다. 이에 따르면, '사회복지 실천영역으로서의 교정'이란 범죄인의 변화, 개선을 목적으로 하는 법적ㆍ사회적 제도와 이를 담당하는 국가기관 및 사회단체, 그리고 이들이 제공하는 서비스와 프로그램을 포함하는 개념이 된다.

> 교정(correction)이란 범죄인의 인성, 태도 및 행동에 긍정적인 변화를 줌으로써 사회복귀(rehabilitation)를 촉진하고 이를 통하여 공공보호(public protection)에 기여할 목적으로 운영되는 제도, 기관, 서비스 그리고 프로그램을 의미한다.

　다만 교정에 대하여 이러한 넓은 개념을 채택할 때에도 무한한 개념 확장을 방지하기 위하여 형사사법체계와 관련하여 그 한계를 명확히 할 필요가 있다. 형사사법절차에서 교정단계는 법원의 재판을 집행하는 기능을 담당하고 있으므로, 수사나 기소, 재판과 같은 단계는 포함하지 않는 것이 타당하다. 미국에서도 교정(correction)이라는 용어는 형사사법체계의 연속과정에서 마지막 단계에만 집중하는 경향이 있다(홍봉선, 2007: 18). 하지만 여기서의 '교정'이라는 영역은 범죄인을 일정 기간 사회로부터 격리된 시설에 구금하는, 즉 '탈(脫)사회화'하는 시설내처우로 제한하는 개념에서 벗어나는 것은 분명하다. 오히려 범죄인에게 지역사회에서 자유로운 사회생활을 허용하며 일정한 조건하에 그들을 감독하는, 즉 '친(親)사회화'하는 사회내처우를 주로 의미하게 된다(한영수, 2003). 이런 측면에서 사회내처우의 핵심인 보호관찰제도를 '교정복지의 꽃'이라고 표현하기도 한다(최옥채, 2000: 109-110).

2) 교정복지의 개념

　현재 교정복지의 개념에 대하여 법령 등에서 공식적으로 정의된 것은 아직 없다. 다만 2급 이상의 사회복지사가 되기 위하여 「고등교육법」이 정하는 대학 또는 대학원에서 이수하여야 하는 사회복지학 전공교과목 중 선택과목의 하나로 '교정복지론'이 채택되어 있을 뿐이다(「사회복지사업법」 시행규칙 [별표1] 참조). 그러나 아직도 우리 사회에서 '교정복지'가 사회복지학의 한 분야로 널리 받아들여지지 못하고 있는 실정이다(홍봉선, 2007: 18).

따라서 교정복지의 개념 정의는 여전히 학문적 영역에 맡겨져 있다고 할 수 있다. 교정복지의 개념에 대하여 학자들은 〈표 1-1〉과 같이 다양한 견해를 제시하여 왔다.

〈표 1-1〉의 내용들을 종합적으로 분석해 보면, 교정복지의 정의는, ① 실천대상, ② 목표, ③ 철학과 가치, ④ 전문적 방법, 그리고 ⑤ 활동내용 등의 개념 요소로 구성되어 있음을 알 수 있다. 특히 첫 번째 개념적 구성 요소인 '실천대상'과 마지막 구성 요소인 '활동내용'의 범위를 어떻게 보느냐에 따라서 교정복지의 개념 정의가 확장되거나 축소된다. 따라서 여기서는 기존 학자들의 의견을 종합하여 다음과 같이 세 가지 차원으로 정의하도록 한다.

우선 가장 좁은 의미의 교정복지는 "범죄인 및 비행청소년의(①) 원활한 사회복귀 · 재통합을 위하여(②) 사회복지의 철학과 가치를 기초로(③) 전문적인 사회복지실천방법론을 활용하여(④) 그들의 사회기능수행(social functioning)을 회복하는 일체의 활동(⑤)"

표 1-1 교정복지에 관한 국내외 학자들의 견해

학자	정의	주요 특징
월시 (Walsh, 1997: 2)	교정적 개별사회사업(correctional casework)이란 범죄인에 대한 전문적 사정(assessment)과 상담(counseling)으로 구성되며, '선제적 접근'(proactive approach)을 통해서 범죄인이 생산적이고 법 준수적인 삶을 살아가도록 지원하여 결과적으로 지역사회를 보호할 목적으로 실행하고 기획하는 제반 활동	범죄인에 특화된 전문적 접근 강조
배임호 외 (2007: 34)	범죄인과 범죄피해자, 그들의 가족, 나아가 범죄가 발생되는 지역사회에서의 문제해결과 예방적 관점에서 범죄와 비행에 의한 영향으로부터 정상적 상태로 회복시키고자(restore) 행해지는 일체의 활동과 이와 관련된 정책수립 및 행정을 위한 전문적인 제반 활동	광의의 개념, 회복적 사법의 반영
홍봉선 (2007: 21)	사회복지의 한 분야론으로서 범법행위를 한 사람과 그 가족을 대상으로 하여 사회복지의 철학과 가치관을 근간으로, 사회복지의 정책과 실천기술을 활용하여 그들의 삶의 질을 높이는 활동	협의의 개념
홍금자 외 (2009: 19)	비행소년과 범죄인은 물론 범죄피해자의 복지를 포함한 광의의 개념	광의의 개념, 범죄피해자 강조
최옥채 (2010: 69)	개별사회사업, 집단사회사업, 지역사회사업, 사례관리 등 기초적인 사회복지실천방법론을 활용하여 범죄인이나 비행청소년이 심리적 · 사회적으로 가장 편안한 상태를 유지하면서 사회에 적응해 나갈 수 있도록 돕는 활동	협의의 개념, 사회복지실천방법론 강조

을 의미한다. 다음으로 보다 확장된 개념으로는, 이 개념 정의에 더하여 "범죄인 및 비행청소년의 가족과 지역사회(①)의 범죄원인과 관련된 문제해결과 범죄예방 및 범죄의 피해와 영향을 회복(restoration)하기 위한 활동(⑤)"을 포함한다. 한편, 가장 넓은 의미로는 "범죄피해자(①)의 보호와 지원을 위한 활동(⑤)"을 포함한다.

생각컨대, 회복적 사법의 이념에 입각하여 범죄가 발생했던 이전 상태로 회복하도록 노력한다는 차원에서 범죄인뿐 아니라 그들의 가족 그리고 지역사회 차원에서 범죄사건의 영향을 최소화하고 범죄를 예방하는 활동을 교정복지의 개념 정의에 포함시키는 것이 타당하다. 그러나 범죄피해자의 문제는 수사단계부터 형사사법 전 단계에 관련되어 있고 문제를 다루는 방법과 목표에서도 큰 차이가 있으므로 별도의 '피해자복지' 영역에서 다루는 것이 바람직하다. 이와 같이 교정복지의 개념을 이해하기 위해서는 교정복지가 형사사법절차에서 재판의 집행인 교정단계에 초점을 두는 사회복지의 한 분야론(홍봉선, 2007: 21)이라는 점을 상기할 필요가 있다.

이와 같은 내용을 종합하여 교정복지의 개념을 정리하면 다음과 같다.

> 교정복지(correctional welfare)란 형사재판의 집행단계인 '교정'이라는 특수한 사회복지 실천 영역에서, 범죄인 및 비행청소년의 원활한 사회복귀와 사회적 기능수행 회복, 범죄원인과 관련된 문제해결 및 범죄피해의 원상회복 등을 위하여 사회복지 철학과 가치를 기초로 전문적 사회복지실천방법론을 활용하는 복지실천을 의미한다.

요약하면, 교정복지란 범죄인의 행위를 교정하는 일에 대한 '철저한 전문적 접근'(thoroughly professional approach)으로 그들의 사회복귀가 가능하다고 믿는 것이다(Walsh, 1997: 10).

3) 관련 개념

(1) 교정상담

상담은 클라이언트로 하여금 그들의 감정과 고민을 탐색하도록 하는 과정이다. 일반적으로 범죄인의 경우에 그러한 감정과 고민이 그들을 무책임하게 행동하도록 이끈다.

따라서 교정상담(correctional counseling)은 범죄인으로 하여금 자기 행동의 '자기-파괴적 속성'(self-destructive nature)과 대안적 행동 선택의 필요성에 대한 인식을 높이는 과정이다.

이러한 교정상담은 다음과 같은 세 가지 주요한 측면에서 일반적 상담과 차이가 있다(Walsh, 1997: 2). 첫째, 교정상담가는 일반적인 상담과정과 비교하여 훨씬 많은 클라이언트의 저항과 회피에 직면하게 될 것이다. 왜냐하면 범죄인은 상담에 자발적으로 응하는 것이 아니라 법적 권위에 따른 의무를 이행하는 것이 일반적이기 때문이다. 둘째, 범죄인은 대체로 자신의 문제에 대처하여 가용할 수 있는 자원이 일반 클라이언트에 비하여 부족하다. 셋째, 범죄인은 종종 자신의 현재 생활방식을 제한하는 정신적·경제적 질곡에 빠져 있기도 하다.

한편 교정상담은 다음과 같은 측면에서 다른 분야의 상담보다 유리한 측면이 있다(Walsh, 1997: 2-3). 교정상담가는 범죄인의 배경과 과거 행동에 대한 풍부하고 확인된 정보를 활용할 수 있다. 예를 들면, 범죄경력조회 문건이나 보호관찰관의 판결(결정) 전 조사서, 교도소의 수용기록 등이 그것이다.

교정 분야의 개별사회사업(casework)은 범죄인에 대한 전문적 사정(assessment)과 상담(counseling)으로 구성된다. 교정상담을 보다 잘 수행하기 위해서는 '잘 연구되고 검증된 사정도구'를 사용할 필요가 있다(Walsh, 1997: 2). 또한 사회복지사의 상담이 일반 상담전문가에 의해 수행되는 것과 구분되는 주요한 하나의 특징은 개인뿐 아니라 그가 처한 환경에도 초점을 맞춘다는 것이다(Shebib, 2006: 23). 사회복지사는 일반적인 상담가에 비하여 클라이언트와 환경 사이의 상호작용에 보다 많은 주의를 기울인다. 이런 측면에서 교정 분야의 개별사회사업은 교정상담보다 넓은 의미로서 클라이언트를 둘러싼 사회적·정치적 체계 내에서 변화 또는 적응을 촉진하는 것이다.

(2) 교정사회사업

'사회사업' 또는 '소셜워크'(social work)라는 용어는 전문적 기술체계에 의한 실천적인 면을 강조한 말이다(김상균 외, 2007: 42-49; 김융일, 조흥식, 김연옥, 2005: 17-25; 박종삼 외, 2006: 22-24). 교정복지가 아직 우리 사회에서 분야론의 하나로 확실하게 자리 잡고 있지 못하기 때문에 'correctional welfare'라는 용어를 대신하여 실천방법을 강조하는 'correctional social work'이라는 말을 사용하는 것이 바람직하다는 견해가 있다(홍봉선, 2007: 18).[1] 의료나 학교 분야의 경우, '의료사회사업론'이나 '학교사회사업론'으로 전공교과목이 개설되어 있는 것과 같은 맥락이다(「사회복지사업법」 시행규칙〔별표1〕 참조). 그러나 사회복지대학교육협의회에서 제시한 사회복지학 교과목 지침서에는 교정복지로 명명되어 있다. '교정복지'라는 용어는 이미 오래전부터 사용되고 있어, 이에 대한 이의제기는 불필요한 소모적 논쟁만을 일으킬 가능성이 있다(홍봉선, 2007: 18). 더군다나 교정 분야에서는 거시적 측면에서도 사회복지와 관련된 주요한 제도와 정책들이 있다. 예를 들면, 사회복지사의 보호관찰관 특별채용제도, 법무보호복지공단의 출소자 지원대책 등이 그러하다. 이는 교정복지 수혜자들의 욕구를 해결하도록 돕기 위한 법률, 프로그램 및 서비스를 포함하는 조직적 노력으로 볼 수 있다(Friedlander & Apte, 1980: 4-5). 따라서 분야론의 명칭으로는 '교정복지'라는 용어를 사용하는 것이 타당하다고 본다.

(3) 피해자복지

피해자는 범죄로 인해 손해를 입은 사람 내지 피해를 입은 사람으로 형법학에서는 범죄에 의해 침해당한 법익의 주체가 되는 사람을 의미한다(배종대, 2011: 89). 한편 형사정책적 측면에서 피해자를 광의로 보는 경우, 법익을 침해당한 자와 관련을 맺고 있는 사람으로(예, 그의 가족)까지 피해자의 범위를 확장한다(배종대, 2011: 89). 따라서 피해자는 범죄로 인하여 법익을 침해받은 '직접적 피해자'와 그 가족 등 관련 있는 '간접적 피해자'로 구분할 수 있다.

피해자복지(victim welfare)는 이들 피해자, 즉 범죄로부터 피해를 당한 사람들에 대한 심리적·의료적·경제적 문제해결과 피해회복을 위한 지원활동을 말한다. 우리나라에서는 1987년 「범죄피해자구조법」이 제정되어 주로 경제적 측면에서 피해자복지를 위한 지원이 처음으로 제도화되었다. 이후 2005년 「범죄피해자보호법」이 제정되어 범죄피해자 보호·지원의 기본시책을 정하게 되었으며, 2010년에는 종래의 「범죄피해자구조법」을 통합하는 방식으로 전면 개정되었다. 이는 범죄피해자를 구조함으로써 그들의 복지를 증진하고(같은 법 제1조), 그들로 하여금 범죄피해 상황에서 조속히 벗어나 인간의 존엄성을 보장받을 수 있도록 하기 위한 것이다(같은 법 제2조). 법무부장관 소속의 '범죄피해자보호위원회'는 범죄피해자의 보호와 지원에 관한 기본계획 및 주요사항을 심의한다(같은 법 제15조). 한편 이 법에 의해 범죄피해자의 보호·지원을 위한 비영리법인으로

---

1) 다만, 홍봉선(2007: 18)은 'correctional social work'라는 영문 표기를 '교정사회복지'로 번역하여 사용할 것을 주장한다.

서 '범죄피해자 지원법인'을 설립할 수 있으며(같은 법 제3조 1항), 국가는 일정한 경우에 범죄피해자 중에 구조가 필요한 범죄피해를 받은 사람과 그 유족에 대하여 범죄피해 구조금을 지급하도록 되어 있다(같은 법 제16조). 이와 같이 국가가 범죄피해를 보상하는 이유는 범죄피해자를 정신적·물질적으로 도와주어 그 고통을 해소시켜 주는 것이 현대복지국가의 과제이기 때문이다(박상기, 손동권, 이순래, 2005: 388; 배종대, 2011: 105).[2] 한편 범죄피해자는 범죄사건으로 인해 갑작스럽게 심리적·의료적·가정경제적으로 다양한 문제들을 중층적으로 직면하게 된다. '범죄'라는 갑작스럽게 찾아온 불행은 피해자에게 공포·좌절·분노·불안 등의 정신심리적 문제를 야기하기 때문에 이에 대한 적극적인 위기개입이 필요하다(박영숙, 2008). 하지만 앞서 살펴본 바와 같이 우리나라의 '범죄피해자 구조제도'는 일부 심각한 범죄피해에 대한 경제적 지원에 그치고 있으며, 아직은 피해자복지에 대한 논의와 활동이 본격적으로 활성화되어 있지 못한 실정이다. 따라서 향후 사회복지의 새로운 실천영역의 하나로서 보다 많은 관심과 연구가 필요하다.

그러나 교정복지와 관련해서는 그 실천대상, 활동 영역과 내용에서 차이가 있으므로 그 범위에 포함시키지 않는 것이 타당하다는 것은 앞서 기술한 바와 같다. 다만, 범죄피해자의 문제가 범죄인의 교정처우와 관련하여 의미가 있는 경우에 한하여 교정복지의 범위에 포함시킬 수 있다. 예를 들면, 미국에서는 보호관찰프로그램의 일환으로 '피해자·가해자 중재프로그램'(Victim Offender Mediation Program: VOMP)을 운영 중에 있다. 회복적 사법의 이념 아래, 피해자가 적극적으로 처우절차에 참여하여 가해자에게 피해 상황의 심각성과 그 영향을 알리고, 가해자는 그에 대한 속죄의 심정을 피해자에게 진술하는 형식의 프로그램이다. 이와 같은 내용에 대해서는 제15장의 〈교정복지의 발전과제〉에서 보다 자세히 다루기로 한다.

---

2) 이른바 '사회복지이론'(social welfare theory)에 의한 이론적 근거의 설명으로서 형사정책학계의 통설이다 (배종대, 2011: 105). 국가가 범죄피해를 보상하는 이론적 근거 중에서 대표적인 두 가지는 '국가책임이론' 과 '사회복지이론'이다(박상기, 손동권, 이순래, 2005: 387-388). 국가책임이론에 의하면 국가는 국민을 범죄로부터 보호해야 할 의무가 있고, 이 의무를 해태함으로써 생긴 범죄피해에 대해서 범죄피해자가 국가에 대해 그 피해를 구제받을 수 있는 법적 청구권을 가진다고 본다(박상기 외, 2005: 387). 그 밖에 범죄피해자보상제도의 근거에 대한 설명에 대해서는 정부과실론, 동등보호론, 인도주의론, 사회적 의무론, 범죄예방론, 합리적 형사정책론, 정치적 동기론, 사회보험론 등 다양한 이론들이 있다(김용우, 최재천, 2006: 398-403; 배종대, 2011: 105).

(4) 사법복지

'사법복지'(forensic social work)는 사법제도와 관련된 사회복지체계와 서비스를 총칭하는 용어다(이무웅, 2001). 구체적으로 사법복지는 법원에서의 사회사업(social work), 무료법률상담 및 변호제도, 경찰의 방범교육, 보호관찰과 가석방제도, 출소자의 갱생보호제도 등을 포함하는 복지적 기능을 말한다(鈴木, 1999: 80-81). 한편 미국에서는 법적 측면에서 사회복지전문가를 양성하여 가정폭력, 소년사법, 성인교정 및 법집행과 관련된 사회복지실천을 하는 것에 대하여 'forensic social work'라는 용어를 사용한다(홍봉선, 2007: 18).[3]

따라서 '사법복지'는 교정복지보다 넓은 개념으로서 형사사법절차 전 단계에서 적용되는 사회복지실천을 지칭하는 용어로서 적합하다. 이미 1950년 UN의 보고서인 '사회복지행정의 방법'에서는 '사법제도와 관련된 사회복지'를 보건, 교육, 영양, 고용, 사회보장, 주택건설 및 도시계획 등과 함께 7대 분야의 하나로 분류하였다(鈴木, 1999: 80; 이무웅, 2001). 한자어권에서 '사법복지'(司法福祉)라는 용어를 사용하기 시작한 것은 일본의 야마구치(山口幸男, 1971)가 쓴 단행본 『소년비행과 사법복지』에서 그 개념을 소개한 데서 비롯된다. 그는 주로 비행소년과 그 가정의 문제를 해결하는 데에서 "개별처우적 입장에서 그 비행문제와 가정문제를 둘러싼 사회적 장애의 제거 및 완화를 도모하는 개별적 실천"으로 사법복지를 정의하고 있다. 그러나 이 주장은 사법복지의 개념을 소년보호에 한정하여 지극히 협소하게 정의하고 있다는 비판을 받았다(鈴木, 1999: 82). 우리나라에서는 이무웅(2001)이 "사법복지는 범죄인이나 비행자의 재범방지와 사회재적응을 위한 사회복지적 접근방법 또는 활동"으로 정의함으로써, 교정복지의 대안적 개념으로 주장하기도 하였다.

그러나 현재 우리나라에서는 '사법복지'라는 용어가 생소할 뿐만 아니라 사법체계의 마지막 단계인 교정단계에서조차도 아직 사회복지사의 개입이 충분히 이루어지지 못하는 실정이다(홍봉선, 2007: 18). 따라서 이 용어는 학계에서 보다 깊이 있는 논의가 이루어진 후에 사용하는 것이 바람직하다고 본다. 다만 우리나라에서도 최근 들어 범죄피해자

---

3) 미국에서 'forensic social work'의 역사는 인보관운동(settlement movement)과 도시자선사업(urban charity work)의 일환으로 1899년부터 시작된 것으로 평가받고 있다(Brownell, 1999: 359-369). 특히 '전미사법복지협회'(National Organization of Forensic Social Work: NOFSW)가 1982년에 창설되어 활발한 활동을 벌이고 있다. 민사 및 형사사법 분야에서 사회복지전문직은 범죄 피고인의 정신감정과 전문적 조사, 별거·이혼·방임 등과 관련된 아동의 시설보호 이슈, 친권의 종료, 아동과 배우자 학대문제, 소년 및 성인에 대한 사법서비스, 교정처우서비스 등 다양한 영역에서 활동을 한다(전미사법복지협회, www.nofsw.org).

에 대한 관심이 늘어나고 있고 저소득 소외계층에 대한 복지적 법률구조서비스가 활성화되고 있다. 이러한 새로운 조류를 반영하기 위해서는 향후 우리나라의 교정복지 분야론은 사법복지 또는 법조복지의 개념으로 확대·발전해 나갈 필요가 있다. 이에 대한 구체적 내용은 제15장의 발전과제에 대한 논의에서 보다 자세히 다루고 있다.

(5) 교정사회복지사

한국사회복지사협회는 사회복지사의 확장 영역의 하나로 '교정사회복지사'(correctional social worker)를 제시하며 "현행 법무부 산하의 교정시설에서 범죄인의 재활과 범죄 예방에 개입하고 있는 사회복지전문직을 통칭한다."고 규정하고 있다. 이에 따르면, 교정복지는 "교정시설에서 범죄인의 재활과 범죄예방에 개입하는 활동"으로 정의될 수 있다. 그러나 이 개념은 앞서 살펴본 바와 같이 현행 법령상 '교정시설'이라는 용어가 범죄인의 수용 및 격리구금 시설을 지칭하는 제한된 의미로 사용되기 때문에 부적절하다. 사회복지실천의 한 영역으로서 교정을 넓은 의미로 파악할 때, 교정복지의 개념역시 교정주의 또는 교정이념이라는 범죄대책의 패러다임과 연결되기 때문이다. 다시말해, 범죄인의 사회복귀라는 이상이 교정복지의 핵심적 개념이 된다.

이런 측면에서 '교정사회복지사'란 보호관찰관으로 특채된 사회복지사와 같이 직접적으로 교정분야 국가기관에 근무하는 경우뿐 아니라 폭넓게 범죄인의 사회복귀를 위한 조직적 노력에 동참하는 사회복지전문직을 통칭하는 용어로 정의할 수 있다. 예를 들면, 사회봉사·수강명령 집행협력기관으로 지정된 복지기관에서 근무하는 사회복지사 등도 교정사회복지사라고 할 수 있다. 보호관찰관 등 교정사회복지사는 범죄를 일으킨 사람에게 '교정적 관계'(correctional relationship)를 통하여 휴먼서비스를 전달한다(Burnett, 2004; Burnett, Baker, & Roberts, 2007; 조흥식, 2009). 구체적으로 보면 교정사회복지사가 수행할 수 있는 주요 역할은 다음과 같이 다양하다. 우선 조력자(enabler)로서 위기상황에 있는 클라이언트가 다양한 스트레스에 대처하도록 돕는 역할을 하고, 중재자(mediator)로서 클라이언트의 미시적·중범위적·거시적 체계의 논쟁이나 갈등을 해결하는 역할을 수행하며, 교육자(educator)로서 클라이언트와 다른 체계에 정보를 제공하며, 중개자(broker)로서 지역사회의 자원이나 서비스를 연결하는 것을 돕고, 그리고 촉진자(facilitator)로서 클라이언트 집단의 지도자 역할을 수행한다(조흥식 외, 2008: 362-370).

(6) 교정복지와 관련 개념의 체계

교정복지는 교정상담과 교정사회사업을 포괄하는 개념이며 사법복지보다는 좁은 의미의 개념이다. 교정사회복지사는 교정복지의 영역에서 활동하는 사회복지전문직이다. 이와 같은 내용을 그림으로 정리하면 [그림 1-1]과 같다.

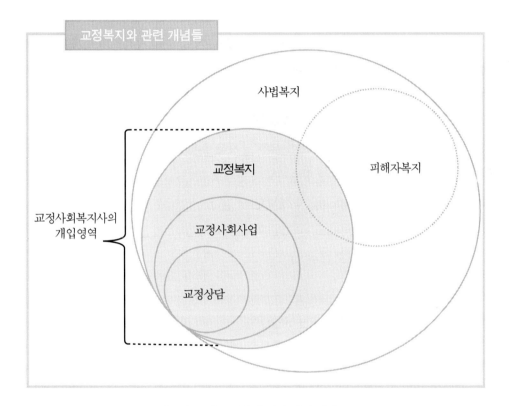

[그림 1-1] 교정복지 관련 개념 체계도

2. 교정복지의 필요성

19세기 독일 근대 형사정책의 토대를 닦았던 리스트(Franz von Liszt, 1851~1919)는 "최선의 사회정책이 최고의 형사정책"이라는 말을 남겼다. 범죄인의 원활한 사회적응을 위한 복지적 접근은 이후, 특히 영미를 중심으로 보호관찰로 대표되는 치료지향의(treatment-oriented) 실천으로 꽃피우게 된다. 최근에는 복지행형으로 유명한 스웨덴 등 북유럽 사회민주주의 국가의 낮은 범죄율이 범죄문제에 대한 복지적 접근의 유용성과 필요성을 대변하고 있다. 그러나 우리나라에서는 교정복지가 사회복지학의 한 분야론임에도 불구하고 아동, 청소년, 노인, 장애인 복지 등 다른 분야론에 비하여 상대적으로 학자들의 관심을 덜 받고 있는 실정이다. 그 이유에 대하여 홍봉선(2007: 15)은 범죄인이나 비행청소년 등을 도움의 대상으로 하는 것에 대한 사회적 공감과 합의가 부족하고 교정 분야가 사회복지뿐 아니라 형사법 등의 전문지식을 필요로 하여 접근하기 어렵다는 점을 들고 있다.

그럼에도 불구하고, 선진 외국에서는 교정현장에 많은 사회복지사들이 참여하여 범죄인의 사회복귀를 위해 그들의 전문적 지식과 기술을 활용하여 왕성하게 활동하고 있다(홍봉선, 2007: 15). 우리나라에서도 최근 수년간 보호관찰관으로 사회복지사를 특채하는 제도가 시행 중에 있다(제2장의 〈교정복지의 역사〉 참조). 이러한 현상이 나타나는 이유에 대해서는 다음과 같이 푸시/풀 효과(push/pull effect)로 설명할 수 있다. 즉, 사회복지적 접근이 가지는 가치, 지식 및 기술의 고유한 장점과 유용성이 교정현장에 매력적일 수밖에 없는 이유(push effect)와 기존 형벌제도의 한계로 인하여 현장에서 새로운 접근의 필요성을 제기하는 상황(pull effect)으로 설명할 수 있다.

1) 사회복지적 접근의 유용성

(1) 사회복지 가치 측면에서의 유용성

모든 전문직은 사회적으로 부여받은 과업과 책임이 있으며, 전문직으로서의 사회복지사 역시 특정한 사회적 기능을 수행한다. 한편 전문직 가치는 인간의 본질에 관하여 그 전문직이 공통으로 갖는 신념이다. 이러한 신념은 전문직의 실천방향을 제시해 주기 때문에 사회복지실천의 본질적 3대 요소인 가치ㆍ지식ㆍ기술 중에서도 가장 중요하게 인식되고 있다(김융일 외, 2005: 102; Compton & Galaway, 1989).

사회복지실천은 인도주의적 이상과 민주주의적 철학에서 유래하였기 때문에 개인의 존엄성과 독특성에 대한 존중, 그리고 클라이언트의 자기결정에 대한 신념을 기본적인 가치로 전제하고 있다(김융일 외, 2005: 102-204; 장인협, 1989: 24-26). 또한 사회복지사는 모든 인간의 존엄성과 선천적 가치의 인정, 사회책임, 기회의 균등과 사회정의, 성장과 발달의 기회 제공, 문제해결을 위한 자원과 서비스의 공급, 공동체에의 참여와 상호작용의 필요성, 인간의 긍정적 변화 가능성에 대한 믿음 등을 가치적 기준으로 삼고 있다(김융일 외, 2005: 104-107; 배임호 외, 2007: 40-41; Morales & Sheafor, 1980: 124-127).

이러한 가치기준으로 볼 때, 비록 범죄를 저지른 범죄인이나 비행청소년이라고 하더라도 공동체의 일원으로서 개인의 고유한 가치가 존중되어야 한다. 또한 그들의 문제를 해결하기 위한 자원과 서비스가 공정하게 제공됨으로써 건전한 사회구성원으로 변화할 수 있는 기회가 균등하게 보장되어야 한다. 이에 따라 사회복지사가 어떤 분야의 전문가보다 범죄인이나 비행청소년의 재활에 적극적으로 개입하는 것이 그들의 전문직 가치에 부합한다고 할 수 있다. 실제로 사회복지실천은 역사적으로 빈곤한 지역사회의 범죄인과 비행청소년을 위한 활동에서 시작하였다(최옥채, 2010: 66).

(2) 사회복지 지식 측면에서의 유용성

다양한 문제를 가진 범죄인이나 비행청소년의 교정과 재활을 위해서는 그에 관한 전문적 지식이 필요하다. 범죄행동은 개인의 인격적 특성부터 가정환경, 나아가 지역사회의 문제 등 다양하고 복잡한 원인의 다차원적 상호작용의 결과물이다.[4]

따라서 범죄문제 해결을 위한 전문적 지식은 다음과 같다(배임호 외, 2007: 41). 첫째, 클라이언트 개인에 관한 지식, 즉 범죄인이나 비행청소년의 심리사회적 특성과 행동양식 등을 알아야 한다. 둘째, 범죄인이나 비행청소년을 둘러싼 사회 환경(social environment)에 대한 지식이 있어야 한다. 그들이 생활하는 지역사회와 가용한 사회자원 그리고 관련된 제도들에 대한 지식이 요구된다. 셋째, 클라이언트와 환경과의 상호작용에 관한 지식이 있어야 한다. 그런데 이와 같은 지식을 제공하는 것들로는 자아심리학·역할이론·문제해결이론·생태학이론·일반체계론 등이 있으며, 이는 모두 사회복지학의 주요한 지식체계의 일부다.

이렇게 사회복지는 개인과 환경을 동시에 중시하여, 사회복지학의 지식체계는 클라이언트 개인은 물론 그를 둘러싼 환경을 동시에 조망할 수 있도록 구축되었다. 따라서 사회복지사는 범죄인이나 비행청소년의 재활을 위해 이들 개인뿐 아니라 가족과 관계인 그리고 지역사회를 함께 변화시켜 나가는 역할을 잘 수행할 수 있다(최옥채, 2010: 67).

---

[4] 20세기의 여명기에, 독일의 저명한 형법학자이자 근대적 형사정책의 창시자로 불리는 리스트는 "범죄는 인간의 모든 행위가 그렇듯이 범죄자의 타고난 특성과 그를 둘러싼 사회적 관계, 특히 경제적 관계에서 비롯된 필연적 산물이다."라며 범죄원인에 대한 소질과 환경의 종합명제를 내세웠다(배종대, 2000: 35). 1세기가 지난 지금, 그의 이러한 통찰은 범죄의 원인과 대책을 연구하는 데 하나의 공리(公理)가 되어 버렸다. 즉, 범죄는 범죄인 개인의 유전적 요인, 심리내적 요인, 가족과 지역사회의 환경적 요인 그리고 보다 거시적인 사회구조적 요인의 복합적이고 다차원적인 상호작용(multi-dimensional interaction)의 결과인 것이다. 또한 그것은 범죄문제 해결의 어려움과 범죄대책의 다각적인 측면을 의미하기도 한다.

(3) 사회복지 기술 측면에서의 유용성

사회복지실천에서 활용되는 대표적 기술들은 범죄인과 비행청소년의 문제해결과 개입목표의 달성을 위하여도 유용하게 활용될 수 있다. 예를 들면, 면접기술, 역량강화 실천기술, 사례관리 및 평가기술, 관계형성 및 종결기술 등이 그것이다(배임호 외, 2007: 41). 특히 사회복지학은 심층심리적 접근을 가능하게 한다. 일반적으로 사회복지사 자신의 능력 정도에 따라 클라이언트의 심리 문제까지도 접근할 수 있는 기술을 습득하고 있다. 그러므로 심리적인 이유로 범죄를 저지른 범죄인의 문제해결을 위하여 단독으로 또는 다른 영역의 전문가와 협력하여 개입할 수 있다. 특히 정신장애로 어려움을 겪는 범죄인과 비행청소년의 재활에는 정신보건사회복지사의 역할이 기대된다(최옥채, 2010: 67).

또한 범죄인과 비행청소년의 재활을 위해서는 지역사회의 다양하고 많은 자원이 동원되어야 하는데, 사회복지실천기술은 지역사회자원의 활용을 강조하고 있다. 사회복지사는 대체로 사회자원의 연계망(networks)을 구축하고 활용하는 데 익숙하며, 뛰어난 기술을 가지고 있다(최옥채, 2010: 68).

2) 범죄문제의 심각화와 기존 범죄대책의 한계

(1) 범죄문제의 심각화

전 세계적으로 각 국가는 범죄문제와 힘겨운 싸움을 벌이고 있다. 그러나 범죄 발생건수의 지속적 증가와 범죄의 흉포화, 각종 신종 범죄의 출현에서 알 수 있듯이, 우리는 갈수록 강력해지는 인류 공동의 적과 대면할 것을 요구받고 있다.

범죄문제 심각화에 관한 일례로는 최근 20년간 미국의 범죄발생 변화추세와 그에 따른 형사사법 비용의 막대한 증가를 들 수 있다. 2012년 12월 말 현재 미국에서 시설내처우와 사회내처우를 포함한 교정처우를 받는 범죄인의 숫자는 약 694만 명에 이른다(Glaze & Herberman, 2013). 이는 미국 성인 35명 중에 1명에 해당하는 수치다.[5] 1982년에 약 40만 명이었던 교정시설 수용인원은 2000년 약 194만 명, 그리고 2011년에는 약 224만 명으로 증가하였다(Glaze, 2002; Glaze & Herberman, 2013). 성인 보호관찰대상자도 같은 기간에 약 130만 명에서 480만 명으로 증가하였다(Glaze, 2002; Maruschak & Bonczar, 2013).

---

5) 시설에 구금되어 있는 사람의 비율은 미국 성인 108명 중 1명, 보호관찰 등 사회내처우를 부과받은 비율은 50명 중 1명꼴이다(Glaze & Herberman, 2013; Maruschak & Bonczar, 2013).

우리나라의 경우에도 전체 범죄의 발생건수는 1981년 625,934건에서 2010년 1,917,300건으로 지난 30년간 약 3.06배 증가하였고, 인구비 발생건수도 기간 중 1,616건에서 3,795건으로 약 2.34배가 되었다(법무연수원, 2012: 43). 더군다나 최근 재범위험성이 높은 만기출소자나 반사회적 인격장애자에 의한 연쇄적인 흉악범죄가 사회적인 큰 파장을 일으키고 있다. 강력범죄의 발생건수는 2001년 14,896건에서 2010년 27,482건으로 지난 10년간 약 1.84배 증가하였다(법무연수원, 2012: 59).

이러한 범죄증가 현상의 이면에는 사회체제의 발전에 따른 각종 형사입법과 공식적 통제기능의 강화, 즉 형사사법망의 확대와 범죄유발 환경 및 범죄기회의 확대라는 사회적 · 제도적 요인이 자리 잡고 있다. 하지만 이러한 현상이 나타나는 보다 근본적인 이유는 국가의 범죄대책이 범죄인의 교정 및 재활 기능을 충분하고 효과적으로 수행하지 못하기 때문이다. 따라서 21세기에 우선적으로 다루어야 할 사회문제는 무엇보다도 범죄문제라고 할 수 있다(배임호 외, 2007: 13). 더욱이 우리나라는 급속한 사회경제적 발전과 사회구조의 변화에 따라 가치문화의 혼란과 가족구조의 변화를 겪고 있다. 이에 따라 범죄문제에 효과적으로 대응하는 전문적 범죄인 처우프로그램과 서비스의 개발이 무엇보다도 시급하다.

(2) 범죄에 대한 강경대응과 한계

앞서 살펴본 바와 같은 범죄발생의 증가에 따라 1980~1990년대를 거치면서 세계적인 형사사법의 조류는 빠르게 보수적으로 변하여 '법과 질서'의 이데올로기를 지향하게 되었다(이형섭, 2012).[6] 실제로 영국에서는 1990년대 이후 강력범죄가 늘어나면서 공공대중의 불안이 가중되고 있으며, 보다 강경한 범죄대책을 요구하는 정치적 압력이 증가하였다(Smith, 2005). 일선 교정정책과 범죄대책에서도 통제와 감시의 역할을 더 강조하게 되었다(Nash, 2009). 한인섭(2006: 365-367)은 미국을 중심으로 한 '형사정책 강경일변도' 현상의 이면에는 보수적 정치가의 전략과 여기에 궤를 같이하는 대중의 보수화가 있

---

6) 1970년대 중반 이후 전통적인 교정처우의 사회복귀적 이상에 입각한 프로그램의 효과성에 대한 의문이 제기되면서, 보호관찰을 포함한 교정정책의 목적이 치료(treatment)와 사회복귀(rehabilitaion)에서 감시(surveillance)와 통제(control)를 강조하는 방향으로 크게 바뀌게 되었다(Cohn, 2002). 한편 영국에서도 1980년대 이후 범죄학에서의 억제이론 독트린의 영향으로 그동안 정설로 받아들여져 왔던 재활이념이 쇠퇴하기 시작하였다. 이러한 변화는 범죄피해자에 대한 새로운 관심과 범죄자에 대한 공공대중의 분노와 관련되어 있다(Burnett et al., 2007).

다고 주장한다. 미국에서 범죄인에 대하여 정당한 응징을 내세우는 접근은 간명한 처방이자 마치 서부영화에서 악당을 퇴치하는 보안관의 이미지를 연상시켜 대중의 인기를 끌기 쉽다. 한편 대중도 범죄문제에 대하여 갈수록 보수화되어 가고 있는데, 여기에는 생생한 범죄현장을 전달하는 대중매체 발전의 영향도 적지 않다.[7]

결과적으로 국가의 교정비용 부담은 크게 증가하였다. 예를 들어, 1982년 미국 전역의 교정비용은 약 15억 달러에서 2010년에는 48억 5천만 달러로 약 3.2배 증가하였다. 한편 이러한 교정비용의 약 75%는 교정시설 증설과 운영에 소요되었다. 2011년 기준 교정시설 재소자 1인당 처우비용의 평균이 연간 2만 8천 달러를 넘어서고 있다(Kyckelhahn, 2012). 문제는 이러한 강경대응 일변도의 정책이 충분한 효과를 거두지 못하고 있다는 점이다. 지난 30년간 국가의 교정비용이 큰 폭으로 증가했음에도 불구하고 여전히 범죄문제의 심각성은 완화되지 않고 있다. '더 많은 교도소'(build more prisons)는 '더 많은 재소자'(more prisoners)를 양산할 뿐이라는 평가를 받고 있는 것이다(Petersilia, 1998).

3) 북유럽 국가의 복지지향적 교정과 시사점

(1) 북유럽 국가의 선진교정

북유럽의 사회민주주의 국가들은 교정선진국으로 불린다. 북유럽 국가들은 대체로 인도주의적 형사정책으로 정평을 얻고 있다. 그중에서도 덴마크와 노르웨이가 가장 관대한 편이며, 스웨덴은 그 중간쯤 해당되고, 핀란드가 가장 억압적인 형사정책을 가지고 있다(한인섭, 2006: 285). 일례로, 덴마크는 '수형자의 재조정 촉진'을 형벌의 주된 목적으로 보고, 이미 1973년에 대형 교정시설의 60%(15개소 중 9개소)가 개방처우시설로 운영되고 있었다. 또한 1974년부터 장기 계획으로 교정시설의 개방처우화와 전문직화를 추진

---

7) 신문과 방송에서 범죄뉴스는 인기 있는 메뉴이며, 특히 TV가 발달할수록 범죄현장, 범죄인의 배경 그리고 체포 장면 등 더 직접적이고 자극적인 정보를 유포하게 된다. 유권자는 복잡한 범죄인의 처우에 관하여 차분한 관심을 가지기보다는 범죄인을 지역사회에서 배제하고 강력한 통제정책을 통하여 치안의 안정을 도모할 수 있다는 주장에 쉽게 동조하는 경향이 있다(한인섭, 2006: 367). 특히 최근 우리나라에서는 모바일 스마트기기 · SNS 등의 보급에 따라 대중이 자발적으로 참여하여 범죄현장을 생생하게 전달, 확대 전파하고 있다. 이에 따라 중대범죄뿐 아니라 경범죄의 경우에도 심리적 접촉빈도가 크게 증가하고 있고, 범죄문제에 대한 불안과 혐오감, 즉 범죄피로도가 늘어나고 있다. 예를 들면, 지하철 욕설남, 패륜남, 난동녀, 학교폭력 등의 각종 동영상 유포가 그것이다. 또한 성폭력범죄 등 시민의 생명 · 신체에의 중대 침해범죄가 발생하였을 때 이에 대한 언론의 경쟁적 보도는 형사사법 전반에 대한 불신감을 야기하고 있다. 이러한 선정적인 언론보도 등은 인류역사와 함께 지속되어 온 범죄문제에 대하여 합리적 대응을 어렵게 할 수 있다.

하였다(정준화, 1977).

한편 스웨덴의 복지지향은 실업자, 장애인, 아동, 노인은 물론 교도소의 재소자에게도 미친다. 다만 복지국가로만 인식되고 있는 스웨덴의 경우에도 범죄문제를 둘러싼 '복지지향적 접근'(welfare-oriented approach)과 '억압적 접근'(repressive approach)이 계속 대립하여 오면서 형사정책의 골간을 형성하여 왔다(한인섭, 2006: 283-284). 스웨덴에서는 1960년대 후반부터 1970년대 초반에 복지에 주안점을 두고 다음과 같은 관대한 접근방법이 우세하였다(한인섭, 2006: 285-286). 범죄에 대한 복지지향적 접근은 형벌 범위의 감소와 비범죄화의 추세로 나타났다. 범죄원인을 빈곤, 사회해체 등으로 설정하게 되면 형벌적 대책보다는 보다 일반적 사회정책의 틀 내에서의 대책을 강구하게 된다. 하지만 경우에 따라서는 사회통제망을 확대시킨다는 비판을 받는다. 왜냐하면 범죄인에 대한 접근에 연대감, 사회공학 및 사회치료와 관련된 정책을 선호하여서 치료와 통합을 위한 프로그램의 확대를 추진하기 때문이다. 기본적으로 복지지향적 접근은 범죄인을 '보호할 필요가 있고 사회복귀될 잠재력이 있는 실패자'로 보고 이웃 시민이라는 동정적 관점을 채택하고 있다.

(2) 복지지향적 교정의 시사점

북유럽 국가들은 이러한 복지지향적 교정정책에 따라 전반적으로 낮은 수준의 범죄인 수감률을 보이고 있다. 핀란드의 경우에도 지난 20년간 형벌수준의 현저한 감소를 보이고 있다. 1970년대까지 인구 10만 명당 120명 수준의 재소자를 기록했던 핀란드는 이후 1990년대 중반에 이르러서는 약 75명의 수준으로 감소하였다(한인섭, 2006: 287). 이는 다른 북유럽 국가들의 평균 60명 수준에 비하여 높은 편이지만, 2011년 기준 미국의 인구 10만 명당 재소자 약 720명[8]의 1/10에 해당되며 우리나라의 약 96명보다도 훨씬 적은 수치다.

이러한 결과를 놓고 본다면 "범죄에 대한 강경대응만이 과연 효과적인가?"라는 의문을 가질 수밖에 없다. 물론 지나치게 관대한 형사정책은 범죄문제에 효과적으로 대응하는 데 불안할 수 있다. 그러나 반대로 처벌과 통제의 강도를 높이는 범죄대책들이 성공하고 있다는 사례는 어디에서도 찾아보기 어렵다. 결국 한 국가의 형벌수준은 범죄수준에 비례하기보다는 그 나라의 형사정책의 기조와 형벌관, 나아가 그 나라의 문화수준을

---

8) 2011년 기준, 미국 성인 10만 명당 재소자의 수는 937명이며 보호관찰대상자는 2,015명이다(Glaze & Herberman, 2013).

반영하는 것이다(한인섭, 2006: 317). 이 점에서 선진국으로 진입하고 있는 우리나라에서도 교정과 범죄대책과 관련하여 복지지향적인 접근에 대한 진지한 성찰과 실현을 위한 노력이 필요하다.

범죄율과 복지국가

······ 반사회적 흉악범의 성장 배경에는 거의가 조실부모, 가난, 사회의 냉대 속에서 범죄의 유혹에서 헤어나지 못한 공통점이 있다. 이에 대한 근원적 해결은 국가가 충실한 사회복지제도를 확대하여 그들을 예방적 차원에서 구제해 주는 것이다. 그리하여 그들 스스로 복지 공동체의 한 일원으로서 책임감과 연대감을 잃지 않고 살아가도록 해야 한다. 복지사회일수록 범죄자의 수가 적은 것은 이런 해법의 성과를 실증적으로 말해 주는 것이다. 〈중략〉

복지와 인권 국가로 잘 알려진 스웨덴에서는 아무리 중범죄자라도 '30대 중반 남성' 정도로 용의자에 대한 신상 보도가 모두 끝나며, 특수한 경우가 아니면 당사자에 관한 비밀은 영원히 보장된다. 출소 이후에도 보통 사람처럼 정부 직영의 취업 알선기관에서 일자리를 구해 쉽게 갱생의 길을 찾을 수 있다. 취업에 앞서 신원 조회나 보증인은 필요 없다. 어느 사회에나 범죄자는 있게 마련이고, 그들을 수감하여 교화시키는 제도는 반드시 필요하다. 그러나 구속 처벌에 앞서 범죄를 예방해 주는 사회보장적 안전장치와 인권 보호가 선행되어야 하고 출감 후 사회에 복귀하는 데에도 어려움이 없도록 인간적인 사회정책적 교도 행정을 펴 나가야 한다. 〈중략〉

빈부의 격차가 심한 나라는 갈등과 불안의 심화, 이로 인한 자살과 범죄율이 높아질 수밖에 없다. 미국이 대표적이다. 경제협력개발기구(OECD) 30개 국가 중 미국은 일반살인 발생률 3위, 총기에 의한 살인 발생률 1위, 강간 발생률 1위 등을 기록하여 주요 선진국 중 최고의 범죄율을 보여 주고 있다. 국가 복지가 선진국 중 최하 수준인 시장만능주의 종주국이기 때문이다. 보편적 복지의 부재 속에 사회계층 간 갈등과 분열이 커져 가는 사회가 아무리 치안을 강화하고 처벌을 강화한들 범죄율을 낮추는 데는 큰 효과를 보기 어려울 것이다. 중요한 것은 범죄의 예방이다. 최선의 예방은 보편적 복지국가를 만드는 것이다. 북유럽의 복지국가들이 그 가능성을 잘 보여 주고 있다.

범죄에 대한 가장 올바른 대책은 사후약방문보다는 예방이 우선이며, 범죄가 일어났을 경우에는 충분한 교정을 통해 범죄자들이 최대한 사회에 적응할 수 있도록 돕는 사회제도를 마련하는 것이다. 가혹한 처벌이나 사형만이 능사가 아니다. 스웨덴 등 유럽 선진국에서 배울 일이다. 최선의 범죄 예방책은 보편적 국가복지를 제도화하는 것임을 다시 한 번 강조하고자 한다.

출처: 변광수(2009. 4. 20). 〈복지국가소사이어티〉 칼럼에서 발췌.

3. 교정복지의 지도원리

교정복지에도 사회복지실천의 일반 원리가 적용되어야 함은 물론이다. 그러나 여기서는 '교정복지'라는 분야론에 고유한 지도원리를 논의하도록 한다. 앞서 살펴보았듯이, 교정복지의 개념을 '교정'이라는 형사사법단계에서 범죄인과 그 가족 등의 문제해결을 위한 사회복지실천으로 이해할 경우, 세계적으로 확립된 교정처우 또는 범죄인처우의 기본적 원칙들은 교정복지의 지도원리로서 기능할 수 있다고 본다. 이러한 기본원칙으로는 인도적 처우의 원칙, 법률주의의 원칙, 공평처우의 원칙, 처우의 개별화, 법적 지위에 상응한 처우, 과학주의의 원칙, 사회내처우의 지향 등이 있다(김용우, 최재천, 2006: 263-264; 박양빈 외, 2003: 69-85; 송광섭, 2003: 469-474; 홍금자, 박영숙, 문영희, 2009: 19-22).

1) 인도적 처우의 원칙

교정복지에서 가장 기본적인 것은 인간존중사상, 즉 인도주의[9]에 입각한 '인도적 처우의 원칙'이라고 할 수 있다. 이는 범죄인에 대한 처우가 인간의 기본권을 침해하지 않고 인간의 존엄성을 해하지 않는 범위 내에서 이루어져야 한다는 것을 말한다. 제2차세계대전 이후 인권사상이 고양되면서 범죄인처우의 사회복지 접근이 강화되었고, 1966년 세계인권선언의 「시민적·정치적 권리에 관한 국제규약(B규약)」 제10조 1항은 "자유를 박탈당한 모든 사람은 인도적으로 또는 인간의 고유한 존엄성을 존중하여 취급된다."고 규정하기에 이르렀다. 우리나라의 경우 인간의 존엄성과 기본적 인권의 보장을 규정한 「헌법」 제10조, 신체의 자유를 규정한 제12조, 그리고 인간다운 생활을 보장하고 있는 제24조 1항 등이 인도적 처우의 근거라고 할 수 있다(송광섭, 2003: 469).

인도주의의 기본이 되는 개인의 존엄사상은 범죄인의 사회복귀 내지는 재통합사상과 부합하는 것으로서 교정복지의 제1의 지도원리라고 할 수 있다.

---

9) 인도주의란 모든 인류는 인간이라는 점에서 동등한 자격을 갖추고 있다는 인류 공존의 박애적 사상을 의미한다. 역사적으로는 1215년 영국의 마그나 카르타, 1628년 권리장전, 1789년 프랑스혁명과 인권선언, 1957년 UN 피구금자처우최저기준규칙 등에 기초하고 있다(송광섭, 2003: 471).

2) 법률주의의 원칙

법률주의란 교정제도와 교정복지실천이 법률에 의하여 규율되는 것을 말한다. 범죄인의 처우는 그들의 신체적 자유나 권리를 제한하는 등 해악을 수반하는 것이 보통이다. 이에 「헌법」 제12조는 "모든 국민은 법률에 의하지 않고 체포·구속·압수·수색 또는 심문을 받지 아니하며, 법률과 적법한 절차에 의하지 아니하고는 처벌, 보안처분 또는 강제노역을 받지 아니한다."고 규정하고 있다. 이와 같은 「헌법」 정신에 따라 범죄인처우에 있어서 적정한 법률을 근거로 하여야 한다는 것이 바로 법률주의의 원칙인 것이다.

한편 법률주의의 당연한 귀결로서 동일한 사건에 대해서는 동일한 처우가 행해져야 한다는 '공평처우의 원칙'이 나타난다(김용우, 최재천, 2006: 263). 유엔의 「시민적·정치적 권리에 관한 국제규약(B규약)」 제26조는 "누구나 법률 앞에 평등하고 어떠한 차별도 없이 법률에 의해 평등하게 보호받을 권리를 갖는다."고 규정하고 있다. 우리나라 「헌법」도 실질적 평등의 원리를 선언하고 있고 제11조 1항은 법 앞의 평등의 보장과 불합리한 차별을 금지하고 있다.[10] 그러나 이 원칙은 절대적 평등을 의미하는 것은 아니다. 동일 사정에 있어서는 균등·공평하게 처우할 것, 즉 상대적 평등을 의미하는 것(송광섭, 2003: 470)이기 때문에 처우의 개별화가 가능한 것이다.

3) 처우의 개별화

교정복지에서 처우의 개별화란 범죄인의 개선과 사회복귀를 위해서는 범죄인의 자질·인성 등 개인적 특성과 죄를 범하게 된 환경적 배경을 고려하여 개개의 범죄인에게 가장 적합하고 필요한 실천방법을 선택하여 실시하는 것을 말한다. 이를 '개별처우 (individualized treatment)의 원칙'이라고도 한다. 18세기 후반 인간행동을 사회학적으로 설명하는 사회과학의 발달은 이러한 개별처우 사상의 등장배경이 되었다.

처우의 개별화는 '법적 지위에 상응하는 처우' (treatment appropriate to legal status)와 연결된다. 처우를 받는 자마다 그 법적 지위에 따라 권리와 의무를 달리 적용하기 때문이

---

10) 우리나라 「헌법」은 전문에서 "정치·경제·사회·문화의 모든 영역에 있어서 각인의 기회를 균등히 하고……."라고 선언하고 있으며, 제11조 1항에서는 "모든 국민은 법 앞에 평등하다. 누구든지 성별·종교 또는 사회적 신분에 의하여 정치적·사회적·문화적 생활의 모든 영역에 있어서 차별을 받지 아니한다."라고 규정하고 있다.

다. 예를 들면, 「시민적 · 정치적 권리에 관한 국제규약(B규약)」 제10조 3항은 "소년범죄
인은 성인과 분리하여 그 연령 및 법적 지위에 상응하는 취급을 받는다."고 규정하고 있
는데, 이는 연령이라는 개인적 특성이 법적 지위와 연결되고 그에 따라 처우를 달리하여
야 한다는 것을 의미한다. 「UN 피구금자처우최저기준규칙」도 구금자를 성별, 연령, 범
죄경력, 구금의 사유 및 처우상의 필요를 고려하여 수용하도록 규정하고 있다(제8조).

한편 이러한 개별처우를 위해서는 각 범죄인의 특성을 정확히 파악하여 그에 따른 처
우계획을 수립할 필요가 있다(송광섭, 2003: 473). 이를 위해서는 각종 인간과학의 전문지
식과 행동관찰에 의거한 과학적 분류, 즉 과학주의의 적용이 필요하다.

4) 과학주의의 원칙

교정복지에서 과학주의란 인간관계 및 인간의 심리 · 행동에 관한 여러 가지 과학적
지식의 도움을 받아 효율적인 범죄인처우를 하는 것을 말한다. 즉, 범죄인처우에 각종
행동과학 · 사회과학 · 의학 등의 성과를 도입, 활용하여 교정복지실천의 효과를 높이는
것을 말한다. 따라서 과학주의는 범죄 및 범죄인의 특성은 어떠하고 범죄원인은 무엇이
며 범죄대책과 처우의 방향은 어떻게 정립되어야 하는지에 대한 과학적 연구에서 비롯
된다(송광섭, 2003: 471).

구체적으로는 교정복지실천과 관련하여 사회복지학, 범죄학, 교육학, 심리학, 생리학,
정신의학 등 여러 학문 분야에서 범죄인의 분류 · 사정 · 치료를 위하여 응용할 수 있는
전문지식과 실천기법을 적용하는 노력이 필요하다. 특히 범죄인에 대한 과학적 분류와
사정은 이러한 전문지식과 기법을 활용하여 범죄인의 성격, 심신의 상황, 적성, 장래의
생활계획 등 개인적 특징과 그 인격형성의 배경을 이루는 여러 요소를 정확히 파악하는
것을 의미한다.

5) 사회내처우의 지향

사회내처우의 지향이란 범죄인을 교정시설 등에 구금하는 시설내처우보다는 일반사
회와의 상호작용을 강조하는 범죄인처우를 통하여 사회복귀와 사회재통합을 도모할 필
요가 있다는 것이다. 19세기까지만 해도 '교정처우'라는 용어는 시설 내 구금처우만을
의미하였다(박양빈 외, 2003: 70). 그러나 20세기 중반 이후 UN 사회위원회의 '범죄예방

및 범죄인의 처우' 정례회의 등을 통하여 사회내처우의 중요성을 자각하기 시작하였다. 현재는 세계적으로 범죄인처우의 강조점이 시설내처우에서 사회내처우로 이동하였다는 사실에 주목할 필요가 있다(박양빈 외, 2003: 71). 이는 사회복귀사상의 제창, 낙인이론(labeling theory)에 기초한 다이버전(diversion), 비시설화와 불개입주의의 확산, 과잉구금 등의 영향이라고 할 수 있다.

그러나 '시설내처우에서 사회내처우로' 라는 명제에도 불구하고 아직도 우리나라 범죄인처우의 실제 차원에서는 조직과 인력, 시설과 예산 등 규모 면에서 시설내처우가 중심적인 제도로서 위치하고 있음이 현실이다(박양빈 외, 2003: 71). 교정복지가 이념적으로 범죄인의 사회복귀(rehabilitation) 또는 재사회화(resocialization)[11]를 지향하기 때문에 개방시설처우와 같은 중간처우 그리고 보호관찰과 같은 사회내처우의 활성화와 새로운 제도의 개발에 기여하는 것이 교정복지의 지도원리가 될 수 있다.

4. 교정복지와 인접 학문

범죄와 범죄인의 문제에 복지적으로 접근하기 위해서는 실제로 많은 사회과학 분야의 긴밀한 상호 협력이 필요하며, 이에 따라 교정복지가 종합사회과학의 성격을 가지는 것은 당연하다. 구체적으로는 형법학, 형사정책학, 범죄학, 교정학, 심리학, 교육학, 사회학 등의 분야에서 나름대로 교정복지와 관련된 주제들이 연구되고 있다. 각 분야의 이러한 학문적 성과는 교정복지의 지식적 토대가 된다. 그러나 교정복지의 독자적인 학문체계를 정립하기 위해서는 관련 분야의 다른 학문 영역과의 면밀한 비교가 필요하다.

---

11) 여기서 생각할 것은 범죄인처우에서 '재사회화' 또는 '사회복귀' 라는 용어가 어떤 의미를 가지느냐다. 이에 대해서는 박양빈 등(2003: 72)이 심도 있게 논의하였다. 먼저 '사회복귀' (rehabilitation)라는 용어는 미국 범죄인처우의 의료모델(medical model)에서 연유하였다. 즉, 범죄인을 환자처럼 취급하고 이들을 범죄인처우제도를 통하여 치료함으로써 정상적인 사회생활로 되돌아가도록 하는 것을 의미한다. 한편 독일어권에서는 사회복귀라는 용어 대신에 '재사회화' (Resozialisierung)라는 용어를 사용한다. 그러나 여기서 '재' (re)라는 접두사의 해석을 둘러싸고 종종 오해가 발생하였다. 즉, 재사회화라는 것은 처벌을 받고 있는 범죄인이 범죄행위 전으로 돌아가는 것이 아니고 오히려 인격의 발달과정에 상응하여 필요한 '사회성' 을 몸에 지니고 다시 사회생활에 되돌아가는 것을 의미한다. 따라서 이후 독일에서는 'Resozialisierung' 이라는 용어 대신에 단순히 사회화(Sozialisation)나 '보전적 사회화' (Ersatzsozialsation)나 '보충적 사회화' (Stellvertrende Sozialisation)라는 용어를 사용하기도 하였다. 이는 '제2차적 사회화' 를 의미한다고 한다. 이와 같은 논의를 참고할 때 우리나라에서 교정복지의 기본이념은 범죄인의 '재사회화' 라는 용어보다는 '사회복귀' 라는 용어를 사용하는 것이 그 내용을 보다 적절히 표현하는 것이라고 본다.

여기서는 범죄원인, 범죄대책 및 교정제도의 연구와 직접적으로 관련되어 있는 형법학, 형사정책학, 범죄학 및 교정학과의 비교를 통해 교정복지의 학문적 정체성을 논의하도록 한다.

1) 형법학과의 관계

형법학은 실정형법의 해석과 체계화, 그리고 형법학설적인 논의를 연구대상으로 하는 규범학(規範學)이다(박상기 외, 2009: 13). 그러나 교정복지학은 실정법에 대한 연구보다는 정책에 대한 연구에 초점이 맞추어져 있다. 이러한 측면에서 양자는 학문적 접점이 크지 않다.

그러나 범죄와 범죄인에 관한 교정복지의 수많은 논의들은 사실 (명시적이든 암묵적이든) 형법학의 오랜 역사를 통해 정립된 핵심적 개념들에 기초하고 있다. 예를 들면, '무엇이 범죄행위인가(구성요건 해당성)' '어떠한 경우에 처벌을 받는가(위법성 및 책임조각사유)' 그리고 '범죄에 대하여 국가는 구체적으로 어떠한 처벌을 부과하는가(형벌론 및 양형문제)' 등의 질문에 대하여 형법학의 정치한 법이론적 논쟁을 통해 생성되고 정립된 개념들을 원용하고 있는 것이다. 즉, 형법학은 기존 형벌체계의 운용과 해석에서 결정적인 지침이 되므로(박상기 외, 2009: 13) 교정복지의 연구에서도 일정한 규준이 된다.

2) 형사정책학과의 관계

형사정책학은 범죄대책론 또는 형사입법론[12]이라고도 하며 범죄에 관한 학문적 정보와 함께 그것에 따른 정부의 각종 대책을 연구하는 종합과학이다(배종대, 2011: 3). 형사정책학을 형법학의 한 분야로 보는 견해도 있지만 양자를 구분하는 것이 일반적이다(박상기 외, 2009: 13). 그 이유는 형사정책학이 범죄에 대한 일체의 지식을 연구하고 그에 따른 제재수단의 선택 등을 연구하는 포괄적 학문이며 형법학의 실천원리로 작용하는 고유한

---

12) '형사정책'이라는 용어는 1800년경 독일의 형법학자 포이어바흐(Feuerbach) 등이 사용하였을 때에는 주로 형사입법정책을 의미하였으나, 오늘날에는 보다 광의의 개념으로 사용되고 있다. 일반적으로는 국가나 사회공공단체가 범죄의 현상을 파악하고, 이에 대한 원인을 탐구하며 이를 기초로 범죄 방지를 위한 대책을 강구하여 시행하는 입법·사법·행정상의 시책도 포함하는 것으로 해석되고 있다(송광섭, 2003: 3; 정영석, 신양균, 1997).

학문성을 가지고 있기 때문이다(배종대, 2011: 8). 즉, 형법학은 실정형법에 국한된 규범적 학문이지만 형사정책학은 실정법의 영역과 정책의 영역에 걸쳐서 기능하며, 형법상의 형벌이 범죄대책으로서 효과적인 수단인가라는 정책적 연구와 판단도 내용으로 한다.

교정복지의 지식체계는 특히 범죄대책론과 형사입법론에서 형사정책의 지식체계와 상당부분 중복된다. 따라서 교정복지 현장에서 활동하고자 하는 사회복지사에게는 형사 정책에 대한 기초적인 소양이 요구된다. 그럼에도 불구하고 교정복지학은 범죄인이라는 클라이언트의 재활과 긍정적인 변화에 보다 초점을 두는 실천적 학문으로서, 형사입법 과 같은 거대담론을 중심으로 하는 형사정책과는 그 차원을 달리한다. 즉, 형사정책학과 비교하여 교정복지학은 상대적으로 미시적 · 실천적 · 인간관계적 학문영역이라고 할 수 있다.

3) 범죄학과의 관계

범죄학은 범죄의 현실적 원인과 그에 대한 대책으로서 형벌의 효과를 경험적으로 연구하는 분야를 말한다. 이에 비해 형사정책학은 범죄학의 경험적 연구를 토대로 범죄대책의 효과성을 논의하고 형사입법의 방향을 제시하는 학문이다(배종대, 2011: 14-15).[13] 따라서 형사정책학은 범죄학에 의존적인 관계에 있다고 할 수 있다. 한편 범죄의 원인을 개인의 생물학적 · 사회심리적 특성에서 찾느냐 아니면 사회적 환경요인에서 찾느냐에 따라 범죄생물학, 범죄심리학 그리고 범죄사회학으로 구분되기도 한다. 범죄심리학은 심리학의, 그리고 범죄사회학은 사회학의 한 분과를 구성하고 있기도 하다.

사회복지학이 심리학과 사회학 등 인접 사회과학의 영향을 받은 것처럼 교정복지학도 범죄학의 경험적 연구결과들을 원용하고 있다. 특히 저명한 범죄학적 연구들을 통해 정립된 다양한 학문적 개념들은 범죄 발생의 원인과 범죄인의 문제를 이해하기 위한 교정복지학의 기초적 이론체계를 구축하는 데 도움을 주고 있다. 그러나 범죄학의 학문적 관심영역이 주로 범죄원인론적 측면에 국한되어 있음에 비하여 교정복지론은 보다 폭넓게 사회복지적 차원에서 범죄대책의 정책론과 실천론을 포괄하고 있다는 차이점이 있다.

---

13) 범죄학은 경험과학이지만 형사정책은 규범과학, 즉 가치과학이라고 할 수 있다. 양자의 성격이 이와 같이 엄격히 구별됨에도 불구하고 실제로는 혼용되어서 형사정책이라고 명명한 책에 실제로는 범죄학의 내용을 담거나 그 반대의 경우도 많이 있다(배종대, 2011: 15).

4) 교정학과의 관계

교정학은 형사정책 중에서도 주로 범죄 진압과 사회보호를 위한 범죄대책, 즉 형벌 및 교정 제도를 중심으로 그 집행효과와 발전가능성 등을 연구한다(송광섭, 2003: 7; 홍봉선, 2007: 22). 특히 시설내처우를 중심으로 교정시설에 수용되어 있는 재소자를 대상으로 한 교정처우기법이나 교화프로그램 등을 심도 있게 연구하는 학문이다(홍봉선, 2007: 23). 이렇듯 특수한 전문영역을 연구하는 학문이기 때문에, 관련 학과가 설치된 대학도 있으나 그 사례가 많지 않고 학문적으로도 아직 정립되어 있다고 평가하기 어렵다. 교정복지와 교정학은 그 명칭은 유사하지만, 내용에는 차이가 있다. 시설내처우 중심으로 제도적 접근을 강조하는 교정학에 비하여 교정복지학은 인간주의적 · 실천적 접근을 강조하며 상대적으로 사회내처우가 논의의 중심이다. 즉, 교정복지는 범죄인과 그 가족의 인간적 존엄성과 가치를 확인하고 사회적응과 재활을 위한 정책적 · 프로그램적 성격을 강조한다(홍봉선, 2007: 23).

참고문헌

김상균 외(2007). 사회복지학개론. 서울: 나남출판.

김용우 · 최재천(2006). 형사정책. 서울: 박영사.

김융일 · 조흥식 · 김연옥(2005). 사회사업실천론. 서울: 나남출판.

박상기 · 손동권 · 이순래(2005). 형사정책(제8판). 한국형사정책연구원.

_____(2009). 형사정책(제10판). 한국형사정책연구원.

박양빈 · 정진수 · 이윤호 · 임재표 · 김종정 · 홍남식 · 이종택(2003). 21세기 교정비전과 처우의 선진화방안. 법무부 연구용역보고서. 한국형사정책연구원.

박영숙(2008). 위기개입을 통한 피해자복지 실천 방안. 교정복지연구, 제14호, 193-211.

박종삼 외(2006). 사회복지학개론. 서울: 학지사.

배임호 · 박경일 · 이태언 · 신석환 · 전영록(2007). 교정복지론. 서울: 양서원.

배종대(2000). 형사정책(제3판). 서울: 홍문사.

_____(2011). 형사정책(제8판). 서울: 홍문사.

법무연수원(2012). 2011년 범죄백서. 용인: 법무연수원.

변광수(2009. 4. 20.). 범죄율과 복지국가. 복지국가소사이어티.

송광섭(2003). 범죄학과 형사정책. 서울: 유스티아누스.

이무웅(2001). 우리나라 사법보호복지 서비스에 관한 소고. 보호관찰실무연구논문집. 법무부 서울보호관찰소.

이형섭(2012). 보호관찰관의 역할정체성 형성과정에 관한 연구: 사회복지사 자격을 소지한 보호관찰관의 사례를 중심으로. 서울대학교 대학원 박사학위 논문.

장인협(1989). 사회사업실천방법론(상): 기초이론. 서울대학교출판부.

정영석 · 신양균(1997). 형사정책. 서울: 법문사.

정준화(1977). 북구제국의 행형제도. 입법조사월보.

조흥식(2009). 사회복지적 측면에서 보호관찰제도의 20년 고찰. 한국보호관찰학회 2009년 춘계학술대회 자료집. 한국보호관찰제도 시행 20주년 기념 보호관찰제도의 회고와 전망, 41-51.

조흥식 · 권기창 · 이태수 · 박경수 · 이용표(2008). 사회복지학개론. 서울: 창지사.

최옥채(2000). 교정복지론. 서울: 아시아미디어리서치.

＿＿＿(2010). 교정복지론. 서울: 학지사.

한영수(2003). 보호관찰, 사회봉사 · 수강명령의 독립적 형벌화에 관한 연구. 법무부 연구용역보고서. 한국보호관찰학회.

한인섭(2006). 형벌과 사회통제. 서울: 박영사.

홍금자 · 박영숙 · 문영희(2009). 교정복지론. 서울: 학현사.

홍봉선(2007). 교정복지론. 서울: 공동체.

Allen, F. A. (1981). Decline of the rehabilitative ideal-penal policy and social purpose. NCJ 078280.

Brownell, P., & Roberts, A. R. (1999). A century of forensic social work: Bridging the past to the present. *Social Work, 44*(4), 359-369.

Burnett, R. (2004). One-to-one ways of promoting desistance: In search of an evidence base. In R. Burnett & C. Roberts (Eds.), *What works in probation and youth justice: developing evidence-based practice*. Cullompton: Willan.

Burnett, R., Bachelor, S., & McNeill, F. (2005). Practice skills in reducing re-offending: Lessons from psychotherapy and counselling. *Criminal Justice Matter, 61*(Autumn), 32-41.

Burnett, R., Baker, K., & Roberts, C. (2007). Assessment, supervision and intervention: Fundamental practice in probation. In L. Gelsthorpe & R. Morgan (Eds.), *Handbook of probation*. Cullompton: London.

Carlson, N. A., Hess, K. M., & Orthmann, C. M. H. (1999). *Corrections in the 21st century: A practical approach*. Belmont, CA: West/Wadsworth Publishing Company.

Cohn, A. W. (2002). Managing the correctional enterprise-The quest for 'What Works'. *Federal probation*, September, 2002.

Compton, B. R., & Galaway, B. (1989). *Social work processes*. Belmont, CA: Westworth Publishing Company.

Friedlander, W. A., & Apte, R. Z. (1980). *Introduction to social welfare*. Prentice-Hall.

Glaze, L. E. (2002). Probation and Parole in the United States, 2001. In *Bureau of Justice Statistics Bulletin*, August 2002, NCJ 195669, U.S. Department of Justice Office of Justice Programs.

Glaze, L. E., & Herberman, E. J. (2013). Correctional populations in the United States, 2012. In *Bureau of Justice Statistics Bulletin*, December 2013, NCJ 243936, U.S. Department of Justice Office of Justice Programs.

Kyckelhahn, T. (2012). State Corrections Expenditures, FY 1982–2010. In *Bureau of Justice Statistics Bulletin*, December 2012, NCJ 239672, U.S. Department of Justice Office of Justice Programs.

Maruschak, L. M., & Bonczar, T. P. (2013). Probation and Parole in the United States, 2012. In *Bureau of Justice Statistics Bulletin*, December 2013, NCJ 243826, U.S. Department of Justice Office of Justice Programs.

Morales, A., & Sheafor, B. W. (1980). *Social work: a profession of many faces*. Allyn and Bacon.

Nash, M. (2009). Public Protection and the Transformation of the English and Welsh Probation Service. 세계 속의 보호관찰 그 성과와 과제(보호관찰제도 도입 20주년 기념 국제세미나 자료집). 법무부, 49–84.

Petersilia, J. (1998). Introduction of Chapter 4. In J. Petersilia (Ed.), *Community corrections: Probation, parole, and intermediate sanctions*. New York: Oxford Univ.

Shebib, B. (2006). 사회복지 상담심리학(제석봉 역). 서울: 학지사. (원전 출판 2002).

Smith, D. (2005). Probation and social work. *British Journal of Social Work, 35*, 621–637.

Walsh, A. (1997). *Correctional assessment, casework & counseling* (2nd ed.). Lanham, MD: American Correctional Association.

鈴木 昭一郎(1999). 更生保護の實踐的展開. 更生保護叢書 第4号. 日本更生保護協會.

山口幸男(1971). 少年非行と司法福祉. ミネルヴァ書房.

기타 자료

복지국가소사이어티(www.welfarestate.net)

전미사법복지협회(www.nofsw.org)

한국사회복지사협회(www.welfarw.net)

교정복지의 역사

제1장에서 논의한 것처럼 교정복지의 개념을 "범죄인의 원활한 사회복귀를 위한 전문적 사회복지실천"이라고 이해한다면, 교정복지는 근현대에 국한된 매우 짧은 역사를 갖고 있다고 할 수 있다. 특히 전통적인 응보적 구금형에서 벗어나 지역사회 내에서 사회복지사 등이 개입하여 사회적응을 원조하는 보호관찰제도와 그 역사적 궤를 같이한다고 할 수 있다. 그러나 교정복지 관련 제도와 실천방법의 탄생 배경을 좀 더 깊이 있게 이해하기 위해서는 교정의 역사, 즉 범죄인처우와 관련된 인류 역사의 세계사적 전개과정을 먼저 살펴볼 필요가 있다. 한편 우리나라의 형벌과 행형제도 발달사를 살펴보면, 과거로부터 휼형(恤刑)이라는 교정복지적 전통이 역사적으로 면면히 흘러 왔다. 따라서 이 장에서는 먼저 범죄인처우의 세계적인 발전단계와 우리나라에서의 형벌제도 역사를 살펴본 후, 교정복지의 역사에 대한 논의를 전개하도록 한다.

1. 범죄인처우의 시대적 변화

범죄인처우의 역사적 발전단계는 크게, 복수주의(사적 복수), 위하주의, 교육적 개선주의(인도주의, 박애주의), 과학적 처우, 사회적 권리보장 등의 시대로 구분된다(김용준,

이순길, 1995; 송광섭, 2003; 이윤호, 2011; 홍봉선, 2007).

1) 복수주의 시대

복수주의 시대는 원시시대부터 고대국가 형성기까지를 말한다. 이 시대는 원시국가에 해당하여 당시의 형벌이 어떻게 시행되었는가는 명확히 밝힐 수는 없으나 대체로 응보적 반격을 내용으로 하는 사적 제재, 즉 복수가 중심을 이루었을 것으로 추측된다(김용준, 이순길, 1995: 117). 이와 같이 형벌제도의 기원은 복수였던 것이다(송광섭, 2003: 363).[1]

이러한 복수는 부족 또는 민족 사이에 이루어진 것으로 잘못한 사람이나 그 가족이 받아야 할 일종의 의무였다(이윤호, 2011: 46). 그러나 복수가 반복되고 지나친 응징에 따른 폐해가 커짐에 따라 복수를 제한하는 원칙이 등장하였다(김용준, 이순길, 1995: 117; 송광섭, 2003: 363; 이윤호, 2011: 46). 동해보복(同害報復) 사상을 담은 '눈에는 눈, 이에는 이'라는 '탈리오(talio)의 원칙'이 바로 그것이다. 또한 피해자가 복수 대신에 가해자에게서 속죄물을 받고 용서한다는 '속죄형(贖罪刑)제도'도 등장하였다.

속죄형제도가 시행되는 과정에서 경우에 따라서는 속죄금의 일부가 평화금의 형태로 공권력에 귀속되었고 반역, 탈영 등 일부 범죄에 대해서는 공적 형벌이 시행되기도 하였다. 한편 족장을 중심으로 하는 부족사회에서는 족장이 강력한 가부장적 형벌권을 갖게 되었고, 행동의 준칙으로는 금기(taboo)가 중시되었으며, 족장의 명령이나 종족의 관습도 중요한 내용이 되었다(김용준, 이순길, 1995: 117).

2) 위하주의 시대

점차 사회의 중심세력이 형성되고 국가가 등장함에 따라 사적 복수에 지나지 않았던 형벌도 국가가 주관하게 되어(형벌의 국가화), '공형벌(公刑罰)시대'로 진입하게 된다. 이 시기는 고대국가부터 18세기까지 진행되었다. 12~13세기에는 신성로마제국에 로마형법이 계수되었고, 14~15세기에는 교회법이 신앙문제와 관련하여 중요한 역할을 하였

---

1) 예를 들면, 게르만 종족 사회의 경우 외부로부터 자기 종족의 평화를 해친 자와 그 동족은 피해자와 그 동족의 적으로서 '피의 복수'(Blutrache)의 대상이 되었다(김용준, 이순길, 1995: 117).

2) 이 시대의 형벌은 사형, 신체형, 장기유배 등이 그 주류를 이루었는데, 경죄에 대해서도 태형이나 낙인형 등

다. 중세 유럽에서는 프랑크제국의 분열과 약화에 따라 형벌권은 세력이 강화된 봉건영
주와 도시국가로 넘어갔다(김용준, 이순길, 1995: 118). 특히 16세기경 절대왕권 시대에는
준엄하고 잔인한 공개적 처벌을 시행하였는데(이윤호, 2011: 46),[2] 이는 일반 시민에게
범죄에 대한 경각심과 처벌에 대한 두려움, 즉 '위하'(威嚇)를 불러일으키려는 것으로
일반 예방에 입각한 심리강제의 방법이었다.

16세기는 왕권강화와 강력한 공형벌 개념이 확립된 시기로, 이때를 대표하는 신성로
마제국의 「카롤리나(Carolina) 법전」은 가혹한 형벌의 내용을 담고 있다(이윤호, 2011:
46-47). 가혹한 형벌로 국가권력의 권위를 보여 범죄발생을 예방하는 정책을 강구한 것
이다(송광섭, 2003: 364). 이러한 위하주의 시대의 범죄인처우는 교정·교화의 목적을 전
혀 고려하지 못하였고 음침한 지하의 동굴이나 성벽의 폐허 등이 행형건축으로 주로 이
용되었다(이윤호, 2011: 47).

한편 중국에서는 이미 7세기에 입법기술이 발달하여 엄격한 공형벌 사상에 입각한
'당률'(唐律)이 제정되었다. 1397년에 '대명률'(大明律)이 제정되었는데, 그 내용은 동
시대 유럽의 그것보다 훨씬 진보된 것이었다. 당률은 고려에, 대명률은 조선에 각각 영
향을 미쳤다(김용준, 이순길, 1995: 118).

3) 교육적 개선주의 시대

교육적 개선주의 시대는 18세기 말부터 19세기 중반까지를 말하며, '형벌의 법률화'
가 진행된 시기로서 사상적으로는 18세기 유럽의 계몽주의에 영향을 많이 받았다(김용
준, 이순길, 1995: 119; 송광섭, 2003: 364; 홍봉선, 2007: 34). 인간의 이성에 기초하여 민주주
의·법치주의를 강조하며 모든 사회문제에 대한 합리적 해결책을 추구하는 계몽주의사
상이 형사학을 지배한 것이다. 이에 따라 이전까지의 국가의 형벌제도가 지나치게 가혹
하였다는 비판과 반성이 일기 시작하여 인도주의(박애주의)에 입각한 형벌의 완화가 전
개되었다.[3]

이 행하여졌다. 근세 유럽의 절대왕정은 형벌제도를 더욱 엄격하게 운영하였다. 예를 들면, 영국의 헨리 8세
치하(1509~1547)에서는 약 72,000명이 사형을 받았고, 엘리자베스 1세 치하(1558~1603)에서는 무려
89,000명이 처형되었다. 심지어는 토끼 한 마리를 절취한 자에게도 사형이 과해졌다고 전해진다(김용준, 이
순길, 1995: 118).

3) 형벌의 완화는 18세기 후반 이탈리아의 베카리아(Beccaria), 독일의 포이어바흐, 프랑스의 몽테스키외
(Montesquieu) 등이 제창하여 유럽 여러 나라로 퍼져 나간 형법개정운동에 의하여 영향을 받았다. 특히 베카
리아는 그의 저서 『범죄와 형벌』에서 공리주의에 기초하여 형벌이 범죄인에 대한 응보의 수단이 아니라 일

이전에는 어떠한 행위를 범죄로 정하고 어떠한 형벌을 부과할 것인지가 군주나 재판관의 전단에 따르는 '죄형전단주의'(罪刑專斷主義) 시대였다. 하지만 이 시기에 접어들면서 이러한 사항들이 미리 법률에 규정되는 '죄형법정주의'(罪刑法定主義) 원칙이 정립되어 형벌의 법률화가 진행되었다(이윤호, 2011: 47). 범죄와 형벌의 관계가 법률관계로서 이해되고 양자의 균형이 중시되었으며, 형벌은 자유형을 원칙으로 하게 되었다(김용준, 이순길, 1995: 119).

한편 계몽주의사상에 입각한 인도주의는 범죄인처우가 다음과 같은 두 가지 방향으로 변화되는 데 기여하였다. 우선, 범죄인처우의 이념 면에서 엄벌위주의 정책이 개인의 자유와 인권을 존중하는 '교육주의'로 전화된 것이다(김용준, 이순길, 1995: 119). 1789년 프랑스대혁명으로 자유, 평등, 박애주의 사상이 인류사회에 파급되자 행형제도에서도 교육형주의가 네덜란드, 벨기에에서 시작하여 세계 각지로 확산되었다(김용준, 이순길, 1995: 119-120; 송광섭, 2003: 365). 교육주의에 입각하여 국가는 수형자의 개선을 위한 질서생활, 근로에 의한 교화개선에 중점을 두었다. 특히 네덜란드의 암스테르담 노역장에서는 부랑인·비행소년 등을 대상으로 노동혐오감을 교정하는 데 주력하는 등 교육적 개선형을 처음 실시하였다(이윤호, 2011: 47).[4]

다음으로, 구체적인 행형제도의 변화는 자유형 시설의 개선과 확충이다. 통상 '감옥개량운동'으로 알려진 이러한 움직임은 19세기 범죄인처우의 변화를 상징한다. 영국의 존 하워드(John Howard, 1726~1790)는 그의 저서 『영국 교도소의 상태(*State of Prisons in England and Wales*)』에서 당시 많은 교도소를 방문하여 파악했던 사정을 기술하고 그 개선방안을 논의하였다. 그는 범죄인이 성별과 연령 구분 없이 혼거 수용되고 무위도식하며 범죄적 가치관과 기술을 전수받는 것을 목격하고는 범죄인의 개선에 적합하도록 교도소의 상태를 개선할 것을 강력히 주장하였다(김용우, 최재천, 2006: 21; 홍봉선, 2007: 35).

4) 과학적 처우 시대

과학적 처우 시대는 19세기 말부터 20세기 초를 거치면서 범죄인처우에서 개별화가

반예방적 견지에서 범죄방지 목적에 필요한 최소한에 그쳐야 한다고 주장하였다(홍봉선, 2007: 34-35).

4) 18세기 미국의 펜실베이니아제(주야간 엄정 독거), 오번제(주간 공동작업 및 야간 독거), 오스트리아의 누진제(개선 정도에 따른 자유제한 완화) 등도 이러한 교육적 개선주의에 영향을 받은 것이라고 할 수 있다(이윤호, 2011: 47).

주장된 시기다. 당시 유럽에 만연했던 자연과학사상과 산업혁명 이후의 각종 사회문제 및 범죄 증가는 범죄인 및 범죄원인을 실증적·과학적으로 연구하여 대처하고자 하는 경향을 만들어 냈다. 이 시대를 대표하는 학자들은 범죄원인에 대한 생물학적 연구를 수행한 롬브로조(Lombroso) 등 이탈리아 실증주의 범죄학자들이다. 또한 리스트(Liszt) 등 독일의 사회학적 형법학자들은 형벌은 범죄사실에 대하여 과하는 것이 아니고 범죄인의 인격에 대하여 과하는 것이라고 하여 형벌의 인격화, 개별화를 주장하였다(김용준, 이순길, 1995: 120).

이 시대에는 훈련된 교도관으로 하여금 수용자의 분류를 담당하게 할 것과 수용자의 특성에 맞는 개별적 처우를 통하여 재사회화를 도모하는 것에 초점을 두었다(이윤호, 2011: 47). 또한 행형건축 면에서도 수형자의 교육과 사회복귀를 위한 직업훈련시설을 갖추는 한편, 수형자의 건강과 전염병 방지 등 의료적 고려사항을 반영하였다(이윤호, 2011: 48). 특히 19세기 후반부터는 영미를 중심으로 범죄인처우에 복지적 이념에 충실한 '보호관찰제도'가 시행되기 시작하였다. 교육적 개선주의 시대에는 자유형 중심으로 형벌제도가 운영되었다. 그러나 여전히 부랑인·비행소년·성매매여성 등 경미한 범죄인에게 구금시설은 너무나 가혹하였으며, 이는 그들의 범죄성만을 심화시키는 '악덕의 부화장'이었다. 따라서 이들에게 일정한 준수사항을 서약시키고 선행을 유지하는 조건으로 사회생활을 허용하면서 법원에서 지명한 자원봉사자나 유급의 전문직 사회복지사의 지도감독을 받게 하는 보호관찰제도가 탄생하게 된 것이다.

범죄인 처우에서의 국제적 협력

범죄현상은 세계 각국의 공통된 현상으로서 국경을 넘은 인류 공통의 숙제인 셈이다. 따라서 범죄인처우에서 국제적 협력은 20세기 이후 국제조직의 발전과 더불어 괄목할 만한 성장을 이루었다.

범죄인처우에 관한 대표적 국제협력 사례들은 다음과 같다(김용준, 이순길, 1995: 121-124; 배종대, 2011: 43-46). 우선 롬브로조의 범죄인류학적 연구를 기초로 한 '국제범죄인류학회의'가 있다. 1885년 로마에서 제1회 대회가 개최된 이 국제회의는 범죄발생의 병리학적 원인, 격정범의 문제 등을 주로 다루었으며, 제1차 세계대전의 영향으로 제7회 대회를 끝으로 중단되었다.

다음으로 독일의 리스트를 중심으로 네덜란드의 하멜(Hamel), 벨기에의 프린스(Prins)

등에 의하여 설립된 '국제형사학협회(IKV)'가 있다. 이 협회는 1937년까지 약 50년간 11차례의 국제회의를 개최하여 형사정책의 광범위한 분야에 대한 문제점과 개선방향을 토의하고 보고서를 발간하여 20세기 초반 형사학계를 주도하였다. 이 협회는 이후 '국제형법협회'로 계승되어 1969년까지 10차례의 회의를 개최하였다.

이어서 1937년 파리에서 조직된 '국제범죄학회'는 범죄의 과학적 연구와 이에 기한 사회 방위를 목적으로 하여 소년범 문제, 범죄인의 인격조사, 법의학, 위험성의 진단 등 광범위한 분야의 연구를 수행하였다. 현재에도 국제범죄학회는 5년마다 세계범죄학대회를 개최하며 해마다 국제범죄학 연보를 발간한다.

한편 범죄학 및 형사법 분야에서 현존하는 최대 규모의 국제적 협력체는 UN 산하의 '국제연합 범죄예방 및 범죄인처우 회의'다. 이 회의는 1872년 시작된 '국제형무회의'와 이를 계승한 '국제형법 및 형무회의'에 이어서 1948년부터 정부 단위의 국제적 협력체로서 기능하고 있다. 이 회의는 사전에 결정된 문제에 따라 3~4개 분과로 나누어 토론을 진행하고 총회를 개최하여 결의와 권고를 채택하여 종합보고서를 발표하고 있다. 이 회의를 주관하는 UN 사회방위국은 형사정책의 광범위한 분야에 대한 연구를 진행하는 것은 물론, 국제적·국내적 비정부기구 활동을 위한 협력, 형사입법 및 범죄인처우에 관한 권고, 최저기준 및 기본적 실무원칙의 수립, 정보 공유와 국제교류 촉진, 기술원조 등의 노력을 기울이고 있다. 또한 일본 도쿄에 극동아시아범죄방지연구소(UNAFEI), 이탈리아 로마에 국제연합사회방위연구소(UNSDRI) 등도 설치하여 범죄연구와 각국의 실무자 연수 및 이론 개발에 힘쓰고 있다(김용준, 이순길, 1995: 124).

5) 사회적 권리보장 시대

사회적 권리보장의 시대는 제2차 세계대전 이후 범죄인에 대한 개선치료 모형에 대한 반성으로 범죄인이 복귀하게 될 사회로의 재통합을 강조하는 '사회내처우'가 주목을 받게 되는 시기라고 할 수 있다(이윤호, 2011: 48). 1960년대 초 낙인이론으로 대표되는 사회반응이론은 기존의 교정주의 이념에 직접적인 비판을 가한다(김용우, 최재천, 2006: 25). 기존의 교정주의가 실증주의적 인식론을 기반으로 한다면, 낙인이론은 일탈과 범죄를 생산하는 규범 자체와 범죄통제로 분석의 초점을 돌리는 반교정주의적 입장에 선다. 형사정책에서도 낙인의 효과를 회피하기 위한 다이버전 프로그램과 보호관찰·중간처우 등 사회내처우 프로그램을 상대적으로 중시한다.

또한 1960년대 후반 세계 각국에서 전개된 소수민족 차별철폐운동, 여성인권운동, 학생들의 시위 등 다양한 인권운동은 범죄인처우 정책에도 영향을 미쳤다. 특히 미국에서는 수형자들이 자신의 권리를 주장하고 나서면서 그들의 권리구제를 위한 소송권 보장 등 다각적 측면에서 교정제도의 개선이 이루어졌다(이윤호, 2011: 48).

2. 우리나라 범죄인처우의 발달사

1) 조선시대 이전

(1) 고대사회

고조선사회의 형벌사상과 범죄인처우에 대해서는 『한서지리지』 연조(燕條)에 남아 있는 8조의 금법을 통해 간접적으로 엿볼 수 있다(장동근, 정해룡, 1996: 297). 오늘날에는 3개의 조문만이 전해져 오는데, 그 내용은 다음과 같다. 첫째, 사람을 죽인 자는 즉시 사형에 처한다. 둘째, 남에게 상해를 입힌 자는 곡물로 배상한다. 셋째, 남의 물건을 훔친 자는 노예로 삼는다. 단, 스스로 속죄하려는 자는 50만 전으로 배상하여야 한다. 이를 통해 고조선사회는 복수주의적 응보형이 지배하였지만, 상해죄 등 일부 범죄에 대해서는 속전(贖錢)제도를 시행할 만큼 진보적인 형벌체제를 갖추었다는 것을 알 수 있다. 또한 부녀의 간음과 투기에 대하여는 모두 극형에 처하여 산 위에 버렸다는 기록이 있고, 이러한 형벌은 옥저와 동예도 유사했다고 전해진다(이윤호, 2011: 48-49). 이와 같은 금법을 통해 고조선사회에는 가부장제와 사유재산제도가 확립되어 있었고, 형벌 면에서는 복수법을 원칙으로 형벌노예제와 속전제도가 시행되고 있었음을 알 수 있다(김용준, 이순길, 1995: 125).

한편 부여에서는 살인죄에 대하여 죄인을 사형에 처할 뿐 아니라 그 가족을 노비로 삼았고, 절도죄에 대하여 도둑질한 물건의 12배를 보상하게 한 '일책십이법'(一責十二法)을 채택하고 있었다.[5] 이것은 고조선의 형벌보다 더욱 엄격한 것이었다. 또한 원형옥(圓形獄)이 있었던 것으로 알려지는데, 이러한 원형옥은 신라와 고려를 거쳐 조선시대까지 이어진다(이윤호, 2011: 49). 삼한(마한)의 '소도'(蘇塗)[6]는 일종의 망명(asylum)제도로서

---

5) 우리나라는 예전부터 12궁(宮), 12시(時), 12월(月) 등 '12'라는 숫자를 애용하는 풍습이 있었다.

6) 소도는 일종의 도피소로서, 비록 죄인이라고 하더라도 신당(영지·성역)에 들어가면 신성화되어 누구도 그를 침해할 수 없다고 하는 신앙적 관념에서 유래한 것이다(송광섭, 2003: 366). 소도는 제사권을 장악한 천군

신체형이나 자유형 이외의 다양한 형벌체계를 갖추고 범죄인에 대한 과도한 처벌을 제한하며 속죄의 기회를 주었다.

(2) 삼국시대

고구려의 형벌제도에 관한 당서(唐書)의 기록을 보면, "형벌의 사용법이 준엄하여 범죄가 적고 나중에는 길에 흘린 물건도 줍지 않게 되었다."고 하여 엄벌주의를 채택하고 있었음을 엿볼 수 있다(송광섭, 2003: 366). 그 당시의 범죄와 형벌의 유형은 다음과 같다(김용준, 이순길, 1995: 129; 송광섭, 2003: 366-367). 모반범죄, 즉 내란 및 외환의 죄에 대해서는 사형에 처하고 그 가족은 노비로 삼았다. 패전자 · 투항자 · 살인자 · 겁탈자 등도 사형에 처하였으며, 말과 소를 도살한 자는 노비로 삼았다. 절도죄의 경우에는 부여와 마찬가지로 훔친 물건의 12배로 보상하도록 하였으며, 배상하지 못한 경우에는 그 자녀를 노비로 제공하게 하였다. 범죄인은 제가평의회(諸家評議會)의 결의로 즉결처분하였다.

백제에서도 모반, 퇴군, 살인 등의 죄에 대하여 사형에 처하였고, 절도죄에 대해서는 유배형이나 3배의 배상형에 처하였다. 또한 장물죄에 대해서는 장물의 2배를 징수하고 간통한 부녀는 남편집의 노비가 된다고 하였다(김용준, 이순길, 1995: 129; 송광섭, 2003: 367). 백제의 형벌제도는 대체로 고구려의 그것과 유사하지만, 일찍부터 중국과 교류하여 법치를 중시하고 국가공권력에 의한 형벌을 시행하였다(김용준, 이순길, 1995: 129). 고이왕 때에는 중앙의 6좌평 가운데 형사 문제와 감옥을 담당하는 조정좌평을 두어 사법기관의 역할을 맡겼다는 기록이 있다.

한편 신라에서는 그 지리적 특성과 토착부족 중심의 보수성으로 인하여 가장 늦게 중국의 영향을 받아 법흥왕 때 이르러서야 율령제도가 반포되어 중앙집권적인 국가체제가 수립되고 형벌제도 역시 정비되었다(김용준, 이순길, 1995: 130). 형률을 관장하는 이방부(理方府)는 진덕왕 때 설치되었고, 문무왕 때 좌우로 분리되었다. 삼국사기 등 사료에 따르면, 신라에서도 모반자, 퇴각자 등은 엄단하고 살인자는 사형에 처하였으며 절도자는 배상을 하게 하였다(이윤호, 2011: 49).

(天君)이 다스리는 치외법권의 특별구역이었다. 여기에는 큰 나무를 세우고 방울과 북을 달아서 신이 강림하도록 안내하고 성역의 표지로 삼았다(김용준, 이순길, 1995: 127).

(3) 고려시대

고려는 불교국가로서 응보적인 형벌에 종교적인 인애(仁愛)사상이 가미되어 고대사회의 준엄하고 잔혹한 형벌이 상당히 완화되었다. 또한 제11대 문종 때에는 고유법과 중국법을 조화하여 고려의 형법체계가 수립되었는데, 특히 일종의 죄형법정주의인 '정형주의'(定型主義)가 확립되었다(이윤호, 2011: 49).

고려시대에는 형벌을 주관하는 중앙부서로서 형부(형조)가 있었으며, 그 직속기관으로는 수인을 관장하는 전옥서(典獄署)와 노비관리 및 송사를 관장하는 상서도관(尙書都官)이 있었다(김용준, 이순길, 1995: 131; 송광섭, 2003: 368). 범죄인의 수용은 중앙에는 전옥서, 지방에는 지방관아의 부설옥(附設獄)에서 담당하였는데, 이러한 구금시설은 범죄인의 개선교화보다는 도망을 방지하는 격리구금의 목적이 강하였다(송광섭, 2003: 368-369).

고려시대의 형벌의 종류로는 신체형인 태(笞)형과 장(杖)형, 자유형인 도(徒)형과 유(流)형 그리고 생명형인 사(死)형 등 5종이 근간을 이루고 있다(송광섭, 2003: 368). 고려시대 이전에 이런 종류의 형벌제도가 없었던 것은 아니지만 이를 입법으로 정비하고 체계화한 것은 고려 때부터라고 할 수 있다(김용준, 이순길, 1995: 13). 그 밖에 부가형으로 삽루(鈒鏤)·경면(鯨面)과 같은 낙인형과 모반 및 대역죄에 따른 노비몰입, 가재몰수 등이 있었다. 그리고 태형과 도형은 물론 사형에 대해서도 속전에 의한 감형제도가 있었다.

2) 조선시대

조선시대의 범죄인처우제도는 고려왕조의 것과 거의 유사하며, 오히려 이를 정비·강화한 것으로 보인다(송광섭, 2003: 369). 그럼에도 불구하고 이전 시대와 대비되는 제도적 특징은 유교적 색채를 반영한 것과 엄중한 형벌집행에서는 신중을 기하는 면으로 평가할 수 있다(이윤호, 2011: 50). 조선은 유교적 봉건주의에 입각한 사회적 신분질서를 중시하여 모든 형사법령에서 차별구제를 실시하였다. 유교적 지배체제를 실현하기 위해서 원육전, 속육전 등을 수정·보완하여 성종 때에는 조선조의 기본적 통치규범인『경국대전(經國大典)』이 완성되었다. 또한 형벌의 남용을 방지하고 인권을 보호하기 위하여 사형의 경우에는 삼복제(三覆制)를 채택하고 수인을 보호하는 휼인(恤人)제도를 두었다.

(1) 형정(刑政)기관

조선시대에는 형사정책을 관장하는 기관을 '법사'(法司)라고 하였는데, 중앙에는 형조를 비롯하여 사헌부, 의금부, 한성부와 장예원이 있었고, 지방에는 관찰사와 수령이 이를 관장하였다(송광섭, 2003: 369).[7] 형조에는 부속기관으로 율학청, 전옥서 그리고 좌·우포도청(중기 이후에는 병조에 소속)이 있었다. 이들 기관은 행정과 사법이 엄격하게 분리되지 않았고, 범죄인을 체포, 수사하는 기관에서 재판은 물론 형의 집행까지도 담당하는 것이 보통이었다(김용준, 이순길, 1995: 133).

표 2-1 조선의 형정기관

중앙조직	형조		조선 초기에 설치된 육조의 하나로 사법업무와 노예에 관한 사무를 총괄
		4사(司)	중죄를 주관하는 상이사(祥履司), 율령을 관장하는 고율사(考律司), 감옥과 범죄수사를 담당하는 장금사(掌禁司), 노예의 호적과 소송 업무를 관장하는 장예사(掌隷司)로 구성
		율학청	율령의 관리와 율관의 양성
		전옥서	죄인의 구금
		좌·우 포도청	범죄인의 수사, 체포
	사헌부		재정의 시비를 논하고 관리를 규찰하는 감찰기관
	의금부		왕의 명령에 의한 특수범죄(국사범, 반역죄, 강상도덕에 관한 죄 등) 관장
	한성부		수도의 일반행정 및 전국의 토지·가옥·묘지에 관한 소송 처리
지방조직	관찰사		• 전국 팔도에 배치되어 도내의 행정, 사법, 군사 업무를 총괄 • 부, 목, 군, 현의 사법 및 행형 업무 감독 • 유형 이하의 범죄를 관장 • 관찰사의 소속 관원인 검율(檢律)은 형조에서 추천·임용되어 법률의 해석과 적용, 행형에 관한 전국적 통일사무 담당
	수령		• 부윤(종2품), 목사(정3품), 군수(종4품), 현령(종5품), 현감(종6품) 등은 관내의 행정 총괄 • 태형 이하의 범죄를 관장

(2) 형벌제도

조선시대 형률(刑律)에 규정된 법정형(法定刑)은 고려 때와 마찬가지로 태, 장, 도, 유,

---

7) 이 중에서 형조, 사헌부, 한성부를 3법사(三法司)라고 하였다.

사 등 5가지를 중심으로 한다. 이를 정형(正刑)이라고 하는데, 자자형이나 재산몰수와 같은 부가형이 병과되는 경우도 있었다. 또한 예외적으로 사적인 복수, 즉 사형(私刑)이 허용되는 경우가 있었으며, 법정형은 아니지만 조선사회에 실제로 성행하였던 법외형(法外刑)도 적지 않았다(김용준, 이순길, 1995: 140).

1 법정형

정형

조선시대에 법이 인정하는 공식적인 정형은 태, 장, 도, 유, 사 등의 오형(五刑)이 있었다.

태형(笞刑)은 사람이 경미한 범죄를 저질렀을 때, 작은 가시나무 회초리인 형장(荊杖)으로 볼기를 치는 형벌로서 오형 가운데 가장 가벼운 형벌이다. 10대에서 50대까지 5등급으로 나누었고 나이가 70세 이상이거나 15세 미만인 자, 폐질환자, 임산부 등은 집행하지 않고 대신 속전을 받았다(이윤호, 2011: 51).

장형은 오형 중에서 태형보다 한 단계 무거운 형벌로서 큰 가시나무 회초리[8]로 볼기를 치는 형벌이다. 장형은 60대부터 100대까지 5등급이 있었으며, 대체로 도형과 유형에 대하여 병과하는 것이 보통이었다.

도형은 중국 한나라 시대에 비롯되어 우리나라에서는 삼국시대부터 시작되었다. 사람이 약간 중한 죄를 저질렀을 때 1~3년간 복역시키며 염전 일을 하거나 쇠를 달구게 하는 등 강제노역을 시키는 형벌이다(김용준, 이순길, 1995: 143). 또한, 이 형에는 반드시 장형(杖刑)을 부과하였다. 장 60대를 치고 도(徒) 1년에 처하거나, 장 70대에 도 1년 반, 장 80대에 도 2년, 장 90대에 도 2년 반, 장 100대에 도 3년 등 다섯 등급이 있었다. 도형의 일종으로 충군(充軍)이 있는데, 이는 도역(徒役) 대신에 그 기간 동안 군인으로 복무하는 것이다(김용준, 이순길, 1995: 144).

유형은 죄인을 먼 곳으로 보내 그곳에 거주하게 하는 형벌로서 유배(流配)라고도 한다. 중한 죄를 범했을 때 차마 사형에는 처하지 못하고 먼 곳으로 보내어 죽을 때까지 고향에 돌아오지 못하게 하는 형벌이다. 유형은 도형과 함께 자유형의 일종으로 조선시대 전반을 통하여 널리 이용되었다. 그러나 도형과는 달리 기간이 정해지지 않은 무기형으

---

8) 장형에 사용되는 형장은 옹이와 나무 눈을 깎아 버려야 하고 관제교관을 사용하여 법대로 규격심사를 하여야 하는데, 그 규격은 직경이 약 0.7~1cm이고 길이가 약 106cm이었다. 이에 비하여 태형에 사용되는 형장의 규격은 직경이 약 0.5~0.8cm이고 길이가 약 106cm이었다(김용준, 이순길, 1995: 143).

로서, 임금의 사령 등에 의해서만 특별히 석방될 수 있었다(이윤호, 2011: 51). 유형에는 귀양을 보내는 거리에 따라 3등급이 있었으나 반드시 장 100대가 병과되었다(김용준, 이순길, 1995: 144). 유형에 처해진 죄인 가운데 정치범에게는 식량 등의 필수품이 관에서 제공되었고 처첩은 따라가며 직계존속은 본인의 희망에 따라 동행을 허가해 주었다(이윤호, 2011: 52). 한편 유형의 일종으로 천도(遷徒), 부처(付處), 안치(安置) 등이 있었다.[9]

사형은 사람의 목숨을 빼앗는 극형으로서 교(수)형, 참(수)형, 능지처참 등의 방법이 있다(이윤호, 2011: 52).[10] 사형은 주로 목을 매다는 교형과 큰 칼로 목을 베는 참형으로 집행되었고, 모반대역죄나 친부모살해죄와 같은 최고의 반인륜범에 대해서만 능지처참(陵遲處斬) 또는 능지처사(陵遲處死)의 방법이 적용되었다. 이는 칼이나 수레(차열)를 이용하여 신체를 여러 조각으로 절단하여 죽이는 방법으로 이렇게 죽은 죄인의 몸체는 각지로 보내지기도 하였으며 매장은 허용되지 않았다(김용준, 이순길, 1995: 145).

부가형

조선시대 정형에 부가되는 형벌로는 자자·경면형, 노비몰입, 재산몰수, 효수, 기시 등이 있었다.

부가형 중에서 자자(刺字)형은 신체의 특정 부위, 주로 얼굴이나 오른팔 등에 먹물로 글씨를 새겨 넣는 형벌이다. 주로 강도·절도범으로 장형·도형·유형에 처해진 자에게 가해졌다.[11] 한편 예종 6년(1468년)에는 모든 자자를 얼굴에만 하도록 하여 경면(黥面)형이란 말이 생겨났다(김용준, 이순길, 1995: 146). 그러나 평생 전과자의 낙인이 찍힌 채로 살아야 하는 가혹성과 비인도성으로 인하여 경면형은 거의 시행되지 않았으며, 영조 16년(1740년)에는 자자의 도구가 모두 소각되고 완전히 폐지되기에 이르렀다.

---

9) 천도는 죄인을 고향으로부터 1,000리 밖으로 강제 이주시키는 형벌로서 조선 초 북변개척을 위한 이민정책으로 범죄인과 그의 가족을 함경도 등 변방으로 이주시키는 것이다. 부처는 중도부처(中途付處)라고도 하는데, 주로 관원에 대하여 일정한 지역에서만 머물도록 하는 유형이었다. 안치는 귀양지 중에서도 일정한 장소에 격리하는 형벌로 유형 중에서도 가장 행동제한이 많으며 주로 왕족이나 고관에게 적용된다. 안치에는 고향에 유배하는 본향안치, 가시나무 울타리 속에 유폐하는 위리(圍籬)안치, 외딴 섬에 유배하는 절도안치 등이 있었다(김용준, 이순길, 1995: 144-145; 이윤호, 2011: 52).

10) 예외적으로 왕명에 의하여 약물로 사형을 집행하는 경우가 있는데, 왕족이나 사대부가 중죄를 범한 경우에 그 체면을 존중하여 극형을 집행하는 대신에 과하는 것으로 죄인에게는 명예로운 형으로 인식되었다(송광섭, 2003: 369).

11) 예를 들면, 강도범의 얼굴에 '강도'(强盜)라고 자자하거나, 창고를 지키는 자가 스스로 그 안의 금전과 곡물을 절취한 때에는 오른팔에 '도관전'(盜官錢)을, 대낮에 남의 재물을 탈취한 때에는 '창탈'(搶奪)이라는 글자를 자자하였다(김용준, 이순길, 1995: 146).

사형의 부가형으로는 효수(梟首)와 기시(棄市)가 있다. 효수는 참수 후에 그 머리를 장대 끝에 매달아 백성에게 보이는 위하적인 형벌이며(송광섭, 2003: 369), 기시는 참형의 집행장소를 사람이 많이 다니는 시장으로 한 다음 그 시체를 길거리에 버리는 방법이다(김용준, 이순길, 1995: 146).

한편 조선시대에는 몰관(沒官)이라는 제도가 있었는데, 이는 대역죄인의 가족을 노비로 삼고 재산을 몰수하는 것으로 몰수(沒收), 적몰(籍沒), 추징(追徵)의 3종류가 있었다(김용준, 이순길, 1995: 146). 범죄에 사용된 장물이나 병기, 소지가 금지된 문서 등은 관에서 몰수하였다. 중죄인의 재산몰수는 특히 적몰이라고 하였는데, 이에는 관련자의 가족을 노비로 삼고 폐가시키는 처벌도 뒤따랐다. 장물이 이미 소비되었을 경우에는 그 가액을 추징하되 실제 가격을 반영하고 사유물은 그 본래 주인에게 돌려주었다.

② 법외형

조선시대에는 법정형인 정형과 부가형 이외에도 법률에 정식으로 규정되지 않은 형벌들이 많이 시행되었다. 주로 관아나 권문세도가에서 행해지던 것으로 위법으로는 간주되지 않았으므로 일종의 관행 내지는 관습형벌이었다(김용준, 이순길, 1995: 147). 대표적인 관습형벌로는 관아에서 시행하던 주뢰, 압슬, 난장, 낙형 등이 있다. 또한 권문세도가에서는 의비, 월형, 비공입회수, 고족, 팽형 등 매우 잔인한 방법들이 고문이나 형벌집행의 일환으로 시행되었다.[12]

(3) 감옥과 형구

조선시대에 죄인을 수감하던 감옥은 고려의 제도를 계승하여 개국 초부터 형조에 소속된 전옥서가 담당하였다. 한편 의금부에는 관원 및 양반으로서 범죄를 저지른 사람을

---

12) 법외형의 구체적인 집행방법은 다음과 같다(김용준, 이순길, 1995: 147; 이윤호, 2011: 54)
　① 주뢰(周牢): 주리를 트는 것
　② 압슬(壓膝): 무릎 위에 무거운 물건을 놓아 압력을 가하는 것
　③ 난장(亂杖): 여러 명이 장(杖)을 가지고 죄인의 몸을 가리지 않고 마구 때리는 것
　④ 낙형(烙刑): 불에 달군 쇠로 몸을 지지는 것
　⑤ 의비(劓鼻): 코를 베는 것
　⑥ 월형(刖刑): 발뒤꿈치의 힘줄을 빼내는 것
　⑦ 비공입회수(鼻孔入灰水): 잿물을 코에 붓는 것
　⑧ 고족(刳足): 죄인의 발을 쪼개는 것
　⑨ 팽형(烹刑): 물에 삶아 죽이는 것

구금하기 위한 '순금사옥'(巡禁司獄)이 설치되어 있었고, 지방의 각급 관아에는 각각 도옥, 부옥, 군옥, 현옥 등을 두었다(송광섭, 2003: 370). 『육전조례』에 따르면, 남자와 여자는 분리수용하고, 부모가 아니면 면회를 허락하지 않았다(송광섭, 2003: 370; 이윤호, 2011: 53). 또한 질병이나 상사가 발생했을 때, 수형자를 일정 기간 보석하는 보방(保放)제도가 있었다.

　　감옥에서 사용되던 형구로는 태, 장, 신장, 곤장, 가, 유, 철삭, 요 등이 있다(김용준, 이순길, 1995: 147-149). 이 중에서 신장(訊杖)은 고신(拷訊), 즉 고문에 합법적으로 인정되었던 가시나무 회초리이며, 곤장(棍杖)은 죄수의 볼기를 치는 데 사용하는 것으로 장(杖)보다 더 길고 굵은 것이 특징이다.[13] 한편 가, 뉴, 철삭, 요 등은 죄인의 도주를 방지하기 위한 것으로서 가(枷)는 죄인의 목에 씌우는 나무칼이며, 유(杻)는 죄인의 손에 채우는 나무수갑이다. 철삭(鐵索)은 가벼운 죄를 범한 사람에게 사용하는 쇠줄로서 끝에 고리가 달려 있어서 이것을 목에 채우면 항쇄(項鎖), 발목에 채우면 족쇄(足鎖)가 된다. 요(鐐)는 도형(徒刑)을 선고받은 죄인이 강제노역을 할 때 도주하지 못하도록 발목에 채우는 쇠뭉치다.

3) 갑오개혁 이후와 일제강점기

(1) 갑오개혁 이후

　　갑오개혁으로 성립된 홍범14조의 제13항은 일련의 근대적 사법 및 교정제도를 도입하는 지침이 되었다. 이를 근거로 형조 폐지 및 법무아문 신설과 재판권 전속, 의금부의 의금사로의 개편, 연좌제 및 고문의 폐지, 경무청 관제개편 등이 이루어졌다(이윤호, 2011: 55). 이에 따라 형조에 소속된 전옥서는 폐지되고 내무아문 소속 경무청 감옥서로 변경되었고, 종래의 의금부, 한성부 등 직수아문에 부속되었던 감옥도 모두 폐지되어 감옥서로 일원화되었다(김용준, 이순길, 1995: 150). 한편 1895년 제정된 「재판소구성법」에 따라 사법권이 행정권에서 독립하여 근대적 사법제도가 탄생하였다.

　　형벌 면에서도 조선의 기본적인 오형(五刑)제도에서 장형은 폐지하고 도형은 징역으로 바뀌었으며 유형은 정치범에 한해서 적용하였다. 또한 미결수와 기결수를 구분하여

---

13) 곤장은 주로 군무에 관한 사건과 도적 및 궁궐에 난입한 자에게만 사용하였다. 곤의 종류로는 대곤, 중곤, 소곤과 치도곤(治盜棍) 등이 있는데, 이 중에서 치도곤은 가장 무거운 것으로서 도적을 다스린다는 뜻을 가지고 있다.

수용하였고, 징역형을 받은 사람은 감옥서에서 노역에 종사하도록 하였다. 1894년에는 판사·검사의 감옥순시를 명시하였고 재감자 준수사항 등을 규정하였으며, 징역수형자의 누진처우를 규정한 징역표를 도입하여 단계적 처우를 실시하였다(이윤호, 2011: 55).

(2) 일제강점기

1906년 통감부가 설치되고 이른바 '차관정치'(次官政治)가 시작되면서 일본은 대한제국 정부에 고문이나 보좌관, 참사관 등을 두고 사실상 내정을 좌우하였다. 1908년에는 경성, 평양, 대구, 광주 등 전국 8개의 감옥이 정해지고 1909년에는 인천, 부산, 전주, 의주 등에 8개 분감이 설치되었다(김용준, 이순길, 1995: 153). 1909년에는 이른바 '기유각서'(己酉覺書)[14]에 의하여 사법 및 감옥 사무를 일본에서 행사하게 되었고 통감부에 사법청이 신설되었다. 이에 따라 종래의 감옥관제와 규칙 등이 폐지되어 갑오개혁 이후 꾸준히 추진되어 온 교정제도의 근대화는 종지부를 찍고 일제에 의한 교정시대에 접어들게 되었다(김용준, 이순길, 1995: 154). 1910년 10월 1일부터는 통감부가 조선총독부로 개편되면서 감옥사무도 법무국 감옥과에서 관장하게 되었고, 1912년 3월에는 「조선감옥령」이 제정되었다.

일제강점기인 1918년에는 '간수교습소'가 설치되어 간수(교도관)들이 양성되었고, 1923년에는 감옥을 형무소로 개칭하였다(이윤호, 2011: 56). 1923년 당시에는 전국에 형무소 14개소, 소년형무소 2개소, 지소 2개소 등 총 25개 형무소가 설치되어 있었고, 일제 말기에는 형무소 17개소, 지소 11개소, 보호감호소가 설치·운영되었다(김용준, 이순길, 1995: 154).

일제강점기의 범죄인처우 제도는 외형상 근대적인 모습을 띠었지만, 총독부는 사법 및 형무 제도를 식민통치의 탄압수단으로 이용하였기 때문에 수감자에 대한 처우는 권위주의적이고 엄격하였다. 특히 사상범에 대해서는 고문과 사벌(私罰)의 자행, 장기간의 독거구금 등 강압적이며 비인도적인 처우로 일관하였다(김용준, 이순길, 1995: 157).

4) 광복 이후 현재까지

정부수립 이전의 미군정 시대에는 민주적인 범죄인처우를 이념으로 하여 우량수형자

---

14) 정식 명칭은 '조국(朝國)의 사법 및 감옥 사무를 일본국 정부에 위탁하는 건에 관한 각서'다.

석방령, 재소자석방청원제, 형구 사용의 제한과 징벌제도의 개선 등과 같은 개혁조치를 취하였다(이윤호, 2011: 57). 그러나 실제로는 일제시대의 감옥법령과 행형기구를 그대로 인수하고 일제하의 한국인 관리도 고용을 유지하여 운영하였다(김용준, 이순길, 1995: 158). 따라서 이념과 실제에 차이가 있었던 과도기의 시대라고 할 것이다(이윤호, 2011: 57).

정부수립 후인 1950년 3월에는 민주적 교육형주의에 입각한 「행형법」이 제정되었다. 이에 따라 수형자처우의 개별화, 보호의 사회화, 격리의 과학화 등을 목표로 우리나라의 현대적 행형제도의 기초가 마련되었다. 1961년부터 1963년 사이에는 무려 30여 건에 달하는 행형관계법령이 제정·개정되었고 형무소·형무관이라는 용어도 교육형주의를 반영하여 교도소·교도관으로 변경되었다(김용준, 이순길, 1995: 158). 또한 이 시기에 수형자이송제도, 귀휴제도, 종교교회제도 등이 신설되었다. 1964년에는 합리적 개별처우를 위하여 「수형자분류심사방안」이 제정되었고, 1969년에는 분류심사와 행장심사를 이원화한 「교정누진처우규정」이 제정되어서 누진계급에 따른 처우의 효율화를 도모하였다(김용준, 이순길, 1995: 159; 홍봉선, 2007: 47).

한편 1989년에는 범죄인의 원활한 사회복귀를 도모하고 격리 위주의 응보적 구금처우를 대체하기 위하여 사회내처우의 일환인 보호관찰제도가 도입되었다. 범죄인에 대한 보호관찰제도가 법령에 편입된 것은 이미 1963년 「소년법」 개정에 의한 것이었으나 실제 관련 조직이 창설되고 운영이 시작된 것은 25년 이상이 지난 이후였다. 보호관찰제도는 도입 당시에는 소년범을 중심으로 운영되다가 1995년 「형법」 개정을 통해 성인형사범에게 적용될 법률적 근거를 마련하고, 1997년부터 전체 형사범에게 확대 실시되었다.

3. 교정복지의 역사적 전개

범죄인 및 비행청소년에 대한 복지적 원조활동의 기원은 서구의 감옥개량운동과 석방자보호사업, 그리고 범죄소년에 대한 보호사업에서 비롯된다고 할 수 있다. 그러나 '전문적 실천으로서의 교정복지'의 본격화는 영미에서 '보호관찰'(probation)이 범죄인과 비행청소년에 대한 처우대책으로 제도화되면서 시작되었다고 평가할 수 있다. 보호관찰제도는 영미에서 대체로 19세기 중반 이후에 시작되어 20세기 초반부터 본격화되었다. 한편 1970년대 이후 전반적인 형사정책의 강경화와 더불어 케이스워크(casework)에 입각한 전통적 보호관찰실천도 많은 비판을 받으며, 감시와 통제를 강화하는 방향으로 변화를 겪게 된다. 이는 교정 분야에서 복지적 실천의 주요한 위기라고 평가할 수 있다.

우리나라에서는 삼국시대부터 휼형(恤刑)제도를 통하여 가혹한 형벌집행을 지양하고 범죄인을 보살피고 용서하는 방향으로 형벌에 관한 정책을 시행해 온 전통이 있다. 이러한 전통형벌의 집행방식은 현대의 교정복지에도 정책적·실천적 시사점을 제공하고 있다. 한편 현대에 이르러서는 1989년 보호관찰제도가 도입된 이후, 교정복지가 사회복지의 한 분야론으로 성장하게 되었다. 특히 최근 수년간 사회복지사 등을 보호관찰관으로 특채하는 제도가 활성화되면서 사회복지계에서 교정분야에 대한 관심이 고조되고 있다.

따라서 여기서는 영미에서 보호관찰제도의 탄생과 발전을 중심으로 교정복지의 역사를 논의하도록 한다. 이어서 우리나라에서의 교정복지 역사를 주로 보호관찰제도와 관련하여 기술하도록 한다.

1) 교정복지의 태동

(1) 복지적 원조의 기원

① 감옥개량운동과 석방자보호사업

영국에서 감옥개량운동의 모태는 이미 에드워드 6세(Edward VI, 1537~1553) 때 교회의 목사를 비롯한 사회 지도자들이 그 필요성을 주장하면서 시작된 것이라고 한다(지윤, 1985: 156). 1699년 설립된 '기독교지식향상협회' 소속 감옥개량위원회,[15] 그리고 1728년에는 하원에서 전국적 감옥실태에 대한 조사가 이루어졌다. 그렇지만 본격적인 감옥개량운동의 시작은 이 운동의 창시자로 불리는 존 하워드(John Howard, 1726~1790)의 활동에서 비롯되었다고 할 수 있다. 그는 1777년에 출간된 자신의 저서 『영국 교도소의 상태(*State of Prisons in England and Wales*)』에서 당시의 많은 교도소를 방문하여 파악했던 사정을 기술하고 그 개선방안을 논의하였다(김용우, 최재천, 2006: 21; 홍봉선, 2007: 35).

미국에서는 자선사업가 리차드 휘스터(Richard Whister)가 1776년 필라델피아에서 '석방자보호회'를 설립하여 출소자의 사회정착을 위한 복지적 지원활동을 전개하였다. 그는 필라델피아 감옥 인근에 거주하면서 매일 감옥에서 석방된 사람들의 용모와 태도

---

15) 이 위원회에서는 토마스 브레이(Thomas Bray, 1656~1730)가 위원장으로 선출된 이후 1701년부터 2년간 전국적 단위의 감옥 실태조사를 실시하였다. 당시의 감옥은 영국 교회나 개인의 소유인 경우가 많았으며, 채무를 불이행한 경우에도 투옥시키는 사례가 많아 그 폐단이 적지 않았다(지윤, 1985: 4).

를 보고 '그들을 비참한 지경에서 구원하고자 하는 수단'으로 이 단체를 조직하게 되었다고 한다(지윤, 1985: 157).

한편 독일에서 범죄인을 원조하는 것은 민간 부문에서 시작되었는데, 당시의 지원은 기독교적 인도주의에 뿌리를 두고 있다. 이 원조는 1826년 처음으로 시작된 민간단체들의 설립을 통해 사회 전반에 파급되었으며, 주로 석방된 수형자들의 사회복귀를 지원하였다(Mutz, 2009).

② 비행청소년 보호활동

비행청소년에 대한 복지적 원조의 기원은 1756년 창설된 '해사협회'(The Marine Society)[16]의 활동이다. 이 협회는 수용시설보다 더 큰 개선작용을 한다는 신념하에 치안판사에게 호소하여 청소년범죄인을 인계받고 건전하고 우애적인 교제와 열성적인 교정활동을 전개하였다(정주영, 2000: 42). 한편, 19세기 초부터는 방임소년을 위한 사설 양호학교(feeding school)나 빈민학교(ragged school)가 설립되기 시작하였으나 범죄소년 처우시설은 1852년 킹스우드 교정원(Kingswood Reformatory)이 처음이었다(김용우, 최재천, 2006: 579). 또한 1870년대부터는 부모가 자녀의 비행이나 행동상의 장애로 인하여 공적 기관을 통해 사회복지사들로부터 도움을 받았다고 한다(문선화, 1999).

미국에서 가장 오래된 범죄소년 처우시설은 1825년 뉴욕에 설립된 요양보호소(House of Refuge)인데, 당시 이러한 시설은 사립자선단체가 운영하였다(지윤, 1985: 253). 한편 공립시설로는 1845년에 설립된 매사추세츠 주의 리만 소년원(Lyman School of Boys)이 최초이다(지윤, 1985: 253; 김용우, 최재천, 2006: 580). 그러나 본격적인 의미에서의 비행청소년 및 아동에 대한 복지적 원조활동은 19세기 말 '아동구제운동'의 전개와 더불어 시작되었다고 할 수 있다. 아동구제운동은 형사사법 및 교정체계에서 아동과 소년의 복지와 교정에 정열을 쏟는 사심 없는 개혁가들에 의하여 추진되었다. 이 운동의 목적은 아동과 소년을 감옥으로부터 구제하고, 소년을 위한 인도주의적인 사법제도와 교정처우제도를 발전시키며 경제적·정치적 착취에 대해 빈민층을 옹호하는 것이었다(한인섭, 2006: 240). 이러한 아동구제운동의 결과로서 1899년 미국 일리노이 주는 「소년법원법」(Illinois Juvenile Court Act)을 제정함으로써, 현대적인 의미의 소년법원을 창설하였다.[17]

---

16) 이 협회는 런던의 교정시설의 하나로서 박애주의로 유명하였던 판사 존 휠딩(John Fielding) 경 등에 의해서 창설되었다(정주영, 2000: 41).

2) 최초의 보호관찰관: 존 어거스투스

미국에서는 잘 알려진 존 어거스투스(John Augustus)의 활동이 범죄인에 대한 복지적 원조활동의 기원이 된다. 동시에 그는 '보호관찰의 아버지'(The Father of Probation) 혹은 '최초의 보호관찰관'(The First Probation officer)이라는 영예로운 칭호도 함께 갖고 있다. 존 어거스투스는 '워싱턴절대금주협회'(Washington Total Abstinence Society)의 일원이었으며, 보스턴 법원 인근에서 제화점을 운영하고 있었다. 그는 51세가 되던 1841년부터 사망할 때인 1859년까지 약 1,946명(남자 1,152명, 여자 794명)의 알코올중독자, 부랑인, 노숙자, 성매매여성 등을 인수하여 선도하였는데, 이 중에서 단 10여 명만이 재범하였다고 한다(이무웅, 1992: 19; 한인섭, 2006: 237; Champion, 1999: 40).[18]

그는 'probation'이라는 용어를 사용하면서 그 실행방법에서 사회복지실천의 케이스워크(casework)적 방법을 사용하여 오늘날 보호관찰제도의 원형을 형성하였는데, 그 방법은 다음과 같다(정주영, 2000: 53). 그는 범죄인이 그에게 보증을 의뢰하면, ① 일단 그 범죄인을 조사하고 개선 가능성이 있는 자를 선택하고, ② 보호관찰을 실시하는 데에는 일상활동을 감독하고 취학·취직 등에 성의를 다하여 도움을 주었고, ③ 숙소가 없는 자에게는 숙소를 제공하고, ④ 법원과 연락을 취하여 관찰보고를 게을리하지 않고, ⑤ 그가 보증한 사람에 대해서는 반드시 그 기록을 남겼다.

---

17) 이러한 소년법원의 취지는 다음과 같다(한인섭, 2006: 238-239). 첫째, 비행소년이 성인범죄인과 별도의 법원에 의해 비공식적 절차를 통해 별개의 처우를 받도록 한다. 둘째, 소년범죄와 소년범죄인의 교정을 위하여 법원과 보호관찰관이 협력하여 일종의 '법적 치료사'(Judical therapist)로 기능한다. 이는 마치 의사 또는 상담자가 특정 환자의 상태를 진단·처방하는 것처럼 법관과 보호관찰관이 비행청소년과 일대일 관계형성을 통하여 범죄원인의 치료자로서 기능해야 한다는 것이다.

18) 존 어거스투스의 선구적 활동에 이어 이를 계승한 사람들은 해스킨(George Haskin) 신부와 쿡(Rufus Cook) 판사 등이 있다(정주영, 2000: 55-56). 해스킨 신부는 1951년에 소년보호시설을 설립하고 법원으로부터 범죄소년을 인수하고 훈육하고 교화·개선하는 데 노력하였다. 1864년에는 약 3,000명에 대한 생활보고서를 법원에 제출하는 등 사회내처우와 소년법원제도 발전에 기여하였다. 한편 쿡 판사는 보스턴 시 법원의 판사로 재직하면서 해스킨 신부와 협력하여 그가 지도감독할 것을 보증할 때에는 범죄소년에게 보호관찰을 부과하였다.

보호관찰 탄생의 에피소드

존 어거스투스

1841년 8월의 어느 아침, 나는 법정에 있었다. 그때 유치장으로 통하는 문이 열리면서 거기에서 법정관리가 나타났고, 이어서 남루한 행색에 비참한 얼굴을 한 남자가 나타나 피고인석에 앉았다. 나는 그 피고의 겉모습을 보고, 그의 범죄가 주류에 대한 욕망을 이기지 못한 죄일 것이라고 짐작하였다. 나의 예상은 적중하였다. 법원서기가 그 남자에 대하여 상습주취(常習酒醉) 혐의의 소장을 낭독하기 시작하였기 때문이다. 사안은 명백하였다.

그러나 형이 선고되기 전에 난 그와 잠깐 대화해 보았다. 겉모습과 안색으로만 보면 누구도 그가 다시 제구실을 하는 사람이 될 것이라고 생각할 수는 없었지만, 이야기를 나누어 본 결과, 나는 그가 아직 개선의 희망을 상실하지 않았음을 알게 되었다. 그는 나에게 만약 교정원(House of Correction) 행으로부터 구제된다면, 다시는 술을 입에 대지 않을 것이라고 말했다. 그의 어조에는 진실성이 있었고 그의 눈빛은 확고한 결의를 보여 주고 있었다. 나는 그를 도와주기로 결심했다. 나는 법원의 허가를 받고 그의 보석보증인이 되었다. 그는 형을 선고받기 위하여 3주 후에 법정에 출두할 것을 명령받았다. 그는 서약서에 서명하였고, 법원을 나와 금주를 실행하였다. 이 유예기간(probation)이 종료된 후 나는 그를 데리고 법정에 갔다. 그의 모습은 완전히 달라졌다. 누구도 그가 1개월도 채 되기 전에 피고석에서 몸을 떨며 울고 있었던 사람이라고는 믿지 못했다. 판사는 그 남자에 대하여 내가 보고한 내용에 크게 기뻐하면서 통상의 형벌—교정구금—대신에 1센트의 벌금과 3달러 76센트의 소송비용 납부를 명하는 판결을 선고하였다. 이 금액은 즉시 지불되었다. 그 남자는 그 후에도 근면한 생활과 금주를 계속했으며, 의심할 여지없이 그 처분에 의하여 술주정뱅이의 막장으로부터 구해진 것이다.

출처: 일본 법무성(1988), pp. 5-6. [19]

---

19) 원전은 「불운한 사람들을 돕기 위한 최근 10년간의 존 어거스투스의 사업 보고서(A report of the labors of John Augustus, for the last ten years, in aid of the unfortunate)」, Boston: Wright & Hasty Printers, 1852.

3) 교정복지의 전개

(1) 보호관찰제도의 전개와 교정복지의 발전

존 어거스투스의 활동에 영향을 받아 1878년 미국의 매사추세츠 주법에서는 세계 최초로 보호관찰에 관한 내용을 성문화하기에 이르렀다.[20] 이 법률은 'probation'이라는 용어를 공식화하였고, 유급 보호관찰관의 채용과 활동근거를 명시하여 실질적 보호관찰제도의 요소와 골격을 갖추고 있었다(정주영, 2000: 57).

한편 영국에서의 보호관찰은 복음주의적 · 인본주의적 기원을 가지고 있다(Nash, 2009). 이미 영국 보통법(common law)에서 '예방적 사법'(preventive justice)의 전통, 즉 법원이 선행의 조건으로 범죄인을 석방하는 것은 14세기 이래 오래된 전통이었다(이무웅, 1992: 15; Nellis, 2007).[21] 1820년대 영국 워릭셔 사계법원(Warwickshire Court of Quarter Sessions)의 힐(Matthew D. Hill) 판사는 소년범에 대하여 주의 깊은 감독과 보호를 조건으로 부모나 후견인에게 돌려보내는 관행을 확립하였다(정주영, 2000: 42). 19세기 후반 런던에서는 '경찰법원선교사'(The Police Court Missionary)가 주로 알코올남용자에 대하여 신병을 인수하고 지도감독을 하는 자원봉사활동을 펼쳤다(일본 법무성, 1997: 3). 이들은 1876년 설립된 '영국교회금욕협회'(Church of England Temperance Society)에 의하여 임명되었다(정주영, 2000: 44). 이들의 활동은 좋은 평가를 받아 이후 실시지역이 런던 이외로 확대되고 그 대상도 알코올중독자 외에 소년범 등으로 범위가 넓어졌다(일본 법무성, 1997: 3).

1887년에는 이러한 노력에 힘입어 「초범자보호관찰법」이 제정됨으로써 초범자에 대한 보호관찰이 법적으로 규정되기에 이르렀다. 하지만 이 법은 미국 매사추세츠 주의 보호관찰 입법에 영향을 받은 것으로서 보호관찰관에 의한 지도감독으로 공식화하지 않았

---

20) 따라서 오늘날 매사추세츠 주법을 '보호관찰의 대헌장'(Magna Carta of Probation)이라고 부르기도 한다 (정주영, 2000: 57).

21) 보호관찰제도 발달에 직접적 기초를 준 것은 1360년 법률에 정해진 '선행서약'(recognizance)의 관행이라는 것이 일반론이다(정주영, 2000: 41). 이전에도 영국에서는 성직자의 특혜(Benefit of Clergy)라는 것이 있었다. 이는 성직자가 범죄를 범한 경우에도 교회 측의 요구가 있으면 선행의 서약이라는 관행으로 일반 법원의 재판권 행사 없이 성직자를 석방해 주던 것이었다. 초기에는 성직자에게만 해당되었으나 점차 일반 범죄인 중에서도 죄질이 가벼운 사람에게도 확대 적용되어 감형 수단의 하나로 변천되어 왔다(이무웅, 1992: 15; 정주영, 2000: 40). 그러나 이러한 관행이 법제화되기 시작한 것은 1879년 「약식재판법」(Summary Jurisdiction Acts)이 제정된 이후의 일이다.

다는 점에서 불완전하였다.[22] 따라서 본래적 의미의 보호관찰제도는 양자의 결합, 즉 선행서약에 의한 범죄인 석방과 전문적 원조활동이 결합된 것은 1907년 「범죄인보호관찰법」(Probation of Offender Act)에 의하여 사회복지사(social worker)를 유급의 보호관찰관으로 채용하면서 시작되었다.[23] 이 시점이 '전문적 실천' 이라는 의미에서 교정복지의 출발점이라고 할 수 있다. 이와 같이 역사적으로 영국의 보호관찰은 사회복지실천의 한 영역으로 지속적이고 전문적인 관계에서 성장해 왔으며, 이에 따라 원조와 보호 그리고 전문적 접근이 가능한 것이었다(문선화, 1999).

(2) 보호관찰제도의 변화와 교정복지의 위기

① 전통적 보호관찰실천에 대한 비판

보호관찰 초기의 실천은 기독교적 도덕주의의 사명으로부터 발전되어 심리학과 케이스워크의 기법을 적용한 치료모델(treat model)로 발전되어 왔다(Raynor & Vanstone, 2002). 이에 따라 영미의 오랜 전통은 보호관찰관이 순수 자원봉사자-유급 자원봉사자-사회복지전문직의 순으로 채용되거나 활동하는 것이었다(문선화, 1999; 조홍식, 2009).

이처럼 종래 영국에서는 보호관찰(probation)을 전통적 케이스워크의 일환으로 보는 견해가 일반적이었으나 1970년대 중반 이후 이러한 주장을 재조정하자는 논의가 부각되었다.[24] 이러한 비판론의 배경에는 치료모델에 입각한 전통적 보호관찰 모델의 효과성에 대한 의문이 자리 잡고 있다(Martinson, 1971). 또한 이러한 비판론은 단지 보호관찰

---

22) 1887년에 제정된 「초범자 보호관찰법」(Probation of First Offender Act)은 앞서 언급한 '경찰법원선교사' 의 활동과 미국 매사추세츠 주의 입법에 영향을 받았다. 이 법률에 의하여 법원은 초범인 경우 범죄인의 성격, 범죄유발적 환경, 범죄경력 등을 고려하여 유예기간을 정하여 석방할 수 있게 되었다. 그러나 이 단계에서 석방된 범죄인의 지도감독은 법령에 근거한 것이 아니라 경찰법원선교사들에 의한 임의적 자원봉사활동이었다(일본 법무성, 1997: 3).

23) 물론 사회복지사들이 활동하기 이전에도 감옥에 있는 사람들을 위하여 기독교의 선교사들이 감옥의 우애방문자로서 최초의 보호관찰관으로 임명되었으며, 이들의 방문기록은 결국 사회복지실천에서 사용하는 사례기록(case recording)이 되었다(문선화, 1999).

24) 그 이유는 다음과 같다(Walker & Beaumont, 1981: 93: 이무웅, 1992: 18 재인용). 첫째, 보호관찰은 국가 형사정책의 일환으로 범죄방지를 목적으로 하는 데 비하여 케이스워크는 개인의 개선·복지를 목적으로 한다. 둘째, 보호관찰관이 케이스워크의 원리, 즉 ① 개별화(individualization), ② 감정표현의 허용(allowing expression of feelings), ③ 통제된 정서적 관여(controlled emotional involvement), ④ 수용(acceptance), ⑤ 비심판적 태도(non-judgemental attitudes), ⑥ 대상자의 자기결정(client self-determination), ⑦ 비밀유지(confidentiality) 등을 사실상 실현하기 곤란하다. 셋째, 대상자의 욕구(needs)를 충족시킬 수 없어서 직면한 경제적·사회적 문제해결에 도움이 되지 않는다.

제도뿐 아니라 교정처우 전반에 대한 것이기도 하다.

한편 미국의 경우에도 1970년대 중반까지는 이러한 사회복지적 지향이 보호관찰 지도감독에 있어서 주류적인 입장이었다(Taxman, 2002). 그러나 1970년대 중반 이후 전통적인 교정처우의 사회복귀적 이상에 입각한 프로그램의 효과성에 대한 의문이 제기되면서, 보호관찰을 포함한 교정정책의 목적이 치료(treatment)와 사회복귀(rehabilitaion)에서 감시(surveillance)와 통제(control)를 강조하는 방향으로 크게 바뀌게 되었다(Cohn, 2002). 사실 교정복지를 대표하는 보호관찰실천의 두드러진 특징은 보호(care)와 통제(control) 또는 멘터링(mentoring)과 모니터링(monitoring), 이 양자의 지속적인 긴장상태다(Home Office, 1962; Burnett, Baker, & Roberts, 2007).

② 형사정책 강경화와 교정복지의 위기

1990년대를 통틀어 영국의 형사사법 분야에서 공공보호 의제의 정치적 중요성은 급속히 증가하였다(Nash, 2006, 2009).[25] 공공보호에 대한 논쟁은 사회적으로 큰 반향을 일으키 일부 흉악한 아동성폭력범죄인의 등장으로 한층 격화되었다. 이에 따라 정파를 초월하여 정치가들은 공공보호에 대한 한층 강화된 정책, 즉 처벌을 강조하는 정책을 입안하고 주창하였다(Nash, 2006). 특히 경찰과 보호관찰소의 협력강화를 통하여 지역사회 내에서의 특정한 범죄인을 보다 강력하게 통제하고 감시하는 변화가 나타났다(Nash, 2009). 이렇게 강경화된 형사정책과 형사사법 절차의 세계에서 "범죄인과 함께하는 그리고 그들의 복지에 헌신하는" 보호관찰의 초기 이념은 점차 입지를 잃어 가게 되었다(Burnett, Baker, & Roberts, 2007).

비록 보호관찰관들은 전통적인 보호관찰의 가치를 계속 지지하고 있었지만 일반 대중은 범죄에 대한 가장 강경한 정책이 범죄문제를 해결할 것이라는 다른 태도를 보이기 시작한 것이다. 강경화의 경향은 원조와 지지보다는 통제와 감시의 역할을 보호관찰관에게 더 많이 요구하게 되었다. 이러한 '경찰유사적' 보호관찰을 지칭하기 위하여 '폴리베

---

25) 영국의 교정처우 분야에서 1990년대는 변화의 10년이었다. 1990년대에는 더욱 다양한 보호관찰기법들이 생겨나면서 보호관찰 행정의 책임성과 효과성이 강조되기 시작하였다(Burnett et al., 2007). 이에 따라 더욱 더 강도 높은 사회적·정치적 통제가 뒤따르기 시작했다. 전통적으로 전문가 집단으로서 보호관찰관이 누려 온 자치권과 재량권은 비록 완전히 무너지진 않았다 하더라도 상당한 제약을 받기 시작했다. 중앙집권화와 경영이념이 보호관찰행정을 강타하였다.

26) 이 용어는 영국의 마이크 내시(Mike Nash)가 2000년대 중반부터 주장한 용어다. 경찰(police)과 보호관찰(probation)의 합성어로 공공보호의 이념하에 이루어지고 있는 경찰유사적 보호관찰의 신경향을 지칭하는 것이다.

이션'(polibation)[26]이라는 용어도 등장하였다(Nash, 2006). 이처럼 '법과 질서를 위한 형벌의 정치학'(punitive politics of law and order)은 보호관찰을 사회복지실천에서 분리하려는 경향을 강화하였으며, 보호관찰서비스는 그 목적(purpose), 가치(value), 기술(skills), 형식(forms) 등에서 사회복지실천과는 거리가 있는 것으로 재정의되었다(Nellis & Chui, 2003; Smith, 2005). 특히 영국에서는 1990년대 초기부터 보호관찰 서비스에 대한 정부의 정책은 보호관찰을 사회복지에서 분리하려고 하는 경향이 강화되기 시작하였다(Smith, 2005).

이에 따라 영국에서는 1990년대 중반 이후, 보호관찰관의 채용정책 면에서 과거 사회복지실천의 일반적 학위에서 보호관찰에 관한 별도의 전문학위를 요하는 조건으로 변경되기 시작하였다. 이러한 보호관찰학위의 주요 내용은 인간의 인지, 행동에 대한 이해와 그 변화에 관한 사회복지실천의 전문적 지식과 기술을 바탕으로 형사사법적·범죄원인론적 지식을 가미한 것이다(Nash, 2009; Smith, 2005).

③ 교정복지 위기에 대한 평가

영국에서 1980년대 이후 범죄학에서의 억제이론 독트린의 영향으로 그동안 정설로 받아들여져 왔던 재활이념이 쇠퇴하기 시작하였다. 이러한 변화는 범죄피해자에 대한 새로운 관심과 범죄인에 대한 공공대중의 분노와 관련되어 있다(Burnett, Baker, & Roberts, 2007). 보호관찰은 특히 범죄에 대한 공공대중의 회의적인 비판에 가장 주요한 표적이 되는 '처우(treatment) 지향'의 형사정책이다(Fielding, 1984).

그러나 여전히 보호관찰 역사 전반에서 지도감독의 중심적인 사상은 보호관찰관이 범죄인에게 "조언하고(advice), 지지하고(assist) 그리고 친구가 되어 주는(befriend)" 것이다.[27] 보호관찰을 비롯한 교정복지적 처우의 중요한 목표는 범죄인 각 개인의 행동을 변화시키는 것이었다. 교정복지 전문가로서 보호관찰관은 대상자와 개인적인, 즉 '일대일의 관계'를 통해 일하며, 이러한 관계는 변화과정에 영향을 미치는 데 필요 불가결한 것으로 간주되어 왔다(Burnett, 2004).

따라서 지도감독에서 법집행자의 역할을 강화하는 방향으로 일어나는 일련의 변화들에도 불구하고, 여전히 보호관찰관이 범죄인을 보호관찰 서비스에 참여시키고 건설적으

---

27) 영국에서 이러한 보호관찰 활동은 1907년 「범죄인 보호관찰법」(Probation of offender Act, 1907)에 최초로 규정된 이래, 적어도 1980년대 초반까지 영국 보호관찰을 이끄는 중심적인 사상이 되어 왔다(Burnett, Baker, & Roberts, 2007; Chui & Nellis, 2003).

로 변화하도록 돕는 데 중요한 것은 결국 사회복지 이론과 실천에서 나온 아이디어와 기술들이다(Smith, 2005). 범죄인이 자신의 주요한 변화를 일으키는 요인으로 확인한 것(Barry, 2000; Rex, 1999)도 바로 이러한 전문적 실천의 관계다. 이처럼 보호관찰관은 대상자의 변화가능성과 그러한 변화를 위한 전문적 실천의 가치를 계속하여 믿어 왔고, 이러한 사회복귀적 이상(rehabilitative ideal)이 실천가에게 지속적으로 동기를 부여해 왔다.

4) 우리나라 교정복지의 역사

(1) 우리나라의 교정복지적 전통

① 휼형제도

복수적·응보적 형벌이 중심이 되었던 과거의 행형 역사 속에서 교정복지적 요소, 즉 범죄인의 사회복귀를 도모하는 원조적 처우를 찾아보기는 쉽지 않다. 그러나 국가의 기틀이 잡히고 형벌제도가 체제를 갖추면서 종교적·정치적 고려에 의하여 범죄인의 형벌 집행을 완화하고 재사회화를 위한 기회를 주었던 정책들이 등장하게 된다. 이것이 바로 '휼형(恤刑)제도'다.

휼형(恤刑)이란 "범죄인에 대한 수사·재판·형집행의 과정에서 엄정하게 처리하되 죄인을 진실로 불쌍히 여겨 성심껏 보살피고 용서하는 방향으로 고려해 주는 일체의 행위"로 정의할 수 있다(이윤호, 2011: 53).

② 역사 속의 휼형 사례

휼형의 대표적인 사례로는 사면, 보방(保放) 그리고 감강종경(減降從輕)이라는 감형제도 등이 있다(송광섭, 2003: 370; 이윤호, 2011: 53). 특히, 고려와 조선의 형사법에는 죄인을 보호하는 휼수(恤囚)의 규정, 즉 휼형제도를 두어서 구금된 사람이라고 할지라도 법적 보호를 받는 제도적 장치를 두었다.

그러나 휼형의 기원은 삼국시대까지 거슬러 올라간다(이윤호, 2011: 53). 삼국시대에 이르러서는 고구려, 백제, 신라 모두에서 큰 가뭄이 났을 때는 수인의 고통을 염려하여 국왕이 특사령을 내리는 등 인권사상이 싹트기 시작하였다(김용준, 이순길, 1995: 128). 『증보문헌비고』를 보면 다음과 같이 신라의 문무왕이 대사령을 내리는 내용이 등장한다(이동명, 1997).

영어(囹圄) 속에서 은혜를 입지 못하고 옥고의 괴로움을 받고 있는 자가 갱신의 은혜를 받지 못하였다. 이 일을 생각하면 침식이 편안하지 못하니 역죄(逆罪)와 사죄(死罪) 이하로서 지금 수금(囚禁)되어 있는 자는 죄의 대소를 논하지 말고 모두 밝게 다시 조사하여 형정을 삼가는 뜻을 보이라.

-형고(刑考)7 상옥(祥獄)-

한편 고려시대의 범죄인처우와 관련된 인도주의적 정책으로는 귀휴(歸休)제도가 대표적이다. 사형에 해당하는 범죄를 저지른 자가 (조)부모상 등을 당하면 7일, 유형과 도형에 해당하는 자는 30일의 귀휴가 허락되었다. 옥중에서 부인이 자녀를 출생할 달이 되면 사형에 해당하는 자는 20일, 유형 이하는 30일의 귀휴를 허용하였다(송광섭, 2003: 369). 이 경우 출옥하는 때에는 모두 '책보'(責保)라 불리는 보증인을 세우게 하였다. 그 밖에 고려사에 기재된 대표적인 휼형의 사례들은 다음과 같은 것들이 있다(출처: 국역 고려사).

문종 2년(1048) 정월. 제(制)하여, "죄를 지어 시골로 유배 가는 자에게 노부모가 있을 경우 일단 그대로 머물며 봉양하게 하며, 부모가 죽으면 도로 유배지로 가게 하라."고 하였다.

예종 6년(1111). 다음과 같이 판(判)했다. "맹하(孟夏: 4월)에는 죄질이 가벼운 죄인을 석방하고, 중하(仲夏)에는 중죄인에게 관용을 베푼다는 『월령(月令)』의 말에 따라 4월에는 보증인을 세우는 조건으로 죄질이 가벼운 죄인을 석방하고, 5월에는 중죄인의 형틀을 느슨하게 해주는 것을 영구적인 법식으로 삼는다."

명종 18년(1188) 3월. 제(制)하여, "도적과 살인범을 제외한 나머지 죄수들은 공정하게 재판한 후 오래 수감하지 말고 방면하도록 하라."고 하였다.

고려에 이어 건국된 조선시대에는 형벌의 남용을 방지하고 인권을 보장하기 위하여 인신을 구속할 수 있는 기관을 '직수아문'(直囚衙門)이라고 하여 「경국대전」 등에 특별히 규정하였다(김용준, 이순길, 1995: 132). 그리고 형사소송절차에서도 상피(相避)·결옥일한(決獄日限)·검험(檢驗)·소원(訴寃) 등 범죄인의 인권옹호와 재판의 공정을 기하기 위한 많은 제도를 두었다(송광섭, 2003: 370).[28]

③ 전통형벌이 교정복지에 주는 시사점

유교국가였던 조선시대에는 휼형제도가 왕의 인정(仁政)과 유교적 민본사상을 나타내는 것으로서 특히 중시되었다.

유교적 전통형벌이 교정복지에 주는 현대적 시사점을 살펴보면 다음과 같다(진희권, 2007). 첫째, 인간 중심의 형벌집행이다. 유교의 출발은 인간에 대한 믿음에서 비롯되는데, 특히 개개인에 대한 교육을 강조한다. 형벌은 범죄인을 죽이고자 하는 것이 아니고 살리는 것이며, 그래서 형벌을 시행함에 있어서도 제정·공포한 후 백성을 충분히 계도한 후에 비로소 위반자를 처벌하였다.

둘째, 예(禮)를 형벌의 정당성으로 삼아서 가정 내의 질서와 균형의 유지를 중시하였다. 유교문화의 근본 규범은 예로 요약될 수 있다. 그 예의 출발점은 국가가 아니라 바로 가족에게서 비롯된다는 것이 또한 의미가 있다. 따라서 왕권으로도 사면할 수 없는 중한 범죄들은 왕권을 침해하는 것 이외에는 주로 가정 내의 윤리를 깨뜨린 행위다. 따라서 형벌집행에서도 비록 정당한 국가형벌권 행사라고 할지라도 그 집행으로 가정의 균형이 깨질 경우에는 형을 감경하거나 형의 집행을 보류하는 규정을 두었다.

셋째, 시설내처우가 아닌 사회내처우를 강조하였다. 기본적으로 태형과 장형은 형벌집행과 동시에 끝이 나서 사회복귀가 되며, 도형은 공노비로 3년까지 복역하는 것이다. 유형의 경우에도 주거이전의 자유만 없었지 가족과 같이 살 수 있도록 되어 있었다.

넷째, 민본주의적 형벌집행이다. 국가의 근본이 백성이라는 민본주의적 사고는 모든 사람들이 알 수 있도록 법을 만들게 하였고, 형벌의 흔적이 남아 사회복귀에 장애가 되는 신체절단형을 오래전에 공식적으로 중지하는 결과를 가져왔다. 또한 형벌집행을 통해 수치심을 느끼게 하는 것 또한 유교적 형벌집행의 특색이라고 할 수 있다.

28) 결옥일한은 죄인을 판결할 때 그 죄의 경중에 따라 대사(大事)인 사죄(死罪)는 30일, 중사(中事)인 도(徒)·유(流)의 죄는 20일, 소사(小事)인 태(笞)·장(杖)의 죄는 10일을 기한으로 처결하게 하여 신속한 재판을 도모한 것이다. 한편 검험은 살인·치사(致死) 사건과 변사자가 발생하거나 옥에 갇힌 죄수가 죽었을 때 죽은 원인을 밝히기 위해 담당 관원이 시체를 검증하고 검안서(檢案書)를 작성하던 것으로 오늘날의 검시제도와 같다.

(2) 보호관찰제도의 출범과 교정복지의 본격화

1 보호관찰제도의 도입과 발전

앞서 외국의 범죄인처우의 발전과정에서 살펴보았듯이, 교정 분야에서의 사회복지적 개입은 시설내처우에서 사회내처우로 전환된 이후에 본격화되기 시작하였다. 우리나라에서도 과거 구금형이 중심이 되었던 교정(행형) 분야는 규율과 보안을 강조하면서 전통적인 법집행의 영역으로 간주되어 왔다. 그러다가 지역사회 기반의 형사정책인 보호관찰제도가 1989년에 도입되면서 전문적인 사회자원의 참여와 민관협력이 강조되기 시작하였다. 이에 따라 이 분야에 전문적 사회복지실천의 접목 가능성이 논의되기 시작하였다.

우리나라 보호관찰제도 도입 당시 정책입안자들의 구상을 살펴보면 이러한 사항이 더욱 명확해진다. 보호관찰제도는 우리나라 제6공화국과 더불어 출발하였는데, 이는 당시 민주정의당 대선공약의 하나로 발표되었기 때문이다. 1987년 12월 발행되었던 대선공약 책자 '밝은 미래와의 노태우 약속: 13대 대통령 선거공약'에서 보호관찰제도 도입 관련 공약 내용은 다음과 같다.

표 2-2	보호관찰제도 도입 관련 공약 내용

2. 국민의 기본권의 완벽한 보장

　　⋮

　다. 보호관찰제도의 대폭 도입
- 범죄인을 구금시설에 수용하는 대신 일정 기간 일반사회에서 국가기관 등에 의한 원조·지도·감독을 하는 보호관찰제도를 대폭 도입하여 범죄인의 교화와 재범방지를 도모한다.
- 보호관찰관에 의한 <u>선행장려, 자립지원, 환경개선, 체계적 관리</u>로 범죄인의 갱생을 도모한다.

출처: 법무부(2009), p. 74.

여기서는 보호관찰관의 역할을 '원조·지도·감독'으로 제시하고 있으나, 구체적인 내용에서는 선행장려, 자립지원, 환경개선, 체계적 관리를 제시하여 사회복지실천의 기본 방법과 크게 다르지 않음을 보이고 있다. 또한 당시 대통령은 보호관찰제도 도입 직후 1990년 1월 법무부 새해 업무보고에서 비행청소년에게 보호관찰제도를 적극적으로 활용해 처벌보다는 선도를 우선하도록 지시하였다(법무부, 2009: 75). 이를 통하여 알 수 있듯이, 우리나라에서 보호관찰제도의 출범이 바로 교정복지의 본격적인 시작점이라고 해도 과언이 아닐 것이다.

그러나 우리나라에서도 외국과 유사하게 보호관찰정책은 점차 강경화의 경향을 보이게 된다. 특히 2006년 보호관찰 중인 가출소자에 의한 '한나라당 국회의원 피습사건'[29]을 계기로 전국적으로 '고위험군 전담 팀'이 구성되고 집중보호관찰제도가 강화되었다. 한편 2000년대 중반 이후 사회적 이슈가 되었던 수건의 아동성폭력사건의 영향으로 2008년 도입된 특정 성폭력범죄인 위치추적제도(속칭 '전자발찌제도')는 이들에 대한 24시간 감시체제를 가동케 하였다. 이에 따른 전담직원의 배치와 비상대기조 구성 등은 보호관찰관의 근무형태에 커다란 변화를 가져오게 되었다.

② 사회복지사의 보호관찰관 특채

최근에는 사회복지사 자격증을 소지한 사람들을 보호직 공무원으로 특채하는 제도가 활성화되기 시작하였다. 2010년 7급 및 9급 신규채용 시 각 6명과 43명의 (정신보건)사회복지사 자격증 소지자를 특별 채용하였다. 이어서 2012년에는 사회복지사 가운데 9급 총 146명을 선발하였고, 경력직 사회복지사 및 정신보건사회복지사 1급 가운데 8급 20명 그리고 7급 6명을 각 선발하였다(〈부록 1〉 참조). 그러나 아직 전체 보호관찰관 중의 사회복지사 자격증 소지자의 비율은 약 20% 이내에 불과하다(법무부, 2011a, 2013; 이형섭, 2012).[30]

이러한 특별채용제도는 보호관찰 분야의 복지적 지향을 강화하고 보호관찰관의 전문적 실천역량을 높이기 위한 것이다(이형섭, 2012). 특히 소년에 특화된 처우프로그램을 강조하면서 보호관찰직원의 전문성 향상이 주요한 이슈의 하나로 부각되고 있다. 예를

---

29) 일명 '지충호 사건'으로 불린다. 2006년 5월 20일 19시경, 서울특별시 서대문구 창천동 소재 현대백화점 앞 제4회 전국 동시 지방선거 한나라당 서울시장 후보의 연설회장에서 오세훈 후보를 지원하기 위해 온 박근혜 전 한나라당 대표에게 소지하고 있던 흉기(커터칼)로 상처를 입혔고 박근혜 전 대표는 4주간의 치료를 요하는 상처를 입었다.

30) 헌법상 공무담임권의 평등을 강조하는 우리나라에서는 공무원에 대하여 공개경쟁시험을 통한 신규채용을 원칙으로 하고 있다(「국가공무원법」 제28조 1항). 이에 따라 전통적으로 보호관찰관의 채용 역시 특별한 응시자격의 제한 없이 공개채용으로 이루어져 왔다. 비록 5급, 7급 및 9급의 각 직급별 채용시험의 과목에 사회복지학(사회사업학)이 채택되어 왔으나, 상대적으로 법률 과목의 비중이 더 많은 편이어서 사회복지학 전공자에게 별달리 유리한 채용구조가 되지 못하여 왔다. 한편 정신보건 임상심리사에 대해서는 2005년부터 2012년까지 5차에 걸쳐 약 총 30명을 6~9급 보호직 공무원으로 특별 채용하였다(법무부, 2013; 이형섭, 2012). 자세한 내용은 제8장 참조.

들면, 2011년도 법무부 보호관찰 분야의 13개 중점추진계획의 하나인 '보호관찰의 전문화·내실화'의 주요 내용 중 하나로서 소년에 특화된 처우를 위한 소년전담제 등의 확대실시 등이 제시되었다(법무부, 2011b). 이미 2010년도 '전국보호관찰기관장회의'에서 보호관찰의 도전적 상황의 하나로서 '보호관찰전문성에 관한 의문제기'가 제시되었다. 이에 따라 주요 발표 주제의 하나로서 '보호관찰직원 전문성 향상 방안'이 논의되기도 하였다(법무부, 2010). 이러한 정책변화의 성공 여부는 특채된 사회복지사들이 전문직으로서의 역할정체성을 가지고 사회복지의 핵심가치와 실천지식·기술을 얼마나 현장에 도입하는가에 달려 있다(이형섭, 2012).

📚 참고문헌

김용우·최재천(2006). 형사정책. 서울: 박영사.

김용준·이순길(1995). 교정학. 서울: 고시원.

문선화(1999). 사회복지적 측면에서의 보호관찰. 보호관찰시행10주년 세미나자료집. 보호관찰제도의 회고와 전망, 25-41.

박상기·손동권·이순래(2005). 형사정책. 한국형사정책연구원.

법무부(2009). 열정과 희망의 발자취: 한국보호관찰 20년사. 보호관찰제도 20년 기념자료집.

_____(2010). 반성과 평가, 그리고 새로운 도약을 위한 2010년도 전국 보호관찰기관장 회의. 법무부 범죄예방정책국 회의자료집.

_____(2011a). 2011년 7월 법무부 보호직 인력현황자료. 법무부 범죄예방정책국 내부자료.

_____(2011b). 2011년도 보호관찰과 중점추진계획. 법무부 범죄예방정책국 내부간행물.

_____(2013). 2013년 3월 법무부 범죄예방정책국 조직진단자료. 법무부 범죄예방정책국 내부자료.

배종대(2011). 형사정책. 서울: 홍문사.

송광섭(2003). 범죄학과 형사정책. 유스티아누스.

이동명(1997). 삼국시대의 교정(행형)제도 연구. 호남대학교 인문사회과학연구, 4, 379-394.

이무웅(1992). 보호관찰제도론. 서울: 도서출판 풍남.

이윤호(2011). 교정학. 서울: 박영사.

이형섭(2012). 보호관찰관의 역할정체성 형성과정에 관한 연구: 사회복지사 자격을 소지한 보호관찰관의 사례를 중심으로. 서울대학교 대학원 박사학위 논문.

장동근·정해룡(1996). 교정학. 서울: 육서당.

정주영(2000). 보호관찰법론. 서울: 해양문화사.

정준화(1977). 북구제국의 행형제도. 입법조사월보.

조흥식(2009). 사회복지적 측면에서 보호관찰제도의 20년 고찰. 한국보호관찰학회 2009년 춘계학
　　술대회 자료집. 한국보호관찰제도 시행 20주년 기념 보호관찰제도의 회고와 전망, 41-51.

지윤(1985). 사회사업사. 서울: 홍익재.

진희권(2007). 전통 유교에서 형벌집행의 현대적 의미. 형사정책연구, 18(1), 249-275.

한인섭(2006). 형벌과 사회통제. 서울: 박영사.

홍봉선(2007). 교정복지론. 서울: 공동체.

Barry, M. (2000). The mentor/monitor debate in criminal justice, 'what works' for offenders.
　　British Journal of Social Work, 30, 575-595.

Burnett, R. (2004). One-to-one ways of promoting desistance: In search of and evidence base.
　　In R. Burnett & C. Roberts (Eds). *What works in probation and youth justice:*
　　Developing evidence-based practice. Cullomption: Willan.

Burnett, R., Baker, K., & Roberts, C. (2007). Assessment, supervision and intervention:
　　fundamental practice in probation. In L. Gelsthorpe & R. Morgan (Eds.), *Handbook of*
　　probation. Cullompton: London.

Champion, D. J. (1999). *Probation, parole, and community corrections* (3rd ed). New Jersey:
　　Prentice Hall.

Cohn, A. W. (2002). Managing the Correctional Enterprise-The Quest for 'What Works'.
　　Federal Probation, Sep., 2002.

Fielding. N. (1984). *Probation practice: Client support under social contro.* Hampshire: Gower
　　Publishing Company Limited.

Home Office (1962). *Report of the Departmental Committee on the Work of the Probation*
　　Service (The Morison Report). Cmnd 1650. London: HMSO.

Mutz, J. (2009). The role of probation in the criminal justice system of Germany. 세계 속의 보호관찰
　　그 성과와 과제(보호관찰제도 도입 20주년 기념 국제세미나 자료집). 법무부, 85-138.

Nash, M. (2006). *Public protection and the criminal justice process.* Oxford University Press.

──── (2009). Public Protection and the Transformation of the English and Welsh Probation
　　Service. 세계 속의 보호관찰 그 성과와 과제(보호관찰제도 도입 20주년 기념 국제세미나 자료집). 법
　　무부, 49-84.

National Probation association (1972). *JOHN AUGUSTUS: FIRST PROBATION OFFICER,* John
　　Augustus' original Report of his Labors(1852) with an Introduction by Sheldon Glueck and
　　illustrations, first published 1939 and reprinted 1972 with a new Preface and an Index.
　　Montclair, NJ: Patterson Smith.

Nellis, M. (2007). Humanising justice: the English Probation Service up to 1972. In L.
　　Gelsthorpe & R. Morgan (Eds.), *Handbook of probation.* Cullompton: London.

Nellis, M., & Chui, W. H. (2003). The end of probation. In W. H. Chui & M. Nellis (Eds),

Moving probation forward: Evidence, arguments and practice. Harlow: Pearson Education.

Raynor, P. (2002). Community penalties: probation, punishment and 'what works'. In M. Maguire, R. Morgan & R. Reiner (Eds.), *The Oxford handbook of criminology* (3rd ed.). Oxford: Oxford University Press.

Raynor, P., & Vanstone, M. (2002). *Understanding community penalities.* Buckingham: Open University Press.

Rex, S. (1999). Desistance from offending: Experiences of probation. *Howard Journal, 38*(4), 366–383.

Smith, D. (2005). Probation and social work. *British Journal of Social Work, 35,* 621–637.

Taxman, F. S. (2002). Supervision-exploring the dimensions of effectiveness. *Federal Probation, 66*(2), 182–204.

日本法務省(1988). John Augustus – 最初の保護司. 保護觀察資料. 法務省保護局.
日本法務省(1997). **諸外國の更生保護制度(1): 聯合王國の更生保護.** 保護觀察資料第27号. 法務省保護局.

기타 자료
네이버 지식백과, 국역 고려사.

제3장

범죄, 범죄인 그리고 범죄인처우

'교정복지'의 실천을 위한 기초지식에는 당연히 교정복지의 실천대상에 대한 내용이 포함되어야 한다. 특히 누가, 어떠한 경우에 교정복지의 대상이 되며 그들의 문제해결을 위하여 어떠한 접근방법이 적절한지에 대해서도 알아야 한다. 따라서 이 장에서는 교정복지를 위한 기초 지식으로서, 범죄 그리고 범죄인에 대한 정의를 논의하도록 한다. 또한 범죄인의 범죄성을 개선·교화하기 위한 범죄인처우의 개념과 유형 그리고 실천모델에 대하여 살펴본다.

1. 범죄에 대한 이해

1) 범죄개념의 상대성

범죄는 일반적으로 '사회에서 불법하여 유해한 것으로 평가되는 행위'를 의미한다. 그러나 구체적으로 어떠한 행위가 불법하여 유해한 것으로 평가되는지는 그 사회가 속한 역사적·사회환경적 맥락에 따라 상이한 모습을 보인다. 봉건시대와 현대의 범죄개념은 많은 차이가 있으며, 회교국가에서 범죄로 규정한 행위가 서구사회에서는 당연한 시민의 권리로 이해되는 경우도 있다. 예를 들면, 현대사회 물질문명의 발달에 따라 과거에는 존재하지 않았던 새로운 유형의 교통 범죄나 컴퓨터 범죄 등이 나타나게 되었다. 또한 낙태죄나 간통죄에 대해서 현재는 범죄로 규정되어 있으나 비범죄화(非犯罪化)의 논의가 있기 때문에 미래의 어느 시점에는 더 이상 범죄로 취급되지 않을 가능성도 있다. 이것이 바로 범죄개념이 갖는 역사적·공간적 상대성이다.

2) 범죄의 개념 정의

(1) 형식적 정의와 실질적 정의

범죄개념의 상대적 특징에도 불구하고 살인, 절도 등 인류 역사상 보편적으로 범죄로 취급받아 왔던 '전형적 범죄행위'도 엄연히 존재하고 있다. 여기서 무엇이 범죄인지에 대하여 살펴볼 필요가 있다. 간단히 말해서, 범죄는 형법 또는 형벌법규에 의하여 형벌이 부과되는 행위를 의미한다. 이러한 정의는 행위의 내용이나 경중을 따지지 않고서 오직 법률에 의해 형벌이 과해진다는 형식에 의해 범죄를 정의한 것이기 때문에 이것을 '형식적 범죄개념'이라고 한다(김용우, 최재천, 2006: 95; 오영근, 2006: 85). 이러한 개념에서는 형벌을 과하기 위하여 행위가 법률상 어떤 조건을 갖추어야 하는가에 대하여 문제를 삼는다(이재상, 2011: 67).

이와 대조적으로, 실정법에 기대어 범죄를 규정하지 않고 이를 초월하여 타당한 범죄의 실질적 기준을 제시하고자 하는 것이 '실질적 범죄개념'이다(배종대, 2011: 53-54). 이는 법질서가 어떤 행위를 형벌에 의하여 처벌할 수 있는가, 즉 범죄의 실질적 요건이 무엇인가를 밝히는 것이다(이재상, 2011: 67). 이 개념은 직접 입법의 준거가 되는 범죄학적 범죄개념이므로 형사정책가의 도구가 된다(배종대, 2011: 54). 이러한 실질성의 기준은 권리침해, 의무위반 및 사회질서 침해 등이 있다(김용우, 최재천, 2006: 96-97; 박상기, 손동권, 이순래, 2009: 9; 배종대, 2011: 54-55; 오영근, 2006: 86-87; 이재상, 2011: 68-69). 요약하면, '사회질서의 침해'는 또 다른 정의가 필요한 광의적 개념이므로 실질적 범죄개념을 법익침해와 의무위반의 결합으로 보는 것이 타당하다고 본다.[1]

---

1) 권리침해설과 의무위반설은 각각 권리의 침해와 의무의 위반을 내용으로 하지 않는 범죄의 개념을 설명하지 못한다는 점에서 한계가 있다(이재상, 2011: 69). 따라서 형법학계의 종래의 다수설은 범죄의 본질을 법익의 침해 또는 그 위험에 있다고 보았다. 실질적 범죄를 '법 규정과는 관계없이 범죄의 실질을 가지는 반사회적인 법익침해행위'(박상기 외, 2009: 9)라고 하는 것도 이러한 맥락의 개념규정이다. 그러나 법익침해라는

이러한 실질적 범죄개념은 형사정책 또는 범죄학의 연구자에게는 유용한 것이나, 형사사법체계 내에서 범죄인 처우 영역에서 활동하는 교정사회복지사에게는 형식적 범죄개념이 보다 적합할 것으로 보인다. 따라서 여기에서 범죄라고 할 때는 "실정형법을 위반하여 형벌이 부과되는 행위"라는 개념에 입각하여 논의하도록 한다.

> '범죄'(crime, offense)의 개념은 형식적인 것과 실질적인 것으로 나뉜다. 형식적인 범죄개념은 '형법 또는 형벌법규에 의하여 형벌이 부과되는 행위'를 말한다. 실질적인 범죄개념은 '타인이나 사회·국가의 법익을 침해하거나 법익의 보호 의무를 위반하는 행위'를 말한다.

(2) 유사개념: 비행과 일탈

'비행'(delinquency)은 원래 범죄라는 개념을 포함하고 있으며, 일반적으로 범죄보다 넓은 의미로 사용된다. 한편 '비행'은 주로 청소년의 범죄적 행위 또는 범죄성향의 발현을 표현하기 위한 용어이기 때문에 '청소년비행 또는 비행청소년'이라는 말로 더 자주 사용된다. 비행청소년에 대해서는 「소년법」 제4조에 자세히 설명되어 있다. 비행청소년은 범죄소년, 촉법소년, 우범소년을 아울러 지칭하는 용어다(같은 법 제67조의2 참조). 먼저, 범죄소년은 형벌법규에 위반하여 범죄를 한 14세 이상 19세 미만의 소년으로 형사책임을 지게 된다. 다음으로, 촉법소년은 형사미성년자인 10세 이상 14세 미만의 소년으로 형벌법규에 저촉되는 행위를 한 경우다. 마지막으로, 우범소년은 10세 이상 19세 미만의 소년으로 집단화, 가출, 음주소란 등 법률이 정한 특정한 요건[2]에 해당하고 그의 성격이나 환경에 비추어 앞으로 형벌 법령에 저촉되는 행위를 할 우려가 있는 소년을 의미한다

'결과위반가치'뿐만 아니라 형법이 법적 평온과 안정성을 보장하기 위하여 국민에게 부과한 법익의 보호 의무를 위반한 '행위위반가치'도 범죄의 요소가 된다고 볼 수 있다(이재상, 2011: 69). 따라서 형법학계의 새로운 다수설은 법익침해와 의무위반을 결합하여 실질적 범죄개념을 파악하는 것이 타당하다고 본다. 이와 같은 입장에서는 실질적 범죄의 개념을, "의무에 위반하여 타인의 법익을 침해·위태화하는 행위로서 형벌을 과해야 할 정도의 행위"(오영근, 2006: 88)라고 정의할 수 있다. 한편 범죄의 실질성은 사회질서와 관련하여 판단하여야 한다는 주장도 있다(배종대, 2011: 55). 실질적 범죄에 대하여 "사회윤리규범에 위반하는 행위에 의하는 법익침해가 사회질서의 유지를 곤란하게 하는 경우"(김용우, 최재천, 2006: 96-97)라고 개념을 규정하는 것도 같은 맥락에서 이해할 수 있다.

2) 그러한 요건은 ① 집단적으로 몰려다니며 주위 사람들에게 불안감을 조성하는 성벽(性癖)이 있을 것, ② 정당한 이유 없이 가출할 것, 그리고 ③ 술을 마시고 소란을 피우고 유해환경에 접하는 성벽이 있을 것 등이다(「소년법」 제4조 1항 3호).

(같은 법 제4조 1항).

한편 사회학에서는 형법의 범죄에 해당되는 것을 '일탈'(deviance)이라는 말로 표현한다. 기든스(Giddens, 1994)는 일탈행위(deviant behavior)를 "공동체나 사회에서 보편적으로 인정되는 규범에 의하여 승인되지 않는 행위"라고 정의하고 있다(배종대, 2011: 55 재인용). 이는 그 사회에 승인된 모범적 행위를 전제로 하는 상대적 개념이다. 예를 들면, 일탈은 그 자체로는 범죄행위가 되지 않는 알코올중독, 자살기도, 청소년의 가출이나 흡연과 같은 규범위반을 포함한다(박상기 외, 2009: 10).

2. 범죄인에 대한 이해

1) 범죄인의 교정복지적 의미

어떤 사람이 범죄를 저지르기 쉬운가? 도대체 흉악한 범죄를 저지르는 사람들은 어떠한 인간일까? 범죄의 유형과 범죄를 저지른 사람의 특징은 어떠한 상관관계가 있는가? 이러한 질문은 교정복지실천의 방향을 정해 주는 중요한 연구과제다.

범죄인은 범죄행위의 주체가 되는 자연인(自然人)을 말한다(배종대, 2011: 72). 범죄는 범죄인을 떠나서 존재할 수 없다고 본다면 교정복지실천은 바로 범죄를 범하였거나 범할 위험성이 있는 '범죄인'을 대상으로 한다. 형사정책학이나 범죄학이 주로 "어떤 사람이 범죄인이 되기 쉬운가?"라는 원인론적 측면에서 접근한다면 교정복지는 "어떻게 하면 그들이 효과적으로 교화·개선할 것인가?"라는 대책론적으로 접근하는 것이다. 그런데 범죄인의 특성에 대한 정확한 파악이 효과적인 대책의 전제가 된다고 볼 수 있다. 즉, 범죄는 사람에 의한 것이고, 가장 효과적인 형사정책을 수립하기 위해서는 각종 범죄인을 개별적 특성과 조건에 맞게 분류하여야 한다(송광섭, 2003: 12). 따라서 전문적 실천으로서의 교정복지에서 특히 범죄인에 대하여 관심을 가져야 할 분야는 '범죄인의 유형별 분류'라고 할 수 있다.

2) 범죄인의 분류

(1) 범죄인 유형이론

범죄인의 분류는 학자에 따라 그 분류방법이 상이하고 다양하다. 범죄인의 유형이론은 그 분류기준이 한 가지인지 아니면 여러 가지의 관점을 다원적으로 이용하는지에 따라서 일원적 유형론과 다원적 유형론으로 나뉜다.

① 일원적 범죄인 유형론

일원적 유형이론 중에서 롬브로소(Lombroso), 가로팔로(Garofalo), 리스트(Liszt), 아샤펜부르크(Aschaffenburg) 등의 범죄인 분류방법이 유명하다. 실증주의 범죄학의 창시자인 롬브로소는 범죄인류학적 분류기준을 사용하여 최초로 체계적인 범죄인 유형론을 제시하였다. 같은 이탈리아 실증학파의 가로팔로는 범죄인을 자연범과 격정범으로 구분한 점에서 주목할 만하다. 독일 근대형법학파의 선구자인 리스트의 유형론은 형사제재 및 처우의 방향을 기준으로 분류하여 가장 널리 알려진 방법 중의 하나다(배종대, 2011: 78). 아샤펜부르크의 분류방법은 심리학적 입장에서 개인적 요인과 환경적 요인을 고려한 특색이 있다(송광섭, 2003: 15).

표 3-1 대표적인 범죄인 유형론

분류학자	분류 기준	범죄인 유형	내용
롬브로소	범죄 인류학	생래적 범죄인	생물학적 열등성
		정신병범죄인	정신적 결함
		격정범죄인	순간적 흥분에 의한 범행
		기회범죄인 • 사이비범죄인 • 준범죄인	자신의 명예나 생존을 위해 범죄 간질과 격세유전적 소질
		관습범죄인	환경의 영향에 의한 범죄
		잠재적 범죄인	알코올, 분노감 등에 의한 범죄

(계속)

가로팔로	자연범 격정범	자연범 • 모살범죄인 • 폭력범죄인 • 재산범죄인 • 풍속범죄인	• 모살: 개선불가능자는 사형 • 폭력: 본능적 살상범죄인은 사형, 기타 부정기형 • 재산: 본능적/상습적인 자는 무기유형, 그렇지 않은 소년은 농장/교도소에의 수용훈련, 성인은 강제노역 • 풍속: 부정기형
		법정범(자연범 외)	정기구금
		과실범	불처벌
리스트	범죄 심리학적 특성, 사회적 위험성	법익침해의식 결여 · 희박 범죄인	과실, 태만, 사려 없음 등에 의한 범죄인
		긴급범죄인	
		성욕범죄인	
		격정범죄인	
		명예심, 지배심 등에 의한 범죄인	
		특정한 주의의 고집에 의한 범죄인	
		이욕, 쾌락욕에 의한 범죄인	
아샤펜부르크	심리학적 특성	우발범죄인	과실에 의하여 범죄를 저지른 자로서, 사회방위의 입장에서 대책이 필요한 자
		격정범죄인	순간적인 격한 흥분에 의하여 범죄행위를 한 자
		기회범죄인	우연히 범죄를 유발하는 상태에 빠져 범죄행위를 한 자
		예비모의범죄인	범죄실행의 의도를 가지고 기회를 계획적으로 이용하여 범죄를 저지른 자
		누범범죄인	유사한 심리적 동기에서 범행을 반복하는 자
		관습범죄인	형벌에 무감각하고 나태와 무기력으로 살아가며 동종의 범죄를 반복하는 자
		직업범죄인	범죄 자체를 직업적으로 생각하는 특수한 개인적 소질을 가진 개선불능자

② 다원적 범죄인 유형론

엑스너(F. Exner)는 범죄인을 분류하는 데 여러 관점을 다원적으로 이용한 대표적인 학자다. 그는 〈표 3-2〉와 같이 성격학적 · 유전생물학적 · 범죄심리학적 · 범죄사회학적·형사정책학적 범죄원인을 기준으로 분류했을 뿐 아니라, 형사정책적 기준, 즉 형사 제재의 방향을 기준으로 구분하기도 하였다(배종대, 2011: 81).

표 3-2 엑스너의 다원적 범죄인 유형론

분류기준	범죄인 유형		내용
성격학적 측면	상태 범죄인	적극적 상태 범죄인	외부 환경에 대하여 능동적으로 스스로 생활관계를 형성하며 저항할 능력도 있는 정신병질자(발양성, 과장성, 폭발성, 광신성)
		소극적 상태 범죄인	외부 환경에 대하여 지배되고 저항력이 약한 정신병질자(의지박약성, 부력성, 자신 결핍성)
	기회 범죄인	적극적 기회 범죄인	격정범죄인, 확신범죄인, 호색가, 자부심과 모험심에 의한 소년범죄
		소극적 기회 범죄인	외부 환경에 지배되는 범죄인, 영아살해, 낙태, 과실범
유전생물학적 측면	내인성범죄인		유전적 소질에 기인한 범죄인
	외인성범죄인		외적 성장환경에 기인한 범죄인
범죄심리학적 측면	소유욕 동기의 범죄인		
	성욕 동기의 범죄인		
	호기심 동기의 범죄인		
	복수 동기의 범죄인		
	격정 동기의 범죄인		
	정치적 동기의 범죄인		
범죄사회학적 측면	조발성 범죄인		초범 연령이 낮은 범죄인
	지발성 범죄인		초범 연령이 늦은 범죄인
형사정책학적 측면	원인론적 구분	내인적 상태 범죄인	
		외인적 상태 범죄인	
		발달기 범죄인	
		탈인격 범죄인	
	예후 진단적 구분	개선가능 범죄인	
		개선불능 범죄인	
	연령 계층적 구분	소년범죄인	
		청년범죄인	
		장년범죄인	
		노년범죄인	

출처: 박상기, 손동권, 이순래(2009), p. 403.

(2) 현행법상 범죄인의 분류

앞서 살펴본 바와 같이, 학자들의 범죄인의 분류는 일정하지 않고 아직까지 형사사법 분야에 응용할 수 있을 정도로 체계화되어 있지 않다(박상기 외, 2009: 404). 그럼에도 불구하고 우리나라의 현행 형사사법제도를 살펴볼 때, 범죄인을 우발범, 상습범, 심신장애범, 사상범 및 소년범의 5가지로 편의상 분류하는 것이 가장 적절하다고 본다(박상기 외, 2009: 404-408; 배종대, 2011: 85-88; 송광섭, 2003: 22-24).[3]

① 우발범죄인

우발범죄인은 행위의 동기가 우발적이고, 행위의 반복가능성이 미약한 범죄인이다. 즉, 순간적인 감정에 자극되거나 긴박한 외부적 상황의 영향을 받아 범죄를 저질렀으나 범죄적 소양이 약한 범죄인을 말한다. 이들에 대해서는 기소유예·집행유예 등을 활용하여 재사회화의 길을 열어 줄 필요가 있다.

② 상습범죄인

상습범죄인은 반복된 행위로 생긴 습벽으로 인하여 범죄를 저지르는 사람을 말한다. 현행 형법은 상해와 폭행, 협박, 약취·유인·인신매매, 절도와 강도, 사기와 공갈, 도박 등의 범죄를 상습적으로 하는 사람에 대해서는 가중 처벌하고 있다. 그런데 상습범은 범죄학상의 개념인 점에서 누범과는 그 성질을 달리한다. 누범은 객관적으로 드러나는 범죄행위의 횟수를 문제 삼지만, '상습성'(常習性)이라는 것은 범죄행위의 성질이 아니라 행위자의 특성을 말하는 것이다. 참고로, 누범의 경우에도 그 죄의 정한 형의 장기의 2배까지 가중하여 처벌한다(「형법」 제35조 2항).

③ 심신장애범죄인

심신장애범죄인은 행위자의 심신장애로 인하여 사물 식별과 의사결정능력이 없거나 미약하여 범죄를 저지른 사람을 말한다. 현행 형법은 이들에 대하여 형을 면제하거나 감경하고 있다(「형법」 제10조 1항 및 2항). 다만 이들에 대해서는 그 정도에 따라 치료감호를 선고하여 치료감호시설에 수용하여 치료하도록 하고 있다(「치료감호법」 제2조 1항 참조).

---

3) 이러한 분류기준은 1950년대 일본의 마사키 교수가 제안한 것으로 우리나라 형사실무에 도입되어 폭넓게 활용되고 있는 것으로 보인다(박상기 외, 2009: 404; 배종대, 2011: 85).

④ 사상범죄인

사상범죄인은 현재의 정치·경제 등에 대하여 일정한 신념에 기초하여 그 개혁을 주장하거나 종교적 신념 등에 따라 불법한 행위를 하는 사람을 말한다. 이처럼 사상범은 일정한 자신의 신념에 따라 행동하기 때문에 확신범 또는 양심범이라고 부르기도 한다. 그러나 확신범은 단지 범죄를 저지른다는 의식이 없다는 점에서 정치적·종교적·사상적 신념에 의한 사상범과 구분하는 것이 타당하다(배종대, 2011: 86-87). 한편 현행법에서 사상범을 규제하는 법률로는 「국가보안법」과 「보안관찰법」 등이 있다.

⑤ 소년범죄인

소년범죄인은 범죄나 형벌 법령에 저촉되는 행위를 한 10세 이상 19세 미만의 소년을 말한다(「소년법」 제2조 및 제4조). 이 중에서 형사미성년자인 10세 이상 14세 미만의 자에 의한 범죄를 특히 '촉법행위' 라고 한다. 소년범은 인격이 미숙하고 범죄성향이 아직 고착되지 않아 개선 가능성이 상대적으로 큰 편이다. 따라서 소년보호의 이념에 따라 처벌의 대상이 아닌 보호의 대상으로 보고, 인도적·복지적 견지에서 교육을 통한 사회복귀를 지향할 필요가 있다.

3. 범죄인처우에 대한 이해

1) 범죄인처우의 개념과 유형

(1) 범죄인처우의 개념

범죄인에 대하여 응보가 아닌 처우(treatment)를 한다는 개념은 19세기 이후 근대형법의 출현에 따라 생긴 것이다. 19세기 후반부터 롬브로소, 페리(Ferri), 가로팔로와 같은 이탈리아의 실증주의 범죄학자들은 "범죄가 아니라 범죄인을 고려해야 한다."고 주장하였다. 이들의 주장은 형법이론 전개에서 행위보다는 행위자를 중심으로 하는 근대형법학파의 발전에 영향을 미쳤다(김용준, 이순길, 1995: 81). 그러나 이 개념이 일반적으로 보급된 것은 1955년 제네바에서 개최된 제1회 'UN범죄방지 및 범죄인처우에 관한 회의'에서였다(김용우, 최재천, 2006: 262). 이 회의를 기점으로 '범죄인처우' 라는 개념은 "범죄인의 개선·갱생 및 사회복귀에 필요한 조치", 즉 범죄인 및 비행청소년의 재범방지와 사회복귀를 용이하게 하기 위한 사회학·교육학·의학·심리학적 조치를 의미하게 된 것이다(김용우, 최재천, 2006: 262-263). 한편 처우(treatment)라는 말은 라틴어의 'trahere'에서 유래한 것으로 취급, 대우, 치료 등의 의미가 있다. 여기서 범죄인의 처우란 '인격(personality)을 고려한 취급'이라는 견해가 등장한다(김용준, 이순길, 1995: 80). 따라서 범죄인의 처우란 '범죄방지와 범죄인의 개선 및 사회복귀를 위하여 범죄인의 인격을 고려하고 관련 학문의 지식을 활용한 전문적 취급과 치료, 조치의 총체'로 정의할 수 있다.

(2) 범죄인처우의 유형

범죄인처우에 대하여 크게 사법처우, 교정처우 및 보호처우로 나누거나(森下忠, 1989: 92), 사법적 처우, 시설내처우 및 사회내처우로 나누는 견해가 있다(김용우, 최재천, 2006: 262).

이에 따르면, 사법처우 또는 사법적 처우는 경찰, 검찰 및 법원의 각 단계에서 행해지는 처우를 말하고, 교정처우 또는 시설내처우는 교도소 등의 교정시설에서 행해지는 처우를 말한다. 또한 보호처우 또는 사회내처우는 범죄인에게 사회생활을 허용하면서 지역사회 내에서 이루어지는 처우를 의미한다. 넓은 의미의 교정복지가 이러한 '사법적 처우'를 포함한다는 것은 제1장에서 이미 논의하였다. 그러나 여기서는 교정복지의 개념을 협의로 보아 형집행(교정) 단계에서의 범죄인처우에 초점을 맞추고 있다. 따라서 여기서는 '시설내처우'와 '사회내처우'를 중심으로 범죄인처우 문제를 논의하도록 한다.

2) 범죄인처우의 모델

범죄인처우의 실천모델은 개선·의료·정의·재통합 모델로 나누거나(송광섭, 2003: 475-478), 처벌·교화개선·사법정의를 위한 교정으로 구분하여 설명하는 견해(이윤호, 2011: 16-45), 그리고 크게 사회복귀·정의모델로 나누는 견해(김용우, 최재천, 2006: 264-265)도 있으나, 여기서는 사회복귀모델, 정의모델 그리고 균형적 접근모델로 나누어 살펴본다.

(1) 사회복귀모델

사회복귀모델(rehabilitative model)이란 범죄인의 개선과 사회적응을 처우의 이념으로 하는 것으로서 '개선모델'이라고도 한다(김용우, 최재천, 2006: 264-265). 이 모델은 19세기 교육형사상을 기초로 하여 범죄인의 개선·교화를 주된 목적으로 한다. 이 모델에 입각하여 보호관찰과 같은 사회내처우제도들이 입안되었다. 또한 구체적 실천에서도 심리적 카운슬링, 직업훈련 등을 통하여 범죄인의 사회복귀를 도모하는 방법이 선호된다(송광섭, 2003: 475).

사회복귀모델 가운데 범죄인처우를 환자에 대한 의학적 치료와 같이 생각하는 입장을 '의료모델'(medical model)이라고 한다(김용우, 최재천, 2006: 265). 범죄행위가 개인의 신체적·정신적·사회적 부적응과 결함에 의한 것이기 때문에 범죄통제를 위한 최선의 선택은 형벌이 아니라 치료적 접근이라는 것이다. 의료모델에 입각할 때에는 무엇보다 적절한 분류와 그에 따른 교정치료프로그램의 적용이 필요하기 때문에 판결전조사제도나 과학적 분류처우제도가 발전하게 된다(송광섭, 2003: 476). 또한 수형자의 형기는 치료기간이 되기 때문에 부정기형제도가 유용하게 되는데, 이러한 부정기형제도에 대해서는 상한과 하한의 폭이 지나치게 넓고 교정당국에 석방에 대한 재량권이 크기 때문에 인권보장과 관련된 많은 비판이 제기되었다(김용우, 최재천, 2006: 265; 송광섭, 2003: 476).

(2) 정의모델

정의모델(justice model)이란 범죄인의 처우는 '정당한 응보'(just desert)에 입각하여야 한다는 것이다(김용우, 최재천, 2006: 265). 극단적인 개선모델이나 의료모델에 입각한 부정기형제도 등이 범죄인의 인권을 침해하는 문제점을 고려하여 처우의 문제를 범죄인의 법적 지위를 보장하려는 차원에서 접근하는 것이다(송광섭, 2003: 476). 이 모델에 따르면, 개선이나 치료의 이념을 폐기하여 불개입주의를 채택하고 형벌은 범죄인을 처벌하는 데 그쳐야 하기 때문에 정기형으로 전환하여야 한다고 주장한다. 이와 같은 사조에 따라 의료모델은 쇠퇴하고 미국의 여러 주에서 부정기형과 가석방이 폐지되기에 이르렀다(김용우, 최재천, 2006: 265). 그러나 정의모델도 처우의 공정성을 지나치게 강조하여 엄벌주의와 구금의 장기화로 연결되면서 범죄인처우의 주요한 이념인 사회복귀의 관점이 무시되어 버리는 문제점이 나타났다(송광섭, 2003: 477).

(3) 균형적 접근모델

균형적 접근모델은 '회복적 사법'(restorative justice)의 이념적 틀에서 주창되었으며, 지역사회의 적극적 참여를 기반으로 한다(Walsh, 1997: 6).[4] 즉, 회복적 사법에 입각한 모델이 기존 모델과 가장 뚜렷한 차이점은 범죄인처우에서 적극적인 지역사회의 참여가 효과적이라는 믿음에 있다. 이러한 회복적 사법의 철학적 이념은 1994년 세인트루이스 교정회의에서 '전미교정협회'(American Correctional Association: ACA)의 정식 강령의 하나로 채택되었다.

또한 기존의 사회복귀모델과 정의모델 모두 범죄인을 중심으로 '그들에 대하여 어떠한 처우를 할 것인가?'에 초점을 맞추었다면, 이 모델은 범죄인, 지역사회 그리고 피해자를 동시에 강조한다. 특히 회복적 사법은 형사사법체계에서 그동안 소외되었던 피해자의 입지강화를 강조한다. 따라서 범죄인처우에서 범죄인의 사회복귀와 함께 응보, 즉 피해자의 감정회복도 중요하게 보고 있다. 범죄인이 범죄행위를 통해 피해자와 지역사회에 끼친 해악(harm)을 바로잡는 것이 중요하다는 것이다. 따라서 회복적 사법에 입각한 재통합모델은 ① 사회방위(community protection), ② 범죄인의 책임성(offender accountability), ③ 범죄인의 사회적응능력(offender competency)이라는 교정목표를 동시에 중시하는 '균형적 접근'(balanced approach)을 강조한다(Walsh, 1997: 7).

---

4) 이와 유사한 접근방법으로는 '재통합모델'이 있다. 재통합모델(re-integrative model)이란 범죄인의 주체성과 자율성을 인정하면서 자발적 참여하에 교정처우프로그램을 집행하는 것으로서, '새로운 사회복귀모델'이라고도 한다(송광섭, 2003: 47; 森下忠, 1989: 98). 이 모델에서는 범죄인 개인의 변화와 함께 지역사회의 변화도 수반되어 사회가 곧 범죄인처우의 중심이 된다. 따라서 기본적으로 지역사회 중심의 형사정책인 보호관찰제도의 활성화를 지향하고 시설내처우에서도 외부통근제도나 귀휴제도와 같은 개방처우의 확대를 도모한다.

참고문헌

김용우 · 최재천(2006). 형사정책. 서울: 박영사.

김용준 · 이순길(1995). 교정학. 서울: 고시원.

박상기 · 손동권 · 이순래(2009). 형사정책. 한국형사정책연구원.

배종대(2011). 형사정책. 서울: 홍문사.

송광섭(2003). 범죄학과 형사정책. 서울: 유스티아누스.

오영근(2006). 형법총론. 서울: 박영사.

이윤호(2011). 교정학. 서울: 박영사.

이재상(2011). 형법총론(제7판). 서울: 박영사.

森下忠(1989). 犯罪者處遇論の課題. 成文堂.

Walsh, A. (1997). *Correctional assessment, casework & counseling* (2nd ed). Lanham, MD: American Correctional Association.

제2부

교정복지와 범죄원인론

제4장 범죄이론의 유용성과 신고전주의 이론

제5장 교정복지와 개인중심 범죄원인론

제6장 교정복지와 사회중심 범죄원인론

범죄이론의 유용성과 신고전주의 이론

교정복지의 올바른 실천을 위해서는 무엇보다도 인간이 왜 범죄를 일으키는지 그 원인을 파악할 수 있어야 한다. 원인을 알아야 그에 대한 대책도 강구할 수 있기 때문이다. 또한 범죄원인을 어떻게 이해하느냐에 따라서 범죄인의 사회복귀를 위한 개입방향도 크게 달라질 수 있다. 이런 의미에서 범죄원인에 관한 이론은 교정복지의 기초를 이루는 핵심적 구성요소 중의 하나다.

이 장에서는 우선 교정복지에서 범죄이론이 필요한 이유와 함께 형사정책학이나 범죄학에서 논의되고 있는 범죄이론의 전반적인 체계를 알아보고, 여러 범죄이론 중에서 고전주의에 뿌리를 두고 있는 억제이론과 합리적 선택이론을 살펴보고자 한다.

1. 범죄이론의 유용성

1) 범죄이론의 유용성

(1) 다양한 범죄이론 습득의 필요성

어떤 분야의 실천가이든 자신이 상대하는 현상의 속성을 이해하여야 올바른 개입을 수행할 수 있다. 교정사회복지사도 범죄인을 보다 효과적으로 다루기 위해서 범죄현상과 그 원인에 대하여 이해할 필요가 있다. 일반적으로 이론은 현상에 대한 조직적 관점을 제공해 주는 개념과 명제의 집합으로 정의할 수 있다(김융일, 조흥식, 김연옥, 2005: 118; 김혜란, 홍선미, 공계순, 2007: 19; Walsh, 1997: 3). 이론은 기술(description), 설명, 예측, 통제와 결과의 초래 등의 기능을 수행한다. 이론과 유사한 용어로서 모델(model)이 있다. 그러나 모델은 현상을 정의하고 질서를 부여하여 묘사하기 위해 사용되는 이론의 일종으로서 현상에 낮은 수준의 질서를 부여하나 이론처럼 설명까지 시도하는 것은 아니다. 한편 이론은 모든 현상에 대하여 '참(true-)'일 수는 없다. 오직 특정 맥락(context-specific)에서만 설명력을 가지며, 그나마 절대적인 참은 아니다(Walsh, 1997: 3). 따라서 범죄인에 대하여도 "개개의 인간은 모든 다른 사람과 같거나, 어떤 일부 사람들과 같으며, 다른 누구와도 같지 않다."는 이론적 명제가 성립한다. 바로 여기에 다양한 범죄이론을 습득하고 활용할 필요성이 있는 것이다.

(2) 교정복지실천에서 범죄이론의 유용성

범죄이론이 교정사회복지사의 실천 기반이 되는 이유는 다음과 같다.

첫째, 범죄이론은 교정사회복지사의 전문적 실천을 위한 지식체계의 기본 틀을 제공하고 올바른 방향으로 이끄는 나침반의 역할을 한다. 이론이 없는 실천은 마부가 없는 마차와 같아서 잘못된 방향으로 가게 될 수밖에 없다. 따라서 교정복지의 전문적 실천가는 범죄인의 재활과 사회복귀를 위한 원조적 실천에 활용될 수 있는 지식으로 충분히 무장하여야 한다.

둘째, 교정사회복지사는 범죄이론을 통해 범죄문제를 합리적으로 이해할 수 있으며, 개입을 위한 논리적 근거를 마련할 수 있다(최옥채, 2010: 119-120). 범죄의 원인을 일관성 있고 객관적으로 이해하는 일은 매우 중요하다. 왜냐하면 이는 교정사회복지사가 비행청소년이나 범죄인의 재활을 모색하는 데 중요한 실마리가 될 수 있기 때문이다. 한편 교정사회복지사는 이러한 이론과 그 안의 주요 개념들을 원용함으로써 자신의 개입방법을 정당화하고 이를 통해 관련된 이해 당사자들을 설득할 수 있다. 예를 들면, 보호관찰소의 수강명령 집행을 위탁받기 위하여 치료프로그램을 제안할 때, 교정사회복지사는 제안서의 첫머리에 자신이 어떠한 범죄이론에 입각하여 프로그램을 기획·구성했는지를 밝힐 수 있다.

셋째, 범죄이론은 교정사회복지사가 교정 분야의 정책과 제도의 도입 및 변화를 이해하고 대응하는 데 주요한 지식 기반이 된다. 이러한 이해는 교정사회복지사가 교정 분야의 변화하는 환경 속에서 자신의 역량을 제대로 발휘하는 데 중요한 전제조건이 된다. 예를 들면, 최근에 이슈가 되고 있는 위치추적 전자감독제도(소위 '전자발찌제도')에 대하여 정부기관은 '합리적 선택이론'과 '억제이론'에 기대어 그 타당성을 설명할 수 있다. 그러나 이러한 이론적 설명은 전자발찌를 부착한 채 자신의 범행위치를 노출시키면서까지 충동적인 범죄를 저지르는 비합리적 범죄현상을 이해시키는 데는 한계가 있다. 결국 교정사회복지사는 다른 이론, 예컨대 '생물사회적 이론'을 활용해 그 범죄현상을 설명하고 그에 대한 전문적 치료와 개입의 필요성을 주장할 수 있다.

2) 범죄이론의 체계

(1) 결정론과 비결정론

범죄이론의 첫걸음은 범죄원인론에서 찾을 수 있다. 범죄원인론은 우선, 비결정론과 결정론의 2가지 큰 패러다임으로 구분된다. 전자는 고전주의 범죄학의 영향을 받은 것으로서 인간의 합리적 이성에 의한 선택과 그 결과인 범죄행위의 책임성을 강조한다. 따라서 처벌에 의한 일반적인 위하효과, 즉 일반예방을 중시하며 범죄대책 면에서도 범죄행위의 죄책에 초점을 두고 '형벌'의 부과를 강조한다. 한편 후자의 경우는 근대 사회과학의 발전에 따라 범죄행위의 실증적인 원인을 찾으려는 경향으로 범죄행위보다는 '범죄인' 자체에 관심을 갖는다. 범죄대책에서도 범죄인의 개별적 위험성에 초점을 두고 특별예방 조치인 '보안처분'을 강조한다.

한편 후자의 실증주의 범죄학에 의한 범죄이론들은 개인 내적 측면에서 사회구조적 측면까지 그 원인을 다양한 차원에서 찾고 있다. 미시적 차원의 이론에서도 뇌파 이상과 같은 순수한 개인 내적(intrapersonal) 원인론부터 생애초기 애착관계 등 개인 간(interpersonal) 상호작용의 영향을 인정하는 이론까지 다양하다. 마찬가지로 거시적 차원인 사회적 관점에서 범죄원인을 보는 입장에서도 비행문화에 대한 차별적 접촉과 같은 사회과정적 원인론과 보다 거시적으로 전체 사회의 아노미 상태에서 원인을 찾으려는 이론까지 그 스펙트럼이 넓다.

(2) 다차원적 범죄이론의 체계

앞서 설명한 범죄이론의 체계를 정리하고, 결정론적 패러다임에 입각한 다차원적 범

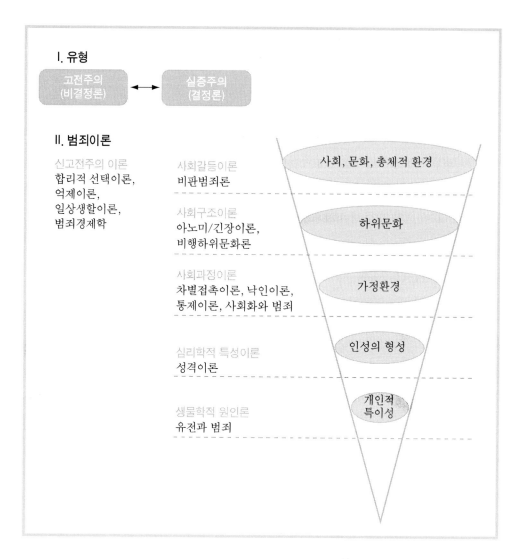

[그림 4-1] 범죄이론의 다양한 차원[1]

죄이론들을 미시적 수준에서 거시적 수준에 이르기까지 깔때기(funnel)의 형태로 표현하면 [그림 4-1]과 같다.

---

1) 윌시(1997: 8)가 제시한 '범죄원인의 깔때기와 설명 이론들'(Criminal "Causal" Funnel and Explanatory Theories)을 기본으로 하여 필자들이 전체적인 범죄이론의 체계를 재정리한 것이다.

2. 신고전주의 이론

범죄과정에서 범죄인 선택(choice)의 역할은 학자 및 일반인 모두에게 범죄를 설명하는 데 가장 활발하게 논쟁되는 주제다(Brown, Esbensen, & Geis, 2011: 161). 고전주의 이론이 비결정론적 입장에서 범죄인의 책임을 강조했다면, 실증주의 이론은 생물학적 · 심리학적 · 사회학적 결정론을 강조하고 있다. 그런데 최근에 각광받고 있는 억제이론과 합리적 선택이론은 다른 접근에 비하여 범죄인의 합리적 의사결정을 강조하고 있기 때문에 신(新)고전주의 이론으로 불리고 있다.

1) 억제이론

(1) 고전적 억제이론

고전주의 범죄학(classical criminology)은 범죄를 포함하여 인간행동이 인간의 자유의지와 합리적 판단능력을 배경으로 한다고 설명하면서 억제이론(deterrence theory)의 토대를 제공한다. 인간은 범행을 결정하기 전에 처벌가능성을 사전에 고려하고 치밀하게 계산한다고 보기 때문이다(박상기, 손동권, 이순래, 2009: 67; Brown et al., 2011: 161). 고전주의 범죄학은 기본적으로 18세기 이탈리아의 베카리아(Beccaria), 영국의 벤담(Bentham, 1748~1832)[2] 등 공리주의 사회철학자의 영향을 받아 성립되었다. 두 학자 모두 범죄행위의 설명보다는 주로 법과 형벌의 개혁에 관심을 두었지만, 그들의 핵심적인 사고는 오늘날 범죄이론에 많은 영향을 미쳤다(Akers & Sellers, 2005: 43).

고전적 억제이론은 이러한 고전학파 범죄학의 설명을 따르는 것으로서 공리주의(utilitarianism)에 입각하고 있다. 공리주의는, 인간은 쾌락을 극대화하고 고통을 최소화하는 방향으로 행동한다는 주장이다. 비록 현대의 범죄학자들에게 이러한 설명은 다소 낯설어 보이기는 하지만, 이 이론이 가진 주요개념은 현대 서유럽 형사사법체계에서 18세기 후반에서 19세기 후반까지 지배적인 범죄 설명의 기초를 제공하여 왔다(Brown et

---

2) 벤담은, 법의 목적은 최대 다수의 최대 행복을 보장하여 주는 것이고, 형벌부과의 목적은 범죄예방에 있으며 이를 위하여 가장 적은 비용을 사용할 것을 주장하였다. 이러한 사상에 입각하여 그는 최소비용으로 최대효과를 거둘 수 있는 소위 '팬옵티콘'(Panopticon)이라는 감옥 형태를 구상하였다. 또한 형벌이 채찍을 가하는 것과 같이 감정에 치우쳐 부과되는 것을 경계하는 소위 '채찍이론'을 제시하기도 하였다. 이는 범죄에 정확하게 비례하는 과학적 형벌부과를 강조하는 것이었다(박상기 외, 2009: 66).

체사례 베카리아 '고전학파 범죄학의 아버지'

체사례 베카리아(Cesare Beccaria, 1783~1794)는 이탈리아 밀라노의 부유한 귀족집안 출신으로 어린 시절 동료들 사이에서는 '작은 뉴턴(Little Newton)으로 불릴 만큼 수학에 뛰어났다(Brown et al., 2011: 166). 그는 20세에 파비아대학에서 법학 박사 학위를 취득하였고, 1768년에 밀라노대학의 경제학·법률학 교수가 되었다.

체사례 베카리아

베카리아는 자신이 좋아하는 여성과 결혼을 반대하는 아버지와의 갈등으로 결혼 초기에는 집안의 지원 없이 가난하게 살았지만, 그렇게 사랑한 부인과도 35세에 사별하게 되었다. 내성적인 성격의 그는 대중과의 만남을 꺼렸고 와인과 좋은 음식을 탐닉하여 비만하였다. 그의 경력에서 중요한 시기는 그가 피스티코프 아카데미의 문학모임을 위하여 피에트로 베리라는 친구를 만나면서 시작되었다(Brown et al., 2011: 167). 그는 베카리아에게 형법의 운용에 대한 비판적 논문을 제안하였다. 이것이 1764년 발간된 「범죄와 형벌(Dei delitti e delle pene)」이라는 행형학 논문으로서, 이를 통하여 개혁적인 형법학자로서 그의 이름이 세상에 알려지게 되었다.

이 논문에서 그는 자의적인 형사사법제도나 판사의 독단적인 형벌부과, 잔인하고 야만적인 처벌방식에 대하여 비판하였다. 베카리아는 형사사법제도에 대한 전반적인 개혁안을 제안하면서, 사회계약에 입각한 처벌, 비례적 형벌의 원칙, 처벌의 신속성과 확실성, 범죄예방의 중요성 등을 강조하였다(박상기 외, 2009: 62-65). 그는 사회계약에 포함되지 않은 형벌은 부당한 것이고 마땅히 법률로 엄밀히 규정되어야 한다고 강력히 주장하면서, 종교로부터 법을 해방시켜야 한다고 역설하였다. 이러한 그의 개혁안은 죄형법정주의(罪刑法定主義) 및 고문·사형의 폐지론 등 형법 근대화에 매우 큰 공헌을 하였다.

al., 2011: 161). 이 중에서도 특히 중요한 것은 '처벌의 엄격성과 범죄에 상응하는 처벌' '처벌의 확실성과 신속성' 그리고 '특별억제와 일반억제'의 개념들이다(Akers & Sellers, 2005: 44-47).

① 처벌의 엄격성과 범죄에 상응하는 처벌
고전주의 범죄학의 기본 전제는 모든 개인은 자유의지의 합리적 행사를 통하여 결정하고 행동한다는 것이다. 모든 개인은 행위로부터 얻는 잠재적 쾌락과 고통을 합리적으로 계산하여 법을 준수하거나 위반한다. 범죄행위를 계획하는 데에서 그들은 체포될 가능성과 법적 처벌을 고려한다. 만일 그들이 범죄로부터 얻는 이득보다 법적 처벌로부터 더 많은 고통을 받는다고 판단한다면 범죄를 저지르지 않을 것이다. 그들은 자신의 형사 처벌 경험, 법에 의해 규정된 형벌, 과거 위반자에게 부과되었던 처벌을 모두 고려한다.

자의적이고 불명확한 법체계 아래에서는 이러한 합리적 판단을 하기 어렵다. 그러한 법체계는 불공정할 뿐만 아니라 범죄를 통제하는 데에도 비효율적이다. 그러므로 범죄를 예방하기 위해서는 시민이 법을 준수하도록 유도하는 합리적 형벌을 마련해야 한다. 형법의 주된 목적은 범죄를 억제하는 것이지 국가나 피해자에게 가해진 해악에 대한 보복수단이 되어서는 안 된다. 이를 위하여 형벌은 범죄에 '상응해야' 한다. 베카리아와 벤담에게서 범죄에 상응하는 처벌은 사회에 야기된 해악을 약간 상회하는 처벌을 의미한다(Akers & Sellers, 2005: 45).

이러한 논의에 깔려 있는 전제는 특정범죄를 범함으로써 얻는 이득이나 쾌락의 양은 모든 사람에게 거의 동일하다는 것이다. 그러므로 범죄에 상응하는 처벌은 개인에 따른 처벌과 대조된다. 법률은 특정범죄에 요구되는 형벌을 엄격하게 적용해야 하고, 형벌은 범법자의 특성이나 환경에 따라 달라져서는 안 된다. 이러한 주장은 범죄의 해악이 크면 클수록 그로부터 얻는 이득도 크다는 것을 전제한다. 그러므로 범죄의 해악이 클수록 범죄를 억제하기 위한 처벌도 엄격해야 한다.

② 처벌의 확실성과 신속성

고전적 억제이론은 처벌의 엄격성에만 의존하는 것은 아니며, 나아가 범죄의 처벌이 신속하고 확실하게 이루어져야 한다고 주장한다. 신속성은 형사제재가 범행 후에 얼마나 빨리 이루어지는가를 의미한다.

처벌의 확실성은 범죄인의 체포와 처벌의 가능성을 말한다. 만일 범죄에 대한 처벌이 확실하고 신속하며 엄격하다면 시민은 범죄로부터 얻는 것보다 잃는 것이 더 많다고 합리적으로 계산할 것이고, 따라서 법을 위반하지 않을 것이다. 처벌의 확실성은 엄격성보다 범죄를 억제하는 데 더 효과적이다(Akers & Sellers, 2005: 46). 처벌의 확실성이 낮아질수록 범죄를 억제하기 위해서 처벌은 더욱 강화될 것이다.

③ **특별억제와 일반억제**

억제는 두 가지 방식으로 작용한다. 첫째, 만일 범죄인이 확실하게 잡히고 엄격하게 처벌된다면 그들은 재범하지 않을 것이다. 이것은 개별억제(specific deterrence) 또는 특별억제(special deterrence)로 알려져 있다. 둘째, 일반억제(general deterrence)는 범죄인에 대한 국가의 처벌을 본보기로 국가형벌의 두려움을 아직 범죄를 저지르지 않은 일반인에게 심어 주어 범죄를 억제하는 것을 말한다(Akers & Sellers, 2005: 46-47; Zimring & Hawkins, 1968).

(2) 현대적 억제이론

처벌의 확실성, 엄격성, 신속성 그리고 비례성의 원칙과 특별억제 및 일반억제의 개념은 현대적 형법과 형사사법체계의 철학적 기반이 되고 있다. 더 나아가 현대적 억제이론에서도 핵심적 요소로 남아 있다(Gibbs, 1968; Tittle, 1969; Zimring & Hawkins, 1968). 범죄문제에 대한 억제이론의 가장 일반적인 대책은 법정형의 인상, 양형의 가중, 경찰력의 강화 등을 내용으로 한다. 그러나 억제의 잠재력에 대한 믿음은 이뿐만 아니라 사형제도나 상습범 가중처벌정책 등 거의 모든 형사제재수단의 배경에 항상 존재한다(Akers & Sellers, 2005: 47).

억제이론의 오랜 역사와 지속적 중요성에도 불구하고, 이 이론을 검증하는 경험적 연구는 1960년대 말까지 거의 이루어지지 않았다(Akers & Sellers, 2005: 48). 1968년 깁스(Gibbs)는 살인사건을 중심으로 미국 50개 주 전체의 범죄 발생률과 검거율, 평균형량 등의 관계를 분석하는 선구적 연구를 수행하였다. 그 결과, 형벌의 집행이 확실하고 형벌의 정도가 엄격한 주에서 살인사건의 발생률이 낮은 것으로 조사되었다. 이듬해 티틀(Tittle, 1969)은 깁스의 연구를 확장하여 다른 범죄까지 검증하였다. 티틀의 연구에서도 살인사건의 발생률은 형벌의 엄격성과 부적 상관관계가 있었으나, 다른 범죄에서는 이러한 상관관계를 찾기 어려웠다. 반면 형벌의 확실성은 모든 범죄에서 중요한 영향을 미치는 것으로 확인되었고, 이후 다른 연구에서도 이러한 사실은 지속적으로 지지되었다(박상기 외, 2009: 71-72). 한편 처벌의 신속성은 측정상의 어려움으로 이들 경험적 연구에서 거의 다루어지지 않았다(Akers & Sellers, 2005: 48).

억제에 대한 이러한 경험적 연구에서 밝히고자 하는 중요한 문제는 국가의 공식적 처벌이 가지는 위협이 가족, 교회, 학교 등의 비공식적 통제체제의 사회화 과정에서 확보된 규범적 억제력을 넘어서는 의미 있는 '한계적 억제'(marginal deterrence) 효과를 갖는가 하는 것이다(Zimring & Hawkins, 1968). 이 문제에 대한 해답은 한계적 억제효과가 있기는 하지만 충분하지 않다는 것이다. 억제에 대한 연구는 대부분 처벌의 확실성과 범죄율 간의 부적 관계를 보여 주지만, 그 상관관계는 약한 것으로 나타났다. 처벌의 엄격성에 대한 인식 역시 어느 정도 억제효과가 있기는 하지만 전체적으로 볼 때 이 이론에 대한 경험적 타당성은 제한적이다(Akers & Sellers, 2005: 51).

2) 범죄경제학

1960년대 이후 대두된 현대적 고전주의는 크게 억제이론과 범죄경제학이라는 서로 다른 견해로 발전하였다. 억제이론의 발전이 주로 범죄학자와 사회학자들에 의해 주도된 반면에 경제학자들이 고전학파의 견해를 발전시킨 것이 범죄경제학이다(박상기 외, 2009: 70). 이들 범죄경제학자들은 경제학에서 상정하는 인간에 대한 가정이 범죄행위를 생각할 때에도 동일하게 적용된다고 보았다. 인간이 구매행위를 할 때 비용과 이익을 계산하듯이, 범죄행위도 결국 범죄를 저질렀을 때의 이익과 손실을 계량하여 저지르게 된다는 것이다. 예를 들어, 절도범죄를 저질렀을 때에 법정형량이 100만 원의 벌금이고 그러한 범죄로 검거될 가능성이 80%라면 범죄에 의한 손해는 약 80만 원으로 계산된다. 이 경우 범죄인은 80만 원 이내의 물건은 훔치지 않을 것이라고 추정된다(박상기 외, 2009: 73-74; Becker, 1968). 그러나 범죄경제학의 이런 논리는 지나치게 비용과 이득이라는 측면에서 접근하고 개인의 자유의사에 따른 결정을 강조하여, 흔히 거론되는 문화적 영향이나 생물학적 영향에 대한 논의를 배제하는 한계가 있다.

3) 합리적 선택이론

(1) 합리적 선택이론의 의의

코니시와 클라크(Cornish & Clarke, 1986)로 대표되는 합리적 선택이론(rational choice theory)도 경제이론의 '기대효용'(expected utility)의 법칙에 기초하고 있다. 즉, 인간은 범죄로 얻게 될 효용(이익)과 손실의 크기를 비교하여 범행 여부를 결정한다고 본다(박상기 외, 2009: 76). 합리적 선택이론은 고전주의적 억제개념에서 시작하였지만 현대에 와서는 상당히 복잡해졌다. 합리적 선택은 잠재적 범죄인뿐만 아니라 피해자의 사고 및 선택 과정에 대한 수많은 변수들을 구체화함으로써 기존의 억제연구를 확장하였다. 범죄인은 범죄유형을 선택해야 하고, 장소와 시간을 선택해야 하고, 이후에 무엇을 할 것인가 결정해야 한다(Brown et al., 2011: 201). 합리성의 정도가 어떻든 간에 선택은 범죄인과 피해자에게 지속적인 과정이며 이러한 선택은 다른 수많은 요인에 영향을 받는다. 예를 들면, 금전욕, 가치관, 학습경험 등 행위자 자신의 개인적 요인과 범행대상의 보호 정도, 주위 환경 등 상황적 요인이 그것이다(박상기 외, 2009: 76).

(2) 주요 개념

① 범법행위 특화범죄와 범법자 특화범죄

오늘날 선택이론가는 '범법행위 특화범죄'(offense-specific crime)와 '범법자 특화범죄'(offender-specific crime)를 구분한다. 전자는 범죄의 특성이 그 발생을 결정한다는 것을 의미한다. 예를 들어, 방범설비를 잘 갖춘 주거지는 범행대상이 될 가능성이 낮다. 범법자 특화범죄는 잠재적 범죄인의 개인적 특성과 관련되어 있다. 소위 '타짜'라고 불리는 전문도박기술자들처럼 특정 기술과 욕구를 가진 사람은 다른 사람보다 범죄를 더 저지를 것이다(Siegel, 2008: 115).

② 범죄성의 구조화

범죄는 사건을 말하며, 범죄성(criminality)은 개인적 특성을 말한다. 그렇다면 무엇이 범죄와 범죄성을 증가시키는가? 많은 개인적 요인들은 범죄 선택을 결정하는 조건이 된다. 가장 중요한 요인은 경제적 기회, 학습과 경험 그리고 범죄기술의 지식이다(Siegel, 2008: 115).

우선 경제적 기회에 대한 생각은 범죄 결정에 영향을 미친다. 유겐과 톰슨(Uggen & Thompson, 2003)은 마약 사용을 시작한 사람이 코카인과 헤로인으로부터 얻는 마약효과에 매력(이익)을 느끼게 되어 매달 불법적으로 500~700달러를 벌기 위한 범죄에 가담할 것으로 보았다. 한편 학습과 경험은 범죄선택을 구조화할 때 중요한 요소다. 경력범죄인은 범죄에 한계가 있다는 사실을 알고 있다. 즉, 언제 기회가 생기고, 언제 조심해야 하는지를 알고 있다. 범죄에 의한 위험이 그 잠재적 이익보다 크다고 믿게 될 때 범죄생활을 바꾼다. 또한 범죄인은 발각되지 않는 기술을 배우는데, 이는 범죄인도 합리적 사고를 하며, 계획을 세운다는 것을 보여 준다. 적절한 기술을 배우면 범죄경력을 연장할 수 있다(Siegel, 2008: 116-117).

③ 범죄의 구조화

범죄인은 범죄성뿐 아니라 범죄를 어디서, 언제, 누구를 대상으로 저지를 것인지에 대하여 합리적 선택을 한다. 합리적 선택 관점에 따르면 범죄의 결정은 ① 범죄의 유형, ② 범죄의 시간과 장소, ③ 범행대상의 분석 등에 의하여 구조화된다(Siegel, 2008: 117).

범죄유형과 관련하여, 어떤 범죄인들은 마약거래상처럼 전문적이다. 또 다른 범죄인은 어느 날은 차량을 절도하고 그다음에는 폭력사건에 휘말리는 등 비전문적인 경우도 있다. 그들의 범죄선택은 시장조건의 합리적 분석에 의해 이루어질 수 있다. 예를 들어 그들은 고급승용차를 타는 강남 지역 거주자를 대상으로 강도를 저지른다. 왜냐하면 일반적으로 강남 지역 거주자들이 많은 현금을 가지거나 고가의 패물을 몸에 지니고 있을 가능성이 높기 때문이다.

또한 범죄인은 범죄의 시간과 장소를 선정하는 방식에서도 합리성을 보여 준다. 주거침입 절도범은 오전 9~11시 또는 정오 시간대를 선호하는데, 그것은 그때 일반적으로 사람들이 일하러 나가거나 아이들을 학교에 등하교시키면서 외출하기 때문이다. 한편 범죄인은 범행대상의 취약성을 잘 간파하고 있다. 예를 들어, 술에 취한 사람들은 종종 노상강도의 표적이 되기 쉽다. 그들이 경찰에 신고할 만큼 상황을 정확히 기억하지 못할 가능성이 높기 때문이다.

절도는 합리적인가?

경기도 파주경찰서는 3일 파주지역 아파트를 돌며 상습적으로 금품을 훔친 혐의(특가법상 상습절도)로 이 모(18 · 고교 2년) 군을 붙잡아 조사하고 있다. 이 군은 지난 10월 26일 낮 12시 50분께 경기도 파주시 와동동 아파트 1층 베란다를 통해 침입해 시가 120만 원의 상당의 노트북 1대를 훔쳐 달아나는 등 지난 9월부터 최근까지 파주 운정지구 일대를 돌며 모두 15차례에 걸쳐 총 2천만 원 상당의 금품을 훔친 혐의를 받고 있다.

경찰조사 결과 이 군은 벨을 눌러 빈집임을 쉽게 확인할 수 있는 낮 12시 오후 2시에 주로 범행한 것으로 드러났다. 이 군은 베란다 창문이 열려 있는 아파트 1층 가정집만 골라 범행을 저질렀다고 경찰은 전했다. 이 군은 경찰에서 "훔친 금품은 친구들과 유흥비로 탕진하거나 대포차를 사서 끌고 다녔다."고 진술했다.

출처: 한국경제(2011. 11. 3.). 아파트 1층만 노린 파주절도범, 잡고 보니 고등학생.

(3) 경험적 타당성

만약 합리적 선택이론이 완전한 합리성을 가정한다면 이 이론은 전혀 경험적 타당성을 갖지 못한다. 예상되는 행위의 결과에 대한 완전한 합리적 계산은 일반 준법시민에게서도 찾아보기 어렵다. 예를 들어, 터넬(Tunnell, 1990)은 상습적 재산범죄인에 대한 연구에서 범죄인들이 범죄를 통해 재산을 얻고도 체포되지 않을 것이라고 믿으며, 위험에 대해서도 실제 이상으로 과소평가한다는 사실을 밝혀냈다. 이러한 결과는 범죄의 기대이득이 기대비용을 초과하기 때문에 범죄를 저지른다는 측면에서 합리적 선택이론과 맥을 같이하는 것으로 보인다(Akers & Sellers, 2005: 58). 그러나 범죄인이 범죄를 저지르려는 의사결정 과정은 합리적 계산의 문제는 아닌 것으로 보인다. 범죄인은 체포를 피하려고 하지만, 그들은 범죄에 따른 법적 제재에 관하여 생각하지 않고 부정적 결과보다는 긍정적 결과를 주로 생각한 것으로 나타났다. 또한 그들이 범죄의사를 결정할 때 위험은 거의 고려되지 않거나 고려되는 경우에도 다소 중요하게 여겨지지 않았다고 보고되었다(Tunnell, 1990).

이에 따라 합리적 선택이론가들은 순수한 합리적 계산모형을 고수하지 않고 있다. 대신에 그들은 정보의 부족, 도덕적 가치, 범행에 미치는 다른 요소들에 의한 선택의 한계와 제한을 고려하는 '부분적 합리성'(partial rationality) 모형을 발전시켰다. 경험적으로 입증된 모형들은 오히려 상당히 낮은 수준의 합리성, 즉 정신분석학 이론과 일부 생물학적 이론을 제외한 대부분의 범죄학 이론들이 가정하는 수준 정도의 합리성에 기초하고 있다(Akers & Sellers, 2005: 59-60; Cornish & Clarke, 1986). 더욱이 경험적 연구에서 지지되는 합리적 선택모형은 기대효용만을 엄격하게 고수하지 않는다. 예를 들면, 애정적 결속, 물질적 박탈비용, 사회집단과 기회, 비공식적 사회제재, 공식적 법적 제재의 인지, 도덕적 신념 등 사회학습이론이나 사회유대이론에서 중요하게 다루는 다른 변수를 포함하는 것으로 확대되었을 때, 이 이론은 비로소 경험적으로 검증되는 설명을 제공한다(Akers & Sellers, 2005: 60-61).

4) 일상활동이론

(1) 일상활동: 범죄인, 대상물 및 감시자

'생활양식적 접근'이라고도 불리는 일상활동이론(routine activities theory)은 1970년대 공식 범죄율의 증가를 설명하기 위해 로렌스 코헨(Lawrence Cohen)과 마커스 펠슨

(Marcus Felson)이 처음 제안하였다(Brown, Esbensen, & Geis, 2011: 201; Cohen & Felson, 1979; Siegel, 2008: 92). 억제이론과 합리적 선택이론의 요소들은 일상활동이론에서도 발견된다. 코헨과 펠슨(1979)에 따르면, 개인이 '직접적 접촉'(direct contact)에 의한 대인범죄나 재산범죄의 피해자가 되기 위해서는 ① 동기화된 범죄인, ② 범행에 적합한 대상물, ③ 사람이나 재산에 대한 감시 가능성 등의 세 가지 기본적 요소가 있어야 한다. 이 이론의 주된 명제는 '범죄 삼각형'(crime triangle)이라고도 불리는 이러한 세 가지 요소가 한 시간과 공간에 모였을 때 범죄가 발생한다는 것이다(Brown et al., 2011: 202).

　　이 이론의 이름은 범죄에 관한 이러한 요소들의 결합이 잠재적 피해자와 감시자의 정상적, 법적 '일상 활동'에 관계된다는 코헨과 펠슨의 전제로부터 시작되었다(Akers & Sellers, 2005: 67). 그들은 어떤 사회적 변화는 적당한 대상을 증가시키고 유용한 보호를 감소시킨다고 주장하였다. 예를 들어, 여성의 노동활동의 증가는 대낮에 집을 비우게 되는 결과를 초래하여 주거침입절도가 증가한다는 것이다. 아울러 기술의 발전으로 휴대전화, 노트북 컴퓨터 등 이동하기 용이하면서도 가치가 있는 상품의 발전은 이를 대상으로 한 재산범죄의 증가를 야기한다는 것이다.

(2) 경험적 타당성

　　코헨과 펠슨(1979)의 초기연구는 세 가지 요소 중 범행에 적합한 대상물과 사람이나 재산에 대한 감시 가능성에만 초점을 맞추었다. 이런 측면에서 일상활동이론은 범죄행위를 직접 설명하기보다는 범죄피해이론에 가깝다(Akers & Sellers, 2005: 73). 이 이론은 단지 동기화된 범죄인이 존재하고 이들은 범행기회와 잠재적 피해자가 있는 시간과 장소에서 범죄를 저지른다는 것을 주장할 뿐이다. 실제로 일상활동이론에서 다루어지는 대부분의 기회 관련 변수들, 즉 범죄인에 대한 노출과 근접성은 차별교제이론과 사회학습이론에서도 중요한 부분을 차지한다.

　　코헨 등(1981)은 이 이론을 정형화된 형태의 '기회이론'으로 다시 이름 붙이고 전국범죄피해 조사자료를 통하여 이론의 명제를 검증하였다. 이 이론은 범죄피해의 위험성을 증가시키는 변수로서 노출, 근접성, 감시, 대상의 유인성 등을 들고 있다. 그것들은 연령, 인종, 소득, 가족구성, 노동참여 정도, 거주지역 등을 통하여 추정되었는데, 자신들의 가설이 경험적으로 지지된다고 주장하였다(Akers & Sellers, 2005: 69-70 재인용). 그러나 이들의 연구에서는 피해자의 일상활동이나 적절한 감시는 측정되지 못했다.

　　서먼 등(Sherman et al., 1989)은 일상활동이론을 검증하는 그들의 연구에서 주요 약탈

범죄가 도시의 단지 3% 지역에서 집중적으로 발생한다는 사실을 밝혀냈다. 그들에 따르면, 이것은 감시가 부재한 상황에서 피해자와 가해자가 접하게 되는 것과 관련이 있기 때문에 이 이론과 일치하는 연구결과인 것이다. 그럼에도 불구하고 그들은 또한 이 이론에 관한 대부분의 경험적 검증에서는 생활양식에 대한 직접적 측정이 부족하고 그것을 인구학적 변수들로 대체하고 있다고 비판하기도 하였다.

전반적으로 이 이론의 경험적 타당성은 아직 잘 정립되지 않았고, 이 이론과 부합하는 일부 연구결과들도 세 가지 주요 변수 중에 하나는 빠져 있다. 대부분의 연구자들은 범죄의 동기나 동기화된 범죄인의 존재는 측정하지 못한 한계가 있다(Akers & Sellers, 2005: 74).

참고문헌

김융일 · 조홍식 · 김연옥(2005). 사회사업실천론. 서울: 나남출판.

김혜란 · 홍선미 · 공계순(2007). 사회복지실천기술론. 서울: 나남출판.

박상기 · 손동권 · 이순래(2009). 형사정책. 한국형사정책연구원.

최옥채(2010). 교정복지론. 서울: 학지사.

Akers, R. L., & Sellers, C. S. (2005). 범죄학이론(민수홍 외 역). 서울: 나남출판. (원전 출판 2004).

Becker, G. S. (1968). Crime and punishment: An economic approach. *Journal of Political Economy, 76*, 169–217.

Brown, S. E., Esbensen, F., & Geis, G. (2011). 범죄학(황의갑 외 역). 서울: 도서출판그린. (원전 출판 2010).

Cohen, L., & Felson, M. (1979). Social change and crime rate trends: A routine activities approach. *American Sociological Review, 44*, 214–241.

Cornish, D. B., & Clarke, R. V. (1986). *The reasoning criminal: Rational choice perspectives on offending.* New York: Springer.

Gibbs, J. P. (1968). Crime, punishment, and deterrence. *Southwestern Social Science Quarterly, 48*, 515–530.

Sherman, L. W., Gartin, P. R., & Buerger, M. D. (1989). Hot spots of predatory crime: Routine activities and the criminology place. *Criminology, 27*, 27–56.

Siegel, L. J. (2008). 범죄학: 이론과 유형(이민식 외 역). 서울: CENGAGE Learning. (원전 출판 2007).

Tittle, C. R. (1969). Crime rates and legal sanctions. *Social Problems, 16*, 409–422.

Tunnell, K. D. (1990). Choosing crime: Close your eyes and take your chances. *Justice Quarterly*, 7, 673-690.

Uggen, C., & Thompson, M. (2003). The socioeconomic determinants of ill-gotten gains: Within-person changes in drug use and illegal earnings. *American Journal of Sociology, 109*, 146-185

Walsh, A. (1997). *Correctional assessment, casework & counseling* (2nd ed.). Lanham, MD: American Correctional Association.

Zimring, F., & Hawkins, G. (1968). Deterrence and marginal groups. *Journal of Research in Crime and Delinquency, 5*, 100-115.

기타 자료

한국경제(2011. 11. 3.). "아파트 1층만 노린 파주절도범, 잡고 보니 고등학생"

교정복지와 개인중심 범죄원인론

범죄의 원인을 설명하는 이론 가운데 생물학적 원인론과 심리학적 원인론은 개인의 특성을 범죄의 주요한 원인으로 본다는 점에서 '범죄에 대한 개인중심 원인론'이다 (Brown, Esbensen, & Geis, 2011 참조). 범죄인은 다른 사람과 무엇인가 다르고 비정상적인 신체적·정신적 특성을 가지고 있다는 생각은 매우 오래되고 상식적인 것이다(Siegel, 2008: 152). 이러한 측면에서 초기 범죄학에서 범죄인으로 타고난 사람들, 즉 생래적 범죄인을 주된 연구과제로 탐구했다는 사실은 크게 놀라운 일이 아니다. 초기 범죄학자들의 이러한 노력은 생물학적 범죄원인론을 발전시켰다.

한편 심리학적 범죄이론은 개인의 정신상태나 심리상태를 중심으로 범죄의 원인을 설명하는 입장이다(박상기, 손동권, 이순래, 2009: 126). 심리학적 이론들은 시간의 흐름이나 상황의 변화에도 불구하고 일관된 개인의 정신적·심리적 특성에 주목한다. 이러한 측면에서 심리학적 원인론은 생물학적 원인론과 같이 개인의 자질이나 속성을 중심으로 하는 이론이기 때문에 특성이론(trait theory)으로 분류되기도 한다(Siegel, 2008 참조). 사실 심리학은 인간의 정신기능에 대한 연구로서 매우 광범위하다. 그래서 많은 심리학적 범죄이론들은 정신의 기능을 이해하기 위해 유전학과 다른 생물학적 변수들을 통합하고, 결과적으로 범죄에 대한 생물학적 설명과 심리학적 설명의 구분을 어렵게 만들고 있다(Brown et al., 2011: 261).

이 장에서는 이러한 개인중심 범죄원인론을 대표하는 주요한 이론들을 살펴보고, 그 타당성을 검토하여 교정복지 차원에서의 정책적 시사점을 논의하고자 한다.

1. 생물학적 범죄원인론

19세기 후반 과학의 눈부신 발전과 이에 대한 낙관적 전망을 고려할 때, 다윈설 또는 진화론으로 대표되는 과학주의가 범죄론 분야에 도입된 것은 전혀 놀라운 일이 아니다 (Brown et al., 2011: 229). 롬브로소로 대표되는 초기 실증주의 범죄학, 또는 생물학적 범죄학의 여러 연구들은 범죄가 신체적 · 정신적 구조에서 비정상적인 사람에 의하여 저질러진다는 전제 아래 진행되었다. 그러나 이러한 생물학적 범죄학은 1920년대와 1930년대를 거치면서 인종차별주의적 이데올로기와 연관된다는 비판 속에 차츰 쇠퇴하기 시작하였다. 특히 1940년대를 기점으로 서덜랜드(Sutherland)를 중심으로 한 일련의 미국 사회학자들의 영향력 안에서 범죄에 대한 생물학적 설명들은 평판이 좋지 못했으며 심지어는 금기시되었다(Wright & Miller, 1998). 그러나 최근의 범죄학은 점차 다학제적으로 변화하고 있다(Brown et al., 2011: 232). 특히 눈부시게 발전하는 정신의학이나 생리학의 연구결과들은 현대적인 생물학적 범죄이론으로 진화하는 토대가 되고 있다.

1) 롬브로소와 초기 생물학적 범죄이론

(1) 관상학과 골상학

인간의 운명과 신체구조상의 특징을 관련지어 생각하는 사고방식은 예전부터 동서양에서 꾸준히 존재해 왔다. 동양에서는 '관상'(觀相), '수상'(手相) 등이 고대 중국의 황제(黃帝) 때부터 시작되어 당송 때 관련 학설이 정립되었다. 서양에서는 고대 그리스시대 아리스토텔레스의 인상학(Physiognomia)이 대표적이다. 그러나 고대의 관상학은 점성술 또는 수상학의 일부로 행해졌고, 이는 요술과 같은 것으로 취급되었다(김용우, 최재천, 2006: 115-116).

그러다가 골상학(Phrenologie)이 18세기 스위스의 작가이자 신학자인 라바터(Johann Caspar Lavater, 1741~1801)[1]를 거쳐 18세기 말 오스트리아 비엔나의 외과의사 갈(Franz Joseph Gall, 1758~1828)에 의하여 정립되었다. 그는 인간의 정신작용은 뇌에서 행해지는데, 이 뇌는 두개골로 둘러싸여 있어서 두개골의 외형적인 모습을 분석함으로써 뇌의 발달 상태를 알 수 있다고 주장하였다. 그리고 이러한 이론을 범죄인류학적으로 체계화한 사람은 이탈리아의 의사 롬브로소였다(김용우, 최재천, 2006: 116; 배종대, 2011: 163).

(2) 롬브로소의 생래적 범죄인설

최초의 실증주의적 범죄학자로 불리는 롬브로소는 1876년 『범죄인(*L'Uomo Delinguent*)』이라는 저서를 통해 범죄적 행위의 요인에 대한 경험적 · 과학적 분석을 최초로 시도하였다(김용우, 최재천, 2006: 117). 그는 이탈리아 재소자의 신체적 특징을 관찰하고 군인과 비교하였다. 머리 · 몸 · 팔 · 피부 등을 비교한 결과, 범죄인은 일반적인 준법시민과 구별된다는 것을 발견하였고, 이를 근거로 '생래적 범죄인'(born criminal)이 있다고 주장하였다. 그는 생래적 범죄인을 인간진화의 초기 상태로 퇴행하는 '격세유전'(atavism)으로 설명하였다(Akers & Sellers, 2005: 83).

생래적 범죄인은 원시인의 체격, 정신능력, 본능을 지니고 있기 때문에 시민사회에 잘 적응하지 못하며 적절하게 예방하지 않는다면 불가피하게 사회규범과 법을 위반하게 된다. 이러한 생래적 범죄인에게는 눈에 보이는 어떤 낙인(stigma)이 있는데, 예컨대 얼굴이나 머리의 비대칭, 현저한 앞쪽 부비강, 큰 턱뼈와 광대뼈 등과 같은 두개골 특징이 그것이다. 또한 교활하게 생긴 눈, 원숭이처럼 생긴 귀, 곱슬머리, 손가락 기형 등과 같은 신체적 특징도 열거된다. 이러한 비정상적인 신체특징 가운데 5개 이상을 지닌 남자들은 확실한 생래적 범죄인으로 분류되고 여성은 3개 이상의 특징만으로도 생래적 범죄인으로 파악된다. 이러한 범죄인은 진화론적으로 퇴행된 것으로서 야만적 속성이 유전된 돌연변이적 존재다. 따라서 이들은 숙명적으로 범죄를 저지를 수밖에 없다고 한다(김용우, 최재천, 2006: 116-117; 배종대, 2011: 163; Akers & Sellers, 2005: 83).

롬브로소는 그 밖에 '정신이상 범죄인'(insane criminal)과 '기회적 범죄인'(criminaloid)의 개념을 제시하였다. 전자는 저능아, 정신병자 등을 포함하는데, 이들도 범죄적 기질을 잘 통제하지는 못하지만 생래적 범죄인은 아니다. 후자는 적절한 상황이 주어진다면 범죄를 저지를 수 있는 감정과 욕구를 지니고 있다. 하지만 가장 다루기 어렵고 위험한 것은 생래적 범죄인이다(Akers & Sellers, 2005: 84). 범죄의 원인으로 어떤 인종이나 집단에 내재된 특질, 신체적 비정상성, 생물학적 열등성, 신체유형, 저능성, 생화학적 불균

---

1) 그는 사형당한 죄인들의 관상을 연구하여 그로부터 '범죄관상학'을 이끌어내었다.

최초의 실증주의 범죄학자

롬브로소(Cesare Lombroso, 1835~1909)는 이탈리아 베로나에서 태어나 1858년 파비아 대학에 입학하여 의학을 배웠다. 졸업 직후에는 군대의 내과의사로 오래 근무하였으며, 이후 1876년부터 사망할 때까지 토리노 대학의 교수로 재직하였다. 롬브로소의 생물학적 실증주의는 동시대의 지적인 사상의 논리적 확장이었다. 그는 다윈의 모형을 따랐을 뿐 아니라 생물학적 틀 안에서 고민한 다른 학자들의 노력에 영향을 받았다. 예를 들면, 갈의 골상학은 뇌에서의 기형이 범

롬브로소

죄성향과 관련성이 있으며 외부적으로도 확인이 가능하다는 주장으로 롬브로소에게 깊은 영감을 주었다(Brown et al., 2011: 233).

개인의 생물학적·신체적 특성이 범죄발생의 원인이라는 롬브로소의 주장은 현재 많은 비판을 받고 있다. 그럼에도 불구하고 그가 '실증주의 범죄학의 아버지'라고 불리는 이유는 그가 최초로 관찰과 검증이란 과학적 방법을 동원하여 범죄유발원인을 규명하려고 한 점에 있다. 즉, 범죄원인을 규명하는 데 연구대상을 관찰하고, 관찰로부터 일반명제를 도출하며, 이러한 명제를 객관적 자료를 이용하여 검증한 그의 연구방법은 이후 범죄원인 연구의 새로운 지평을 제시하는 것이었다. 롬브로소의 주장은 당대에도 고링(Goring) 등 많은 학자들에 의해 비판되었는데, 이러한 영향으로 그도 자신이 초기에 가졌던 생각을 많이 수정하였다(박상기 외, 2009: 80-81). 초기에 롬브로소는 전체 범죄인의 70% 가량이 생래적 범죄인이라고 하였다가 후에 이러한 주장을 후퇴하여 그 비율이 35~40% 정도라고 하였다. 그럼에도 불구하고 그는 최후까지 생래적 범죄인이 진정한 범죄인이라는 생각을 고수하였다고 한다(김용우, 최재천, 2006: 118).

형, 생물학적 결점과 역기능성을 다루는 이론들은 롬브로소의 이론에 근거한 것이라고 볼 수 있다(Vold, Bernard, & Sniper, 2002: 84).

(3) 롬브로소 이후의 생물학적 범죄이론

① 이탈리아 실증주의학파

롬브로소의 사상은 이탈리아의 가로팔로(Raffaele Garofalo: 1852~1924)와 페리(Enrico Ferri) 등에게 전수되어 이탈리아 실증주의학파로 발전되었다. 페리는 고전주의에서 가정하였던 자유의지를 부정하면서 인간의 행위는 환경의 영향을 받을 수밖에 없다는 결정론적 논리를 폈다. 또한 그는 일정한 요인이 존재하는 사회에서는 이에 상응하는 일정량의 범죄가 반드시 발생한다는 '범죄포화의 법칙'(law of criminal saturation)[2]을 주장하였다. 페리는 범죄인의 유형을 ① 생래적 범죄인, ② 정신병적 범죄인, ③ 상습성 범죄인, ④ 우발성 범죄인, 그리고 ⑤ 격정성 범죄인 등으로 나누고 그에 따라 각각 무기격리, 정신병원 수용, 부정기형, 손해배상 등 별개의 대책을 제시하였다(박상기 외, 2009: 82-84).

한편 가로팔로는 '자연범'(natural crime)과 '법정범'(artificial crime)의 개념과 인간본성의 불가변성을 주장하였다. 그는 타인을 고통스럽게 하는 것에 대한 혐오가 부족한 사람(대인범죄인)과 타인의 소유권에 대한 존중이 부족한 사람(재산범죄인)을 자연범으로 정의하였다(김용우, 최재천, 2006: 122; Brown et al., 2011: 238).

② 고링과 후튼의 연구

생물학적 원인론, 특히 롬브로소의 연구는 후대에 많은 비판을 받게 되었다. 영국 교도소의 의사로 근무한 고링(Charles Goring)은 1913년 수년에 걸친 자신의 연구를 정리하여 『영국의 수형자(*The English Convict*)』라는 저서를 발간하였다. 고링은 당시의 가장 정교한 신체측정 방식과 통계적 방법을 사용하였다. 그는 약 3,000명의 수형자들을 대

---

2) 페리는 롬브로소의 생물학적 범죄원인론에 영향을 받았다고는 하지만 자신이 수용한 사회주의 사상 탓으로 사회적·정치적·경제적 요인들을 더욱 강조하였다. 1884년 발표된 그의 저서 『범죄사회학(*Criminal Socialogy*)』에서는 범죄를 유발하는 원인을 크게 물리적 요인, 인류학적 요인 그리고 사회적 요인으로 구분하였다. 물리적 요인은 인종, 기후, 지리적 위치, 계절적 효과, 기온 등이었으며, 인류학적 요인은 나이, 성별, 신체적 혹은 심리적 상태 등이었고, 그리고 사회적 요인은 인구밀도, 관습, 종교, 정부조직, 경제조건 및 산업조건 등이었다. 그의 '범죄포화의 법칙'은 이러한 세 가지 요인이 존재하는 사회에서는 반드시 그에 상응하는 일정량의 범죄가 발생한다는 것이다. 이는 일정량·일정 온도의 물속에서는 일정량의 화학물질이 용해된다는 화학상의 포화법칙을 원용한 것으로, 이 법칙에 따르면 인간은 전혀 자유의사가 없는 것이고 인간의 행위는 내적·외적 원인요소에 의해 결정되는 것이라고 보았다. 나아가 그는 화학상 과포화현상이 일어나는 것과 같이 범죄에서도 사회물리적 예외조건에 의하여 부수 범죄가 증가하는 현상이 일어난다고 하였다(박상기 외, 2009: 82-83).

학생, 병원환자, 공무원, 군인 등과 37개의 신체적 특징을 상호 비교하는 방법으로 연구를 진행하였다. 연구결과, 신체적 특성과 범죄행위 사이에는 통계적으로 유의한 관계가 없음이 밝혀졌다. 다만 그는 범죄인이 범죄적 특질을 타고난다는 롬브로소의 견해를 받아들였는데, 그의 연구에서 수형자들은 시민보다 키가 작고 몸무게가 적으며 낮은 지능 수준을 지닌 것으로 평가되었다. 그는 후에 여기에다 내재적인 '도덕적 결여'라는 특성을 추가하였다. 고링은 이러한 차이를 가지고 범죄행위란 신체적인 변이형태와 관련된 것이 아니라 유전학적 열등성에 의한 것이라고 주장하였다(박상기 외, 2009: 95-96; Akers & Sellers, 2005: 85).

이후에 미국 하버드 대학의 인류학자인 후튼(Hooton)은 『범죄와 인간(*Crime and the Man*)』(1939)에서 고링의 연구 방법론과 연구결과를 비판하였다. 그는 12년간 미국의 10개 주에서 재소자 13,873명을 포함하여 대학생, 병원환자, 소방대원, 경찰 등 약 17,200명을 선정하여 정밀한 연구를 시도하였다. 연구결과, 후튼은 "범죄는 단지 생물학으로만 이해될 수 있으며, 범죄인은 중요한 신체적 비교 항목에서 유기체적으로 열등하다."고 주장하였다(박상기 외, 2009: 97-98; Akers & Sellers, 2005: 86; Brown et al., 2011: 238-240).

(4) 초기 생물학적 범죄이론에 대한 비판

롬브로소가 제안하고 고링과 후튼이 발전시킨 범죄인의 열등성에 대한 관념은 19세기 후반과 20세기 초반에 번성했던 많은 생물학적 이론들, 즉 정신박약, 내재적 범죄특질, 내분비 불균형, 신체유형론[3] 등에서도 발견된다(Akers & Sellers, 2005: 87; Vold et al., 2002). 이 이론들의 중심명제는 범죄인, 특히 가장 심각하고 위험한 범죄인은 만들어지기보다는 자연적으로 타고난다는 것이다. 그러나 이러한 초기 생물학적 원인론들은 방

---

3) 체형과 범죄에 관한 연구, 이른바 체형이론 또는 체질생물학적 이론에 입각한 논의는 독일의 정신병리학자 크레슈머(Kreschmer)와 미국의 셸던(Sheldon)의 연구가 대표적이다. 크레슈머는 체격을 비만형, 운동형 및 쇠약형(세장형)으로 나누어 각각의 범죄율과 범죄유형을 조사하였는데, 운동형은 폭력범죄의 성향이 있고, 쇠약형에는 사기범과 절도범이 많으며 누범률이 높다고 하였다. 한편, 셸던은 인간이 본질적으로 내배엽, 중배엽 및 외배엽이라는 3개의 층으로 이루어진 태아로서 삶을 시작하며 이후 어떤 층이 발달하느냐에 따라 각자의 체격과 기질이 형성된다고 주장하였다. 내배엽형은 상대적으로 소화기관이 발달하고 살이 찐 편이고, 중배엽형은 근육, 골격, 운동조직이 상대적으로 발달하며, 그리고 외배엽형은 피부와 신경계통이 상대적으로 발달하여 여위고 섬세한 체형이라고 한다. 이와 같은 체형분류에 따라 1939년부터 10년간 소년교정원에 수용된 비행소년의 신체적 특징을 조사한 결과, 비행소년의 평균체형은 중배엽형 수치가 높은 반면, 범죄경험이 없는 일반 대학생은 외배엽형이 상대적으로 높게 나타났다고 하였다(배종대, 2011: 164-166).

법론적 결함, 동어반복적인 주장, 빈약한 경험적 지지, 전제적 부적절성, 인종적 또는 민족적 열등성의 암시 등으로 인하여 비판받았다. 예를 들면, 후튼의 연구에서도 매우 심각한 방법론적 오류들이 존재하였다. 후튼은 롬브로소가 했던 것처럼, 문신과 같은 환경적 요인을 유전적인 영향으로 혼동하였을 뿐 아니라 일반인 표본에 큰 신장을 요구하는 경찰이나 소방대원의 비율이 높다는 사실을 고려하지 않았다. 그리고 재소자와 일반인 사이의 차이보다 재소자 간의 차이가 더 컸다는 사실도 간과하였다(Akers & Sellers, 2005: 86; Brown et al., 2010: 240).

이러한 이유로 1950년대에 이르러서 생물학적 원인론들은 범죄학 분야에서 철저하게 배제되었다. 생물학적 범죄이론을 지지하는 일부 학자들(Rowe, 2002; Walsh, 2000)은 이 이론이 추방된 것은 이 이론에 대하여 가장 비판적인 사회학자들의 학문적 편애에 근거한다고 주장하였다. 그러나 초기의 생물학적 이론들을 거부하는 실제 이유는 단지 이 이론들이 비논리적이거나 검증이 불가능한 것으로 밝혀졌기 때문이다(Akers & Sellers, 2005: 89).

2) 현대 생물학적 범죄이론

지난 100여 년 동안 생물학적 이론의 '부끄러운 역사'(sorry history)에 대한 비판에도 불구하고 오늘날 범죄학 교과서들은 생물학적 이론에 더 많은 우호적인 관심을 부여하고 있다(Wright & Miller, 1998). 현대의 생물학적 이론들은 롬브로소, 고링, 후튼 등의 이론에서 제안된 단순한 생물학적 결정주의를 대부분 부정한다. 특히 최신의 생물학적 이론은 유전학, 뇌의 기능, 신경학, 생화학에서 진보된 기술과 새로운 발견에 기초하고 있다(Akers & Sellers, 2005: 91).

(1) 현대 생물학적 이론의 경향

대부분의 현대 이론가들은 순응적 또는 일탈적 행동이 인간 유기체의 생물학적 구성요인과 물리적이고 사회적인 환경과의 상호작용의 결과로 발생한다는 새로운 입장을 제시하고 있다. 이들은 행위의 가능성과 감수성이 생물학적 요인에 의해서 유발될 수는 있다고 주장한다. 그러나 이러한 잠재력이 실제로 현실화될 가능성은 그 개인이 생활하는 환경에 따라 차별적으로 나타난다. 일반적으로 유전되는 것은 행동이 아니고 개인이 환경에 반응하는 방식이다. 이러한 방식은 특정한 양식으로 행동하게 하는 지향, 기질 및 경향을 형성한다(Fishbein, 1990: 42). 천성(nature)과 양육(nurture)이 대립하는 것이 아니라, 다만 '양육을 통한 천성'만이 존재하는 것이다. 따라서 오늘날 범죄와 관련한 생물학적 요인 가운데 확고부동한 요인으로 여겨지는 것은 거의 없다는 것이 이들의 주장이다(Akers & Sellers, 2005: 92; Rowe, 2002; Walsh, 2000).

그러나 한 가지 확실한 것은 생물학적 원인에 관한 범죄학 연구는 매우 다양하다는 점이다. 연구의 주제는 다음과 같은 분야들이다(Brown et al., 2010: 248).

- 유전학을 평가하기 위한 지능, 가족, 쌍둥이 그리고 입양 연구들
- 남성의 육아 헌신에 대한 유전적 영향력
- XYY염색체를 가진 초남성(super-males)
- 생리적 증후군 또는 여성들 사이의 월경전 증후군(PMS)
- 남성 테스토스테론의 수치
- 주로 운동선수들 사이의 스테로이드 수치의 영향
- 영양과 식습관
- 세로토닌, 도파민 그리고 노르에피네프린과 같은 신경전달물질의 기능
- 최소한의 뇌기능 장애
- 주의력 결핍장애
- DNA 검사, 조울병을 만드는 유전적 요인의 위치
- 담배와 납 같은 환경 신경독소

(2) 유전과 범죄

1 유전적 결함과 범죄

유전에 관한 과학적 접근이 시도되기 시작했던 1850년대부터 범죄현상과 관련된 연구의 주된 관심사항은 두 가지다. 하나는 범죄발현의 주요한 유전적 결함을 밝히는 문제이고, 다른 하나는 선조의 범죄성이 과연 자손에 유전되는지를 밝히는 일이었다. 우선 유전적 결함과 범죄와의 연구로 유명한 슈툼플(Stumpfl)과 글뤽(Glueuk) 부부의 연구가 있다. 이들의 연구결과, 부모의 정신장애·음주벽·전과경험 등에서 범죄소년이 일반소년의 2~3배 정도 높은 비율로 연관관계가 있는 것으로 나타났다.

그러나 이러한 결과를 통해 바로 유전적 결함이 범죄발생의 원인이라고 단정할 수는

없다. 왜냐하면 지금까지의 연구들은 유전적 결함 자체가 바로 연결되는 것인지 아니면 부모가 유전적으로 결함을 가지고 있으므로 자녀의 양육환경이 열악해져서 범죄에 쉽게 노출된 것인지 규명하지 못했기 때문이다. 따라서 과연 선조의 범죄성이 자손에게 유전되는지를 밝히는 것이 보다 중요한 연구과제가 되었으며, 이를 위하여 쌍생아·입양 연구 등의 방법이 주로 사용되었다(박상기 외, 2009: 103-105).

② 쌍생아 연구

생물학적으로 연관된 사람들의 형질을 비교할 때 쌍생아 연구는 매우 중요하다. 일란성 쌍생아들은 그들의 유전자를 100% 공유하기 때문에, 이론적으로는 공유하지 않는 환경적 영향이 통제되었을 때 일란성 쌍생아들은 그들의 범죄성향에서 정확히 동일해야 한다. 독일의 생리학자인 랑게(Lange)는 『범죄는 숙명이다(*Verbrechen ist Schicksal*)』(1929)라는 저서에서 13쌍의 일란성과 17쌍의 이란성 쌍생아를 비교한 결과, 일란성 쌍생아에서는 10쌍이 양쪽 모두 범죄를 저지른 반면, 이란성 쌍생아의 경우에는 단지 2쌍만이 그러하였다. 미국의 뉴만(Newmann)도 그의 연구에서 일란성 쌍생아의 경우 양쪽 모두가 범죄를 저지른 경우가 92%인 반면, 이란성 쌍생아의 경우에는 20%에 불과하다고 주장하였다(박상기 외, 2009: 107-108; 배종대, 2011: 170; Brown et al., 2011: 250-251).

쌍생아 연구에서 가장 유명한 업적은 덴마크의 크리스티안젠(Christianzen)의 연구다. 크리스티안젠은 공공기록인 '쌍생아 기록부'를 사용하여 1881년부터 1910년까지 덴마크에서 태어난 약 6,000쌍에 이르는 모든 쌍생아를 조사하여 1968년 그 결과를 발표하였다. 그에 따르면, 남자 일란성 쌍생아 중에서 어느 한쪽이 범죄를 저지른 경우는 67쌍이었는데 그중 24쌍(35.85%)은 다른 한쪽도 범죄를 저질렀다. 반면, 이란성 쌍생아 중에서는 그런 경우가 114쌍 중에서 14쌍(12.3%)에 불과하였다(배종대, 2011: 171; Brown et al., 2011: 251).

이와 같이 대부분의 쌍생아 연구들에서 쌍생아 중에서 양쪽 모두가 범죄를 저지르는 경향은 일란성 쌍생아의 경우가 이란성 쌍생아에 비하여 높은 것으로 나타났다. 이는 유전적 소질이 범죄발생에 중요하다는 것을 시사하지만, 환경의 영향이 충분히 고려되지 않았다는 비판이 있다. 실제로 달가드와 크링글렌(Dalgard & Kringlen)은 129쌍의 노르웨이 쌍생아를 대상으로 범죄발생 일치율을 연구한 결과, 환경의 영향을 통제할 때 일란성과 이란성 쌍생아의 일치율 차이가 미미하다는 결론을 얻었다(박상기 외, 2009: 109).

그러나 한편으로는 환경의 영향을 통제하고 흡연·음주 및 약물을 남용하는 친구와의 교제(Cleveland, Wiebe, & Rowe, 2005), 품행장애의 발생(Jaffee et al., 2005)[4] 등을 연구한 결과에 따르면, 일란성 쌍생아의 경우가 이란성 쌍생아에 비하여 2배 혹은 그 이상으로 연관성이 높았다(Brown et al., 2011: 251). 이러한 연구결과들은 범죄발생에서 간접적인 유전적 영향을 설명하는 최근의 사례들이다.

③ 입양연구

범죄에 관한 유전적 영향을 판단하는 또 다른 방법은 입양아들의 성장과정을 연구하는 것이다. 이는 범죄인 중에서 입양된 사람들을 대상으로 그 실부와 양부의 범죄성을 상호 비교하는 방법이다(박상기 외, 2009: 110). 입양아와 입양아의 혈연관계인의 재회에서 많은 환경적 차이에도 불구하고 비슷한 인생을 살았다는 개인적 진술은 오늘날에 매우 흔하게 나타나는 일이다(Brown et al., 2011: 251).

크로우(Crowe, 1972)의 초기 연구는 입양아의 생모가 범죄기록을 가지고 있었을 때, 그렇지 않은 경우에 비하여 범죄 관련성이 더 높다고 결론지었다. 덴마크의 자료를 분석한 광범위한 입양연구에서 허칭스와 메드닉(Hutchings & Mednick, 1977)은 생부에게 범죄기록이 있었을 때 양부에게 범죄기록이 있었을 때보다 입양아도 범죄를 저지를 가능성이 더 높아진다는 사실을 발견하였다. 구체적으로 생부·양부 모두 범죄기록이 없을 때 입양아가 범죄를 저지를 확률은 13.5%, 양부만 범죄기록이 있을 때는 14.7%인 것에 비하여, 생부만 범죄기록이 있을 때는 그 비율이 20.0%로 높아지고, 생부·양부 모두 범죄기록이 있을 때는 24.5%로 다시 높아지는 것으로 나타났다(박상기 외, 2009: 111-112; Brown et al., 2011: 251-252).

④ 생물사회이론

개인 범죄성의 유전가능성 또는 유전적 영향에 초점을 두는 최근의 이론들 가운데 가장 주목받고 있는 것은 생물사회이론(biosocial theory)과 진화이론(진화론적 심리학)이다.

---

4) 연구결과, 품행장애(conduct disorder)의 경우 일란성 쌍생아의 연관성은 이란성 쌍생아의 2배에 달했다. 또한 연구자들은 육체적 학대는 품행장애에 영향을 미치는 환경적 요인 중 하나라고 하면서, 유전적 위험요인과 학대 사이의 상호작용을 발견하였다. 구체적으로, 가장 낮은 유전적 위험성을 가진 사람들에게는 신체적 학대는 단지 품행장애를 1.6% 증가시키지만, 높은 유전적 위험성을 가진 사람들에게 신체적 학대는 품행장애를 27.5% 증가시키는 것으로 나타났다.

메드닉(Mednick)과 그의 동료들에 의하여 체계화된 생물사회이론은 다양한 생물학적 설명 가운데 가장 유명하며, 경험적으로 검증되고 있다(Akers & Sellers, 2005: 99). 메드닉은 부모로부터 자녀에게 특정 유전요소가 전해진다고 주장하였다. 이 이론에 따르면, 유전적 요인이 범죄행위와 직접 연관되는 것은 아니고, 유전되는 것은 다만 범죄적 환경에 쉽게 굴복하거나 일탈적 방식으로 환경에 적응하는 감수성이다. 메드닉(1977)은 이러한 감수성을 가진 사람은 자극에 대하여 둔감하게 반응하는 자율신경체계(ANS)를 가지고 있다고 주장하였다.

한편 로우(Rowe, 2002)는 유전적으로 전달된 감수성이 환경과 상호작용하여 범죄행동을 하는 기질적 메커니즘에 관심을 가졌다. 그는 유전적 요인들은 뇌의 전두엽피질을 통해 짧은 주의집중 시간, 흥분 추구, 낮은 자기통제력 등의 특성에 작용하며, 이는 범죄행동의 위험을 증대시킨다는 가설을 제시하였다. 이러한 특성들이 실제로 범죄행위로 이어지는지 여부는 환경에 대한 개인의 노출에 따라 결정된다고 하였다.

⑤ 진화이론

진화이론은 폭력 및 공격성과 관련된 특성이 인간진화의 긴 과정을 통해 나타났다고 주장한다. 이 이론에 따르면, 보편적 또는 성별에 따른 독특한 행동이 공격성과 이타주의와 같이 생존과 번식에 영향을 미친다(Rowe, 2002: 8). 현대사회에서 높은 비율의 배우자 학대는 공격적인 남성이 자신의 '짝'을 통제하고 소유하려는 결과일지 모른다. 경쟁자에게 짝을 빼앗길지 모른다는 위협을 느낀 남자가 성폭력을 저지를 가능성이 높은 것이다. 또한 무장 강도와 같은 폭력적 사건은 직업이 없거나 지위와 부가 따르지 않는 미혼남성이 주로 저지르는데, 이들에게는 이성에게 매력적으로 보이고 싶은 숨은 동기가 작용할 수 있다(Siegel, 2008: 171-172).

한편, 자연선택의 진화과정을 "타인을 희생시키는 개인이나 집단을 위해 번식에 적합한 행위"를 만들어 낸다는 전제에서 출발할 때, 범죄행위도 유전자에 기초한 진화이론으로 설명이 가능하다(Ellis & Walsh, 1997).[5] 진화와 범죄에 관한 보다 논쟁적이고 비판을 많이 받는 이론들은 러시턴(Rushton, 1995)의 인종과 진화에 관한 설명과 심리학자 로

---

5) 예를 들면, 강간이나 배우자에 대한 부정행위를 하는 기질은 번식에 유리하기 때문에 진화적으로 선택되는 것으로 가정된다. 건달형(cads) 남성은 자주 번식하나 자녀양육에는 거의 투자하지 않는 반면(K전략), 아빠형(dads) 남성은 덜 자주 번식하나 자녀양육에 더 많은 투자를 한다(r전략). K전략은 친족에 대한 이타주의에서 명백히 나타나고, 범죄 및 반사회적 행동은 r전략가가 선호한다는 것이다(Akers & Sellers, 2005: 105-106).

'짝'을 통제하고 소유하려는 공격적 행동

강도인 척 위장하고 옛 여자 친구 성폭행

모자와 마스크를 쓰고 다른 사람인 것처럼 위장해 헤어진 여자 친구를 성폭행한 20대가 경찰에 붙잡혔다. 서울 용산경찰서는 헤어진 여자 친구를 성폭행한 혐의(강도강간)로 박 모(24) 씨에 대해 구속영장을 신청했다고 13일 밝혔다. 박 씨는 지난달 20일 오후 5시 15분께 용산구의 전 여자 친구 A(23)씨의 집에 침입, 귀가하던 A씨를 흉기로 위협해 세 차례 성폭행하고 200만 원 상당의 금반지 등을 훔친 혐의를 받고 있다. 박 씨는 범행 당시 야구모자와 마스크, 고글 등을 착용해 A씨가 자신을 알아보지 못하게 했으며 디지털 카메라로 동영상도 촬영한 것으로 드러났다. 박 씨는 A씨에게 "예전 남자 친구한테 문자를 보내라."고 협박한 뒤 A씨의 집을 떠났다가 야구모자와 고글 등을 벗고 "무슨 일이냐?"며 A씨의 집을 다시 찾아온 것처럼 꾸미기도 했다. 경찰은 "면식범의 소행으로 판단하고 조사하던 중 범행 당시 꺼져 있던 박 씨의 휴대전화가 범행시간 후 켜져 문자가 20여 통 온 것을 보고 범인으로 지목했다."고 설명했다.

출처: 아시아경제(2012. 8. 14.). 강도인 척 위장하고 옛 여자 친구 성폭행.

스(Roth)가 제안한 '사기꾼이론'이다.[6] 그러나 두 이론 모두 인종적·성차별적 편견을 담고 있으며 과학적인 증거를 제시하지 못한다는 비판을 받고 있다.

(3) 생화학적 불균형과 범죄

생화학물이란 인간의 내분비선에서 생성되는 호르몬 등의 각종 분비물을 일컫는다. 인체 내에서의 이러한 생화학물의 불균형(biochemical imbalance) 상태가 사람의 신체반응이나 정신활동에 중요한 영향을 미칠 수 있다는 견해가 20세기 들어 많은 학자에 의해 주장되었다(박상기 외, 2009: 116).

---

6) 전자는 진화론적으로 유럽과 아시아인이 추운 날씨에 적응하는 과정에서 뇌의 부피가 커지고 성숙률이 높아졌기 때문에 상대적으로 범죄를 덜 저지른다는 것이다. 후자는 부모의 역할 참여 경향이 희박한 유전자와 함께 남성이 진화했다고 보는 것이다. 즉, 이러한 사기꾼형의 남성이 젊고 덜 지적인 여성에게 매력적으로 다가오기 때문에 결과적으로 IQ가 낮고 아버지가 없는 상황에서 사회화의 기회가 적은 아동이 출산된다는 것이다(Siegel, 2008: 172-173).

① 호르몬의 불균형과 범죄

1928년 스미스(Smith)는 『새로운 범죄이론』이란 저서를 통해 범죄란 호르몬의 불균형에 의해 야기되는 감정의 혼란 때문에 발생한다고 주장하였다. 버만(Burman)은 이 문제에 보다 체계적으로 접근하였는데, 그는 뉴욕 시 싱싱교도소에 수감된 250명의 재소자들을 대상으로 내분비선 상태, 신진대사, 물리검사를 실시하였다. 연구결과, 정상인에 비하여 재소자들에게 2~3배 정도 더 많이 내분비선 기능장애나 생화학물의 불균형 문제가 있음이 조사되었다. 그러나 버만의 연구는 후에 연구방법의 신뢰성에서 비판을 받았으며, 다른 후속연구에서는 이러한 일관된 관계는 찾아볼 수 없었다(박상기 외, 2009: 116-117).

한편, 호르몬의 불균형과 범죄 발생의 관련성에서 보다 일반적으로 인정되고 있는 것은 월경전증후군(premenstrual syndrome: PMS)이다. 대략 7명 중에 1명의 여성은 일상생활에 지장이 있을 정도로 심각한 생리통을 경험한다고 한다. 영국의 달톤(Dalton)이나 사회생물학의 저명한 이론가인 피시바인(Fishbein) 등에 의해 수행된 여러 연구들은 여성들이 이 같은 상태로 인하여 범죄뿐 아니라 여러 가지 비정상적 행동을 한다는 것을 보고하고 있다(Siegel, 2008: 161). 월경전증후군은 프랑스에서는 형사책임 감경의 사유 중 하나로 인정되었으며, 정도의 차이는 있지만 영국과 미국의 법정에서도 형사책임 감경사유로 인정받은 판례가 있다(Brown et al., 2011: 253-254). 그러나 생리 전이나 생리 중에 불안 반응을 겪고 있는 여성의 압도적 다수가 실제로 폭력범죄를 하지 않는다는 점에서 월경전증후군과 범죄 사이의 연관성은 불확실하다(Siegel, 2008: 161).

② 남성호르몬과 공격성

남성의 2차 성징을 만들어 내는 주된 호르몬인 테스토스테론은 범죄인의 폭력성과 관련되어 주로 연구되어 왔다. 테스토스테론의 수치에서 개인적인 차이는 주로 유전적 형질인 것으로 알려져 왔다(Brown et al., 2011: 252).

일부 경험적 연구는 통계적으로 유의미한 결과를 발견하였다(Akers & Sellers, 2005: 98; Brown et al., 2011: 253). 남성호르몬이 성적활동을 증가시키는 데 영향을 미친다거나 (Udry, 1988), 폭력적 남성 성범죄인의 호르몬 수치가 높다는 연구결과(Reiss & Roth, 1993) 등이 보고되었다. 그러나 부스와 오스굿(Booth & Osgood, 1993)은 베트남 참전용사 4,462명에 대한 그들의 연구에서 "남성호르몬과 성인의 일탈행위 간에 관계가 있음을 발견하였지만, 이 관계의 강도는 주요 결정요인이라고 주장할 정도로 강하지는 않다."고 결론지었다.

과도한 테스토스테론 수치와 관련하여 주목할 것은 운동선수들이 주로 사용하는 아나볼릭 스테로이드에 관한 것이다. 스테로이드의 과다한 사용은 분노와 공격성을 높인다는 과학적 증거가 많이 있다. 일부에서는 전혀 폭력전과가 없는 젊은이가 스테로이드 사용 부작용으로 살인까지 저지른 사례가 보고되고 있다(Brown et al., 2011: 253). 그러나 아직 남성호르몬에 의거하여 일반 범죄이론을 제시한 학자는 없다(Akers & Sellers, 2005: 97). 월시(Walsh, 2002: 192)가 주장한 것처럼 높은 테스토스테론 수치가 공격적 또는 성적 행동을 야기한다고 주장할 것이 아니라 단지 그러한 행동을 촉진할 뿐이라고 보는 것이 타당하다.

③ 영양소 및 환경물질과 범죄

생화학적 불균형과 범죄의 관계에 관한 또 다른 연구 영역은 음식을 섭취하는 것과 범죄를 연결한다. 몇몇 학습이론가들이, 우리의 행동은 우리의 학습경험의 반영이라고 주장하는 것처럼, 영양학자들은 가끔 "당신이 무엇을 먹는지가 당신을 결정한다."고 말한다(Brown et al., 2011: 254).

어떤 연구결과는 해로운 식품색소나 감미료의 과다섭취가 적대적이고 충동적이며 반사회적인 행동을 일으킨다고 보고하고 있다. 다른 연구들은 나트륨·칼슘·칼륨·아미노산·모노아민·펩타이드를 포함하는 화학물질과 미네랄의 결핍이 우울증, 인지적 문제, 비정상적인 성적활동을 낳을 수 있다고 주장한다. 특히 당과 탄수화물이 많은 음식은 폭력과 공격성에 연결될 수 있다는 연구도 있고, 반대로 저혈당증이 성마름·불안·부주의·충동성 등을 야기하며, 폭행과 치명적인 성범죄로 연결된다는 몇몇 연구들도 있다(Siegel, 2008: 156-157). 사실 정크푸드에 존재하는 당분은 반응성 저혈당증을 촉진하여 폭력행위의 원인이 될 수 있다(Brown et al., 2011: 254).[7] 결론적으로 적정한 영양상태가 정서적, 행동적 안정성을 높이고 우울, 불안, 폭력 등 문제적 상태로 나아가는 것

---

7) 이와 관련하여 유명한 '트윈키스(Twinkies) 변호'가 있다. 1978년 시장과 자신의 직책을 맡은 후임 동료를 총기로 살해한 화이트의 변호인에 의하여 도입된 변호전략을 말한다. 화이트는 직장에서의 문제로 우울한 상태에 있을 때 많은 양의 정크푸드(실제로는 Twinkies보다는 Ding dongs, Ho-Hos와 Cokes)를 게걸스럽게 먹었고 갑작스럽게 그의 우울증이 악화되었다고 한다. 이에 따라 화이트의 범죄는 계획적 살인에서 비고의적 살인으로 감경되어 형량이 줄어들었다. 그러나 이후 '트윈키스 변호'는 이데올로기적인 유행어로서, 누군가의 책임을 다른 우스꽝스러운 인과관계로 돌리는 것이 가능한 우리 사회의 시스템을 풍자하기 위하여 종종 사용되기도 한다(Brown et al., 2011: 255).

을 예방한다고 말할 수 있다.

한편, 환경오염물질, 그중에서도 납의 섭취가 공격적 행동과 연결된다는 주장이 최근의 많은 연구에서 등장하였다(Siegel, 2008: 162). 예를 들면, 범죄학자 데노(Denno, 1993)는 900명이 넘는 흑인 청소년을 조사하였는데, 납 중독이 남성비행과 지속적인 성인범죄의 가장 중요한 예측변인의 하나라는 점을 발견하였다. 니들먼 등(Needleman et al., 2002)의 반복적 연구에서도 납의 농도가 주의력 결핍, 비행 및 공격성과 연관성이 있다는 점이 밝혀졌다. 이와 관련한 한 가지 가설은 납중독이 신경접합부 기능을 질식시킴에 따라 신경전달물질의 이동을 감소시키고 결과적으로 대뇌피질의 각성수준을 낮춘다는 것이다(Brown et al., 2011: 257). 또한 깁슨과 티벳(Gibson & Tibbetts, 2000)은 임신한 여성의 흡연 위험성을 지적하였다. 즉, 임신한 여성이 흡연을 하게 되면 태아의 혈류에 니코틴을 전하게 되고 결과적으로 중앙신경계 손상을 야기하고 세로토닌의 수치를 낮추게 된다. 특히 그들의 연구에 따르면, 임신 기간 어머니가 흡연을 하고 유년기에 아버지가 없는 경우의 청소년은 특별히 높은 비행연관성을 가지고 있었다(Brown et al., 2011: 256-257).

(4) 뇌의 기능과 범죄

① 지능과 비행

범죄에 대한 생물학적 원인론의 또 다른 논의는 지능이나 정신적 기능과 비행과의 관계를 다룬 연구들이다. 다른 요인들을 통제할 때 지능과 비행 간에는 약하지만 완전히 무시할 수 없는 부의 관계가 있다는 사실이 경험적 연구를 통하여 지속적으로 발견되었다(Gordon, 1987). 즉, 지능지수가 높을수록 소년이 비행을 범할 가능성은 낮아진다는 것이다.

허시와 힌델랑(Hirschi & Hindelang, 1977)은 지능지수와 비행의 관계가 강하지는 않지만 적어도 사회계층과 비행 간의 관계만큼은 된다고 주장하였다.[8] 이들은 지능과 비행의 관계를 간접적인 것으로 해석하였다. 즉, 낮은 지능은 학업수행에 부정적으로 영향을 미치고 학교생활에 잘 적응하지 못하게 하기 때문에 비행가능성을 높인다고 주장하였다. 이러한 관계는 생물학적으로 타고난 지적 능력의 효과로 설명되기도 한다. 문제는, 적어도 부분적으로는 지능이 사회화와 교육적 훈련의 결과이거나 학업성취나 비행학습을 통해 비행에 간접적인 영향을 미친다는 입장에 서면, 그 관계는 더 이상 생물학적 이

---

8) 그러나 사회계층 자체는 매우 약한 비행예측인자이고 경험적 연구에서 자주 보고되는 또래집단과 같은 다른 요인들은 지능보다 상당히 강한 영향을 미친다(Akers & Sellers, 2005: 94-95).

론을 지지할 수 없다는 점이다(Akers & Sellers, 2005: 96).

한편, 모피트 등(Moffitt et al., 1994)은 지능 이외에 언어능력, 시신경 통합, 정신적 유연성과 같은 정신기능을 포함하는 '신경심리학적 모델'(neuro-psychological model)로 남자청소년의 비행을 설명하려고 하였다. 이러한 요인들은 13세 이전에 시작되어 인생의 후반부까지 '한평생 지속되는'(life course persistent) 반사회적 행동을 예측하는 지표로 제시되었다. 그러나 이러한 가설에 대해서는 약간의 경험적 지지만이 제시되고 있을 뿐이다. 사회경제적으로 불리한 환경에서 양육된 아동은 출생 시 저체중을 보이며, 이 저체중이 청소년기의 비행을 빨리 시작하게 한다는 조심스러운 예측요인에 불과한 것이다(Akers & Sellers, 2005: 97).

② 주의력결핍과잉행동장애(ADHD)와 범죄

미국 아동의 약 3%—대부분 남자아이—가 주의력결핍과잉행동장애(ADHD)를 겪고 있는 것으로 알려져 있으며, 이것은 아동이 정신과를 찾는 가장 큰 이유가 되고 있다. 이 증상을 가진 아동은 학업성적 불량, 유급, 친구 괴롭히기, 고집, 훈육에 대한 무반응 등을 보인다. ADHD의 원인은 확실하게 알려져 있지는 않지만, 신경학적 손상, 태아기의 스트레스, 심지어 식품첨가물에 대한 반응과 화학적 알레르기 등이 원인으로 의심되고 있다. 최근 연구에서는 유전적 관련성이 지적되고 있다(Siegel, 2008: 164).

비행소년의 대부분이 학교부적응 등 학습문제가 있기 때문에 ADHD가 소년비행의 주요한 원인으로 의심되어 왔다(박상기 외, 2009: 121). 생물학적 측면을 강조하는 학자들은 ADHD 증상이 있는 아동이 사회적 암시(social cues)에 대한 지각능력이나 경험으로부터 배우는 능력이 일반적으로 저하된다고 주장한다. 이 때문에 반사회적 행위를 규제하는 데 작용하는 처벌이나 보상의 효과를 감소시켜 결과적으로 범죄를 쉽게 저지를 수밖에 없다는 것이다. 많은 ADHD 아동이 초기부터 품행장애(conduct disorder)를 함께 겪으며 청소년기에 반사회적 행동을 하고 성인기까지 계속해서 약물을 사용할 가능성이 높다는 주장이 있다(Siegel, 2008: 164).

그럼에도 불구하고 ADHD가 범죄발생의 직접적 원인이라는 경험적 연구를 찾기는 쉽지 않으며, 범죄를 유발하는 과정에서의 사회적 영향력을 강조하는 견해가 더 설득력 있게 제기되고 있다(박상기 외, 2009: 121). 즉, 학업성적이 나쁘면 학교에서 부적응자로 취급되고, 이에 따라 학교생활에서 점차 고립되어 부정적인 자아개념이 생기며, 이를 보상하는 심리에서 비행행위로 나아간다는 것이다.

③ 각성이론

뇌의 기능과 범죄의 연관성을 중시하는 또 다른 이론은 대뇌피질의 각성을 위하여 필요한 자극정도에 대해서 관심의 초점을 맞춘다. 한스 아이젱크(Hans J. Eysenck)는 타고난 개인의 각성수준 차이가 사회적 환경에 대한 반응양식에 영향을 미친다는 생물학적 '각성이론'(arousal theory)을 제안하였다. 각성수준이 낮은 사람은 범죄나 일탈행위 양상을 학습할 가능성이 높다는 것이다. 이는 이들이 주로 적정수준 이하의 각성을 보충하기 위해 모험적·충동적·자극추구적 행동에 빠지는 일반적 경향을 가지기 때문이다(Akers & Sellers, 2005: 100). 즉, 우리가 일상생활에서 개인의 성격차이로 보는 많은 것들이 사실은 각성의 차이에 그 원인이 있다고 보는 것이다.

한편, 엘리스(Ellis, 1995)는 범죄행위와 종교적 독실함이 모두 각성이론으로 설명될 수 있다고 주장하였다. 낮은 각성수준을 가진 사람은 위험을 감수하는 비행행위에 더욱 말려들고 종교적 의식에는 덜 관여하게 된다. 반면 높은 각성수준을 가진 사람은 전통적인 조용한 교회활동에 쉽게 만족할 수 있을 것이다. 또한 엘리스는 범죄인의 대뇌피질과 관련하여 5가지 발견을 요약하였다. 즉, ① 낮은 뇌전도 파형, ② ADHD의 빈번한 기록, ③ 고통과 관련된 위험에 낮은 반응, ④ 기준 각성의 늦은 회복, 그리고 ⑤ 세로토닌 신경전달물질의 수치, 혈액 속에 낮은 모노아민 산화효소의 수치다(Brown et al., 2010: 259 재인용).

사람의 각성수준을 결정하는 요인에 대해서는 자세하게 알려진 것이 없지만, 뇌 화학물질(예, 세로토닌 수준)과 뇌 구조 등이 그 원인으로 추정된다. 어떤 사람의 뇌는 다른 사람보다 신경전달물질을 받아들이는 신경세포가 더 많다(Siegel, 2008: 166). 비록 과학적 증거는 아직 빈약하지만, 각성연구는 최소한 성격과 행위 사이의 생물학적 연결 가능성에 대하여 제시하고 있다. 그러나 각성에 대한 논의는 사회적 변수를 더하여 살펴볼 필요가 있다. 왜냐하면 사회적으로 용인되는 행위로서 자신의 낮은 각성수준을 해결하는 사람들이 더 많기 때문이다(Brown et al., 2011: 259).

④ 신경전달물질과 범죄

신경전달물질은 뇌에서 신경을 서로 소통하게 만드는 화학적 전달체다. 잘 알려진 신경전달물질인 도파민, 노르에피네프린, 세로토닌, 모노아민산화효소(MAO), 감마아미노낙산(GABA) 등은 폭력범죄와 관련하여 매우 중요하게 연구되어 왔다. 이 중에서도 가장 잘 알려진 세로토닌의 부족은 충동적 폭력행위, 우울증 그리고 자살 등의 가능성을 높인다는 것이다(Brown et al., 2011: 258). 또한 모노아민산화효소(monoamine oxidase: MAO)의 공급 부족을 겪는 사람이 처벌의 무시, 충동성, 과잉행동, 낮은 학업성적, 자극추구와 위험감수, 마약사용과 연관된 행동을 한다는 설도 있다. 예를 들어, 여성은 남성에 비하여 더 높은 수준의 모노아민산화효소의 수치를 보여 준다(Siegel, 2008: 165-166).

　뇌의 화학물질과 범죄 사이의 연결고리에 대한 하나의 가설은 다음과 같다(Siegel, 2008: 165). 태아기에 뇌가 높은 수준의 남성 호르몬에 노출되었을 때 환경적 자극에 덜 민감한 뇌 구조를 가질 수 있는데, 그런 사람은 더 강렬하고 다양한 자극을 추구하며 부정적인 결과에 개의치 않는다는 것이다.

3) 생물학적 원인론의 평가 및 교정복지적 함의

(1) 생물학적 범죄원인론의 평가

　범죄발생에 대하여 생물학적으로 설명하려는 노력은 다양한 측면에서 이루어져 왔다. 이러한 생물학적 원인론은 범죄인과 정상인의 차이를 개인의 신체적 특징이나 유기체적 구성 측면에서 찾으려 했다는 점에서 공통점이 있다. 그러나 이러한 주장들에 대한 경험적 타당성은 표본추출, 측정의 문제들 때문에 아직 확정되지 못했다(박상기 외, 2009: 125; Akers & Sellers, 2005: 107; Siegel, 2008: 175).[9]

　더구나 롬브로소를 비롯한 초기 생물학적 이론가들은 범죄인류학적 시각에서 범죄인을 정상인과 선천적으로 구분 짓고 있다. 이에 따르면, 범죄는 숙명적인 것이어서 범죄를 막을 수도 없고 재사회화의 노력도 성공할 수 없다. 그러나 이러한 초기 이론들은 다양한 측면의 연구방법적 오류로 인하여 오랫동안 가치가 떨어지는 것으로 인식되어 왔다(배종대, 2011: 166-167). 이러한 주장이 현대의 범죄학 교과서에서도 중요하게 다루어지고 있는 것은 그 이론의 설명력보다는 역사적인 가치에 더 큰 이유가 있다고 할 수 있다.[10]

　최근의 사회생물학적 관점은 생물학적 소질이 범죄발생의 가능성을 높이기는 하지만,

---

9) 고전적 범죄인류학뿐 아니라 최근의 사회생물학적 연구에서도 대부분 표본의 크기가 상대적으로 작았고 대표성이 없었다. 사회생물학이론에 근거한 연구 중 많은 수가 유죄판결을 받고 임상치료를 받고 있는 범죄인을 표본대상으로 하였다. 이러한 방법론적 문제는 연구결과가 유죄판결을 받고 치료 중인 범죄인에게만 적용되는 것인지, 아니면 전체 범죄인에게 적용되는 것인지 확신할 수 없게 만든다(Siegel, 2008: 175).
10) 배종대(2011: 167-168)는 이러한 논의들이 범죄원인론의 첫머리에 등장하는 것은 단지 역사적인 가치 때문만은 아니라고 한다. 초기의 생물학적 범죄원인론도 나름대로의 매력을 지니고 있다는 것이다. 그것은 우리 모두가 갖고 있는 일반적 선입견과 일치한다는 점이다. 즉, 범죄인류학적 가설은 비정상적인, 아마도 덜 개

실제 범죄의 유발은 다른 심리적·사회적 요인과 상호작용을 통하여 이루어진다는 사실을 강조하고 있다(박상기 외, 2009: 125). 즉, 사회적·환경적 요인과 연결될수록 생물학적 이론에 대한 경험적 지지와 수용가능성은 높아지기 때문에 현대 생물학적 원인론은 그 방향으로 가고 있는 것이다(Akers & Sellers, 2005: 108). 생물학적 특성과 환경 간의 상호작용이 있다는 주장에 대해서는 대부분 수긍하는 편이며, 오히려 실제적 쟁점은 "상호작용의 본질과 범죄가 생물학적 요인이나 환경에 의하여 영향을 받는 정도"다(Akers & Sellers, 2005: 109).

(2) 교정복지 차원에서의 정책적 함의

생물학적 원인이 제어할 수 없고 변하지 않는다고 보는 이론일수록 범죄와 연관된 생물학적 요소를 통제하려는 정책을 추진할 것이며, 교정사회복지사가 개입할 수 있는 여지는 많지 않을 것이다. 이러한 관점에서는 범죄인은 오직 뇌나 생화학적 기능을 수정하는 의료적·화학적 치료나 뇌수술과 같은 외과적 절차를 통해서만 변화될 수 있기 때문이다. 또한 범죄의 통제를 위해서는 장기간의 격리구금과 무력화만이 효과적 수단이 된다(Akers & Sellers, 2005: 110). 예를 들면, 폭력적 성향이 있는 사람에게 할돌(Haldol), 스텔라진(Stelazine), 프롤릭신(Prolixin), 리스페달(Risperdal) 등 신경전달물질의 조절을 돕는 향정신병약으로 치료하는 경우를 볼 수 있는데, 이를 종종 '화학적 억제'(chemical restraints)라고 부른다(Siegel, 2008: 166).

최근 우리나라에서도 시행되고 있는 소위 '화학적 거세'(chemical castration)는 성적 활동이나 성욕을 감퇴시킬 목적으로 약물을 투여하는 것이다. 이러한 약물은 남성 호르몬인 테스토스테론 생성을 억제해 성충동을 줄여 주는 역할을 한다.[11] 그러나 이러한 의료적 조치는 약간의 개인에게만 효과가 있고 전체 범죄인에게 적용하기는 어려우며, 의료적 시술의 돌이킬 수 없는 신체손상이나 다른 고려 사항들 때문에 오직 최후 수단으로만 사용되어야 한다(Akers & Sellers, 2005: 111-112).

화된 인간이 범죄를 저지르는 것이 당연하다는 선입견이다. 따라서 그는 이러한 이론으로부터 역설적으로 우리의 뿌리 깊은 선입견을 확인하고 이를 경계하는 계기를 얻어야 한다고 주장한다.

11) 화학적 거세에 사용되는 약물은 주로 전립선암 치료제로 쓰이는 루프롤라이드, 고세렐린, 프립토렐린 등으로서 전문의의 판단에 따라 1개월, 3개월, 6개월에 한 번씩 투여한다. 화학적 거세는 일반적으로 약물의 투여가 지속되지 않으면 이전의 상태로 되돌아간다고 알려져 있다. 생명을 위협할 정도의 부작용은 적은 것으로 보고되나, 몇몇 사용자들에게는 지방 축적, 골밀도 감소 등의 부작용을 보였으며, 장기적으로 심혈관계 질환과 골다공증을 일으킬 위험이 증가될 수 있는 것으로 나타났다. 또한 일부는 남성에게 유방비대증(gynecomastia)을 일으켜 여성화 효과를 경험하기도 하는 것으로 보고되었다.

최근의 생물학적 이론가들은 보다 덜 공격적인 식이요법, 유전학적 상담 및 약물요법의 사용에 찬성하며, 생물학적 위험을 극복하기 위한 학교 또는 지역사회 프로그램을 추천한다(Akers & Sellers, 2005: 112). 이러한 프로그램의 운영에 교정 분야에서 활동하는 사회복지사가 개입할 수 있는 여지가 있다고 본다. 여기에는 태아기나 영아기의 아동을 보호하는 것, 감각 추구자에게 해악이 적지만 흥분되고 도전적인 대안을 제공하는 것, 그리고 잠재적 범죄인의 범죄발현을 예방하기 위한 환경을 조작하는 것 등의 프로그램이 해당된다.

2. 심리학적 범죄원인론

범죄에 대한 심리학적 설명은 범죄학의 고전인 고링의 『영국인 수형자』에서도 찾아볼 수 있다. 그는 영국 수형자 3,000명의 정신적 특질을 연구하여 정신박약, 간질, 광기 등 '결함적 지능'(defective intelligence)과 범죄 사이에 유의미한 관계가 있다고 주장하였다. 한편 현대 학습이론의 선구자인 타르드(Gabriel Tarde, 1843~1904)는 모방의 과정을 통하여 관찰된 행동이 범죄성에 영향을 미칠 수 있다고 주장하였다(Siegel, 2008: 175).

심리학자들은 20세기 초반 범죄의 이론화에 중요한 역할을 했지만, 사회학자들에 의하여 곧 대체되고 말았다. 이후 오랜 기간 범죄에 대한 심리학적 접근은 주류 범죄학에서 제공되는 사회적 이론과 정치적 이데올로기에 의하여 공격을 받아 왔다. 그러나 지난 수십 년간 범죄학은 보다 다학제적으로 발전하면서 심리학은 다시 범죄학의 영역으로 진입하였다(Brown et al., 2010: 260-261). 심리학적 원인론을 대표하는 이론은 정신분석학이론(psychoanalytic theory), 성격이론(personality theory), 행동주의 이론(behavioral theory), 인지이론(cognitive theory) 및 발달론적 접근(developmental approach) 등이 있다.

1) 정신분석학적 이론

(1) 정신분석이론의 요소

정신분석적(psychoanalytic) 혹은 정신역동적(psychodynamic) 관점은 비엔나의 정신의학자 프로이트(Sigmund Freud, 1856~1939)로부터 시작되었고, 이후 심리학의 주요한 분파로 자리잡아 왔다. 프로이트는 우리 모두가 아동기의 가장 중요한 정서적 애착의 잔재를 가지고 있으며, 이것이 대인관계를 결정짓는다고 믿었다(Siegel, 2008: 175). 정신분석학적 이론은 개인적인 기질에서 범죄의 원인을 찾으려는 점에서 생물학적 이론과 비슷하지만, 생물학적 과정이나 비정상성보다는 개인의 마음속 깊은 곳에서 원인을 찾으려 한다는 점에서 차이가 있다(Akers & Sellers, 2005: 116).

프로이트 학설의 핵심은 인간의 개성은 성적 욕망과 관련된 무의식적 욕망에 의하여 움직여진다는 것이다(Brown et al., 2011: 262; Siegel, 2008: 176). 원초자아(id)는 모든 인간행동의 기저가 되는 성적 욕구로 구성되며, 비합리적이고 본능적인 충동의 무의식적 중심이다. 따라서 원초자아는 쾌락원칙(pleasure principle)을 따른다. 원초자아를 구성하는 성적 욕구는 리비도(libido)인데, 이것이 통제되지 않을 때 강간 또는 일탈적 행위를 저지를 수 있다. 한편 초자아(superego)는 사회의 도덕적 기준을 나타내는 양심(conscience)과 부모의 가치관을 내면화한 이상아(ego ideal)로 구성된다. 자아(ego)는 현실원칙(reality principle)에 의해 움직이며, 의식적인 성격으로 불리는 중재적인 힘을 의미한다.

프로이트는 원초자아와 초자아 사이의 갈등이 일반적으로 죄책감을 유발한다고 결론지었다. 인간은 원초자아에 의해 강간, 약탈하기를 원하지만, 초자아는 해서는 안 된다고 할 것이다. 보통 사람의 경우 이러한 세 가지 성격적 요소의 균형을 잘 조절하고 죄책감을 적절하게 다루나, 일부 사람은 그렇지 못하다. 승화는 죄책감에 대한 건전한 대응이다. 예를 들어, 일중독은 과도한 성적 에너지를 일로써 배출하는 것인지도 모른다. 욕구 자체의 존재를 거부하는 억압이나 다른 사람에 대한 투영, 그리고 욕구와 반대 방향의 독단적 행동을 하는 반동형성 등은 건전하지 못한 대응으로 볼 수 있다(Brown et al., 2011: 262-263).

(2) 인간발달의 성심리적 단계

프로이트는 원초자아와 초자아의 이러한 갈등이 전체 인생에서 일어난다고 하면서도 특별히 유년기 시절이 중요하다고 강조한다(Brown et al., 2011: 262-263). 출생할 때 존재하는 가장 기본적인 욕구는 삶을 유지하고 창조하려는 본능인 에로스(eros)다. 또 다른 욕구는 죽음의 본능인 타나토스(thanatos)로서, 이는 공격성으로 표출된다. 그런데 에로스는 성적으로 표현되며, 정상적인 어린이의 정서적 성숙은 이러한 에로스가 신체의 다양한 부분을 통하여 쾌감을 추구하는 발달단계를 거치면서 이루어진다.

0~2세에 해당하는 구순기 혹은 구강기(oral stage)에는 빨기나 물기를 통해 쾌감을 얻는다. 2~3세에 해당하는 항문기(anal stage)에는 성적 관심의 초점이 배변에 맞추어진

다. 3~5세에 해당하는 시기인 남근기(phallic stage)에는 자신의 성기에 대하여 관심을 가진다. 남자아이는 어머니에게(oedipus complex), 여자아이는 아버지에게(electra complex) 성적 감정을 갖게 된다. 이후 6세부터 사춘기까지의 잠재기(latency stage)에는 성적 감정이 억압되고, 최종적으로 어른으로서 성숙한 성기기(genital stage)의 발달단계를 거치게 된다(Akers & Sellers, 2005: 116; Siegel, 2008: 176).

만약 이러한 성심리적 발달단계 중 어느 한 시기에 고착될 경우, 성인이면서도 유아기의 한 단계에서 나타났던 행동특성을 보이게 된다. 예를 들어, 태어나고 1년간 충분한 구강 만족을 얻지 못한 아이는 성인이 되어서 흡연, 음주, 약물남용 등 구강행동에 빠지게 되거나 인간관계에 집착하거나 의존할 가능성이 높다(Siegel, 2008: 176-177).

(3) 범죄에 대한 정신분석학적 설명

범죄에 대한 정신분석학적 접근의 기본 전제는 범죄행위가 그 자체로서 중요하지 않다는 것이다. 그것은 단지 원초자아, 자아 그리고 초자아 사이의 심리적 갈등을 나타낼 뿐인 것이다. 이러한 갈등은 비정상적인 성장이나 본능의 통제, 어려서 경험한 부모와의 잘못된 관계, 정서적 발달단계에서의 고착, 억압된 성과 죄의식에서 유발된다. 그러나 이 중에서도 가장 심각한 원인은 오이디푸스 증후군 · 엘렉트라 증후군이다. 비록 '유아기의 기억상실'에 의하여 이러한 갈등을 기억하지 못한다 하더라도 실제로는 억압된 죄의식이나 갈등이 비행의 참된 원인이 되는 것이다(Akers & Sellers, 2005: 117).

범죄성과 가장 밀접한 연구를 한 정신분석학자는 에이크혼(August Aichorn)이다. 그는 소년교화시설을 운영하며 많은 비행청소년을 연구한 경험을 바탕으로 반사회적 행위를 한 청소년에게 '잠재적 비행'(latent delinquency)이라고 하는 초자아의 미발달 상태가 있다고 결론지었다(박상기 외, 2009: 130; Siegel, 2008: 177). 부모의 부재나 냉정하고 애정이 없는 부모에 의한 초자아의 미발달이 범죄의 원인으로 강조된다. 따라서 초기 어린시절의 부모와의 관계는 범죄발생의 매우 결정적인 요인으로 인식된다. 이에 따라 에이크혼은 비행청소년을 치료하기 위해서는 무엇보다 이들이 어렸을 때 경험해 보지 못한 성인과의 동일시 경험을 제공할 필요가 있다고 강조하였다.[12]

---

12) 그 밖에 그는 초자아의 발달상태와 관련하여 유발될 수 있는 몇 가지 범죄유형을 지적하였다(박상기 외, 2009: 131 재인용). 그중의 하나는 부모가 과잉보호하거나 지나치게 관용적인 경우 적절한 초자아가 형성되지 못한다는 것이고, 다른 하나는, 초자아는 적절히 형성하였으나 자아 측면에서 부모의 범죄성을 내면화한 경우를 지적하였다.

정신분석적 이론가는 다양한 정신장애가 반사회적 행동과 연결될 수 있다고 주장한다 (Siegel, 2008: 178-179). 청소년기에 나타나는 대표적인 행동장애는 권위에 대하여 비협조적이고 반항적이며 적대적인 행동패턴을 보이는 '적대적 반항장애'와 좀 더 심각한 행동과 정서문제로 구성된 '품행장애'(conduct disorder: CD)로 구분된다. 이러한 행동장애가 있는 청소년은 어른에게 반항적이고, 규칙을 거부하며, 다른 사람을 괴롭히거나 성적 폭력을 휘두르고, 동물을 괴롭히는 잔인한 행동을 자주 한다.

한편 심리적 문제의 가장 심각한 형태는 우울증, 정신분열증(schizophrenia), 편집증, 강박행동 등으로 대표되는 정신이상(psychosis)으로 나타난다. 일반적으로 편집증이나 망상적 감정을 가진 사람은 폭력적인 경향이 있는 것으로 보인다(Monahan & Steadman, 1996).[13] 정신이상과 비행 사이의 관계에 대한 기존 논문을 검토한 최근의 한 연구는 일반 청소년에 비하여 비행청소년이 임상적으로 정신장애의 비율이 더 높다고 결론을 내렸다(Vermeiren, 2003).

2) 성격이론

(1) 성격과 범죄

성격(personality)은 다른 사람과 한 개인을 구분하는, 사고와 감정을 포함하는 상당히 안정적인 행동패턴으로 정의할 수 있다(Andrews & Wormith, 1989). 범죄에 대한 성격이론은 범죄인은 부적절하거나 비정상적인 성격을 가지고 있다는 가정하에서 범죄의 원인을 개인의 성격에서 찾는 것이다.[14] 따라서 순응은 정상적 성격을 반영하는 것에 반해, 범죄행위는 비정상적인 범죄적 성격에 의한 것이다.

성격이론은 정신분석학적 이론보다 좀 더 엄밀한 방법으로 경험적 검증을 시도하였는데, 주로 '미네소타 다면성격검사'(Minnesota Multiphasic Personality Inventory: MMPI)와 '캘리포니아 심리검사'(California Psychological Inventory: CPI) 등이 사용되었다. MMPI

---

13) 정신분열증 환자는 환청이나 환각에 의하여 부적절한 행동적 반응을 보일 수 있다. 1970년대 중반 미국에서 연쇄살인을 저지른 '44구경의 살인자', 데이비드 버코위츠(David Berkowitz)는 이웃의 개에게서 메시지를 받고 살인을 시작했다고 한다. 미국 의회건물에 총기를 난사한 유진 웨스턴(Eugene Western)은 모든 사람들이 그를 해치려 한다고 믿는 편집성 정신분열증 환자였다고 한다(Siegel, 2008: 178).

14) 범죄와 연관된 성격적 특성은 일반적으로 충동성, 자기도취, 반항(권위에 대한 불신), 적대성, 파괴성, 감각추구, 의심, 분노, 가학성, 동정심의 부족, 감정적 미성숙, 인정받지 못하고 있다는 느낌, 정신적 불안정, 과잉활동성, 다른 사람에 대한 무감각 등으로 알려져 있다(Akers & Sellers. 2005: 120; Siegel, 2008: 187).

척도를 사용한 경험적 연구결과, 범죄인은 일반인에 비하여 반사회적 · 무도덕적 · 정신병질적 행위척도에서 높은 점수를 보였다(Akers & Sellers, 2005: 121; Waldo & Dinitz, 1967).

영국의 정신생물학자 아이젠크는 '외향성-내향성'(extroversion-introversion)과 '안정성-불안정성'(stability-instability)이라는 두 가지 성격적 특성의 축으로 범죄인과 비범죄인의 차이를 설명하려고 시도하였다(Brown et al., 2011: 265). 인간의 성격형성에 영향을 주는 요인은 선천적 신경조직과 환경적 조건이다. 이 두 가지 요인이 외향성, 신경증적 경향성 등의 성격기질에 영향을 미친다. 외향성의 근원은 인간의 중앙신경조직의 낮은 각성수준에 있고, 따라서 외향적 특성은 위험부담, 충동성 그리고 많은 활동을 요구한다. 경우에 따라서 이러한 경향이 범죄행위가 제공하는 흥분을 일으키는 행동과 연계될 수 있다. 한편 신경증적 경향이 있는 사람은 불안해하고 긴장되어 있으며 정서적으로 불안정하다. 외향적이며 신경증적인 사람은 생활 사건에 대하여 이성적으로 판단하지 못하고 범죄를 반복적으로 저지를 수 있다(Siegel, 2008: 188). 아이젠크는 성격이 유전적 요인 범죄 또는 반사회적 행위의 가장 중요한 원인이라고 강조하면서, 성격이 유전적 요인에 의하여 통제되고 다음 세대로 이어진다고 주장하였다(Brown et al., 2011: 265; Siegel, 2008: 188).

(2) 사이코패스

일부 심리학자들은 정신병질자를 의미하는 사이코패스(psychopath), 즉 반사회적 성격을 가진 사람에게 관심을 가지고 연구하여 왔다(Feldman, 1993). 이 이론의 핵심은 심각한 범죄행위가 정신병질적(psychopathic), 반사회적 또는 사회병질적(sociopathic) 성격 등으로 불리는 이상성격에 의해 유발된다는 것이다. 사이코패스라는 명칭은 친사회적 태도와 가치를 사회화하지 못한 자, 옳고 그름에 대한 감각을 발전시키지 못한 자, 타인에 대한 동정심이 없는 자, 타인에 대하여 잘못이나 해악을 저질렀을 때 후회나 죄의식을 느끼지 못하는 자 등 자기중심적 사람에게 적용된다(Akers & Sellers, 2005: 120). 이들은 자기만족에 의하여 동기부여되고, 자기도취적 경향이 있어서 혼자 있기를 좋아하고, 가끔 언변이 뛰어나고 매력적인 사람으로 특징지어진다(Brown et al., 2011: 266).

비록 사이코패스의 존재에 대해서는 아직 많은 논쟁이 남아 있지만, 이 이론을 주장하는 학자들은 대개 다음과 같은 특징을 열거하고 있다(Siegel, 2008: 190-191). 첫째, 외상성 사회화다. 불안정한 부모의 영향, 부모의 거부, 아동기의 애정결핍, 일관되지 못한 훈육 등의 외상성 가족경험이 정신병질의 발현과 관련되어 있다. 특히 생후 3년간 어머니와의 애착관계 형성이 매우 중요하다. 둘째, 신경학적 장애다. 사이코패스는 보통 사람보다 낮은 각성수준을 가지고 있다. 그들은 정상인에 비하여 낮은 피부전도 수준과 적은 자동반응을 보인다. 정신병질과 자율신경계의 이상 사이에 연관성을 상정할 수 있다. 셋째, 사이코패스에 대한 또 다른 관점은 정신병질이 몇 가지 형태의 뇌 이상에 기인한다고 본다. 전두엽과 측두엽 손상을 통한 변연계의 억제체계 장애, 또는 뇌량 백질(callosal white matter) 양의 증가나 뇌량 길이의 증가 등이 문제의 핵심이라고 보고하는 연구들이 있다. 넷째, 사이코패스는 만성적 범죄의 개념과 연관된다. 극단적인 만성적 범죄인의 80% 정도가 반사회적 이상성격의 행동패턴을 보인다. 범죄율이 높은 만성 범죄인이 모두 사이코패스라고 할 수는 없지만, 성격적 장애와 장기적 범죄경력 사이에 강한 연관성이 있다고 할 수는 있다.

3) 행동주의 이론

심리학적 행동주의 이론가들은 인간의 행위가 학습경험을 통해 발달한다고 믿는다. 이 때문에 그들은 무의식적 성격특성이나 초기 아동기의 경험보다는 일상생활에서 나타나는 행동에 관심을 보인다. 행동주의 이론의 주요 전제는 사람은 다른 사람에게서 받는 반응에 따라 행동을 수정한다는 것으로서, 행동은 보상에 의해서 지속되고 부정적 반응이나 처벌에 의하여 사라진다(Siegel, 2008: 180).

(1) 반두라의 사회학습이론

사회학습이론은 범죄학과 가장 관련이 있는 심리학의 분파다. 유명한 사회학습이론가인 반두라(Albert Bandura)는 사람이 폭력적으로 행동할 능력을 타고나는 것이 아니라 인생경험을 통하여 학습한다고 주장하였다(Bandura, 1979). 예를 들어, 아버지가 아무런 제재도 받지 않고 상습적으로 어머니를 구타하는 것을 보고 자란 소년은 나중에 폭력적인 아버지와 남편이 될 가능성이 높다는 것이다. 사회학습 이론가들이 행동모델링이라고 부르는 이 과정은 일반적으로 다음과 같은 세 가지 출처를 모델링한 결과다(Siegel, 2008: 180-181). 첫째, 가족의 상호작용이다. 가족생활에 대한 연구에서 공격적인 아이는 다른 사람을 상대할 때 비슷한 전략을 사용하는 부모를 두고 있음을 보여 준다. 둘째, 환경적 경험이다. 폭력이 일상적으로 일어나는 지역에 사는 사람은 범죄율이 낮은 지역에 사는 사람보다 폭력적으로 행동할 가능성이 높다. 셋째, 대중매체다. 영화와 텔레비전은 일상적으로 폭력을 적나라하게 보여 주고, 종종 그 당위성을 인정하는 경우도 있다.

한편, 사회학습 이론가들은 다음 네 가지 요인이 폭력적이거나 공격적 행동에 영향을 미친다고 말한다(Siegel, 2008: 181). 첫 번째 요인은 각성의 정도를 높이는 사건이다. 직접적이고 고통을 낳는 물리적 폭력이나 언어적 학대는 일반적으로 폭력적 반응을 촉발한다. 두 번째 요인은 공격기술이다. 직접적으로 혹은 매체를 통해 다른 사람을 관찰하여 학습된 공격적 기술을 사용하여 반응한다. 세 번째 요인은 예상되는 결과다. 공격이 어떻게든 보상받을 것이라고 믿는다. 보상은 긴장이나 분노의 감소, 경제적 보상, 자존감의 증진 등이다. 네 번째 요인은 가치 있는 행동에 대한 일관성이다. 현재 주어진 상황에서 공격이 정당하고 적절하다는, 다른 사람을 관찰함으로써 얻게 되는 믿음이 있다.

(2) 대중매체와 폭력

심리학자들은 대중매체의 폭력이 그 자체로서 폭력의 원인이 된다고 보지는 않지만 공격성에 기여한다고는 믿는다. 부시먼과 앤더슨(Bushman & Anderson, 2001)은 텔레비전에서 폭력적인 장면을 보는 것이 공격적 행동과 상관관계가 있으며, 기술적으로 가장 최신 매체 프로그램이 가장 깊은 연관성을 보인다고 주장하였다.

텔레비전과 영화의 폭력이 행동에 영향을 미치는 과정에 대한 설명에는 다음과 같은 것들이 있다(Siegel, 2008: 182-183). 첫째, 대중매체의 폭력은 아동이 기억에 저장해 놓는 공격적인 '각본'을 제공한다. 이런 각본에 반복적으로 노출되면 그에 대한 기억 정도가 증가하고 태도가 바뀔 수 있다. 둘째, 아동은 부모나 친구로부터 인지적 기술과 사회기술을 학습하는 것과 동일한 방식으로 텔레비전으로부터 폭력을 학습한다. 셋째, 텔레비전이 보여 주는 폭력은 시청자의 각성수준을 증가시키고 더 공격적으로 행동하도록 만든다. 넷째, 폭력적 텔레비전 프로그램의 시청은 의심과 같은 부정적 태도를 갖도록 촉진하고 자신이 폭력에 관여하게 될 것이라는 기대감을 증진시킨다. 다섯째, 텔레비전의 폭력은 공격적인 청소년이 자신의 행동을 정당화하도록 만든다. 즉, 폭력적인 아동이 자신의 행동을 사회적으로 용납되는 일반적인 행위라고 합리화하도록 만든다는 것이다. 여섯째, 텔레비전의 폭력은 다른 학습과정을 통해 정상적으로 통제되는 공격적 태도를 탈억제(disinhibition)시킬 수도 있다. 성인이 폭력에 대한 보상을 받거나 폭력이 사회적으로 용납되는 것을 보았을 때 이러한 탈억제가 일어날 수 있다.

4) 인지이론 및 발달론적 접근

최근 심리학의 영역 안에서 위상이 높아지고 있는 인지심리학파는 사람이 세상을 어떻게 인지하고 정신적으로 개념화하며 문제를 해결하는지에 주목한다. 오늘날 인지심리학의 영역 안에는 여러 분파가 있다. 지각과 함께 '감정과 접촉하기'를 강조하는 인간주의 심리학(humanistic psychology), 정보를 처리·저장·부호화·검색·조작하는 방식에 주목하는 정보처리(information processing) 학파, 인간의 도덕과 지적 발달을 강조하는 학파 등이 인지이론의 대표적인 하위 분파들이다(Siegel, 2008: 181).

(1) 지각의 형성과 범죄

인지과정이 편향되거나 결함이 있는 사람은 아동기에 학습된 정신적 '각본'에 의지할 수 있다. 그런데 이 각본은 사건을 어떻게 해석하고 무엇을 기대하며 어떻게 반응해야 하는지를 말해 준다. 공격적인 아동은 다른 사람이 사건에 반응하는 것을 관찰함으로써 적절하지 못한 각본을 학습할 수 있다. 아동기에 학습된 폭력적 행동반응은 안정적으로 자리 잡게 된다. 이는 아동이 성장하면서 공격적 반응을 강화하는 각본이 반복적으로 연습되기 때문이다(Baer & Maschi, 2003). 여기에 아동학대와 같은 부모의 공격적이고 부적절한 행동이 상당한 영향을 미칠 수 있으며, 이는 모욕과 학대에 대한 그들의 민감성을 높인다. 부모의 거부로 상처받은 아이는 또래의 거부에 대하여 과민하게 반응하여 폭력적 행동을 보일 가능성이 높다(Loeber & Hay, 1997). 이런 아동은 타인이 자신에게 공격적이며 악의를 품고 있다고 실제보다 확대하여 믿는 경향이 있다.

(2) 정보처리이론과 범죄

정보처리를 연구하는 인지이론가는 정신적 지각과 사람들이 그들의 환경을 이해하기 위하여 어떻게 정보를 이용하는지의 측면에서 반사회적 행동을 설명하려고 시도한다(Siegel, 2008: 185). 사람은 의사결정을 할 때, 먼저 정보를 해석할 수 있도록 부호화하고, 이어서 적절한 반응을 검색하여 가장 적합한 행위를 결정하고, 마지막으로 그러한 결정에 따라 행동에 옮긴다(Dodge et al., 1986). 이러한 인지적 접근에 따르면, 반사회적 행동을 하는 사람은 인지적 결함으로 인하여 의사를 결정할 때 정보를 적절히 이용하지 못할 수 있다.

어떤 청소년은 사소한 도발에 과도하고 경솔하게 '폭력적 방식'으로 반응한다. 공격적인 사람은 항상 경계를 하고 초조해하거나 남을 의심한다. 정보처리이론에 따르면, 이런 청소년은 성장하면서 정보처리를 할 때 다른 사람보다 적은 수의 (부정적) 단서를 사용한다(Siegel, 2008: 186). 만성적 범죄인은 범죄행위가 그들의 개인적 욕구를 즉각적으로 충족시킬 수 있는 적합한 수단이라고 믿는다(Ward & Stewart, 2003).

한편, 정보처리이론은 데이트 강간을 설명하는 경우에도 적용될 수 있다. 정보처리에 문제가 있는 남성들은 그들의 성적 상대가 싫다는 의사를 명백히 표명해도, 이를 단지 '튕기는 것'으로 해석할 수 있다(Lipton, McDonel, & McFall, 1987).

(3) 인지발달적 접근

인지심리학의 또 다른 분파는 도덕과 지적 발달에 관심을 집중한다. 범죄원인에 관한 가장 중요한 심리학적 접근 중의 하나인 인지발달이론은 인간의 인지발달에 따라 도덕적 판단력이 내재화하는 과정에서 범죄의 원인을 찾는 것이다. 이 이론의 대표학자인 피아제(Jean Piaget, 1896~1980)는 사람의 추론과정이 태어날 때 시작되어 12세 이상에 이를 때까지 계속하여 규칙적인 형태로 발달한다고 가정하였다. 콜버그(Lawrence Kohlberg)는 이러한 주장을 도덕발달개념에 적용하였다. 그는 〈표 5-1〉과 같은 도덕발달의 6단계를 거치면서 옳고 그름에 대한 결정이나 판단을 내리게 된다는 것을 발견하였다.

콜버그는 이러한 단계적 연속체에서 도덕적 발달이 멈추는 단계에 의하여 사람을 분류하였다. 콜버그 등(Kohlberg et al., 1975)은 범죄인의 도덕적 발달단계가 일반인에 비하여 유의미하게 낮다는 것을 발견하였다. 범죄인의 도덕발달은 1, 2단계에 머무른 반

표 5-1 콜버그의 도덕발달 단계

1단계	힘에 복종하고 처벌을 피하는 것이 옳다.
2단계	자신의 욕구를 충족시키고, 스스로를 책임지며, 다른 사람은 그들 스스로의 책임으로 놔두는 것이 옳다.
3단계	좋은 동기를 가지고 다른 사람을 배려하며 다른 사람의 입장에서 생각한다는 측면에서 착한 것이 옳다.
4단계	사회의 규칙을 유지하고 집단이나 사회의 복지를 위해 봉사하는 것이 옳다.
5단계	합의된 규칙인 사회계약을 가진 사회 내에서 개인의 권리를 인정하는 것이 옳다.
6단계	정의, 평등, 생명존중 등 모든 인류에 적용되는 원칙에 대한 의무를 갖는 것이 옳다.

출처: Kohlberg (1969).

면, 일반인은 통상 3, 4단계의 도덕적 발달단계를 보인다는 것이다. 또한 최근의 연구는 범죄를 저지르지 않으려는 결정이 개인의 도덕적 발달단계에 의해 영향을 받는다는 것을 보여 준다. 가장 낮은 단계에 있는 사람은 제재에 대한 두려움으로 범죄를 억제한다고 보고한 반면, 중간 단계의 사람은 가족과 친구의 반응을 고려하고, 가장 높은 단계에 있는 사람은 보편적 권리에 대한 신념 때문에 범죄를 자제한다고 한다(Siegel, 2008: 185).

5) 심리학적 원인론의 평가 및 교정복지적 함의

(1) 심리학적 범죄원인론의 평가

범죄에 관한 심리학적 원인론 가운데 정신분석학적 이론은 범죄의 이면에 있는 본질적 원인으로서 비합리적이고 무의식적인 동기를 강조한다. 그러나 범죄원인에 대한 이러한 설명은 경험적 타당성을 평가하기 어렵다(Akers & Sellers, 2005: 118-119). 왜냐하면 범죄에 대한 정신병학적(psychiatric) 설명은 개별적 임상사례에 심하게 의존하기 때문이다. 더구나 범죄인의 동기는 무의식 속에 숨어 있어서 범죄인 자신도 모르기 때문에 이 이론을 직접적으로 검증할 수 있는 방법이 전혀 없다. 무의식적 충동이 존재하는지는 치료의사의 해석에 달려 있기 때문에 정신분석학적 해석은 사후적이고 동어반복적이며 검증될 수 없다고 비판받고 있다(Pallone & Hennessy, 1992; Shoham & Seis, 1993).

한편 성격이론과 이에 대한 경험적 연구에서도 동어반복의 문제가 제기되고 있다(Akers & Sellers, 2005: 122). 예를 들어, 사이코패스의 개념은 너무 넓어서 법을 위반하는 모든 사람에게 적용될 수 있다. 이러한 이유로 이 개념을 사용하는 학자에 따라서는 범죄인의 10~80%까지 폭넓은 추정을 하고 있다. 더구나 사이코패스로 진단하기 위한 기준들인 상습적 검거, 타인에 대한 학대, 행동장애 등은 그 자체가 법위반의 내용을 포함하고 있기 때문에 동어반복의 문제가 있는 것이다. 이러한 문제는 MMPI의 척도를 활용한 연구에서도 나타나는데, 범죄인과 비범죄인을 구분하는 주요 척도인 정신병질적 경향척도에는 이것이 설명하고자 하는 '법에 대한 위반'을 이미 포함하고 있다(Akers & Sellers, 2005; Pallone & Hennessy, 1992; Vold, Bernard, & Sniper, 2002).

(2) 교정복지 차원에서의 정책적 함의

범죄원인에 대한 심리학적 접근은 또한 범죄대책에서도 다양한 예방 및 치료 프로그램에 영향을 미쳤다(Siegel, 2008: 193-194). 따라서 교정 분야의 사회복지사는 심리학적 원인론에 근거하여 다양한 범죄예방 프로그램을 기획하고 참여하여 수행할 수 있다. 그 러한 프로그램에는 개인의 문제가 범죄행동으로 나아가기 전에 차단하거나, 법위반 아 동·청소년에 대하여 심리상담과 같은 치료프로그램을 제공하고 보호관찰이나 다이버 전을 활성화하는 것 등이 포함된다.

교정복지 분야에서 활용할 수 있는 심리학적 치료에는 개인면담부터 행동수정에 이르 는 많은 방법이 있다. 정신분석이론 또는 성격이론의 치료적·정책적 함의는 분명한데, 이 관점에 따르면 범죄인은 환자로서 근원적 정서장애의 치료가 필요하다(Akers & Sellers, 2005: 123-124). 주로 인간 내면에 있는 정서적·성격적 문제의 증상이 중요하기 때문에 '개별화된 치료'가 무엇보다 중요하다. 미국에서는 심리치료에 일차적으로 의존 하는 프로그램들, 예컨대 웨인카운티 진료소(1920~1940년대), 케임브리지-서머힐 청소 년연구(1937~1945년), 뉴욕 청소년상담서비스 프로젝트(1955~1960년) 등의 연구결과 개별화 치료의 효과성은 아직 밝혀지지 않았다(Akers & Sellers, 2005: 124-129).

한편, 교정복지 분야에서 인지이론과 행동주의 이론에 근거한 치료적 개입프로그램 들은 다음과 같은 개인의 기술이나 능력을 강화하는 목적으로 운영된다(Siegel, 2008: 194). 대처기술과 문제해결 기술, 또래·부모 등과의 적절한 관계형성 능력, 갈등해결과 의사소통 기술, 또래압력에 저항하는 방법, 결과적 사고와 의사결정 능력, 다른 사람과 의 협동·존중, 친사회적 행동의 모델링, 공감능력 등이 그것이다. 사회적 기술 학습에 근거한 개입은 상대적으로 새로운 방법이지만 범죄행동을 감소시키는 데 장기적인 장점 을 보인다는 몇몇 징후가 있다(Siegel, 2008: 186).

참고문헌

김용우·최재천(2006). 형사정책. 서울: 박영사.
박상기·손동권·이순래(2009). 형사정책. 한국형사정책연구원.
배종대(2011). 형사정책. 서울: 홍문사.

Akers, R. L., & Sellers, C. S. (2005). 범죄학이론(민수홍 외 역). 서울: 나남출판. (원전 출판 2004).
Andrews, D. A., & Wormith, J. S. (1989). Personality and crime: Knowledge destruction and construction in criminology. *Justice Quarterly, 6*, 289-309.

Baer, J., & Maschi, T. M. (2003). Random acts of delinquency: Trauma and self-destructiveness in juvenile offenders. *Child and Adolescent Social Work Journal, 20*(2), 85-99.

Booth, A., & Osgood, W. (1993). The influence of testosterone on deviance in adulthood: Assessing and explaining the relationship. *Criminology, 31*, 93-118.

Brown, S. E., Esbensen, F., & Geis, G. (2011). 범죄학(황의갑 외 역). 서울: 도서출판그린. (원전 출판 2010).

Bushman, B. J., & Anderson, C. A. (2001). Media violence and the American public: Scientific facts versus media misinformation. *American Psychologist, 56*, 477-489.

Cleveland, H. H., Wiebe, R. P., & Rowe, D. C. (2005). Sources of exposure to smoking and drinking friends among adolescents: A behavioral-genetic evaluation. *The Journal of Genetic Psychology, 166*(2), 153-169.

Crowe, R. R. (1972). The adopted offspring of woman criminal offenders: A study of their arrest records. *Archives of General Psychiatry, 27*, 600-603.

Denno, D. W. (1993). Perspectives on disclosing rape victims' names. *Fordham Law Review, 61*, 1113-1131.

Dodge, K. A., Pettit, G. S., McClaskey, C. L., & Brown, M. (1986). Social competence in children. *Monographs of the society for research in child development* (Serial No. 213, Vol. 51, No.2).

Ellis, L., & Walsh, A. (1997). Gene based evolutionary theories in criminology. *Criminology, 35*, 229-276.

Feldman, P. (1993). *The psychology of crime: A social science textbook*. Cambridge: Cambridge University Press.

Fishbein, D. (1990). Biological perspective in criminology. *Criminology, 28*(1), 27-72.

Gibson, C. L., & Tibbetts S. G. (2000). A biosocial interaction in predicting early onset of offending. *Psychological Reports, 86*, 509-518.

Gordon, R. A. (1987). SES versus IQ in the race-IQ-delinquency model. *International Journal of Sociology and Social Policy, 7*, 30-96.

Hirschi, T., & Hindelang, M. J. (1977). Intelligence and delinquency: A revisionist review. *American Sociological Review, 42*(August), 571-587.

Hutchings, B., & Mednick, S. A. (1977). Criminality in adoptees and their adoptive and biological parents: A pilot study. In S. A. Mednick & K. O. Christiansen (Eds.), *Biosocial bases of criminal behavior* (pp. 127-141). New York: Gardner Press, Inc.

Jaffee, S. R., Caspi, A., Moffitt, T. E., Dodge, K. A., Rutter, M., Taylor, A., & Tully, L. A. (2005). Nature vs Nurture: Genetic vulnerabilities interact with physical maltreatment to promote conduct problems. *Journal of Consulting and Clinical Psychology, 56*, 224-226.

Kohlberg, L. (1969). *Stages in the development of moral thought and action*. New York: Holt, Reinhart & Winston.

Kohlberg, L., Kauffman, K., Scharf, P., & Hickey, J. (1975) The just community approach to corrections: A theory. *Journal of Moral Education, 4*, 243-260.

Lipton, D., McDonel, E., & McFall, R. (1987). Heterosocial perception in rapists. *Journal of Consulting and Clinical Psychology, 55*, 17-21.

Loeber, R., & Hay, D. (1997). Key issues in the development of aggression and violence from childhood to early adulthood. *Annual Review of Psychology, 48*, 371-410.

Mednick, S. A. (1977). A biosocial theory of the learning of law abiding behavior. In S. A. Mednick & K. O. Christiansen (Eds.), *Biosocial bases of criminal behavior* (pp. 1-8). New York: Gardner Press, Inc.

Moffitt, T. E., Lynam, D. R., & Silva, P. A. (1994). Neuropsychological tests predicting persistent male delinquency. *Criminology, 32*(2), 277-300.

Monahan, J., & Steadman, H. J. (1996). Violent storms and violent people: How meteorology can inform risk communication in mental health law. *American Psychologist, 51*(9), 931-938.

Needleman, H. L., McFarland, C., Ness, R. B., Fienberg, S. E., & Tobin, M. J. (2002). Bone lead levels in adjudicated delinquents: A case control study. *Neurotoxicology and Teratology, 24*, 711-717.

Pallone, N. J., & Hennessy, J. J. (1992). *Criminal behavior: A process psychology analysis.* Transaction Publishers.

Reiss, A., & Roth, J. (1993). *Understanding and preventing violence.* Washington, DC: National Academy Press.

Rowe, D. C. (2002). *Biology and crime.* LA: Roxbury Publishing.

Shoham, S. G., & Seis, M. C. (1993). *A primer in the psychology of crime.* New York: Harrow and Heston.

Siegel, L. J. (2008). 범죄학: 이론과 유형(이민식 외 역). 서울: CENGAGE Learning. (원전 출판 2007).

Udry, J. R. (1988). Biological predisposition and social control in adolescent sexual behavior. *American Sociological Review, 53*, 709-722.

Vermeiren, R. (2003). Psychopathology and delinquency in adolescents: A descriptive and developmental perspective. *Clinical Psychology Review, 23*(2), 77-318.

Vold, G., Bernard, T., & Sniper, J. (2002). *Theoretical criminology* (5th ed.). New York: Oxford University Press.

Waldo, G. P., & Dinitz, S. (1967). Personality attributes of the criminal: An analysis of research studies, 1950-1965. *Journal of Social Problems, 4*, 185-201.

Walsh, A. (1997). *Correctional assessment, casework & counseling* (2nd ed.), Lanham, MD: American Correctional Association.

_____(2000). Behavior genetics and anomie/strain theory. *Criminology, 38*, 1075-1108.

_____(2002). *Biosocial criminology: Introduction and integration.* Cincinnati, OH: Anderson

Publishing.

Ward, T., & Stewart, C. A. (2003). The treatment of sex offenders: Risk management and good lives. *Professional Psychology, Research and Practice, 34*, 353-360.

Wright, R. A., & Miller, J. M. (1998). Taboo until today? The coverage of biological arguments in criminology textbooks, 1961 to 1970 and 1987 to 1996. *Journal of Criminal Justice, 26*, 1-19.

기타 자료

아시아 경제(2012. 8. 14.) "강도인 척 위장하고 옛 여자친구 성폭행"

교정복지와 사회중심 범죄원인론

범죄에 대한 사회중심 원인론, 즉 사회학적 원인론은 크게 사회과정이론, 사회구조이론 그리고 사회갈등이론으로 나누어 볼 수 있다(Brown, Esbensen, & Geis, 2011; Siegel, 2008 참조).

범죄에 대한 사회과정이론은 개인이 어떻게 법을 위반하는 사람이 되는지에 대한 설명에 주력한다. 구조적 문제와 대비되는 개인의 경험에 의한 사회작용 또는 과정에 대하여 강조한다. 따라서 사회화, 차별적 교제, 사회통제 등의 개념이 핵심적인 주제가 된다. 낙인이론으로 대표되는 사회적 반응이론도 사회과정이론의 하나로 볼 수 있다(Siegel, 2008: 266). 이 이론은 관점을 달리하여 범죄인 개인보다는 그들에 대한 사회적·제도적 반응에 초점을 맞춘다. 사회구조이론은 거시이론으로서 범죄원인에 관한 가장 순수한 사회학적 설명을 제공한다. 이러한 입장에서는 빈곤·실업·교육부재·인종차별 등에 기여하는 사회구조적 형태가 사회적으로 불우한 집단 구성원들 사이의 높은 범죄율의 간접적·직접적 원인이다. 대표적인 사회구조이론으로는 사회해체이론, 긴장이론, 문화적 일탈이론 등이 있다. 사회갈등이론은 범죄를 사회적 갈등과 경제적 갈등으로 설명하는 범죄학 이론을 말한다. 사회갈등 이론가들은 특히 자본주적 경제체제가 범죄율에 미치는 영향을 강조한다.

한편, 최근에는 개인중심 및 사회중심 원인론을 통합하는 이론모델이나 발달론적 관점에서 이론적 · 실천적으로 종합하려는 새로운 움직임이 있다. 엄밀한 의미에서 사회중심 원인론과 이러한 최근의 범죄학 이론은 차이가 있다. 그러나 대부분의 통합이론모델이나 발달론적 접근이 사회통제이론이나 사회학습이론과 같은 사회중심 원인론을 기본으로 심리학적 · 생물학적 원인론을 보완한다는 점에서 여기서는 함께 다루기로 한다.

1. 사회과정이론

사회과정이론은 모든 사람이 잠재적 범죄인이라는 기본 개념을 가지고 있다. 하지만 사회계층이 낮고, 빈곤과 열악한 교육환경, 해체된 가정상황에 노출되어 있다고 하더라도 누구나 범죄인이 되는 것은 아니며, 반대로 상류층 출신의 범죄인도 있게 마련이다. 사회과정이론은 바로 이러한 점에 주목한다. 비슷한 환경에서 누가 범죄인이 되는지, 그러한 과정에 영향을 미치는 사회화의 요소는 무엇인지가 바로 사회과정이론의 핵심적 이슈다.

개인의 사회화가 범죄행위를 결정한다고 믿는 이론가들은 범죄행동을 설명하는 데에서 사회과정적 접근을 채택한다. '범죄에 관한 사회과정이론'(social process theories of crimes)에는 크게 다음과 같은 세 가지의 이론 집단이 있다(Siegel, 2008: 266). 첫째, 사회학습이론에서는, 범죄성이 있는 친구로부터 범죄의 기술과 태도를 배우는데, 범죄는 그렇게 학습된 행위라고 본다. 둘째, 사회통제이론에서는, 모든 사람은 잠재적 범죄인이지만 사회의 유대와 같은 통제기제의 작용으로 범죄행위에 나아가지 않는다고 본다. 셋째, 사회반응이론에서는, 사람이 사회의 중요한 타자로부터 낙인 찍히고 자신을 그런 낙인 찍힌 사람으로 받아들일 때 범죄인이 된다고 본다. 사회과정이론의 주요 분파들을 정리하면 다음의 〈표 6-1〉과 같다.

사회화와 범죄

범죄학자들은 범죄경력자를 만드는 사회화의 요소가 무엇인지 오랫동안 연구하여 왔는데, 가장 중요한 요소로 가족, 친구 및 학교를 들 수 있다(Siegel, 2008: 258). 가족관계는 행동의 가장 중요한 결정요인으로 간주되어 왔으며, 아동을 강압적으로 대하지 않고 지지를 보내며 효과적으로 통제하는 부모의 효율성(parental efficacy)은 중요한 비행통제 요인이다(Wright & Cullen, 2001). 부모의 이혼과 그에 따른 감독 부족 및 경제적 궁핍, 가

표 6-1 사회과정이론의 개념 요약

이론	개념	강점	주요 이론가
사회학습이론			
차별접촉이론	범죄행위는 어떤 문화 환경에 놓인 개인에게 영향을 주는 차별적 교제를 통한 학습과정의 결과다.	범죄의 시작을 설명	서덜랜드 (Sutherland)
차별강화이론	범죄행위는 보상과 처벌의 경험에 의하여 차별적으로 강화된 학습의 결과다.	사회학 원리와 심리학 원리를 연결	에이커스와 버지스 (Akers & Burgess)
사회통제이론			
중화 및 표류 이론	범죄인이 되는 과정은 관습적 사회가치를 중화하는 기술을 습득하고, 비합법적 행동과 합법적 행동 사이에서 표류하는 학습과정이다.	범죄인이 왜 관습적 행동에도 참여하는지 설명	마차와 사이크스 (Matza & Sykes)
사회유대론	개인이 사회와 유대를 맺는 방법은 애착·전념·참여·믿음의 4가지인데, 개인의 일탈행위는 이러한 사회유대가 무너졌기 때문이다.	이론적 구성물을 적절히 측정하여 설명	허시(Hirschi)
자기통제론	범죄는 낮은 자기통제력을 가진 범죄인이 상대적으로 범죄에 유리한 상황이나 기회를 만났을 때 발생한다.	중범죄와 지위비행을 모두 설명하는 일반이론을 제안	갓프레드슨과 허시 (Gottfredson & Hirschi)
사회반응이론			
낙인이론	범죄는 그 행동에 내재해 있는 속성이 아니라 그것을 직간접적으로 목격한 청중에 의해 부여된 속성이다.	일탈이 만들어지는 사회체제의 역할을 설명	레머트(Lemert) 베커(Becker) 슈어(Schur)

족갈등과 불화, 재혼 부모와의 갈등, 부모의 정신적 손상 등은 범죄율을 높이는 요인으로 간주되어 왔다(Siegel, 2008: 259-260). 특히 많은 연구에서 아동기에 신체적 학대·방임·성적 학대 등을 경험한 아동은 일생 동안 약물남용이나 파괴적 성격 등 정신적·사회적 문제를 경험하며, 심각한 비행과 유의미한 관계가 있다는 것이 보고되어 왔다 (Rogosch & Cicchetti, 2004; Smith & Thornberry, 1995).

어린 시절에는 부모가 보편적 규범의 일차적 근원이 되지만, 8~14세 아동은 안정된 친구를 찾게 된다. 이 시기 이후에는 친구들의 승인이 사회화에 중요한 영향력을 미치게 되는데, 반사회적 친구와 우정관계를 지속할 경우에는 비행청소년이 될 가능성이 높다

(Keenan et al., 1995). 또한 반사회적 청소년은 자신과 같은 친구를 찾고, 비행친구는 비행경력을 유지하고 확대하는 역할을 한다(Thornberry & Krohn, 1997). 반대로 비행을 저지르지 않는 친구는 비행을 경감시키며, 일반적으로 친구의 승인은 아동의 범죄행동과 약물사용을 줄일 수 있도록 돕는다(Wright & Cullen, 2004). 한편, 학교에서의 학업성취도는 범죄행위와 관련이 있는 것으로 나타났는데, 학교에서 성적이 낮거나 교육동기가 부족하여 소외되거나 중도탈락한 청소년은 범죄행위에 참여할 가능성이 높아진다(Maguin & Loeber, 1996).

1) 사회학습이론

(1) 차별접촉(교제)이론

사회과정의 첫 번째 이론은 범죄행위가 사회적인 맥락에서 학습된다고 보는데, 이러한 학습의 내용에는 법위반에 대한 가치 · 규범 · 동기와 범죄에 필요한 지식과 기법들도 포함된다(Brown et al., 2011: 324). 가장 대표적인 사회학습이론은 서덜랜드의 차별접촉(교제)이론(differential association theory)이다. 서덜랜드에 의하여 제안되었고, 후에 그의 오랜 동료인 크레시(Cressey)에 의하여 대중화된 차별접촉이론에 따르면, 범죄행위는 개인의 특성이나 사회경제적 특성에서 비롯되는 것이 아니라 어떤 문화 환경에 놓인 개인에게 영향을 주는 학습과정의 결과다(Siegel, 2008: 267).

차별접촉의 원리는 다음과 같다(Sutherland & Cressey, 1974: 75-76).

- 범죄행위는 학습된다.
- 범죄행위는 다른 사람과의 의사소통을 통한 상호작용 속에서 학습된다.
- 범죄행위에서의 중요한 학습은 친밀한 관계를 맺고 있는 집단 내에서 일어난다.
- 범죄행위가 학습될 때, 그 내용은 '복잡하면서도 때로는 간단한 범죄수행의 기술, 특정한 범죄의 동기 · 충동 · 합리화 · 태도' 등을 포함한다.
- 특정한 범죄의 동기와 충동은 법규범을 우호적으로 정의하는가 아니면 비우호적으로 정의하는가에 따라서 학습된다.
- 어떤 사람이 범죄인이 되는 것은 법위반을 긍정적으로 생각하는 정도가 부정적으로 생각하는 정도보다 크기 때문이다.
- 차별적 접촉(교제)의 양상은 빈도, 기간, 우선성, 강도에 따라 다양하게 나타날 수

있다.

• 범죄와 반범죄 행위의 학습과정은 다른 일반적 학습과정에 포함된 모든 메커니즘을 포함한다.

• 범죄행위가 일반적인 욕구나 가치의 표현이기는 하지만 그것으로 범죄행위를 설명

사회학적 범죄이론의 선구자

서덜랜드(Edwin Hardin Sutherland, 1883~1950)는 미국 네브라스카 주에서 태어났고 시카고 대학에서 사회학 박사 학위를 받은 후, 일리노이, 미네소타, 시카고 그리고 인디애나 대학 등에서 교수로 재직하였다. 서덜랜드는 매우 유명한 범죄학자 중 한 명이며, 그의 차별접촉(교제)이론 역시 범죄행위를 설명하는 가장 대표적인 이론 중의 하나다(Brown, Esbensen, & Geis, 2011: 325).

서덜랜드

서덜랜드는 1939년 『범죄학의 원리(*Principles of Criminology*)』에서 이 이론을 처음 제시했는데, 1950년 그가 사망하자 오랜 동료이자 제자인 도널드 크레시(Donald R. Cressey)가 그의 작업을 계속 진행하여 대중화하였다 (Siegel, 2008: 267). 그의 차별접촉이론은 몇 가지 지적 전통의 영향을 받았다(Brown, Esbensen, & Geis, 2011: 325). 우선 그의 이론은 프랑스 범죄학자 타르드(Gabriel Tarde)의 '모방의 법칙'에 영향을 받았다. 타르드는 당시 롬브로소 류의 생물학적 원인론을 배척하고, 대신 인간행위는 사람들과 접촉하면서 관념을 학습하고 행위는 자기가 학습한 관념으로부터 유래하는 것이라고 주장하였다(박상기, 손동권, 이순래, 2009: 166). 한편 서덜랜드는 시카고 대학의 미드(George H. Mead, 1863~1931) 문하에서 수학하면서, 상징적 상호작용·문화전이·문화갈등의 세 가지 개념으로부터 지대한 영향을 받았다. 결과적으로 서덜랜드는 개인이 범죄적 행위에 부여하는 의미, 즉 가치체계의 형성이라는 견지에서 사고하였다. 마지막으로 시카고의 생태학적 연구전통은 지역사회의 환경이 범죄발생에 중요한 역할을 한다는 것을 강조하였는데, 이러한 사고는 범죄적 가치가 마치 언어나 다른 문화적 특색처럼 전이된다는 차별접촉이론의 설명과 일맥상통하는 것이었다. 서덜랜드는 그의 이론을 화이트칼라범죄, 전문절도, 지능범죄 등에 적용하면서 범죄가 하류층 사람들의 부적응에서 비롯된 것이라는 기존 주장에 문제를 제기하였다 (Siegel, 2008: 267). 그는 20세기 초반에 우세했던 범죄에 대한 생물학적·심리학적 설명으로부터 벗어나길 희망하였는데, 그의 바람대로 차별접촉이론은 범죄를 설명하는 선구적이고 진정한 사회학적 이론으로 간주되고 있다(Brown et al., 2011: 325).

할 수는 없다. 왜냐하면 비범죄적 행위도 일반적 욕구와 가치의 표출이기 때문이다.

종합하여 보면, 차별접촉이론은 사람이 어린 나이에 가까운 친구나 가족, 친지로부터 범죄 태도와 행동을 배우는 것이고, 이런 반사회적 태도와 행동을 많이 갖게 될 때 범죄 경력이 발전하게 된다는 것이다(Siegel, 2008: 269).

(2) 차별강화이론

차별강화이론(differential reinforcement theory)은 범죄를 학습된 행위로 보는 또 다른 이론이다. 서덜랜드는 자신의 여덟 번째 명제에서 범죄행위도 일반적 학습기제에 의하여 습득된다고 하면서도 그러한 학습기제가 구체적으로 무엇인지는 밝히지 않았다. 이러한 학습기제를 구체화한 것이 바로 에이커스(Akers)와 버지스(Burgess)가 제시한 '차별적 교제-강화'(differential association-reinforcement)의 개념이다. 에이커스와 버지스는 행동주의 심리학자들에 의해 발전된 조건형성의 학습원리에 따라 서덜랜드의 차별접촉이론을 재구성하였다. 따라서 이 이론은 서덜랜드의 이론에서 제시된 범죄행위 학습의 기본 과정을 유지하면서 차별적 강화와 행동의 습득, 유지, 중단의 원리를 통합시킨 보다 광범위한 이론이다(Akers & Sellers, 2005: 135-136).

에이커스는 범죄행위는 규범적 행위와 크게 다르지 않게 학습이론으로 설명될 수 있다고 가정하면서, 다음과 같은 행위 형성의 핵심요소들을 제시하였다. 즉, ① 차별적 접촉(differential association), ② 정의(definitions), ③ 차별적 강화(differential reinforcement), 그리고 ④ 모방(imitation)이다(Akers, 1998).

차별적 접촉은 서덜랜드에 의해 구체화된 절차를 의미하며 사회적 상호작용을 통하여 법에 대하여 우호적이거나 비우호적인 학습과정을 포함하는 개념이다.

정의는 주어진 행위에 대하여 개인이 부여하는 의미와 태도로서 성향, 합리화, 상황정의, 옳고 그름에 대한 평가적 측면을 포함한다. 이러한 정의는 일반정의와 특수정의로 구분되는데, 전자는 비순응적 행위를 거부하는 도덕적·종교적·인습적 가치와 규범을 말하며, 후자는 개인으로 하여금 특정행동을 하도록 만드는 정의를 말한다.

차별적 강화는 행위에 의하여 예상되거나 실제로 나타나는 결과를 의미하는데, 그러한 결과는 보상과 처벌로 구성된다. 범죄행위가 저질러지고 반복될지 여부는 그 행위에 대한 현재와 과거 그리고 미래의 보상과 처벌에 따라 영향을 받는다. 특정한 행동이 나타날 가능성이 높아지는 것은, 그 행동에 따라 승인, 돈, 음식 그리고 즐거운 감정 등 보상이 주어지거나(적극적 강화) 고통이나 불쾌한 사건 등의 처벌을 회피할 수 있게 될 때이다(소극적 강화).

모방행위는 다른 사람, 특히 존경하는 역할모델의 행동을 관찰한 후에 그것과 유사하게 행동하는 것을 의미한다. 모방은 이전 행위의 지속적인 행동패턴을 설명하기보다는 새로운 행위의 시도나 수행에서 확연히 드러난다.

(3) 사회학습이론의 평가 및 교정복지적 함의

① 사회학습이론의 평가

사회학습이론에 대한 대부분의 경험적 연구는 차별적 접촉, 모방, 정의, 차별적 강화 등 사회학습변수들과 범죄, 일탈행동 간의 강한 상관관계를 발견하였다(Akers & Sellers, 2005: 147). 즉, 사회학습이론의 명제들은 일관성 있게 지지되어 왔고, 가장 많은 경험적 지지를 받아 왔다(Brown et al., 2011: 336). 특히 가족이나 또래집단과 같은 일차적 집단에서 차별접촉이 범죄나 일탈행동에 중요한 영향을 미친다는 증거는 충분하다(Akers & Sellers, 2005: 148). 가족은 부모의 훈육을 통하여 자기통제력의 발전을 촉진한다. 일탈행위는 일탈적 부모모형과 비효과적이고 변덕스러운 부모의 감독과 훈육, 일탈에 우호적인 가치와 태도의 승인에 의하여 영향을 받는다. 자녀는 부모가 순응행동에 대해 일관되게 긍정적 보상을 할 때, 그리고 잘못된 행동에 대하여 적절하게 부정적 제재를 부과할 때 순응행동을 학습하게 된다.

한편 가정에서 학습된 비행성향은 또래집단과의 차별적 접촉을 통하여 더욱 심화되며, 비행행위를 처음 저지를 때 기회를 제공하는 것도 또래집단이다(Akers & Sellers, 2005: 149). 거의 모든 또래집단 연구에서 또래집단이 청소년비행과 성인범죄, 알코올 및 약물 남용 등과 강한 관련성이 있는 것으로 나타났다. 실제로, 워(Warr, 2002: 40)는 어떠한 개인적 특성도 비행친구의 수보다 범죄행위를 잘 예측해 주는 것은 없다고 주장하였다.

그러나 사회학습이론에 포함된 행동학습의 기본원리에 대한 검증가능성은 동어반복적이라는 비판이 있다(Akers & Sellers, 2005: 155). 즉, "행동이 강화된다면, 그것은 강화될 것이다."라는 진술은 동어반복적이라는 것이다. 사회학습이론에 대한 또 다른 비판은 시간적 순서에 관한 것이다. 어떤 학자들은 청소년이 비행을 먼저 저지른 후에 다른 비행소년들과 교제한다고 말한다. 이 경우는 '끼리끼리 모이는' 것이어서 비행또래집단이 비행의 원인이 아니라 결과라는 것이다. 그러나 사회학습이론에 대한 경험적 연구

에서 강화과정에 대한 변수는 대개 범죄 및 비행과 동어반복적이지 않게 분리되어 측정
되었다(Akers & Sellers, 2005: 156). 또한 비행행위가 비행친구와의 교제에 선행하기보다
는 또래와의 교제가 비행행위의 발전에 선행하는 것이며, 비록 반대 순서인 경우도 나타
나지만 그러한 과정은 복잡하고 연속적이며 상호적인 것이다(Akers & Sellers, 2005: 158).

② 교정복지 차원에서의 정책적 시사점

교정복지적 관점에서 사회학습의 원리를 적용하는 범죄 및 비행예방 프로그램의 기본
가정은 범죄행동에 영향을 주는 사회학습과정을 조작하는 만큼 행동을 수정할 수 있다
는 것이다. 학습원리에 기반을 둔 행동수정프로그램은 개인과 집단에 맞춘 프로그램을
모두 포함하며 비행청소년과 성인범죄인 교정에 다양하게 시행되고 있다(Akers &
Sellers, 2005: 160-161). 앤드류스와 본타(Andrews & Bonta, 2003)는 가족과 동료를 이용
하는 사회행태적 전략이 자아존중감 같은 일반적 심리치료보다 더 효과적이라는 것을
발견하였다. 그들에 의해 수행된 교정치료프로그램 효과성 연구의 메타분석 결과, 인지
행동적 · 사회학습적 접근들이 인간관계를 중심으로 한 상담이나 정신역학적 통찰에 의
한 상담보다 효과적이라고 주장하였다(Andrews & Bonta, 2003: 262-268).

2) 사회통제이론

(1) 초기통제이론

통제이론은 기존의 범죄이론과는 다른 관점에서 범죄행위에 접근한다. 기존의 이론들
은 '범죄가 왜 발생하는가?'에 관심을 두었다면, 통제이론가들은 오히려 '왜 누군가는
규범에 순응하는가?'라는 질문을 던지고 그 해답을 찾으려 노력한다. 사회통제라는 개념
은 개인이 자기통제를 습득하는 사회화, 즉 '개인적(personal) 통제'와 보상과 처벌 등 사
회적 제재를 통해서 사람의 행동을 통제하는 '사회적(social) 통제'를 모두 포함한다.

나이(Nye, 1958)는 사회통제의 개념을 확장하여 청소년의 비행을 예방할 수 있는 방법
을 다음과 같이 직접, 간접 그리고 내적 통제의 세 가지로 분류하였다. 첫째, 직접(direct)
통제는 부모가 자녀의 잘못된 행동을 억압적 수단을 사용하여 처벌하고 순응은 보상하
는 것이다. 둘째, 간접(indirect) 통제는 청소년이 부모나 주위의 긴밀한 관계를 맺고 있는
사람에게 자신의 잘못이 고통과 실망을 줄까 봐 비행을 자제하는 것이다. 셋째, 내적
(internal) 통제는 청소년 스스로의 양심이나 죄의식 때문에 비행을 하지 않는 것이다. 나

이는 경찰이나 형사사법기관의 공식적 통제보다는 가정에서의 비공식적인 간접 통제가 보다 효과적인 방법임을 강조하였다. 그는 청소년이 애정, 보호, 인정, 새로운 경험 등에 대한 욕구를 가정 내에서 충족할수록, 가정 밖에서 비행을 저지르려 하지 않을 것이라고 주장하였다.

레클리스(Reckless)는 나이와 유사한 '내적(inner) 차단'과 '외적(outer) 차단' 개념을 기초로 비행과 범죄에 대한 '차단이론'(containment theory)을 제안하였다(Reckless, 1967). 외적 차단으로는 부모와 학교의 감독, 훈육, 강한 집단응집성, 일관된 도덕적 태도 등이 있고, 내적 차단으로는 주로 강한 양심 또는 좋은 자아관념(self-concept)이 있다. 특히 스스로를 '올바른' 소년으로 인식하는 좋은 자아관념은 비행에 대한 절연체(insulator)의 기능을 한다(박상기, 손동권, 이순래, 2009: 176). 한편 레클리스는 청소년이 비행을 저지르도록 동기화시키는 요인들을 '압력(pushes) 요인'과 '유인(pulls) 요인'으로 나누어 설명하였다. 압력 요인은 빈곤, 박탈, 차단된 기회와 같이 청소년이 비행을 저지르도록 밀어내는 조건이며, 유인 요인은 반사회적 친구, 비행 하위문화 등 비행을 하도록 당기는 요인이다. 차단이론의 기본 명제는 이러한 압력과 유인이 내적·외적 차단에 의하여 통제되지 않을 때 비행이 발생한다는 것이다(Reckless, 1967).

(2) 중화기술과 표류이론

마차(David Matza)와 사이크스(Gresham Sykes)는 범죄인이 되는 과정이 관습적 사회가치를 중화하는 기술을 습득하고 비합법적 행동과 합법적 행동 사이에서 표류하는 학습과정이라고 보았다(Matza, 1964; Sykes & Matza, 1957). '중화기술'(techniques of neutralization)은 일반적으로 수용되는 합리화를 부적절하게 확장한 것으로 비행을 정당화하고 변명하는 것이다. 따라서 범죄인은 관습적 사회가치와 일반적 문화가치를 전적으로 거부하거나 직접적으로 모순된 가치들을 갖는 것은 아니다. 다만 그들은 상황에 따라 편의적으로 이러한 변명을 사용하는 것이다. 범죄인이 때때로 죄책감과 부끄러움을 경험한다는 것, 교도소에 수감된 아동 성추행범은 동료로부터 '쓰레기 중의 쓰레기'로 멸시받는다는 사실 등은 좋은 증거가 된다. 사이크스와 마차가 제시한 중화기술은 〈표 6-2〉와 같다.

한편, 마차(1964)는 후에 중화의 개념을 그의 '표류'(drift) 이론에 편입시켰다. 표류이론에서 중화기술은 비행청소년이 관습적인 도덕적 통제에서 일시적으로 벗어나는 방법이다. 즉, 관습적 신념을 중화시킨다는 것은 사회통제의 약화를 의미한다.[1] 한편 이러한

표 6-2	사이크스와 마차의 중화기술

기술	정의와 사례
책임 부정 (denial of responsibility)	법위반 행위가 단순히 자신의 잘못 때문만은 아니라고 주장 (예: 통제할 수 없는 힘, 우연한 사건의 결과로서의 범죄행위)
손상 부정 (denial of injury)	범죄행위의 잘못이나 해악을 부정 (예: 물건을 훔친 것을 잠시 빌린 것이라고 변명)
피해자 부정 (denial of victim)	피해자가 "피해당할 만했다."고 하거나 피해가 없다고 주장 (예: 가정폭력범이 학대의 원인을 배우자 등에게 전가)
비난자 비난 (condemnation of condemners)	법위반의 문제를 제기하는 사람을 비난 (예: 경찰, 법조인 등이 더 타락하고 부패했다고 비난)
상위의 충성심 요구 (appeal to higher authorities)	자신이 소속된 동료집단에 충성함으로써 법위반을 정당화 (예: 가족의 생활비를 위해 범죄를 저질렀다고 주장)

출처: Sykes & Matza (1957), pp. 664-670.

관습적 도덕으로부터 일시적 도피는 청소년이 비행의 안팎을 표류하도록 한다(Akers & Sellers, 2005: 180).

(3) 사회유대이론

모든 초기의 통제이론들은 오늘날 통제이론의 대표라고 할 수 있는 허시(Hirschi, 1969)의 사회유대이론으로 대체되었기 때문에, 범죄학자들이 일반적으로 '통제이론'이라고 할 때는 그의 이론을 말한다(Akers & Sellers, 2005: 181).

허시는 1969년 저술한 『비행의 원인(*Causes of Delinquency*)』에서 "우리는 모두 동물이다. 그러므로 자연스럽게 범죄행위를 저지를 수 있다."고 주장하였다(Hirschi, 1969: 31). 따라서 인간이라는 동물의 범죄행위를 설명하기 위하여 특별한 범죄동기가 요구되는 것은 아니다. 다만 그는 개인이 자유롭게 일탈행위를 하는 것은 전통적 질서와 유대가 무너졌기 때문이라는 가정에 기초하여 그의 이론을 전개하고 있다(Hirschi, 1969: 3).

---

1) 사이크스와 마차는 자신들의 이론을 설명하면서, 중화기술이 서덜랜드의 차별접촉이론에 등장하는 "범죄와 비행에 대한 호의적인 정의"의 유형이라고 분명히 밝혔지만, 많은 범죄학자들은 이들의 이론을 차별접촉이론의 확장이 아닌 통제이론의 하나로 보고 있다. 이러한 해석은 이후에 마차가 표류이론을 주장하였기 때문이다(Akers & Seller, 2005: 179-180).

허시는 개인이 사회와 유대를 맺는 방법으로 애착, 전념, 참여 및 신념을 제시하면서, 이 네 가지 요소에서 유대가 강하면 다른 요소에서도 유대가 강화될 것이라고 주장하였다(Hirschi, 1969: 27).

'애착'(attachment)은 다른 사람과 맺는 감성과 관심을 말한다(Hirschi, 1969: 231). 타인의 의견에 대한 민감성은 애착의 핵심 내용이다. 애착은 타인에 대하여 개인이 갖는 애정의 관계, 그들에 대한 존경, 그리고 동일시하는 정도로서, 이것이 강할수록 타인의 기대에 어긋나지 않으려고 한다. 결국, "양심, 초자아, 규범의 내면화의 본질은 타인에 대한 애착에 있는 것이다."(Hirschi, 1969: 18)라고 할 수 있다. 허시는 부모, 친구 및 학교를 사람이 유대를 지녀야 할 중요한 대상으로 보았다. 그는 이 중에서 부모에 대한 애착이 청소년의 비행을 통제하는 데 가장 중요하다고 강조하였다.

'관여'(committment)는 관습적 활동에 투자하는 시간과 에너지, 노력 등을 의미한다. 예를 들면, 앞으로의 미래를 위해 교육에 투자하고 저축을 하는 것 등을 말한다. 사람이 관습적 활동에 강하게 관여할수록 그런 투자와 노력이 아까워서라도 그것들을 위험에 빠뜨리게 할 행동에 덜 참여하게 될 것이다. 결국 사회규범에 순응하는 것은 개인이 가지고 있는 것, 또는 획득하고자 열망하는 것의 손실에 대한 두려움에 의하여 강화된다. 사회규범을 따르는 것은 그 사회에서 개인의 지위를 유지하고 향상하는 데 도움을 주기 때문에 허시는 관여의 특징을 '일반상식'이라고 하였다(Brown et al., 2011: 358).

'참여'(involvement)는 행위적 측면에서 개인이 관습적 활동에 열중할수록 일탈행동에 대해서는 생각하거나 실행할 시간적 여유가 없다는 것을 의미한다(Hirschi, 1969: 22). 허시는 사람들이 학교, 직장, 가정 등에서 적법한 활동이나 여가에 많은 시간을 보내게 되면 범죄행위의 유혹에서 격리될 것이라고 보았다. 그러나 이러한 상식적인 가정을 지지하는 경험적 연구는 거의 없다. 더 나아가 청소년의 취업이 오히려 비행을 증가시키는 연구결과가 보고되기도 하였다(Brown et al., 2011: 359; Wright & Cullen, 2000).

'신념'(belief)은 일반적이고 전통적인 가치와 규범에 대한 인정을 말하며, 같은 사회에 살고 있는 사람은 도덕적 신념을 공유하고 있다. 그러나 신념의 정도에는 개인차이가 있는데, 허시는 법과 사회규칙에 복종해야 한다는 신념이 약할수록 규칙을 더 위반하게 될 것으로 보았다(Hirschi, 1969: 26).

(4) 자기통제이론

최근에 갓프레드슨과 허시(Gottfredson & Hirschi, 1990)는 낮은 자기통제력의 개념에 기반을 둔 일반이론을 제안하였다. 이것은 허시가 초기에 제안한 사회유대론과는 차이가 있는 것이다. 이 이론에 따르면 자기통제력이 높은 사람은 평생을 살면서 범죄행위를 할 가능성이 낮은 데 비하여, 범죄는 낮은 자기통제력을 가진 범죄인이 상대적으로 범죄에 유리한 상황이나 기회를 만났을 때 발생한다(Gottfredson & Hirschi, 1990: 89). 그들은 범죄인이 자기가 처한 상황과 상관없이 범죄를 피하려는 차별적인 성향이 '자기통제'라고 하면서 다음과 같이 주장하였다.

> 범죄를 저지르는 경향에 있어서 개인 간의 차이는 그의 사회적 위치가 변하거나 처벌 시스템의 운영에 관한 지식이 변해도 비교적 안정적으로 유지된다(Gottfredson & Hirschi, 1990: 87).

갓프레드슨과 허시는 자기통제력은 생후 여덟 살 때까지 형성되어 일생 동안 안정적으로 유지된다고 보았다(Brown et al., 2011: 362). 낮은 자기통제력의 근원은 비효과적이며 불완전한 사회화, 특히 가정에서의 잘못된 자녀양육에 있다(Akers & Sellers, 2005: 191). 인생 초기 8년 동안 효과적인 자녀양육이 결핍되고 일탈행동이 처벌되지 않는다면 자기통제력은 낮은 수준에 머물 것이다. 결과적으로 낮은 자기통제력은 그래스믹 등 (Grasmick et al., 1993)이 조작적으로 정의한 것처럼, ① 충동성, ② 단순한 일 선호, ③ 위험추구, ④ 육체적 활동 선호, ⑤ 자기중심성, 그리고 ⑥ 발끈하는 성미의 특징이 있는 것으로 설명된다(Brown et al., 2011: 363).

갓프레드슨과 허시(1990)는 허시(1969)의 사회유대이론과 자기통제이론 간의 관계를 명확하게 밝히지 않았다. 그러나 갓프레드슨과 허시는 자신들의 이론을 일반이론이라고 부르기 때문에, 애착·관여·참여·신념 등 사회유대이론의 네 가지 요인은 자기통제 개념에 포함되거나 자기통제의 지표로 사용된다고 볼 수 있다. 결국 자기통제는 중요변수이고, 다른 사회유대의 요인들은 자기통제를 통하여 범죄에 간접적으로 영향을 미친다고 가정할 수 있다(Akers & Sellers, 2005: 192).

(5) 사회통제이론의 평가 및 교정복지적 함의

① 사회통제이론의 평가

중화이론과 같은 초기의 통제이론에 대한 경험적 연구결과의 지지는 약하고 그 내용은 혼재되어 있다(Brown et al., 2011: 355). 반면, 허시의 사회유대이론은 전체적으로 경험적 연구들에 의해 상당한 타당성을 인정받고 있다(Akers & Sellers, 2005: 189). 그러나 사회유대와 일탈행동 간의 관계와 강도는 보통에서 낮은 정도까지의 범위이며, 높은 수준의 설명력은 찾아보기 힘들다(Akers & Sellers, 2005: 190). 허시의 최초 연구에서 비행과 사회유대에 대한 대부분의 연구결과가 이론을 지지하지만, 그 정도는 보통이고 일부는 이론이 기대한 것과 반대 방향으로 나타난다. 예를 들면, '애착'의 효과와 관련하여 친구와의 애착은 오히려 비행을 증가시키는 결과를 초래한다. 이는 오히려 비행발생에 있어서 또래집단의 영향력을 강조하는 사회학습이론과 일치하는 것이다(Akers & Sellers, 2005: 187).

한편, 자기통제이론은 현재 가장 많이 인용되고 검증된 범죄이론의 하나다(Brown et al., 2011: 364). 자기통제이론은 논리적으로 일관성이 있고 간결하며 넓은 영역을 다룬다(Akers & Sellers, 2005: 200). 자기통제이론의 전반적인 평가연구는 프랫과 컬른(Pratt & Cullen, 2000)이 수행하였다. 그들은 21개의 경험적 연구의 메타분석을 통해, 낮은 자기통제력이 범죄행위의 주요 예측인자로 고려되어야 한다고 주장하였다. 낮은 자기통제력은 평균적으로 비행과 범죄가 갖는 변량의 19%를 설명하였다(Akers & Sellers, 2005: 199). 하지만 사회학습변인을 포함한 다른 변인들 또한 범죄예측의 역할을 하는 것으로 결론지었다(Brown et al., 2011: 364).

자기통제이론에 대한 가장 주요한 비판은 논리전개가 순환적이라는 의미에서 '동어반복적'이라는 것이다(Brown et al., 2011: 367). 왜냐하면 갓프레드슨과 허시는 낮은 자기통제력을 범죄를 저지르는 경향으로 정의하고 다른 조작적 측정을 밝히지 않았기 때문이다. 결과적으로 "낮은 자기통제력이 낮은 자기통제력(범죄를 저지르는 성향)을 만들어 낸다."는 명제가 성립되며, 이는 정의상 참인 가설이다. 또 다른 문제는 갓프레슨과 허시가 주장한 것처럼, 그들의 자기통제이론이 범죄원인에 대한 일반이론이 되지 못한다는 점이다. 예를 들면, 화이트범죄의 설명에서 범죄원인으로서 '낮은 자기통제력'은 설명력의 한계가 있다(Akers & Sellers, 2005: 196-198; Brown et al., 2011: 367-368).

② 교정복지 차원에서의 정책적 시사점

교정복지 차원에서 사회통제이론이 가지는 정책적 함의는 사회학습이론의 그것과 비슷하다. 특히 사회유대이론에 입각할 때, 가정과 학교에서의 애착과 관여를 강화하는 것이 중요한데, 이때 활용될 수 있는 방법은 사회학습이론에서 제안한 긍정적 강화, 모델링, 친사회적 태도와 기술을 학습하는 것이다. 이러한 이론에 기초한 프로그램이 미국

시애틀에서 시작된 사회개발모형(Social Development Model: SDM)이다.[2]

한편, 자기통제이론에 따르면, 인생 초기에 개입하는 가족프로그램이 충동적 행위를 통제하는 사회화에 영향을 미칠 가능성이 있다(Akers & Sellers, 2005: 201-204). 이는 교정복지의 차원을 넘어서 보다 큰 틀에서 아동·청소년 복지실천에 주요한 정책적 함의를 내포하고 있다.

3) 사회반응이론

비판범죄학(critical criminology)이라고 알려진 조류가 미국의 범죄학자들에게 인기를 끌게 되었는데, 이는 1960년대 초부터 시작되어 1970년대 빠르게 확산되었다(Brown et al., 2011: 384).[3] 낙인이론이라고도 하는 사회반응이론은 이러한 조류 속에서 발전하였는데, 범죄경력이 어떻게 하여 주위 사람과의 잘못된 상호작용과 만남에 기초하여 형성되는지에 관심의 초점을 두었다(Siegel, 2008: 281). 사회적 반응이론가들은 범죄나 비행을 사회를 통제하는 사람의 반응방식으로 생각하기 때문에 그 시작에는 관심을 두지 않는다. 이러한 입장에서 개인은 사람의 반응에 의하여 범죄인의 역할이 강제되는 수동적인 존재라는 관점을 가진다.

(1) 상징적 상호작용과 낙인

사회반응이론의 기원은 쿨리(Charles H. Cooley), 미드(George H. Mead) 등의 저작물, 특히 개인적 수준의 상징적 상호작용이론에서 발견된다. 쿨리는 '거울자아'(looking-glass self)라는 개념을 제시하여 우리 자신을 이해한다는 것은 다른 사람이 우리에게 어

---

2) 이 프로젝트의 목표는 어린 시절에 가족과 학교에 대한 강한 유대를 발전시키는 것이다. 이를 위하여 친사회적 기술과 태도, 행동을 습득하게 하여 유년기 후반이나 청소년 전반에 비행유형을 학습하지 않도록 하는 것이다. 시애틀에 있는 8개의 초등학교를 대상으로 특정한 개입 학급을 설정하여 상호작용적 수업과 협력적 학습과 같은 혁신적인 교육방법을 채택하여 학교와의 유대를 강화하고 필요한 경우 부모에게 양육훈련 기술을 제공하는 등 가정의 유대강화를 위한 노력도 병행하였다. 결과적으로 이 프로젝트는 비행, 약물남용, 나쁜 행실의 예방에 어느 정도 성공적인 것으로 나타났다(Akers & Sellers, 2005: 201-203).

3) 당시의 사회는 시민사회 인권운동, 베트남전쟁과 반전운동, 워터게이트 사건 등으로 매우 극적인 변화를 겪게 되었다. 또한 소수인종과 여성에 대한 사법제도, 교육제도, 민간기업의 차별적 관례들이 밝혀졌다. 이와 같은 분위기에서 사회과학자들이 합법적 행동과 비합법적인 행동에 관한 사회적 규정을 구체화하여 정치적·경제적·사회적 기관들이 행하는 역할에 초점을 두기 시작했다는 것은 놀라운 일이 아니다(Brown et al., 2011: 384-385). 낙인이론은 이러한 토대 위에 형성되었기 때문에 범죄학의 영역 내에서 비판적 시각을 제시하고 있다.

떻게 반응하는가를 아는 것이라고 주장하였다.

또한 미드에 따르면 개인과 다른 사람들 간의 역동적 상호작용 속에서 자아개념이 발달하며, 이러한 자아개념이 이후의 행동에 영향을 미치게 된다(Brown et al., 2011: 385; Siegel, 2008: 281). 사람은 평생 다른 사람과의 상호작용에서 다양한 상징적 낙인을 주고받는다. 이런 낙인은 행동과 태도의 특성을 나타내며, 하나의 특성만을 규정하지 않고 전체적인 사람을 규정짓는다. 또한 낙인은 자아이미지와 사회적 위치와 관련되며 긍정적·부정적 낙인 모두 행동에 대한 주관적 해석을 포함한다(Siegel, 2008: 281).

(2) 범죄와 낙인과정

낙인이론가들은 범죄는 그 행동에 내재해 있는 속성이 아니라 그것을 직간접적으로 목격한 청중에 의해 부여된 속성이라고 주장하였다. 그러므로 범죄와 일탈은 사람과

> **첫 범죄행위**
> 사람은 여러 가지 이유로 범죄를 저지른다.

⬇

> **사법기관에 의해 발각**
> 체포 여부는 사회, 경제, 권력관계에 영향을 받는다.

⬇

> **낙인 결정**
> 어떤 사람은 경찰이나 법원에 의해 '공식적' 범죄인이라는 낙인을 받는다.

⬇

> **새로운 정체성의 탄생**
> 낙인 찍힌 사람이 문제아, 범죄인 등으로 알려지면 관습사회에서는 그를 피하게 된다.

⬇

> **낙인 수용**
> 낙인 찍힌 사람은 자신을 아웃사이더라고 보기 시작한다(자기 낙인).

⬇

> **일탈 확장**
> 낙인 찍힌 위반자는 범죄경력자가 되어 간다.

[그림 6-1] 낙인과정

출처: Siegel(2008), p. 282.

그의 행동에 대한 사회적 청중의 반응 및 그 반응에 대한 연속적인 결과로 정의되며, 그 불법적 행동 자체의 도덕적 내용에 따라 정의되는 것은 아니다(Siegel, 2008: 282). 가장 순수한 형태에서 보면, 사회반응이론은 살인, 강간, 폭행 등의 범죄가 사람이 그것을 나쁘고 사악한 것으로 낙인 찍었기 때문에 그렇게 정의된 것이라고 할 수 있다. 결국 용서할 수 있는 행위냐 그렇지 않느냐의 차이는 법적으로 그것을 어떻게 정의하는가의 문제다. 사회반응이론가는 범죄를 주관적 개념이라고 보면서 그 정의가 사람의 관점에 달려 있다고 보았다. 그런데 범죄는 권력을 가진 사람에 의해 정의되기 때문에 형법의 모습도 어떤 객관적인 도덕적 행동기준이 아니라 지배하는 사람의 가치를 반영하는 것이라고 볼 수 있다(Siegel, 2008: 283). 이러한 낙인과정은 [그림 6-1]에 잘 나타나 있다.

(3) 주요 낙인이론

초기의 낙인이론은 1930년대 태넌바움(Frank Tannenbaum)에 의하여 제창되었다. 그는 불법행동에 대한 사회적 반응과정을 '악의 극화'(dramatization of evil)라고 불렀다. 이는 개인행동의 전체 목록에서 특정 행위가 선택되어 그것이 범죄로서 공공의 주목을 받게 되면, 그 개인은 또래집단에서 배제되어 다른 세계에 살도록 꼬리표가 붙는 것이다 (Akers & Sellers, 2005: 211-212; Brown et al., 2011: 387).

범죄의 발생과 형태에 관한 사회통제체제의 효과를 강조하는 최초의 체계적 분석은 레머트(Edwin M. Lemert)에 의하여 이루어졌다. 레머트는 특별히 일차적 일탈과 이차적 일탈의 개념 구분으로 잘 알려져 있다(Brown et al., 2011: 388-389). 일차적 일탈(primary deviance)은 행위자에게 별로 영향을 주지 않고 쉽게 잊히는 규범위반이나 범죄행동이다. 한편, 이차적 일탈(secondary deviance)은 일탈사건이 그것에 낙인을 부여할 중요한 다른 사람이나 사회통제기관에게 주목받을 때 일어난다. 이차적 일탈은 일차적 일탈에 대한 사회적 반응에 의한 문제들을 방어, 공격 또는 적응하는 수단으로서 나타난 일탈행위다. 이는 일반적으로 오래 지속되며, 행위자의 정체성이나 사회적 역할수행에 영향을 미친다(Brown et al., 2011: 392-393).

이러한 낙인이론의 관점을 범죄이론의 중심에 가져다 놓은 것은 베커(Howard Becker)의 역할이었다. 베커는 사회집단이 일탈을 구성하는 규칙을 제정하고 이러한 규칙을 특정인에게 적용하여 이를 위반한 사람을 '국외자'(outsider)로 낙인을 찍음으로써 일탈을 만들어 낸다고 주장하였다(Brown et al., 2011: 389-392). 이런 관점에서 보면 범죄는 어떤 사람에게 규칙과 제재를 적용한 결과이지, 그 사람이 저지른 행위의 속성에 있는 것은 아니다. 따라서 '일탈자'는 낙인이 성공적으로 부여된 사람에 불과하다. 그는 또한 일탈의 안정적 유형 형성에 가장 결정적인 것은 공식적으로 낙인 찍히는 경험이며, 이 경험의 여부는 그가 타인에게 실제로 가한 행동에 의해서는 좌우되지 않는다고 주장하였다(1963: 31). 한편 슈어(Edwin M. Schur)는 '일탈자'의 낙인은 주요 지위가 되며 극복하기 힘들다는 베커의 주장에 동의하였다. 따라서 그는 자신의 저서『급진적 비개입(*Radical Nonintervention*)』에서 법을 위반한 아동에 대하여 아무것도 하지 말아야 한다고 주장하였다(Brown et al., 2011: 392-393).

(4) 사회반응이론의 평가 및 교정복지적 함의

① 사회반응이론의 평가

낙인이론적 시각은 1960년대와 1970년대 학자들로부터 많은 호응을 얻게 되었다. 그러나 이후, 낙인이론에 대한 평가와 구체화를 위한 이론적 노력에도 불구하고 1980년대 말이 되면서 여러 연구결과들에 의하여 호된 비판에 직면하게 되었다(Brown et al., 2011: 384). 비판의 초점은 낙인이론이 실제 일탈행동을 간과했다는 점, 낙인과정에 의한 일탈 이미지가 일탈적 정체성과 역할로 강제된다고 보는 점 등에 집중되었다. 낙인과정에 때때로 실수나 잘못이 개입될 가능성은 있지만, 일반적으로 사람은 분명한 근거에 의해서만 낙인을 찍는다(Akers & Sellers, 2005: 214-215). 일탈행동 자체는 낙인에 선행하며 낙인의 근거가 되기 때문에 낙인이론가들이 주장하는 것처럼 낙인과정은 자의적인 것이 아니다.

낙인이론은 경험적 타당성 면에서도 비판을 받았다. 다수의 경험적 연구들은 낙인효과가 미약하거나 없다는 것을 보여 주었다(Akers & Sellers, 2005: 217). 이러한 연구에 따르면, 일차적 일탈을 비슷하게 경험한 사람들 중에서 검거와 낙인을 모면한 사람들도 체포된 사람들과 마찬가지로 반복적인 범죄경력을 발전시킬 가능성이 있다. 또한 범죄인이 공식적인 낙인 이후에 일탈을 단념할 가능성은 일탈을 지속할 가능성과 같거나 더 높다.

그러나 낙인이론의 효과성을 지지하는 연구결과들도 있다(Brown et al., 2011: 396-397). 특히 최근의 연구들은 매개효과에 의한 낙인의 일탈 증대 기능에 관심을 가진다. 예를 들면, 번버그, 크론과 리베라(Bernberg, Krohn, & Rivera, 2006)는 종단적 패널자료를 분석하여, 청소년기의 체포와 사법적 개입은 고등학교 졸업과 취업에 연관되고 결과적으로 성인범죄에 연결된다고 주장하였다. 또한 체포되었던 청소년은 비행 또래집단과의 교제가 늘어나 차후 범죄 증가에 연결되었다.

② 교정복지적 차원에서의 정책적 시사점

낙인이론은 등장 이후에 형사정책에 빠르게 수용되었다. 특히 교정복지적 관점에서는 기존의 사회통제체제가 해결책을 제시하기보다는 오히려 문제를 악화시킨다는 가정은 상당히 매력적이다. 이러한 가정에 기반을 둔 주요 정책은 1970년대 최고의 관심을 받았던 비행청소년의 다이버전(diversion) 프로그램들이다. 다이버전 프로그램은 통제적 방법보다는 오히려 복지적 · 교육적 · 원조적 접근방법을 선호한다. 이러한 정책의 제안자들은 범죄인이나 비행청소년의 공식적 낙인의 오명을 줄여 줄수록 일탈 증대 효과를 피할 수 있으며 결과적으로 재범을 줄일 수 있다고 믿었다.

그러나 오늘날에는 범죄인의 장기구금에 초점을 맞추는 억제와 응보정책이 우세해짐에 따라 다이버전의 인기는 시들어 가고 있다(Akers & Seller, 2005: 217-218). 일부 낙인이론가는 '급진적 비개입' 정책까지 촉구하였다. 그러나 완전히 비개입적인 순수한 형태의 다이버전 프로그램은 거의 존재하지 않는다. 오히려 보호관찰과 같이 시설에서의 전환을 통해 교육, 사회봉사, 치료 및 상담과 같은 다양한 지역사회프로그램 참여를 유도하는 정책들이 선호된다. 이 경우 법원이나 교정 당국의 통제는 지속되며, 다이버전 프로그램을 제대로 이행하지 않은 청소년에 대하여 더욱 엄중한 처분을 내릴 수 있다(Akers & Sellers, 2005: 219).

낙인이론과 범죄인 신상공개제도

'당신 이웃은 성범죄자' 통지의 효과는?

제임스 프레스콧 미국 미시간주립대학교 법대 교수와 조나 로코프 미국 컬럼비아 경영대학 교수 연구팀은 지난 10년간 미 15개 주에서 성범죄인 정보공개 수위와 범죄율 추이를 분석한 보고서를 최근 내놓았다. 연구팀은 주별로 신상정보 등록, 통지 방법, 제도 도입 시점이 조금씩 다르다는 점에 착안해, 이들 변수와 성범죄에 영향을 끼칠 수 있는 전체 범죄율과 소득 등 다른 변수와의 상관관계를 통계적으로 분석했다.

분석 결과, 경찰이 출소한 성범죄인의 거주지와 현황을 추적하고 최소 1년에 한 차례 면담을 의무화한 성범죄인 등록 방식은 성범죄를 미미하게나마 억제하는 효과가 있는 것으로 드러났다. 경찰이 순찰 시 전과자에 주목하고, 유사 범죄 발생 시 쉽게 용의자를 골라낼 수 있다는 점에서 효과를 발휘한 것으로 풀이된다. 하지만 이런 성범죄 억제 효과는 범죄인 바로 옆에 사는 이웃과 지인에게만 해당될 뿐, 멀리 사는 이들을 노린 성범죄율에는 거의 차이가 없었다.

정보공개 채택한 주의 재범률 더 높아

더구나 신상정보 등록을 통한 성범죄 예방 효과는 전과자의 신상이 경찰이 아닌 일반 주민에게까지 공개되는 경우엔 물거품이 되는 것으로 드러났다. 여기서 가장 큰 문제는 재범률 증가다. 성범죄인 개인정보가 인터넷 등으로 널리 공개되고, 경찰이 이웃 사람들에게 "이런 사람이 이웃에 사니 조심하라."고 알리는 제도의 도입은 성범죄인의 재범률을 오히려 높이는 것으로 드러났기 때문이다.

왜 이런 결과가 나왔을까? 연구팀은 성범죄 전과자들의 얼굴과 세부 주소 공개 같은 '낙인찍기'가 이른바 '갱생 의지'를 꺾기 때문이라고 분석했다. 이웃의 멸시와 조롱, 따돌림이 되레 '잘못하면 다시 감옥에 간다.'는 두려움을 상쇄시키고, 자포자기한 전과자들이 성범죄를 다시 저지르기 쉽게 만든다는 것이다. '적극적 신상공개'가 재범률을 높이는 한편으로, 같은 지역에서 범죄를 저지른 적 없는 초범의 범죄율에는 영향을 끼치지 않았다는 점은 이런 분석을 뒷받침한다. 연구팀은 보고서에서 "과다한 신상정보 공개와 통지는 성범죄 전과자들에게 불필요한 심리적·사회적 비용을 부과해 재범의 기회비용을 낮춘다."며 "성범죄인 신상등록 제도는 유지하되 대중을 대상으로 한 인터넷·우편 공개와 통지 제도는 축소 내지 폐지해야 한다."고 주장했다.

출처: 한겨레21(2012. 8. 13.). '신상공개제도가 되레 성범죄 부추긴다?' 일부 내용 발췌

2. 사회구조이론

앞서 살펴보았듯이, 사회학자들은 범죄의 원인을 개인 차이보다는 사회적 영향력의 산물로 생각한다. 사회학적 관점 내에서 사회구조적 범죄이론 분야는 범죄와 일탈에 관한 가장 순수한 사회학적 설명을 제공한다. 사회구조이론은 사회의 산물로서 범죄를 묘사하는 이론이며 빈곤, 실업상태, 교육부족 등의 구조적 형태에 주목하는 거시이론이다. 이러한 시각에 입각할 때 사회적으로 불우한 집단의 구성원들 사이에서 범죄비율이 상

대적으로 높다고 할 수 있다.

거시적 환경에 주목하는 이론들은 1920년대와 30년대에 미국 시카고 사회학파의 연구 성과에 기원한다(박상기 외, 2009: 144). 쇼우(Clifford Shaw)와 맥케이(Henry Mckay) 등 당시의 시카고학파 학자들은 시카고시의 공식적 통계에서 특정 지역의 범죄율이 다른 지역보다 높은 것을 발견하였다. 도시에 관한 그들의 사회생태학적 연구결과, 그들은 도시지역에서 작동하는 사회적 힘이 범죄적 상호작용을 만들어 낸다고 결론을 내렸다(Siegel, 2008: 208). 한편 범죄유발 원인으로 거시적 환경요인에 주목하는 학자들은 도시의 지역적 특성 외에도 사회적 조건(social condition), 사회구조(social structure), 문화(culture) 등 다양한 요인을 지적하였다(박상기 외, 2009: 145).

여기서는 이러한 거시적 환경에 주목하여 범죄의 원인을 규명하고자 한 사회구조이론 가운데, 사회해체론, 긴장이론(아노미이론) 그리고 비행하위문화이론을 중심으로 살펴보고자 한다.

1) 사회해체론

(1) 사회해체론의 기초

사회해체이론은 1920~1930년대에 시카고 청소년연구원의 사회학자인 쇼우와 맥케이의 도시범죄 및 비행연구에서 시작되었다. 그들은 해체되고 전환되어 가는 도시지역의 생활과 범죄율을 연결시키는 연구를 수행하였다. 그들의 연구는 도시생활의 생태학적 분석을 선구적으로 이끌어 왔던 시카고학파의 파크(Robert Park)와 버지스(Ernest Burgess)로부터 큰 영향을 받았다.[4]

쇼우와 맥케이가 발견한 것은 농업지역보다는 도시지역에서, 그리고 전통적 주거지역보다는 새로이 개발된 도심상업지역에서 범죄율이 상대적으로 높다는 사실이었다. 특히 도심지역에 인접하여 주거지역에서 상업지역으로 변해 가는 '전이지역'(zone in transition)에서의 범죄율이 가장 높은 것으로 나타났다(Akers & Sellers, 2005: 242). 이러

---

4) 그들의 연구결과는 도시를 동식물의 자연생태계에 비유하는 이른바 도시생태학으로 설명되었다. 도시거주지의 주거, 상업, 공업 형태는 도심에서 외곽으로 퍼져 나가는 동심원의 생태학적 형태로 묘사되었다(Akers & Sellers, 2005: 242). 한편 쇼우와 맥케이의 분석은 시카고 시에 대하여 버지스가 나눈 지역을 대상으로 이루어졌다. 버지스는 시카고 시를 1~5지대까지 나누고 각각의 특징을 제시하였다. ① 제1지대는 중심업무지역, ② 제2지대는 퇴화과도지역, ③ 제3지대는 노동자 주거지역, ④ 제4지대는 중간계층 주거지역, ⑤ 제5지대는 교외주변지역으로 통근지역에 해당한다(박상기 외, 2009: 145).

한 전이지역은 공식통계상 거주민의 빈번한 전출입, 경제적 쇠퇴, 열악한 주거환경, 높은 결손가정의 비율, 알코올 및 약물 남용의 만연 등의 특징을 보였다. 쇼우와 맥케이는 이러한 지역의 높은 범죄율이 지역주민의 생물학적 또는 정신적 비정상에서 기인하는 것이 절대 아니라고 강조하였다. 이러한 모든 일탈과 범죄는 도시화에 따른 사회해체(social disorganization)의 결과로 이해되었다. 즉, 비정상적 사회환경에 대한 정상적인 사람들의 대응결과일 뿐이라는 것이다(박상기 외, 2009: 147; Akers & Sellers, 2005: 243).

(2) 사회생태학의 발전

1950~1960년대를 거치면서 사회해체의 관점은 이론적으로나 방법론적으로 쇠퇴하였다고 평가받았다. 그 이유는 크게 다음과 같은 두 가지 이론적 한계에서 비롯되었다(Akers & Sellers, 2009: 244). 하나는 사회해체가 도심지역의 거주와 범죄와의 상관관계에 어느 정도 영향을 미쳤는지 불분명하다는 점이다. 다른 하나는 더욱 본질적인 문제로서 어떠한 물질적 · 경제적 · 인구 및 가족적 상황을 사회해체라고 볼 것인가가 불분명하다는 점이다.

그러나 1980년대 이후 일군의 범죄학자들은 범죄성을 조장하는 생태학적 조건을 다시 연구하기 시작하였다. 이들은 공동체의 쇠락과 경제적 하락이 범죄성에 미치는 영향을 강조하였다(Siegel, 2008: 219-220). 우선, 공동체의 쇠락은 무질서, 가난, 소외, 교제의 단절, 범죄의 두려움을 포함하고 있다. 그들은 버려진 건물이 '범죄를 끌어당기는 자석'의 역할을 한다는 것을 알아냈다. 한편 경제적 하락, 특히 만성적 실업은 높은 반사회적 행동을 양산하게 된다. 실업은 가족의 안정성을 위협하고 불안정한 가족은 아동에게 제한된 기회에 대처하는 수단으로 폭력이나 공격적 행동을 장려하게 된다.

이렇게 해체된 지역에서 사는 사람은 난폭한 청소년, 쓰레기, 버려진 건물, 낙서, 부랑자 등 사회적 · 물리적 비문명성(incivilities)을 겪고, 이에 따른 두려움을 느낀다. 공동체가 두려움에 압도될 때 그곳의 사업조건은 악화되고 '범죄적 요소'가 그 지역으로 흘러들어오기 시작한다. 반대로, 지역이 낙후될수록 경제적 여유가 있는 사람은 더 안전하고 안정적인 지역으로 이동한다. 이러한 양방향의 인구이동이 잦은 기간에 공동체는 그들의 기본조직이 침식되는 변화를 겪을 수도 있다. 현대의 사회생태학자들은 공동체가 이러한 변화를 겪어 가면서 지역의 노후화가 범죄율의 증가보다 먼저 일어나게 된다고 주장한다(Siegel, 2008: 220-224).

한편, 최근의 사회해체이론은 버식(Robert Bursik)과 샘슨(Robert J. Sampson) 등에 의하여 재조명받고 있다. 버식(1988)의 주장에 따르면, 쇼우와 맥케이는 도시생태를 비행의 직접적인 원인으로 본 것은 아니다. 오히려 그들은 급속한 사회해체가 비공식적 사회통제수단의 기능을 방해함으로써 범죄를 야기했음을 제시했다는 것이다. 샘슨과 그로브스(Sampson & Groves, 1989)도 비슷한 주장을 하였는데, 지역조직의 수준이 지역의 구조적 특성에 영향을 주었다고 언급하였다. 그들은 사회해체론의 경험적 검증을 통하여 희박한 교우관계, 10대 또래집단에 대한 공동체의 감시부재, 저조한 공식조직 참여 등을 특징으로 하는 지역에서 높은 범죄율이 나타난다는 것을 밝혔다.

(3) 사회해체론의 평가 및 교정복지적 함의

① 사회해체론의 평가

사회해체이론들은 1950년대와 1960년대 우세한 입장에 있었지만, 1970년대 이후에는 통제와 억제이론으로 대체되었다(Brown et al., 2011: 280). 사회생태학적 접근에 대한 가장 냉철한 비판 중의 하나는 로빈슨(Robinson, 1950)의 주요한 추론의 오류에 관한 주장이다(Brown et al., 2011: 280 재인용). 로빈슨은 지역의 경제적 자원은 그 지역 범죄의 비율과 결부되어 있다고 하더라도 반드시 똑같은 통계학적 수치가 개인수준에 유지되고 있다는 것을 의미하지는 않는다고 지적하였다. 이와 같이 범죄원인의 개인적 측면에 대하여 설명하는 데 한계가 있는 것이 사회해체론의 가장 큰 약점으로 지적되고 있다.

사회해체론에 대한 다른 측면에서의 비판은, 비록 사회해체론이 사회의 구조적 결함에 중점을 둔 것이 사실이지만 이는 사회구조의 근본적 기반에 의문을 가지는 것은 아니라는 점이다. 비판적 범죄학자들은 사회해체론자들이 현상적인 사회구조적 결함의 확인, 시정 및 개선에만 초점을 두고 있다고 지적한다.

② 교정복지 차원에서의 정책적 시사점

사회해체론은 우범청소년이 왜 특정 지역에 밀집하는가에 대한 설명을 제공한다. 따라서 이 이론이 가지는 교정복지적 함의는 범죄발생의 비율이 높은 지역사회 단위에서 공동체의 비공식적 감독조직의 강화와 비행청소년이 학교 등 공식조직에 참여하는 것을 장려하는 프로그램의 시행이 필요하다는 것이다. 사회해체론에 입각하여 가장 잘 알려진 정책은 1930년대 시행된 '시카고지역 프로젝트' (CAP)라는 도시예방프로그램이다. 이 프로젝트의 주요 목적은 지역주민의 비공식적 사회조직과 사회통제를 활성화하는 것이었다(Akers & Sellers, 2005: 276). 정상적인 성인 및 집단과의 접촉기회 보장, 위생 및 교통 개선, 황폐화된 재산의 물리적 복원, 오락 · 체육 · 캠프를 위한 지역집단과 클럽의 육성 등을 주된 내용으로 하였다. 이 프로그램은 이후에 부분적으로 성공을 거두었으나 지역에 따라서는 범죄율이 오히려 상승한 경우도 있었다. 특히 지역주민 집단의 아마추어적인 자원봉사주의(volunteerism)는 지역 내의 전문 사회복지사들로부터 비판을 받았다(Akers & Sellers, 2005: 276-277).

2) 긴장이론

긴장이론은 범죄에 대한 주요한 사회학적 원인론 중의 하나다. 이 이론의 핵심은 일반적으로 실패한 열망의 부산물인 스트레스, 좌절, 긴장이 규범위반의 가능성을 증가시킨다는 것이다(Brown et al., 2011: 281). 이 이론은 미국 사회의 높은 범죄율과 하층 주거지역 및 소수집단의 범죄 집중현상을 설명하고 있다(Akers & Sellers, 2005: 248).

(1) 머튼의 아노미이론

긴장이론의 기원은 에밀 뒤르켐(Emile Durkheim)의 '아노미' (anomie)의 개념으로 거슬러 올라간다. 아노미는 규범이 더 이상 행동을 규제하는 데 효과적이지 않은 사회의 상태 또는 조건을 의미한다(Brown et al., 2011: 283). 또한 아노미적 사회란 급격한 사회변동이나 전쟁, 기아 등 사회적 위기로 행동의 규칙이 붕괴되어 버렸거나 작동되지 않는 사회를 말한다.[5] 뒤르켐에 따르면, 이러한 사회에서는 자살률이 증가하고, 특히 상위층과 중산층에 의한 아노미적 살인이 증가한다(Akers & Sellers, 2005: 248; Brown et al., 2011: 281-284; Siegel, 2008: 228).

1938년 머튼(Robert Merton)은 뒤르켐이 제안한 아노미의 개념을 범죄학에 도입하여 미국 사회에서 수용 가능한 목표와 수단 간의 불일치를 의미하는 것으로 사용하였다(박상기 외, 2009: 151). 이 개념에 기초한 이론을 긴장이론 내지는 아노미이론이라고 한

---

5) 뒤르켐에 따르면, 산업화 이전 단계는 전통, 공유된 가치, 무조건적인 믿음 등 '기계적 연대' (mechanical solidarity)의 사회다. 이러한 전통적 사회가 후기산업사회로 발전하면 분업에 의존하는 '유기적 연대' (organic solidarity)로 옮겨 간다. 이러한 사회변동은 아노미를 발생시키기 쉽다(Siegel, 2008: 228).

다.[6] 머튼은 미국 사회에는 두 가지 이유에서 수단과 목표의 분리가 초래된다고 지적하였다(Akers & Sellers, 2005: 249). 첫째, 미국에서는 성공이라는 목표가 사회적으로 승인된 수단보다 더 강조되기 때문에 모든 사람이 성공에 대한 열망을 가지도록 사회화된다. 둘째, 미국에서는 계급에 의하여 영속되는 수단과 목표 사이의 괴리가 존재하며, 그 정도가 크다. 열악한 소수집단이나 하위계층은 성공을 위한 정당한 기회를 가질 수 없는 것이 현실이라는 것이다.

머튼은 이러한 수단-목표 괴리에 따른 긴장에 적응하는 다섯 가지 유형을 제시하였다(Akers & Sellers, 2005: 250; Brown et al., 2011: 287-288; Merton, 1968: 206-207; Siegel, 2008: 229-230). 첫째, '동조'(confirmity)는 문화적으로 구체화된 목표를 받아들이고 성공을 위한 제도적 수단을 고수하는 것이다. 가장 일반적인 대처방식으로서 범죄행동과 거의 관계가 없다. 둘째, '혁신'(innovation)은 개인이 사회적 목표를 받아들이지만 합법적 수단을 통해서 그것을 획득하는 것은 거부하는 것이다. 가장 일반화된 일탈적 대응방식이다. 셋째, '의례'(ritualism)는 혁신형과 정반대로서 출세를 위한 투쟁을 포기하고 규범을 엄격히 지킴으로써 획득한 것을 유지하는 데 초점을 맞추는 것이다. 넷째, '은둔'(retreatism)은 도피적 대처방법으로서 사회적으로 낙오되어 목표뿐 아니라 목표달성을 위한 시도조차 포기한 경우다. 알코올중독자나 노숙인 등이 이러한 부류에 속한다. 다섯째, '반역'(rebellion)은 관습적인 목표와 수단을 대안적인 목표와 수단으로 대체하는 것

표 6-3 머튼의 다섯 가지 개인적 적응 유형

적응양식	문화적 목표	제도적 수단
동조형	+	+
혁신형	+	−
의례형	−	+
은둔형	−	−
반역형	±	±

출처: Merton, R. (1968). *Social Theory and Social Structure*, p. 206.

---

6) 학자들에 따라서는 아노미이론과 긴장이론을 구별하여 사용하기도 하는데, 이 경우 '긴장'이란 개인 차원의 미시적 과정을 설명하는 것이고 '아노미'란 거시적 차원에서 사회능력의 약화를 의미한다. 그러나 머튼의 이론에서 거시적 차원의 설명이 보통 개인적 행동을 언급할 경우에도 사용되기 때문에 아노미와 긴장이란 복합적 개념이 머튼의 이론과 거기서 파생된 이론들을 설명하는 데 가장 적합한 개념이라고 할 수 있다(Akers & Sellers, 2005: 248 참조). 따라서 양자를 구별할 필요는 없다고 본다.

을 의미한다. 수단과 목표를 모두 거부하지만, 의례형과는 달리 체제의 무력적 전복과 같이 완전히 새로운 것으로 대체하려는 것을 말한다.

범죄의 관점에서 동조형과 의례형은 문제가 되지 않으며, 법집행기관이 주목하는 유형은 혁신형, 은둔형 그리고 반역형이다(Brown et al., 2011: 288-289). 그중에서도 혁신형은 하층민이 가장 많이 선택하는 적응유형이다. 결국 하층민의 높은 범죄율은 아노미적 긴장상태에 의해 설명된다(Akers & Sellers, 2005: 251).

(2) 구조적 긴장이론

긴장이론은 1970년대에 들어서면서 인기가 시들해졌는데, 그 주된 이유는 하위계층의 비행에만 중점을 두고 사회계층 이외의 요인을 고려하지 않으며, 왜 긴장을 경험하는 일부 사람만이 범죄를 저지르는지를 설명하지 못했다는 점이다(Agnew, 1992). 애그뉴(Robert Agnew)는 이러한 비판을 다루는 일반긴장이론(General Strain Theory: GST)을 제시하였다. 머튼이 범죄율에서 사회계층의 차이를 설명했다면, 애그뉴는 하류층의 범죄에 국한하지 않고 스트레스와 긴장을 느끼는 개인이 범죄를 저지르기 쉬운 이유를 설명하였다(Siegel, 2008: 233).

애그뉴는 범죄성은 분노 · 좌절 · 우울과 같은 '부정적 감정'(negative affective states)의 결과라고 보았다. 그는 이러한 부정적 감정이 다음과 같은 긴장의 다양한 차원에서 생성된다고 주장하였다(Agnew, 1992). ① 긍정적 가치를 주는 목적달성의 실패, ② 기대와 성취 사이의 괴리, ③ 긍정적 자극의 제거, 그리고 ④ 부정적 자극의 출현이다. 누구나 하나 이상의 이러한 긴장의 유형을 경험하게 되지만, 이것이 실제로 불법적 행동을 야기할 것인지는 개인의 판단에 달렸다. 다만 긴장의 강도가 강하고 횟수가 많을수록 그 충격은 커지고 일탈에 빠질 가능성이 높아진다.

한편, 긴장이론과 관련하여 최근에 주목받고 있는 것은 메스너(Steven Messner)와 로젠펠트(Richard Rosenfeld)의 『범죄와 아메리칸 드림(*Crime and American Dream*)』이다. 그들은 아메리칸 드림이 높은 폭력범죄율의 근본 원인이라고 주장하였다. 아메리칸 드림은 경쟁을 통한 물질적 성공을 강조하는데, 성취 · 개인주의 · 보편주의 · 물질만능주의와 같은 문화적 관습으로 구성되었다. 특히 금전적인 성공은 본질적인 제한을 두지 않는 것이며 끝나지 않는 성취를 요구한다. 이러한 성취주의, 물질만능주의는 비경제적 제도를 평가절하하며, 방법보다는 결과를 강조하므로 사회적 통제가 상대적으로 약화되는 아노미적 사회가 초래될 수 있다(Messner & Rosenfeld, 2001: 64-65).

(3) 긴장이론의 평가 및 교정복지적 함의

1 긴장이론의 평가

머튼의 아노미이론은 가장 지속적이고 영향력 있는 범죄사회학적 이론 중 하나다. 그에 따르면, 사회적 불평등은 아노미의 이해를 위한 출발점이며, 범죄는 사회구조적으로 하위계층의 문제다(Brown et al., 2011: 299). 일탈행동과 사회적 성공목표를 연결함으로써, 아노미이론은 개인적 좌절과 범죄성을 만들어 내는 원인을 지적하였다(Siegel, 2008: 230). 하지만 아노미이론은 많은 질문들에 대한 해답을 충분히 제공하지 못하고 있다(Siegel, 2008: 231). 예를 들면, 왜 사람들이 아노미적 상태에서 특정 유형의 범죄를 저지르는지 설명하지 못하고 있다. 아노미이론의 비판가들은 사람들이 경제적 성공보다는 교육, 운동, 사회적 성취를 포함한 다른 많은 목표를 추구한다고 주장한다. 또한 운동적 자질, 지능, 성격, 가족생활 등 다른 요인들이 목표달성에 방해나 도움이 될 수도 있다.

한편 애그뉴의 일반긴장이론은 범죄성의 원인에 관한 탄탄한 통찰력을 가진 것으로 지지받고 있다(Siegel, 2008: 238). 일반긴장이론은 최근 경험적 문헌들에서 상당한 관심을 모았으며, 몇몇 연구들에서는 긴장과 범죄의 다양한 척도 사이의 직접적 관련성이 입증되었다(Akers & Sellers, 2005: 272). 하지만 이 이론에서 가장 문제가 되는 것은 다른 이론적 변수들이 비행에 대한 긴장의 효과를 조절하거나 완화시킨다는 특수성이다(Akers & Sellers, 2005: 274). 즉, 비행친구와 자주 접촉하거나 사회유대가 약할 때 비행의 발전 가능성이 높다는 효과의 증명은 여전히 논쟁적이다.

2 교정복지 차원에서의 정책적 시사점

교정복지적 관점에서는 긴장이론, 특히 현대적 이론에 입각할 때, 육아휴가 · 변형근로 등 친가족 정책의 도입, 교육에서의 경제적 역할 강조의 완화, 공동체 내에서의 중간적 제재 활용 등과 같은 비경제적 제도의 강화가 제안될 수 있다(Messner & Rosenfeld, 2001). 또한 일반긴장이론은 부모의 자녀훈육기술 훈련, 아동 · 청소년에 대한 사회적 지원의 강화, 부정적 반응에 대응하는 사회적 기술이나 대처능력 신장 프로그램 등 가족과 학교 차원에서의 개입을 지지한다(Akers & Sellers, 2005: 282).

3) 비행하위문화이론

비행(일탈)하위문화이론 또는 문화적 일탈이론은 머튼의 이론을 하류층문화와 관련하여 적용한 것이기 때문에 범죄학 교과서에 따라서는 아노미이론의 연장선에서 다루어지기도 한다(Akers & Sellers, 2005; Brown et al., 2011). 그러나 비행하위문화를 주장하는 학자들의 주된 관심이 개인적 적응유형에 있기보다는 하류층문화를 정의하는 독특한 가치체계에 있기 때문에 여기서는 아노미이론과 구분하여 논의를 전개하도록 한다.

(1) 하위계층 문화의 중점적 관심사항

밀러(Miller, 1958)는 긴장이론을 지지하면서, 비행행위란 특정 하위계층 문화에 속한 청소년이 그 문화에 순응한 선택이라고 주장하였다(Akers & Sellers, 2005: 256 재인용). 그는, 하위계층 청소년 중에서 비행소년이 되는 경우는, 하위계층 성인의 '중점적 관심사항'(focal concerns)을 학습하면서 과장된 방법으로 표현하고 행동하기 때문에 나타난다고 보았다. 중점적 관심사항은 ① 말썽 부리기(trouble): 법을 위반하고 배회하고 다니는 것, ② 강인함(toughness): 육체적 힘이나 두려움 없는 모습을 보여 주는 것, ③ 기민성(smartness): 타인을 속이고 협잡하는 능력, ④ 흥분추구(excitement): 스릴을 찾고 위험을 감수하는 것, ⑤ 운명주의(fatalism): 대체로 숙명주의적 사고에 빠지는 것, 그리고 ⑥ 자율성(autonomy): 권위로부터 탈피하고 타인의 간섭을 혐오하는 것이다. 중점적 관심에 포함되는 이러한 특징을 강조함으로써 하위계층 남자들은 '뒷골목집단'(street corner groups)에 소속되고 지위를 획득한다(Akers & Sellers, 2005: 256).

(2) 코헨의 비행하위문화론

코헨(Albert Cohen)은 1955년에 발간한 그의 저서 『비행소년(*Delinquent Boys*)』을 통해서, 특히 하위계층 남자 청소년 사이에서 발견되는 비행하위문화에 대하여 머튼의 이론을 적용하였다. 즉, 그는 하위계층으로 하여금 비행행위로 나아갈 수밖에 없도록 유도하는 긴장의 구조적 속성을 강조함으로써 머튼의 입장을 따랐다(Akers & Sellers, 2005: 251).

코헨은 미국 하류층 청소년의 일탈행동은 실제로 중산층의 규범과 가치에 대한 반항이라는 관점을 가지고 있었다(Siegel, 2008: 240). 전통적 사회에서 원하는 지위를 얻기 위해서는 의상, 행동, 학식 등에서 '중산층 측정잣대'(middle-class measuring rods)에 맞추어야 하는데, 하류층 청소년은 중산층이 요구하는 가치기준을 충족시킬 수 있는 언어나 사회적 기술을 갖고 있지 못하기 때문에 '지위좌절'(status frustration)을 경험하게 된다 (Cohen, 1955: 25). 특히 최초로 좌절을 경험하는 곳은 학교인데, 교사나 관료는 학교교육을 통해 중산층의 체면(respectability)과 수용(acceptance)을 학생에게 부과한다. 이에 하류층의 청소년은 ① 추진력과 야망, ② 개인의 책임성, ③ 성취와 성공, ④ 합리적 지출, ⑤ 건전한 오락, ⑥ 물리력 사용의 자제, ⑦ 타인 재산의 존중, ⑧ 즉흥적 만족의 지연, 그리고 ⑨ 예의범절과 자아통제 등과 같은 미국 중산층의 사회생활 기준(박상기 외 2009: 159-160)에 자신들이 부합하기 어렵다는 것을 자각하고 좌절과 갈등을 경험한다. 코헨에 따르면, 비행하위문화는 이러한 좌절에 대한 '반동형성'(reaction formation)이다 (Akers & Sellers, 2005: 252; Cohen, 1955: 133). 과도하고 격렬한 반동(reaction)을 통해 비행소년은 중산층의 가치와는 직접적이고 반대되는 일련의 규범과 원칙을 선택한다. 그들은 단기적 쾌락에 관심이 있고 내일보다는 오늘을 위해 산다. 또한 비행소년은 집단자율을 얻으려고 노력하며, 자신의 행동을 통제하는 가족, 학교 등 권위적인 것에 저항한다(Cohen, 1955: 30-31). 이렇게 반동을 통해 형성된 하위문화의 특징은 비공리적(non-utilitarian), 악의적(malicious) 그리고 부정적(negativistic)이다(Cohen, 1955: 28).

한편, 코헨은 하류층 청소년을 코너보이(corner boy), 칼리지보이(college boy) 그리고 비행소년(delinquent boy)으로 구분하였다. 중산층 사회규범에 비합리적이고 악의적이며 적대적으로 대응하는 비행소년에 비하여 코너보이는 조숙한 성관계나 오락 목적의 약물남용, 무단결석과 같은 사소한 지위비행을 하지만 상습적인 일탈자는 아니다. 반면, 칼리지보이는 학업적 측면이나 사회적 조건에서 열악하면서도 오히려 중산층의 측정잣대를 수용하여 성공하기 위해 희망 없는 노력을 한다. 이러한 개념 구분을 통하여 코헨은 왜 많은 하류층 청소년이 상습적인 범죄인이 되지 않는지를 설명하고 있다(Siegel, 2008: 241-242).

(3) 차별적 기회구조론

코헨의 이론이 발표된 직후, 클로워드(Richard Cloward)와 올린(Lloyd Ohlin)은 '차별기회'라는 개념을 통해 청소년의 비행을 비행하위문화에 의한 것으로 설명하였다. 이들의 이론은 머튼의 아노미이론과 코헨의 비행하위문화이론의 영향을 받았고, 동시에 쇼우와 맥케이의 사회해체론과 서덜랜드의 차별접촉이론에서도 주요한 아이디어를 채택하였다(Akers & Sellers, 2005: 253).

클로워드와 올린은 성공하기 위한 동기와 열망만으로는 준법적 행동이나 일탈 행동, 어느 것도 설명하지 못한다고 주장하였다(Akers & Sellers, 2005: 254). 그래서 그들은 비행을 설명하기 위하여 '차별기회'(differential opportunity)라는 개념을 제시하였다. 이것은 사회의 모든 계층에 속한 사람은 같은 성공 목표를 공유하지만 하류층 사람은 그 목표를 성취할 수 있는 수단이 제한되어 있다는 것이다(Siegel, 2008: 244). 준법행위로 나아가게 하는 기회가 차별적인 것과 마찬가지로 불법적인 기회 역시 차별적이다. 청소년 사이에 적법한 수단이 박탈되면 긴장이 형성되고 비행행위로 나아가게 되는 것은 분명하지만, 어떤 종류의 비행을 하는지는 어떠한 불법적 기회가 제공되는지에 따라 다르다(Akers & Seller, 2005: 254). 하류층 청소년에게 제공되는 차별적 불법기회에 의하여 청소년은 다음과 같은 세 가지 유형의 갱단 중 하나에 참여하게 된다.

첫 번째 유형은 범죄적(criminal) 갱단이다. 절도, 공갈, 사기와 같은 재산범죄를 주로 저지르는 이러한 갱단은 청소년 및 성년 범죄인 사이의 밀접한 연결이 이루어져 있는 안정적 하류층 지역에 존재한다. 여기서 청소년은 범죄를 사업의 일환으로 생각하는 성공한 성인범죄인을 자신의 역할모델로 생각한다. 갱단의 구성원이 되면 청소년은 지속적인 범죄경력을 쌓는 데 필요한 지식과 기술을 배우며, 범죄 사업에서 다른 사람과 성공적으로 협조하는 법을 배운다(Cloward & Ohlin, 1960: 23). 두 번째 유형은 갈등적(conflict) 갱단이다. 이러한 갱단은 비합법적인 기회마저 거의 주어지지 않는 해체된 지역에서 출현한다. 여기서의 지위나 명성은 사납고 공격적이며 싸움을 잘하면 얻을 수 있다. 이 지역의 범죄는 개인적이며 비조직화되어 있고 경범죄 위주로 범죄로 얻는 대가가 크지 않다(Cloward & Ohlin, 1960: 73). 세 번째 유형은 도피적(retreatist) 갱단이다. 도피주의자는 합법적 수단을 통해 만족을 얻을 수 없고, 그렇다고 너무 나약하고 소심해서 불법적 수단을 동원할 수 없는 이중실패자다. 이중실패자는 학교생활에도 거의 적응하지 못하고 직업적 성공가능성도 없어서 약물이나 알코올 중독에 빠지는 경향이 있다(Siegel, 2008: 245).

(4) 비행하위문화이론의 평가 및 교정복지적 함의

① 비행하위문화이론의 평가

이론과 실천의 양면에서 비행하위문화이론은 하위계층에 범죄가 집중되어 있다는 사실을 강조한다. 초기의 도시지역 비행연구들은 공식 통계를 사용하여 하위계층과 소수집단에서 높은 범죄발생률을 발견하였다. 반면 1970년대까지 거의 모든 자기보고식 조사에서는 사회경제적 지위별로 비행발생률에서 별다른 차이를 발견하지 못했다(Akers & Sellers, 2005: 257-258). 몇몇 연구자들은 계층과 비행 및 범죄가 일반적으로 관련이 없지만 인종, 성별과 같은 몇 가지 조건하에서는 관련이 있다고 결론짓는다(Akers & Sellers, 2005: 258-259). 한편 미국에서 갱단에 의한 범죄가 대도시 하위계층인 아프리카계, 히스패닉계 거주지역에 집중된다는 점에 대해서는 거의 의문의 여지가 없다. 그러나 이러한 도시 갱단이 코헨이나 클로워드 및 올린의 이론과 얼마나 잘 맞아떨어지는지에 대해서는 상당한 의문이 제기된다. 특히 아직까지 경험적 연구자들은 클로워드와 올린의 3대 비행하위문화의 유형을 확증하지 못하였다(Akers & Sellers, 2005: 261).

② 교정복지 차원에서의 정책적 시사점

미국에서 시행된 '보스턴 도심계획'은 밀러의 이론에 기초하여 도심에서 길거리 갱들의 불법적 활동에 대응하기 위한 모든 지역적 노력을 통합하는 것으로 구성되었다(Akers & Sellers, 2005: 279). 이 계획은 ① 비행소년을 가진 가정에의 직접적인 사회복지실천적 원조, ② 지역공동체 프로그램, 그리고 ③ 청소년 갱들에 대한 활동가(관련 분야 대학원생들) 파견 등의 측면으로 구성되었다. 그러나 이 계획은 지역공동체 기관 내의 갈등으로 제대로 수행되지 못하였다.

한편, 클로워드와 올린의 관점은 1960년대 초 시작한 케네디 행정부의 '빈곤과의 전쟁'(War on Poverty)의 중요한 구성요소가 되었다(Siegel, 2008: 247). '빈곤과의 전쟁'의 일환으로 추진된 헤드스타트(Head Start), 커뮤니티 액션프로그램(Community Action Program) 등은 가난한 지역에서 공동체의 자부심과 연대의식을 형성하고, 범죄에 취약한 청소년에게 교육 및 취업 기회를 제공해 범죄를 감소시키려는 노력과 관련되어 있다. 1960년대 미국 동남부 지역에서는 클로워드와 올린의 관점에 입각한 보다 직접적인 프로그램인 '청소년 동기화계획'이 실시되었다(Akers & Sellers, 2005: 280). 이 계획은 하위계층 청소년이 일자리, 교육, 기술훈련을 통하여 합법적 성공기회를 증진하기 위하여 구성되었다. 이 계획에서도 보스턴 도심계획과 같이 파견 활동가가 거리의 청소년과 직접 교류하도록 고용되었으나, 정치적 반대와 지역공동체 기관 내의 갈등으로 좌초되었다.

3. 사회갈등이론

범죄에 대한 관점은 법과 사회통제를 어떻게 보느냐에 따라 두 가지 상반된 관점으로 나뉜다(Akers & Sellers, 2005: 285). 하나는 합의론(기능주의)적 관점으로서, 이는 법과 법집행이라는 공식적 체계를 사회구성원이 대체로 합의한 규범의 통합체로 보는 것이다. 1960년대까지 주요한 사회학적 접근은 이러한 합의이론에 기초하였다. 다른 하나는 갈등론적 관점으로서, 갈등론자들은 사회가 가치나 이해관계가 서로 다른 집단 간의 이합집산과 동적 균형으로 이루어진다고 본다. 따라서 사회가 지속되는 한 갈등이란 본질적이고 지속적이고 중요한 사회적 과정이다. 권력은 이러한 갈등의 결과를 결정짓는 중요한 요인이다. 가장 힘 있는 집단은 법을 장악하여 그들이 추구하는 가치가 법으로 채택되도록 만든다. 따라서 갈등론자들은 법을 만들고 범죄를 규정하여 처벌하는 형사사법기관의 활동 역시 갈등의 산물이라고 본다.

갈등집단의 속성을 어떻게 파악하느냐에 따라 사회갈등이론[7]을 크게 보수적 갈등이론과 급진적 혹은 비판적 갈등이론으로 구분할 수 있다(박상기 외, 2009: 190). 보수적 갈등이론은 사회를 구성하는 다수의 다양한 집단이 그들의 이익을 추구하기 위해 경쟁하고 있다는 시각이다. 이에 비하여 급진적 갈등이론은 마르크스의 계급이론을 바탕으로 자본가계급과 무산계급이 서로 사회를 지배하고자 경쟁하고 있다고 본다. 급진적 갈등이론은 마르크스범죄학 또는 비판범죄학(critical criminology)이라고도 불린다.[8] 그 밖에 이와 유사한 분파로는 평화주의 범죄학, 좌파실재론, 페미니즘, 포스트모더니즘(해체주

---

7) '사회갈등이론'(social conflict theories) 혹은 '갈등이론'이라는 용어는 계급갈등에 초점을 둔 마르크스주의 범죄학, 즉 비판범죄학과 구분하여 사회의 다원적 이익집단 간의 갈등에 초점을 둔 자유주의적 접근방식을 제한적으로 지칭하는 용어로 사용되기도 한다(배종대, 2011; Akers & Sellers, 2005). 이러한 경우를 '신갈등이론'이라고도 한다. 그러나 시겔(2008)은 비판범죄학을 사회갈등이론의 한 분파로서 설명하고 있다. 이 책에서도 갈등론적 시각의 공통성과 기술(記述)적 편의를 고려하여 통합하여 편제하도록 한다(박상기 외, 2009 참조).

8) 1970년대 이후 미국 범죄학에서는 갈등이론의 발전과 더불어 마르크스주의 이론과 '비판적' '급진적'이란 용어를 동의어 또는 연결 개념으로 사용하였다. 이러한 용어는 지속적으로 마르크스주의 이론과 조화되고 서구의 주류 범죄학에 대한 '비판적' 관점을 공유하는 데 사용되었다. 또한 이러한 비판들은 '급진적' 정책 제안을 수반하였다. 그러나 1990년대 이후 범죄학 분야에서 마르크스주의란 이름이 점차 사라지고, 비판범죄학이라는 용어가 마르크스주의 범죄학을 대체하는 용어로 사용되기 시작하였다. 또한 최근의 비판범죄학은 마르크스주의 이론을 넘어서 페미니즘, 좌파실재론 등 다양한 관점으로 확대되어 가고 있다(Akers & Sellers, 2005: 344).

의) 등이 있다(Siegel, 2008: 305; Brown et al., 2011: 413).

1) 보수적 갈등이론

(1) 보수적 갈등이론의 발전

보수적 갈등이론의 이론적 기초는 짐멜(George Simmel)과 다렌도르프(Ralf Darendorf)가 제공하였다. 유럽의 사회학자 짐멜은 갈등을 근본적 사회과정으로 파악하였다(Akers & Sellers, 2005: 291). 한편 다렌도르프는 현대사회가 '강제적으로 조직화된 결사체'로 구조화되어 있는데, 이러한 결사체는 권위를 소유한 사회적 지배집단이나 권위를 갖지 못하고 지배를 받는 집단 중 하나에 속한다고 주장하였다.[9] 그에 따르면, 모든 사회는 항상 변화하는 과정 속에서 변동하고 있으며 갈등과 분쟁이 존재하고 소수의 다수에 대한 강제에 기반하고 있다(Siegel, 2008: 310).

비록 짐멜과 다렌도르프가 갈등이론의 기초를 제공하였지만 범죄학에 갈등론적 시각을 접목시킨 것은 볼드(Vold)의 공헌이다. 그는 범죄란 사회에 대한 통제력을 얻기 위해 경쟁하는 세력 간의 직접적인 대면의 결과라고 주장하였다(Siegel, 2008: 310-311).

(2) 범죄행위에 관한 갈등이론

갈등이론에 입각할 때, 범죄행위는 지속적인 집합적 갈등을 반영하는 것이다. 이와 같은 갈등이론의 특징은 볼드의 집단갈등이론에서 가장 잘 나타나 있고, 셀린(Thorsten Sellin)의 문화갈등이론과 서덜랜드의 범죄에 관한 규범적 갈등이론과도 일맥상통한다(Akers & Sellers, 2005: 312). 셀린(1938)은 사회계층을 문화갈등과 범죄의 주요한 근원으로 제시하고 있다. 그는 서로 다른 문화들에는 어떤 상황에서도 특정 방식의 행동을 요구하는 독특한 '행위규범'(conduct norms)이 있다고 주장하였다(박상기 외, 2009: 191). 이러한 갈등론자의 입장에서 범죄는 자신이 속한 집단의 규범과 가치에 따라 행동하는 사람들이 법으로 규정된 다른 사람들의 규범과 가치를 위반한 결과다(Akers & Sellers, 2005: 312). 예를 들면, 외국인 이주자나 농촌 이주자는 기존의 관습에 따라 행동함으로써 이주해 온 새로운 국가나 도시의 법을 위반하거나 갈등관계에 놓일 수 있다.

볼드는 1958년 '집단갈등이론'(group conflict theory)을 공식화하였다. 그는 사람은 집

---

9) 다만, 그는 사회의 한 부분에서 지배력을 행사한다고 해서 다른 부분도 동시에 지배하는 것이 아니어서 사회에는 경쟁하는 다양한 이익집단이 존재한다고 보았다(Siegel, 2008: 310).

단 지향적이고 사회는 각각 그들 자신의 이익을 도모하는 집단을 구성한다고 보았다. 볼드는 이렇게 조직화된 이익집단의 갈등을 강조하였는데, 특히 집단 갈등은 각자의 집단에 대한 구성원의 충성심을 발전·강화시키는 경향이 있다고 주장하였다. 또한 그는 법의 제정과 집행 등의 과정은 이익집단들 사이의 근본적인 갈등과 국가의 경찰력을 장악하기 위한 투쟁이 직접적으로 반영된 것으로 보았다(Vold, 1958: Brown et al., 2011: 408 재인용). 따라서 볼드의 이론은 특히 정치적 시위범죄, 노동쟁의 관련 범죄, 민족적·인종적 충돌 관련 범죄 등을 설명하는 데 보다 적합하다(Brown et al., 2011: 408).

한편, 터크(Turk, 1969)는 사회집단을 문화규범과 행동양식을 다른 사람들에게 강제할 수 있는 '권위 있는 지배집단'과 그렇지 못한 '피지배집단'으로 구분하였다. 그는 어느 누구도 선천적 범죄인은 아니며 범죄성은 권력을 가진 지배집단이 피지배집단에 적용한 규정이라고 주장하였다(Turk, 1969: 10). 그는 또한 범죄학 이론의 주된 임무란 일정한 개인이 범죄인으로 취급되고 일정한 행위가 범죄행위로 되는 공식적인 과정을 설명하는 데 있다고 보았다(박상기 외, 2009: 195). 그는 이러한 '범죄화'(criminalization) 현상은 범죄인에 대한 낙인과정이며 법집행자와 법위반자들 간의 상호작용의 결과로 보았다. 이와 같은 상호작용은 다음과 같은 다섯 가지 사회적 요인에 의해 형성된다(Turk, 1969: 56-72). ① 문화적·사회적 규범이 불일치할수록, ② 피지배자의 조직화 수준이 높을수록, ③ 행동의 정당화에 관한 정교화 정도가 낮을수록, ④ 집행자와 위반자의 권력 차이가 클수록, 그리고 ⑤ 갈등 발생에 따른 '움직임의 실현가능성'(realism of moves)이 낮을수록 갈등은 커진다.

(3) 보수적 갈등이론의 평가 및 교정복지적 함의

① 보수적 갈등이론의 평가

갈등이론에 대해서는 갈등의 개념이 명확하지 못하고, 동질적 집단 내에서 발생하는 범죄를 설명하기 어려우며, 갈등이 사회발전에 기여하는 측면을 언급하지 않았다는 비판이 존재한다(배종대, 2011: 295-296). 또한 범죄행위에 관한 갈등이론의 가설을 경험적으로 조사한 연구는 매우 드물다. 이러한 경험적 연구의 부족은 갈등이론의 타당성과 범위가 적절하게 입증되지 않았음을 의미한다(Akers & Sellers, 2005: 316). 다만 미국에서는 주로 형사사법체계의 공정성과 관련된 경험적 연구들이 진행되었는데, 아프리카계 미국인 등 인종적 소수집단이 편견에 따른 차별적 처벌을 받는다는 연구결과들이 다수 제시되고 있다(Siegel, 2008: 312-313).

② 교정복지 차원에서의 정책적 시사점

교정복지적 차원에서 보수적 갈등이론의 정책적 함의는 서로 다른 이해와 가치에 대한 공정한 법적 고려와 사회계층, 소속집단과 관련된 비차별 정책을 지지한다. 그러나 이러한 정책적 함의는 다른 이론적 시각에서도 똑같이 도출될 수 있다. 따라서 갈등이론은 사회의 근본적인 구조적 변화 없이는 범죄에 관한 많은 개혁이 이루어질 수 없다는 결론을 이끌어낸다(Akers & Sellers, 2005: 318).

2) 급진적 갈등이론(비판범죄학)

보수적 갈등이론과 급진적 갈등이론은 법과 형사사법체계를 갈등구조로 설명하는 데 공통된 관심을 가지고 있다. 그러나 급진적 갈등이론, 즉 마르크스주의[10] 이론 또는 비판범죄학은 사회가 다양한 집단 간의 상호 연관관계로 이루어져 있다는 가설을 거부하고 '후기자본주의사회'는 소수의 권력 엘리트계급이 사회적·경제적·문화적 권력을 장악하고 있다고 보고 있다(Akers & Seller, 2005: 322). 이에 따라 비판범죄학자들은 범죄를 경제적·사회적 맥락에서 설명하려고 하였으며, 그들의 관심 영역은 ① 범죄를 유발하는 환경을 만드는 국가의 역할, ② 개인적 권력 및 집단권력과 형법제정과의 관계, ③ 형사사법 시스템의 운용에서 차별과 편견, 그리고 ④ 자본주의·자유경제와 범죄율과의 관계다(Siegel, 2008: 305).

(1) 봉거의 공헌

마르크스주의에 입각하여 범죄원인을 최초로 설명한 이는 20세기 초반의 학자인 봉

---

10) 현대 갈등이론의 많은 부분은 독일의 경제학자이자 사회철학자인 마르크스의 저작들에서 그 기원을 찾을 수 있다. 한편, 현대 마르크스주의 범죄학자들은 엘리트와 국가 간의 관계를 두 가지 방식으로 보고 있다 (Akers & Sellers, 2005: 325-326; Brown, Esbensen, & Geis, 2011: 404-405). '도구적 마르크스주의' (instrumental Marxism)는 국가와 형법이 부르주아에 복잡하게 연결되어 있다고 본다. 즉, 경제적 엘리트가 그들의 권력을 유지하기 위한 도구로서 국가의 권력을 이용한다는 것이다. 한편 '구조적 마르크스주의' (structural Marxism)는 국가와 권력엘리트의 관계를 중시한다. 국가는 일반적으로 권력엘리트를 지지하고 그것으로 인해 자본주의체제를 유지하나, 프롤레타리아를 간헐적으로 지지함으로써 국가의 신뢰성을 높이고 장기적으로 국가를 강화한다고 본다.

거(Willem Vonger)는 범죄가 자본주의적 사회조직 때문에 발생한다고 보았다. 봉거는 마르크스의 주장대로 자본주의 사회의 생산수단 사유와 이윤 동기는 이기주의적 경향을 만들고, 탐욕과 이기심을 부추겨 결국 범죄를 저지를 가능성을 더욱 강화하게 된다고 주장하였다(Akers & Sellers, 2005: 332). 봉거는 범죄를, 당시의 도덕성을 기준으로 볼 때, 반사회적인 행동으로 정의하였다. 그러나 사회구조는 계속 변화하는 것이기 때문에 어떤 행동이 근본적으로 비도덕적이거나 범죄적인 것은 아니라고 보았다. 그가 보기에 형법은 지배계급의 이익을 위해 작동하므로 결국 범죄는 지배하는 기득권층에 해가 되는 행동이다(Siegel, 2008: 309).

(2) 퀴니의 범죄의 사회적 실재론

리처드 퀴니(Richard Quinney)는 초기 연구에서 터크(Turk) 등과 마찬가지로 다양한 집단들의 경쟁적 이해관계를 다루어서 신갈등이론가로 분류되기도 한다. 하지만 그의 후기 연구에서는 보다 마르크스주의적 관점을 채택하였다(박상기 외, 2009: 198). 그의 저서 『범죄의 사회적 실재(*The Social Reality of Crime*)』(1970)에서는 범죄에 대한 규정은 사회 내에서 권력을 가진 사람들의 이익을 대변한다고 주장하였다. 그는 다음과 같이 '범죄의 사회적 실재론'을 구성하는 여섯 가지 명제를 발전시켰다(Quinney, 1970: 15-23).

- 범죄의 정의: 범죄는 정치적으로 조직화된 사회에서 공인된 기관들에 의해 만들어진 인간의 품행이다.
- 범죄 정의의 공식화: 범죄의 정의, 즉 법은 공공정책을 형성하는 힘을 가진 세력의 이익에 대해 갈등을 일으키는 행위를 기술한다.
- 범죄 정의의 적용: 범죄의 정의는 형법을 집행하고 운용하는 권력을 가진 사회 부문에 의해 적용된다.
- 범죄의 정의와 연관된 행동유형의 발달: 범죄와 관련된 행동유형은 사회의 계급구조 내에서 정의되기 때문에, 그 사회구조 내에서의 개인의 위치에 따라 범죄인으로 정의될 확률이 높은 행위를 하게 된다.
- 범죄개념의 구성화: 범죄의 개념은 다양한 의사소통 수단에 의하여 사회 내에서 구성되며 확산된다.
- 범죄의 사회적 실재: 범죄의 사회적 실재는 범죄 정의의 공식화와 적용, 범죄정의와 연관된 행동유형의 발달 그리고 범죄개념의 구성화를 통하여 만들어진다.

한편, 퀴니(1980)는 자본주의에 대한 불가피한 대응으로써 범죄를 파악하였다. 그는 노동자계급의 범죄를 자본주의체계에 대한 '적응범죄'(crime of accommodation)와 '저항범죄'(crime of resistance)로 구분하였다. 전자는 자본주의에 의하여 곤경에 빠진 사람이 저지르는 재산범죄나 폭력범죄를 말하며, 후자는 자본가의 지배에 대항하는 범죄로서 혁명적 행위를 포함한다. 나아가 그는 자본가계급이 자신의 이익을 위하여 저지르는 '지배와 억압의 범죄'에 주목하였다. 이러한 지배계급의 범죄는 경제적 지배를 위한 '기업범죄'(corporate crime), 사법기관에 의한 '통제범죄'(crime of control), 그리고 공무원이나 정부관리의 부패에 의한 '정부범죄'(crime of government)를 의미한다.

(3) 현대의 비판범죄학

중요한 네 가지 현대적 비판범죄학의 부류는 좌파실재론, 평화주의 범죄학, 페미니즘 그리고 포스트모더니즘 등이다.

먼저 좌파실재론(left realism)은 1970년대 급진적 범죄학의 선두주자였던 리(John Lea)와 영(Jock Young) 같은 영국범죄학자들에 의하여 발전되었다. 그들은 거리범죄를 계급투쟁의 산물로 보고 범죄를 부수 현상으로 다루는 극단적인 '좌파관념론'(left idealism)에 대항하여 등장하였다(Akers & Sellers, 2005: 352). 따라서 좌파실재론자들은 범죄인이 주로 빈민과 힘없는 사람들에게 끼치는 해악에 주목하며, 거리 범죄인이나 사무직 범죄인은 계급투쟁에서 혁명군이 될 수 없다고 주장하였다. 즉, 그들은 현실의 범죄 상황을 인식한 비판적 범죄학자들로서 덜 급진적인 개량적 개선책을 지지한다. 또한 그들은 처벌위주의 보수적 접근을 비판하며 '사회주의적 개입'(socialist intervention)을 통한 범죄의 근본적 원인 제거, 보편적 범죄예방의 진작, 피해자에 대한 원상 회복, 처벌 및 시설구금 위주의 형사정책 개혁, 경찰력 남용에 대한 통제 등을 제안하였다(Akers & Sellers, 2005: 353-354).

평화주의 범죄학(peacemaking criminology)은 범죄발생과 범죄통제 간의 관계를 전쟁상황에 비유하고, 이제는 범죄인과 피해자, 경찰, 공동체가 평화를 추구해야 한다고 주장한다(Akers & Sellers, 2005: 355). 평화주의자들은 국가가 범죄인을 통제하고 처벌하는 것이 범죄를 오히려 더욱 촉진한다고 주장한다. 따라서 그들은 조화로운 사회를 위하여 처벌보다는 상호 지원이 필요하다고 지적하며 '회복적 사법'(restorative justice)을 강조한다(Siegel, 2008: 326).

페미니즘(feminism)에 입각한 범죄학자들은 사회가 근본적으로 성적으로 편향되어 있다는 사실을 강조한다(Brown et al., 2011: 415). 페미니즘 범죄학자들은 가부장제 사회에서 여성에게 강요되는 주변성(marginality)과 무력감(powerlessness)이 여성으로 하여금 범죄피해자가 되도록 할 가능성을 높인다고 본다. 또한 남성성에 대한 강조로 인해 여성을 피해자로 한 범죄가 남성의 성역할을 충족할 수 있는 통로가 되고 있다고 주장한다(Siegel, 2008: 322). 한편, 여성범죄를 설명하기 위해서 여성의 삶을 결정하는 사회적 힘에 초점을 맞춘다. 예를 들면, 여성이 가출하여 약물범죄를 저지르는 것은 가정이나 학교에서 고통당한 그들의 피해에 대한 반응일 수 있다(Siegel, 2008: 323).

포스트모더니스트 또는 해체론자(deconstructionist)들은 현대적인 합리적·과학적 방법에 의한 지식을 거부한다. 그 이유는 과학자들이 자신들을 전문가들로 보고 특권적인 지식을 만들었기 때문이다. 따라서 이들은 현존하는 지식체계를 해체 또는 분해하고자 한다. 그들에 따르면, 권력의 불평등한 분배는 언어에서 근원하기 때문에 언어를 통제하는 자들은 '진리'(truth)를 통제한다(Brown et al., 2011: 416). 실제로, 어려운 법률용어는 오직 법률적 절차에서만 받아들여지는 언어일 뿐이다. 따라서 해체론자들은 기호학(semiotics)이나 담론분석(discourse analysis)을 채택하여 법률에 사용된 용어가 사회적 차별을 제도화하는 내용을 담고 있는지 분석한다(Brown et al., 2011: 417; Siegel, 2008: 326).

(4) 급진적 갈등이론의 평가 및 교정복지적 함의

① 급진적 갈등이론의 평가

마르크스주의 이론은 법제정과 법집행에 관한 검증 가능한 이론을 제시하기보다는 대부분 서유럽 민주주의에 대한 이데올로기적 비난이며 이를 전복하기 위한 혁명적 행동을 요구하고 있다(Akers & Sellers, 2005: 326). 따라서 범죄에 대한 형사사법 시스템의 반응이 사회의 정치경제체제에 의하여 영향을 받는다는 마르크스 이론가들의 주장[11]에 대한 경험적 검증은 쉽지 않고 그 사례도 많지 않다. 오히려 이 이론의 주창자들은 마르크스 이론에 대하여 검증 가능한 가설을 만들고 양적 자료에 의하여 검증하려는 시도가 부르주아적 실증주의라고 비판하고 있다(Akers & Sellers, 2005: 327). 한편, 비판범죄학에 대해서도 주류 범죄학은 신랄한 비판을 가한다. 비판의 초점은 자본주의 사회에서도

---

11) 예를 들면, 대표적 가설은 지배엘리트들이 잉여노동력을 통제하기 위하여 경기하강기에는 수감률을 높이고 상승기에는 낮춘다는 것이다. 그러나 1980년대와 1990년대 미국의 경제번영기에도 수감인구는 급격히 늘어났다(Akers & Sellers, 2005: 326-327).

스스로 규제하는 노력이 이루어지고 있고 사회주의 국가의 범죄율이 상대적으로 낮은 지도 불분명하며, 특히 많은 재산범죄는 생존보다는 사치와 허영 때문에 발생한다는 것이다. 결론적으로, "비판범죄학자들이 상아탑 안에서 변죽만 울리는 주장을 할 때 범죄 다발지역의 하류층은 범죄를 경험하며 고통을 받고 있다."(Siegel, 2008: 319)고 비판받고 있다.

② 교정복지적 차원에서의 정책적 시사점

급진적 갈등론의 여러 분파를 아우르는 핵심적 사항은 범죄를 유발하는 원인이 갈등이라는 것이다. 따라서 한 사회의 갈등과 경쟁을 줄일 수만 있다면 범죄율을 줄일 수 있을 것이라는 주장이 성립한다. 일부 비판적 범죄학자들은 이러한 목표를 달성하기 위한 근본적인 변화를 원한다. 즉, 자본주의 사회를 폐기하고 사회주의 국가를 건설해야 한다고 주장한다. 그러나 일단의 현대적 비판범죄학자들은 교정복지적 차원에서 보다 현실적인 함의를 주는 방법을 제안한다.

그들의 주장에서 핵심적인 내용은 '회복적 사법'(restroative justice) 운동이다(Siegel, 2008: 328). 회복적 사법은 브레이스웨이트(John Braithwaite)의 재통합적 수치심론에 입각하여 범죄예방과 통제에서 비처벌적 방법을 강조한다.[12] 교정복지적 관점에서 회복적 사법은 다양한 실천과 프로그램을 포함하고 있다. 예를 들면, 피해자-가해자 중재프로그램, 원상회복 명령, 양형서클(sentencing circle) 등이 있다. 그러나 적어도 피해자가 입은 피해와 욕구를 고려하고 피해에 대한 범죄인의 책임을 확실히 하는 것이 필요하다. 또한 이러한 과정에 범죄인뿐 아니라 피해자와 지역사회가 모두 참여하는 것이 중요하다(Zehr, 2002).

---

12) 브레이스웨이트는 그의 저서 『범죄, 수치심 그리고 재통합(*Crime, Shame, and Reintegration*)』에서 수치심의 개념을 두 가지로 구분한다. 하나는 일반적인 수치심의 형태로 낙인화(stigmatization)와 지위 하강을 수반하게 하여 일반 예방의 효과를 가진다. 그러나 특별 예방의 관점에서 이러한 수치심은 실패작이다. 다른 하나는 재통합적 수치심(reintegrative shaming)으로서 범죄인의 행동은 문제 삼지만 범죄인 자체는 사회에 다시 받아들여질 수 있는 사람으로 여기는 것이다. 이러한 수치심은 비공식적 사회통제의 강력한 수단으로서 피해자의 참여가 중요하며 용서와 사과, 뉘우침의 과정이 이어져야 한다. 범죄인이 자신의 잘못된 행동을 인정하고 자신에 대해 부끄러움을 느끼기 시작할 때 법적 처벌을 받는 것보다 예방효과가 더 크다고 할 수 있다(Braithwaite, 1989).

4. 최근의 범죄이론

지난 30년간 범죄학 분야에서 중요한 변화 내용은 다음과 같은 두 가지로 정리할 수 있다. 하나는 '통합이론모델'(integrated theoretical models)의 등장이다(Brown et al., 2011: 431). 이는 기존 이론들이 범죄의 진정한 원인을 규명하지 못하고 각각 한계를 드러냈다는 비판에 따라 새로운 대안으로 출현한 것이다. 어떤 특정 이론을 고집하기보다는 각각의 이론들이 가지고 있는 장단점을 상호 보완할 수 있는 통합적 접근방식을 채택하는 학자들이 늘어나기 시작하였다.

다른 하나는 '발달이론'(developmental theory) 또는 '생애범죄학'(life-course criminology)의 등장이다. 발달이론의 발전에서는 통합이론모델에 대한 선호가 배경이 되었지만, 범죄학의 주요한 관심 주제로 부각된 범죄경력연구(criminal career research)도 크게 기여하였다. 예를 들면, 전체 노상범죄(street crime)의 절반 이상이 6% 정도의 상습적 범죄인에 의하여 저질러진다는 연구결과(Wolfgang et al., 1972)는 1980∼1990년대 미국 정부에서 시도하였던 범죄에 대한 강경대응 전략에 이론적 배경을 제공하였다(Brown et al., 2011: 432). 여기서는 최근 범죄학의 이러한 새로운 동향을 차례대로 살펴본다.

1) 통합이론모델

(1) 통합이론모델의 의의

이론적 통합은 둘 또는 그 이상의 이론들로부터 공통점을 확인하고 각 개별 이론보다 더 포괄적이며 큰 설명력을 갖는 이론적 모형을 재구성하는 것이다(Farnworth, 1989: 95). 다양한 이론통합의 시도는 1940년대까지 거슬러 올라간다(Brown et al., 2011: 433). 쇼우와 맥케이(Shaw & McKay)는 일찍이 사회해체이론과 사회학습이론을 이용하여 하나의 새로운 통합이론을 만들고자 하였다. 클로워드와 올린(Cloward & Ohlin, 1960)의 차별적 기회이론은 전통적인 긴장이론과 사회학습이론이 결합된 것이라고 볼 수 있다. 그러나 서로 경쟁관계에 있는 이론들의 본격적인 통합은 1970년대에 접어들면서 시작되었다.[13]

범죄원인을 설명하기 위한 통합논의는 세 가지 주류 이론, 즉 긴장이론, 통제이론, 학습이론이 서로 통합될 수 있는가라는 질문에 대한 해답을 찾는 것과 관련되어 있다 (Kornhauser, 1978). 가장 흔한 통합 시도는 사회통제이론과 사회학습이론을 결합하는 것 이었다. 이에 반해 사회통제이론과 긴장이론의 통합은 그다지 환영받지 못하였으며, 가장 부적절하게 평가받은 것은 세 가지 주류 이론을 모두 통합하려는 시도였다(Brown et al., 2011: 436). 따라서 일부학자들, 예컨대 엘리엇(Elliott, 1985)은 이러한 이론통합을 지지하지만, 허시(1989)나 에이커스(1989) 등은 이러한 유형의 이론통합에 반대한다(Akers & Sellers, 2005: 399-400). 그럼에도 불구하고 가장 일반적인 통합방식은 각각의 이론들을 시간적 측면에서 순차적으로 결합하는 것이다(Brown et al., 2011: 436). 즉, 아동초기에는 통제이론을 적용하고, 또래친구와 교제하는 청소년기에는 사회학습이론이나 차별접촉이론을 적용하는 것이 바로 그것이다.

그러나 지난 30년간 통합적 접근방법을 채택한 연구가 폭발적으로 증가한 이유는 무엇보다도 통계학의 발전에서 찾을 수 있다. 사회과학에서 다중회귀분석과 경로분석 등이 활용되면서, 각각의 이론들이 개별적으로 검증되는 것보다는 이론통합이 이루어졌을 때 종속변수에 대한 전체 설명력이 증가하였다(Brown et al., 2011: 438-441).

(2) 주요한 통합적 접근방법

① 엘리엇의 긴장, 통제, 사회학습의 통합이론모델

가장 잘 알려진 통합이론모델은 엘리엇(Elliott, 1985)의 긴장, 통제, 사회학습의 통합이론적 접근방법이다. 이 모델의 특징은 전통적 범죄학이론에 내재되어 있는 계층에 대한 편견을 최소화하면서 지속적인 범죄행동에 대한 복합적인 인과관계를 분석했다는 점이다(Brown et al., 2011: 442). 그들은 이론 내에서 어린 시절 초기 사회화의 경험을 강조함으로써 사회통제이론을 빌려 범죄원인을 설명했다. 한편 [그림 6-2]에 나타나듯이, 그들의 통합이론모델은 ① 가정과 학교에서의 긴장이, ② 통상적 사회유대를 약화시키고, ③ 역으로 비행친구와의 강한 유대를 증진하여 비행을 저지르는 주요한 요인이 된다는 것

---

13) 리스카 등(Liska et al., 1989)은 이론통합의 형태를 크게 두 가지로 구분하였다. 하나는 개념통합 (conceptual integration)으로 한 이론의 개념이 다른 이론의 개념과 그 의미가 중복된다는 것을 나타낸다. 다른 하나는 명제통합(propositional integration)으로 둘 혹은 그 이상의 이론들이 서로 다른 개념과 가정에서 출발하고 있지만 범죄에 대하여 동일한 예측을 한다는 것이다. 개념적 통합의 대표적 사례로는 에이커스의 사회학습이론이 사회유대, 낙인, 갈등, 억제이론과 개념적으로 겹치는 부분이 있다는 것이다. 한편 명제통합으로는 엘리엇 등이 통제, 긴장, 사회학습의 이론적 통합을 제안한 것이 유명하다(Akers & Sellers, 2005: 401-411).

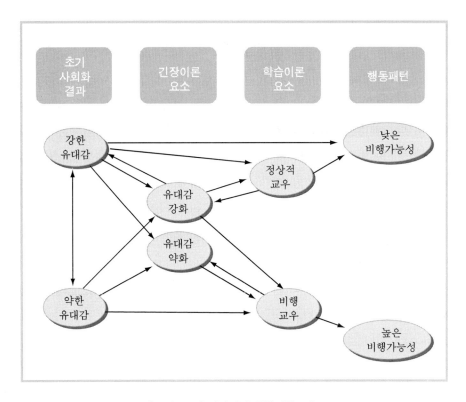

[그림 6-2] 엘리엇의 통합이론모델

출처: Brown et al. (2011), p. 144.

이다(Akers & Sellers, 2005: 408).

또한, [그림 6-2]와 같이 그들의 통합이론모델은 비행 또는 정상 행동을 유발하는 경로가 단 하나가 아니고 여러 방향으로 다양하게 존재할 수 있다는 사실을 강조하고 있다. 예를 들면, 어린 시절 매우 약한 유대감을 갖게 된 아동이 이후에 관습적 사회환경에 자주 노출되어 긍정적 경험을 하게 되면 비행가능성이 낮아지고, 반대로 애착이 강한 어린 시절을 보냈던 아동도 학교생활이나 사회생활에 실패하여 비행 교우와 어울리면 높은 비행가능성을 보일 수 있다(Brown et al., 2011: 444-445). 엘리엇은 비록 통합적 이론모델을 지향했지만, 기본적으로는 사회학습이론의 가정과 명제들을 보다 많이 받아들였다. 이들은 최초 모형에서 비행에 직접적이고 중요한 영향을 미치는 것은 비행/순응 교우와의 유대라고 주장하였고, 이후의 검증연구에서도 긴장과 통상적인 유대는 비행에 직접적인 영향을 미치지 못하는 것으로 드러나 그들의 이러한 가설은 지지를 받았다(Akers & Sellers, 2005: 410).

② 티틀의 통제균형이론

티틀(Tittle, 1995)은 통제이론과 일상활동이론의 요인들을 결합하여 새로운 '합성통합'(synthetic integration)을 제안하였다. 그는 통제의 균형은 개인이 받아야 하는 통제와 그가 받아야 하는 '통제비율'(control ratio)로 정의되는데, 이 '통제균형'(control balance)이 비행의 동기와 억제 모두와 관련되어 있다고 주장하였다(Akers & Sellers, 2005: 417).[14] 티틀에 따르면, 모든 인간은 자율권이 있을 때 진심으로 행복한데, 실제로는 많은 사람들이 일정한 통제조건 속에서 살아간다. 이때 '통제의 균형'이 매우 중요하며, 통제의 균형이 정(+)적으로나 부(-)적으로 맞지 않을 때 비행의 확률이 높다. 즉, 균형이 맞지 않는 통제비율은 개인의 자율욕구를 자극하여 통제를 받기보다 더 행사하는 수단이나 책략으로 비행을 저지르게 한다(Tittle, 1995: 147-148).

통제의 부족을 경험하는 사람은 포식(predation)적, 반항(defiance)적, 복종(submission)적 범죄를 저지르게 되고 통제과잉의 경우에는 착취(exploitation)적, 약탈(plunder)적, 퇴폐(decadence)적인 범죄를 저지르기 쉽다(Tittle, 1995: 192). 이와 같이 타이틀의 통제균형이론은 전통적인 노상범죄뿐 아니라 화이트칼라범죄를 모두 설명하고 있고, 범죄발생의 여부뿐 아니라 다양한 범죄의 유형도 포함하여 설명한다는 장점이 있다(Brown et al., 2011: 446).

③ 콜빈의 구조적 마르크스주의 통합이론

콜빈과 파울리(Colvin & Pauly, 1983)는 기존의 청소년비행이론이 사회심리적 측면만 치중하였다고 비판하면서 '통합적 구조-마르크스주의 비행생산이론'(integrated structural-Marxist theory of delinquency production)을 주장하였다. 그들은 비행의 원인으로 작용하는 환경적 변수들이 사회시스템에서 분배되는 과정에 주목하였다. 직장 내에 존재하는 사회통제 형태를 기반으로 노동자는 권력과 국가권위에 순응이나 존경, 아니면 적대감이나 소외감을 표출할 수 있다. 노동자계급이 갖는 직장에서의 경험은 가정 내에서 재생산되고 결국 아동의 사회화에 영향을 미친다. 즉, 노동자계급의 직장 순응구조가 가족, 학교, 교우집단에 계속적으로 영향을 미친다는 것이다(Brown et al., 2011: 445).

이후 콜빈(2000)은 자신의 이론을 더욱 발전시켜 '강압'(coercion)이 범죄학에서 중심

---

14) 통제의 균형은 경향(비행의 동기), 도발(상황적 자극), 기회(특정 유형의 비행을 저지를 기회), 억제(타인의 억제적 반응을 받을 확률) 등 네 가지 주요 변인의 전후관계에서 작용한다. 이러한 개념은 사회학습, 아노미, 억제/합리적 선택, 사회유대이론을 통합하는 것이다(Akers & Sellers, 2005: 418).

적 조직개념이 될 수 있다고 보았다. 강압은 사람으로 하여금 공포, 불안, 위협을 통해 행동하게 만드는 일체의 힘으로 정의될 수 있는데, 여기에는 사회유대를 약화시키는 강압적 가족훈육(강압적 가족개념)[15], 긴장의 원인(일반긴장이론), 경제적 불평등(아노미이론), 억압(통제균형이론) 등이 포함된다(Akers & Sellers, 2005: 405-406 재인용).

④ 기타 통합적 이론모델

엘리엇, 티틀 그리고 콜빈의 통합이론모델 이외에도 주요한 통합적 접근방법으로는 크론의 네트워크분석, 손베리의 상호작용이론, 카플란의 자아훼손이론, 버나드의 범죄와 형법의 통합갈등이론 등이 있다. 이와 같은 통합이론모델의 핵심적 내용만 간단히 살펴보면 다음과 같다(이하 Akers & Sellers, 2005: 412-417 참조).

크론(Krohn)의 네트워크분석은 사회학습과 사회유대이론에서 도출된 통합이론이다. 사회적 네트워크의 구조적 특징과 상호작용 과정을 연결 짓는 두 수준 간의 통합으로서, 비행을 증가시키는 차별교제효과와 비행을 억제하는 사회유대효과를 동시에 고려하는 것이다. 사회적 네트워크는 친분 등에 의해 연결된 일단의 개인 또는 집단인데, 다중성(multi plexity)과 밀도(density)라는 구조적 특성이 있다. 사회적 네트워크는 개인의 행동을 억제하고 네트워크 관계를 영속시키는 경향의 행동이 생겨나기 쉬운데, 이러한 행동은 순응과 비행 양방향으로 다 일어날 수 있다.

손베리(Thornberry)는 사회구조, 사회유대, 사회학습이론의 요소들을 통합하여 '비행의 상호작용이론'을 만들어 냈다. 그는 사회계층, 인종, 지역사회, 이웃의 특징이 사회유대와 사회학습 변수 모두에 영향을 미친다고 보았다. 또한 그에 따르면, 비행의 근원적 원인은 사회유대의 약화다. 그러나 이 약화는 비행잠재성을 높일 뿐이고, 접촉(교제), 강화, 정의 등을 통한 학습을 하고 나서야 비행행위가 일어난다.

카플란(Kaplan)의 자아훼손이론은 낙인이론, 긴장이론, 사회학습이론 그리고 통제이론을 모두를 포함한다. 그의 이론에서 비행과 약물사용은 낮은 자아존중감을 가진 청소년에게서 일어난다. 그에 따르면, 사람은 '자아존중감 동기'를 가지고 있어서 대부분의

---

15) 강압에 대한 인식은 아동이 처벌적 형태의 훈육을 경험할 때인 생의 초기에 시작된다. 처벌적 형태의 훈육은 육체적 체벌뿐 아니라 부정적 명령, 비판적 언명, 괴롭힘, 모욕, 투덜거림, 고함치기, 협박 등 심리적 강압을 모두 포함한다. 강압은 이러한 가족 간의 파괴적 상호작용을 통해 뿌리 깊이 파고들게 되고, 나아가 가족적·비가족적 무대장치에서 발생하는 나쁜 상황에 대하여 어떻게 반응해야 하는가를 알려 준다(Colvin, 2000: Siegel, 2008: 364 재인용).

경우 통상적 집단에서의 기대에 순응하면서 긍정적 자아개념을 형성한다. 그러나 가정·학교·친구 집단에서 평가절하의 경험을 하게 되면, 이러한 통상적 집단의 사회통제력은 약화되고 비행의 동기는 강화된다. 청소년은 자아훼손감을 제거하기 위하여 비행적 대안에 의지하고 비행집단에 끌리게 된다.

버나드(Bernard)는 갈등이론의 명제들을 사회학습이론과 통합하여 '범죄의 통합된 갈등이론'을 제시했다. 그의 이론은 사회학습이론에 기초하여 범죄를 차별적 사회구조적 상황에서 적용되는 차별강화에 대한 반응으로서 정상적으로 학습된 행동으로 본다. 권력이 없는 사람은 형법에 의해 보호받지 못하기 때문에 법위반 행동의 학습가능성이 보다 높고 법집행도 차별적으로 집행되기 때문에 높은 범죄율을 나타나게 된다는 것이다.

(3) 통합이론모델의 평가 및 교정복지적 함의

① 통합이론모델의 평가

상당한 범죄학 통합이론모델들은 경험적 검증을 통해서 개별이론보다 우수한 설명력을 갖는 것으로 나타났다(Brown et al., 2011: 449). 그러나 일부는 경험적 지지를 받지 못했고, 많은 학자들은 여전히 통합이론보다는 분리된 개별이론을 선호하는 것으로 보인다(Akers & Sellers, 2005: 425).

가장 높은 설명력을 보인 경우는 사회통제이론과 사회학습이론이 결합된 것이다(Brown et al., 2011: 449). 콘거(Conger, 1976)는 비록 사회통제이론의 변수도 중요하긴 하지만 사회학습이론의 변수가 비행행동을 예측하는 데 더 중요한 인자라고 주장하였다. 한편 범죄학자들은 사회긴장이론과 사회통제이론을 결합하는 작업도 시도하였으나 상대적으로 설명력이 떨어지는 것으로 나타났다(Brown et al., 2011: 450).

② 교정복지적 차원에서의 정책적 시사점

교정복지적 차원에서 통합이론모델에는 중요한 정책적 제언들이 내포되어 있다. 특히 근본적인 범죄예방을 위한 초기의 부모양육을 중시하면서, 만약 청소년이 비행을 저지른 경우에는 그들의 사회복귀프로그램을 강조한다(Brown et al., 2011: 451-452). 왜냐하면 사회통제이론과 사회학습이론의 통합모델은 초기 사회화의 중요성을 강조하고 있기 때문이다. 따라서 부모교육을 위한 다양한 활동과 프로그램이 정책적으로 중요하다. 또한 비행청소년의 사회유대를 강화하기 위한 사회복귀프로그램도 정책적으로 중요하다. 여기에는 교육, 직업훈련, 약물의존성 치료를 위한 개별상담 등이 포함된다.

2) 발달범죄학

(1) 발달이론의 토대

발달이론의 토대는 셸던 글뤽(Sheldon Glueck)과 엘리너 글뤽(Eleanor Glueck) 부부의 선구적 연구로 거슬러 올라간다(Siegel, 2008: 344). 1930년대 하버드 대학교에 재직하던 그들은 지속적 범죄를 예측할 수 있는 요인을 찾기 위하여 일련의 종단적 조사연구를 수행하였다. 각각 500명의 비행청소년과 일반 청소년을 비교집단으로 연구를 수행한 결과, 31세를 기준으로 정상집단의 14%만이 범죄기록을 보인 반면, 비행집단의 81%가 성인기에도 범죄를 저질렀다(Brown et al., 2011: 453). 그러나 이후의 범죄학의 주류는 사회학적 또는 사회심리학적 연구에 치중되었기 때문에 그들의 이러한 선구적인 경력연구는 거의 30년 가까이 무시당해 왔다(Brown et al., 2011: 454; Siegel, 2008: 345). 글뤽 부부의 초기연구가 다시 범죄학계의 새로운 관심을 받게 된 것은 울프강 등(Wolfgang et al., 1972)이 펜실베이니아 대학에서 실시했던 저명한 조사연구에서 기인한다. 그들은 1945년 필라델피아에서 출생한 9,945명의 코호트(cohort) 집단을 대상으로 연구를 수행하였는데, 놀랍게도 그들 중 약 6%가 전체 범죄의 50% 그리고 중대범죄의 63%를 저질렀다는 사실이 밝혀졌다(Brown et al., 2011: 454).

이와 같은 현상의 원인과 관련하여, 글뤽 부부는 성인기 범죄경력 지속성의 전조현상으로 범죄의 조발성(early onset)에 주목하였다. 글뤽 부부에 의하면, 아동기의 부적절한 가족관계에 의해 형성된 부적응의 뿌리가 깊을수록 성인기에도 범죄경력을 지속할 가능성이 대단히 높았다. 특히 가족구성원의 수가 많고 경제력과 교육수준이 낮은 한부모 가정의 아동이 가장 범죄가능성이 높은 것으로 나타났다(Siegel, 2008: 344). 최근에는 모핏(Moffitt, 1993)이 신경심리학과 발달심리학의 개념을 사용하여 유사한 주장을 전개하였다. 모핏에 따르면, 어린 시절 범죄를 시작한 사람은 청소년 후기에 비행을 시작하는 사람들과 질적 차이가 있다. 전자는 '생애지속형 비행자'(life-course delinquents)가 되지만, 후자는 '청소년기 한정형 비행자'(adolescent-limited delinquents)가 될 가능성이 높다.

(2) 인생항로이론

① 인생항로이론의 관점

'인생항로이론'에 입각할 때, "범죄성이란 다양한 개인적 특성과 사회적 경험 등에 의하여 영향을 받는 하나의 동적 과정"(Siegel, 2008: 345)이라고 본다. 인생항로이론의 관점에 따르면, 걸음마를 배우는 아기도 성인기의 인생 항로를 결정하게 될 관계의 행위를 시작한다. 그런데 불행히도 일부 사람은 가족이나 환경적·개인적 문제에 의해 적당하고 시의적절한 방식으로 성장해 가지 못할 수도 있다. 인생의 주요 발달이 방해를 받으면 부정적 인생경험이 축적되고 궁극적으로 범죄성이 높아질 수 있다(Siegel, 2008: 346-347). 뿐만 아니라 인생의 한 시기에 중요한 영향을 주었던 요인이 다른 시기에는 거의 영향을 주지 않을 수도 있다. 예를 들면, 아동기에는 가족이, 청소년기에는 친구의 영향이 중요하지만 성인이 되었을 때는 이러한 요인의 중요성이 상대적으로 약해진다. 따라서 인생항로이론은 "사람들이 왜 범죄를 저지르는가?"라는 단순한 질문보다는 "왜 어떤 범죄인은 성숙해지면서 범죄를 그만두는데, 다른 범죄인들은 멈추지 않고 지속적으로 범죄를 저지르는가?"와 같은 복잡한 질문에 대한 해답을 찾고자 한다.

한편 인생항로이론에 따르면, 사람이 성숙해 가면서 그들의 행위에 영향을 주는 요인이 변화될 수 있다(Patterson, DeBaryshe, & Ramsey, 1989). 이러한 요인으로는 성격과 지능 등 개인적 요인, 수입과 이웃 등 사회적 요인, 결혼과 군복무 등 사회화 요인, 정보처리와 주의·인식 등 인지적 요인, 범죄기회와 효과적인 감시자 및 치료의 위험 등 상황적 요인 등이 있다(Sampson & Laub, 1993; Siegel, 2008: 354-355; Warr, 2002). 인생항로 요인은 이러한 복합적 요인을 서로 연결시켜 가면서 인간행위를 설명하기 때문에 통합이론이라고 말할 수 있다(Siegel, 2008: 354-355).[16]

② 문제행동증후군과 범죄경로

대부분의 범죄학 이론은 범죄를 사회적 문제의 결과라고 주장하지만, 발달론적 견해는 범죄성이란 위기의 청소년이 직면한 수많은 문제 중의 하나로 인식한다(Siegel, 2008: 348). 이를 '문제행동증후군'(Problem Behavior Syndrome: PBS)이라고 하는데, 가족기능

---

16) 이러한 측면에서 시겔(2008)은 손베리의 상호작용이론, 크론의 네트워크 분석이론, 애그뉴의 일반적 긴장이론 등을 인생항로이론의 범주로 구분하여 다루고 있다. 이 책에서는 각각 사회구조이론과 통합이론모델에서 기술하였다(Akers & Sellers, 2005; Brown et al., 2011 참조).

의 장애, 성적 · 신체적 학대, 약물남용, 흡연, 조숙한 성행위와 임신, 낮은 교육적 성취, 자살시도, 흥분추구, 무직 등이 포함된다. 범죄를 포함한 모든 반사회적 행동들은 이러한 문제행동증후군의 하나로 유형화될 수 있다(Siegel, 2008: 348). 문제행동증후군은 성인이 되면서 강화되는 발달론적 유형을 가지기 때문에 이러한 증상을 가진 사람은 일반 사람보다 성격문제, 가족문제, 약물남용, 교육적 실패 등 더 많은 어려움을 겪는 경향이 있다(Capaldi & Patterson, 1996; Thornberry & Krohn, 1997).

한편, 뢰버(Loeber, 1996)는 비행을 일찍 시작하여 지속하는 사람도 한길을 걷는 것이 아니라, 공권력과의 충돌, 폭력유형, 재산범죄 행동 여부 등에 따라 다음과 같은 세 가지 유형의 노선을 택한다고 하였다. 첫째 노선은 '권위갈등 경로'(authority conflict pathway)로서, 어린 나이부터 완고한 행동을 시작하고 제멋대로 행동하거나 반항하는 단계를 거쳐 늦은 귀가 · 결석 · 가출 등 권위회피로 이어진다. 둘째 노선은 '은둔 경로'(covert pathway)로서, 거짓말과 가게 물건 훔치기 등 사소하고 비밀스러운 행동에서 시작하여 재미 삼아 하는 방화 등을 거쳐 차량절도, 소매치기, 약물거래 등으로 이어진다. 마지막 노선은 '명백 경로'(overt pathway)로서, 다른 사람을 괴롭히는 공격성에서 시작하여 패싸움, 폭력범죄, 강도 등으로 발전한다.

③ 샘슨과 라웁의 연령-등급이론

샘슨(Robert Sampson)과 라웁(John Laub)은 범죄행동에 대한 새로운 발달모델을 제시하였다. 이들의 모델은 주로 글릭 부부의 연구에서 사용된 데이터를 재분석하여 만들어진 것이다(Brown et al., 2011: 463). 그들은 공식적 · 비공식적 사회통제가 범죄성을 제한한다는 점과 범죄가 어린 시절에 시작되어 인생항로를 거치면서 지속된다는 사실에 동의한다. 그러나 그들은 범죄경력의 전환점(turning point)이 있다는 사실을 발견하였다(Sampson & Laub, 1993).

샘슨과 라웁은 글릭 부부가 40년 전에 수집한 자료를 근대적 통계기법으로 재분석하여 비행을 시작하는 아동이 가정과 학교에 문제가 있으며 비행친구가 있다는 사실을 확인하였다. 그럼에도 성인범죄인이 범죄를 중단하는 두 가지의 결정적인 전환점을 찾아냈다. 이 두 개의 전환점은 결혼과 직업경력이다. 이러한 전환점은 사람들의 삶을 긍정적으로 유지하게 하여 중요한 사회자본을 형성해 준다(Siegel, 2008: 355-356).

(3) 잠재적 속성이론

1985년 윌슨(James Wilson)과 헌스타인(Richard Hernstein)은 그들의 저서『범죄와 인
간본성(*Crime and Human Nature*)』에서 범죄성을 포함해 인간의 모든 행위는 인지된
결과에 의해 결정된다고 주장하였다. 범죄는 한 사람이 잠재적 이익과 손실을 계산한 후
에 범죄행위를 선택했을 때 발생한다. 범죄의 순수 보상비율이 높을수록 범죄를 저지를
경향이 높아지게 되는 것이다(Wilson & Hernstein, 1985: 44). 그들은 낮은 지능, 중배엽의
신체형, 유전적 영향, 자율신경계의 문제 등 사회생물학적 속성과 충동성, 외향성, 일반
화된 적개심 등 심리학적 속성이 범죄를 저지르는 데 영향을 준다고 가정하였다(Wilson
& Hernstein, 1985: 171).

로우 등(Rowe et al., 1990)은 인생주기에 걸쳐 지속되는 이러한 범죄성을 설명하기 위
하여 '잠재적 속성' 이라는 개념을 제안하였다. 그들은 전체 인구 중에서 많은 사람들이
범죄를 저지르거나 통제하는, 드러나지 않는 속성을 가지고 있다고 보았다(Siegel, 2008:
363-371 재인용). 이러한 잠재적 속성은 삶의 초기 단계에 형성되어 오랜 기간 안정적으
로 유지될 수 있다. 의심되는 잠재적 속성은 지능장애, 뇌손상에 의한 충동적 성격, 뇌의
물리적 · 화학적 기능 등 뇌기능과 관련된 속성을 포함한다. 잠재적 속성은 안정적이어
서 청소년기에 반사회적인 행동을 하던 사람은 지속적으로 범죄를 저지르기 쉽다. 한편,
『범죄의 일반이론』에서 갓프레드슨과 허시가 주장한, '자아통제력' 도 잠재적 속성의 개
념으로 이해할 수 있다.[17)]

패링턴(Farrington, 2003)도 유사한 개념을 제안하였다. 그는 사람이 반사회적 행동인
범죄를 저지를 수 있는 잠재적 성향을 '반사회적 잠재력' (Antisocial Potential: AP)이라고
명명하였다. 반사회적 잠재력은 장기적 · 단기적 현상으로 구분할 수 있는데, 높은 수준
의 장기적인 잠재력을 갖는 사람이 전 생애에 걸쳐 범죄를 저지를 가능성이 높다. 또한
음주, 분노, 좌절 등의 사건이 단기적인 잠재력을 높일 수 있다.

---

17) 한편, 시겔(2008)은 콜빈의 강압이론, 티틀의 통제균형이론도 잠재적 속성이론의 하나로 다루었다. 그러나
    이 책에서는 통합이론모델에서 이러한 이론들을 이미 살펴보았다(Akers & Sellers, 2005; Brown et al.,
    2011 참조).

(4) 발달범죄학의 평가 및 교정복지적 함의

1 발달범죄학의 평가

발달이론은 현재 상당한 정도로 발전하여 범죄학 분야에 희망을 제시하는 미래지향적 연구 분야로 자리 잡았다. 기존의 범죄학 연구범위를 초월하여 인생 경로 전체에 초점을 둔 광범위한 연구를 포함하는 새로운 접근방법이 되었다(Brown et al., 2011: 467). 한편 인간의 발달을 보는 견해는 차이가 난다. 인생항로이론은 사람이 항상 변화한다는 측면에 초점을 맞춘 반면, 잠재적 속성이론은 사람의 성향이 안정적이고 지속적이라는 점을 강조한다. 이러한 입장 차이는 세상에 두 부류의 범죄인 집단이 존재하고 있음을 암시한다. 하나는 살아가는 동안 발생하는 사건에 영향을 받는 덜 심각한 집단이고, 다른 하나는 어떤 긍정적인 사회지향적 관계의 영향력도 무시하는 만성적 집단인 것이다(Siegel, 2008: 373).

2 교정복지적 차원에서의 정책적 시사점

발달이론의 관점에서 많은 정책적 발의가 있어 왔다(Brown et al., 2011: 465-466; Siegel, 2008: 373). 특히 교정복지적 차원에서는 위기에 처한 아동에게 사회적 · 교육적 · 가족적 서비스를 제공하는 것의 중요성이 부각된다. 또한 다차원적 전략을 채택한 범죄예방프로그램의 필요성이 제기된다. 예를 들면, '시애틀 사회발달모델'의 시범실시 결과는 국가가 개인의 인생 여러 시점에서의 다양한 개입프로그램을 실시할 것과 위험요인과 보호요인 모두에 초점을 둔 복합적인 전략을 취할 필요가 있다는 것을 시사하고 있다. 이러한 다차원적 전략은 학교 요소, 방과후 요소, 부모참여 요소 등을 포함한다.

한편 교정복지적 관점에서 발달이론의 가장 큰 시사점은 무엇보다도 초기 예방과 개입전략이 성인기의 범죄를 감소시키는 데 매우 효과적이라는 것이다(Brown et al., 2011: 466). 또한 교우집단의 중요성도 간과할 수 없다. 따라서 인생 초기에 반사회적 영향력을 끼치는 집단을 와해하고 그에 저항하는 기술을 비행청소년에게 가르칠 필요가 있다.

📚 참고문헌

박상기 · 손동권 · 이순래(2005). 형사정책. 한국형사정책연구원.

배종대(2011). 형사정책. 서울: 홍문사.

Agnew, R. (1992). Foundation for a general strain theory of crime and delinquency. *Criminology*, *30*, 47-87.

Akers, R. L. (1998). *Social learning and social structure: A general theory of crime and deviance*. Boston, MA: Northeastern University Press.

Akers, R. L., & Sellers, C. S. (2005). 범죄학이론(민수홍 외 역). 서울: 나남출판. (원전 출판 2004).

Andrews, D. A., & Bonta, J. (2003). *The psychology of criminal conduct* (3rd ed.). Cincinnati: Anderson Publishing Company.

Bernburg, J. G., Krohn, M. D., & Rivera, C. J. (2006). Official labeling, criminal embeddedness and subsequent delinquency: A longitudinal test of labeling theory. *Journal of Research in Crime and Delinquency*, *43*(1), 67-88.

Braithwaite, J. (1989). *Crime, shame and reintegration*. UK: cambridge Univeersity Press.

Brown, S. E., Esbensen, F., & Geis, G. (2011). 범죄학(황의갑 외 역). 서울: 도서출판그린. (원전 출판 2010).

Bursik, R. J. (1988). Social disorganization and theories of crime and delinquency: Problems and Prospects. *Criminology*, *26*(4), 519-552.

Capaldi, D. M., & Patterson, G. R. (1996). Can violent offenders be distinguished from frequent offenders: Prediction from childhood to adolescence. *Journal of Research in Crime and Delinquency*, *33*, 206-231.

Cloward, R. A., & Ohlin, L. E. (1960). Delinquency and opportunity. New York: The Free Press.

Cohen, A. K. (1955). *Delinquent boys: The culture of the gang*. The Free Press.

Colvin, M., & Pauly, J. (1983). A critique of criminology: Toward an integrated structural-Marxist theory of delinquency production. *American Journal of Sociology*, *89*(November), 513-531.

Conger, R. D. (1976). Social control and social learning models of delinquent behavior. *Criminology*, *14*, 17-40.

Elliott, D. S. (1985). The assumption that theories can be combined with increased explanatory power: Theoretical integration. In R. F. Meier (Ed.), *Theoretical methods in criminology* (pp. 123-149). Beverly Hills, CA: Sage Publications.

Farnworth, M. (1989). Theory integration versus model building. In S. F. Messner, M. D. Krohn, & A. E. Liska (Eds.), *Theoretical integration in the study of deviance and crime: Problems and prospects* (pp. 93-100). Albany, NY: Albany University Press.

Farrington, D. P. (2003). Key results from the first 40 years of the Cambridge study in delinquent development. In T. P. Thornberry & M. D. Krohn (Eds.), *Taking stock of delinquency: An overview of findings from contemporary longitudinal studies* (pp. 137-183). New York: Kluwer/Plenum.

Gottfredson, M. R., & Hirschi, T. (1990). *A general theory of crime.* Palo Alto, CA: Stanford University Press.

Grasmick, H. G., Tittle, C. R., Bursik, R. J., & Arneklev, B. J. (1993). Testing the core empirical implications of gottfredson and hirschi's general theory of crime. *Journal of Research in Crime and Delinquency, 30,* 5-29.

Hirschi, T. (1969). *Causes of delinquency.* Berkeley, CA: University of California Press.

Keenan, K., Loeber, R., Zhang, Q., Stouthamer-Loeber, M., & Van Kammen, W. B. (1995). The influence of deviant peers on the development of boys' disruptive and delinquent behavior: A temporal analysis. *Development and Psychopathology, 7,* 715-726.

Kornhauser, R. (1978). *Social sources of delinquency.* Chicago: University of Chicago Press.

Liska, A. E., Krohn, M. D., & Messner, S. F. (1989). Strategies and requisites for theoretical integration in the study of crime and deviance. In S. F. Messner, M. D. Krohn, & A. E. Liska (Eds.), *Theoretical integration in the study of deviance and crime: Problems and prospects* (pp. 1-19). Buffalo, NY: State University of New York Press.

Loeber, R. (1996). Developmental continuity, change, and pathways in male juvenile problem behaviors and delinquency. In J. D. Hawkins (Ed.), *Delinquency and crime: Current theories* (pp. 1-27). New York: Cambridge University Press.

Maguin, E., & Loeber, R. (1996). Academic performance and delinquency. In M. Tonry (Ed.), *Crime and justice: A review of research, Vol. 20.* Chicago, IL: University of Chicago Press, 145-264.

Matza, D. (1964). *Delinquency and drift.* New York: Wiley.

Messner, S. F., & Rosenfeld, R. (2001). *Crime and the American dream* (3rd ed.). Belmont, CA: Wadsworth.

Merton, R. K. (1968). *Social theory and social structure.* New York: The Free Press.

Moffitt, T. E. (1993). Adolescence-limited and life-course persistent anti-social behavior: A developmental taxonomy. *Psychological Review, 100* (October), 674-701.

Nye, F. I. (1958). *Family relationships and delinquent behaviour.* New York: Wiley.

Patterson, G. R., DeBaryshe, B. D., & Ramsey, E. A.(1989). A developmental perspective on antisocial behavior. *American Psychologist, 44*(2), 329-335.

Pratt, T. C., & Cullen, F. T. (2000). The empirical status of Gottfredson and Hirschi's general theory of crime: A meta-analysis. *Criminology, 38,* 931-964.

Quinney, R. (1970). *The social reality of crime.* Boston: Little, Brown.

_____(1980). *Class, state, and crime.* New York: Longman.

Reckless, W. (1967). *The crime problem*. New York: Appleton.

Rogosch, F. A., & Cicchetti, D. (2004). Child maltreatment and emergent personality organization: Perspectives from the Five-Factor model. *Journal of Abnormal Child Psychology, 32*, 123-145.

Sampson, R. J., & Groves, W. B. (1989). Community structure and crime: Testing social-disorganization theory. *American Journal of Sociology, 94*(4), 774-802.

Sampson, R. J., & Laub, J. H. (1993). *Crime in the making: Pathways and turning points through life*. Cambridge: Harvard University Press.

Siegel, L. J. (2008). 범죄학: 이론과 유형(이민식 외 역). 서울: CENGAGE Learning. (원전 출판 2007).

Smith, C. A., & Thornberry, T. P. (1995). The relationship between childhood maltreatment and adolescent involvement in delinquency. *Criminology, 33*, 451-477.

Sutherland, E. H., & Cressey, D. R. (1974). *Criminology* (9th ed.). Philadelphia, PA: Lippincott.

Sykes, G. M., & Matza, D. (1957). Techniques of neutralization: A theory of delinquency. *American Sociology Review, 22*, 664-670.

Thornberry, T. P., & Krohn, M. D. (1997). Peers, drug use, and delinquency. In M. S. David, J. Breiling, & J. D. Maser (Eds.), *Handbook of antisocial behavior* (pp. 218-233). New York: Wiley.

Tittle, C. R. (1995). *Control balance: Toward a general theory of deviance*. Boulder, CO: Westview Press.

Turk, A. (1969). *Criminality and legal order*. Chicago: Rand McNally.

Warr, M. (2002). *Companions in crime: The social aspects of criminal conduct*. Cambridge: Cambridge University Press.

Wilson, J. Q., & Hernstein, R. J. (1985). *Crime and human nature: The definitive study of the causes of crime*. New York: Free Press.

Wolfgang, M. E., Figlio, R. M., & Sellin, T. (1972). *Delimquency in a birth cohort*. Chicago: University of Chicago Press.

Wright, J. P., & Cullen, F. T. (2000). Juvenile involvement in occupational delinquency. *Criminology, 38*, 863-892.

_____(2001). Parental efficacy and delinquent behavior: Do control and support matter? *Criminology, 39*(3), 677-706.

Zehr, H. (2002). *The little book of restorative justice*. PA: Good Books.

기타 자료
한겨레21(2012. 8. 13.). "신상공개제도가 되레 성범죄 부추긴다는데"

제3부

교정복지의 법적 체계와 현장

제7장 형사사법체계의 이해

제8장 보호관찰제도와 교정복지

제9장 교정제도와 교정복지

제10장 치료감호 및 소년보호제도와 교정복지

형사사법체계의 이해

    범죄에 대하여 형사적 제재를 부과하기 위해서는 일정한 절차를 거쳐야만 한다. 예를 들면, 어떤 사람이 아무리 심각한 범죄를 저지르고 현행범으로 체포되어 의심할 여지없이 범죄인이라고 단정할 수 있다고 하더라도 바로 교도소로 보내져서 처벌을 받는 것이 아니다. 수사기관에 의하여 입건된 범죄사건은 경찰, 검찰, 법원 및 교정(형집행) 기관으로 구성된 형사사법체계 속에서 일정한 절차에 따라 처리된다. 한편, 교정복지는 '교정'에서의 사회복지실천을 의미하며, '교정'은 형사사법체계의 일부분이다. 따라서 교정(형집행) 분야의 사회복지사가 이 분야에 적합한 전문적인 실천을 수행하기 위해서는 형사사법체계에 대한 전반적인 이해가 반드시 요구된다.

    이 장에서는 먼저 형사사법절차가 어떠하며, 이를 관통하는 원칙은 무엇인지 개괄적으로 살펴보도록 한다. 이어서 형사사법체계를 구성하는 경찰, 검찰, 법원, 형집행 기관의 기능과 각 단계별 주요 이슈를 파악한다. 이를 통하여 수사·공소·재판의 각 단계에서의 교정사회복지사의 역할을 보다 맥락적으로 살펴본다. 마지막으로, 이러한 형사사법의 전체과정을 통하여 범죄인에게 부과되는 형사제재의 유형과 특징을 '범죄인의 처우'라는 관점에서 살펴본다.

1. 형사절차의 원칙과 개관

1) 형사절차의 일반원칙

민주적 법치국가에서 범죄를 저지른 사람은 반드시 법이 정한 일정한 절차를 거쳐서 권한이 있는 국가기관에 의하여 그 범죄 사실이 밝혀지고 유죄의 확정판결을 받을 때에만 형벌의 집행을 받게 된다. 이것을 '적법절차의 원칙'(適法節次의 原則) 또는 '형사절차법정주의'(刑事節次法定主義)라고 하는데, 「헌법」 제12조는 이를 선언하고 있다.

한편, 범죄를 저지른 사람도 적법한 절차에 의하여 법원에서 유죄의 확정판결을 받기 전까지는 무죄로 추정된다. 이것을 '무죄추정의 원칙'이라고 하는데, 이 역시 「헌법」 제27조 제4항에 규정되어 있다(박상기, 손동권, 이순래, 2009: 447). 우리 「헌법」 제12조는 "누구든지 법률에 의하지 아니하고는 체포, 구속, 압수, 수색 또는 심문을 받지 아니하며, 법률과 적법절차에 의하지 아니하고는 처벌, 보안처분 또는 강제처분을 받지 아니한다."고 적법절차의 원칙을 선언하고 있으며, 제27조 제4항은 "형사피고인은 유죄의 판결이 확정될 때까지는 무죄로 추정된다"고 하여 무죄추정의 원칙을 선언하고 있다.

2) 형사절차의 단계별 원칙과 개관

형사사법절차는 크게 수사절차, 기소절차, 공판절차 및 형집행절차의 네 과정으로 나뉜다. 여기서는 형집행절차를 제외하고 수사, 기소 및 공판 절차의 과정을 개관한다. 성인범죄인을 처리하는 형사사법절차의 전 과정은 [그림 7-1]과 같다.

(1) 수사절차

공식적인 수사절차는 현행범의 체포, 범죄신고, 고소, 고발, 자수, 진정 등 다양한 수사의 단서를 통해 수사기관이 범죄혐의를 가지고 입건(立件)하였을 때 비로소 개시된다.[1] 일반적으로 수사기관이라 함은 사법경찰과 검사를 말한다. 한편 사법경찰에는 환경, 보건, 조세 등 특별한 범죄에 한하여 관련 공무원에게 사법경찰권을 부여하는 특별

---

1) 입건 이전에 내사(內査)라고 하는 과정이 있지만 이것은 법적으로 규율되고 있는 공식제도는 아니다(박상기 외, 2009: 448).

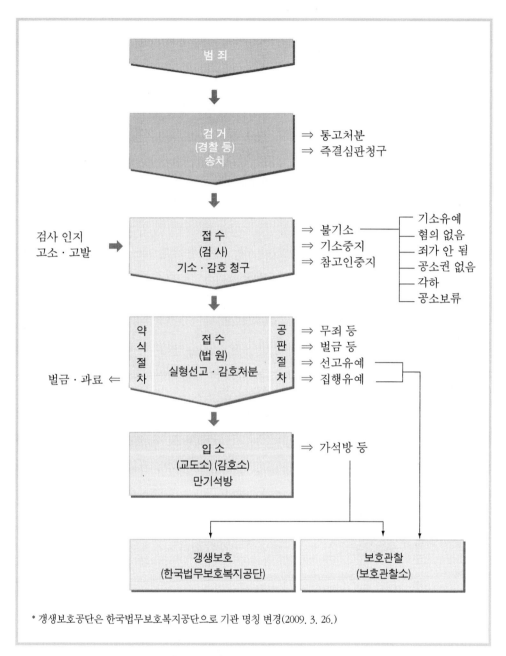

[그림 7-1] 성인범죄인의 처리과정
출처: 법무연수원(2012), p. 171.

사법경찰이 있으나 일반적으로 모든 범죄에 대한 수사권한은 일반 사법경찰과 검사에게
만 있다. 한편, 통상의 일상 범죄는 대개 사법경찰에 의하여 수사가 개시되지만, 「형사소
송법」상 사법경찰과 검사 사이에는 수사에 대한 지휘 복종관계가 형성되어 있다. 가장

피의자, 피고인, 수형자 그리고 수용자

피의자(被疑者)는 어의적으로 '의심을 받는 사람'이라는 뜻이다. 피의자는 공소제기 전에 수사기관에 의하여 수사의 대상이 되는 사람이다. 이에 반하여 피고인(被告人)은 검사에 의하여 형사책임을 져야 할 사람으로 공소가 제기된 자, 또는 공소가 제기된 자로 취급되어 있는 자를 말한다(이재상, 2012: 106). 즉, 피의자는 공소제기에 의해 피고인이 되며 형사소송의 당사자가 된다. 한편 피고인에게 형이 선고되어 확정되면 수형자가 된다. 수형자(受刑者)는 어의적으로 '형의 집행을 받는 사람'이라는 뜻이다. 따라서 피의자 또는 피고인이 구속영장에 의하여 구치소 등에 수감된 경우에도 아직 형의 집행을 받지 않기 때문에 수형자라고 할 수 없으며, 이 경우에는 '아직 형의 결정이 이루어지지 않고 수용되어 있는 사람'이라는 의미에서 미결수용자(未決收容者)라고 한다. 「형의 집행 및 수용자처우에 관한 법률」 제2조는 수형자와 미결수용자를 통칭하여 '수용자(收容者)'라는 용어로 정의하고 있다.

대표적인 수사활동은 피의자신문과 참고인조사이며, 수사의 방법은 상대방의 동의나 승낙을 받아 행하는 임의수사와 강제처분을 사용하는 강제수사가 있다. 강제수사는 수사대상자의 기본권을 침해하기 때문에 필요최소한에 그쳐야 하며, 임의수사가 원칙적인 수사방법이다. 따라서 체포, 구속, 압수, 수색 등 강제처분에 의한 강제수사를 할 경우에는 「형사소송법」에 규정된 절차를 엄격히 준수하여야 하며, 원칙적으로 법관이 발부한 사전영장을 제시하여야 한다. 이를 '영장주의'(令狀主義)라고 하는데, 체포영장, 구속영장, 압수영장 등 각개의 강제처분에 상응하는 별도의 영장이 있다(박상기 외, 2009: 447-448).

(2) 공소절차

수사절차가 종결되는 대표적인 경우는 공소의 제기 또는 불기소 처분이다. 검사는 수사결과 범죄의 객관적 혐의가 인정되고 유죄의 판결을 받을 수 있다고 판단할 때에는 공소를 제기한다. '공소'(公訴)란 법원에 대하여 특정한 형사사건의 심판을 요구하는 검사의 법률행위적 소송행위를 말한다(이재상, 2012: 354). 우리나라는 공소제기와 관련하여 검사의 '기소독점주의'(起訴獨占主義)와 '기소편의주의'(起訴便宜主義)를 채택하고 있다. 따라서 사법경찰(특별사법경찰 포함)이 범죄인을 입건하여 수사를 행한 후에는 통고처분제도[2] 등에 따라 범칙금을 납부한 사건과 즉결심판사건을 제외한 모든 사건을 검사에게 송치하도록 되어 있다. 즉, 사법경찰관에게는 수사종결권이 없다. 이것이 검사의 '기소독점주의'다(박상기 외, 2009: 449, 법무연수원, 2012: 172).

한편, 검사는 그 송치받은 사건 및 직접 인지하거나 고소, 고발을 받은 사건에 대해 수사를 진행하여 기소 여부를 결정한다. 검사는 수사를 완료하면 우선 범죄의 성립 여부를 판단한 다음, 범죄가 성립되지 아니하는 경우에는 불기소하고, 범죄가 성립되는 경우에는 정상 자료와 처벌의 필요성 또는 타당성 여부에 관한 모든 사정을 고려하여 기소 여부를 결정하게 된다. 불기소의 종류로는 기소유예, 혐의 없음, 죄가 안 됨, 공소권 없음, 기소중지, 참고인중지, 각하 등이 있다.[3] 이 중에서 기소유예처분은 범죄의 혐의가 충분하고 소송조건을 갖추었는데도 검사의 재량에 의한 불기소처분을 인정한 것으로서, 이를 '기소편의주의'라고 한다(박상기, 손동권, 이순래, 2009: 449).

(3) 재판절차

검사가 법원에 공소를 제기하면 재판절차가 개시된다. 공소의 제기는 공소장을 법원에 제출함으로써 이루어진다. 이때 법정에서의 공판심리는 우선적으로 '공개재판의 원칙'(公開裁判의 原則)이 적용된다(박상기 외, 2009: 450). 다만 약식 사건의 경우에는 간이(簡易), 신속한 서면 심리에 의하여 벌금, 과료 등의 형이 과해진다. 공판절차에 의하여 유죄가 인정되는 경우에는 사형, 무기징역, 무기금고, 유기징역, 유기금고, 구류(이상은 자유형), 자격상실, 자격정지(이상은 자격형), 벌금, 과료(이상은 재산형)의 형이 선고되는데, 1년 이하의 징역이나 금고, 자격정지 또는 벌금의 형을 선고할 때에는 그 선고를 유예할 수 있고, 3년 이하의 징역이나 금고의 형을 선고할 때에는 1년 이상 5년 이하의 기간 동안 형의 집행을 유예할 수 있다. 유죄의 재판이 확정되어도 집행유예가 선고된 경우에는 집행유예가 실효되거나 취소됨이 없이 유예기간을 경과하면 형의 선고는 효력을

---

2) 경찰의 통고처분제도는 「조세범 처벌절차법」 제9조, 「관세법」 제311조, 「출입국관리법」 제102조, 「도로교통법」 제163조, 「경범죄처벌법」 제6조, 「자동차관리법」 제86조에 각 규정되어 있다.

3) 범죄가 성립되나 처벌의 필요성이 없다고 하여 불기소하는 것을 기소유예라고 한다. 검사는 범죄혐의가 인정되지 아니하거나 증거가 불충분한 경우에는 '혐의 없음' 결정을 하여야 하며, 구성요건 해당성은 있으나 위법성 또는 책임조작 사유가 있는 경우에는 '죄가 안 됨' 결정을 하여야 한다. 또한 소송요건을 구비하지 못한 경우에는 '공소권 없음' 결정을 하여야 하며, 고소 자체로 범죄혐의가 명백히 없거나 반복적 고소 등에 대하여는 고소(고발)의 남용을 막기 위하여 각하 결정을 할 수 있다. 그 외에도 피의자의 소재불명 등의 이유로 인해 수사를 종결할 수 없는 경우에는 그 사유가 해소될 때까지 '기소중지' 결정을 할 수 있고, 주요 참고인의 소재불명으로 인하여 수사를 종결할 수 없는 경우에는 그 사유가 해소될 때까지 '참고인중지' 결정을 할 수 있다(법무연수원, 2012: 172).

잃고, 선고유예의 경우는 선고유예를 받은 날로부터 2년을 경과하면 면소된 것으로 간주된다(법무연수원, 2012: 173).

이러한 유무죄의 판결과 면소판결이 확정되면 심판절차는 종료되고, 동일한 사건에 대하여 다시 유효한 공소를 제기할 수 없는 '일사부재리의 원칙'(一事不再理의 原則)이 적용된다(박상기, 손동권, 이순래, 2009: 451). 한편, 심신장애자, 마약중독자, 알콜중독자 등 정실질환 범죄인에 대하여는 「치료감호법」(2005. 8. 4. 제정)에 의하여 피치료감호자를 치료감호시설 내에 수용하여 치료를 위해 필요한 조치를 취하는 치료감호 보안처분을 부과하고 있다. 그리고 2008년 9월 1일부터 「특정 성폭력범죄인에 대한 위치추적 전자장치 부착에 관한 법률」이 시행됨에 따라 성폭력범죄인이 2회 이상 징역형의 실형을 선고받아 그 형기의 합계가 3년 이상인 자가 집행종료 후 5년 내 성폭력범죄를 저지른 경우 등과 같이 일정한 요건을 충족한 성폭력범죄인에 대해서는 새로 도입된 위치추적 전자장치(속칭 전자발찌) 부착제도가 시행되고 있다(법무연수원, 2012: 174).

2. 형사절차와 교정복지

제1장에서 살펴보았듯이, 이 책에서는 교정복지의 개념을 협의로 보아 형집행(교정) 단계에서의 범죄인처우에 초점을 맞추고 있다. 그러나 형집행 단계에서 활동하는 교정 사회복지사의 경우에도 형집행 이전 단계에 관여하거나 직간접적으로 영향을 받는 경우가 있다. 전자의 예로는 판결전조사 등 재판단계의 조사나 개입활동이 있으며, 후자의 예로는 경찰단계의 범죄예방활동이나 검찰의 선도조건부 기소유예제도 등이 대표적이다. 여기서는 이러한 측면에 초점을 맞추어 교정사회복지사의 실천활동과 관련된 중요한 제도나 이슈를 중심으로 논의를 전개하도록 한다.

1) 수사단계와 교정복지

(1) 수사단계의 주요 이슈

① 경찰의 범죄예방활동

경찰은 국민의 생명·신체 및 재산의 보호와 범죄의 예방·진압 및 수사, 경비·요인의 경호 및 대간첩작전수행, 치안정보의 수집, 교통 단속 등 공공의 안녕과 질서유지를 위한 다양한 임무를 수행한다(「경찰관직무집행법」 제2조 참조). 이 중에서 특히 범죄에 관한 경찰의 주요 기능은 수사와 범죄예방활동이다. 범죄예방은 범죄의 발생을 사전에 방지하기 위한 활동인데, 경계태세를 갖추고 범죄활동을 제지하고 나아가 범죄의 유인이 되는 것을 사전에 제거하는 활동을 말한다. 검찰의 범인검거 및 수사활동이 범죄인의 적정한 처분을 목표로 하는 것이라면 경찰의 공안 또는 치안경찰활동은 범죄예방과 범죄피해의 확대 방지가 주요 목표라고 할 수 있다(김용우, 최재천, 2006: 267).[4]

이러한 경찰의 범죄예방 활동은 방범활동이라고도 하며, 크게 일반방범활동과 특별방범활동으로 나눌 수 있다. 일반방범활동은 범죄의 기회와 범죄 유발요인의 제거 또는 저감시키는 활동을 지칭한다(송광섭, 2003: 313). 외근경찰관이 관내 지역을 순찰하며 불

경찰의 수사권 독립 문제

우리나라는 현실적인 범죄수사 대부분을 사법경찰이 담당하고 있는데도 수사의 주도적 지위를 검사가 갖도록 하는 제도를 가지고 있다. 여기에서 일선 수사관은 경찰간부와 검사의 이중적 지휘를 받아 수사해야 하는 어려움이 발생한다. 이런 상황에서는 수사가 능률적으로 이루어지기도 어렵고, 시간이 지연되는 문제도 있으므로 경찰의 수사권을 검찰로부터 독립시켜야 한다는 주장이 있다. 그러나 다른 한편으로는 검사가 수사지휘권을 갖는 것은 경찰의 불법수사를 감시 · 감독함으로써 피의자 · 피고인의 인권보장을 꾀하기 위한 수단이기 때문에 필요하다는 의견도 만만치 않다. 주로 검찰 측에서 주장하는 후자의 견해의 배후에는 검사가 수사권을 갖지 않으면 아무런 실권도 없는 단순한 공소기관으로 전락한다는 위기의식이 깔려 있는 것도 사실이다. 경찰의 수사권 독립은 무엇보다도 경찰의 인권의식에 대한 변화가 전제되어야 한다. 나아가 우수한 전문 수사인력을 확보할 수 있어야 한다. 이것은 경찰이 실질적으로 독립된 수사권을 행사할 수 있을 만큼 내용적으로 성장해야 한다는 것을 의미한다.

출처: 배종대(2011), p. 351.

---

4) 경찰조직은 독립된 기관인 경찰청을 정점으로 시 · 도 단위에 지방경찰청을 두고 있으며, 그 아래에 인구 5만 명을 단위로 경찰서가 설치되어 있고, 제일 말단에는 경찰서에서 파견된 경찰관들이 근무하는 파출소가 있다. 경찰조직의 핵심은 경찰서라고 할 수 있는데, 일반적으로 청문감사관, 경무과, 생활안전과(여성청소년계), 수사과(사이버수사팀), 교통과, 경비과, 정보과, 보안과 등으로 구성되어 있다(최옥채, 2010: 90-91).

심검문하거나 요보호자에 대한 보호활동, 담당 구역 내의 가정·상점 등을 방문하여 범죄예방과 관련된 지도와 계몽활동, 정보의 수집 및 조사와 단속 등의 활동을 수행하는 것을 말한다(「경찰관직무집행법」 제4조 내지 제7조 참조). 한편 특별방범활동은 특별한 대상만을 상대로 하거나 특별한 사항에 관하여 행하는 방범활동을 말한다(송광섭, 2003: 313). 여기에는 우범지역의 파악과 대책수립, 우범자에 대한 감시 및 보호, 소년경찰의 청소년방범지도 그리고 연말연시의 특별경계활동 등이 포함된다(김용우, 최재천, 2006: 270-271).

② 범죄검거율의 문제

검거율은 인지된 범죄사건에 대한 검거된 사건의 비율을 말하는데, 경찰활동의 수준을 나타내는 중요한 척도가 된다는 점에서 중요한 의미를 가진다(배종대, 2011: 353). 지난 10년간 전체 범죄 발생 및 검거 현황을 보면 다음 〈표 7-1〉과 같다.

표 7-1　지난 10년간 전체 범죄 발생 및 검거 현황 (2001-2010년)

연도	발생건수(건)	인구 10만 명당 발생건수	검거건수(건)	검거율(%)	검거인원(명)
2001	1,985,980	4,193.6	1,763,346	88.8	2,234,283
2002	1,977,665	4,152.8	1,826,852	92.4	2,267,557
2003	2,004,329	4,188.0	1,776,049	88.6	2,184,975
2004	2,080,901	4,331.6	1,862,234	89.4	1,565,365
2005	1,893,896	3,934.3	1,624,522	85.7	1,897,093
2006	1,829,211	3,733.7	1,569,547	85.8	1,813,816
2007	1,965,977	3,987.7	1,720,000	87.5	2,099,447
2008	2,189,452	4,419.5	1,914,469	87.4	2,322,822
2009	2,168,185	4,356.1	1,933,566	89.2	2,393,844
2010	1,917,300	3,795.5	1,620,942	84.5	1,769,898

출처: 법무연수원(2012), p. 44.

〈표 7-1〉을 보면, 2010년 기준 우리나라의 검거율은 84.5%다(법무연수원, 2012: 44). 이는 다른 나라의 2~4배에 가까운 매우 높은 검거율이다(배종대, 2011: 353)[5]. 그런데 이러

---

5) 예를 들면, 독일의 경우 1996년 범죄해결률이 49%에 불과하였지만 이는 1969년 이래 최대치를 기록한 것이고, 일본의 1995년 검거율은 57.7%에 머물고 있다(박상기 외, 2009: 452).

한 검거율에 대해서 대부분의 형사정책학자들은 부정적인 견해를 보이고 있다. 그 이유는 ① 우리나라 수사기관의 성과주의 문화에 의한 인위적 조작가능성, ② 흉악범죄를 제외하면 아예 인지되지 않은 범죄가 매우 많다는 점(소위 암수범죄의 문제), ③ 수사단계의 자백이 많아 검거율을 높이고 있다는 점, 그리고 ④ 죄종에 따라서는 검거건수가 인지건수로 기록되는 경우도 있다는 점[6]이 이유로 제시되고 있다(김용우, 최재천, 2006: 268; 박상기 외, 2009: 452-454; 배종대, 2011: 353; 정영석, 신양균, 1997: 455).

(2) 수사단계와 교정사회복지사의 역할

수사단계, 특히 경찰단계에서 사회복지사가 개입하는 것은 제도적으로 마련되어 있지 않다(최옥채, 2010: 92). 그럼에도 불구하고 교정사회복지사는 간접적인 방법으로 경찰의 범죄예방활동에 참여할 수 있다. 지역사회를 기반으로 활동하는 사회복지사는 청소년 우범지역 등에 대한 정보를 가지고 있으며, 범죄와 관련된 지역주민의 우려와 불만사항을 잘 알 수 있다. 이러한 정보들은 경우에 따라서 적절한 방식으로 경찰에 제공될 필요가 있다. 또한 교정사회복지사는 경찰관과 합동으로 우범지역 순찰 등 지역사회 방범활동에 직접 참여할 수도 있다. 특히 교정사회복지사는 암수범죄 문제와 관련하여 중요한 역할을 수행할 수 있다. 예를 들면, 외부로 잘 드러나지 않는 가정폭력범죄에 교정사회복지사의 복지적 접근의 필요성은 더 커진다고 할 수 있다. 또한 정신지체장애 여자청소년이 성폭력 피해에 지속적으로 노출될 경우, 그 여자청소년을 위하여 문제를 제기하는 역할을 수행하는 적극적 개입노력이 요구된다.

한편, 경찰에서도 다양한 차원의 민간조직을 육성, 운영하고 있다. 따라서 교정사회복지사도 이러한 경찰단계의 민간자원봉사조직의 구성원, 예컨대 행정발전위원이나 명예경찰 등으로 참여하여 활동할 수 있다. 교정사회복지사는 이러한 참여활동을 통해 경찰과 밀접한 관계를 갖고 주로 청소년비행을 예방하는 데 개입할 수 있고, 나아가 지역사회의 범죄예방을 위한 지역사회조직가로서도 활동이 가능하다(최옥채, 2010: 93).

---

6) 예를 들면, 증수뢰죄, 「도로교통법」 위반죄, 가정폭력범죄 등은 범인을 검거하면서 인지되는 것이 통상적이다(김용우, 최재천, 2006: 268).

2) 공소단계와 교정복지

(1) 공소단계의 주요 이슈

① 기소유예제도

검사는 양형조건의 여러 사항을 참작하여 범죄혐의가 있고 소송조건이 구비되어도 공소를 제기하지 않을 수 있다(「형사소송법」 제247조 1항). 이러한 검사의 불기소처분을 '기소유예'라고 한다. 이와 같이 기소유예제도를 인정하는 것을 기소편의주의라고 한다. 이러한 기소편의주의는 피의자에게 전과의 낙인 없이 기소 전의 단계에서 사회복귀를 가능하게 하고, 법원 및 형집행 기관의 부담을 덜어 줄 수 있다는 점에서 형사정책적인 의미가 상당하다고 볼 수 있다(박상기 외, 2009: 465-466). 2001년부터 2010년까지 검찰처리사건 중 불기소인원의 비율을 보면, 2002년 41.9%로 최저치를 보였으며 그 이후에 상승하기 시작하여 2010년에는 55.1%를 기록하였다. 이 중에서 2010년의 기소유예사건은 351,939건으로 전체 검찰처리사건의 32.7%다(법무연수원, 2012: 186).

한편, 2010년도 주요 죄명별 기소유예인원과 기소유예율을 보면, 기소유예율이 낮은 범죄는 간통(0.2%), 살인(1.9%), 「교통사고처리특례법」 위반(3.2%), 「향토예비군설치법」 위반(3.4%) 등이다. 인원에 있어서는 절도 45,220명, 「폭력행위 등 처벌에 관한 법률」 위반 43,897명, 상해 35,466명, 「도로교통법」 위반 25,644명, 「성매매알선 등 행위의 처벌에 관한 법률」(이하 '성매매법'이라 한다) 위반 17,302명으로 5개 범죄의 기소유예인원이 167,529명으로서 전체 기소유예인원의 47.6%를 점하고 있다. 기소유예율이 가장 높은 「성매매법」 위반(65%)의 경우는 검찰이 초범인 성구매자에 대해서는 성구매자 교육프로그램 이수 조건부 기소유예, 즉 존스쿨(John School) 제도를 적극 시행한 결과로 풀이된다(법무연수원, 2012: 188).

특히 소년범에 대해서는 1981년부터 전국적으로 선도조건부 기소유예제도가 법무부훈령으로 도입되어 활용 중에 있다가 최근 「소년법」의 개정으로 정식으로 입법화되었다. 이것은 소년선도보호제도의 하나로서 범죄소년을 소년절차의 초기단계에 이탈시켜 보호관찰관이나 민간자원봉사자인 '법사랑위원'(구 범죄예방위원)의 지도감독을 받게 함으로써 사회복귀와 재범방지를 도모하는 제도다(박상기 외, 2009: 467). 그러나 선도조건부 기소유예제도에 대해서는 실질적인 자유제한처분임에도 불구하고 검사가 법원의 재판 없이 단독으로 행하는 것은 무죄추정원칙에 반하고 검사의 자의적인 재량에 의하여 좌우된다는 비판이 제기되고 있다(박상기 외, 2009: 467; 정영석, 신양균, 1997: 461). 이러한 비판에 따라 2008년에는 고소인 또는 고발인은 검사의 불기소처분에 대하여 「검찰청법」에 의한 항고 및 재항고를 청구할 수 있도록 형사소송법의 관련 규정이 개정되었다.

② 미결수용제도

미결수용 또는 미결구금제도는 수사나 재판의 진행 중에 수사·공판심리의 원활한 진행을 도모하고 신병 확보와 증거인멸 방지를 위하여 피의자·피고인을 일정한 국가시설에 수용(구금)하는 강제처분을 말한다(박상기 외, 2009: 478; 배종대, 2011: 357). 다시 말해, 미결수용은 검사의 청구로 법원이 발부한 구속영장에 의하여 피의자 또는 피고인을 구치소 등에 강제로 수용하는 것이다.[7] 「형사소송법」은 미결수용을 '구속 또는 구금'이라는 용어로 표현하고 있다. 여기서 구속이란 피의자 또는 피고인의 신체의 자유를 체포에 비하여 장기간에 걸쳐 제한하는 강제처분이다(이재상, 2012: 253). 미결수용은 시간적으로 둘로 나눌 수 있는데, 하나는 공소제기 이전 수사절차상 피의자에 대한 미결수용이고, 다른 하나는 공소제기 이후 재판절차상의 피고인에 대한 미결수용이다. 미결수용은 형벌은 아니지만 실질적으로 자유를 박탈하는 구금조치이기 때문에 형사정책 측면에서 중요한 의미를 가진다. 이러한 미결수용의 근본문제는 "아직 유죄가 확정되지 않은 피의자 및 피고인의 자유를 제한하는 처분이 정당화될 수 있는가?"라는 점에 있다(배종대, 2011: 358).

여기서 미결수용을 위한 영장의 규제와 미결수용시설의 관리문제가 중요한 이슈로 등장하게 된다(배종대, 2011: 358-359). 「형사소송법」 제198조 1항은 "피의자에 대한 수사는 불구속 상태에서 함을 원칙으로 한다."고 규정하고 있다. 이와 같이 임의수사가 원칙이고 구속을 수반하는 수사, 즉 강제수사는 예외적으로 인정되기 때문에 법원의 영장실질심사제도는 매우 중요한 의미를 가지는 통제수단이 된다. 구속은 형사소송에의 출석을 보장하며, 증거인멸에 의한 수사와 재판심리의 방해를 없애고 확정된 형벌의 집행을 확보하기 위하여 필요 최소한으로 운용되어야 한다(「형사소송법」 제70조 및 제201조 참조).

미결구금 대상자는 유죄가 확정된 상태가 아니므로 교도소와 구별되는 별도의 교정시

---

7) 이를 협의의 미결수용이라고 하면서, 넓은 의미의 미결수용은 여기에 더하여 사형확정자를 사형집행 전까지 구치소나 교도소의 미결수용실에 수용하는 것을 포함해야 한다는 견해가 있다(정갑섭, 1990: 470; 허주욱, 1997: 669). 그러나 이는 단지 실무적인 차원에서 미결수용자와 같이 취급하는 것뿐이지 이미 형이 확정된 자를 개념적으로 '미결'로 취급하는 것은 타당하지 않다고 본다(박상기 외, 2009: 478-479).

설, 즉 구치소에 수감된다(「형의 집행 및 수용자의 처우에 관한 법률」 제11조). 다만 국가재정의 형편을 고려하여 일정한 사유가 있는 경우 교도소의 일부 구역에 미결수용실을 설치하여 수용할 수 있다(같은 법 제12조). 한편 미결수용자에게는 유죄의 확정판결을 받은 수형자와 달리 변호인과의 접견교통권을 완전히 보장해 주어서 재판과정에서 정당한 권리행사가 가능하도록 해야 한다. 무엇보다 미결구금의 장소가 새로운 범죄수법을 학습하는 곳이 되지 않도록 특별한 배려가 필요하다(배종대, 2011: 359).

(2) 공소단계와 교정사회복지사의 역할

공소단계에서의 교정사회복지사의 역할로 가장 주목할 만한 부분은 선도조건부 기소유예와 관련된 활동이다. 만약 그가 보호관찰관으로 채용되어 활동하는 경우라면, 보호관찰소 선도조건부 기소유예청소년의 지도감독과 성매매자에 대한 기소유예부 특별교육프로그램(소위 '존스쿨')의 운영을 직접적으로 담당할 수 있다. 전체 형사사법과정에서 기소유예는 가장 경미한 경우에 해당되는 대상자들이므로 이들이 재범하지 않도록 조기에 개입하는 노력이 필요하며, 이는 효과적이다. 보호관찰관이 아닌 경우에도 민간자원봉사조직인 범죄예방위원회에 가입하여 활동하거나 독자적으로 검사로부터 선도유예자의 신병을 인수하여 그들의 교화와 개선을 위한 실천활동에 참여할 수 있다.

한편 교정시설에서 일하는 교도관이나 교정사회복지사는 미결수용 상태에 있는 수용자를 위하여 주의하여 활동할 필요가 있다. 미결수용의 기간은 통상 수개월 이상이 소요되기도 하는데, 미결수용자는 아직 형의 확정 전 단계에 있으므로 본격적인 교정교화프로그램이 적용되지 않는 '처우의 사각지대'에 놓여 있기 마련이다. 또한 미결구금 상태에 있는 경우에는 자신의 행동에 대한 죄책감과 재판결과나 미래에 대한 불안감으로 심리적으로 매우 불안정한 상태에 있을 수 있다. 경우에 따라서는 자살 등의 수용사고도 발생할 수 있기 때문에 특히 예후가 불안한 수용자에 대해서는 적극적인 위기개입이 필요하다.

3) 재판단계와 교정복지

(1) 재판단계의 주요 이슈

① 양형의 합리화와 판결전조사

검사에 의하여 공소가 제기되면 범죄사건은 법원의 영역으로 넘어가게 된다. 법관은 적용하여야 하는 형벌법규에 규정된 '법정형'(法定刑)과 여기에 가중 또는 감경하여야 할 사유[8]를 적용한 '처단형'(處斷刑)의 범위 내에서 형의 종류와 그 양을 결정한다. 이와 같이 구체적으로 언도하여야 할 형의 종류와 양을 정하는 것을 '양형'(量刑)이라고 하며, 양형의 결과로 법원이 실제로 선고하는 형을 '선고형'(宣告刑)이라고 한다(김용우, 최재천, 2006: 280).

문제는 이러한 양형과정에서 그 기준을 어떻게 정립하는가에 있다. 법관에 따라 선고형의 편차가 크게 발생할 경우, 형벌의 적용 시 불평등이 발생하고 법원을 비롯한 형사사법기관의 권위가 실추되기 때문이다. 실제로 우리나라 형사실무는 양형의 지역 간 불균형 문제, 법관 간의 개인편차의 문제로 양형의 불공정에 대한 논란이 적지 않게 일어난다(박상기 외, 2009: 474). 이렇게 되면 궁극적으로 법에 대한 신뢰가 무너져서 종국에는 사회질서의 유지가 어려워질 것이다. 따라서 양형을 합리화하고 법관에 의한 자의적 양형편차를 줄이기 위한 다양한 노력이 필요하다.

이러한 양형합리화 방안의 하나로서 양형지침서 또는 양형기준표의 작성과 활용이 요구되기도 한다(박상기, 손동권, 이순래, 2009: 385-386). 미국에서는 1987년부터 연방양형위원회가 작성한 양형지침서가 시행되고 있다. 미국에서 만들어진 양형기준표는 도표방식인데, 범죄의 종류와 중대성 · 피해정도 · 지역사회에 끼친 충격 등 43개의 범죄인자를 수직축에, 나이 · 학력 · 취업상황 등 6개의 범죄인경력 칼럼은 수평축에 배치하여 가로와 세로가 만나는 지점의 양형 범위를 따르게 하고 있다. 최근 우리나라도 「법원조직법」의 개정을 통하여 법관 이외에 변호사, 범죄학자, 법학교수 등으로 구성된 양형위원회 제도를 도입하였고, 그 양형위원회로 하여금 양형기준을 설정하도록 하였다.

한편, 양형합리화의 또 다른 유력한 방안으로서 판결전조사제도가 있다(김용우, 최재천, 2006: 349; 박상기 외, 2009: 385; 배종대, 2011: 370-371; 이재상, 2011: 55). 특히 우리나라에서 양형지침서를 양형의 참고자료로 활용하기 위해서는 판결전조사제도의 도입이 전제되어야 한다(송광섭, 2003: 351). 원래 미국의 경우 보호관찰관이 작성한 판결전조사보고서는 지침서가 적용되기 이전부터 법관의 주된 양형자료가 되며 판결전조사의 보고절차가 끝난 후에는 이를 근거로 해서 법관은 지침서에 제시된 적절한 범위 내에서 형을

---

8) 형법에 규정된 가중 또는 감경사유의 대표적인 것들은 다음과 같다. 우선 형의 가중사유로는 누범 또는 경합범의 가중 등이 있고, 감경사유로는 심신미약자에 대한 필요적 감경과 장애미수범에 대한 임의적 감경 등이 있으며, 감경 · 면제사유로는 과잉방위, 과잉피난, 자수와 자복 등에 대한 임의적 감면과 중지미수범에 대한 필요적 감면 등이 있다.

선고하기 때문이다. 판결전조사제도는 유죄가 인정된 자에게 적합한 처우를 찾아낼 수 있도록 판결을 내리기 전에 피고인의 인격·소질·환경에 대한 과학적 조사를 하여 이를 양형의 기초자료로 이용하는 것을 말한다(김용우, 최재천, 2006: 349; 배종대, 2011: 370).

판결전조사제도는 원래 소송절차가 이분되어 있는 미국에서 '프로베이션'(probation)[9]의 발전과 역사적 맥락을 같이한다. 소송절차가 이분되었다 함은 유무죄를 인정하는 절차와 양형절차를 구분하여 유무죄 인정 이후에 법관이 양형에 참고하기 위하여 보호관찰관 등에게 과학적 조사를 명하고, 법관은 조사된 보고서를 양형의 유용한 자료로 삼는 것을 말한다. 특히 판결전조사서의 내용은 향후 교정기관에서 해당 범죄인을 처우할 때에도 주요한 참고자료로 활용할 수 있는 장점이 있다.

우리나라에서는 1989년 보호관찰제도의 도입 당시부터 소년 형사범에 대하여는 이러한 판결전조사제도를 시행하여 왔다. 그러나 법률의 규정에도 불구하고 실무상에서는 소년범 외에 성인범에 대한 법원의 판결전조사 요구가 지속적으로 증가되었으며 2004년부터는 오히려 성인사건에 대한 요구건수가 소년사건의 경우를 넘어섰다(법무연수원, 2012: 200). 이러한 실무현장의 실태를 반영하여 2008년 12월 26일 「보호관찰 등에 관한 법률」 개정을 통해 성인 피고인에 대한 판결전조사가 가능하도록 법률적 근거가 마련되었다. 이에 따라 법원은 피고인에 대하여 관할 보호관찰소장에게 범행 동기, 직업, 생활환경, 교우관계, 가족상황, 피해회복 여부 등 피고인에 대한 사항의 조사를 법률적으로 요구할 수 있게 되었다(같은 법 제19조).

② 선고유예와 집행유예

범죄의 정도가 경미한 초범자나 우발적 범죄인 등에 대하여는 아예 형을 선고하지 않거나 집행하지 아니하는 것이 형사정책의 목적상 유리할 수 있다. 이를 위한 것이 선고유예와 집행유예 제도다(박상기 외, 2009: 474).

먼저 선고유예는 1년 이하의 징역이나 금고, 자격정지 또는 벌금의 형을 선고할 경우에 양형사유를 참작하여 개전(改悛)의 정상이 현저할 때 법관이 그 선고를 유예하는 것

---

9) 원래 우리나라의 '보호관찰제도'(probation & parole)라 함은 영미의 선고유예 또는 집행유예인 'probation' 과 가석방인 'parole' 의 양자를 포함하는 개념이다. 그런데 'parole' 보다는 'probation' 이 형사정책적으로 더 많이 활용되고 그 기능도 중요하기 때문에, 사회내처우를 대표하는 제도로서 종종 '보호관찰' 또는 '보호관찰제도' 라고 번역되어 'probation' 이 사용되기도 한다. 여기서는 개념적으로 위에서 설명한 양자를 엄격히 구분할 필요가 있으므로 보호관찰이라고 번역하는 대신 '프로베이션(probation)' 이라고 표기하도록 한다. 자세한 내용은 이 책의 p. 218 참조.

이다(「형법」 제59조). 형의 선고를 유예하는 경우에 재범방지를 위하여 지도 및 원호가 필요한 때에는 1년간의 보호관찰을 받을 것을 명할 수 있다(같은 법 제59조의2). 이러한 보호관찰부 선고유예는 미국의 프로베이션과 거의 같은 것이다(박상기 외, 2009: 475).

한편, 형집행유예제도는 영미식의 보호관찰제도와 유럽대륙 벨기에 · 프랑스식의 조건부판결제도(sursis)로 구분된다(박상기 외, 2009: 475). 미국의 경우 19세기 중반부터 프로베이션제도를 발전시켜 왔다. 유죄판결(conviction)과 형의 선고(sentencing)가 이분화된 소송절차를 가지고 있는 미국의 경우, 배심재판에 의하여 유죄가 평결된 피고인에 대하여 법원이 형의 선고를 하지 않고 일정한 준수사항을 부과하고 보호관찰관의 지도감독을 받도록 할 수 있다. 보호관찰 기간이 무사히 경과되면 비록 유죄평결을 받았다고 하더라도 그에 대한 형벌은 아예 선고되지 않은 결과가 된다.

반면 이러한 미국의 프로베이션제도가 19세기 중반 이후 유럽으로 전파되어 조건부판결제도와 조건부특사제도의 두 가지 형태로 변형 · 발전되었다. 조건부판결제도는 벨기에 및 프랑스의 제도로서, 형을 선고하기는 하지만 유예기간이 무사히 경과되면 자동적으로 형의 선고가 없었던 것과 동일한 효과가 발생하는 것이다. 조건부특사제도는 독일의 제도로서 유예기간을 무사히 보내면 사면에 의하여 형집행을 면제하는 것을 내용으로 한다.

우리나라의 「형법」 제62조는 법원이 3년 이하의 징역 또는 금고의 형을 선고할 경우에 양형사유를 참작하여 1년 이상 5년 이하의 기간을 정하여 형의 집행을 유예할 수 있다고 규정하고 있다. 또한 이러한 유예기간이 무사히 경과할 때에 형의 선고는 효력을 잃는 것으로 규정하고 있다(같은 법 제65조). 이를 통해 볼 때 우리나라는 벨기에 및 프랑스식의 조건부판결제도를 채택한 것으로 볼 수 있다. 형의 집행을 유예하는 경우에는 보호관찰을 받을 것을 명하거나 사회봉사 또는 수강을 명할 수 있다(같은 법 제62조의2).

(2) 재판단계와 교정사회복지사의 역할

교정사회복지사가 재판과정에 직접적으로 참여하여 활동할 수 있는 기회는 많지 않다. 만약 자신이 담당했던 범죄인이 재범하여 재판을 받게 될 경우에는 그를 위하여 법률구조공단의 법률서비스 자원을 연계하는 자원중개자(broker)의 역할을 하거나 수사기관이나 법원에 탄원서를 제출하는 등 옹호자(advocator)의 활동을 할 수 있다. 교정사회복지사는 예외적으로 지역사회에서 성폭력피해를 당한 아동 등 피해자를 위한 활동도 할 수 있다. 그들의 후견인이 되거나 증인으로 재판과정에 참여할 수 있다. 심리 및 성격검사 등에 역량이 있는 정신보건사회복지사의 경우에는 법원의 전문자원으로 위촉되어 심신미약 상태에 있는 범죄인의 정신감정이나 자문에 응할 수도 있다.

한편 그가 보호관찰관으로 채용되어 일한다면 이 단계에서 가장 영향력 있는 활동 중에 하나는 판결전조사 보고서의 작성이 될 것이다. 원래 판결전조사는 미국에서 보호관찰의 적격 여부를 판단하기 위하여 법원이 보호관찰관에게 피고인에 관한 자료수집과 과학적 조사를 의뢰하고 이를 기초로 법관이 양형하면서 발전해 온 것이기 때문이다(김용우, 최재천, 2006: 283; 박상기 외, 2009: 385; 배종대, 2011: 370; 송광섭, 2003: 349). 정식으로 채용된 보호관찰관이 아니더라도 교정사회복지사는 자신의 전문적 지식을 활용하여 보호관찰관의 조사서 작성에 참여하거나 도움을 줄 수 있다. 예를 들면, 특정한 성격 및 심리 검사에 자격증을 소지한 교정사회복지사는 보호관찰관 또는 법원의 직접적인 의뢰에 의해 심리검사 등을 수행하여 이를 조사서나 양형에 활용하도록 제공할 수 있다.

3. 형사제재와 범죄인처우

여기서는 먼저 형사사법의 과정을 거치면서 범죄인에게 부과되는 형사제재의 유형과 특징을 살펴본다. 형사제재는 크게 형벌과 보안 및 보호처분으로 구분된다. 한편, 소년에 대한 형사제재에는 「소년법」에 의하여 성인과 차별된 특칙이 적용되는데, 이를 특별히 '소년사법'이라고 하여 별도로 다루는 것이 일반적이다.

이어서 형사제재의 유형과 특징을 '범죄인의 처우'라는 관점에서 구분하여 정리하도록 한다. 이를 통하여 제8장(사회내처우)과 제9장 및 제10장(시설내처우)에서 보다 구체적으로 제시될 처우영역별 논의의 토대를 마련하도록 한다.

1) 형벌

(1) 형벌의 의의와 종류

① 형벌의 의의

형벌은 가장 대표적인 범죄대책으로서 "범죄행위에 대한 형사제재로서의 해악을 내용으로 하는 국가적 강제수단"(박상기 외, 2009: 295)이다. 그리고 형벌은 범죄인의 책임을 전제로 하는 법익의 박탈임에 비하여 보안처분은 장래의 위험성을 전제로 한다는 점에서 양자의 차이가 있다.

　형벌의 특징은 다음과 같이 정리될 수 있다(김용우, 최재천, 2006: 179). ① 이미 발생한 범죄행위에 대한 사후적 대응이다. ② 범죄행위에 대한 공동체의 비난 또는 불승인을 내포한다. ③ 범죄인으로부터 자유와 권리를 박탈 또는 제한하는 기능을 한다. ④ 국가의 공적 제재수단이라는 점에서 언제나 공형벌(公刑罰)만을 뜻한다. ⑤ 국가권력에 의한 예정된 강제로서 범죄인에게 선택이나 회피의 기회를 줄 수 없다.

　② 형벌의 본질

　형벌의 본질과 목적을 어디에 둘 것인가에 대해서는 크게 응보형주의와 목적형주의로 나뉘고, 목적형주의는 다시 일반예방주의와 특별예방주의로 구분된다(박상기 외, 2009: 295-298). 응보형주의란 형벌의 본질을 응보에 두는 사상으로서, 범죄인에 대해서는 그 범죄에 상응하는 해악을 가함으로써 정의가 실현된다는 것이다. 칸트(Kant)와 헤겔(Hegel)이 대표적인 주장자로서 형벌 자체를 자기 목적으로 하기 때문에 절대주의라고도 한다.

　목적형주의란 형벌이 범죄로부터 사회를 방위하는 수단이라고 보는 입장이다. 따라서 범죄에 대한 형벌집행의 이유는 과거 범죄행위에 대한 응보가 아니라 장래의 범죄예방에 있는 것이다. 목적형주의는 다시 범죄예방의 중점을 사회 일반인에게 두는 일반예방주의와 범죄인 자신에게 두는 특별예방주의로 대립된다. 일반예방주의와 관련해서는 포이어바흐(Feuerbach)의 심리강제설이 유명한데, 이는 사회의 일반인을 대상으로 형벌집행의 대상이 되는 범죄행위와 그에 따른 형량을 법정하여 형벌을 예고함으로써 범죄예방의 효과를 거두려는 것이다. 한편 특별예방주의는 형벌의 목적을 범죄인의 사회복귀에 두고 형벌을 통하여 범죄인을 교육·개선함으로써 해당 범죄인의 재범을 방지하려는 것을 말한다. 이와 같은 목적을 달성하기 위하여 형벌의 개별화, 가석방·집행유예 등의 활용, 상습범의 특별취급 등을 주장한다.

　오늘날 형벌의 본질론은 각 이론의 장점을 수용한 통합론으로 귀결되고 있다(박상기 외, 2009: 298). 현대의 형벌론에는 응보형주의에서 책임에 상응하는 형벌을 부과한다는 책임원칙, 일반예방주의에서 형벌예고에 의한 국민의 규범준수 의식 강화, 그리고 특별예방주의에서 형벌의 개별화 및 재사회화적인 형벌집행 등의 내용이 수용되어 통합되어 있다.

③ 형벌의 종류

「형법」에 규정된 형벌의 종류는 사형, 징역, 금고, 구류, 자격상실, 자격정지, 벌금, 과료, 몰수 등 9가지다(제41조). 이를 형집행에 의하여 박탈·제한되는 범죄인의 법적 이익의 유형에 따라 구분하면 생명형(사형), 자유형(징역·금고·구류), 재산형(벌금·과료·몰수), 명예형(자격상실·자격정지)의 4종이 된다. 또한 형벌은 주형과 부가형으로 나눌 수 있는데, 주형은 단독으로 선고될 수 있는 형벌인데 비하여 부가형은 주형과 함께 선고되는 형벌이다. 몰수는 원칙적으로 부가형이며, 다른 형벌들은 주형에 해당된다(박상기 외, 2009: 296). 이 중에서 형사제재수단으로서 자주 사용되거나 중요한 의미를 지니는 것은 생명형인 사형, 자유형 중에서 징역형, 재산형 중에서 벌금형 등이다.

(2) 생명형(사형)제도

① 사형제도의 의의

사형은 수형자의 생명을 빼앗는 형벌로서 '생명형'(生命刑)이라고 하며, 가장 중한 형벌이기 때문에 '극형'(極刑)이라고도 한다. 사형은 가장 오래된 역사를 가진 형벌의 하나로서 고대에 이를수록 이용 빈도가 높았으며, 그 집행 종류도 근대 이전까지 매우 다양하게 발달해 왔다(배종대, 2011: 408).

우리나라에서 사형은 교수(絞首)하여 집행하지만(「형법」 제66조), 「군형법」에서는 총살형을 규정하고 있다(「군형법」 제3조). 범죄행위 당시 18세 미만인 소년에 대한 사형은 인정되지 아니한다(「소년법」 제53조). 한편 「형법」상 사형을 선고할 수 있는 대표적인 범죄는 내란 및 외환죄, 이적죄, 간첩죄, 현주건조물 방화치사죄, 살인죄 등이다.

② 사형존폐론

이탈리아의 베카리아(Cesare Beccaria, 1738~1794)가 1764년 그의 저서 『범죄와 형벌』에서 사형은 사회계약의 본래의 뜻에 반하는 것이므로 폐지되어야 한다고 주장한 이래, 지금까지 사형폐지를 위한 논의는 그치지 않고 있다.

사형폐지론의 주요한 근거는 다음과 같다(박상기 외, 2009: 300-301; 배종대, 2011: 411). ① 「헌법」 제10조의 인간존엄에 반하기 때문에 국가가 사람의 생명을 박탈하는 권리를 가지는 것은 위헌이다.[10] ② 사형집행 이후 오판으로 판정이 났을 때 회복할 방법이 없

---

10) 미국에서는 사형이 미국 수정헌법 제8조가 금지하고 있는 '잔혹하고 이상한 형벌'(cruel and unusual

다. ③ 사형의 범죄억제력은 과장된 것으로서, 실제로 사형을 폐지한 국가에서 범죄가 증가하고 있지 않다.[11] ④ 사형은 형벌의 개선적·교육적 기능을 전혀 달성할 수 없다. ⑤ 사형은 범죄피해자에게 응보적 만족감 이외에 손해배상, 구제의 관점에서 아무런 실질적 도움을 주지 못한다. ⑤ 사형은 인간생명의 절대성을 부정하는 시범을 국가가 보임으로써 생명경시 풍조를 조장하는 것이다.

한편, 사형존치론의 근거는 다음과 같다(박상기 외, 2009: 301; 배종대, 2011: 413-414). ① 사형은 정의에 대한 응보적 요구로서 정당하다. ② 사형은 강력한 일반예방효과를 가지기 때문에 일반인의 범죄를 억제한다. ③ 극악한 인물을 사회로부터 완전히 격리할 수 있는 방법이 필요하다. ④ 사형은 피해자의 피해감정을 정화시키고 국민의 법감정을 충족시켜 줄 수 있다. ⑤ 사형은 국가의 행형비용을 절감시킨다. ⑥ 사형에 대한 오판은 지금까지 매우 드문 예로서 그 우려는 지나친 염려이며, 오판의 결과는 자유형의 경우에도 회복할 수 없다. ⑦ 사형을 통하여 적어도 경찰과 교도관과 같은 특별한 조직이 흉악범죄로부터 보호되어야 한다.

(3) 자유형제도

① 자유형의 의의

'자유형'(自由刑)이란 수형자의 신체적 자유를 박탈하는 형벌로서 '구금형'(拘禁刑)이라고도 한다. 자유형은 근대형벌체계에서 가장 핵심적 위치를 차지하고 있으며, 흔히 교정제도 혹은 교정시설(기관)과 같이 '교정'이라는 용어가 좁은 의미로 사용될 때는 이러한 자유형의 집행[12]을 의미한다. 또한 자유형은 신체의 자유를 박탈하기 위하여 일정

---

punishment)에 해당하여 위헌이라는 주장이 있다. 다만 우리나라의 판례는 다음과 같이 판시하여 위헌성을 부정한다(재판 1987. 9. 8., 87도1458). "인도적 또는 종교적 견지에서는 존귀한 생명을 빼앗아 가는 사형제도는 모름지기 피해야 할 일이지만 한편으로는 범죄로 인해 침해되는 또 다른 귀중한 생명을 외면할 수 없고 사회공공의 안녕과 질서를 위하여 국가의 형사정책상 사형제도를 존치하는 것도 정당하게 공인될 수밖에 없는 것이므로 「형법」 제338조가 그 법정형으로 사형을 규정하였다 하더라도 이를 「헌법」에 위반되는 조문이라 할 수 없다.

11) 2010년 12월 현재 국제사면위원회의 자료에 따르면, 전 세계 197개 국가 가운데 2/3에 해당하는 139개국이 법률상·사실상 사형을 폐지하고 있으며, 존치국은 58개국에 지나지 않는다. 법률상 모든 범죄에 대하여 사형을 폐지한 국가는 독일, 프랑스, 이탈리아, 스위스, 스페인, 터키 등 95개국이다. 사형 존치국 중에서도 2009년에 실제로 사형을 집행한 나라는 중국, 이란, 이라크, 사우디아라비아, 미국, 예멘 등 18개국에 불과하다. 한편 우리나라는 사형의 선고는 하지만 지난 10년 이상 사형의 집행을 하지 않아서 러시아, 카메룬, 알제리아, 라오스, 스리랑카 등 35개국과 함께 사실상의 폐지국에 해당한다(배종대, 2011: 412).

12) 자유형의 집행을 과거에는 '행형'(行刑)이라고 표현하였다.

한 시설에의 구금을 전제로 하기 때문에 범죄인처우라는 관점에서는 '시설내처우'에 해당한다.

② 자유형의 역사

자유형의 기원은 고대의 노예형이나 노역형 등에서 비롯된 것으로 추정되고 있다(배종대, 2011: 418). 하지만 본래적 의미에서의 자유형은 813년 유럽의 칼(Karl) 대제가 신분이 높은 범죄인을 사형에서 면하게 해 주기 위하여 실시한 것이 시초로 알려져 있다(박상기 외, 2009: 304). 이후 13세기에서 15세기경까지 많은 도시법에서 형사제재의 하나로 자유형이 등장하였다. 그러나 당시의 집행은 지하동굴, 성곽의 탑 등 비인간적인 가혹한 장소에서 이루어진 것으로서 범죄인에 대한 교육은 염두에 두지 않는 신체형의 변경에 불과하였다.

따라서 범죄인의 사회복귀라는 이념을 달성하기 위한 근대적 의미의 자유형은 16세기 말 이후에나 시작되었고, 네덜란드 암스테르담을 시작으로 교육적 목적에 바탕을 둔 근대적 교도소가 등장하였다(박상기 외, 2009: 304-305). 즉, 이 시기에 단순한 복수적 의미뿐 아니라 종교적 반성과 극빈자 구제문제가 중요하게 부각되면서 영국 왕 에드워드 4세는 증가하는 부랑인들의 해결책으로 그들을 수용하여 노동에 종사하게 하는 '교화소'(House of correction)를 개설하게 되었다.

유럽대륙에서는 1595년 암스테르담에서 최초의 남자교도소가 설치되었다. 또한 1603년에는 같은 시설에 '청소년 행형제도의 시초'라고 할 수 있는 불량청소년 교육부서가 설치되었다. 이러한 시설은 기존의 감옥형과는 성격을 달리하며 기도와 노동을 통한 교육으로 범죄인을 교화하는 것을 목적으로 한 근대적 교정시설이었다. 그러나 17세기 이후 중상주의의 영향으로 범죄인의 교화·개선보다는 값싼 노동력확보가 중시되면서 교도소는 노동자 숙소화되고 다양한 범죄인들이 혼거하면서 범죄학교와 같이 변질되었다. 이후 18세기 후반 계몽사상의 영향으로 영국의 존 하워드(John Howard), 독일의 바그니츠(Heinrich Wagnitz)와 같은 감옥 비판론자가 등장하면서 세계적으로 감옥 개량이 본격화되었다.

미국의 경우에는 감옥개량운동의 결과, '펜실베이니아 체제'(Pennsylvania system)와 '오번 체제'(Auburn system)라는 새로운 구금제도가 도입되었다(이윤호, 2011: 63-66). 전자는 퀘이커(quaker) 교도들의 감옥개량운동의 결실로 1790년 설치된 펜실베이니아 주 필라델피아 교도소에서 시도된 구금제도다. 이는 범죄의 원인이 범죄인의 마음에 근원하기 때문에 독거구금과 침묵을 강요하고 성경을 읽으며 자신의 범죄를 반성하는 정신적 개선에 중점을 둔 것이다. 후자, 즉 오번 체제는 1823년에 설치된 뉴욕 주 오번 교도소에서 실시된 구금제도다. 이는 새로운 혼거제를 시행하는 것으로 밤에는 각자 격리된 자신의 방에서 독거하나 낮에는 말을 할 수는 없지만 동료재소자와 공동노역에 종사하는 것이다. 결국 독거제(펜실베이니아 체제)는 과거의 종교적 수공업사회를 지향하였던 반면, 혼거제(오번 체제)는 공장에서의 대량생산이라는 산업사회를 지향하였다. 이 때문에 오번 체제가 20세기 산업교도소의 전신이라고 볼 수 있다(Conley, 1980: 이윤호, 2011: 66 재인용).

③ 자유형의 종류

현행 「형법」상 자유형은 징역, 금고, 구류의 3가지 종류가 있다(제41조 참조). 징역(懲役)은 수형자를 교도소 내에 구금하연서 일정한 노역, 즉 정역(定役)에 복무하게 하는 형벌인데 유기징역과 무기징역의 두 종류가 있다. 유기징역은 1년 이상 15년 이하의 기간이며, 가중하는 경우 25년까지 가능하다(같은 법 제42조). 무기징역은 종신형이지만 10년이 지나면 가석방이 가능하다(같은 법 제7조 1항). 6개월 미만의 단기자유형은 징벌적 효과가 있을지 모르나 반대로 사회생활의 단절에 따른 심리적 좌절감과 범죄인들과의 접촉에 따른 범죄문화의 오염 등, 소위 '단기자유형의 폐해'가 크므로 보호관찰·수강명령·사회봉사명령 등 대체적 형벌을 채택하는 것이 바람직하다.

현행 「형법」상 금고(禁錮)는 수형자를 교도소 내에 구금하되 정역에 복무하게 하지 않는다는 점에서 징역과 차이가 있다(제68조). 원래 금고형은 강제노역으로 수형자의 자존심을 상하지 않게 하려는 배려에서 주로 정치범 등에게 적용되도록 고안된 것이다. 그러나 실제에서는 금고형 수형자도 신청에 의하여 거의 대부분 정역에 복무하므로 징역과 구별할 실익이 적다. 원래 징역과 금고의 구별은 노동을 천시하던 구시대적 유물로서 이러한 구분이 수형자의 재사회화와 관련하여 의미 있는 형벌 구분이라고 할 수 없다. 참고로 독일형법은 금고와 징역을 따로 구분하지 않는 '단일자유형제도'를 채택하고 있다.

한편, 구류는 1일 이상 30일 미만의 기간 동안 수형자를 교도소 내에 구금하는 것으로서(같은 법 제68조), 정역에 복무하지 않지만 본인의 신청에 의하여 가능하다는 점에서 금고와 공일하다. 구류는 구치기간이 극히 짧다는 점에서 긍정적 효과보다는 단기형의 부정적 효과가 더욱 크다.

(4) 재산형제도

① 재산형의 의의

재산형은 범죄인으로부터 일정한 재산을 박탈하는 것을 내용으로 하는 형벌을 말한다. 재산형은 범죄인 자신에게 속한 것으로서 제3자가 대납할 수 없는 일신전속적인 성격을 가지며 다수인이 함께 재산형을 선고받더라도 각자 납부해야 하는 개별책임원칙이 적용된다(배종대, 2011: 426).

재산형은 역사적으로 가장 오래된 형벌 가운데 하나다. 그러나 오늘날의 원형은 중세 유럽의 속죄금에서 찾을 수 있다. 처음에는 자구적 복수 행위를 대체하기 위하여 개인 간에 자율적으로 결정되었던 속죄금이, 중세 후기에 국가권력이 강화되면서 공적인 벌금형으로 전환되었다(박상기 외, 2009: 427).

② 재산형의 종류

현행 「형법」상 재산형은 벌금, 과료, 몰수의 세 가지 종류가 있지만(제41조 참조), 이 중에서 가장 대표적이고 광범위하게 활용되는 것은 벌금형이다.

벌금형은 일정 금액의 벌금을 국고에 납부하는 것으로서 과료와는 금액 과다의 차이만이 있을 뿐 그 본질은 다르지 않다.[13] 따라서 통상 '벌금형'이라고 할 때 과료를 포함하는 것이 일반적이다(배종대, 2011: 431). 「형법」상 벌금액은 5만 원 이상으로 하며 상한에는 제한이 없다. 벌금은 국가에 대한 채권과 상계할 수 없으며, 벌금상속, 벌금에 대한 공동연대책임도 인정되지 않는다. 벌금을 납입하지 않는 자는 환형처분으로 1일 이상 3년 이하의 기간 동안 노역장에 유치할 수 있다(같은 법 제69조 및 제70조).

몰수는 범죄의 반복을 막거나 범죄로부터 이득을 얻지 못하게 할 목적으로 범죄행위와 관련된 재산을 박탈하는 것을 내용으로 하는 재산형을 말한다(같은 법 제48조 1항). 몰수는 자유형과 벌금형만으로는 달성할 수 없는 형벌의 기능을 보완하는 제도로서 부가형이다(박상기 외, 2009: 324). 몰수의 대표적인 대상은 뇌물죄의 사용된 금전이나 물품, 「외환관리법」 위반의 외환, 범죄행위에 사용된 범죄도구 등이다.

---

13) 다만, 과료는 상대적으로 경미범죄의 법정형에만 규정되어 있다. 예를 들면, 「형법」 제266조의 과실치상 및 제360조의 점유이탈물횡령, 「경범죄처벌법」 위반범죄 등이 그것이다. 그러나 실제에서는 벌금과 구분이 불명확하기 때문에 과료선고는 많지 않다(배종대, 2011: 431).

③ 벌금형의 장단점

대표적인 재산형인 벌금형의 장단점은 다음과 같다(박상기 외, 2009: 319). 벌금형의 장점은 ① 재산적 손실은 상당한 위하력이 있고, ② 사회생활을 중단하지 않으므로 단기자유형의 폐해를 피할 수 있으며, ③ 오판의 경우 완전한 회복이 가능하고, ④ 형집행 비용이 적게 들어 경제적이며, ⑤ 국가의 수입이 증대되어 교정제도 등에 재투자할 수 있다는 점이다.

벌금형의 단점은 ① 범죄인의 사회 내 활동을 통제하기 어렵고, ② 너무 관대하여 충분한 형벌효과를 거두기 어려우며, ③ 경제적 약자와 강자 사이의 불공평이 문제될 수 있다는 점이다.

2) 보안처분

(1) 보안처분의 의의와 원칙

① 보안처분의 의의

보안처분은 종류와 내용이 다양하고 제도적으로 아직 생성·발전 중에 있으므로 그 개념이 형벌보다 한층 불명확하고 다의적이다. 그럼에도 불구하고 크게 보면 행위자의 재범위험성을 방지하기 위하여 이에 대한 특별예방을 목적으로 하는 국가적 처분을 보안처분으로 정의할 수 있다(배종대, 2011: 437). 즉, 보안처분이란 범죄로부터 사회를 방위하고 범죄인을 재사회화하기 위한 방법으로서, 특정 범죄인에 대하여 형벌부과만으로는 부적합하거나 형벌이 허용되지 않는 경우에 시행된다(박상기 외, 2009: 335).

범죄에 대하여 형벌을 부과할 때에는 범죄의 억지를 기대하지만, 경우에 따라서는 형벌만으로는 그러한 목적을 달성하기 어려울 수 있다(배종대, 2011: 438). 예를 들어, 누범·상습범은 책임에 상응하는 형벌만으로는 효과적인 사회방위가 어렵고, 정신병질·알코올중독·마약중독의 범죄인에게는 형벌집행의 개선 및 위하 효과가 미약하다. 이런 경우 처벌이 아니라 범죄적 상황에 대한 치료를 위하여 필요한 조치를 취하는 것이 보안처분의 운용 목적이다. 범죄인의 재범위험성으로부터 사회를 방위하여야 할 '사회적 정당방위와 유사한 상황'에서는 범죄인의 격리수용에 의한 보안처분의 방법도 허용될 수 있다(박상기 외, 2009: 335).

② 형벌과 보안처분

형벌과 보안처분은 모두 형사상의 제재에 속하지만 다음과 같은 차이가 있다(김용우, 최재천, 2006: 233-236). ① 형벌은 응보·속죄·일반예방의 기능을 가지며, 반면에 보안처분은 개선·보안·특별예방적 기능을 가진다. ② 형벌은 과거의 위법행위에 대하여 진압작용으로 나타나지만, 보안처분은 미래의 위험성에 대한 예방작용으로 나타난다. ③ 형벌은 과거의 범죄행위에 대한 책임에 근거하여 부과되지만, 보안처분은 범죄행위 속에 표현된 행위자의 장래위험성에 근거하여 과해진다. ④ 형벌은 형기가 종료되면 재범위험성이 있더라도 무조건 석방해야 되지만, 보안처분은 책임의 대소와 관계없이 해당 범죄인의 위험성에 따른 합목적적 집행이 가능하다.

③ 보안처분의 기본원칙

보안처분은 형벌은 아니지만 신체·재산의 자유를 제한하는 성질을 갖고 있기 때문에 죄형법정주의라는 법치국가적 기본원칙에 위배되지 않아야 한다(박상기 외, 2009: 336). 이를 '보안처분 법정주의'라고 하는데, 「헌법」 제12조 1항은 "법률과 적법한 절차에 의하지 아니하고는 처벌·보안처분 또는 강제노역을 당하지 아니한다."고 규정하고 있다.

한편 보안처분은 범죄인의 장래 위험성에 기초한 특별예방 목적으로 적용된다고 하더라도 정당성을 가지기 위해서는 '비례성의 원칙'이 지켜져야 한다. 비례성의 원칙은 일정한 목적 실현을 위해 투입한 국가수단은 그 목적달성에 적합하고(적합성) 필요 최소한 침해수단으로(필요성) 균형을 이루어야 한다(균형성)는 것을 내용으로 한다(배종대, 2011: 440).

(2) 보안처분의 역사

보안처분이 처음으로 입법화된 것은 1532년 카롤리나 형법전으로서, 이 법은 범죄행동이 예상되는 사람에게 부정기의 보안적 유치를 규정하였다. 이후 보안처분의 독자성을 강조한 클라인(Klein), 사회방위이론을 주장한 페리(Ferri), 목적형사상을 정립한 리스트(Liszt) 등이 보안처분의 이론적 기초를 제공하였다(배종대, 2011: 441-442). 그러나 근대적 의미에서 보안처분이 형법전에 도입된 것은 1893년 스위스 베른 대학 교수 슈토스(Carl Stooss)가 스위스 형법 예비초안을 작성하면서 시작되었다. 이후 이 제도는 유럽의 각국과 미국에 전파되어 다양한 형태로 실현되었다(박상기 외, 2009: 337-338). 독일은 형법전에 보안처분을 규정하고 있고, 미국과 프랑스는 보안처분이라는 용어를 사용하지 않지만 이에 해당하는 다양한 형태의 형사제재를 규정하고 있다. 우리나라의 경우에도 「헌법」에는 보안처분이라는 용어가 사용되고 있지만 개별 법률에는 여러 가지 용어가 사용되고 있다(박상기 외, 2009: 338).

(3) 보안처분의 종류

현행법상 보안처분은 「형법」의 보호관찰, 사회봉사 · 수강명령, 「치료감호법」의 치료감호 · 보호관찰, 「보호관찰 등에 관한 법률」의 보호관찰처분, 「특정범죄자에 대한 보호관찰 및 전자장치 부착 등에 관한 법률」의 전자장치 부착명령 · 보호관찰 등이 있다.[14] 이와 같은 다양한 보안처분은 크게 자유박탈 보안처분과 자유제한 보안처분으로 구분된다.

그리고 이러한 다양한 보안처분의 집행방식은 크게 이원주의와 대체주의로 구분된다. 형벌과 보안처분은 이와 같이 서로 다른 성격을 가지기 때문에 법원은 형벌과 보안처분을 동시에 선고할 때 순차적으로 중복 집행할 수 있다고 보는 것이 '이원주의' 다. 예를 들면, 현행법상 성폭력범, 살인범 등 특정 범죄인에게 징역형을 선고하고 형기가 종료하여 출소한 경우, 추가적으로 전자발찌를 부착하여 감독하는 것이다. 이에 대해서는 형벌집행 후 보안처분집행은 일종의 이중처벌로서 가혹하다는 비판이 있다. 이에 비하여 보안처분을 형벌보다 먼저 집행하고 그 기간만큼 형벌기간에 산입하는 '대체주의' 집행방식도 있다. 현행법상 치료감호는 형벌보다 먼저 집행하고 그 기간은 형기에 산입한다.

① 자유박탈 보안처분: 치료감호

대표적인 자유박탈 보안처분은 치료감호제도다. 치료감호는 심신장애인, 마약류 및 알코올 중독자, 소아성기호증 등 정신성적 장애인 등을 치료감호시설에 수용하여 치료하는 보안처분이다. 일반적으로 치료감호의 기간은 15년까지이지만, 다만 약물 및 알코올 중독자의 수용은 2년을 초과할 수 없다.

---

14) 「소년법」의 보호처분은 보안처분의 일종으로 볼 수도 있지만(배종대, 2011: 439), 그 운용 목적과 적용 대상 등에서 차이가 있으므로 여기서는 별도로 다루기로 한다(김용우, 최재천, 2006: 241~242 참조).

② 자유제한 보안처분

보호관찰

범죄인을 일정한 구금시설에 수용하는 대신 자유로운 사회생활을 허용하되 일정한 준수사항을 부과하고 이를 이행하는지 여부를 보호관찰관이 지도감독하는 대표적 사회내처우다. 보호관찰은 자유형이나 치료감호 등 자유박탈 보안처분을 대체하거나 보완하는 제도로 활용되고 있다.

보호관찰의 종류와 관련해서는 크게 프로베이션(probation)형과 패롤(parole)형이 있다. 프로베이션은 구금형에 대한 '앞문형 대안'(front door alternative)이다. 이 제도는 유죄인정절차와 선고절차가 분리된 영미법계에서 발전하였는데, 일단 유죄를 인정한 후에 형의 선고를 유예하고 일정한 조건을 부과하여 방면하면서 보호관찰관의 감독하에 두는 것에서 유래한다. 영국에서는 이미 13세기부터 보통법의 관행으로 성직자의 특혜와 선행의 서약제도를 두고 있었고, 미국의 경우에는 1841년 최초의 보호관찰관인 어거스터스(John Augustus)의 노력으로 현대적 제도로 발전하게 되었다. 우리나라에서는 자유형의 집행과 관련하여 형의 선고 및 집행을 유예하고 대신 보호관찰을 부과하는 프로베이션형 보호관찰이 있다(「형법」제59조의2 및 제62조의2).

반면, 패롤은 구금형에 대한 '뒷문형 대안'(back door alternative)이다. 자유형의 만기 이전에 가석방하면서 보호관찰을 부과하는 것은 패롤형의 보호관찰이다(「형법」제73조의2). 한편, 보안처분인 치료감호의 경우에도 가종료되거나 치료감호시설 이외의 곳에서 치료위탁된 때에는 일종의 패롤형 보호관찰을 받도록 되어 있다(「치료감호법」제32조 1항 참조).

사회봉사명령과 수강명령

사회봉사명령과 수강명령은 집행유예의 조건으로 부과되는 자유제한적 보안처분이다. 보호관찰과 달리 가석방이나 가종료의 조건으로 부과되지는 않으며, 각각 법원에서 정한 일정 시간의 무보수 봉사활동(사회봉사명령)이나 범죄성 개선을 위한 교육 및 치료 프로그램(수강명령)을 이행하여야 한다.

위치추적 전자감독

2007년 4월 「특정성폭력범죄자 위치추적 전자장치 부착 등에 관한 법률」이 제정됨으로써 2008년 9월부터 위치추적 전자감독제도가 시행되기 시작하였다. 이 법은 재범위험성이 높은 특정 성폭력범죄인의 재범방지와 성행교정을 위하여 그의 행적을 추적하여 위치를 확인할 수 있는 전자장치를 신체에 부착하는 부가 조치를 취함으로써 성폭력범죄로부터 국민을 보호함을 목적으로 제정되었다. 이후 수차례의 개정을 거치면서 그 적용대상이 미성년자 유괴범과 살인범에게 확대되었고, 이 법 시행 이전에 범죄를 저지른 사람들에게도 소급하여 적용되기에 이르렀다. 특히 2014년 6월부터는 강도범에게 적용이 확대되는 한편, 형기 종료 이후에도 추가적인 보호관찰이 규정되어 한층 강화된 보안처분이 시행될 예정에 있다.

3) 보호처분

(1) 보호처분의 의의

① 보호처분의 개념정립 문제

현행법상 '보호처분'은 가정폭력사범이나 성매매사범 등의 경우에도 적용되지만, 주로 소년사법과 관련하여 논의되고 있다. 보호처분은 형벌보다는 처벌적 요소가 약하며, 교육적·복지적 조치의 성격이 강하다. 따라서 보호처분의 법적 성격을 어떻게 이해할 것인가에 대해서는 형사법을 전공하는 학자들 사이에서 견해의 다툼이 있다. 종래에는 보호처분은 보안처분의 일종으로 보는 견해가 다수의 입장이었으나, 최근에는 통상의 보안처분과 구분하는 경향이 우세한 듯하다(김용우, 최재천, 2006: 241-242).

② 보호처분과 보안처분

보호처분, 특히 소년보호처분이 반사회적 소년의 장래 위험성을 제거하기 위한 처분으로 시행된다면 넓은 의미의 보안처분에 포함된다고 할 수 있다. 그러나 보호처분은 소년보호의 이념 아래 비행소년의 환경조정 및 보호육성이라는 복지정책적 요청에서 발달한 것이기 때문에 보안처분과 구별되는 사회복지적 성격도 가지고 있다고 할 수 있다(신진규, 1987: 165; 정영석, 신양균, 1997: 333-334). 구체적으로 양자의 차이는 ① 보안처분은 사회방위를 목적으로 하지만, 보호처분은 소년의 개선·보호를 목적으로 하고, ② 보안처분은 장래의 범죄에 대한 사전적 예방활동을 강조하지만, 보호처분은 교육적·복지적 활동을 강조하며, 그리고 ③ 보안처분은 대륙법계 국가들에서 형벌의 보완장치로 발전한 반면, 보호처분은 영국의 형평법적 이론인 '국친사상'(parens patriae)에 입각한 것이

「소년법」의 이념: 국친사상 (國親思想)

국친사상은 국가가 부모의 역할을 대신하는 것이다(송광섭, 2003: 739). 아동은 주위의 타인이나 환경에 쉽게 영향을 받으며, 특히 보호자의 관심 부족, 보호와 훈육의 부적절성에 의하여 범죄행위로 나아가기 쉽다. 따라서 문제가 있는 가정환경을 보완하고 부모의 역할을 대신하여 국가가 보호와 처우를 우선하여야 한다는 사상이다.

13세기 영국의 형평법사상에 근원을 두고 있는 국친사상은 원래 정신적 무능력으로 법적 무능력 상태에 있는 사람의 후견인으로 왕이 행위한다는 국왕대권의 개념과 관련되어 있다. 이에 따라 법을 위반한 소년에 대한 부의 권한이 국왕 또는 국가에 의해 대치된 것이다. 따라서 최초의 개념은 왕권을 유지하고 봉건제도를 구성하는 가족에 대한 통제구조를 유지하기 위하여 사용되었다. 그러나 점차 형사법원의 체계 속에서 비행소년을 다룰때 소년의 최대이익을 위해 행동하는 법원 및 국가의 책임을 말하는 것으로 발전되었다(배종대, 2011: 484).

라는 차이점이 있다(김용우, 최재천, 2006: 242). 따라서 양자를 하나의 정형적 카테고리에 묶어 판단하는 것은 무리가 있지만, 양자 모두 형벌의 보충적·대안적 수단으로 고안되었고 보호처분도 어디까지나 사법적 판단에 의한 처분이라는 점에서 중복·교차되는 부분이 많이 있다(김용우, 최재천, 2006: 243).

(2) 소년보호처분의 의의와 종류

① 소년보호처분의 의의

19세 미만의 소년범죄에 대하여는 일반 형사소추절차에 의한 형사처분 이외에 비행청소년의 교육과 선도를 목적으로 한 보호처분을 인정하고 있다. 이때 '보호처분' 이라 함은 「소년법」에서 반사회성이 있는 소년에 대하여 그 환경의 조정과 성행(性行)의 교정을 위하여 형사처분 대신 소년의 건전한 육성을 목적으로 10세 이상 19세 미만의 소년에 대하여 가정법원 또는 지방법원의 소년부에서 보호사건으로 심리한 결정으로서 1호부터 10호까지의 보호처분이 있다(「소년법」 제32조). 이에 따라 죄질이 극히 불량하여 선도·교육이 불가능하다고 판단되는 범죄소년에 대하여만 형사처분을 하고 개선가능성이 있는 소년에 대하여는 선도·보호 측면에서 교육적 처우를 실시하고 있다(법무부, 2011: 846).

② 소년보호처분의 종류

「소년법」 제32조 1항은 다음과 같이 소년보호처분의 종류를 규정하고 있다. 1호 처분은 '감호위탁'으로 보호자 또는 보호자를 대신하여 소년을 보호할 수 있는 자에게 감호를 위탁하는 것이다. 2호부터 5호 처분은 보호관찰소에서 집행하는데, 2호 처분과 3호 처분은 각각 수강명령과 사회봉사명령을 이행하도록 하는 것이고, 4호 처분은 1년간의 단기보호관찰, 5호 처분은 2년간의 장기보호관찰을 받도록 하는 것이다. 6호 처분은 「아동복지법」에 따른 아동복지시설이나 그 밖의 소년보호시설에 위탁하는 것이고, 7호 처분은 병원·요양소 또는 소년의료보호시설(의료소년원)에 위탁하는 것이다. 8호부터 10호 처분은 소년원에 보호수용하는 것으로서 8호는 1개월 이내, 9호는 6개월 이내의 단기 그리고 10호는 2년 이내의 장기수용을 위한 소년원 송치처분이다. 한편 7호 처분의 집행에 있어서도 대전소년원이 소년의료보호시설로 지정되어 집행의 일부를 담당하는 것으로 되어 있다. 이와 같은 내용을 정리하면 〈표 7-2〉와 같다.

표 7-2 소년보호처분의 유형(「소년법」 제32조)

구분	처분의 내용	기간·범위	담당기관
1호	보호자 또는 보호자를 대신하여 소년을 보호할 수 있는 자에게 감호위탁	6개월	-
2호	수강명령	100시간 이내	보호관찰소
3호	사회봉사명령	200시간 이내	보호관찰소
4호	보호관찰관의 단기(短期) 보호관찰	1년	보호관찰소
5호	보호관찰관의 장기(長期) 보호관찰	2년	보호관찰소
6호	「아동복지법」에 따른 아동복지시설이나 그 밖의 소년보호시설에 감호 위탁	6개월	아동복지시설 등
7호	병원, 요양소 또는 「보호소년 등의 처우에 관한 법률」에 따른 소년의료보호시설에 위탁	6개월	병원, 요양소, 의료소년원 등
8호	1개월 이내의 소년원 송치	1개월 미만	소년원
9호	단기 소년원 송치	6개월 미만	소년원
10호	장기 소년원 송치	2년 미만	소년원

(3) 소년보호처분의 대상과 처리절차

① 소년보호처분의 대상

소년보호처분의 대상이 되는 비행소년은 크게 범죄소년, 촉법소년, 우범소년으로 구분된다(「소년법」 제4조 1항). '범죄소년'은 14세 이상 19세 미만의 죄를 범한 소년 중에 보호처분을 받게 된 소년을 말하며, '촉법소년'은 형벌법령에 저촉되는 행위를 하였지만 10세 이상 14세 미만 소년으로 형사미성년자인 경우를 말한다. 그리고 '우범소년'은 다음에 해당하는 사유가 있고 그 성격 또는 환경에 비추어 형벌법령에 저촉되는 행위를 할 우려가 있는 10세 이상 19세 미만 소년을 말한다. 우범소년의 해당 사유는 집단적으로 몰려다니며 주위 사람에게 불안감을 조성하는 성벽이 있는 것, 정당한 이유 없이 가출하는 것, 술을 마시고 소란을 피우거나 유해환경에 접하는 성벽이 있는 것 등이다.

② 소년보호처분의 처리절차

범죄소년의 경우에는 검사가 소년에 대한 피의사건을 수사한 결과를 검토하여 보호처

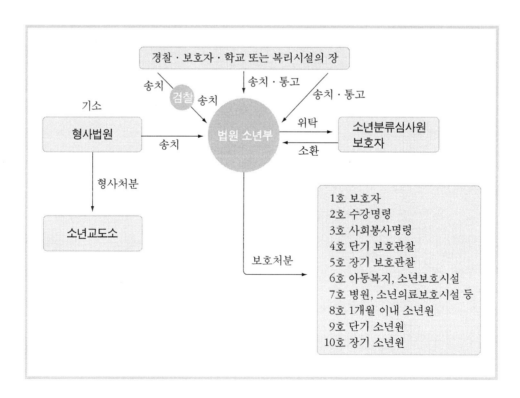

[그림 7-2] 소년사건의 처리 절차

출처: 법무부(2011), p. 846.

분에 해당하는 사유가 있다고 인정한 경우에는 사건을 관할 소년부에 송치하고 있다(「소년법」 제49조 1항). 법원의 소년부는 검사에 의하여 송치된 사건을 조사 또는 심리한 결과 그 동기와 죄질이 형사처분을 할 필요가 있다고 인정할 때에는 결정으로써 해당 검찰청 검사에게 송치할 수 있다(같은 법 같은 조 2항). 그리고 촉법소년과 우범소년이 있는 때에는 관할 경찰서장은 직접 법원 소년부에 송치하고 있다. 또한 이들 범죄소년, 촉법소년 및 우범소년을 발견한 보호자 또는 학교ㆍ사회복지시설ㆍ보호관찰(지)소의 장은 이를 관할 소년부에 통고할 수 있다(같은 법 제4조 2항 및 3항). 통고 또는 송치된 소년보호사건에 대한 심리 및 보호처분의 결정은 법원 소년부의 단독판사가 수행한다(같은 법 제3조). 이와 같은 사건처리절차를 그림으로 표현하면 [그림 7-2]와 같다.

4) 범죄인처우 관점에서의 형사제재의 구분

형사사법체계에서 이루어지는 범죄인처우는 크게 사법적 처우(司法的 處遇), 시설내처우(施設內處遇), 사회내처우(社會內處遇)로 나뉜다(김용우, 최재천, 2006: 262). 사법적 처우는 경찰, 검찰 및 법원의 각 단계에서 행해지는 처우인데, 넓은 의미의 교정복지가 이러한 '사법적 처우'를 포함한다는 것은 제1장에서 이미 논의하였다. 그러나 이 책에서는 교정복지의 개념을 협의로 보아 형집행(교정) 단계에서의 범죄인처우에 초점을 맞추고 있다. 따라서 여기서는 '시설내처우'와 '사회내처우'를 중심으로 범죄인처우 문제를 논의하도록 한다.

외부로부터 격리된 특정장소나 시설에 수용하여 처우(처분)하는지 여부에 따라 범죄인에 대한 범죄인처우는 시설내처우와 사회내처우로 나뉜다. 이러한 시설내처우와 사회내처우는 각각 다시 그 대상에 따라 성인과 소년에 대한 처분[15]으로, 그 목적과 형사정책적 기능에 따라 형사적, 보안적(보호적) 처분으로 구분되기도 한다. 그런데 성인에 대하여는 특별예방적 목적에서 범죄인의 개별적 위험성에 대처하기 위한 보안처분이 제도화되어 있는 반면, 소년에 대해서는 소년보호의 이념과 국친사상에 의하여 보호처분이

---

15) 일반적으로 범죄인의 개선, 갱생 및 교정을 위한 치료적 개입 및 프로그램과 제반 형사정책적 노력을 총칭할 때는 '처우'(treatment)라는 표현을 쓰지만, 국가가 사법적 작용을 통하여 특정한 범죄인을 대상으로 그가 행한 범죄에 대하여 형벌 또는 강제명령의 형태로 이러한 '처우'가 구체화될 경우에는 '처분'(處分)이라는 법률적 용어를 흔히 사용한다. 따라서 여기서는 구체화된 제도로서의 시설내처우의 각 영역을 표현할 때는 「형법」 「소년법」 등에 규정된 법률용어의 용례를 따라 소년보호처분, 형사처분 등 '처분'이란 용어를 사용하기로 한다.

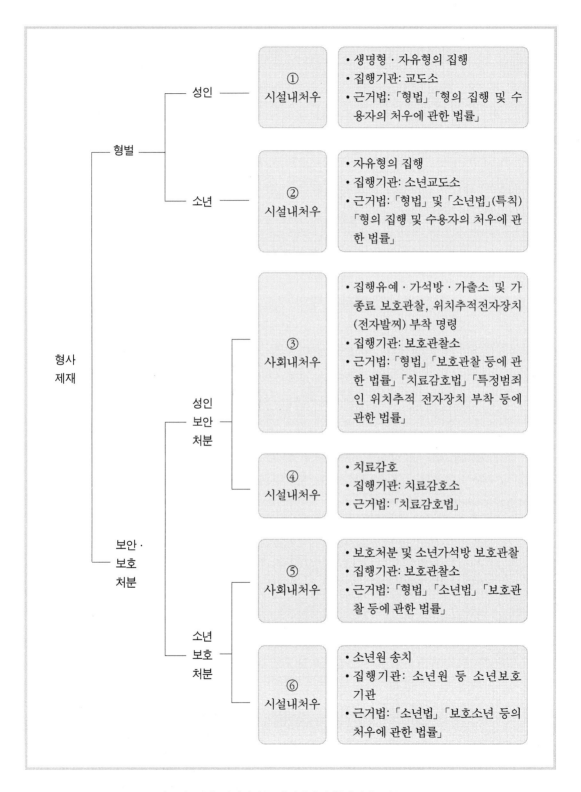

[그림 7-3] 범죄인처우 관점에서의 형사제재 구분

주된 형사정책으로 채택되고 있다. 다시 말해, 성인에 대한 보안처분은 형벌, 즉 형사처분을 강화하는 조치로 볼 수 있는 반면, 소년에 대한 보호처분은 형사처분에 비하여 완화된 범죄 대응수단으로 이해할 수 있다.[16]

이와 같은 각 처우의 구분에 따라 실천현장인 담당기관과 대표적 제도를 정리하여 제시하면 [그림 7-3]과 같다.

참고문헌

김용우 · 최재천(2006). 형사정책. 서울: 박영사.

박상기 · 손동권 · 이순래(2009). 형사정책. 한국형사정책연구원.

법무부(2011). 제4기 보호직 신규자과정 교육교재. 용인: 법무연수원.

법무연수원(2012). 2011년 범죄백서. 용인: 법무연수원.

배종대(2011). 형사정책. 서울: 홍문사.

송광섭(2003). 범죄학과 형사정책. 서울: 유스티아누스.

신진규(1987). 범죄학 겸 형사정책. 서울: 법문사.

이윤호(2011). 교정학. 서울: 박영사.

이재상(2012). 형사소송법. 서울: 박영사.

정갑섭(1990). 교정학. 서울: 을지서적.

정영석 · 신양균(1997). 형사정책. 서울: 법문사.

최옥채(2010). 교정복지론. 서울: 학지사.

허주욱(1997). 교정학. 서울: 일조각.

16) 성인과 소년에 대한 형사처분 및 보안(보호) 처분의 적용 메커니즘에는 차이가 있다. 성인의 경우에는 형사처분만으로는 개별적 범죄위험성에 적절한 대응이 어려운 고위험 범죄인에 대하여 추가적이거나 대체적인 형사제재 수단으로 보안처분이 적용되고 있다. 그러나 소년에 대해서는 형사처분을 회피하기 위하여, 즉 일종의 다이버전(diversion) 차원에서 보호처분이 활용되고 있다.

제8장

보호관찰제도와 교정복지

외부로부터 격리된 특정 장소나 시설에 수용하여 처우(처분)하는지 여부에 따라 교정처우는 시설내처우와 사회내처우로 나뉜다는 것은 앞에서 살펴보았다. 특히 사회내처우는 다시 그 대상에 따라 소년과 성인에 대한 처분으로, 그 목적과 형사정책적 기능에 따라 보호적·형사적(처벌적) 처분으로 구분되기도 한다. 제7장에서 이미 사회내처우 영역의 각 처분에서 대표적인 제도들과 담당기관을 짝지어 그림으로 제시하였다([그림 7-3] 참조). 이를 다시 간단히 살펴보면, 「소년법」상 보호관찰·사회봉사 및 수강명령(보호처분), 「형법」상 보호관찰·사회봉사 및 수강명령, 가출소·가종료 보호관찰, 형집행 종료 이후 보호관찰 및 위치추적 전자장치 부착명령 등이 있다.

이와 같은 다양한 제도들은 모두 법무부의 소속기관인 보호관찰소의 관장 업무다. 따라서 이들 제도는 보호관찰(광의)의 각 구성 분야라고 할 수 있다. 이와 같은 이유에서 '보호관찰제도'는 사회내처우와 동의어로 사용되고 있으며, 외국의 경우 보호관찰의 역사가 곧 교정복지의 역사라고 할 수 있을 정도다(최옥채, 2010: 178). 이 때문에 보호관찰제도는 '교정복지의 꽃'이라는 평가를 받고 있는 것이다(최옥채, 2000: 109). 따라서 이 장에서는 보호관찰제도를 중심으로 사회내처우의 각 실천영역을 소개하고, 그 안에서 이루어지는 교정복지 관련 내용을 자세히 살펴본다.

1. 보호관찰의 연혁, 의의 및 조직

1) 보호관찰제도의 연혁

(1) 보호관찰제도의 세계적 확산

근대 이후 형벌체계는 인신구속을 통한 자유박탈을 내용으로 하는 자유형, 즉 시설내처우 중심이었다. 그러나 자유형의 인신구속은 범죄인의 탈사회화를 촉진하는 부작용이 있었다(법무부, 2009). 중세까지 범죄에 대한 인류의 대응은 '공포와 경고'로 표현될 수 있다. 중세시대의 잔혹한 형벌의 역사는 이를 여실히 보여 주었다. 그러나 근대 이후 인간 존엄성에 대한 각성에 따라 야만적이고 비인도적인 형벌을 대신하여 인신구속과 자유박탈을 내용으로 하는 자유형이 형벌의 대세를 이루게 되었다. 하지만 범죄인의 재범방지와 사회복귀라는 실질적 측면에 대한 본질적인 과제는 여전히 남아 있다. 왜냐하면 사회와 절연된 억압된 환경에서의 시설내처우는 기존 사회생활의 단절, 범죄성의 습득 등의 문제점을 내포하고 있기 때문이다. 범죄 및 범죄인에 대한 형사 사법적 통제 또는 처벌은 범죄행동의 통제이고, 범죄인 스스로 반성하고 자발적인 개선 의지를 갖게 하는 수단으로서 필요한 것이다(법무부, 2009: 66-67).

이에 따라 범죄인을 교도소나 소년원에 수용하지 않고 사회에서의 정상적인 생활을 허용하되, 보호관찰관의 지도감독 등 일정한 조건을 부과하여 범죄성을 개선하는 사회내처우인 보호관찰제도가 영미를 중심으로 발달하게 되었다(법무부, 2008; 2009). 이렇듯 보호관찰제도는 19세기 영미 법원에서 창안된 형의 유예제도, 즉 프로베이션(probation)이 재범통제 및 사회복귀에 효과적임이 입증되면서, 20세기에 세계적으로 확산된 것이다. 보호관찰서비스는 기존 형사사법의 통제기능에 더하여 범죄인의 자발적 개선의지를 존중하는 인본주의적 취지를 추가하였다(법무부, 2009).

이런 이유로 보호관찰 서비스는 1869년 미국 매사추세츠 주에서 최초로 입법화된 이후 영국(1878년), 스웨덴(1918년), 일본(1949년), 독일(1953년) 등 많은 국가에서 법제화되었으며, 우리나라에서는 1989년부터 실시하고 있다. 한편 보호관찰과 관련되는 제도나 병합되는 특별명령(준수사항)들, 예컨대 판결전조사제도, 사회봉사명령, 수강명령, 통행금지(curfew), 원상회복(restitution), 전자감독(electronic monitoring), 성충동 약물치료 등이 속속 창안되어 형사사법체계에 적용되어 왔다(이형재, 2012: 108).

(2) 우리나라 보호관찰제도의 발전과정

① 보호관찰제도의 도입과정[1]

보호관찰제도 도입 연구

우리나라에서는 일제강점기부터 다양한 형태의 유사 보호관찰제도가 시행되기는 하였지만, 현대적 의미의 보호관찰제도에 대한 논의는 1950년대 중반부터다. 그러나 보호관찰제도 도입 연구가 본격화된 것은 1981년 1월 9일 법무부 보호국이 신설되고, 1982년도 법무부 주요업무 계획으로 보호관찰제도 전면 도입 연구가 채택되면서부터다. 1982년 1월 보호국 내에 보호관찰제도연구반이 편성되어 국내외 자료수집, 외국제도 비교ㆍ분석, 보호관찰 유사제도 연구ㆍ분석 등의 활동을 하였다. 연구반은 1982년 말경 도입 방향에 대한 종합보고서인 「보호관찰제도 도입요강(안)」을 제출하였다. 요강(안)에 따라서 「보호관찰법」 제정과 관계 법령 개정 작업, 보호관찰 시험실시, 보호관찰 조직구성안 등이 제안되었다.

보호관찰 시험실시

보호관찰제도 도입에 대한 법무부의 방침이 확정되면서 제도도입에 앞서 보호관찰 시험실시 필요성이 대두되었고, 1983년 1월 27일자로 보호관찰 시험실시 지침이 제정되었다. 보호관찰 시험실시 지침에 따르면, 시험실시 대상은 가석방자 중 「갱생보호법」에 의한 관찰보호 대상자로서 보호관찰이 필요하다고 인정되는 자이며, 그 관장기구를 갱생보호회 지부장으로 하면서 갱생보호회 직원 또는 갱생보호위원이 담당자로 지정되어 보호관찰 업무를 담당하게 하였다. 1984년 9월 1일부터는 대상자를 기존의 가석방자뿐 아니라 가퇴원자(현재의 '임시퇴원자')에게까지 확대 실시하였고, 1985년 3월 8일에는 전담검사 및 집단처우제를 신설하였다.

보호관찰법의 제정

법무부는 1988년 3월에 이르러 '보호관찰제도 도입준비위원회'를 구성하고, 보호관찰법 제정 작업에 속도를 내어 같은 해 11월 법안을 국회에 제출하였고, 1988년 12월 15일 국회 본회의 의결을 거쳐 1988년 12월 31일 우리나라 최초의 「보호관찰법」이 법률 제4059호(시행일 1989. 7. 1.)로 제정ㆍ공포되었다. 1989년 1월 20일에는 보호관찰실시 준

---

1) 이하의 내용은 이형재(2012), pp. 110-115의 내용을 발췌, 요약한 것이다.

비위원회가 구성되었으며, 같은 해 3월 25일 「사회보호법」을 보호관찰제도 실시에 맞추어 개정하였고, 같은 해 5월 26일 보호관찰소 및 보호관찰 심사위원회 설치에 관한 내용을 포함하는 법무부 직제를 개정하였으며, 같은 해 6월 23일 보호관찰법 시행령을 제정한 후 1989년 7월 1일부터 소년범에 한하여 본래 의미의 유권적 보호관찰제도가 우리나라에서 본격적으로 실시되기에 이르렀다. 그러나 최초의 「보호관찰법」은 소년범에 한하여만 보호관찰을 적용하였고, 성인범에 대하여는 1989년 3월 25일 「사회보호법」 개정으로 보호감호소 가출소자, 가석방자, 치료 위탁자 등에 대하여 한정적으로 보호관찰을 시행하였다.

② 보호관찰제도의 발전

우리나라의 보호관찰제도는 1982년부터의 보호관찰 시험실시 경험을 바탕으로 1988년 12월 31일 「보호관찰법」이 제정되었다. 이에 따라 1989년 7월부터 「소년법」상 보호처분 소년범과 「사회보호법」에 근거한 가출소자를 대상으로 최초 실시한 이래 지속적으로 그 대상과 범위가 확대되어 왔다. 1997년 「형법」 개정을 통해 그 대상이 성인 형사범으로 확대되었고, 1998년 7월에는 가정폭력범, 2000년 성판매청소년사범에 대한 보호관찰 실시, 2004년 성매매사범 보호관찰 실시, 2005년 성구매사범에 대한 존스쿨(John School) 실시, 2008년 9월에는 '용산초등학생 성폭행사건' 등 국민적 우려와 관심을 집중시킨 일련의 성폭력 살인사건의 영향으로 성폭력범에 대한 '위치추적 전자감독제도'가 전격 도입·실시되었다. 1997년 성인 형사범에 보호관찰제도가 전면 확대 실시된 이후에도 보호관찰조직의 업무영역은 다양하게 확장되어 왔다. 성인범에 대한 판결전조사가 활성화되고, 1998년부터는 가정폭력사범에 대한 보호처분이 실시되었으며, 2005년부터는 성을 구매한 남성들에게 '존스쿨(John School)'이라는 교육프로그램도 실시하게 되었다.[2] 2009년 9월에는 벌금미납자에 대한 사회봉사 대체제도, 2011년 4월에는 성인

---

2) 보호관찰소의 업무는 형사(소년)법원의 재판 선고를 기준으로 사전적인 조사업무와 사후적인 집행업무로 구분할 수 있다. 보호관찰, 사회봉사명령 및 수강명령은 법원의 판결(결정) 선고에 따라 그 집행을 하는 업무이지만, 판결(결정)전조사는 선고 이전 단계에서 형사피고인(보호소년)에 대한 사회 및 심리조사를 실시하는 업무다. 판결전조사는 법령상 소년 형사피고인에 대하여만 실시하도록 규정되어 있지만 실무적으로는 법원의 요청으로 살인 등 강력사건을 저지른 성인 형사범에게까지 폭넓게 활용되어 왔다. 개청 이후 1995년까지 수백 건에 불과하던 조사 건수가 1996년 한 해 동안 2천 건을 넘어섰다. 개정 「형법」 시행 이후 성인범에 대한 조사가 점차 증가한 결과 2004년부터 성인범 판결전조사가 소년을 압도하게 되었고, 전체 조사 건수는 매년 평균 4천여 건을 상회하게 되었다(법무부, 2009: 334-341). 그리고 성인범에 대한 보호관찰제도 확대 실시 이후 얼마 지나지 않은 1998년 7월부터 「가정폭력범죄의 처벌 등에 관한 특례법」이 시행되었다. 이 법에

대상 성폭력범에 대한 신상정보 등록 및 공개제도, 2011년 7월에는 16세 미만의 피해자 성폭력범 중 성도착자에 대한 '성충동 약물치료'(일명 '화학적 거세')가 도입되는 등 보호관찰제도의 외연과 내용은 놀라운 정도로 급격히 확장·심화되어 왔다.

그 외에도 음성감독을 활용한 외출제한, 특정 장소에의 출입금지, 피해자 접근금지와 같은 특별 준수사항이 개발·적용되었고, 성인범에 대한 판결전조사제도의 확대, 위치추적전자장치(전자발찌) 청구전조사 등 보호관찰의 사법보좌적 기능도 지속적으로 확장되어 왔다.

우리나라 보호관찰 주요 제도의 발전 연혁을 정리하면 〈표 8-1〉과 같다.

1989년 당시 8천여 건에 불과했던 보호관찰 등 실시사건수가 2010년 말 기준 22만 건

표 8-1   우리나라 보호관찰 주요 제도 발전 연표

- 1989년 보호관찰제도 도입
- 1997년 보호관찰제도 성인범 확대
- 2003년 집중보호관찰실시
- 2005년 외출제한명령실시
- 2008년 전자감독제도 시행
- 2009년 벌금미납 사회봉사 도입
- 2010년 전자감독제도 확대
- 2011년 성충동 약물치료제도 도입

근거하여 가정폭력사범에 대한 보호관찰, 100시간 이내 사회봉사명령 및 수강명령 등이 보호처분의 형태로 실시되기 시작하였다(법무부, 2009: 92). 일반적으로 가정폭력사범은 죄의식이 희박한 편이어서 보호관찰관에게 거부적이고 공격적인 태도를 보이는 경우가 많기 때문에 지도감독에 어려움이 큰 편이다. 2005년에는 「성매매알선 등 행위의 처벌에 관한 법률」이 제정됨으로써, 보호관찰소는 성을 판매한 자뿐 아니라 구매한 자에게도 다양한 개입활동을 전개하게 되었다. 특히 성 구매 남성을 대상으로 집중적인 교육을 실시하는 존 스쿨제도가 시작되었다. '존스쿨'이라는 용어는 미국에서 성을 구매한 남성들이 체포된 이후 자신의 이름을 가장 흔한 남자이름인 '존(John)'이라고 밝히는 것에 착안하여 1995년 샌프란시스코 시민단체 세이지(SAGE)가 성매매 재발예방 프로그램의 이름을 '존스쿨'로 명명한 데서 유래한다. 현재 이 제도는 우리나라를 비롯하여 미국, 스웨덴 등 세계 10여 개국에서 실시되고 있다(법무부, 2009: 372). 2005년 8월부터 시행된 이 제도를 통해, 성을 구매한 사람이 초범일 경우 기소유예처분을 받는 대신 보호관찰소에서 실시하는 성 구매자 교육프로그램에 참여하여 교육과정을 이수하게 되었다. 성구매자 교육프로그램은 1일 8시간 집단 강의식으로 운용되고 있다(법무부, 2009: 372-377). 그 밖에 벌금미납으로 노역장에 유치되는 사람을 위한 대안적 형사정책으로 2009년 3월에는 「벌금미납자의 사회봉사 집행에 관한 특례법」이 제정되었다(법무부, 2009: 95). 이 법의 시행으로 300만 원 이하의 소액 벌금을 미납한 경제적 소외계층이 본인의 신청에 의해 사회봉사활동을 함으로써 단기구금의 폐해를 피해 갈 수 있는 길이 열렸다.

으로 늘어나 보호관찰제도 도입 이후 27배에 이르는 업무량 폭증 현상에 비추어 본다면 우리나라에서 보호관찰제도의 확대된 역할을 가히 짐작할 수 있다. 뿐만 아니라, 도입 초기 소년범 등 경미한 범죄인을 주된 대상으로 실시되었던 보호관찰제도는 현재는 성 폭력, 강도, 살인 등 강력범에 대한 재범통제 기능을 수행하게 됨으로써 형사사법정책의 틀 내에서 그 역할과 기능의 중요성이 크게 강화되었다(이형재, 2012: 109).

2) 보호관찰의 의의와 기능

(1) 보호관찰의 형사정책적 의의

보호관찰은 유죄가 인정되는 범죄인을 교도소나 소년원 등 시설 구금하는 대신 일정 기간 준수사항을 지킬 것을 조건으로 자유로운 사회생활을 허용하면서 보호관찰관의 지 도와 감독을 받게 하여 교화 · 개선하고 사회에 적응하게 하는 제도다. '보호관찰'이라 는 용어는 일본의 학자들이 주로 영미법계에서 발전된 'probation'이나 'parole'을 도입 하면서 1922년 제정된 「일본소년원법」 관련 규정에 최초로 이를 '保護觀察'(보호관찰) 이라 번역하여 사용한 데서 유래한다(이형섭, 2003).

보호관찰제도는 기본적으로 범죄 또는 범죄인에 대한 국가의 공식적 대응이란 측면에 서 형사정책의 일종이다. 형사정책은 형사입법론, 범죄원인론, 범죄대책론을 포함하고 있으며, 이 중에서도 핵심은 범죄에 대한 대책, 즉 범죄인처우에 있다고 할 수 있다. 보호 관찰제도는 이러한 범죄인처우 중에서도 격리된 시설에 구금 · 수용하는 '시설내처우' 에 대비되는 개념으로, 지역사회의 열린 공간에서 범죄인을 관리 감독하는 '사회내처우' 의 대표적인 제도다(이형섭, 2012: 55). 시설내처우의 대안으로서 보호관찰(probation & parole)은 다음과 같은 의의를 지닌다(이성칠, 2003: 44-45; Champion, 2001: 117).

첫째, 보호관찰은 사소한 범죄로 유죄판결을 받은 사람들을 교정시설이라고 하는 범 죄유발적 환경(criminogenic environment)으로부터 보호한다. 교정시설은 수용자들이 사 회복귀되는 곳이라기보다는 효과적인 범죄기술을 습득하는 범죄학교(college of crime) 로 여겨진다.

둘째, 보호관찰은 죄를 범한 자들이 범죄인이라는 낙인의 오명을 피할 수 있도록 도 와준다. 몇몇 권위자들은 일단 비행청소년 또는 범죄인으로 낙인찍히게 되면, 그 사람 은 연속된 범행을 저지르는 역할을 수행하게 될 것이라고 믿는다. 따라서 보호관찰은 범죄인을 지역사회로 통합시키고 준법적 생활을 유지하는 것을 촉진하는 기능을 수행한다.

셋째, 보호관찰은 범죄인이 비범죄인과 보다 쉽게 통합되도록 해 준다. 범죄인은 직업을 가질 수도 있고, 자신의 가족과 자신을 위하여 생계를 꾸려 갈 수 있으며, 긍정적인 자아관념을 비롯하여 만약에 구금되었더라면 얻지 못할 수 있는 행위들을 발달시킨다.

넷째, 보호관찰은 교정시설의 과밀수용이라는 문제를 해결하는 실용적인 수단이다.

다섯째, 보호관찰은 범죄인이 알코올 또는 마약의존 · 중독을 위한 개별 또는 집단 상담, 요법, 처우 등과 같은 필수적 사회적 심리적 · 서비스에 보다 잘 접근할 수 있도록 해 준다.

(2) 보호관찰의 기능

보호관찰의 주요 기능을 ① 범죄통제, ② 사회재통합, ③ 사회복귀, ④ 처벌, 그리고 ⑤ 억제로 볼 수 있다(이성칠, 2003: 45-47; Champion, 2001: 52-58).

① 범죄통제

이 기능은 보호관찰대상자를 감독하고 이들의 행위를 감시하는 것으로서, 보호관찰의 목표이자 가장 기본적인 기능이다. 범죄인의 행위에 대한 적절한 감시와 감독을 통하여 보호관찰대상자가 재범을 하거나 새로운 범죄를 저지를 가능성이 줄어든다. 이와 같이 보호관찰은 감독을 받는 사람들 사이에서 새로운 범죄의 예방을 추구한다.

② 사회재통합

범죄인을 지역사회에 두는 것은 그들이 직업을 찾고 이를 수행하면서, 피부양자를 부양하고, 자신의 행위에 대한 책임을 수용하게 하는 것을 가능하게 한다. 그들은 사회봉사를 수행하거나 필요한 직업 · 교육 및 상담 프로그램에 참가할 수 있으며, 돈을 벌 수 있다. 그들은 준법적 삶을 이끌어 나가기 위하여 자신의 다양한 결점을 극복해 나가는 데 필요한 처우를 받을 수 있다. 그들은 보호관찰관의 밀착적 감시 · 감독으로부터 얼마간의 통제에 종속되어 있지만 지역사회에서 일상의 삶을 영위할 수 있다.

③ 사회복귀

보호관찰을 받고 있는 범죄인은 자신을 개선하거나 사회에 복귀할 수 있는 기회를 갖는다. 그들은 자신의 보호관찰관으로부터 다양한 형태의 원호를 받을 수 있다. 그들은 고용의 기회를 제공받거나 새로운 직업에 대하여 안내를 받을 수 있다. 그들은 자신의 안정을 위하여 가족과 함께 살 수 있다.

④ 처벌

보호관찰은 처벌이다. 보호관찰대상자는 구인·유치되어 재구금될 가능성에 놓여 있다. 그들은 엄격한 보호관찰 프로그램 요건과 조건에 충실해야 한다. 한 가지 또는 그 이상의 이러한 조건을 따르는 것에서의 실패는 자신의 보호관찰 프로그램이 취소될 수 있는 결과를 가져올 수 있다. 이와 같은 취소조치는 구금이라는 결과를 가져올 수도 있다.

⑤ 억제

보호관찰관은 대상자의 행동을 감시한다. 그들은 범죄인이 마약 또는 알코올과 같은 금지된 물질을 그만두는지를 살펴보기 위해서 불시에 마약 또는 알코올 체크를 할 수 있다. 그들은 개별 또는 집단 요법 혹은 상담과 같이 요구되는 서비스에 범죄인이 참여하는지를 감독할 수 있다. 이와 같은 활동들의 일부 또는 전부에서 범죄인의 개선도를 지속적으로 점검하는 것은 대상자의 범죄를 제지하는 데 효과적인 것으로 여겨진다.

3) 보호관찰의 조직[3)]

(1) 보호관찰의 조직체계

① 중앙조직

보호관찰의 중앙조직은 법무부의 범죄예방정책국이며, 국장은 검사로 보임하고 있다(법무부 직제 제11조 1항). 전신인 '보호국'은 1980년 12월 「사회보호법」이 제정됨에 따라 1981년 1월 법무부 직제개정을 통해 신설되었다(법무부, 2009: 119). 당시 하부조직은 보호과, 조정과, 심사과 등 3개 과로 출범하였다. 2014년 현재 보호관찰조직도는 [그림 8-1]과 같다.

범죄예방정책국의 하위 부서인 범죄예방기획과는 보호관찰에 관한 인사·예산 업무

---

3) 이 부분은 이형섭(2012), pp. 83-85의 내용을 요약 정리한 것이다.

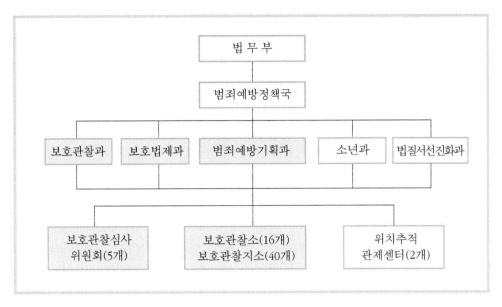

[그림 8-1] 보호관찰조직도

를, 보호법제과는 법령 제정 및 연구평가업무를, 그리고 보호관찰과는 일선 보호관찰소의 집행기획 및 위치추적제도(전자감독) 관련 업무를 담당하고 있다.[4] 2014년 1월 현재, 보호관찰의 일선 조직은 전국에 5개 보호관찰심사위원회, 56개 보호관찰소(본소 16개, 지소 40개), 2개 위치추적관제센터 등 총 63개 기관에 이르고 있다(법무부 직제 및 동 시행규칙 참조). 그러나 이 중에서 보호관찰관이 보호관찰대상자와 직접 접촉하며 면밀한 관찰과 사회복귀에 필요한 조치를 통하여 지도감독하는 업무, 즉 '좁은 의미의 보호관찰' 업무를 수행하는 곳은 전국 56개 보호관찰소다.

---

4) 2014년 2월 현재, 법무부 범죄예방정책국은 5개 과로 구성되어 있다. 범죄예방기획과는 보호관찰기관 및 소년보호기관(소년원 및 소년분류심사원)의 시설, 예산 및 동기관에 근무하는 보호직 공무원의 인사 등의 업무를 담당한다. 보호법제과는 보호관찰 관련 법령 정비 및 신제도 연구기획, 소속공무원 복무감독, 치료감호 업무 등을 담당한다. 소년과는 청소년 비행관련 정책연구 및 대책수립, 소년원 보호소년 등의 수용·교육 및 조사, 일반학교 부적응학생 등의 특별교육 등의 업무를 담당한다. 보호관찰과는 보호관찰·수강명령·사회봉사명령의 집행 등 보호관찰 실시, 판결(결정)전조사 및 환경개선업무, 보호관찰 기관평가, 한국법무보호복지공단 및 민간 갱생보호사업자 관리, 특정 범죄인 위치추적제도 및 성범죄인 신상공개제도 운영을 담당한다. 2010년 5월 신설된 법질서선진화과는 법교육 관련 교육 및 전문인력 양성, 법질서바로세우기 운동 및 범죄예방자원봉사자의 관리감독 업무를 담당한다(법무부 직제 제11조 및 동 시행규칙 제7조 참조). 범죄예방기획과장·보호법제과장은 검사로, 법질서선진화과장은 서기관 또는 검사로, 소년과장 및 보호관찰과장은 부이사관 또는 서기관으로 보한다(법무부 직제 시행규칙 제7조 2항).

② 보호관찰소

보호관찰소는 법무부장관의 소속하에서 보호관찰대상자의 원활한 사회복귀와 재범 방지를 위해 보호관찰의 실시, 사회봉사·수강명령의 집행, 판결전(결정전, 청구전)조사 및 범죄예방활동에 관한 사무를 관장하는 기관이다(법무부 직제 참조). 보호관찰소의 명칭, 위치, 관할구역 등은 법무부와 그 소속기관 직제 및 동 시행규칙에 위임되어 있는데, 현재 전국에 56개 보호관찰(지)소가 설치·운영되고 있다.

보호관찰소는 직제 제정 이후 끊임없이 증설을 거듭해 왔다. 1989년 5월 본소 12개 소·지소 6개소에 직원 271명에 이르는 직제가 제정되었다(법무부, 2009: 96). 이후 줄 기차게 보호관찰 대상자가 증가하는 상황에서 수차례에 걸쳐 직제개정이 반복되었다. 이러한 가운데 보호관찰소는 전국 법원·검찰이 소재한 중·소도시에까지 신설되었 다.[5]

개청 당시 보호관찰소의 하부조직으로는 관호과, 조사과 및 사무과가 있었다. 2005년 8월에는 신속한 의사결정과 업무 경쟁체제 구축을 위하여 기존 과 단위 체계를 팀 단위 하부조직으로 재구성하는 '팀' 제를 전면 실시하였다. 이는 기존 기관장 중심의 권한을 팀장에게 대폭적으로 위임하고 보호관찰 업무수행에서 팀장의 전결권을 강화하는 것을 주요 골자로 한다(법무부, 2005). 제도 도입 당시 팀의 총수는 전국 35개 보호관찰소 115개 팀이었는데, 이 중 30개만을 직제상으로 신설하였고, 나머지 85개 팀은 비직제로 신설 하여 병행·운영하게 되었다. 2011년부터는 팀제가 폐지되고 다시 과거의 '과' 편제로 회귀하였다. 주요 과 직제는 행정지원과, 관찰과, 집행과 및 조사과다. 기관 규모에 따라 관찰과는 소년, 성인, 고위험(전자감독) 전담 등으로 세분화되고, 집행과는 수강, 사회봉 사 등으로 나눈다.

---

5) 보호관찰 관련 각종 특별법이 제정되고 대상자가 증가함에 따라 지소는 본소로 승격하거나 본소 관할 지소가 신설되는 가운데 개청 이후 10년이 지나도록 정원 500명을 넘지 못하던 중 2002년 5월 27일 안산·충주 지소 등이 신설되어 총 35개 기관에 정원이 532명으로 증원되었다. 2005년 8월 12일에는 소년보호직렬 150명이 보 호관찰직렬로 전직하여 정원이 700명을 상회하였다. 이는 외부 인력 유입을 통한 인력 충원의 지체 및 한계를 극복하려는 고육책으로 법무부 산하 소년보호기관으로부터 직원을 전격 유입하고, 2007년 1월 1일 소년보호 직렬과 보호관찰직렬이 전격보호직렬로 통합되었다. 2007년 7월 23일 법무부 보호국은 4과 1팀 체제로 중앙 조직을 개편하였다. 기존의 관찰과는 범죄예방정책과로 명칭이 변경되었고, 보호관찰 관련 법령, 정책 및 복 무 평가를 관장하게 되었다. 신설된 보호관찰과는 일선 산하기관의 보호관찰 집행업무를 전담하면서 최초로 보호관찰 일반직공무원을 법무부 중앙조직의 과장으로 임명하는 등 조직체계의 큰 변화가 있었다(법무부, 2009: 96).

(2) 보호관찰의 인력

① 보호관찰관

보호관찰관의 개념

법률상 보호관찰관은 보호관찰소에서 일하며, 형사정책학, 행형학, 범죄학, 사회사업학, 교육학, 심리학, 그 밖에 보호관찰에 필요한 전문적 지식을 갖춘 사람이어야 한다(「보호관찰 등에 관한 법률」 제16조). 한편, 법무부령인 「법무부 직제 시행규칙」에 따르면, 우리나라 보호관찰관은 5급 이상의 일반직 공무원이다. 같은 규칙 제24조는 "보호관찰관은 보호관찰심사위원회·보호관찰소·보호관찰지소 및 위치추적관제센터에 소속되어 있는 고위공무원단에 속하는 일반직공무원·부이사관·서기관·보호사무관으로 한다."고 규정하고 있다. 그러나 실제 보호관찰소에 근무하는 5급 이상의 공무원은 과장 이상의 보직자로서 일부 예외적인 경우를 제외하고는 보호관찰대상자를 직접 관리하고 지도감독하지 않는다. 오히려 실무상 '보호관찰담당자'[6]라고 불리는 9급부터 6급까지의 보호직 공무원이 일정량의 사례를 나누어 맡고 보호관찰대상자를 직접 접촉하며 지도감독하고, 해당 대상자의 모든 상황 관리의 1차적 책임과 권한을 가진다. 따라서 보호관찰관은 보호관찰소에서 근무하는 9급부터 5급에 이르는 보호직 공무원으로 정의한다(이형섭, 2012: 26-27).

보호관찰관의 인력 상황

보호관찰소에 근무하고 있는 보호직[7] 공무원은 공안직 국가공무원으로 1989년 개청 당시 전국 18개 보호관찰(지)소에 배정된 정원은 230명이었다. 출범 당시 보호직 인력충원은 법무부 소속 타 직렬 직원으로부터 전직신청을 받아 임용하였는데, 전직인원은 총

---

6) 보호관찰대상자를 직접 지도감독하는 사람들을 지칭하는 말로, 실천현장의 공문서나 지침 등에서는 '보호관찰담당자'나 '보호관찰담당직원' 등의 표현이 주로 사용된다. 직원 상호 간에는 과장, 계장, 주임 등과 같은 직명을 사용하기 때문에 보호관찰관이라는 호칭을 거의 사용하지 않는다. 한편 대상자들은 담당 지역명 등을 붙여 '○○구 담당(선생)님'으로 부르거나 이름과 직명을 같이 사용해서 '○○○계장(주임)님' 등으로 부르는 경우가 많다. 대상자 중에서도 '(보호)관찰관'이라는 직명을 사용하여 호칭하거나, 아주 예외적으로는 출처가 불분명한 '보호관찰사'라는 용어를 사용하는 사람도 있다. 이처럼 보호관찰대상자를 직접 지도감독하는 사람을 지칭하는 일반적인 용어가 아직도 현장에서 통일되어 있지 못하기 때문에 여기서는 개념적으로 용어를 정의하여 사용하기로 한다.

7) '보호직'이라는 직렬명칭은 1989년 6월 17일 「공무원임용령」 개정으로 명명되었으나, 1992년 12월 2일 「공무원임용령」 개정을 통해 '보호관찰직'으로 개칭되었다가, 보호관찰직렬과 소년보호직렬이 통합되면서 2006년 6월 12일 공무원임용령 개정을 통해 다시 '보호직'으로 개칭되었다(법무부, 2009: 140).

140명이었다. 한편 초창기에는 검사가 보호관찰소의 장을 겸임하기도 하였고, 1996년
이 되어서야 모든 기관의 기관장이 보호직공무원으로 임명되었다. 1990년 최초로 보호
관찰직 5급, 7급, 9급 공채를 선발하였는데, 각각 5명, 15명, 30명을 임용하였다(법무부,
2009: 140). 이후 보호관찰직 공무원 충원은 2002년 인력 확충을 위한 특채와 2006년 및
2007년에 실시한 임상심리사(1급)의 6~7급 특채, 그리고 2010년과 2012년의 사회복지
사 및 임상심리사의 7급 또는 9급 특채 등을 제외하고 원칙적으로 공채를 통해서 직원을
선발하고 있다(이형섭, 2012: 86).

1989년 개청 당시 보호관찰소 정원은 기능직 41명을 포함하여 271명으로 출범하였다.
이후 1995년에 21명, 1997년에 69명, 1999년에 14명, 2000년에 48명, 2001년에 26명,
2002년에 46명, 2004년에 45명, 2005년에 202명, 2006년에 51명, 2007년에 273명,
2009년에 61명 등 지속적으로 인력이 증원되었다(법무부, 2009: 142). 보호관찰 업무 영
역의 질적·양적 확대와 함께 보호관찰 인력도 지속적으로 증가하여 개청 이후 20년 만
에 정원이 약 4.3배 증가하였다. 하지만 여전히 현실적으로 우리나라 보호관찰 조직에서
가장 취약하고 시급한 정책 분야는 적정 인력 규모를 확보하는 것이다(이형섭, 2012: 87).

② 보호관찰 분야의 민간자원봉사조직

개청 당시의 민간자원봉사조직

보호관찰제도의 시작이 미국의 한 민간자원봉사자인 존 어거스터스가 재판과정에서
범죄인의 재범방지를 위한 복지적 접근을 시도한 데서 비롯된 것에서 알 수 있듯이, 이
제도의 특징은 시민의 참여를 전제로 한다. 1990년 유엔에서 결의한 「사회내처우 최저
기준규칙」에서는 "범죄인의 사회내처우는 무엇보다 대상자와 가족이 지역사회에 잘 적
응할 수 있도록 지역사회와 연계 노력하는 것이 중요하므로 지역사회인사의 보다 많은
참여가 권장되어야 한다."고 규정되어 있다(이무웅, 2001: 160).

특히 우리나라는 제도 도입 당시 일본의 보호관찰 관련 법제를 상당 부분 참고하였는
데, 일본의 보호관찰은 민관협력모델이다.[8] 초기 우리나라 보호관찰제도가 교육과 상담

---

8) 같은 동아시아권의 사회문화적 유사성은 물론이고 형사사법체계의 전반적인 구조가 일본과 유사했기 때문
   이다. 특히 일본의 법률은 거의 모든 법률용어나 주요한 법적 개념이 한자로 표현되었기 때문에 바로 번역하
   여 사용할 수 있을 정도로 접근성이 뛰어났다. 일본에서는 소수의 정예화된 보호관찰관은 대상자를 직접 지
   도감독하지 않고 보호사(保護司)라는 체계적으로 조직화된 민간인들을 지도·육성·관리한다. 반민반관의
   보호사는 보호관찰대상자와 1:1로 결연되어 그들을 직접 지원·감독하며, 일정한 양식의 '경과통보서'를 보
   호관찰관에 제출한다. 일본은 특히 일부를 제외하고는 소년범이나 가석방자 중심의 보호관찰을 하고 있다.

중심으로 운영된 것은 이러한 일본 모델의 영향도 있었다. 이러한 맥락에서 초기 우리나라 보호관찰조직에서는 '보호(선도)위원'이라는 민간자원봉사자들이 보호관찰 인력구성요소의 하나로 파악되었다(이형섭, 2012: 89).

그러나 우리나라는 일본과 달리 사회봉사명령이나 수강명령과 같은 보호관찰관이 직접 집행해야 하는 제도를 도입하였다. 또한 개청 이후 약 5년 만에 대상인원이 연간 8천 명에서 약 6만 명으로 폭증하면서 '민간자원봉사자'의 결연지도만으로는 감당할 수 없게 되어서 보호관찰관이 직접 대상자를 관리하는 구조로 점차 바뀌게 되었다. 민간자원봉사자와 결연된 대상자가 소재불명되거나 경과통보서가 제대로 접수되지 않는 사례들이 빈발하면서 보호관찰관이 직접 개입하는 비율이 늘어나게 된 것이다. 이에 따라 보호관찰관의 업무 부담이 크게 증가하였다.

민간자원봉사조직의 통합과 그 영향

1996년까지 법무부의 범죄인처우, 특히 사회내처우와 관련된 민간자원봉사단체는 크게 갱생보호위원, 소년선도위원, 보호선도위원으로 나뉘었다. 이러한 단체는 각각 갱생보호회와 검찰청, 보호관찰소 등 기관별로 개별 구성·운영되어 오다가, 1997년부터 범죄예방 자원봉사위원(이하 "범죄예방위원")으로 통합·운영되고 있다.[9] 갱생보호위원은 1942년 「조선사법보호사업령」의 제정 시부터 출소자에 대한 갱생보호사업을 위하여 활동하여 왔다. 소년선도위원은 1978년부터 도입된 검찰청의 소년에 대한 선도조건부 기소유예 제도를 지원하기 위하여 창립되었다. 마지막으로, 보호(선도)위원은 보호관찰소의 개청과 함께 보호관찰관을 보좌하여 보호관찰대상자를 직접 지도하기 위하여 구성되었다(법무부, 2009: 167-169).

통합의 논의는 당시 보호관찰제도의 출범과 더불어 유사·중복제도를 통합·정비하고 만성적인 인력난에 허덕이는 보호관찰소를 보다 확실히 지원하기 위한 체제를 구축하고자 한 것이었다. 결과적으로 1997년 3개 단체는 결국 통합되었고 「보호관찰 등에 관한 법률」에 통합조직의 근거 규정이 마련되었다. 같은 법 제18조는 "범죄예방활동을 행

이 중 가석방자에 대해서는 사회적응을 촉진하기 위하여 여러 지원활동을 하고 소년범에 대해서는 교육과 선도를 중시하기 때문에 원조적 지향성이 강하다고 할 수 있다(이형섭, 2012: 89).
9) 2014년 2월 27일, 법무부 훈령인 「범죄예방자원봉사 기본규정」이 개정(같은 해 3월 3일 시행)되어 '범죄예방위원'의 명칭이 '법사랑위원'으로 변경되었다. 그러나 상위법률인 「보호관찰 등에 관한 법률」에서는 여전히 '범죄예방 자원봉사위원'이라는 용어를 사용하고 있다.

하고, 보호관찰활동과 갱생보호활동 사업을 지원하기 위하여 범죄예방 자원봉사위원을 둘 수 있다."라고 규정하고 있다. 또한 위촉과 해촉, 정원, 직무의 구체적 내용, 조직 비용의 지급 등 필요한 사항을 법무부령으로 정할 수 있도록 위임하고 있다.

그러나 통합된 범죄예방위원 조직의 관리는 각급 검찰청에서 맡게 되면서 보호관찰 분야에의 활동은 통합 이전보다 상대적으로 축소되었다. 무엇보다 지역사회의 재력가, 명망가 중심으로 구성된 민간자원봉사단체의 간부들은 신생조직인 보호관찰소에 소속되기보다는 검찰청과 연계된 활동을 선호하였다. 결과적으로 민간자원봉사자의 보호관찰 분야에서의 활동은 더욱 위축되었다(이형섭, 2012: 91).

현재 범죄예방위원회의 조직으로는 지방검찰청 또는 지청에 범죄예방정책위원회와 지역연합회를 두도록 하고, 지역연합회에는 '청소년위원협의회', '보호관찰위원협의회', '보호복지위원협의회' 등 3개 위원협의회를 필수적으로 설치하고 있다. 또한, 전국적 규모의 범죄예방활동 전개와 상호 정보교환을 위하여 범죄예방 자원봉사위원 전국연합회를 둘 수 있도록 하였다.

2. 보호관찰의 현황

1) 보호관찰 전체 현황

(1) 보호관찰 실시사건의 증가 추이

보호관찰의 현황을 살펴보기 전에 '보호관찰'이라는 용어가 크게 두 가지로 사용되고 있음을 짚고 넘어갈 필요가 있다. 좁은 의미의 보호관찰은 「보호관찰 등에 관한 법률」 제32조에 규정된 준수사항을 이행할 조건으로 일정 기간 동안 보호관찰관의 지도감독을 받는 것이다. 넓은 의미의 보호관찰은 여기에 더하여 보호관찰소의 핵심 업무인 사회봉사명령 및 수강명령을 포함한 개념이다(법무부, 2008). 이와 같이 우리나라 보호관찰제도의 핵심 서비스는 보호관찰 · 사회봉사명령 및 수강명령이다(같은 법 제15조 참조). '보호관찰'이라는 용어는 양자의 의미로 자주 혼용되고 있어 사용되는 맥락으로 그 의미를 파악하여야 한다. 다만, 일반적으로 '보호관찰제도' 또는 '보호관찰 서비스'라고 할 때는 넓은 의미로, '보호관찰 지도감독'이라고 할 때는 좁은 의미로 사용한다(이형섭, 2012: 20-21).

1989년 보호관찰제도 도입 이후 보호관찰, 사회봉사 · 수강명령 사건은 전체적으로

| 표 8-2 | 보호관찰 등 사건현황(2013. 12. 30. 현재) | | | | (단위: 명) |

구 분	접 수			종료	실시 중
	계	구수	신수		
계	175,319	62,441	102,784	112,922	62,397
보호관찰	96,574	49,034	47,540	47,526	49,048
사회봉사명령	41,511	61,717	34,794	35,220	6,291
벌금대체 사회봉사	4,668	609	4,059	3,621	4,047
수강명령	28,054	5,014	23,013	22,757	5,297
존스쿨	3,997	939	3,058	3,432	565
이수명령	514	100	414	324	148
성충동 약물치료	1	1	–	0	1

출처: 법무부(2014).

증가추세를 보인다.[10] 우선 1989년 한 해 동안 8,389건 수준이던 사건 수가 성인범 확대 실시 직전인 1995년에 6만여 건으로 늘어나 보호관찰제도가 안착되는 모습을 보였다. 이후 형법개정으로 성인범에 확대 실시한 1997년 처음으로 10만 건을 초과하여 꾸준한 사건 증가추세를 보이다가 2010년을 기점으로 20만 명 수준에 이르렀다. 제도도입 원년인 1989년에 비해 보호관찰, 사회봉사·수강명령 사건 수는 약 23배 증가하였다(〈부록 2〉 참조).

2013년의 경우 연간 보호관찰제도의 총 실시사건 현황은 〈표 8-2〉와 같은데, 벌금대체 사회봉사 및 존스쿨 업무를 포함하여 총 175,319건[11]을 접수하여 실시 중에 있다.

(2) 보호관찰관 1인당 관리인원

2011년 기준, 우리나라의 보호관찰관 1인당 관리하는 보호관찰대상자의 평균은 147명으로(법무부, 2012), 여전히 미국·영국 등 선진국 평균 약 48명의 3배가 넘는 수준이다(법무부, 2012a). 2012년 3월 현재, 법무부 자료를 보면, 외국의 보호관찰 인력 및 대상자 현황은 〈표 8-3〉과 같다.

---

10) 존스쿨 누적 인원, 보호자특별교육, 관결전 및 결정전조사 인원을 포함하면, 연간 23만 명 수준에 이르고, 개청 이후 총 누적 인원은 250만 명을 상회한다(이형재, 2012: 145).

11) 선도위탁사건(2013년 기준, 6,457건)을 제외한 수치다.

| 표 8-3 | 세계 각국의 보호관찰 인력 및 대상자 현황 |

국가명		보호관찰인력	보호관찰대상자	1인당 담당인력	비고
한국		288명	45,661명	158명	2008년 현재
		278명	49,602명	178명	2009년 현재
		333명	49,127명	148명	2010년 현재
		335명	49,401명	147명	2011년 현재
미국	플로리다 주	2,116명	150,320명	71명	2011.7. 현재
	애리조나 주 마리코파 카운티	1,020명	31,143명	31명	2010년 현재
	일본	854명	59,732명	70명	2005년 현재
	영국	7,232명	169,236명	23명	2004년 현재
	호주	394명	20,809명	53명	2006년 현재
캐나다 (브리티시 콜롬비아 주)		516명	15,789명	30명	2010.4. 현재

출처: 법무부(2012b).

2) 보호관찰 분야별 현황

(1) 사회봉사명령 현황

'사회봉사명령' 은 범죄인이나 비행소년에 대하여 형의 유예조건이나 보호처분의 조건으로서 일정한 기간 내에 특정한 시간 동안 무보수로 일정한 근로, 즉 사회봉사에 종사하게 하는 제도다. 이는 구금을 수반하지 않고 있어 범죄인의 개인적·사회적 기능을 저해할 가능성이 적고 운용이 경제적인 것으로서 처벌, 배상 및 사회재통합 등과 같은 여러 가지 상이한 요소가 합체된 자유형에 대한 대체수단으로 창안된 것이다(정동기, 1999: 2).

「형법」상 사회봉사명령부 집행유예를 선고받은 사람에게는 500시간 이내의 사회봉사명령이 부과된다(「보호관찰 등에 관한 법률」 제59조 제1항). 소년법상 보호처분 중에서 보호관찰을 받은 소년에게 병과되는 경우에는 200시간 이내에서 부과된다(「소년법」 제33조 제4항).

최근 들어, 우리나라에서 사회봉사명령은 연간 봉사명령 부과 대상자 수가 꾸준하게 4만여 명을 상회하고 있는 것에서 알 수 있듯이(〈부록 2〉 참조) 사법적 제재수단으로서의 확고한 지위를 차지하기에 이르렀다. 많은 연구결과에서도 나타나듯이, 전체적으로는 집행효과에 대한 수혜기관이나 대상자들의 반응도 긍정적인 편이며 법원의 신뢰도 높은 편이다(이성칠, 2003: 86-87). 사회봉사의 주요 집행 분야는 농촌 일손돕기, 영구임대 아

벌금대체 사회봉사

　　벌금을 선고받았으나 생계곤란으로 벌금을 납부하지 못하는 서민에 대해 노역장에 유치하는 대신 정상적인 가정·사회생활을 허용하면서 일손이 필요한 장애인 및 노인복지시설 또는 농촌에서 봉사하게 함으로써 어려운 서민을 지원하고 봉사의 보람도 체험하게 하는 벌금대체 사회봉사제도는 인권 지향적이면서 친서민적인 형사정책의 일환으로 도입된 대표적인 제도다. 이 제도는 미납벌금을 봉사적 성격을 가지는 노동으로 대체한다는 점에서 노역과도 다르고, 미국, 영국, 독일 등에서 시행하고 있는 일수벌금제도나 우리나라의 벌금분납제도와도 성격이 다른 매우 독창적인 제도다. 2008년부터 법무부의 연구 및 성안 과정을 거쳐 「벌금미납자 사회봉사대체에 관한 특례법」으로 2009년 3월 국회심의를 통과하여 2009년 9월 26일부터 시행되었다. 이 법의 주요 내용을 보면, 300만 원 이하 벌금형 확정자 중 납부능력이 없는 자는 소득 증빙서류를 첨부하여 관할 검찰청에 사회봉사를 신청하면, 검사의 청구로 법원의 허가를 거쳐 관할 보호관찰소에 신고 후 집행하게 된다. 미신고 또는 준수사항을 불이행하면 허가가 취소되며 대상자는 집행기간 중 미납벌금을 납부하고 사회봉사노동을 면할 수도 있다(같은 법 제4조 내지 제14조). 이 제도의 기대효과로는 첫째, 벌금미납자의 노역장유치에 따른 국가의 수용비용 절감, 둘째, 범죄 오염·가족과의 단절 등 구금의 폐해 방지, 셋째, 사회봉사 수혜자는 실질적인 도움을 받고, 대상자에게는 새로운 삶의 계기를 부여한다는 점이다. 2009년 9월부터 2012년 9월까지 4년간 이 제도의 혜택을 본 벌금미납 서민은 총 26,219명이었다.

파트 단지 주거환경개선사업, 장애우·노인복지시설 등 민생지원 분야 등이다. 2013년 기준, 사회봉사명령 분야별 집행 현황은 〈표 8-4〉와 같다.

표 8-4 사회봉사명령 집행 현황(2013년, 수료 기준)　　　　　　　(단위: 건)

연도	구분		총계	자연보호	복지분야	공공시설	대민지원	기타
2013	전체		33,199	117	23,917	659	6,983	1,469
			100%	0.4	72.2	2.0	21.0	4.4
	소년		8,857	24	6,683	237	1,438	475
			100%	0.3	75.4	2.7	16.2	5.4
	성인		24,342	93	17,288	422	5,545	994
			100%	0.41	71.0	1.7	22.8	4.1

출처: 법무부(2014).

(2) 수강명령 현황

'수강명령'은 범죄인이나 비행소년에 대하여 형의 유예조건이나 보호처분의 조건으로서 일정한 기간 내에 특정한 시간 동안 강의나 교육을 받거나 치료프로그램 등에 참석하도록 하는 제도다. 「형법」상 수강명령부 집행유예를 선고받은 사람에게는 200시간 이내의 수강명령이 부과된다(「보호관찰 등에 관한 법률」 제59조 1항). 소년법상 보호처분 중에서 보호관찰을 받은 소년에게 병과되는 경우에는 100시간 이내에서 부과된다(「소년법」 제33조 4항).

① 수강명령 분야별 집행 현황

교육적 · 치료적 프로그램을 적용하는 수강명령은 범죄유형별로 특화된 프로그램을 개발할 필요성이 크고, 성인보호관찰 확대 실시 이후 수강명령의 실시 인원이 대폭 증가함에 따라 법무부에서는 분야별 수강명령 전문프로그램 개발을 추진하였다(이형재, 2012: 176). 성인 성폭력치료 프로그램(2009년 10월), 약물중독치료, 소년심리치료, 가정폭력치료 프로그램(2010년 2월), 준법운전 수강명령 전문 프로그램(2011년 7월) 등을 순차적으로 개발 · 적용해 왔다. 2013년 수료 기준으로 수강명령 분야별 집행 현황을 보면 〈표 8-5〉와 같다.

표 8-5 수강명령 분야별 집행 현황(2013년, 수료 기준) (단위: 건)

연도	구분	총계	약물치료	준법운전	심리치료	가정폭력치료	성폭력치료	분야미지정
2013	전체	21,217	379	9,692	2,569	808	2,217	5,552
		100%	1.9	45.7	12.1	3.8	10.4	26.1
	소년	7,864	22	517	2,406	-	521	4,398
		100%	0.3	6.6	30.5	-	6.6	56.0
	성인	13,313	357	9,175	163	808	1,696	1,154
		100%	2.8	68.7	1.2	6.0	12.7	8.6

출처: 법무부(2014).

② 수강명령 전문프로그램의 주요 내용

수강명령 전문프로그램 주요 특징을 보면, 모듈식 구성을 통해 집단 특성 및 시간 구성에 따른 프로그램 차별화를 도모하였다. 또한 10명 내외의 소집단을 구성, 1개월 이상

분야	목적	구성
성인 성폭력 치료	• 성범죄자의 인지적 왜곡 발견 및 수정, 피해자에 대한 공감능력 증진, 재범위험요인 다루기 등을 통해 재범통제능력 향상	'강간통념 수정하기' '피해자 고통 이해하기' 등 9개 모듈, 46회기
가정폭력 치료	• 가정폭력에 대한 올바른 이해 및 스스로의 폭력행위를 인정하고 개선하려는 동기 부여 • 폭력을 방지할 수 있는 실질적 대처방법 제공	'나와 가족 이해하기' '비폭력 행동기술 익히기' 등 7개 모듈, 26회기
약물중독 치료	• 약물 재남용 방지를 위해 대상자가 약물문제 발생원인을 스스로 탐색하도록 함 • 약물남용 위기상황 시 대처능력 향상으로 단약 동기 강화	'계획 및 준비단계' '행동단계' 등 5개 모듈, 31회기
소년 심리치료	• 소년 대상자 재비행 방지를 위해 왜곡된 인지 재구조화 • 인지능력 향상, 사회기술 학습을 통한 건전한 사회적응 유도	'뇌를 바꾸자' '문제상황 해결하기' 등 6개 모듈, 19회기
준법운전 수강	• 교통법규의 이해를 통한 준법운전의식 고취 및 교통사고 예방을 위한 안전전략 습득 • 음주운전 근절 및 올바른 운전습관의 정착을 통한 재범방지	'준법운전 전략' '음주운전 근절을 위한 행동수정 전략' 등 6개 모듈, 34회기

표 8-6 수강명령 전문프로그램 주요 내용

장기 집행으로 프로그램 효과성을 높이고 대상자 재범 위험성의 지속적 감소를 유도하는 것을 목표로 한다. 구체적인 수강명령 전문프로그램의 주요 내용은 〈표 8-6〉과 같다 (이형재, 2012: 177).

(3) 조사제도 현황

보호관찰제도와 관련된 조사제도는 크게 판결전조사와 판결후조사로 구분된다. 주요 조사항목은 피의자 또는 피고인의 성격, 심리상태, 범행동기, 직업력, 성장력, 교우관계, 생활환경, 가족관계, 피해회복 여부 및 피해자감정, 재범위험성 등이다(박은영, 2008). 형사절차의 단계별 보호관찰 관련 조사제도의 종류는 [그림 8-2]와 같다.

'판결전조사'(Pre-Sentence Investigation)란 형사소송절차에서 유죄가 인정된 피고인에 대하여 보호관찰관이 그 인격과 환경에 관한 상황을 과학적으로 조사하여 범죄인 개개인에 상응하는 적절한 처우방법을 결정하기 위한 기초자료로 이용하는 제도를 말한다

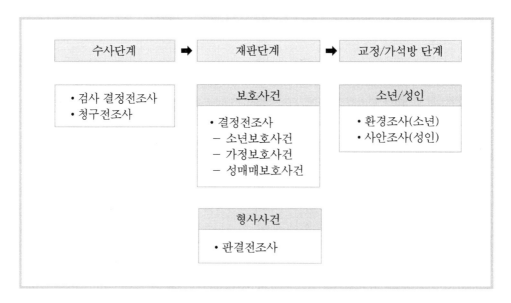

[그림 8-2] 형사절차의 단계별 보호관찰 관련 조사제도의 종류

(이상철, 1994: 11; 이형재, 2012: 124).[12] 그러나 보다 넓은 의미에서는 형사소송절차 이외에도 가정폭력범, 소년범 등에 대한 보호처분 결정전조사와 위치추적 전자감독(전자발찌 부착)을 위한 청구전조사 등도 판결전조사의 범주에 속한다.

한편, 판결후조사 또는 석방전조사에는 환경조사와 귀주환경조사, 보호관찰 사안조사 등이 포함된다. 환경조사 등은 소년원이나 교도소 등 시설 수용자의 범행동기와 가정환경 등을 조사하여 환경을 개선하고 수용자의 교정처우자료, 가석방 · 가퇴원 등 심사자료로 활용하는 제도다. 보호관찰 사안조사는 성인수형자에 대한 가석방 여부심사 및 보호관찰 필요 여부를 심사하기 위한 조사로 1997년 성인에 대한 보호관찰제도 확대에 따라 도입 · 실시되고 있다. 2012년 12월 현재 조사업무 현황은 〈표 8-7〉과 같다.

---

12) 판결전조사가 처음으로 입법화되어 시행된 것은 1988년 12월 31일 「보호관찰법」이 제정되면서부터다. 같은 법 제26조는 "소년에 대하여 형의 선고유예 또는 집행유예를 함에 있어 보호관찰을 명하기 위하여 필요한 경우 법원은 보호관찰소장에게 판결전조사를 요구할 수 있다."고 규정하였다. 이후 법적 근거는 없었으나 법원의 요구에 의하여 성인형사범에 대한 판결전조사를 사실상 실시해 오다가 2008년 12월 「보호관찰 등에 관한 법률」이 개정되면서 조사대상이 모든 형사범으로 확대되었다. 한편 1990년대 후반 이후에는 각 개별법에 보호처분사건 결정전조사 등의 근거규정이 상당수 신설되었다. 1997년 「가정폭력범죄의 처벌 등에 관한 특례법」 제정에 의한 가정보호사건 결정전조사, 2004년 3월 22일 「성매매알선 등 행위의 처벌에 관한 법률」 제정에 따른 성매매보호사건 결정전조사, 2007년 「소년법」 개정에 의한 검사 결정전조사, 2007년 「특정성폭력범죄자에 대한 위치추적 전자장치 부착 등에 관한 법률」 제정에 의한 청구전조사 등이 그것이다(이형재, 2012: 125-126).

연도	계	판결전조사	법원결정전조사	검사결정전조사	청구전조사	사안조사 등
2010	25,578	1,598	6,398	4,524	3,627	9,431
2011	25,771	1,526	9,242	3,906	2,705	8,392
2012	31,569	2,385	12,719	5,547	2,050	8,868
2013	28,786	2,159	12,141	5,084	2,744(247)*	6,658

표 8-7 조사업무 현황(2013. 12. 현재)   (단위: 명)

* 청구전조사 2,744건 가운데 247건은 전자발찌 부착의 소급적용을 위한 한시적 소급청구전조사다.
출처: 법무부 범죄예방정책국 통계자료(2013. 12. 30.).

(4) 위치추적 전자감독제도 현황

① 전자감독의 개념

'전자감독'(electronic supervision/monitoring)이란 전자기술을 활용하여 범죄인의 형벌 또는 보안처분을 구성하거나 집행하는 것으로, 단순한 기계적 설비의 적용뿐 아니라 범죄인에 대한 상담·치료 등 처우 측면을 포함하는 개념으로서 전자감시, 위치추적, 전자발찌 등 유사 개념을 포괄하는 용어다.[13]

위치추적 전자감독제도 관련 용어 및 개념

우리나라에서 위치추적 전자감독제도가 형사사법체계에 도입되어 활용되기 시작한 것은 비교적 최근의 일이다. 더군다나 아직도 많은 경우에 '전자감독'의 개념은 학자들마다 또는 적용되는 맥락마다 다의적으로 사용되고 정확한 개념정의를 위해서는 관련된 용어들을 체계적으로 정리할 필요가 있다.

(가) 전자감시

'전자적 기술을 범죄인의 감독에 이용하는 것'을 지칭하는 용어로서 우리나라에서는

13) 전자감독은 전자감시, 위치추적, 전자발찌 등과 비교하여 범죄인에 대한 '처우적 측면'(aspect of treatment)을 포함하는 보다 상위 개념의 용어다(김일수, 2005: 11). 즉, 보호관찰관이 대면 접촉하여 지도감독하고 치료 및 교정프로그램을 적용하는 활동을 표현하는 데 보다 적절하다. 또한 이 용어는 범죄인의 관리감독에 원격 알코올 탐지장치나 무인 전자보고단말기(kiosk) 등과 같은 새로운 형태의 전자적 기술을 사용하는 변화를 포괄하는 광의의 의미를 가지고 있다. 따라서 여기서는 범죄인의 지도감독에 전자적 기술을 적용하는 형벌과 보안처분 등 제반 형사정책수단을 지칭하는 용어로서 '전자감독'이라는 용어를 사용하기로 한다(김일수, 2005: 11; 김혜정, 2006; 박선영, 심희기, 이춘화, 2010; 정진수 외, 2010).

종래에 '전자감시'라는 용어가 주로 사용되었다(곽병선, 2001; 김혜정, 2006; 명형식, 1999; 이현희, 1999; 정갑섭, 1993; 정완, 1999; 주희종, 1999; 한영수, 2001). 그러나 이 용어는 범죄인이 감독의 조건으로 주거지에 있는지를 확인하는 테크놀로지와 관련되어 있다고 보는 것이 정확하다. 따라서 알코올이나 약물 음용 여부의 원격지 확인장치 등 보다 다양한 전자적 기술의 활용을 표현하는 데는 한계가 있다(김일수, 2005: 10-11). 또한 '감시'라는 용어가 갖는 제한적이고 부정적인 어감은 치료프로그램의 적용과 같은 처우 측면을 개념적으로 포괄하는 데 저해요인이 되고 있다.

(나) 위치추적제도(GPS tracking system)

위치추적제도는 위성항법시스템(Global Positioning System: GPS)을 이용하여 24시간 실시간으로 범죄인의 이동경로와 위치를 확인하는 제도다. 제도 도입 당시에는 '전자위치확인제도'(여의도연구소, 2005) 등으로 불리기도 했으나 2008년 「특정성폭력범죄자에 대한 위치추적 전자장치 부착 등에 관한 법률」이 제정되면서 위치추적제도 또는 위치추적 전자감독제도라고 불리게 되었다. 법무부에서는 2011년 공식적으로 '위치관리제도'라는 용어를 사용하기도 하였다(법무부, 2011a: 7). 이 용어는 GPS 위치추적방식을 적용하여 실시간으로 범죄인의 이동경로를 확인하는 특정한 유형의 전자감독을 제한적으로 지칭하는 것으로 볼 수 있다.

(다) 전자발찌제도(electronic tagging system)

'전자발찌'는 전자감독에 사용되는 전자장치의 일종으로, 특히 범죄인의 신체에 부착하는 장치를 일반적으로 지칭하는 용어다. 법령상으로는 위치추적 전자장치의 일종인 '부착장치'를 의미한다. 위치추적 전자장치란 전자파를 발신하고 추적하는 원리를 이용하여 위치를 확인하거나 이동경로를 탐지하는 일련의 기계적 설비를 말한다. 부착장치는 휴대용 추적장치, 재택감독장치와 함께 위치추적 전자장치의 일부분을 구성하고 있다. 이들 장치 가운데 실제로 위치추적 기능을 수행하는 것은 휴대용 추적장치다. 그러나 부착장치가 갖는 대외적인 상징성과 함께 법령에서도 부착장치의 훼손을 가장 엄중하게 처벌하기 때문에, 일반적으로 위치추적 전자장치를 대표하는 것으로 인식되고 있다. 이에 따라 법무부 등 정부당국에서도 대외적인 이해를 위하여 점차 위치추적제도 등의 용어를 갈음하여 '전자발찌제도'라는 용어를 공식적으로 더 많이 사용하는 추세다.

(라) 전자장치 부착명령

「특정 범죄자에 대한 전자장치 부착 등에 관한 법률」에 의하여 법원 등이 특정 성폭력 범죄인, 살인범죄인, 미성년자 유괴범죄인 등에 대하여 위치추적 전자장치를 부착하도록 하는 명령을 말한다. 이 용어는 현행 법률에 의하여 특정한 성폭력범죄인, 살인범죄인 및 미성년자 유괴범죄인이 일정한 요건을 충족할 경우에 24시간 이동경로 확인을 위한 위치 추적 전자장치를 부착하는 일종의 보안처분을 의미하는 제한적인 용례로 사용된다.

② 전자감독의 유형

전자감독은 적용되는 전자적 기술과 감독의 공간적 범위에 따라서 크게 가택구금 및 위치추적 전자감독의 두 가지 유형으로 구분할 수 있다. 가택구금 전자감독은 흔히 제 1세대 시스템이라고 불린다. 이 유형의 전자감독은 범죄인이 주거지 등 특정 장소에서 이탈하는지 여부를 파악하기 위하여 '근접탐지기술' 을 사용하는 것이다(김일수, 2005: 12). 가택구금(home detention)은 사실 중세 이전부터 활용되어 온 제도인데, 1980년대 초반 미국에서 지역사회 기반의 보호관찰 제재수단으로 사용되면서 현대적 형사정책으로 거듭나게 되었다(Champion, 2001: 464). 가택구금의 대상자는 미리 허가받은 일정한 경우를 제외하고는 자신의 주거지 등으로 체류 범위가 제한된다(김일수, 2005: 58).

한편, 위치추적 전자감독은 전자감독대상자가 어디에 있든지, '위성항법시스템' 을 활용하여 그 이동경로를 추적하는 광대역의 지속적인 전자감독이다(Hoshen & Drake, 2001). 가택구금 전자감독은 전자감독대상자가 일정 장소에 머무르고 있는지 여부만을 확인하는 기능이 있을 뿐, 외출하는 경우에는 통제할 수 없다는 단점이 있었다. 가택구 금의 경우에도 그 운용 시 외부 활동을 허용할 필요성이 있는데, 이럴 때 '감독에서 벗어 날 수 있는 기회' 가 생기기 때문이다. 이러한 문제점을 개선하기 위하여 1990년대 이후 논의가 본격화되어 개발된 것이 소위 제2세대 시스템 방식이다(김일수, 2005: 12-13; Hoshen et al., 1995; Hoshen & Drake, 2001).

③ 위치추적 전자감독의 현황

우리나라에서 성폭력범죄인을 대상으로 전자감독제도를 처음 시행한 것은 2008년 9월부터다.[14] 처음에는 성폭력범죄인에 대해서만 전자발찌를 부착하였으나 세 차례의

---

14) 범죄인의 감독을 목적으로 전자기술을 사용하는 아이디어는 1964년 미국 하버드 대학교의 스위츠게벨 (Ralph Schwitzgebel) 박사의 연구에서 기원한다. 하버드 대학교의 '심리학적 실험과학위원회' (Science Committee on Psychological Experimentation)의 일원이었던 그는 매사추세츠 주의 보스턴 등에서 가석방 자, 정신장애자, 그리고 조사연구를 위한 자원봉사자들을 대상으로 전자감독을 최초로 시험 실시하였다 (Black & Smith, 2003; Gable, 1986). 이 실험에 참가한 사람들은 약 1킬로그램이나 되는 장치를 착용하였는

법률 개정을 통해 현재는 미성년자 유괴사범과 살인범에게도 전자발찌를 부착하고 있으며 강도범에게도 확대하는 법률 개정안이 2014년 5월부터 시행 예정에 있다.

전자발찌 부착 특정범죄인의 법적 상태는 크게 징역형 종료 후 단계, 가석방 또는 가종료 단계 그리고 집행유예 단계 등 세 유형으로 구분하고 있다. 〈표 8-8〉에서 보는 것처럼 2008년 9월 제도 도입 이후 2012년 12월 17일 기준 전자감독 전체 누적인원은 총 2,248명이며, 이 중 성폭력이 1,339명, 살인 906명, 미성년자 유괴 3명이다. 2012년 12월 기준 현재인원은 1,003명이며, 이 중 성폭력범은 649명, 살인범 353명, 유괴범은 1명이다. 그리고 아직 개시는 하지 않았지만 전자발찌 부착명령을 받았으나 교도소 등에서 형을 집행하고 있는 인원은 1,431명이 있으며 이들은 출소 직후부터 전자발찌를 착용하게 된다(법무부, 2012c). 2010년 이후 성폭력범죄인에 대한 엄벌주의로 방침이 바뀐 이후에

표 8-8   연도별 전자감독대상자 집행 현황

구분	집행 인원								개시 이전					
	계	가석방	가종료	가출소	집행유예	형기종료			계	집행유예	가출소 가종료	가석방	형기종료	
						계	일반	소급					일반	소급
계	3,386	1,785	75	22	128	1,376	364	1,012	2,132	2	7	0	2,019	104
2008년	188	186	1	0	1	0	0	0	1	0	0	0	1	0
2009년	347	329	12	0	5	1	1	0	71	0	0	0	71	0
2010년	465	306	12	2	29	116	18	98	302	0	0	0	294	8
2011년	766	397	6	5	46	312	68	244	518	0	0	0	505	13
2012년	482	261	28	2	15	176	109	67	539	1	3	0	525	10
2013년	1,138	306	16	13	32	771	168	603	701	1	4	0	623	73

출처: 범죄예방정책국 전자감독대상자 통계자료(2013. 12. 30.).

데, 이 장치는 400미터의 범위 내에서는 미사일 추적 장치를 응용하여 만든 수신기에 신호를 송출할 수 있었다. 이러한 기술을 사용하여 감시자는 수신기가 설치된 감시구역을 설정하고 이를 벗어났는지를 스크린을 통해 확인하였다(Black & Smith, 2003; Gable, 1986). 이 시스템의 개발자들은 "특정한 범죄행위가 정확히 예측될 수 있고 범죄인이 자신의 현재 환경에서 통제될 수 있다면, 행위를 통제하고 사회를 방위하기 위하여 굳이 구금할 필요는 더 이상 없을 것이다." (Gable, 1986: 167)라고 기대했다. 그러나 초기 선구자들의 높은 기대에도 불구하고 실험참가자의 다수가 실험에서 이탈하는 등 실험결과는 그다지 만족스럽지 못하였다. 다만, 스위츠게벨 박사는 전자감독을 통하여 주요한 형사제재의 목적을 달성할 수 있는 가능성을 보여 주었다. 그러한 가능성은 "① 전자적 기술과 부가적인 교정치료방법의 적용을 통해 특별예방이 더욱 강화되고 자기통제력이 좋아진다. ② 전자장비를 통해 대상자와의 의사소통을 촉진하고 그와 함께 통제효과를 강화하고 전자신호음을 통해 여러 경고들이 나타난다. ③ 형벌을 보다 인간적으로 집행할 수 있다."는 것이다(김혜정, 2006: 46).

는 가석방 대신 만기석방을 원칙으로 함에 따라 가석방 인원이 크게 감소하고 대신 형기 종료 인원이 크게 증가하였다.

3. 보호관찰의 실시방법

1) 보호관찰 지도감독

(좁은 의미의) 보호관찰은 보호관찰의 방법을 규정하고 있는 「보호관찰 등에 관한 법률」 제33조의 지도·감독과 제34조의 원호, 그리고 제35조의 응급구호 등을 통하여 구체화된다.

(1) 지도감독의 의의

① 법률적 정의

보호관찰 '지도감독'에 관한 법률적 정의를 보면 다음과 같다. 우선, 「보호관찰 등에 관한 법률」 제33조(지도·감독)는 제1항에서 "보호관찰관은 보호관찰대상자의 재범을 방지하고 건전한 사회복귀를 촉진하기 위하여 필요한 지도·감독을 한다."고 지도감독의 의의를 규정하고 있다. 이어서 같은 조 제2항에서 그 구체적인 방법으로 ① 보호관찰대상자와 긴밀한 접촉을 가지고 항상 그 행동 및 환경 등을 관찰하는 것, ② 보호관찰대상자에 대하여 제32조의 준수사항을 이행함에 적절한 지시를 하는 것, ③ 보호관찰대상자의 건전한 사회복귀를 위하여 필요한 조치를 하는 것 등을 제시하고 있다.

② 지도감독 관련 지침

보호관찰 지도감독 관련 지침은 지도감독 업무수행에 대한 통일적인 기준과 원칙을 제시하고 있다. 이러한 지침에는 「보호관찰대상자 분류감독지침」 「보호관찰대상자 제재조치 처리지침」 「성인보호관찰대상자 재범위험성 평가지침」 「외출제한명령 실시에 관한 지침」 「마약류사범 약물검사 지침」 「보호관찰 및 사회봉사(명령) 재시(사전)교육 강화 지시」 「특별준수사항 부과자에 대한 이행감독 강화방안」 「보호관찰대상자 지명수배 취급절차에 관한 세부지침」 「소년 및 전자감독 대상자 관리 강화방안」 등이 대표적이다

(법무부, 2011c: 3-102). 그러나 이러한 지침의 범위 내에서라면 세부적인 사항은 담당자의 재량 사항이 된다.

(2) 지도감독과 원호

「보호관찰 등에 관한 법률」 제1조는 대상자의 사회복귀, 개인 및 공공의 복지증진 그리고 사회보호를 제도의 시행목적으로 하고 있다. 이 중에서도 특히 대상자의 사회복귀를 위한 구체적 수단으로 '지도'와 '원호'를 제시하고 있다. 이에 따라 같은 법 제33조(지도 · 감독), 제34조(원호), 제35조(응급구호) 등은 대상자의 사회복귀에 필요한 사회서비스를 제공하는 보호관찰 수행방법을 구체적으로 규정하고 있다. 앞서 살펴본 것처럼, 제33조는 보호관찰관의 지도감독 방법으로 보호관찰대상자와 긴밀한 접촉을 가지고 항상 그 행동 및 환경 등을 관찰할 것과 이들의 건전한 사회복귀를 위하여 필요한 조치를 취할 것을 제시하고 있다. 같은 법 제34조와 제35조는 도움이 필요한 보호관찰대상자에 대하여 복학주선, 숙소제공, 취업알선 등 자립 갱생을 위한 지원과 부상, 질병 등 긴급한 사유가 발생한 대상자에 대한 응급구호를 실시할 것을 규정하고 있다.

이러한 규정체제에 따라 '지도감독'이라 함은 원호와는 대비되는 통제적인 방법으로 이해되는 경우도 있다. 지도감독에 대한 우리나라 보호관찰관들의 시각 중에는 '대상자 통제를 위한 직원의 접촉'을 '지도감독'으로 보고 '상담 및 자립지원 서비스의 제공'은 '원호 또는 원호상담'으로 보는 이분법적 경향도 있다(이형섭, 2003). 우리나라와 유사한 법률체계를 지닌 일본의 경우에도 보호관찰 수행방법에 대해서는 '지도감독'과 '보도 원호'를 구분하여 설명하는 학자도 있다(前澤雅男, 1981; 山田憲兒, 1986; 川崎政宏, 1994).

그러나 우리나라의 「보호관찰 등에 관한 법률」을 살펴볼 때, 보호관찰의 기본적 수행방법은 제33조(지도 · 감독)에 규정된 것이고, 제34조(원호)와 제35조(긴급구호)는 이 중에서 구체화할 필요가 있는 부분을 따로 규정한 것으로 볼 수 있다. 왜냐하면 지도감독의 포괄적인 성격을 규정하고 있는 제33조 제2항 제3호는 그 해석상 제34조(원호)에서 규정하고 있는 구체적인 방법들을 포함하고 있다고 할 수 있기 때문이다.

지도감독(supervision)의 본질이 대상자 개인의 행동을 변화시키는 것이며(Burnett, 1996; McNeill, 2003), 대상자의 변화는 보호관찰관과 대상자의 일대일의 관계를 통해서 이루어진다고 볼 때(Burnett, 2004), 지도감독과 원호상담을 특별히 구분할 이유는 없다. 보호관찰 지도감독은 인간으로서 대상자의 사회적응 능력을 강화하고 다양한 외부적 압력을 감소하며, 지원과 기회를 증진함과 동시에 사회적 가치의 맥락에서 대상자가 보다

만족하며 자기 충족적이 될 수 있도록 함으로써 대상자의 태도와 행동에 영향을 미치는 것이기 때문이다. 실제로, 보호관찰 역사의 전반에서 지도감독의 중심 사항은 보호관찰관이 범죄인에게 조언하고(advice), 지지하고(assist), 친구가 되어 주는 것(befriend)이다 (Burnett, 1996; McNeill, 2003).

따라서 '지도감독'이라는 용어는 대상자의 재범방지를 위한 감시감독과 행동통제뿐 아니라 그들의 건전한 사회복귀를 지원하기 위한 다양한 사회서비스 제공 활동을 의미한다.

2) 보호관찰관의 사무공간과 면담방식

(1) 보호관찰관의 사무공간

통상 보호관찰소의 사무실은 과별 단위로 구성되며, 과 단위로는 모든 사무공간이 개방되어 있다. 대체로 50~120㎡ 정도 규모의 사무실에 중간 또는 한쪽에 약 2~3m 정도의 통로를 확보하고 적게는 4, 5석에서 많게는 7, 8석 정도까지 보호관찰관들의 데스크가 2열로 중간에 통로를 두고서 마주 보거나 혹은 1열로 배치되어 있는 구조다(이형섭,

사진 1

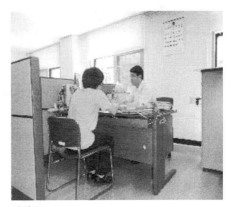
사진 2

보호관찰관이 일하는 데스크

보호관찰관의 책상 앞에 놓인 의자에는 대상자들이 앉는다. 과거에는 사진 1과 같은 모습이 많았지만, 점차 사진 2와 같이 칸막이로 면담공간을 구성하는 기관이 늘고 있다. 일부 기관(서울보호관찰소)에서는 행정공간과 면담공간을 분리하려는 시도도 있다.

출처: 김정명 외(2011), p. 111.

2012: 110). 앞에 제시한 사진과 같이 통상 보호관찰관 1인에게 허락되는 사무공간은 10㎡ 정도다.

보호관찰관의 데스크는 대개 그들의 서열에 따라 문가 쪽에서 안쪽으로 일렬의 배치를 이루고 있다. 따라서 대상자들도 자신의 담당 보호관찰관이 그 사무 공간 내에서 어느 정도의 위치에 있는지 직관적으로 알게 된다(이형섭, 2012: 110). 보호관찰관에게 가장 중요한 사무공간은 그들이 행정 처리를 하고 대상자의 면담도 수행하는 보호관찰관 각자의 데스크다(이형섭, 2012: 109). 이형섭(2012)은 보호관찰 데스크에 대해 다음과 같이 밝혔다.

이 공간이 전체 사무공간 내의 자신만의 영역이며, 다른 직원들로부터 독립성을 보장받는 곳이다. 이 공간은 보호관찰관 각 개인의 성향에 따라서 서로 다른 특색이 있다. 어떤 공간은 보다 엄격한 분위기가 흐르며, 다른 공간에서는 면담에 할애되는 시간이 많다. 이 공간에서 보호관찰관은 대상자의 신상변동을 확인하고 준수사항을 고지하며 훈계하거나 여러 법적 조치를 경고하기도 한다. 대상자의 생활상의 고민을 듣기도 하고 가족관계나 친구관계를 조사하기도 한다. 경우에 따라서는 대상자를 구인하여 수갑이나 포승으로 묶고 진술조서를 작성하기도 한다. 이렇게 너무나 상반되고 다양한 모든 일들이 이 한 공간에서 동시에 이루어진다(이형섭, 2012: 109).

보호관찰관 사무공간의 사회심리적 의미

대상자와의 거리는 대략 1~2m의 범위 내에 있다. 보호관찰관과 대상자가 서로에 대하여 어떠한 심리적 거리를 가지느냐는 그들 사이의 물리적 거리와도 상관관계가 있다. 보호관찰관에게 거부적인 대상자, 예컨대 성인대상자 중에 죄의식이 거의 없는 가정폭력 대상자의 경우에는 의자에 기대어 몸을 뒤로 젖힌 채 보호관찰관을 상대하는 경우가 많다. 이들은 이런 행동을 통하여 "그들이 가정문제에 국가가 부당하게 개입하고 있으며 보호관찰관의 지도감독에 최소한만 응하겠다."는 의사를 비언어적으로 표현하며, 종종 이것은 보호관찰관과의 '기싸움'으로 연결된다.

그러나 이와 같은 대상자의 사례는 다소 극단적이다. 대부분의 대상자는 보호관찰관의 법적 권한을 잘 알고 있기 때문에 훨씬 순응적인 태도를 보인다. 상호 간의 암묵적 경계선을 넘어서면, 그들도 큰 위험을 감수해야 하기 때문이다. 하지만 아슬아슬하게 경계선의 모험을 즐기는 경우도 있다. 특히 보호관찰관은 대상자가 술에 취해서 큰 소리로 소란을 피우는 경우도 한두 달에 한 번꼴로 경험하고 있다.

보호관찰관이 대상자의 이야기를 들어 주고 공감해 주는 과정에서 대상자는 경우에 따라 자신도 모르게 보호관찰관의 데스크 위에 손을 얹고(앞의 〈사진2〉에서 보이는 바와 같이), 서로의 이야기에 귀를 기울이게 된다. 이렇게 마주 대하는 태도가 가지는 심리적 거리감의 표현 양태는 보호관찰관의 경우에도 적용된다. 종종 권위적인 보호관찰관은 자신의 의자에 깊숙이 몸을 파묻고 좌우로 몸을 흔들거나, 볼펜으로 책상을 탁탁 치기도 한다. 만약 보호관찰관과 대상자가 모두 몸을 뒤로 젖히게 되면 그들 사이의 최대 거리는 약 2m에 이른다. 이 정도가 되면 종종 복잡한 사무실의 환경에서는 서로 하는 이야기가 잘 들리지 않을 수도 있다. 하지만 상당수의 보호관찰관들은 정자세를 하고 자신의 데스크 위에 있는 PC와 대상자를 번갈아 쳐다보며 면담을 한다. 왜냐하면 일하는 시간을 줄이기 위하여 'KICS'라는 대상자관리프로그램을 켜 놓고 대상자로부터 확인하는 정보를 바로바로 입력해 가기 위해서다. 이 경우 대상자는 심리적으로 자신이 말한 것이 기록되고 있으며, 결과적으로 자신에게 불리하게 사용될 가능성에 대하여 인식할 개연성이 높다. 대상자와의 물리적 거리는 대상자의 자세에 따라서 1~1.5m 내외로 유지된다. 결국 보호관찰관은 대상자와의 면담에서 시간 소모에 대한 걱정을 하면서 가능한 한 효율적으로 필요한 정보를 수집하려고 노력한다. 이에 대하여 대상자는 겉으로 순종적인 자세를 취하면서 속으로는 끊임없이 자신이 말하는 것의 유리함과 불리함을 계산하는 모습을 보일 수 있다.

한편 대상자에 대한 인간적 관심을 가지고 원조적 지향을 하는 보호관찰관의 경우에는 대상자에게 조금 더 몸을 기울인다. 가능한 한 많은 시간을 그들의 이야기를 듣는 데 할애한다. 대상자는 자신의 이야기를 풀어놓는 과정에서 어느덧 보호관찰관과의 거리를 좁히며 앞으로 몸을 기울이게 된다. 이러한 모습이 외부로 나타날 때 이들의 물리적 거리는 1m 내외다. 시간적으로도 2~3차례 이상 만나면서 좋은 관계가 형성되면, 면담 시 대상자와의 물리적 거리도 좁혀지는 양상이 나타난다. 이러한 분석이 의의를 갖는 것은 그들 사이의 물리적 거리가 실제 그들 사이의 심리적 거리와 상관관계가 있다는 사실을 통해 보호관찰관이 대상자를 대하는 태도를 가늠하는 데 유용하다는 점이다.

출처: 이형섭(2012), pp. 109-115.

(2) 보호관찰관의 면담방식

보호관찰 지도감독은 실제로 대상자와 보호관찰관의 면담형식으로 구체화된다. 지도감독에 관한 업무지침에 따라 대상자의 분류등급별로 매월 1회부터 수회의 출석기일이 정해지는데, 면담은 주로 이때에 이루어진다.[15] 일반적으로 보호관찰 면담은 대상자가

---

15) 경우에 따라서는 대상자의 가정이나 직장 등 현장방문을 통하여 면담이 이루어지기도 한다.

일정한 양식의 신고서에 신상변동 사항을 간단히 기재하고 제출하여 그 내용에 대하여 확인하는 방식으로 진행된다. 확인하는 내용은 주로 학교생활이나 취업생활을 잘하고 있는지, 자주 가는 곳과 자주 만나는 친구는 누구인지 등 생활행태에 관한 것이다(이형섭, 2012: 73-74). 그러나 이러한 면담방식에 대해서는 대상자의 변화를 위한 전문적 실천과는 거리가 있다는 비판이 있어 왔다. 이에 따라 최근에 실천현장에서는 대상자와의 만남을 미리 약속하여 면담을 진행하는 '면담사전예약제'를 시행하고 있다.[16] 또한 범죄유형별로 전문화된 지도감독매뉴얼을 개발하여 적용함으로써, 면담이 대상자의 변화를 위한 전문적인 개입과정이 될 수 있도록 노력하고 있다.[17]

그리고 보호관찰관의 면담은 사회복지실천의 다른 현장에서의 면담과는 다른 통제적 의미를 가지고 있다. 보호관찰은 분명히 통제적 기능을 수행한다. 법원에 제출하기 위하여 보호관찰관이 대상자에 관하여 작성하는 각종 신청서·조사서는 통제적 기능을 포함하고 있다. 그러한 서류에는 대개 보호관찰관의 의견이 포함되어 있고 이러한 의견에 법원은 영향을 받는데, 이러한 사실을 대상자도 잘 알고 있기 때문이다. 한편 보호관찰의 목적은 대상자를 지역사회에 궁극적으로 재통합하는 것이다. 사회를 방위하면서 동시에 대상자가 보다 자조적이 될 수 있도록 그들의 자원을 증진하는 것이다. 구금적 처우와 달리 지역사회 내에서 이루어지는 보호관찰의 경우, 이러한 목적을 추구하는 과정에서 그들의 기존 생활관계를 재조정하기 위한 강제적 조치들이 불가피하게 수반된다. 그러나 이러한 통제적 조치들이 대상자들을 심리적으로 범죄로 기울지 않도록 붙잡아 주는 기능을 한다(이형섭, 2012: 207).

보호관찰에 내재된 통제적 속성은 초기면접 단계에서 잘 드러난다. 이 단계에서 보호

---

16) 이는 보호관찰대상자 지도감독의 기본방식인 면담체계를 정비하고 보호관찰관의 면담 준비 수준을 높이기 위하여 실시하게 된 것이다. 법무부는 2011년 1월 면담사전예약제를 실시하였는데, 대상자가 특별한 사유 없이 임의로 출석하여 이루어지는 면담은 정식면담으로 인정하지 않고 새로운 면담일시를 지정하도록 예규를 시달하였다. 면담일시를 변경할 경우 대상자는 보호관찰관의 사전허가를 받고, 보호관찰관도 특정 면담일시를 변경할 때는 대상자에게 미리 통보하도록 하여 상호 신뢰도를 높이도록 하였다(이형재, 2012: 174-175).

17) 보호관찰대상자의 사범별 특성을 반영한 지도감독매뉴얼을 개발·보급하여 지도감독의 전문성 및 효율성을 제고하기 위하여 법무부는 2010년 재범률이 높은 약물사범과 절도사범, 사회적 관심도가 높은 성폭력사범을 우선적으로 선정하여 사범별 지도감독매뉴얼 개발계획을 수립하고, T/F를 가동하여 연구·개발을 추진하였다. 2011년 10월 매뉴얼 개발을 완료하고 권역별 시험실시를 거쳐 2012년 1월부터 사범별 전담지도 방식을 전국적으로 실시하기에 이른다. 이 매뉴얼들에 따라 사범별로 초기 면담부터 보호관찰 종료 시까지 지도감독에 활용할 수 있도록 사범별 특성에 맞게 단계별로 처우매뉴얼을 구성하여 보호관찰 단계별 차별화된 지도기법을 적용하도록 하였다(이형재, 2012: 180).

관찰관들은 대상자와 여러 가지 약속(contract)을 하게 된다. 이러한 약속의 범위는 대상자의 범죄유형, 범죄경력, 성별, 나이 등 정적 요인에 따라 표준화된다. 구체적 행동계약은 현재의 직업상태 등 동적 요인에 따라 달라질 수 있다. 특히 보호관찰관은 대상자가 최초로 신고할 때 그 대상자(보호자)에게 보호관찰이 엄격한 법집행이라는 점과 위반할 경우 처벌받을 수 있음을 확실히 주지시킬 필요가 있다(이형섭, 2012: 208).

3) 분류평가 및 지도감독의 차별화

(1) 보호관찰대상자의 분류평가

보호관찰대상자의 분류등급은 집중, 주요 및 일반으로 구분된다. 2011년 이전에는 최근 5년 이내에 보호관찰 경력이 본 건 포함 3회 이상이거나 외출제한명령 기간 중인 사람에 대해서는 원칙적으로 집중대상자로 지정하는 등 주로 행정적인 처리기준으로 분류하였다(「보호관찰대상자 분류감독지침」 참조). 그러나 보다 개별화되고 효과적인 범죄인처우를 위해서는 과학적인 재범위험성 평가도구를 사용하여 분류등급을 결정할 필요가 있다. 한편, 재범위험성 평가도구가 높은 재범예측력을 갖기 위해서는 범죄경력, 직업 상황 및 경력, 가정 및 사회 환경, 생활행태 등 다양한 대상자 특성을 반영하여야 한다.

2011년 1월부터 법무부에서는 재범위험성 평가도구(Korean-Probationers' Risk Assessment Inventory: K-PRAI)를 자체적으로 개발하여 사용하고 있다. 이는 2007년부터 미국의 LSI-R, 영국의 OASYS[18] 등 선진 외국의 재범위험성 평가도구를 분석하고 우리 사회의 현실에 맞추어 조정하여 2010년 6월에 개발한 것이다. K-PRAI는 가족관계, 성격 및 정서, 생활행태 등 8개 요인, 42개 문항, 총 44점으로 구성된다. 실제 운영에서는 자동계산프로그램에 전산입력하면 결과가 자동 산출되도록 하는 일종의 '컴퓨터 기반 위험성사정'(Computer-based Risk Assessment) 프로그램이다.

---

18) 영국의 법원에서는 16세 이상 되는 모든 범죄자에게 6개월에서 3년 이내의 기간 동안 보호관찰을 받을 것을 명할 수 있는데, 이들의 기본적인 준수사항은 보호관찰관과 정기적인 면담을 하는 것이다. 그런데 영국의 보호관찰 국가표준안(National Standards)은 처음 3개월간은 매달 12회, 다음 3개월은 6회 그리고 나머지는 월 1회씩 면담하도록 하고 있다. 대상자 지도의 주안점은 대상자의 일상적 환경적 요인 중 범인성(criminogenic), 비범인성(non-criminogenic) 요인을 고려하여 범죄에 대한 그들의 태도를 변화시키는 데 두고 있으며, 모든 과정은 보호관찰관에 의해 작성되는 위험성 사정(risk assessment)을 기초로 하여 이루어지고 있다(손외철, 2003: 16).

(2) 집중보호관찰제도의 실시

집중보호관찰제도는 재범위험성이 높은 보호관찰대상자를 선별하여 지도감독 수준을 일반 대상자에 비하여 강화함으로써 재범방지와 사회보호의 효율성을 높이기 위한 정책이다.[19] 미국 텍사스 주의 경우 집중보호관찰(Intensive Supervision Probation: ISP) 평균 기간은 3~12개월인데, 보통 ISP에 처해진 청소년은 한 달에 평균 최소 12번 보호관찰관과 접촉하고 있는 것으로 나타나고 있다(이성칠, 2003: 134).[20]

우리나라에서는 2001년 1월 시범실시를 거쳐 2003년 9월부터 보호관찰 지도감독 수준을 5배 정도 강화한 집중보호관찰을 본격적으로 시행하였다. 집중보호관찰의 대상자는 소년원 가퇴원자(현재의 '임시퇴원자'), 보호감호소 가출소자, 보호관찰 경력 3회 이상인 자, 보호처분 변경 및 집행유예취소신청이 기각된 자, 야간외출금지명령을 받은 자 등 6가지 유형의 대상자가 포함되었다.

그리고 2006년 보호관찰대상자의 정당대표 습격사건 이후 집중보호관찰제도가 한층 확대되었는데, 재범위험성이 높은 대상자의 범위를 넓게 인정함으로써 대상범위를 확대하고 대상자별 접촉빈도가 강화되었다.[21] 이에 따라 보호관찰관은 집중보호관찰대상자에게는 현지출장 위주로 월 4회 이상 접촉을 통하여 강도 높은 보호관찰을 실시하고 있

---

19) 여기서 지도감독 수준을 높이는 것은 주로 대상자와의 접촉빈도를 늘리는 것을 의미한다. 보호관찰 실천현장의 기존 조직문화에서 보호관찰관이 대상자를 지도감독하는 데 통제와 원조를 강조하는 조치가 서로 겹치는 것은 분명해 보인다. 이 중에서 통제적 활동은 직접적으로 대상자의 행동을 규제하는 것이다. 이러한 활동은 특정한 형태의 수단만을 의미하는 것이 아니고, "대상자를 사회적으로 수용될 만한 행위기준에 끌어들이기 위해 수행되는 모든 언어적·비언어적 조치"(Fielding, 1984: 62)를 의미한다. 보호관찰관들은 때때로 야단치거나 화를 내거나 설득하기도 하지만, 주로 사용하는 통제 기법은 출석을 더 많이 요구하는 등 접촉빈도를 높이는 것이다(이형섭, 2012: 205).

20) 이 중 네 번은 대상청소년과의 직접 면담이었으며, 나머지 네 번은 교사, 상담원, 부모 및 가족과의 접촉이었고, 나머지 네 번은 전화로 상담하는 것이었다. 또한 ISP 프로그램에 포함된 추가적 준수사항으로 야간통행금지(curfew)와 지역사회배상(Community Service Restitution)은 텍사스의 모든 지역에서 채택하고 있을 정도로 지도감독에 철저를 기하고 있는 것으로 나타났다(이성칠, 2003: 134).

21) 2006년 5월 20일 오후 7시경, 보호관찰대상자 지충호가 서울 신촌의 현대백화점 앞에서 당시 야당인 한나라당 서울시장 후보 연설회장에서 후보의 지원연설을 하는 당 대표의 얼굴에 미리 준비한 흉기(커터 칼)로 상처를 입혔다. 당시의 야당 대표는 4주간의 치료를 요하는 상처를 입었다(법무부, 2009: 110). 이는 야당 대표라는 정치적 비중에 따라 보호관찰조직에 큰 충격을 주었다. 이후 각종 언론보도들은 보호관찰제도가 부실하며 허술하게 운영되고 있다는 비판의 논조가 연속되었다. 이에 대한 대응으로 법무부는 '보호관찰의 실효성 및 신뢰성을 강화하기 위한 종합대책'을 세웠다. 재범위험성이 높은 대상자 관리를 위한 재범 고위험군 전담팀을 신설하는 등 세부 방안을 발표하였다(법무부, 2009: 112). 2006년 8월부터 재범 고위험군 전담팀을 편성하여 집중보호관찰대상자, 추적조사대상자 등 재범 고위험군에 대한 밀착적인 감시감독을 하도록 하였다. 재범 고위험군 전담팀은 3~6명 규모의 직원으로 한 팀을 구성하며, 2007년 8월부터는 전담팀 구성기관을 19개 보호관찰소로 확대·시행하였다(법무부, 2009: 112).

다. 우리나라의 이러한 변화는 외국의 1980년대 보호관찰제도의 강경화와 유사한 흐름을 가진다. 미국이나 영국에서도 보호관찰대상자의 재범률 증가와 함께 특정 대상자가 사회적 이슈를 야기하는 중범죄를 저지르면서 집중보호관찰제도(Intensive Suprevision Probation: ISP)가 도입되었던 것과 궤를 같이하는 것이다(이형섭, 2012: 65-68).

신제도의 도입과 근무 형태의 변경

2008년 도입된 특정 성폭력범죄자 위치추적제도(속칭 '전자발찌제도')는 이들에 대한 24시간 감시체제를 가동하였다. 이에 따른 전담직원의 배치와 비상대기조 구성 등은 보호관찰관의 근무형태에 커다란 변화를 가져오게 되었다. 특히 전자감독 전담직원이 겪는 어려움은 대단히 크다. 다음은 보호관찰 조직 내에서 회자되는 어느 전자발찌 전담직원의 고충사례다.

전자감독 전담직원 A는 결혼하여 초등학생인 두 자녀를 두고 있다. 원래 A는 가족들과 '가' 시에서 살고 있었다. A는 1년 전 승진과 함께 차량으로 수 시간 거리인 '나' 시에 위치한 보호관찰소로 발령받아 근무하게 되었다. 자녀의 교육문제와 경제적인 사정으로 가족들은 '가' 시에 계속 거주하고 A가 주말마다 집으로 돌아간다. 그러나 최근에는 전자감독 전담업무를 맡아 잦은 야간 출동으로 체력적으로도 힘들어 2주에 한 번꼴로 집으로 가서 가족들과 시간을 보낸다. 한번은 주말을 맞이해서도 A는 잔무가 있어 토요일 오후에야 출발할 수 있었다. 그러나 2주 만에 집에 도착하여 가족들과 만난 지 2시간 만에 전자감독 경보 상황이 발생하였다. 긴급한 상황이었으므로 다시 수시간 거리의 업무현장으로 복귀하게 되었다. A가 떠날 때 그와 그 부인은 부둥켜안고 한참이나 눈물을 흘렸다.

이처럼 점점 우리 사회의 보호관찰기관에서 다루는 중범죄의 비율이 늘어나고 있고, 위치추적 전자감독제도와 같은 강도 높은 통제적 기능이 전체 업무에서 차지하는 비중이 높아지고 있다. 통제적인 일을 반영하는 것은 기관이나 보호관찰관에게 경제적인 인센티브를 만들어 낸다. 단기적으로 통제지향적인 신제도 도입에 따른 업무량과 업무강도의 증가는 보호관찰관들의 사기를 저하시키는 요인이 되기도 한다. 하지만 장기적으로 볼 때 이러한 새로운 제도는 기관의 규모와 보호관찰관의 인원 증가, 시설 및 예산의 확충을 가져오기 때문에 기관으로 하여금 '시장을 추종'하도록 하는 것이다.

출처: 이형섭(2012), pp. 95-96.

4) 준수사항위반자에 대한 제재조치

(1) 보호관찰 준수사항

① 현행법상 보호관찰 준수사항

보호관찰 준수사항이라 함은 「보호관찰 등에 관한 법률」 제32조의 일반준수사항과 특별준수사항을 말한다. 일반준수사항은 다음과 같다(제2항).

1. 주거지에 상주(常住)하고 생업에 종사할 것
2. 범죄로 이어지기 쉬운 나쁜 습관을 버리고 선행(善行)을 하며 범죄를 저지를 염려가 있는 사람들과 교제하거나 어울리지 말 것
3. 보호관찰관의 지도 · 감독에 따르고 방문하면 응대할 것
4. 주거를 이전(移轉)하거나 1개월 이상 국내외 여행을 할 때에는 미리 보호관찰관에게 신고할 것

한편, 특별준수사항은 법원 및 보호관찰심사위원회가 판결의 선고 또는 결정의 고지를 할 때, 일반준수사항 이외에 범죄의 내용과 종류 및 본인의 특성 등을 고려하여 필요하다고 판단하여 특별히 지켜야 할 사항으로 따로 부과한 것으로서 다음과 같다(제3항).

1. 야간 등 재범의 기회나 충동을 줄 수 있는 특정 시간대의 외출 제한
2. 재범의 기회나 충동을 줄 수 있는 특정 지역 · 장소의 출입 금지
3. 피해자 등 재범의 대상이 될 우려가 있는 특정인에 대한 접근 금지
4. 범죄행위로 인한 손해를 회복하기 위하여 노력할 것
5. 일정한 주거가 없는 자에 대한 거주 장소 제한
6. 사행행위에 빠지지 아니할 것
7. 일정량 이상의 음주를 하지 말 것
8. 마약 등 중독성 있는 물질을 사용하지 아니할 것
9. 「마약류관리에 관한 법률」상의 마약류 투약, 흡연, 섭취 여부에 관한 검사에 따를 것
10. 그 밖에 보호관찰대상자의 재범 방지를 위하여 필요하다고 인정되어 대통령령으로 정하는 사항

준수사항은 사정변경의 상당한 이유가 있는 경우에 변경할 수 있으며(제4항), 보호관찰대상자에게는 서면으로 고지하여야 한다(제5항). 이러한 준수사항은 보호관찰 대상자가 보호관찰관의 지도·감독을 받으며 건전한 사회인이 되기 위하여 지켜야 하는 것이다(제1항).

② 보호관찰 준수사항의 의의

보호관찰대상자에 대한 통제기법 중에서 중요한 것의 하나는 '한계의 설정'이다. 이러한 한계의 기준이 되는 것은 보호관찰 준수사항이다. 그러나 이러한 준수사항은 포괄적으로 규정되어 있기 때문에 이는 대상자 행동이나 생활에 넘어서는 안 되는 선을 긋는 행위나 말로써 구체화된다. 보호관찰관은 대상자에게 하지 말아야 할 것, 지켜야 할 것 등에 대하여 지속적으로 주의를 준다. 통제의 범위는 개별적으로 다르지만, 접촉빈도 등 일부 지침에 명시된 경우를 제외하고는 체계적 틀에 의한 차별화보다는 그때그때 보호관찰관의 재량적인 상황 판단에 의해서 좌우되는 경향이 있다. 그러나 대체적으로 처음에는 통제적 기법을 보다 더 많이 사용하여 '고삐를 당겼다가' 점차 풀어 주는 방식으로 관계를 진전시켜 나가는 경향이 있다(이형섭, 2012: 205).

(2) 제재조치

① 제재조치의 의의

제재조치는 보호관찰대상자가 준수사항을 위반하고 그 정도가 무거울 경우 이 대상자를 종국적으로 실효성 있게 통제하기 위한 '보호관찰제도'의 법률적 메커니즘이다. 즉, 「보호관찰 등에 관한 법률」에 미리 준비된 방법들, 예컨대 출석요구(제37조), 경고(제38조), 구인·유치(제39조 내지 제45조), 취소 및 변경 신청(제47조 내조 제50조) 등이 각 단계별 제재조치들이다. 제재조치를 통해 보호관찰 취소와 함께 원처분이 집행되거나(집행유예) 보호관찰처분 자체가 변경(보호처분)된다. 특히 제재조치 업무는 인신구속과 관련되어 있어 고도의 주의 집중이 요구되기 때문에 보호관찰관에게 가장 부담이 큰 업무이기도 하다(이형섭, 2012: 208-209). 또한 제재조치에 보호관찰관의 역량이 집중되면 보다 많은 일반 대상자에 대한 교육·상담·원호 등 다양한 활동을 종합적으로 균형 있게 전개하지 못할 수 있다. 준수사항위반자에 대한 제재조치는 대상자와 담당 보호관찰관의 관계를 상호 공격적이고 적대적 관계로 만들기도 한다. 이 때문에 보호관찰관은 구인·

유치를 필요로 하기는 하지만 최후에 사용해야 하는 수단으로 생각한다. 그 자체로서는 지도감독을 포기하는 것이기 때문에 제한적으로 운용되어야 할 '필요악' 으로 본다(이형섭, 2012: 222).

　그럼에도 불구하고 대부분의 보호관찰관들은 제재조치의 긍정적 가치를 인정하고 있다(이형섭, 2012: 222-224). 제재조치의 가치는 대상자에게 수용할 만한 행위의 경계선을 세워 줄 필요가 있는 보호관찰관의 특정한 직업적 속성에 뿌리내리고 있다. 제재조치는 그 자체로서 실제적인 수단 이상의 가치 있는 상징이다. 실제로는 그렇게 많이 쓰이지는 않지만 보호관찰관들이 그런 권한이 있다는 것은 대상자의 지도감독을 위한 중요한 힘이 된다는 것이다. 즉, 구인·유치의 권한을 가진 보호관찰관은 자율적 행동통제에 어려움을 겪고 있는 범죄인들이 적정한 행위의 경계선을 벗어나지 않도록 어느 정도 강제할 수 있다는 것이다(이형섭, 2012: 222).[22]

　이처럼 다수의 보호관찰관들은 구인·유치의 제재조치를 잘 사용하면 득이 되지만, 여전히 처벌로서의 성격이 강한 '양날의 칼' 로 생각하고 있으며, '매우 신중하게 운영되어야 한다.' 고 생각한다. 대상자를 구인·유치 단계에 이르기 전에는 이를 회피하기 위한 노력을 충분히 하여야 한다. 대상자를 구인하여 조사할 때는 제재조치의 불가피성을 납득하도록 잘 설명하고 오히려 '자숙의 기간' 으로 활용할 수 있음을 설득하고, 이 과정에서 그들의 정서적 불안을 완화하기 위해 노력할 필요가 있다(이형섭, 2012: 224).

② 제재조치의 절차

　출석기일에 불출석한 대상자를 전화연락으로 호출하고, 이에도 불응하는 경우에는 '출석요구서' 라는 소환장이 발송된다. 출석요구에 불응하면 경고장이 발부되고 몇 회 이러한 일이 반복될 경우에는 체포영장과 유사한 구인장이 보호관찰소장의 신청으로 법원에서 발부된다. 구인된 대상자는 보호관찰 기간 중에 준수사항을 위반한 사실에 대하여 조사가 이루어진 후 법원에 구속영장과 유사한 유치허가장이 신청된다(이형섭, 2012: 74).

---

22) 대부분의 보호관찰관들은 구인·유치가 '기관 또는 보호관찰관의 권위를 확인시켜 주고' '잘못된 바를 깨닫게 하는' 조치라고 생각한다. 이들 중 일부는 구인·유치가 장래에 유사한 잘못을 저지르지 않고 범죄행동을 교정해 줄 수 있는 '유효 적절한 지도감독 수단' 의 하나라고 생각한다. 이 경우 제재조치는 준수사항 위반에 대한 처벌이라는 결과물이 아니라, 준수사항위반자를 '교정, 개선' 하는 목표지향적 수단인 것이다. 더군다나 보호관찰관은 준수사항 위반이 지속되는 상태에서 대상자들이 재범에 이르게 되는 사례들을 자주 접하다 보면, 재범에 이르기 전에 준수사항위반으로 제재조치를 하는 것이 대상자 본인이나 지역사회의 이익을 위하여 더 낫다는 생각을 가지게 된다(이형섭, 2012: 223-224).

보호관찰 준수사항 위반으로 제재조치를 받게 되면 해당 처분이나 명령이 취소 또는 변경되어 재구금될 수 있다. 이러한 재구금을 위한 조치들의 전 단계로 출석요구, 경고 등이 활용되지만, 본격적인 의미의 제재조치는 구인과 유치로부터 시작된다. 범죄의 수사와 비유하면, 내사단계를 지나 혐의점을 파악하여 본격적으로 피의자를 체포(구인)하고 구속(유치)하는 과정과 유사하다. 극히 예외적으로 구인 후 유치에 이르지 않고 석방되는 경우가 있으나, 실무상 이런 경우는 특별한 사정 변경이 있는 경우로 제한된다(이형섭, 2012: 223).[23]

한편, 제재조치를 취하기 위해서는 대상자의 준수사항 위반 사실을 발견하고 그 대상자의 소재를 확보하는 것이 필요하다. 이 때문에 정책적으로 제재조치를 강조할 경우, 보호관찰관의 활동은 준수사항 위반 여부를 발견하고 확인하는 데 집중되었다. 제재조치가 필요한 대상자는 가출하거나 주거지 이전신고를 하지 않아 소재불명 상태에 있는 경우가 많다. 이들의 소재를 알아내거나 신병을 확보하는 것은 쉽지 않은 문제다. 현재는 지명수배제도를 활용하여 경찰이 검거하는 경우가 대부분이나 과거에는 밤새워 잠복근무를 하며 사복경찰과 다름없는 임무를 수행하기도 하였다(법무부, 2009: 81-82).

5) 보호관찰 정보화

(1) 보호관찰 정보화의 필요성

우리나라의 보호관찰제도 도입 이후 여러 가지 보호관찰 관련 인프라의 구축이 시도되었는데, 그중에서도 눈에 띄는 것이 보호관찰대상자 관리업무의 정보화 분야다(이형재, 2012: 172-174). 보호관찰 정보화는 보호관찰 직원이 수행하는 보호관찰 업무과정 중 고도의 판단행위를 제외한 반복적 업무를 전산화하여 보호관찰 전반의 능률적 전개에 필요한 기반을 제공, 보호관찰 업무에 효과적·집중적으로 전념할 수 있도록 지원하고자 추진되었다(법무부, 2009: 180-191). 보호관찰 정보화 연혁은 보호관찰의 역사라고도 할 수 있다. 제도 도입 이후 보호관찰대상자가 폭증함에 따라 직원 수에 비해 업무량이 너무 많아 효과적인 보호관찰을 실시하기 위해 보호관찰 전산화로 해결해야 할 필요성

---

23) 예를 들어, 구인 후 확인해 보니 여성대상자의 임신이 확인된 경우 등이 그러하다. 「보호관찰대상자 제재조치 처리지침」 제19조에는 구인 후 석방을 위한 판단기준으로 네 가지를 제시하고 있다. 그러한 기준으로는 준수사항 위반의 경중판단, 생업종사 및 안정적 직업유무, 재범유무 그리고 신체적·정신적 건강상태다. 그럼에도 불구하고 실무상 구인 후 석방의 적정성 여부가 감사 등의 대상이 되기 때문에 매우 명백한 사유가 없는 한 실제 거의 이루어지지 않는 것이 현실이다(법무부, 2011c: 28).

이 제기되었다(조흥식, 2009).

(2) 주요한 정보화사업

1 대상자관리 프로그램(KICS)

보호관찰관은 '킥스'(KICS)라는 대상자관리 프로그램을 활용하여 업무를 수행한다. KICS, 즉 한국 형사사법정보 시스템(Korea Information System of Criminal-justice Services: KICS)은 대상자관리 등 보호관찰업무 전반에 사용되는 통합전산 시스템을 일컫는 용어다. 보호관찰소의 전산화는 개청 초기부터 적은 수의 직원으로 많은 업무를 처리해야 했던 사정에 따라 비교적 일찍부터 추진되었다. 1993년 법무부는 '보호관찰 업무전산화 종합계획'을 수립하고 1995년 DOS 운영체제를 기반으로 하는 '보호관찰 대상자관리 프로그램'(Management System for Probation & Parole: MSPP)을 개발하여 사용하기 시작하였다. 2000년에는 윈도우 환경에서 운영되는 '보호관찰 통합정보시스템'(Probation Integrated Information System: PIIS)이 사진촬영 등 멀티미디어 기능이 추가되어 대상자관리에 사용되었다. 2004년에는 일자별 처리업무를 자동으로 고지하는 '지능형 보호관찰 통합정보시스템'(Intelligent Probation Integrated Information System: IPIIS)이 개발되어 운영되기 시작하였다. 이 프로그램은 단일계정으로 그동안 단위업무를 위하여 개발된 지리정보 시스템(GIS), 현장업무지원 시스템(MOPIS), 사이버보호관찰(CPO), 보호통합지원 시스템(U-PIIS) 등 하위 시스템을 통합적으로 연계 · 활용하도록 개발되었다(법무부, 2009: 180-191). 이후 2010년 7월부터 IPIIS는 경찰, 검찰, 법원, 보호기관, 교정기관 등의 전 형사사법 유관기관 전산정보망을 통합하는 KICS의 하위 부분으로 흡수 · 통합되면서 역사 속으로 사라졌다(이형섭, 2012: 112-113).

2 보호관찰 무인정보 시스템

보호관찰 무인정보 시스템은 대상자가 보호관찰소에 출석하여 보호관찰관을 면담하기 전에 개인의 신상정보와 일신상의 변동사항을 무인단말기(kiosk)에 입력함으로써 면담시간을 효율적으로 활용하기 위하여 개발된 것이다. 터치스크린이 장착된 단말기를 통해 보호관찰대상자는 각종 신고, 생활보고서, 집행상황통보서를 터치방식으로 입력한다. 입력된 자료는 담당 직원 컴퓨터로 자동 전송되어 직원의 승인 시에 시스템에 자동 저장되며, 무인 디지털 단말기 원격관리 개발 및 사회봉사명령 불시 화상 감독 솔루

선을 장착하고 있다.

무인정보 시스템의 운용을 통하여 기존 수기처리 방식을 자동화함으로써 업무량 감소, 문서작성 시간 및 증명서 발급 시간이 대폭 단축되어 실질적 인력 증원 효과를 거둘수 있다. 전국 보호관찰소에서 사회봉사명령, 수강명령, 존스쿨 등을 집행하기 위한 본인 여부 확인 시간이 약 50분에서 5분으로 대폭 단축되고 투명한 집행이 가능하다는 것도 장점이다. 이 사업은 2010년부터 추진되었는데, 2011년부터 의정부·서울지역에서시범 실시되고 있고, 전국 확대 시행이 추진되고 있다(이형재, 2012: 182-183).

6) 보호관찰행정의 관리주의

최근 보호관찰 서비스는 업무 방식을 개혁하고 새로운 기법을 채택하도록 요구하는정부의 압력을 점점 더 많이 받게 되었다(이형섭, 2012: 53). 보호관찰 서비스의 관리주의(managerialism)는 서비스의 책임성에 입각하여 새로운 평가 틀에 맞추어 업무를 재정의하고 감사, 성과지표와 비용효과성을 강조하는 접근으로 정의된다(이형섭, 2012: 98; Raynor & Vanstone, 2002).

(1) 영국의 사례

영국에서 1990년대는 변화의 10년이었다. 1990년대에는 더욱 다양한 보호관찰기법들이 생겨나면서 보호관찰 행정의 책임성과 효과성이 강조되기 시작하였다. 이에 따라더욱 강도 높은 정치적·사회적 통제가 뒤따르고 전문가 집단으로서 보호관찰관이 전통적으로 누려 온 자율성은 상당한 제약을 받기 시작했다. 중앙집권화와 경영 이념도 보호관찰행정에 큰 영향을 주었다(이형섭, 2012: 54; Burnett et al., 2007).

보호관찰행정에 관리주의 도입과 관련해서, 영국의 경우에는 1980년대 이후 지속된공공서비스의 재구성 과정과 불가분하게 연관되어 있다(이형섭, 2012: 98; Gelsthorpe & Morgan, 2007). 현재에는 '정부 현대화'라는 의제로 포장된 공공분야에서의 관리주의 성장은 보호관찰행정에도 큰 영향을 미쳤다(Gelsthorpe & Morgan, 2007). 1980년대 초의 대처정부(Thatcherite Government)는 법과 질서를 확립하고 재정적인 궁핍을 타개하기 위해 지금까지 보호관찰조직의 기능이 비효율적이었다고 간주하고 개선 필요성을 제기하게 되었다. 이에 따라 1984년 영국 정부에서는 '보호관찰의 국가적 목적과 우선순위'(Statement of National Objectives and Priorities)라는 강령을 채택하고 보호관찰사업의 우선순위를 정하게 된다. 이는 보호관찰행정의 책임성을 확보하고 자원이 어떻게 사용되었는지에 대한 관리적 측면을 강조하고자 하는 정부의 압력 때문이었고, 이는 1990년 이후의 보호관찰 정책에 큰 변화를 가져왔다(Mair, 1997).[24]

레이너(Raynor, 2002: 1192)가 주장하였듯이, 1990년대는 지역사회에서 어떻게 범죄인이 성공적으로 감독될 것인가에 대한 근본적인 변형이 일어났던 시기였다. 2001년까지 잉글랜드와 웨일스 지역의 54개의 독립적인(지방자치적인) 보호관찰 서비스가 하나의 통일된 체제로 재조직되면서 적어도 정책에 확고한 패러다임의 변화가 이루어졌다. 결과적으로 탄생된 국가보호관찰 서비스(National Probation Service: NPS)는 '지역사회 내 처벌을 수행하는 법집행기관'으로 확실하게 성격이 규정되었다.

(2) 우리나라의 관리주의 도입과 그 영향

우리나라 보호관찰조직의 경우에도 1996년부터 기관이나 개인에 대한 정량적 실적평가가 도입되었는데, 이를 본격적인 관리주의의 시작으로 볼 수 있다.

현재 보호관찰 실천현장의 실적평가는 「보호관찰소 기관평가 지침」에 근거하여 이루어진다. 평가결과는 기관장을 비롯한 직원들의 인사에 참고자료로 활용되며, 우수 직원에게는 포상·해외연수 등의 인센티브가, 우수기관에는 표창 등에 명예가 수여된다. 2011년 「보호관찰소 기관평가 지침」에서 기관의 업무성과 평가는 전체의 78%(78/100점)다. 이 중 보호관찰지도감독(13점), 사회봉사명령집행(14점), 수강명령집행(11점), 제재조치(10점) 등의 배점 비율이 높은 비중을 차지한다(법무부, 2011c). 특히 제재조치는 지도감독 업무의 일부분임에도 불구하고 별도의 평가 단위가 되었으며 그 비중도 높았다. 이 때문에 특히 실적으로 연상되는 가장 특징적인 것은 통제적 역할의 핵심인 제재조치

---

24) 이에 따라 보호관찰 행정의 책임성과 효과성이 강조되기 시작하였고 더욱더 강도 높은 사회적·정치적 통제가 뒤따르기 시작했다. 그리고 전통적으로 전문가 집단으로서 보호관찰관이 누려 온 자치권과 재량권은 비록 완전히 무너지진 않았다 하더라도 상당한 제약을 받기 시작했다. 영국 보호관찰의 오랜 역사에서 실무가 그렇게 오랫동안 같은 형태를 유지해 오고 관리주의나 정부의 관여로부터 자유로웠던 것은 부분적으로 지도감독 실천이 너무나 개별화되어 있어 그 대상자에 대하여 어떻게 지도감독해야 하는지에 대하여 담당 보호관찰관이 가장 잘 알고 있다는 인식이 강했기 때문이었다. 이러한 '작업방식'(modus operandi)은 재범감소를 위한 실천의 비효과성에 대한 조사연구의 부정적 메시지에 의해서도 흔들리지 않았다. 실천가들은 더 나은 사람으로의 변화를 위한 클라이언트의 잠재력과 그러한 변화를 지지하기 위한 그들 실천의 가치를 계속하여 믿어 왔다(Nellis & Chui, 2003). 그럼에도 불구하고, 비록 사회복귀적 이상(rehabilitative ideal)이 실천가들을 지속적으로 동기부여하고 있었지만, 보호관찰 서비스는 그들의 업무방식을 개혁하고 새로운 기법을 채택하도록 요구하는 중앙정부의 압력을 점점 더 많이 받게 되었다(이형섭, 2012: 98).

라고 한다.

「보호관찰소 기관평가 지침」에 근거하여 이루어지는 실적평가의 결과는 직원들의 인사자료로 활용되고 표창 등에 명예가 수여됨으로써 실적경쟁은 치열하게 이루어지고 있다. 사회복지사 자격을 소지한 보호관찰관이 지도감독 업무를 수행함에 있어서 실적의 주요한 부분으로 인식하는 것은 구인·현지 출장 횟수·프로그램 및 원호 등이다. 이러한 실적 중심주의는 형식적인 업무처리의 이유가 되는 면도 있다. 특히 원호조치에서는 말을 잘 듣는 대상자에게 중복적으로 서비스가 제공되는 크리밍(creaming) 현상이 일어난다. 립스키(Lipsky, 1980: 40-53)가 자신의 저서 『일선현장 관료주의(*Street-level Bureaucracy*)』에서 제시한, 공공서비스 분야의 성과평가에서 대리지표의 활용과 그에 따른 '서비스제공 주체의 클라이언트로부터의 소외문제'가 보호관찰실천현장에서도 그대로 나타나고 있다(이형섭, 2012: 210).

4. 보호관찰과 교정복지

1) 보호관찰관의 역할정체성 논쟁

(1) 보호관찰관 역할에 관한 전통적 논의

보호관찰관 역할에 관한 논의는 지도감독이라는 업무가 다양한 측면의 기능을 포함하고 있기 때문에 나타난 것들이다. 이러한 논의들은 이 분야의 오래된 전통적인 연구주제다. 이와 같은 연구들은 크게 보호관찰관의 역할 유형에 관한 것과 상충하는 역할들 사이의 갈등에 관한 것으로 구분하여 살펴볼 수 있다(이형섭, 2012: 24-26).

① 보호관찰관의 주요역할과 유형

보호관찰관의 주요한 역할(기능)은 다음과 같이 다양하게 구분될 수 있다(Abadinsky, 1994; Clear & Latessa, 1993; Purkiss et al., 2003). 보호관찰관은 지도감독 업무의 수행과정에서 법집행관(경찰관), 행정관료, 사회복지사 또는 상담가와 같은 서로 다른 역할을 수행한다(Purkiss et al., 2003). 보호관찰관은 법적 요구사항을 집행하고(법집행관 역할), 보호관찰대상자의 성공적인 사회적응을 원조하며(사회복지사 역할), 그리고 기관의 정책을 이행하는(행정관료 역할) 주요한 기능을 한다(Clear & Latessa, 1993). 애바딘스키(Abadinsky,

1985)는 이 중에서 지역사회를 보호하기 위하여 보호관찰대상자를 통제하는 역할과 이들의 사회복귀를 위한 복지증진을 강조하는 역할의 조화를 강조하였다.

한편, 보호관찰관이 상충적인 기능 중에 어떠한 측면에 중점을 두느냐에 따라 보호관찰관을 유형화할 수 있다. 올린 등(Ohlin et al., 1956)은 통제 및 지역사회보호와 보호관찰대상자의 사회복귀 중에서 어느 면을 중시하느냐에 따라 처벌적 · 보호적 · 복지적 보호관찰관으로 나누었으며, 글래서(Glaser)는 여기에 최소한의 명목적인 노력만을 하는 수동적 보호관찰관이라는 유형을 추가하였다(이윤호, 1999).

② 보호관찰관의 역할갈등

보호관찰관의 고유한 역할갈등과 그 역기능을 강조하는 연구들이 있다(Fulton et al., 1997; Jones, 2004; Purkiss et al., 2003; Taxman, 2002; Whitehead, 1989). 이러한 연구들에서는 보호관찰관은 크게는 법집행(law enforcement)과 사회복지실천(social work)의 두 가지 역할을 추구하는데, 이러한 양극의 기능이 갈등을 일으키는 상충되는 것이기 때문에 지도감독의 업무를 수행하면서 역할갈등을 경험한다고 밝혔다. 특히 이러한 역할갈등을 해결하기 위한 손쉬운 방법으로 사회복지적 역할을 포기하며, 이러한 역할갈등으로 직업에 대한 소진(burn out)을 경험한다는 것이다. 결국 역할갈등에 따른 정체성 혼란, 즉 보호관찰관은 법집행관인가 아니면 사회복지사인가의 정체성 문제는 전문직으로서의 가치를 정립하고 기술을 개발하는 데 걸림돌이 되고 있다고 보았다.

한편 보호관찰관에게 역할갈등이 있다는 점은 인정하지만 이것은 다른 전문직에도 나타날 수 있는 현상이라고 주장하며, 보호관찰관의 역할통합 또는 선택의 유연성을 강조하는 연구들이 있다(Clear & Latessa, 1993; Hardyman, 1988; McCleary, 1978). 보호관찰관의 역할갈등에 대한 구체적 증거가 없으며, 이에 대한 경험적 연구는 거의 이루어지지 않았다는 비판이 제기되었다(Clear & Latessa, 1993). 또한 역할갈등은 보호관찰관만 경험하는 독점적인 것이 아니라 다른 전문직에서도 공통적으로 나타날 수 있는 것이며, 실제로 보호관찰관들 중에는 한 가지 역할만을 선택하는 사람이 있는 반면에 일부 보호관찰관은 대상자의 행동과 범죄경력에 따라서 법집행자에서 사회복지사로 적절하게 역할을 변경하는 '적응적 역할'(adaptive role)을 채택하기도 한다(Clear & Latessa, 1993; Hardyman, 1988; McCleary, 1978).

(2) 보호관찰관 역할정체성의 의의

보호관찰관의 역할정체성이라 함은 보호관찰관이 보호관찰소라는 직업적 실천현장에서 대상자 지도감독 업무를 수행하면서 자신에게 적용되는, 내적으로 일관되고 타인에게 지속성을 가지는 일련의 자기인식, 자아통합이다. 다시 말해, 보호관찰관이라는 직업적 공동체에 참여하여 상호작용하는 과정에서, '보호관찰대상자에 대한 지도감독을 어떻게 수행하여야 할지' 에 대하여 역사적으로 형성되어 온 자신과 자신의 집단에 대하여 가지는 동일시, 자기인식으로 정의할 수 있다(이형섭, 2012: 29).

이렇게 지속적인 속성을 갖는 역할정체성은 단기간에 형성되는 것이 아니라 다양한 변화를 포함하는 역사적인 이력을 갖는다. 지도감독 실천에서 이러한 이력은 실천지향, 즉 포지션으로 표현할 수 있는데, 크게 원조적 포지션과 통제적 포지션으로 구분할 수 있다(이형섭, 2012: 29). 원조지향(care-oriented)은 전통적인 대상자의 사회복귀를 목적으로 하는 재활이념과 치료모델에 입각(Cohn, 2002)하여 대상자의 변화를 위한 멘터링(mentoring)을 강조하는 입장(Burnett et al., 2007)이다. 전통적인 지지·조언·지원(Burnett et al., 2005; Chui & Nellis, 2003)을 하는 사회복지사의 역할과 유사하다(Clear & Latessa, 1993). 반면, 통제지향(control-oriented)은 재범방지와 공공보호를 보다 중시하는 정의모델 또는 공공보호모델에 입각(Cohn, 2002)하여 대상자를 모니터링한다(Burnett et al., 2007). 실천의 방법으로는 통제와 감시 그리고 엄격한 제재조치를 강조하며, 보호관찰관은 법집행관 혹은 행정관료의 역할을 수행한다(Clear & Latessa, 1993).

2) 보호관찰관과 사회복지실천

(1) 보호관찰관의 사회복지 전문직업적 역할정체성[25]

일반적으로 범죄인의 교화란 '적극적 개별사회복지'(proactive casework)를 통해서 범죄인의 행동을 교정하는 것을 말하여, 특히 철저한 전문적 접근으로 범죄인의 사회복귀가 가능하다는 믿음에 기초한다(Walsh, 1997). 범죄의 원인이나 치료에 대한 접근이 한 개인을 둘러싼 환경적 영향에 그 초점을 둔다면, 이 분야에 종사하는 보호관찰관은 형집행기관의 대리인이라기보다는 사회복지 전문가로서의 자격을 가지고 이 제도가 실행되는 과정의 중심자로서 그 역할을 할 필요가 있다(문선화, 1999).

---

25) 이 부분의 주요 내용은 민원홍, 이형섭과 김현민(2010), pp. 194-195를 발췌하여 수정·전재한 것이다.

국제연합보고서에서는 사법제도 관련 사회복지로서 주요한 분야의 하나로 보호관찰을 들고 있으며(이무웅, 2001), 보호관찰제도의 역사가 깊고 비구금제도가 발달한 나라에서는 사회복지학을 전공한 자가 거의 보호관찰관으로 활동함으로써 "보호관찰이 교정복지의 꽃"이라 여겨지고 있다(최옥채, 2010). 이러한 맥락에서 영국에서는 1870년대부터 보호관찰시스템이 원조와 보호 그리고 치료적 접근을 중시하는 사회사업(social work)의 한 영역으로서 지속적으로 전문적 관계 속에서 성장해 왔다(문선화, 1999). 독일에서도 현재의 공적 보호관찰시스템은 1951년 소규모 보호관찰 서비스기관에서 최초의 전임직원으로 사회복지사를 고용하여 업무를 시작한 데서 비롯되었다(Mutz, 2009). 특히 독일 형사사법시스템 내의 사회서비스는 전문 학위를 받은 사회복지사나 사회병리학 전공자가 채용되어 제공하고 있다(정우식·정소은·김희자, 2000; 홍영오, 2009; Mutz, 2009). 우리나라의 경우에도 보호관찰제도의 기본법인 「보호관찰 등에 관한 법률」의 규정에서 보호관찰과 사회복지의 관련성을 쉽게 도출할 수 있다. 위와 같은 관련성은 범죄인의 원활한 사회복귀와 함께 궁극적으로 개인 및 공공의 복지증진을 제도의 시행목적을 규정한 같은 법 제1조와 보호관찰의 수행방법으로 대상자의 사회복귀에 필요한 사회적 서비스를 제공하도록 규정하고 있는 제33조(지도·감독), 제34조(원호),[26] 제35조(응급구호)[27] 등에서 잘 나타나 있다.

특히 보호관찰은 민간자원봉사자의 복지적·원조적 실천을 통해 탄생하였다. 이러한 태생적 배경으로 보호관찰 역사 전반에서 지도감독의 중심적 사상은 여전히 보호관찰관이 범죄인에게 "조언하고(advice), 지지하고(assist), 친구가 되어 주는(befriend)" 것이다. 이처럼 보호관찰관은 대상자의 변화가능성과 변화를 유도하기 위한 전문적 실천의 가치를 계속하여 믿어 왔고, 이러한 사회복귀적 이상(rehabilitative ideal)이 실천가에게 지속적으로 동기를 부여하여 왔다(이형섭, 2012: 55-56). 따라서 전통적인 역할정체성 논쟁과 최근의 보호관찰 강경화 경향에도 불구하고 보호관찰의 본질적인 속성은 사회복지 전문직의 원조적 실천에 강하게 뿌리내리고 있다.

---

26) 제34조(원호): ① 보호관찰관은 보호관찰 대상자가 자조(自助)의 노력을 할 때에는 그의 개선과 자립을 위하여 필요하다고 인정되는 적절한 원호(援護)를 한다. ② 제1항의 원호의 방법은 다음 각 호와 같다. 1. 숙소 및 취업의 알선, 2. 직업훈련 기회의 제공, 3. 환경의 개선, 4. 보호관찰 대상자의 건전한 사회 복귀에 필요한 원조의 제공

27) 제35조(응급구호): 보호관찰소의 장은 보호관찰 대상자에게 부상, 질병, 그 밖의 긴급한 사유가 발생한 경우에는 대통령령으로 정하는 바에 따라 필요한 구호를 할 수 있다.

(2) 대표적인 원조적 실천

보호관찰관들이 사용하는 사회복지 원조의 기법은 다양하다. 그들은 직접적인 경제 구호를 제공하거나, 민간자원봉사자를 결연하고, 검정고시를 지원하기도 한다. 그들은 면담의 과정에서 심리적인 문제들을 다루려고 하고, 특히 가족에 개입을 시도하기도 한다(이형섭, 2012: 205). 복지적 원조사업의 대표적인 사례는 소년대상자에 대한 멘터링 및 검정고시 지원 등 '소년전문처우프로그램'과 한국법무보호복지공단과 연계하여 시행하는 다양한 '출소자 사회정착 지원사업'이 있다.

① 소년전문처우프로그램

법무부는 2011년 1월부터 성인과 분리하여 소년을 전담하는 소년 전담보호관찰제를 전국으로 확대하여 운영하고 있다. 이는 성인에 비해 재범률이 높은 소년 보호관찰대상 자에게 특화된 처우를 실시하고 다양한 사회자원 연계 등을 통하여 소년대상자의 재범 방지 효과성을 제고하기 위한 것이다. 소년 전담처우의 내용을 보면, 무직·비진학 소년 에 대하여는 검정고시 준비, 복학, 직업훈련 등의 과제 중에서 1가지 이상을 필수적으로 선택하여 이행하도록 지도하고, 다양한 사회자원과 연계한 1:1 멘터링을 실시하는 것을 골자로 한다(이형재, 2012: 178).

2013년 12월 현재 보호관찰대상자 멘터링 현황은 〈표 8-9〉와 같다.

표 8-9　보호관찰대상자 멘터링(멘티) 현황(2013. 12. 기준)　(단위: 명)

전체	범죄예방위원	특별범죄예방위원			
		교사	상담사	대학생	기타[*]
4,480	2,406	1,053	415	169	437

* 여기서 '기타'라 함은 청소년상담센터, 복지관 등 협력관계를 가진 기관 자체에서 보호관찰청소년에게 실시 중인 멘토링 현황.
출처: 법무부(2014).

그리고 비진학·학업중단 보호관찰 청소년에 대한 검정고시 합격자 현황을 보면 〈표 8-10〉과 같은데, 80% 이상 합격자를 내고 있다. 이러한 검정고시 지원을 위하여 (주)에 듀윌, 한국법무보호복지공단, CYS-Net 등 다양한 사회자원을 활용하고 있다.

표 8-10		2013년 보호관찰대상자 검정고시 합격자 현황(2013. 12. 기준)						(단위: 명, %)	
계			고입 검정고시			대입 검정고시			
응시 (합격률)	전과목 합격	과목 합격	응시 (합격률)	전과목 합격	과목 합격	응시 (합격률)	전과목 합격	과목 합격	
3,004 (82.5)	1,408 (46.9)	1,070 (35.6)	946 (94.4)	598 (63.2)	295 (31.2)	2,058 (77.3)	810 (39.6)	775 (37.7)	

출처: 법무부(2014).

② 출소자 사회정책 지원사업

출소자에 대한 지원을 임무로 하는 한국법무보호복지공단과 갱생보호법인은 보호관찰제도 운영과 관련되어 있는 매우 중요한 인프라다. 보호관찰이 유권적이고 법집행적 성격을 가진다면, 갱생보호는 상대적으로 임의적·지원적·복지지향적인 성격을 가지는 것으로 상호 보완적이며 수레의 두 바퀴와 같다(이형재, 2012: 183). 법무복지공단의 전신인 갱생보호회는 보호관찰 도입준비 단계에서 시험실시 업무를 전담하였고, 보호관찰제도 시행 이전에는 일제강점기부터 사법보호회의 명칭으로 출소범죄인 사후관리 및 지원업무를 전담하였던 기관이다.[28]

한국법무보호복지공단은 현재 본부와 14개 지부, 7개 지소, 1개 여성출소자재활지원센터를 두고 있고, 156명의 직원과 연간 170억 원의 예산을 운용하고 있다. 사업실적은 연간 5만여 명에 대하여 숙식제공, 사전면담, 취업알선, 직업훈련, 주거·창업 지원, 상담, 긴급원호 등을 실시하고 있고, 7개 민간 갱생보호법인이 연간 1만 5천여 명에 대하여 사전면담, 숙식제공 등 사업을 수행하고 있다(이형재, 2012: 184).

현재 한국법무보호복지공단은 숙식제공 등 전통적 지원프로그램 외에도 다음과 같은 다양한 특별프로그램을 마련하여 운영 중이다(이형재, 2012: 184-185).

① 주거지원사업: 토지주택공사와 협력하여 출소자에게 임대주택을 알선하여 출소자와 그 가족에게 주거를 제공하는 사업

---

28) 미국, 영국, 캐나다 등 선진 각국의 경우에는 19세기 중에 중간처우소(Halfway House) 등 민간이 주도하는 시설들이 출소자 숙식지원, 상담·치료, 취업지원 등 출소자 지원사업을 선도적으로 실시하였고, 나중에 국가차원에서 이러한 민간법인을 지원하는 방식으로 발전하였다. 그러나 우리나라의 경우는 민간에 의한 갱생보호사업의 발전이 미미하였고, 과거 사법보호회를 이어받은 갱생보호회가 1963년 「갱생보호법」에 근거하여 특수법인으로 출범함에 따라 국가주도형의 갱생보호제도가 발전하게 되었다(이형재, 2012: 184).

② 취업성공 패키지 사업: 고용노동부와 협력하여 출소예정자 4,000여 명에 대하여 출소 후 취업을 알선하고, 고용주와 취업출소자 모두에게 인센티브를 지원하는 사업

③ 사회적 기업 육성사업: 출소자에게 일자리를 제공하여 안정적인 사회통합을 지원하기 위한 출소자 중심의 사회적 기업 발굴·육성 사업

④ 기능취득 지원사업: 출소자에 대한 최소한의 자립지원 차원에서 기술이 없는 출소자를 위한 '출소자 기능취득 전문처우 센터'를 울산과 인천에서 운영

(3) 사회복지사의 보호관찰관 경력경쟁채용 배경과 그 의의

보호관찰제도의 전반적인 강경화 경향 속에서도 최근에는 사회복지사 자격증을 소지한 사람을 보호직 공무원으로 경력경쟁채용[29]하는 제도가 활성화되기 시작하였다. 이러한 경력채용제도는 보호관찰 분야의 복지적 지향을 강화하고 보호관찰관의 전문적 실천역량을 높이기 위한 것이다. 특히 소년에 특화된 처우프로그램을 강조하면서 보호관찰직원의 전문성 향상이 주요한 이슈의 하나로 부각되고 있다(이형섭, 2012: 4). 2011년도 법무부 보호관찰 분야의 13개 중점 추진계획의 하나로서 '보호관찰의 전문화·내실화'가 선정되었고, 그 주요 내용의 하나로서 소년에 특화된 처우를 위한 소년전담제 등의 확대 실시 등이 제시되었다(법무부, 2011d). 이러한 경향은 이미 2010년도 '전국보호관찰기관장회의'에서 나타나기 시작하였다. 이 회의에서는 2011년 보호관찰의 도전적 상황의 하나로서 '보호관찰전문성에 관한 의문제기'가 제시되었고, 주요 발표 주제의 하나로서 '보호관찰직원 전문성 향상 방안'이 논의되기도 하였다(법무부, 2010).

이러한 배경에서 2010년에는 정신보건사회복지사 1급 자격증 소지자 중에서 7급 6명, 사회복지사 자격증소지자 중에서 9급 43명을 경력경쟁채용하였다.[30] 또한 2012년 상반기에는 9급 77명, 하반기에는 정신보건사회복지사 1급 자격증 소지자 중에서 7급 6명, 성폭력·약물·가정폭력 치료프로그램 진행경력 3년 이상 사회복지사 중에서 8급 20명, 사회복지사 자격증소지자 중에서 9급 69명 등 총 221명을 보호직공무원으로 경력경쟁

---

29) 과거에는 응시자격에 제한이 없는 공개채용에 대비하여 특별한 사유를 이유로 채용방식을 달리한다는 의미에서 '특별채용'이라는 용어가 사용되었으나, 최근에는 특정한 경력을 가진 사람들 중에서 경쟁적 선발시험을 통해 채용한다는 의미에서 '경력경쟁채용'이라는 용어가 공식적으로 사용되고 있다. 7급은 역량평가 면접시험으로 선발하였으며, 9급은 필기(「형사소송법」 및 사회 2과목)와 면접을 병행하여 선발하였다.

30) 7급은 정신보건사회복지사 1급 자격증 소지자로 응시 자격이 제한되었지만 9급은 사회복지사 자격증을 소지한 사람이면 누구나 응시자격이 부여되었다. 한편 정신보건 임상심리사에 대해서는 이미 2005년부터 2012년까지 5차에 걸쳐 총 30명을 6급~9급으로 경력경쟁채용하였다.

채용하였다. 그럼에도 불구하고 2013년 3월 현재 사회복지사 자격증 소지자 및 사회복지학 전공자는 전체 보호관찰 인력의 약 20% 정도에 불과하다.[31] 「헌법」상 공무담임권의 평등을 강조하는 우리나라에서는 공무원에 대하여 공개경쟁시험을 통한 신규채용을 원칙으로 하고 있다(「국가공무원법」 제28조 1항). 이에 따라 전통적으로 보호관찰관의 채용 역시 특별한 응시자격의 제한 없이 공개채용으로 이루어져 왔다. 비록 5급, 7급 및 9급의 각 직급별 채용시험의 과목에 사회복지학(사회사업학)이 채택되어 왔으나, 상대적으로 법률 과목의 비중이 더 많은 편이어서 사회복지학 전공자에게 별달리 유리한 채용구조가 되지 못하였다(이형섭, 2012: 4).

이러한 경력채용제도는 보호관찰 분야의 복지적 지향을 강화하고 보호관찰관의 전문적 실천역량을 높이기 위한 것이다. 특히 소년에 특화된 처우프로그램을 강조하면서 보호관찰직원의 전문성 향상이 주요한 이슈의 하나로 부각되고 있다. 이러한 정책변화의 성공 여부는 경력채용된 사회복지사들이 전문직으로서의 역할정체성을 가지고 사회복지의 핵심가치와 실천지식 · 기술을 얼마나 현장에 도입하는가에 달려 있다(이형섭, 2012: 4).

참고문헌

곽병선(2001). 사회내처우로서 전자감시에 의한 보호관찰 도입방안. 형사정책, 13(2), 81-83.

김일수(2005). 범죄인 전자감독에 관한 연구. 한국보호관찰학회.

김정명 외(2011). 면담사전예약제 효과적 정착 방안. 2011년 보호관찰 정책연구 자료집, p. 111.

김혜정(2006). 우리 형사사법시스템에서 전자감독의 적용방안에 관한 검토. 형사정책연구, 17(4), 505-536.

명형식(1999). 사회내처우로서의 전자감시제도. 교정논설, 7월호.

문선화(1999). 사회복지적 측면에서의 보호관찰. 보호관찰시행10주년 세미나자료집. 보호관찰제도의 회고와 전망, 25-41.

---

31) 2012년 한 해에만 약 172명의 사회복지사가 신규로 채용되었으며, 2014년 1월 현재 전체 보호관찰기관(보호관찰소, 보호관찰심사위원회, 위치추적관제센터)에 근무하는 일반직공무원이 총 1,534명인 점을 감안하면, 대략 25%(342~352/1,534) 정도다(「법무부 및 그 소속기관의 직제 시행규칙」 별표10 및 별표11 참조). 그러나 특채된 사회복지사 등은 소년원이나 소년분류심사원 등에서도 근무하게 되기 때문에, 이를 감안할 경우 보호관찰관 중 사회복지사의 비율은 약 18~19%로 추산된다.

민원홍 · 이형섭 · 김현민(2010). 보호관찰관의 사회복지전문직 정체성이 직무만족에 미치는 영향에 관한 연구. 보호관찰, 10(2), 194-195.

박선영 · 심희기 · 이춘화(2010). 재범방지를 위한 범죄자처우의 과학화에 관한 연구(Ⅰ): 전자감독에 관한 연구. 한국형사정책연구원.

박은영(2008). 판결전조사에 사용하는 심리검사의 이해. 범죄예방정책연구, 통권 20호.

법무부(2005). 성범죄자 위치추적제도 도입타당성 검토보고. 법무부 내부검토보고서(미발간).

_____(2008). 보호관찰: 21C 형사정책의 중심. 법무부 보호국 홍보용 팜플렛.

_____(2009). 열정과 희망의 발자취: 한국보호관찰 20년사. 보호관찰제도 20년 기념자료집.

_____(2010). 반성과 평가, 그리고 새로운 도약. 법무부 범죄예방정책국 2010년도 전국 보호관찰기관 장회의 자료집.

_____(2011a). 위치관리업무 매뉴얼. 법무부 범죄예방정책국.

_____(2011b). 2011년 7월 법무부 보호직 인력현황자료. 법무부 범죄예방정책국 내부자료.

_____(2011c). 보호관찰 예규. 법무부 범죄예방정책국.

_____(2011d). 2011년도 보호관찰과 중점추진계획. 법무부 범죄예방정책국 내부간행물.

_____(2012a). 2011년 보호관찰 통계연보. 법무부 범죄예방정책국.

_____(2012b). 2012년 3월 법무부 범죄예방정책국 조직진단자료. 법무부 범죄예방정책국 내부자료.

_____(2012c). 위치측위 기술동향. 전자감독전담직원 워크숍 자료집.

_____(2014). 2013년 12월 기준 보호관찰 등 사건 통계자료현황. 법무부 범죄예방정책국 내부자료.

법무연수원(2012). 2011년 범죄백서. 용인: 법무연수원.

손외철(2003). 영국과 비교한 한국보호관찰제도의 발전방향. 형사정책연구, 14(4), 315-356.

여의도연구소(2005). 성범죄자 전자위치확인제도 도입방안. 여의도연구소 이슈 브리프.

이무웅(2001). 우리나라 사법보호복지 서비스에 관한 소고. 보호관찰실무연구논문집. 법무부 서울보호관찰소.

이상철(1994). 판결전조사제도에 관한 연구. 동향/연구보고서.

이성칠(2003). 한국보호관찰의 현황과 과제. 한국형사정책연구원 동향/연구보고서.

이윤호(1999). 보호관찰관의 임무와 역할. 보호관찰제도의 회고와 전망. 보호관찰시행10주년 세미나 자료집, 89-102.

이형재(2012). 한국 보호관찰제도의 발전과 향후 과제. 보호관찰, 12(2).

이형섭(2003). 효과적 보호관찰 지도감독 모델에 관한 연구: 인지행동적 개입을 중심으로. 법조, 통권15호, 191-235.

_____(2012). 보호관찰관의 역할정체성 형성과정에 관한 연구: 사회복지사 자격을 소지한 보호관찰관의 사례를 중심으로. 서울대학교 대학원 박사학위 논문.

정갑섭(1993). 미국의 전자감시 시스템과 가택구금의 연구. 교정연구, 3, 109-110.

정동기(1999). 사회봉사명령의 현황과 개선방안. 형사정책, 제11호, 9-46.

정우식 · 정소은 · 김희자(2000). 선진각국의 보호관찰제도 운영현황연구. 한국보호관찰학회.

정완(1999). 미국의 전자감시제도. 형사정책연구, 10(1), 192-193.

정진수 · 박선영 · 윤창식 · 이춘화 · 황의갑(2010). 재범방지를 위한 범죄자처우의 과학화에 관한 연구(1): 총괄보고서. 한국형사정책연구원.

조흥식(2009). 사회복지적 측면에서 보호관찰제도의 20년 고찰. 한국보호관찰학회 2009년 춘계학술대회 자료집. 한국보호관찰제도 시행 20주년 기념 보호관찰제도의 회고와 전망, 41-51.

주희종(1999). 미국의 가택구금. 보호관찰제도의 회고와 전망(제24회 형사정책세미나자료집). 한국형사정책연구원, 169-178.

최옥채(2000). 교정복지론. 아시아미디어리서치.

_____(2010). 교정복지론. 서울: 학지사.

한영수(2001). 전자감시제도의 도입문제. 사회과학연구, 8, 147-164.

홍영오(2009). 조사전문가로서의 보호관찰관의 지위 및 전문화 방안. 세계 속의 보호관찰 그 성과와 과제. 국제세미나 자료집, 265-288.

Abadinsky, H. (1994). *Probation and parole-theory and practice* (5th ed.). New Jersey: Prentice Hall.

Black, M., & Smith, R. G. (2003). Electronic monitoring in the criminal justice system. *Australian institute of criminology.*

Burnett, R. (1996) *Fitting Supervision to Offenders: Assessment and Allocation Decisions in the Probation Service,* Home Office Research Study No. 153. London: Home Office Research and Statistics Directorate.

_____(2004). One-to-one ways of promoting desistance: In search of an evidence base. In R. Burnett & C. Roberts (Eds.), *What works in probation and youth justice: Developing evidence-based practice.* Cullompltion: Willan.

Burnett, R., Bachelor, S., & McNeill, F. (2005). Practice skills in reducing re-offending: Lessons from psychotherapy and counselling. *Criminal Justice Matter, 61*(Autumn), 32-41.

Burnett, R., Baker, K., & Roberts, C. (2007). Assessment, supervision and intervention: fundamental practice in probation. In L. Gelsthorpe & R. Morgan (Eds.), *Handbook of probation,* Cullompton: London.

Champion, D. J. (2001). *Probation, parole, and community corrections* (3rd ed.). New Jersey: Prentice Hall.

Chui, W. H., & Nellis, M. (2003). Creating the national probation service—new wine, old bottles?. In W. H. Chui & M. Nellis (Eds.), *Moving probation forward: Evidence, arguments and practice.* Harlow: Pearson Education.

Clear, T. R., & Latessa, E. J. (1993). Probation officers' roles in intensive supervision: Surveillance versus treatment. *Justice Quarterly 10*(3), 441-462.

Cohn, A. W. (2002). Managing the correctional enterprise-The quest for 'what works'. *Federal Probation,* September, 2002.

Fulton, B., Stichman, A., Travis, L., & Latessa, E. (1997). Moderating probation and parole officer attitudes to achieve desired outcomes. *The Prison Journal, 77*(3), 295-312.

Gable, R. K. (1986). Application of personal telemonitoring to current problems in corrections. *Journal of Criminal Justice, 14*, 167-176.

Gelsthorpe, L., & Morgan, R. (2007). *Handbook of probation.* Cullompton: Willan Publishing.

Hardyman, P. (1988). No frills: A study of probation resources, activities and outcome. Doctoral dissertation, Rutgers University.

Hoshen, J., & Drake, G. B. (2001). Offender wide area continuous electronic monitoring systems. Final Report to U. S. Department of justice. Washington, DC: Department of Justice.

Jones, M. (2004). Maslow's hierarchy of needs can lower recidivism. *Corrections Today, 66*(4), 18-21.

Lipsky, M. (1980). *Street-level bureaucracy: Dilemmas of the individual in public services.* NY: Russell sage Foundation.

Mair, G. (1997) Community penalties and the probation service. In M. Maguire, R. Morgan, & R. Reiner (Eds.), *The Oxford handbook of criminology* (2nd ed.). Oxford: Clarendon Press.

McCleary, R. (1978). *Dangerous men: The sociology of parole.* Beverly Hills, CA: Sage.

McNeill, F. (2003). Desistance-focused probation practice. In W. H. Chui & M. Nellis (Eds.), *Moving probation forward: Evidence, arguments and practice.* Harlow: Pearson Longman.

Mutz, J. (2009). The role of probation in the criminal justice system of Germany. 세계 속의 보호관찰 그 성과와 과제. 보호관찰제도 도입 20주년 기념 국제세미나 자료집. 법무부, 85-138.

Nellis, M., & Chui, W. H. (2003). The end of probation. In W. H. Chui & M. Nellis (Eds.), *Moving probation forward: Evidence, arguments and practice.* Harlow: Pearson Education.

Ohlin, L., Piven, H., & Pappenfort, D. (1956). Major dilemmas of the social worker in probation and Parole. *National Probation and Parole Association Journal, 2*, 21-25.

Purkiss, M., Kifer, M., Hemmens, C. & Burton, V. S. (2003). Probation officer functions—A statutory analysis. *Federal Probation, vol. 67*, no. 1, 12-23.

Raynor, P., & Vanstone, M. (2002). *Understanding community penalties.* Buckingham: Open University Press.

Raynor, P. (2002). Community penalties: probation, punishment and 'what works'. In M. Maguire, R. Morgan, & R. Reiner (Eds.), *The Oxford handbook of criminology* (3rd ed.). Oxford: Oxford University Press.

Taxman, F. S. (2002). Supervision-exploring the dimensions of effectiveness. *Federal Probation, 66*(2), 182-204.

Walsh, A. (1997). *Correctional assessment, casework & counseling* (2nd ed.). Lanham, MD: American Correctional Association.

Whitehead, J. T. (1989). Probation mission reform: Implication for the forgotten actor-The probation officer. *American Journal of Criminal Justice, 12*, 12-21.

교정제도와 교정복지

범죄인처우와 관련하여 시설내처우의 대표적 현장은 '교도소'(矯導所)다. 교도소는 범죄인이 형벌법령을 위반하여 형사법원으로부터 자유형(징역·금고·구류)을 선고받았을 때 이를 집행하는 기관이다. 자유형이 확정되기 이전 재판단계의 피고인을 구속영장에 의하여 '미결구금'할 때는 '구치소'(拘置所)에 수감하여야 한다. 이러한 교도소와 구치소를 통칭하여 '교정시설'이라고 한다. 생명형(사형)이 확정된 경우에도 이의 집행을 위하여 미리 신병을 확보할 필요가 있는데, 이를 담당하는 기관도 교정시설이다.

한편, 특별한 교정처우가 필요한 경우로는 소년, 여성 및 외국인 수형자가 있다. 특히 소년에 대해서는 소년보호주의 이념에 따라 형사처분의 특칙이 「소년법」에 규정되어 있다. 이러한 특칙은 주로 사형을 금지하고 형기와 가석방의 요건을 완화하는 내용을 담고 있다. 또한 소년에 대해서는 그 교정처우에서도 성인과 다른 특별한 처우가 요구되기 때문에 별도의 '소년교도소'가 설치되어 있다.

이 장에서는 교정복지 실천현장의 하나인 교정시설과 범죄인의 수용현황 등을 알아보고, 그 시설 내에서 이루어지는 각종 범죄인처우제도를 교정복지 관점에서 살펴본다.

1. 성인 교정시설의 처우와 교정복지

1) 교정조직의 개관

(1) 중앙조직

성인에 대한 시설내처우 담당조직은 통상 '교정기관'(矯正機關)으로 불리는데, 중앙조직은 법무부 교정본부다. [그림 9-1]과 같이 법무부의 주요 하부조직은 교정본부 이외에도 출입국·외국인 정책본부, 검찰국, 범죄예방정책국 등이 있다.[1] 이 중에서 범죄인 처우와 관련된 부서는 교정본부와 범죄예방정책국이다. 교정본부는 성인 및 소년의 형사처분 중에서 자유형의 집행, 즉 시설내처우를 담당하는 전국의 성인 및 소년 교도소를 관장한다. 한편 범죄예방정책국은 사회내처우를 전담하는 보호관찰소와 보안처분(치료감호소) 및 소년보호처분(소년원) 등 일부 시설내처우 담당기관을 관장하고 있다.

교정본부에 본부장 1명을 두고, 본부장 밑에 교정정책단장 및 보안정책단장 각 1명을 둔다. 교정정책단장은 교정행정에 관한 종합계획의 수립·시행, 교정행정공무원의 인사 및 복무감독, 교정기관의 예산·시설 및 조직 관리, 교정시설 순회점검, 수형자의 교육 및 교화, 수형자의 직업능력개발훈련과 취업·창업 지원, 수형자의 사회적 처우 및 사회복귀 등에 관한 사항에 대해 교정본부장을 보좌한다. 그리고 보안정책단장은 교정시설의 경비, 수용자의 분류처우 및 수용관리, 가석방심사에 관한 업무, 교정관계 법령의 입안, 민영교도소 운영의 관리·감독, 수용자의 보건위생 및 의료 등에 관한 사항에 있어서 교정본부장을 보좌하는 역할을 수행한다(「법무부와 그 소속기관의 직제」 제12조 참조). 교정본부 산하에는 서울, 대전, 대구, 광주의 4개 지방교정청이 있다. 지방교정청장은 수형자·미결수용자 등의 수용관리·교정·교화, 기타 행형사무에 관하여 관할 교도소 등을 지휘·감독한다(같은 직제 제22조 및 제24조 참조).

(2) 교정시설

교정본부 산하의 교정시설에는 징역형·금고형·구류형 확정자와 벌금 또는 과료를 완납하지 아니하여 노역장 유치명령을 받은 수형자의 교정교화를 위한 교도소가 있고,

---

1) 그 밖에 소속기관이 없는 하부조직으로 기획조정실, 법무실, 인권국이 있고, 장관 직속의 감찰관, 장관정책보좌관, 대변인 등이 있다(「법무부와 그 소속기관의 직제」 제4조 내지 제8조 참조).

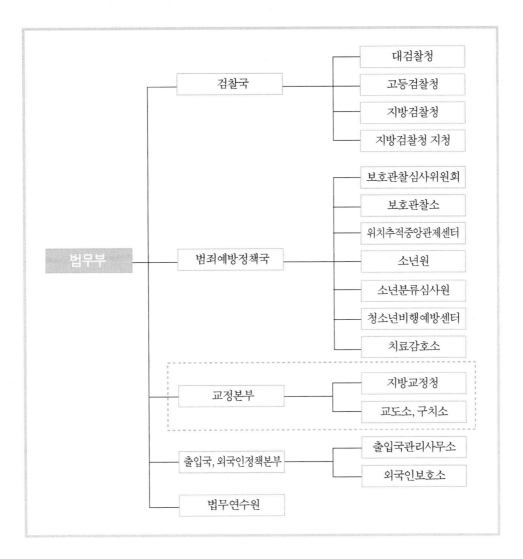

[그림 9-1] 법무부와 그 소속기관의 조직도

형사피의자 또는 형사피고인으로 체포되거나 구속영장의 집행을 받은 미결수용자를 위한 구치소가 있다(법무연수원, 2012: 283). 교도소 및 구치소는 수형자를 격리하여 교정·교화하고 건전한 국민사상과 근로정신을 함양하며, 기술교육을 실시하고 감호·교화 및 직업훈련과 근로를 실시하여 사회복귀하게 하고, 미결수용자의 수용 그 밖의 행형에 관한 사무를 관장한다(「법무부와 그 소속기관의 직제」 제26조).

한편, 교도소는 다시 여성수형자의 처우를 위한 여자교도소와 소년수형자를 위한 소년교도소가 있다. 더불어 민영교도소의 설립근거가 된 「민영교도소 등의 설치·운영에 관한 법률」에 의거하여 재단법인 아가페를 중심으로 설립된 '소망교도소'가 2010년

12월 1일 개소하여 우리나라 최초의 민영교도소로 운영되고 있다(법무연수원, 2012: 283).

2010년 12월 현재 전국의 교도소 및 구치소는 총 50개 기관이 있다. 서울지방교정청 산하의 15개 기관, 대구지방교정청 산하의 17개 기관, 대전지방교정청 산하의 10개 기관 및 광주지방교정청 산하의 8개 교정기관이 설치되어 운영 중에 있다. 이 중에서 구치소는 총 12개 기관으로 서울, 수원, 대구, 부산, 울산, 충주 등 11곳에 구치소가 설치되어 있고, 평택에 지소 1곳이 설치되어 있다. 교도소는 29개 기관이 있는데, 이 중에서 2개 기관은 지소다. 한편 특수목적의 교도소로서 직업훈련교도소가 화성과 경북에 2개 기관, 여자교도소가 청주에 1개 기관, 소년교도소가 김천에 1개 기관, 그리고 개방교도소가 천안에 각 1개 기관씩 설치되어 있다(「법무부와 그 소속기관의 직제」 참조).

2) 교정시설 수용 현황

(1) 개관

① 1일 평균 수용인원
전국 교정시설의 1일 평균 수용인원은 1991년에 55,123명으로 그 후 소폭의 증감을

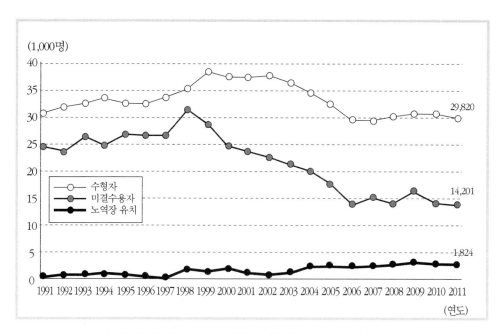

[그림 9-2] 교정시설 1일 평균 수용인원 추이(1991-2011년)
출처: 법무연수원(2013), p. 292.

보이다가 1998년에 67,883명으로 크게 증가하였고, 1999년에 68,087명으로 최다인원을 기록한 후 다시 점진적으로 감소하여 2011년에는 45,845명을 나타내고 있다(법무연수원, 2012: 292). [그림 9-2]는 1991년부터 2011년까지의 전국 교정시설의 1일 평균 수용인원의 변동 상황을 그래프로 나타낸 것이다.

교도관수(정원)와 1일 평균 수용인원을 비교하여 보면, 1988년까지는 교도관 1명이 부담하는 1일 평균 수용인원이 6명 정도였으나 1989년에 교도관이 대폭 증원되어 이후부터는 5명 내외를 유지하였다. 2006년부터 수용인원의 전반적인 감소와 교도관의 점진적 증원에 따라 교도관 1인당 1일 평균 수용인원이 4명 이하로 떨어지기 시작하여 2011년에는 3.0명으로 최저수준을 기록하고 있다. 한편 1991년부터 2011년까지의 인구대비 1일 평균 수용인원의 구성비를 살펴보면, 1999년도의 0.15%를 제외하고 지난 20년간 대체로 0.10~0.13%대를 유지하는 안정된 추세를 보이고 있다(법무연수원, 2013: 294).

② 수용인원의 성별 및 연령별 현황

교도소에 수용되는 기결수, 즉 수형자와 재판을 위해 구속되어 있는 미결수용자를 포함한 전체 수용인원은 2001년에 61,921명이던 것이 2005년 47,311명으로 감소한 이후, 4만 5천 명에서 4만 8천 명 사이를 유지하고 있다.[2] 이 중에서 남자의 분포비율이 절대다수를 차지하고 있다. 전체 수용인원에서 여자수용자의 구성비는 2001년 3,652명으로 전체의 5.8%를 기록한 이후 2003년에 6.1%를 기록하였다가 이후에는 대체로 5%대의 비율을 보이고 있으며, 2011년에는 2,429명으로 전체의 약 5.4%다(법무연수원, 2013: 296-297).

한편, 2011년 현재 교도소에 수용 중인 전체 기결수는 31,198명인데, 그중에서 40대가 9,708명으로 31.1%를 차지하여 가장 높은 비율을 점하고 있다. 이어서 30대가 8,018명으로 전체의 25.7%를 차지하고 있고, 50대가 6,344명으로 20.3%, 20대가 5,283명으로 16.9%의 분포를 보이고 있다(법무연수원, 2013: 298). 2001년 전체 기결 수용인원 중에서 20대(32.5%)와 30대(32.2%)가 거의 비슷한 비율로 가장 많은 비중을 차지하고, 50대의 비중은 7%에 불과했던 것에 비하면 매우 큰 변화라고 할 수 있다. 이와 같이 지난 10년간 연령별 기결수용인원의 변화추이를 보면, 20~30대에서 30~50대로 연령대의 중심이

---

2) 교도소의 수용인원이 이렇게 감소하고 있는 것은 2005년 이후 미결수용자에 대한 불구속 수사 및 불구속상태에서의 재판 관행이 확대되면서 그 인원이 줄어든 결과로 보이고, 경제적 상황과도 상당히 연관되어 있는 것으로 보인다(법무연수원, 2012: 293).

이동했음을 잘 알 수 있다. 이는 수형자의 고령화 현상이 가속화되었다는 사실을 말해 주며, 동시에 누범화의 경향이 빠르게 진행되는 사실을 뒷받침해 준다.

③ **수용인원의 죄명 및 형기별 현황**

2011년을 기준으로 기결수용인원을 죄명별로 보면, 절도죄가 5,315명으로 전체의 17.0%를 차지하지만 10년간 계속해서 가장 높은 비율을 점하고 있다. 다음으로 사기죄 · 횡령죄가 3,951명으로 전체의 12.7%, 살인죄가 3,729명으로 12.0%를 차지하고 있으며, 강도죄가 3,623명으로 11.6%의 점유율을 보이고 있다(법무연수원, 2013: 299-300). 살인죄가 상당한 비중을 차지하는 이유는 상대적으로 장기수형자가 많기 때문인 것으로 분석된다.

교정시설 수용인원의 형기별 분포를 살펴보면, 금고형이 차지하는 비율은 2005년 전체 수형자의 0.3%를 기점으로 2011년에는 0.1%대로 소폭 감소 추세에 있다. 유기징역형 중에는 형기 1년 이상 3년 미만이 계속하여 가장 높은 비율을 차지하여 2011년 전체 수형자의 31.0%에 이르고 있으며, 20년 이상의 장기형은 2011년 513명으로 전체의 1.6%를 차지하고 있다. 무기징역은 2001년 1,041명(2.7%)에서 2011년 1,264명(4.1%)으로 증가 추세에 있고, 매년 사형이 확정되는 사람은 3명 내외로, 2011년 말 현재 사형이

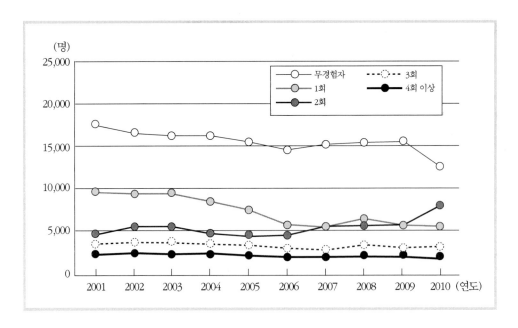

[그림 9-3] 수형자 입소경력별 변화 추이(2001-2010년)
출처: 법무연수원(2012), p. 300.

확정되어 수용 중인 사람은 58명이다(법무연수원, 2013: 301). 한편 수형자 중 교정시설에 처음 입소한 자의 수는 2001년에 17,520명으로 전체 수용인원의 45.5%를 차지하다가 2010년에는 12,665명으로 전체의 39.6%를 기록하며 최소인원을 보여 주고 있다. 반면에 4범 이상의 경력범죄인은 2001년 4,936명으로 전체의 12.8%였으나 2010년에는 8,031명으로 전체의 25.1%를 차지하여, 그 점유율이 2배 이상 증가하였다(법무연수원, 2012: 299-300). 이는 지난 10년간 범죄인의 누범화가 빠른 속도로 진행되었다는 사실을 보여 주는 의미 있는 통계라고 할 수 있다([그림 9-3] 참조).

3) 성인수형자의 교정처우

교정시설의 수형자처우 기본목표는 수형자에 대해 교육·교화 프로그램, 작업, 직업 훈련 등을 통해 교정·교화를 도모하고 사회생활에 적응하는 능력을 함양하도록 하는 데 있다(법무연수원, 2012: 303). 이러한 교정목표를 달성하기 위해 분류처우, 경비등급별 처우 등 여러 가지 처우제도를 수립·시행하고 있다.

(1) 분류처우제도

분류처우란 수형자의 관리 및 재사회화를 목적으로 수형자를 일정한 기준에 따라 과학적으로 구분하고, 각 집단에 적합한 처우계획을 수립하여 이를 기초로 처우와 지도를 행하는 일련의 절차를 말한다. 이를 구체적으로 설명하면, 수형자를 개별적으로 분석하여 개성과 능력, 범죄원인·가정환경 및 경력 등을 과학적으로 식별·진단하여 그들을 동일 유사성으로 집약 분리하고, 진단 취지에 적합한 개별처우계획을 수립하고, 처우계획이 실질적으로 각 수형자의 개별처우에 부합되도록 조정하는 절차다. 또한 그 처우계획이 각개 수형자의 수시 변화하는 심리상태 및 실제 생활태도와 그 수요에 맞춰서 시의적절하게 실현되도록 처우방법을 적응시키기 위한 제도다. 분류처우제도는 2008년 12월 22일 개정된 「형의 집행 및 수용자 처우에 관한 법률」과 동 시행령, 시행규칙의 시행으로 전면적인 개선이 이루어졌다. 대표적으로, 과거 분류급 중 개선급과 누진계급은 '처우급'으로 통합되어 운영되고, 관리급은 '경비급'으로 변경되었다. 처우급 상향조정 조건은 과거 책임점수 소각여부에 따라 결정되던 것을 형기 중 4회에 걸친 정기 재심사 시기에 결정되도록 하고 있다(법무연수원, 2012: 303).

① 분류심사

분류심사는 수형자처우의 기본적인 지침을 확보하기 위하여 개인의 성장과정, 학력 및 직업경력, 생활환경, 개인적 특성, 정신상태, 보호관계, 범죄경력, 범죄내용, 상담관찰사항, 자력개선의지, 석방 후의 생활계획, 기타 처우 및 관찰에 필요한 사항에 대한 분류조사를 기초로 하고 있다. 또한 인성·지능·적성 등의 검사결과 및 수형자와의 개별면담을 통하여 나타난 객관적인 사항들의 결과인 각종 분류지표를 통하여 분류급을 결정하고 있다.

② 분류급의 판정

분류급은 기본수용급·경비처우급·개별처우급으로 나뉘는데, 분류심사 시 개별특성에 따라 일정한 유형으로 나누어 처우할 수 있도록 개별 수형자에 대하여 적합한 분류급을 부여하도록 하고 있다. '기본수용급'은 성별·국적·나이·형기 등에 따라 수용할 시설 및 구획 등을 구별하는 기준이다. 구체적으로는, ① 여성수형자(Woman prisoner: W급), ② 외국인수형자(Foreign prisoner: F급), ③ 금고형 수형자(Imprisonment sentenced prisoner: I급), ④ 19세 미만의 소년수형자(Juvenile prisoner: J급), ⑤ 23세 미만의 청년수형자(Young prisoner: Y급), ⑥ 65세 이상의 노인수형자(Aged prisoner: A급), ⑦ 형기가 10년 이상인 장기수형자(Long-term prisoner: L급), ⑧ 정신질환 또는 장애가 있는 수형자(Mentally handicapped prisoner: M급), 그리고 ⑨ 신체질환 또는 장애가 있는 수형자(Physically handicapped prisoner: P급) 등으로 구분한다(법무연수원, 2012: 304).

'경비처우급'은 도주 등의 위험성에 따라 수용할 시설과 계호의 정도를 구별하고, 범죄성향의 진전과 개선 정도, 교정성적에 따라 처우수준을 구별하는 기준이다. 개방처우급(S1), 완화경비처우급(S2), 일반경비처우급(S3) 그리고 중(重)경비처우급(S4)으로 구분한다(법무연수원, 2012: 304).

'개별처우급'은 수형자의 개별적인 특성에 따라 중점처우의 내용을 구별하는 기준이다. ① 직업훈련(Vocational training: V급), ② 학과교육(Educational curriculum: E급), ③ 생활지도(Guidance: G급), ④ 작업지도(Regular work: R급), ⑤ 관용작업(National employment work: N급), ⑥ 의료처우(Medical treatment: T급), ⑦ 자치처우(Halfway treatment: H급), ⑧ 개방처우(Open treatment: O급), 그리고 ⑨ 집중처우(Concentrated treatment: C급)로 구분한다(법무연수원, 2012: 304). 판정기준은 〈부록 4〉와 같고, 2011년 12월 31일 현재 경비처우급 인원 현황의 인구분포는 [그림 9-4]와 같다.

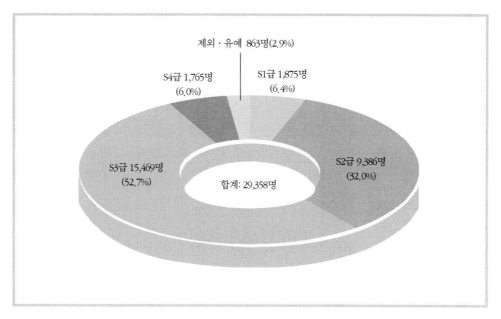

[그림 9-4] 경비처우급 인원 현황(2011년)
출처: 법무연수원(2013), p. 310.

수형자는 경비처우급에 따라 개방시설, 완화경비시설 및 일반경비시설 및 중(重)경비 시설에 분류수용하고, 처우가능한 작업을 실시하고 있다. 그리고 폐결핵 및 정신질환 수용자는 진주교도소에, 한센병 수형자는 순천교도소에, 소년수형자는 김천소년교도소에, 그리고 보호감호병과자 수형자는 경북북부제1교도소, 청주여자교도소에 각 분류수용하고 있다.

(2) 경비처우급별 처우

경비처우급은 범죄성향의 진전과 개선 정도 및 교정성적에 따라 처우수준을 구별하는 기준으로 처우급은 가장 낮은 4급부터 처우단계가 가장 높은 1급에 이르기까지 4단계로 나뉜다. 수형생활태도(품행, 책임감, 협동심), 작업 또는 교육 성적(근면성, 작업교육실적)에 따라 소득점수를 산정하여 형기의 1/3, 1/2, 2/3, 5/6 시점에 정기재심사를 통해 처우급을 조정한다. 구체적인 경비처우급별 처우기준은 〈부록 5〉에 제시되어 있다.

(3) 개방처우제도

개방처우란 수형자의 자율성과 책임감에 대한 신뢰를 기초로 구금을 확보하기 위한 물리적·유형적 시설의 조치를 완화하는 처우제도다. 협의는 개방시설에서의 처우만을 의미하지만, 광의로는 외부통근제나 귀휴제 등의 소위 중간처우를 포함하는 의미로 사용하고 있다. 수형자에 대한 분류처우제도의 발전에 따라 새로운 처우방법의 하나로 개발된 개방처우제도는 1955년 제네바에서 열린 제1회 〈유엔 범죄방지 및 범죄인처우회의〉에서 채택된 '개방시설에 관한 권고결의안'과 「UN 피구금자 처우 최저기준규칙」에서도 그 필요성 및 유용성이 강조되고 있고, 세계 각국에서 광범위하게 실시되고 있다. 우리나라는 귀휴제도를 1962년부터 실시해 왔고, 개방교도소는 천안시에 약 300명 수용규모로 1988년 11월 30일에 개소하였으며, 외부통근제도는 1988년 12월 14일부터 시행하고 있다.

① 귀휴제도

귀휴제도는 교정성적이 양호하고 도주의 위험성이 적은 수형자에게 일정한 요건하에 기간과 행선지를 제한하여 외출·외박을 허용하는 것이다. 이 제도는 수형자의 석방 후 생활준비, 가족과의 유대관계 유지 등을 그 직접적인 목적으로 하면서, 수형자로 하여금 사회와의 유대를 강화시켜 사회적응능력을 키워 주려는 데 그 취지가 있다. 2007년 12월 21일 개정된 「형의 집행 및 수용자의 처우에 관한 법률」의 규정에 의해 가족 또는

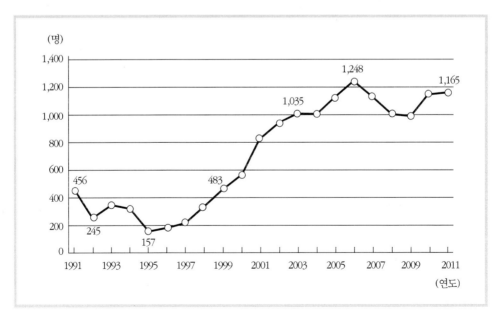

[그림 9-5] 연도별 귀휴인원 변동 추이(1991~2011년)

출처: 법무연수원(2013), p. 309.

배우자의 직계존속 사망, 직계비속의 혼례가 있는 때에는 5일의 특별휴가를 허가하는 등 귀휴제도를 확대하고 있다.

귀휴실시 현황은 1982년부터 2011년까지 모두 18,784명에 대하여 실시되었는데, 그중 준수사항 위반자는 2명에 불과하여 2001년 이후 큰 폭으로 허가범위를 확대하여 2011년에는 1,165명을 기록하고 있다([그림 9-5] 참조).

② 사회견학 및 봉사활동

수용생활에 따른 일반 사회와의 단절현상을 완화하기 위하여 수형자로 하여금 사회현장을 직접 체험하게 하는 현장교육의 일환으로 사회견학 및 봉사활동을 실시하고 있다. 2008년 4,386명, 2009년 2,994명, 2010년 5,108명의 수형자가 문화유적지, 사회복지시설, 산업시설 등을 견학하고 봉사활동에 참가하였다(법무연수원, 2013: 314).

③ 가족 만남의 집 및 가족 만남의 날 운영

수형자 사회적 처우의 일환으로 1999년부터 교정시설에 가족 만남의 집을 설치하여 운영하였는데, 2010년에는 1,223명의 수형자가 1박 2일간 가족과 함께 숙식을 하며 수용생활로 단절되고 소원해진 가족관계를 복원하고 심리적 안정을 도모하였다. 또한 가족과의 유대강화로 수용생활의 안정을 도모하기 위한 '가족 만남의 날' 행사를 시행하여 2010년에는 수형자 11,078명, 가족 27,041명이 가족 만남의 기회를 맞이하였다.

(4) 가석방제도

수형자가 무기에서는 10년, 유기에서는 형기의 1/3이 경과하고 행형성적이 우수하고 재범의 위험이 없다고 인정되는 때에는 가석방 예비회의를 거쳐 법무부차관을 위원장으로 하는 '가석방심사위원회'에 가석방신청을 할 수 있다. 다만, 소년 수형자의 경우 그 절차를 달리하여 보호관찰심사위원회의 결정에 의거하여 장관의 허가를 요한다. 가석방 예정자는 사회복귀를 위한 1주간의 사회봉사활동 등 사회적응훈련을 받아야 한다.

(5) 급여 및 의료

① 급여

2011년 말 현재 수용자 1인당 1일 급식비는 3,430원으로 한국인 권장열량 2,500kcal

를 참작하여 급식을 하고 있다. 주식은 쌀 90%, 보리 10%의 비율로 지급하고, 1일 3식 4찬을 원칙으로 운영되고 있다. 급식 이외에 의류, 침구 등 일상 생활용품이 수용자에게 급여 또는 대여되며, 필요한 경우에는 자비 부담도 허용되고 있다(법무연수원, 2013: 325).

② 의료

각 교정시설에는 수용자에게 효과적인 의료처우를 제공하기 위해서 의사, 약사, 간호사 등으로 구성되는 의료진이 배치되어 수용자의 진료나 건강진단 및 방역과 보건관리에 종사하고 있다. 교정시설 안에서의 치료가 적절치 아니한 환자 치료를 대비하여 2011년 말 현재 외부의 373개 병원·의원(종합병원 115개, 준종합병원 92개, 의원 166개)의 수용자 진단지정병원이 지정되어 있다(법무연수원, 2013: 325-326).

(6) 처우불복제도

수용자가 처우에 불복이 있을 때 이를 해결하기 위해 법무부장관 또는 순회점검공무원에게 청원할 수 있다. 또한 처우 및 일신상의 사정에 관하여 소장에게 면담을 신청할 수 있으며, 행정심판이나 국가인권위원회 진정을 통해 신속한 구제를 청구할 수 있는 처우불복제도를 두고 있다.

4) 교도작업 및 각종 교육활동

(1) 교도작업

교도작업은 교정시설에서 작업을 통하여 수형자에게 근로정신을 함양하고 기술을 습득시켜 사회적응능력을 키우는 데 그 목적이 있다. 작업 수익금은 교도작업특별회계 수입금으로 하여 국가재정에 기여하고 있다. 교도작업은 직영작업, 위탁작업, 노무작업, 도급작업의 형태로 이루어지고 있는데, 특히 직영작업은 법무부 산하 교정시설에서 자체적으로 실시하는 작업이다. 2011년에는 전체 수형자가 교정시설에서 봉제·인쇄, 영농, 가구, 피복 등 19개 직종의 작업에 종사하여 390억 원 이상의 생산실적을 올렸다(법무연수원, 2013: 320).

교도작업에 종사하는 모든 수형자에게 그 기능등급과 교정성적을 참작하여 작업시간에 따라 작업장려금을 계산한 후 매월 개인통장에 입금해 준다.[3] 그 외에 작업 중 신체상해를 입은 수형자에게 위로금을, 사망한 수형자의 유족에게 조위금을 지급하고 있다.

교도작업 수익금은 「교도작업의 운영 및 특별회계에 관한 법률」에 따라 모두 교도작업 특별회계의 세입금으로 처리된다. 또한 교도작업 제품은 '교도작업 관용(官用)주의'에 따라 국가기관, 공공단체, 국영기업체 등에 우선 공급하게 된다.

(2) 교육활동

① 생활지도교육

수형자에 대한 생활지도교육은 신입자 교육과 석방 예정자 교육으로 나누어 시행되고 있다. '신입자교육'은 소내 생활 전반에 대한 안내 및 준수사항과 처우의 내용 등을 소개하여 수용생활에 대한 공포감·초조감을 해소시키고, 명랑하고 안정된 수용생활을 영위하도록 하기 위하여 모든 신입자를 대상으로 3일간 실시한다. '석방예정자 교육'은 수형자 취업 및 창업교육으로서, 장기수형자의 경우 사회변화 및 경제동향, 취업 및 창업 정보를 제공하고, 단기수형자에게 자신감 회복을 돕는 출소자 성공사례 강연 등을 편성하여 교육을 실시하고 있다(법무연수원, 2013: 315).

② 인성교육

2008년부터 수형자에 대한 인성교육은 모든 수형자를 대상으로 형이 확정된 후 6개월 이내에 감수성 훈련, 인간관계 회복, 도덕성 회복, 시민의식 및 준법정신 함양 등을 내용으로 1주간(15시간 이상) 실시하고 있다(법무연수원, 2013: 315).

③ 학과교육

교정시설에서는 학과교육을 필요로 하는 수형자에게는 초·중·고등학교 수준의 학과교육을 1년 과정으로 실시하고 있다. 그 밖에도 수형자가 초·중·고등학교 교육과정을 이수하거나 교육기간 중이라도 학업 성적이 일정수준에 도달하였다고 인정되는 경우에는 각 시·도 검정고시위원회가 시행하는 검정고시에 응시하고 있다. 수형자의 학력별 분포를 살펴보면 2011년의 경우는 고졸 이상 학력이 가장 많아 13,553명으로 전체 수용자의 41.5%를 차지하고 있고, 그다음이 중졸 이상 9,845명(30.2%), 초졸 이상 4,413명

---

3) 작업장려금은 외부통근자나 구외공장작업자의 경우 교도작업 특별회계운영지침의 '작업장려금 1일 지급기준표'에 따라 등급 '상'은 15,000원, '중'은 12,000원, '하'는 10,000원을 지급하고 있다.

(13.5%), 대졸 이상 3,692명(11.3%)의 순이다(법무연수원, 2013: 318).

④ 대학교육, 외국어 교육 등

수형자에게 독학에 의한 학위취득 기회를 부여하기 위하여 일선 교정시설에서는 '학사고시반 교육'을 실시하고 있는데, 2011년 현재 전국 교정기관 중 14개기관에서 130여 명이 교육을 받고 있다. 그리고 방송통신대학과정을 여주교도소 등 4개 교정시설에서 약 110명을 교육하고, 교정시설 내에 전문대학 위탁교육과정을 설치하여 청주교도소 주성대학, 순천교도소 청암대학 등 2개 대학에서 약 160여 명을 교육하고 있다. 또한 외국어 및 한자 교육을 실시하고 있는데, 외국어 전문교육의 경우 영어, 일본어, 중국어를 중심으로 1년의 교육기간을 정하여 의정부교도소 등 3개 교정시설에서 120여 명의 수형자를 대상으로 운영하고 있다. 한편, 대전, 천안 교도소 등 2개 교정시설에서 외국인을 대상으로 연평균 100여 명에게 한국어 특별교육을 실시하여 기초 의사소통을 가능하게 하고 한국 문화와 역사를 이해시키는 등 사회적응력 향상을 기하고 있다(법무연수원, 2013: 319).

(3) 직업훈련

수형자의 출소 후 생활을 안정시켜 재범을 방지하기 위하여 전국 31개의 교정시설에 일반 및 공공직업훈련소를 설치하고 54개 직종에 걸친 직업훈련과정을 운영하고 있다.[4] 직업훈련을 수료한 수형자에게 각종 기능자격시험이나 면허시험에 응시하여 소정의 기능자격을 취득할 수 있는 기회를 부여하고 있고, 수형자 중 기능이 우수한 자는 선발되어 국제기능올림픽 한국위원회가 주관하는 기능경기대회에 참가하고 있다(법무연수원, 2013: 321-324).

5) 민간인의 교정활동

수용자의 효과적인 교정교화를 위해 지역 내 덕망 있는 인사를 전국 교정시설의 교화, 교육, 종교 및 의료 분야의 교정위원으로 위촉하여 수용자들의 재사회화를 촉진하고 있

---

4) 공공직업훈련은 노동부장관이 정하는 훈련기준에 따라 실시하는 훈련이고, 일반직업훈련은 교정기관장이 각 훈련소 실정에 따라 실시하는 훈련이다.

다. 교정위원은 법무부장관의 위촉을 받아 수용자 교화활동에 참여하는 연간 자원봉사자를 말한다. 교화위원은 1970년대부터 교육자, 사회사업가 등 교정교육에 뜻을 가진 지역인사들을 위촉하여 수형자의 상담, 생활계획지도, 취업알선 등을 지원하고 있다. 2011년 12월 31일 현재 교화위원은 2,070명이다. 종교위원은 1983년부터 목사, 승려 등 종교인을 종교위원으로 위촉하여 수형자에게 신앙생활을 지도하고 그 심성 순화에 이바지하고 있다. 한편, 교육위원은 교육자, 학원강사, 직업훈련강사 등 수용자 교육 및 직업훈련에 전문지식과 능력을 갖춘 인사들을 위촉하고 있다. 또한 의료위원은 수용자의 부족한 의료처우를 개선하기 위해 전문의료 인력이 주축이 되고 있다(법무연수원, 2013: 328-330).

6) 특별한 유형의 수형자 처우

(1) 여성수형자의 처우

① 여성수형자의 현황

여성수형자는 전체 수형자의 약 5% 이내를 차지하고 있다. 여성수형자의 특성 및 처우 등을 고려하여 독립된 여자교도소의 설치가 꾸준히 요구되어 오던 중, 1989년에 처음으로 청주시에 여자교도소가 설치·운영되기 시작하였으며, 2011년 말 현재 615명을 수용하고 있다. 여성수형자의 죄명별 인원 현황을 보면, 전체적으로 사기·횡령이 가장 높은 비율을 차지하고 있고, 그다음은 살인과 절도 순으로 나타나고 있다. 한편 2011년도 기준으로 여성수형자의 형기별 인원 분포를 살펴보면, 1년 이상 3년 미만이 가장 많은 38.2%를 나타내고 있다. 10년 이상의 장기수(무기 포함)도 전체의 10.6%를 차지하고 있다(법무연수원, 2013: 342-344).

② 여성수형자 처우의 특성

여성수형자에게는 의료 및 모자보건 등 처우에 특별한 배려를 하고 있는데, 특히 임신 중에 있거나 출산 후 60일 이내의 산부는 모성보호와 건강 유지를 위하여 특별한 처우를 하고 있다. 또한 여성수형자가 자신이 출산한 유아를 교정시설에서 양육할 것을 신청한 때에는 특별한 사유가 없으면 생후 18개월에 이르기까지 이를 허가하여야 한다. 청주여자교도소의 경우 여성수형자를 위한 학과교육, 생활지도교육, 교도작업, 직업훈련 등의 처우프로그램을 실시하고 있다. 그 내용을 보면 초 · 중 · 고등학교 교육을 위한 학과교육, 분재 · 합창 · 사물놀이와 같은 레크리에이션 프로그램, 종교집회, 사회복지시설에의 봉사활동, 외부 기업체에 출퇴근 작업을 하는 외부 통근제도, 한복 · 양장 · 제과제빵 · 미용 · 조리 · 기계자수 등 여성의 특성에 맞는 직업훈련 등이 실시되고 있다(법무연수원, 2013: 346).

(2) 외국인수형자의 처우

① 외국인수형자의 현황

오늘날 국제인력교류의 확대와 중국 및 동남아시아를 중심으로 한 외국인 산업인력의 유입으로 인하여 국내체류 외국인이 급격히 증가하고 있다. 현재 외국인 수용을 전담하는 교도소로는 형확정된 외국인 남자수형자를 수용하는 대전교도소, 천안교도소와 외국인 여자수형자를 수용하는 청주여자교도소가 있다. [그림 9-6]은 1996년부터 2011년까지 16년간 외국인 수용자(미결포함)의 국적별 인원변화의 추이를 나타낸 것이다.

2011년 현재 전체 외국인 기결수는 848명이며, 죄명별로는 살인이 199명으로 가장 높

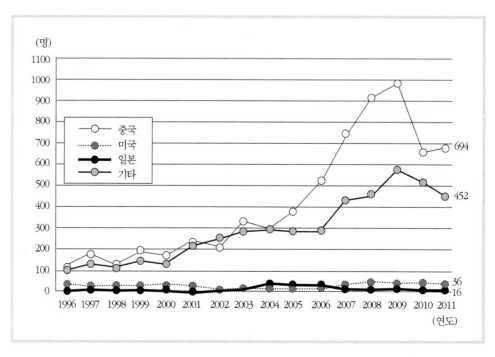

[그림 9-6] 외국인 수용자의 국적별 인원 변화 추이(1996-2011년)

출처: 법무연수원(2013), p. 352.

은 비중을 차지하고 있으며, 다음으로 사기·횡령이 164명, 강도가 121명 순이다(법무연수원, 2013: 354).

② 외국인수형자의 처우

외국인수형자 전담교정시설은 한국어 교육과정 등 외국인의 특성에 상응한 교화프로그램 등을 개발·시행하고 있다. 또한 처우의 적정을 기하기 위해 외국인과 의사소통이 가능한 직원을 처우전담요원으로 지정하여 일상적인 개별면담·고충해소·종교 관계자와의 접촉 주선, 통역·번역·영사 등 업무를 수행하도록 하고 있다(법무연수원, 2013: 356).

(3) 사형확정자의 처우

사형확정자는 사형집행시설이 설치되어 있는 교정시설에 수용한다. 사형확정자는 독거수용이 원칙이며, 자살방지, 교육·교화 프로그램, 작업, 그 밖의 적절한 처우를 위하여 필요한 경우에는 혼거 수용할 수 있다. 사형확정자가 수용된 거실은 참관할 수 없으며, 사형확정자의 심리적 안정 및 원만한 수용생활을 위하여 교육 또는 교화 프로그램을 실시하거나 신청에 따라 작업을 부과할 수 있다(법무연수원, 2013: 360).

7) 교정행정의 최근 변화

(1) 전자경비 시스템

전자경비 시스템은 수용자들의 탈출은 물론 외부에서 침투할 경우에도 효율적으로 대처할 수 있도록 각종 감지센서를 중복 설치한 것을 말한다. 이 시스템은 정전 등 장애 시에도 작동의 중단이 없도록 무정전 전원장치를 설치하는 등 여러 가지 상황에 대처할 수 있도록 설계되어 있다. 또한 센서와 연동되는 CCTV, 경고방송 시스템을 도입하였으며, 주요 통용문을 자동문으로 교체하고, 사동 또는 공장에서 직원이 비상시에 즉시 중앙통제실에 상황을 전파할 수 있도록 비상 송신기를 지급하였다. 새로 설치된 장비는 중앙통제실에서 근무하는 소수의 인원이 시설의 외곽 경비는 물론 각종 기기를 제어·통제하도록 되어 있다. 2006년도에 포항교도소를 시범기관으로 선정하여 운용한 결과, 예산절감 등 효과가 탁월하여 혁신 우수 사례에 선정되기도 하였다. 2006년 하반기부터 2011년도까지 전국 47개 교정시설에 설치를 완료하였으며, 2012년 전 교정시설에 설치를 완료하였다(법무연수원, 2013: 290).[5)]

(2) 무인접견 시스템

교정의 인권향상 노력의 하나로 교정시설에서 직원의 참여 없이 자유로운 분위기 속에서 수용자와 민원인이 접견을 할 수 있도록 전자장비들을 이용한 무인접견관리 시스템이 구축되었다. 이 시스템은 2006년 서울지방교정청 산하 13개 교정시설에 우선적으로 구축하여 성과를 분석한 후, 현재는 전 교정시설에 설치를 완료하여 수용자와 민원인 모두가 매우 긍정적인 반응을 보이고 있다고 한다(법무연수원, 2013: 290).

(3) 통합교화방송 시스템

전국 47개 교정시설에서 개별적으로 운영되던 교화방송을 통합 운영하기 위해 2008년 6월 11일 세계 최초로 법무부 교정본부에 수용자 교화방송국을 개국하였다. 수용자의 특성에 맞게 일반, 여성, 교육, 라디오 등 4개 채널로 운영하고 있는데 교육, 교양, 드라마, 스포츠, 오락, 영화 등 수용자의 교육과 정서함양을 위한 내용을 선정하고 있으며, 가족관계 회복을 위한 영상편지, 출소자 사회정착 성공 다큐멘터리 등 다양한 프로그램을 제작하여 평일에는 6시간, 주말과 공휴일에는 11시간 인터넷망을 통해 전국 교정기관에 송출하고 있다. 특히 2010년 9월에는 수용자와 수용자의 가족이 함께 만들고 청취하는, 수용자 전용 라디오방송국을 개국하여 수용자와 가족의 소통의 장으로 활용하고 있다(법무연수원, 2013: 290-291).

2. 소년교도소의 처우와 교정복지

1) 소년형사처분의 특칙

(1) 기소절차의 특칙

소년에 대한 형사처분은 14세 이상 19세 미만의 소년에게 부과되는 처분을 말하는데, 소년 형사사건에 관하여는 「소년법」에 특별한 규정이 없으면 일반 형사사건의 예에 따

---

5) 한편, 교정본부에서는 2008년도부터 교정시설 거실문 자동제어 시스템 구축사업도 추진하고 있다. 이 시스템은 수용자들의 입실·출실이 빈번한 거실문에 전자잠금 장치를 설치하여 거실문을 원격으로 제어하는 것으로, 직원들에게는 하루 수십 회에서 수백 회에 이르는 거실문 개방이라는 단순 반복적인 업무에서 해방될 수 있어서 좋은 반응을 얻고 있으며, 현재 완료 상태다(법무연수원, 2013: 290).

른다. 검사는 소년에 대한 피의사건을 수사한 결과 보호처분에 해당하는 사유가 있다고 인정한 경우에는 사건을 관할 소년부에 송치하여야 한다(같은 법 제49조 1항). 검사가 먼저 범죄소년의 피의사건을 보호처분으로 처리할지 아니면 형사처분으로 처리할지를 결정한다는 의미에서 이를 '검사선의주의' 라고 한다. 참고로, 일본의 경우에는 이와 같은 사항을 법원이 먼저 판단하고 있는데, 이를 '법원선의주의' 라고 한다.[6]

검사는 소년 피의사건에 대하여 소년부 송치, 공소제기, 기소유예 등의 처분을 결정하기 위하여 필요하다고 인정하면 피의자의 주거지 또는 검찰청 소재지를 관할하는 보호관찰소의 장, 소년분류심사원장 또는 소년원장에게 피의자의 품행, 경력, 생활환경이나 그 밖에 필요한 사항에 관한 조사를 요구할 수 있다(같은 법 제49조의2 1항). 이를 검사의 결정전조사제도라고 하는데, 2007년 「소년법」 개정을 통하여 도입된 비교적 새로운 제도다.

소년에 대해서는 기소유예와 구속수사에서도 소년보호의 이념에 입각한 특칙이 있다. 우선 검사는 피의자에 대하여 범죄예방자원봉사위원의 선도 또는 소년의 선도·교육과 관련된 단체·시설에서의 상담·교육·활동 등을 받게 하고, 피의사건에 대한 공소를 제기하지 아니할 수 있다(같은 법 제49조의3). 이 제도는 '선도조건부 기소유예' 라고 불린다. 또한 소년에 대한 구속영장은 부득이한 경우가 아니면 발부하지 못하며 소년을 구속하는 경우에는 특별한 사정이 없으면 다른 피의자나 피고인과 분리하여 수용하여야 한다(같은 법 제55조).

(2) 심판절차의 특칙

소년에 대한 형사사건의 심리는 다른 피의사건과 관련된 경우에도 심리에 지장이 없으면 그 절차를 분리하여야 한다. 이때 법원은 소년에 대한 형사사건에 관하여 필요한 사항을 조사하도록 조사관에게 위촉할 수 있다. 소년에 대한 형사사건의 심리는 친절하고 온화하게 하여야 하며, 소년의 심신상태, 품행, 경력, 가정상황, 그 밖의 환경 등에 대하여 정확한 사실을 밝힐 수 있도록 특별히 유의하여야 한다(「소년법」 제56조 내지 제58조).

특히 사형 및 무기형의 선고를 완화하여, 죄를 범할 당시 18세 미만인 소년에 대하여

---

6) 한편, 법원 소년부는 검사가 송치한 사건을 조사 또는 심리한 결과 그 동기와 죄질이 금고 이상의 형사처분을 할 필요가 있다고 인정할 때에는 결정으로 해당 검찰청 검사에게 송치할 수 있다. 법원이 검사에게 송치한 사건은 재차 소년부에 송치할 수 없다(같은 조 2항 및 3항).

사형 또는 무기형으로 처할 경우에는 15년의 유기징역으로 한다. 또한 법원은 소년에게 자유형을 선고할 때에는 확정된 기간을 선고하는 성인의 경우와 달리 장·단기의 범위를 정하여 부정기형을 선고하고 있다. 다만, 장기는 10년, 단기는 5년을 초과하지 못한다(같은 법 제59조 및 제60조).

한편 소년에 대한 보호사건이나 형사사건에 대하여는 보도금지의 원칙이 적용된다. 조사 및 심리 중인 사건에 대하여 그 소년의 성명·연령·직업·용모 등으로 비추어 볼 때 그 자가 당해 사건의 당사자라고 미루어 짐작할 수 있는 정도의 사실이나 사진을 신문이나 그 밖의 출판물에 싣거나 방송할 수 없다.

(3) 집행절차의 특칙

소년의 자유형(징역·금고)의 집행에서는 성인과의 분리집행을 원칙으로 한다. 즉, 징역 또는 금고를 선고받은 소년에 대하여는 특별히 설치된 교도소 또는 일반 교도소 안에 특별히 분리된 장소에서 그 형을 집행한다. 다만, 소년이 형의 집행 중에 23세가 되면 일반 교도소에서 집행할 수 있다(「소년법」 제63조). 이와 같이 성인과 소년을 분리하여 수용하는 것은 심신이 미숙하고 환경의 영향을 더 많이 받는 소년을 성인과 같이 수용할 경우, 나쁜 영향을 받게 될 우려가 있고 소년에 대하여는 성인보다 더욱 강화된 교화·육성 및 보호의 이념에 따라 특별한 처우가 필요하기 때문이다. 소년수형자를 구분 수용하는 것은 1704년 로마교황 클레멘스 11세의 산 미켈레(San Michele) 소년감화원에서 비롯되었다. 1869년 엘마이라 감화원의 초대원장인 브록웨이(Brockway)가 소년수형자를 분류·처우한 것을 계기로 각국에서 거의 예외 없이 소년교도소를 설치하고 있다(정영석, 신양균, 1997: 501). 이에 따라 우리나라에도 현재 법무부 교정본부 산하에 소년 형사범의 교정처우를 위한 김천소년교도소가 설치되어 운영 중에 있다. 그러나 미성년자인 여자 형사범의 경우에는 그 수가 많지 않아서 청주여자교도소의 일부 구역을 구획하여 수용하고 있다.

한편, 소년에 대해서는 가석방 허가에서도 성인에 비하여 완화된다. 징역 또는 금고를 선고받은 소년에 대하여는 무기형의 경우에는 5년, 15년 유기형의 경우에는 3년, 부정기형의 경우에는 단기의 1/3이 경과하면 가석방을 허가할 수 있다(「소년법」 제65조). 한편 소년에 대한 부정기형을 집행하는 기관의 장은 형의 단기가 지난 소년범의 행형 성적이 양호하고 교정의 목적을 달성하였다고 인정되는 경우에는 관할 검찰청 검사의 지휘에 따라 그 형의 집행을 종료할 수 있다(같은 법 제60조 4항). 이를 집행기관에 의한 '부정기형의 종료'라고 한다.

2) 소년범죄와 소년수형자의 현황

(1) 소년범죄의 추이

'소년범죄'라 함은 「소년법」제4조 1항 1호에 정한 14세(형사책임 연령) 이상 19세 미만의 소년에 의한 범죄행위와, 제2호에 정한 10세 이상 14세 미만인 소년에 의한 촉법행위를 말한다(법무연수원, 2012: 107).[7] 〈표 9-1〉은 최근 5년 동안 전체 소년범 인원 및 전체 범죄인원 중 점유율 등을 분석한 것이다. 전체 소년범은 2007년 88,104명을 기록한 이후 증가하기 시작하여 2008년에는 134,992명으로 최근 10년간 정점을 기록하였다. 이후 2009년부터 재차 감소하기 시작하여 2010년에는 전년대비 20.6% 감소한 89,776명을 기록하였다. 전체 범죄인원 중 소년범의 점유율은 2008년 5.5%를 기록한 이후 계속 감소하여 2011년에는 전체 범죄인원의 4.4%를 점하고 있다.

표 9-1 전체 소년범 인원 및 전체 범죄인원 중 점유율(2007-2011년)

연도	전체소년범(명)	전년대비 증감율(%)	전체 범죄인원 중 점유율(%)
2007	88,104	27.3	4.5
2008	134,992	53.2	5.5
2009	113,022	-16.3	4.5
2010	89,776	-20.6	4.6
2011	83,068	-7.5	4.4

주: 2008. 6. 22.부터 개정된 「소년법」은 적용대상 상한을 20세에서 19세로 낮췄고, 촉법소년의 적용대상을 12세에서 10세로 낮췄다. 이에 따라 2008년까지는 12세 이상 20세 미만 소년을, 2009년은 10세 이상 19세 미만 소년을 통계 대상으로 한다.
출처: 법무연수원(2012).

(2) 소년수형자의 현황

소년교도소는 현재 김천소년교도소 1개소만 설치되어 있는데, 남자만 수용하고 있다. 그리고 여자의 경우에는 청주여자교도소 내의 분계된 장소에 수용하고 있다. [그림 9-7]

7) 하지만 동조 제3호에 정한 우범(집단적으로 몰려다니며 주위 사람들에게 불안감을 조성하는 성벽, 정당한 이유 없는 가출, 술을 마시고 소란을 피우거나 유해환경에 접하는 성벽)은 포함하지 아니한다.

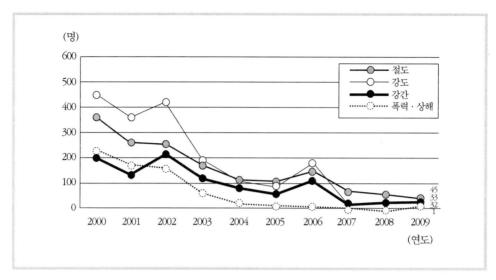

[그림 9-7] 소년수형자 죄명별 변화 추이(2001~2010년)

출처: 법무연수원(2012), p. 332.

은 2001년부터 2010년까지의 매년 말 현재 교정시설에 수용 중인 소년수형자의 죄명별 인원 현황을 그래프로 나타낸 것이다. 지난 10년간 전체 수용인원은 다소의 증감이 있으나 2003년 이후 감소 추세를 보이고 있는데, 2010년의 경우 146명으로 나타나고 있다. 2010년에는 절도 45명(30.8%), 강도 33명(22.6%), 강간 32명(21.9%) 등의 순으로 나타나고 있다.

소년수형자의 형명별로는 유기징역형이 매년 99% 이상의 압도적인 비율을 차지하고 있고, 형기별로는 징역형의 경우 지난 10년간 대체적으로 1년 이상 3년 미만이 가장 높은 비율을 보이고 있다. 2011년에는 1년 이상 3년 미만이 48명(42.1%), 3년 이상 5년 미만이 38명(33.3%), 6개월 이상 1년 미만이 10명(8.8%)의 순으로 나타났다(법무연수원, 2013: 336).

3) 소년교도소의 처우

(1) 소년교도소의 의의

소년교도소는 형사처분 중에서 징역 또는 금고형을 선고받은 19세 미만의 소년수형자(이하 '19세 미만 수형자')를 성인범죄인과 분리해서 수용·처우하기 위한 법무부 소속의 기관이다. 이와 같이 19세 미만 수형자는 소년교도소에 수감하는 것이 원칙이다.[8] 2004년까지 천안 및 김천에 소년교도소가 설치되어 운영되다가 2005년 이후에는 김천소년교도소가 성인교도소로 전환되고 소년수형자를 천안소년교도소에 통합 수용하도록 하여 처우의 전문성을 도모하였다. 그러나 천안소년교도소가 외국인전담교도소로 기능이 전환됨에 따라 2009년 12월부터 법무부의 직제 개정에 의해 김천교도소를 다시 김천소년교도소로 변경하여 운영하고 있다(「법무부와 그 소속기관의 직제」 참조). 한편 소년수형자가 소년교도소에 수용 중에 19세가 된 경우에도 교육·교화 프로그램, 작업, 직업훈련 등을 실시하기 위하여 특히 필요하다고 인정되면 23세가 되기 전까지는 계속하여 수용할 수 있다(「형의 집행 및 수용자의 처우에 관한 법률」 제12조 3항).

(2) 소년교도소의 처우 내용

① 학과교육

종전까지는 한글해독 및 문장능력이 없거나 기초수리능력이 없는 자를 대상으로 하는 초등기초반을 비롯한 초등과, 중등과, 고등과 등 4개 과정의 학과교육을 편성·운용하였다. 그러나 전반적인 학력수준의 향상에 따라 기존의 학과과정을 폐지하고 검정고시반을 중점으로 편성·운용하여 소년수형자에게 각급 검정고시에 응시할 기회를 주고 있다.

이 밖에 소년수형자에게 사회의 정규 고등학교과정을 이수할 기회를 주기 위하여 김천소년교도소에서는 방송통신고등학교를 설치·운용하여 교육의 기회를 제공하고 있다. 2011년 현재 방송통신고등학교에 40명이 재학 중이며, 검정고시에는 30명이 합격하였다(법무연수원, 2013: 338-339).

② 직업훈련

김천소년교도소의 직업훈련은 노동부장관이 정하는 훈련기준(교과내용, 시설, 교사 등)에 따라 운영하고 있고, 2011년 12월 현재 전기용접, 자동차정비, 제과제빵, 바리스타 등 4개 직종의 기능사 자격취득을 목표로 훈련을 실시하여 하고 있다. 〈표 9-2〉는 2007년부터 2011년까지의 소년수형자의 직업훈련실적을 나타낸 것이다.

---

8) 일반교도소에 수용하는 경우에도 특히 분계된 장소에서 수용하도록 하고 있다. 일반교도소 내의 특히 분계된 장소에서 형을 집행하는 경우는 잔형기가 6개월 미만인 경우, 여죄가 있는 경우, 환자의 경우 등 특별한 사정이 있다고 인정한 때에 6개월을 초과하지 아니하는 기간에 한한다(법무연수원, 2012: 330).

표 9-2 소년수형자 직업훈련 실적(2007-2011년) (단위: 명)

연도 \ 구분	훈련 인원	기능자격 취득
2007	66	58
2008	115	91
2009	64	57
2010	64	57
2011	76	67

출처: 법무연수원(2013), p. 340.

③ 생활지도 및 교화활동

소년교도소에서는 소년수형자의 건전한 생활 자세를 확립하고, 자기개선 의지를 고취하며 사회생활에 필요한 지식과 정보를 제공하여 사회복귀를 촉진하기 위한 생활지도 교육을 실시하고 있다. 그중에는 신입자를 대상으로 수용생활 안내, 준수사항과 처우의 내용 등을 교육하는 신입자 생활지도와 출소 1개월 전인 수형자를 대상으로 하는 수형자 취업 및 창업교육 및 인성교육이 있다. 또한 소년교도소에는 소년수형자의 의식개선과 정서순화를 위한 다양한 교화활동을 행하는데, 이에는 종교지도 · 상담 · 수용자 생일위로회 · 보호자좌담회 · 사회참관 · 불우이웃돕기 · 체육대회 · 음악회 · 한자교육 · 정보화교육 · 외국어교육 등이 있다. 특히 김천소년교도소는 악대 '해오름예술단' 및 농악대를 조직하여 소년수용자의 정서함양을 위한 활동을 펼치고 있다(법무연수원, 2012: 340-341).

참고문헌

법무연수원(2012). 2011년 범죄백서. 용인: 법무연수원.
_____(2013). 2012년 범죄백서. 용인: 법무연수원.
정영석 · 신양균(1997). 형사정책. 서울: 법문사.

제10장

치료감호 및 소년보호제도와 교정복지

이 장에서는 자유형의 집행 이외의 시설내처우, 즉 보안처분과 소년보호처분 중에서 시설내처우가 무엇인지 살펴본다. 앞서 살펴보았듯이, 외부로부터 격리된 특정 장소나 시설에 수용하여 처우(처분)하는지 여부에 따라 범죄인처우는 시설내처우와 사회내처우로 나뉜다. 특히 시설내처우는 다시 그 대상에 따라 소년과 성인에 대한 처분으로, 그 목적과 형사정책적 기능에 따라 보안(보호)적 처분과 형사적 처분으로 구분된다. 제7장에서 이미 제시하였듯이, 시설내처우 중에서 보안처분의 대표적인 제도는 치료감호가 있고, 소년에 대한 보호처분으로는 소년원 보호수용과 이를 위한 분류심사제도가 있다.

치료감호는 심신장애 상태, 약물 및 알코올 중독 상태, 정신이상 상태 등에서 범죄행위를 한 사람이 재범위험성이 있는 경우에 치료감호시설에 수용하여 적절한 보호와 치료를 함으로써, 그들의 재범방지와 사회복귀를 돕는 보안처분이다(「치료감호법」 제1조 및 제6조).

한편, 소년보호처분의 집행기관 중에서 시설내처우를 담당하는 것이 바로 '소년원' (少年院)이다. 즉, 소년원은 보호처분 중에서 소년원 송치결정을 받은 비행소년을 수용하여 보호하고 교육과 개선활동을 펼치는 교정복지 실천현장이다. 한편 교정시설 중에서 구치소에 해당하는 역할을 수행하는 곳이 바로 '소년분류심사원' 이다. 즉, 소년분류심사원은 법원에서 소년심판을 위하여 위탁한 소년(이하 '위탁소년')을 수용하고 비행원인 등을 진단하여 법원에 조사 · 심리 자료를 제공하는 역할을 한다.

여기서는 이러한 치료감호제도와 소년보호제도를 개괄적으로 파악하고, 이를 통하여 교정복지 관점에서 특수한 범죄인과 비행소년의 재범방지와 사회복귀를 위한 정책적 시사점을 살펴본다.

1. 치료감호제도와 교정복지

1) 치료감호기관의 개관과 현황

(1) 치료감호기관의 개관

① 치료감호소의 임무 및 연혁

치료감호소는 「치료감호법」에 의하여 치료감호처분을 받은 자의 수용 · 감호와 치료 및 이에 관한 조사 · 연구를 하는 기관이다. 그 밖에 법원 · 검찰 · 경찰 등에서 의뢰한 자에 대한 정신감정을 실시한다.

치료감호소는 1987년 11월 3일 약 500병상의 규모로 개청되었으며, 1995년에는 다시 500병상이 증축되었다. 1993년부터 전공의 수련병원으로 지정되었고 1997년부터는 '국립감호병원'이라는 병원 명칭을 병행하여 사용하기 시작하였으며, 2006년에는 이 명칭이 '국립법무병원'으로 변경되었다.

② 치료감호소의 기관현황

치료감호소는 수용자의 진료 및 치료를 담당하는 의료부가 있는데, 일반정신과, 특수치료과, 감정과 등 8개 과로 구성되어 있으며 주로 의사나 간호사의 자격이 있는 의무직 · 간호직공무원 등이 근무하고 있다. 그리고 의료부와 별도로 수용관리를 담당하는 감호과와 행정업무를 지원하는 서무과가 편제되어 보호직 및 기능직공무원이 근무하고 있다. 치료감호소의 부속기관으로 2004년 1월에는 '약물중독재활센터'가, 2008년 12월에는 '인성치료재활센터'가 각각 개설되었다. 치료감호소의 조직도를 보면 [그림 10-1] 과 같다.

2013년 1월 현재, 치료감호소의 총 정원은 359명이며, 근무인원은 342명이다. 정원기

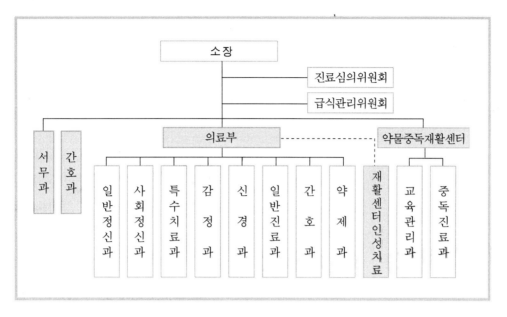

[그림 10-1] 치료감호소 조직도

준으로 기능별 인력구성을 살펴보면, 기능직 178명, 간호직 91명, 보호직 34명, 의무직 17명, 기타 보건·의료기술·식품위생직 등이 근무 중이다(법무부, 2013a).

　한편, 치료감호소의 시설은 사무실, 병동, 기숙사, 가정관, 비상대기소 등의 건물로 구성되어 있으며, 총 51,261㎡ 규모다. 이 중 사무공간이 10,110㎡, 병동이 27,466㎡ 규모이며, 1,200병상을 보유하고 있고, 기숙사 92실, 1동 3실의 가정관, 4동 69세대의 비상대기소가 있다. 한편 치료감호소의 연간 예산액은 2013년 기준, 총 260억 6900만 원이다(법무부, 2013a).

(2) 치료감호의 현황

① 전체 현황

　치료감호소는 총 1,200병상의 수용 규모이며, 2012년 12월 현재 약 1,024명(여자 129명)이 수용 중이다. 치료감호를 부과받은 사람 이외에도 감정유치자가 59명이 있다. 이 수용인원에 대한 실수용 면적은 5,925㎡이고 1인당 수용 밀도는 5.74㎡이다. 치료감호의 수용인원은 2008년 749명에서 2010년 917명, 2012년 1,024명 등으로 최근 5년간 연평균 약 10%의 지속적인 증가세를 보이고 있다. 한편, 최근 개설된 인성치료재활센터에서는 수용인원 중 175명에 대한 치료프로그램을 진행 중에 있다(법무부, 2013a).

② 세부 현황

2012년 기준 치료감호소 수용인원의 죄명별 현황을 살펴보면, 전체 1,024명의 수용인원 중 가장 많은 비중을 차지하는 것이 살인범으로 총 321명(31.3%)이며, 이어서 강간범(20.4%), 폭력사범(15.7%), 마약류사범(6.9%) 등이다(〈표 10-1〉 참조).

표 10-1 치료감호 수용인원의 죄명별 현황 (단위: 명)

구분 성별	계	살인	폭력	강도	절도	마약류	방화	강간	상·폭행 치사	기타
계	1,024 (100%)	321 (31.3)	161 (15.7)	41 (4.0)	66 (6.4)	71 (6.9)	62 (6.1)	209 (20.4)	35 (3.4)	58 (5.7)
남	895	260	139	40	57	67	51	209	28	44
여	129	61	22	1	9	4	11	0	7	14

출처: 법무부(2013a).

2012년 기준 치료감호소 수용인원의 연령별 현황을 보면, 전체 1,024명 가운데 20세 미만은 10명(1.0%), 60세 이상은 46명(4.5%)으로 점유율이 매우 낮았다. 반면, 40대(40~49세)는 전체의 33.7%, 30대(30~39세)는 전체의 30.4%를 차지하여 가장 높은 점유율을 보였다(〈표 10-2〉 참조).

표 10-2 치료감호 수용인원의 연령별 현황 (단위: 명)

구분 성별	계	20세 미만	20~29세	30~39세	40~49세	50~59세	60세 이상
계	1,024 (100%)	10 (1.0)	117 (11.4)	311 (30.4)	345 (33.7)	195 (19.0)	46 (4.5)
남	895	10	105	273	300	166	41
여	129	0	12	38	45	29	5

출처: 법무부(2013a).

한편, 2012년 기준 치료감호 수용인원의 병명별 현황을 살펴보면, 정신분열증(44.3%), 알코올중독(10.9%), 정신지체(8.4%), 약물중독(7.2%) 등의 순으로 높은 비율을 점유하고 있다(〈표 10-3〉 참조).

2012년 12월 현재, 치료감호소 수용인원의 수용기간을 살펴보면, 1년 미만이 301명으로 전체의 29.4%를 차지하여 가장 높은 점유율을 보였다. 또한 1년 이상 2년 미만의 경

| 표 10-3 | 치료감호 수용인원의 병명별 현황 | | | | | | | | | | (단위: 명) |

구분 성별	계	정신 분열	조울증	정신 지체	망상 장애	성격 장애	간질	알코올	약물류		기 타
									마약	기타	
계	1,024 (100%)	454 (44.3)	53 (5.2)	86 (8.4)	48 (4.7)	39 (3.8)	28 (2.7)	112 (10.9)	14 (1.4)	59 (5.8)	131 (12.8)
남	895	374	41	80	42	34	25	110	14	55	120
여	129	80	12	6	6	5	3	2	0	4	11

출처: 법무부(2013a).

우는 21.1%를 차지하는 등 수용기간이 2년 미만인 경우가 전체의 절반을 넘어선 반면, 5년 이상 10년 미만의 장기수용자도 15.5%의 상당히 높은 점유율을 차지하고 있다(〈표 10-4〉 참조).

| 표 10-4 | 치료감호 수용인원의 수용기간별 현황 | | | | | | | (단위: 명) |

구분 성별	계	1년 미만	1년 이상 2년 미만	2년 이상 3년 미만	3년 이상 4년 미만	4년 이상 5년 미만	5년 이상 10년 미만	10년 이상
계	1,024 (100%)	301 (29.4)	216 (21.1)	142 (13.9)	105 (10.3)	64 (6.3)	159 (15.5)	37 (3.6)
남	895	256	187	125	97	51	145	34
여	129	45	29	17	8	13	14	3

출처: 법무부(2013a).

한편, 입소 횟수별로는 2회 이상 입소자는 전체의 20% 미만이었고, 838명이 1회로서 81.8%를 차지하였다. 반면 5회 이상의 경력자도 41명(4.0%)이나 되었다(법무부, 2013a).

2) 치료감호 수용자에 대한 처우

(1) 치료활동 및 정신감정

① 분류심사 및 분리수용

치료감호소에서는 수용자가 입소 후 1개월 동안 검사병동 및 여자병동에 수용되어 각종 검사(신경기능, 방사선, 임상심리, 임상병리 등) 후 신체 및 정신 상태를 진단하여 분류심사를 진행한다. 수용자의 증상에 따라 개인적으로 치료지침을 제시하고 담당 주치의를 지정한다.

치료감호소의 수용자는 각 특성에 맞게 분리 수용되는데, 검사병동에는 중환자 및 신입 피치료감호자·감정유치자 등이 수용된다. 일반병동에는 심신장애자를 수용하고, 여자병동에는 여자 피치료감호자 및 감정유치자를 별도로 수용한다. 마약류 및 약물남용자, 알코올 습벽자는 약물중독재활센터에, 그리고 소아성기호증 등 정신성적 장애 성범죄인은 인성치료재활센터에 각각 분리 수용한다.

② 다양한 치료활동

정신과적 치료는 담당 주치의를 지정하여 증상에 따른 치료방법을 결정하고 있다. 주로 정신요법, 약물요법, 환경요법 등 담당 주치의의 치료계획에 의한 치료를 실시한다. 그리고 사회기술 적응훈련, 직업능력 개발훈련, 정신건강교육, 약물중독치료, 단주교육 등 의료재활치료프로그램도 운영하고 있다. 또한 소집단을 구성하여 특별활동도 시행하는데, 심리극, 합창, 보컬, 관악, 풍물, 무용, 레크리에이션, 미술, 지점토, 수직염색, 도자기공예, 서예, 꽃꽂이, 봉투작업, 원예 등으로 구성된다.

이 외에도 치료감호소에서는 수용자를 위하여 무용발표회, 합창대회, 체육대회, 사생대회, 가요제, 연극제, 영화상영, 음악치료 등 대집단활동을 실시하고 있으며, 치료감호소 출소자 등을 위하여 출소 후 5년간 무료 외래진료도 시행하고 있다.

③ 정신감정

치료감호소에서는 「치료감호법」 제4조 및 제13조에 근거하여 '정신감정유치제도' 를 운영하고 있다. 이 제도는 형사사법 단계의 피의자·피고인에 대하여 정신건강의학과 전문의가 감정서를 작성하여 법원 등의 재판자료로 제출하기 위해 그들을 치료감호소에 유치하는 것이다. 피의자·피고인에 대한 정신감정은 그들에 대한 면밀한 정신의학적 개인면담, 각종 검사(신경기능, 방사선, 임상심리, 임상병리, 신체검사 등), 간호기록 및 병실 생활 등을 종합하여 시행한다. 정신감정 기간은 평균 1개월로서 감정병동에 수용하여 실시한다.

국내 형사정신감정 건수 중 약 85%를 치료감호소에서 실시하고 있으며, 치료감호소 이외에도 국립(정신)병원, 서울시립은평병원, 용인정신병원 등 3개 국공립병원에서 나머지 15% 정도의 정신감정을 실시한다. 2006년에는 연간 360명이 정신감정을 위하여 입소되었으나 2012년에는 631명으로 그 비율이 약 75% 증가하였다. 2012년 기준으로 형사사법기관별 정신감정의 의뢰 건수를 살펴보면, 법원이 510명으로 전체의 80.8%를 차지하고 있고, 이어서 검찰 93명(14.7%), 경찰 28명(4.4%)의 순이다.

(2) 인성치료재활센터 성폭력치료프로그램

① 치료프로그램의 개요

치료감호처분을 받는 범죄인의 유형은 범법정신질환자(1호 처분), 마약, 약물·알코올 습벽자(2호 처분), 정신성적 장애 성범죄인(3호 처분) 등으로 구분된다(「치료감호법」 제2조 참조). '인성치료재활센터'에서는 소아기호증, 성가학증 등 성벽 및 정신성적 장애가 있는 제3호 처분 대상자와 소아기호증, 성가학증 등 성벽 및 정신증적 질환(정신지체 포함)이 있는 제1호 처분 대상자를 함께 수용하며, 수용자의 교육수준과 장애유형 등을 반영하여 교육집단을 분류하고, 수준별 치료 및 교육을 실시하고 있다.

② 유형별 분류

치료감호소 인성치료재활센터는 3개의 교육집단으로 구분하여 치료프로그램을 운영하고 있다(법무부, 2013b). 치료프로그램의 교육집단 유형별 성격을 정리하면 〈표 10-5〉와 같다.

표 10-5 치료프로그램의 교육집단 유형별 성격

구분	유형별 성격	비고
A반	소아기호증, 성도착증 등으로 성적 지향이 아동에게 한정되고 스트레스 상황이 없는 경우에도 항상 아동성폭력을 유발할 수 있어 인지행동치료 및 교육이 필요한 자	3호 처분자 (15명)
B반	소아기호증, 성가학증 등 성벽과 함께 정신장애가 있어 인지행동치료·교육과 정신장애 치료가 필요한 자	1호 처분자 (12명)
C반	치료감호 1호와 3호 대상자 중 정신지체로 인한 인지기능 저하로 특별한 관심을 가지고 지속적인 반복 교육이 필요한 자	정신 지체자 (7명)

출처: 법무부(2013b), p. 1.

A반(3호 처분자) 치료프로그램

정신성적 장애 성범죄인에 대한 치료프로그램은 개인 정신치료를 통하여 환자의 성인식에 대한 문제점이 무엇인지를 깨닫게 하며, 왜곡된 성인식 기능을 회복시켜 정상적인 생활을 하도록 하는 것을 목표로 하고 있다. 이에 따라 치료프로그램은 정신치료, 인지치료, 약물치료, 인성치료, 독서교육 등을 병행하여 실시하고 있다.

B반(1호 처분자) 치료프로그램

이 치료프로그램은 왜곡된 성인식과 기능을 회복할 수 있도록 하며, 일반정신과적 치료를 병행함으로써 정상적인 생활을 할 수 있도록 하는 것이 목표다. 프로그램의 주요 내용은 인지치료, 미술치료, 활동요법, 종교집회, 약물요법 등으로 구성되어 있다.

C반(1·3호 처분자 중 정신지체자) 치료프로그램

이 프로그램은 정신지체에 의해 인지행동치료가 어려운 환자를 대상으로 기초교육인 한글과 숫자 교육 및 일상생활지도, 활동요법, 약물요법 등을 중심으로 기본적인 교육수준을 갖추도록 하는 것을 목표로 하고 있다.

2. 소년보호제도와 교정복지

1) 소년보호기관의 개관 및 현황

(1) 중앙조직

'소년보호기관'이라 함은 소년원·소년분류심사원·청소년비행예방센터 등을 말하며, 법무부 범죄예방정책국에 소속되어 있다. 범죄예방정책국의 설립 목적은 범죄인으로부터 사회를 보호하고, 그들의 사회복귀를 도모하여 범죄 없는 밝고 건강한 사회를 구현하는 것이다(법무부, 2011: 845). 범죄예방정책국은 5개 과로 구성되어 있으며, 이 중 소년과는 소년보호정책의 수립 및 집행감독, 소년 관계법령 입안, 소년보호기관 소속직원의 복무감독·교육훈련 및 평가, 소년원생의 수용관리 등의 업무를 담당하고 있다(「법무부와 그 소속기관의 직제 시행규칙」 제7조 6항 참조). 그리고 범죄예방기획과는 소년보호기관의 인사 및 예산 업무를 담당하고 있고, 보호법제과는 소속직원의 복무감독과

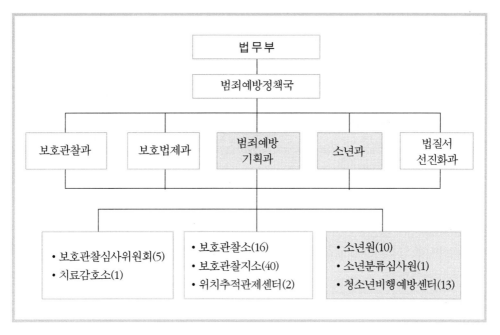

[그림 10-2] 소년보호기관의 중앙조직도

소년 관계법령의 입안에 관한 업무를 담당하고 있다(같은 시행규칙 제7조 3항 및 5항 참조).

소년보호기관의 중앙조직도는 [그림 10-2]와 같다.

2013년 12월 현재, 범죄예방정책국에 소속된 소년보호기관으로는 소년원 10개소, 소년분류심사원 1개소, 청소년비행예방센터 13개소 등 총 24개 기관이 있다(『법무부와 그 소속기관의 직제 시행규칙』 제35조 내지 제39조의2 참조). 이 중에서 '청소년비행예방센터'는 소년원에 소속되어 청소년의 비행예방에 관한 업무를 지원하기 위하여 2007년 7월부터 설치되기 시작한 부속기관이다. 주로 일반학교 부적응학생 · 기소유예자 등 위기청소년을 대상으로 한 대안교육, 법원 · 검사가 의뢰한 비행소년에 대한 비행원인 진단 및 교육 등 지역사회 비행청소년 비행예방기능을 수행하고 있다(법무부, 2011: 848). 따라서 비행소년을 수용하여 보호하는 본래적 의미의 시설내처우 기관은 소년분류심사원과 소년원이다. 여기서는 이 두 유형의 기관을 중심으로 살펴본다.

1 소년분류심사원

소년분류심사원의 전신은 '소년감별소'로서, 1977년 4월 우리나라 최초로 서울소년감별소가 개청되었다. 이후 1995년에는 일본식 용어인 '감별소'의 어감이 좋지 않고 뜻하는 바가 명확하지 않다는 지적에 따라 '소년분류심사원'으로 명칭을 변경하였다. 전국의 4개 기관이던 소년분류심사원은 법무부 자체의 구조조정에 따라 2005년에 1개 기관, 2007년에 2개 기관이 폐지되고, 2012년 현재 전국적으로 서울소년분류심사원 1개소만이 존치되어 있다.[1]

소년분류심사원은 법원의 위탁소년을 수용하고 비행원인 등을 진단하며 법원에 조사·심리 자료를 제공하는 한편 보호자·소년원·보호관찰소 등에 처우지침 및 자녀지도방법 등을 제시하는 임무를 수행하고 있다(법무부, 2011: 848). 그리고 소년분류심사원은 부가적으로 법원에서 위탁되지 않은 소년(이하 '불위탁소년')에 대해서도 상담조사를 실시하여 법원의 심리자료 및 보호관찰소 등의 교정자료로 활용하도록 하고 있다. 소년분류심사원이 미설치된 지역에서는 분류심사업무를 소년원이, 상담조사업무를 청소년비행예방센터가 각각 대행하고 있다.

② 소년원

소년원은 1942년 4월 20일 조선교정원(현 서울소년원)이 개원되면서 최초로 설립되었다. 1988년에는 「소년원법」(현 「보호소년 등의 처우에 관한 법률」)을 전문 개정하여 학교화를 추진하였고, 2004년에는 정식으로 「초·중등교육법」에 의한 정규학교로 전환하였다. 따라서 현재 각급 소년원은 대외적으로 학교의 명칭을 사용하고 있다. 한편, 2008년 7월에는 「소년법」 개정으로 수용기간이 1개월 미만인 8호 처분이 신설되는 등 보호처분이 다양화되었다.

소년원의 보호처분에 의하여 송치된 소년(이하 '보호소년')을 수용·보호하고 이들의 교정교육에 관한 사무를 관장한다(「법무부와 그 소속기관의 직제」 제35조 1항). 구체적으로, 법원 소년부에서 보호처분(7~10호)을 받은 10세 이상[2] 19세 미만의 소년을 수용하여 교과교육, 직업훈련, 인성교육, 치료·재활 교육 등을 실시하여 건전한 청소년 육성과 안정된 사회복귀를 지원하는 목적으로 운영되고 있다(법무부, 2011: 848). 소년원은 소년범을 수용하고 처우하는 법무부 소속기관이라는 점에서 소년교도소와 유사점이 있지

---

1) 2005년 8월 당시까지 만성적인 인력부족에 시달리던 보호관찰 조직에 비하여 상대적으로 인력 상황이 여유가 있었던 소년보호기관 2개 기관(소년원 및 소년분류심사원 각 1개관)을 폐지하고, 해당 시설에 근무하던 소년보호직공무원을 보호관찰소로 이체하는 조치가 시행되었다. 관련하여 2007년에는 당시 별개의 직렬이었던 '소년보호직'과 '보호관찰직'이 '보호직'으로 통합되었고, 추가적으로 5개 소년원 및 2개 소년분류심사원 등 7개 소년보호기관이 폐지되는 대신, 6개 청소년비행예방센터가 신설되는 등 소년보호기관의 대대적인 기능 개편이 이루어졌다.

2) 「소년법」 제32조 4항에 따라 10호 처분(장기 소년원 수용)은 12세 이상의 소년에게만 가능하다.

표 10-6 소년원과 소년교도소의 기능 비교

구분	소년원	소년교도소
적용 법률	• 「소년법」 • 「보호소년 등의 처우에 관한 법률」	• 「형법」 • 「형의 집행 및 수용자의 처우에 관한 법률」
처분 법원	• 가정법원 또는 지방법원소년부	• 형사법원
처분 종류	• 보호처분(7~10호 처분)	• 형사처분: 자유형(징역·금고)
시설	• 10개 소년원(2개 여자소년원)	• 1개 소년교도소(여자소년은 청주여자교도소)
수용 대상	• 범죄소년, 촉법소년, 우범소년	• 범죄소년
수용 기간	• 2년 미만	• 선고에 의한 자유형 집행기간(부정기형)
사회복귀	• 퇴원: 교정목적을 달하였다고 인정할 때 • 임시퇴원: 교정성적이 양호하고 보호관찰의 필요성이 있다고 인정될 때	• 석방: 형기 종료 시 • 가석방: 행상(行狀)이 양호하여 개전의 정이 현저한 때(행형성적 양호자에 대한 은전적 조치)
신분제한	• 장래 신상에 어떠한 영향도 미치지 않음(「소년법」 제32조 6항)	• 법에서 정한 복권 기한이 지나야 허용: 범죄수사, 누범여부, 자격제한 등을 위해 형이 확정되면 수형인명부 기재·관리(전과기록)

만, 〈표 10-6〉과 같이 적용법률, 처분법원, 처분종류, 신분제한 등에서 차이가 있다.

(2) 소년보호기관 수용 현황 등

2013년 3월 현재, 전국 소년보호기관에 수용 및 위탁되어 있는 소년은 총 1,690명이며, 이 중 여자청소년은 248명이다. 이는 전년 동기의 1,854명에 비하여 약 9% 정도 감소된 인원이다.

처분별로 살펴보면, 2년 미만의 장기 소년원 송치처분(10호)을 받아 소년원에 수용 중인 인원이 786명, 6개월 미만의 단기 소년원 송치처분(9호)을 받은 소년이 447명, 1월 미만의 소년원 송치처분(8호)을 받은 소년이 74명이다. 또한, 소년의료보호시설 수용처분(7호)을 받아 의료소년원에 수용 중인 소년이 66명이다. 한편 소년분류심사원에 위탁되어 법원의 심판을 대기 중인 소년은 총 317명이다.

한편, 소년분류심사원과 청소년비행예방센터에서는 비행소년뿐 아니라 위기청소년을 대상으로 폭넓게 비행의 원인을 진단하고 비행예방을 위한 교육사업을 전개하고 있다. 일일 평균 약 38건의 상담조사를 수행하며, 87명의 청소년과 48명의 보호자를 대상으로 대안교육과 보호자교육 그리고 63건의 심리상담을 실시하고 있다(〈표 10-7〉 참조).

표 10-7 | 소년보호기관 수용 및 교육 현황(2013. 3. 26. 기준) (단위: 명)

계		보호 · 위탁소년 교육						비행원인진단 · 예방교육				
		소계	7호 (의료)	8호 (1월)	9호 (6월)	10호 (2년)	위탁 소년	소계	상담조사 (결정전조사)	대안 교육	보호자 교육	심리 상담
2013년	1,980	1,744 (250)	60 (16)	81 (4)	439 (62)	791 (97)	373 (71)	236	38	87	48	63
2012년	2,063	1,854	52	119	379	840	464	209	20	120	32	37

주: 2013년은 현재 수용 및 교육 인원, 2012년은 일일평균 수용 및 교육 인원, ( )는 여자
출처: 법무부(2013c).

2) 소년분류심사원과 분류심사

(1) 소년분류심사원의 기능

소년분류심사원은 다음과 같은 두 가지 주요한 기능을 수행한다(법무부, 2011: 856). 우선, 소년분류심사원은 소년부 판사가 사건을 조사 · 심리하는 데 도움을 주기 위하여 위탁소년의 신병을 보호하는 '보호기관'이다. 다시 말해, 소년부 판사가 위탁한 비행소년을 1개월 이내의 일정 기간 동안 신병을 수용 · 보호하는 기관으로 사법적 기능과 보호적 기능을 동시에 수행하고 있다.

소년분류심사원의 다른 한 가지 주요한 기능적 성격은 비행원인 규명 및 소년비행을 조기에 발견하는 '진단기관'이라는 점이다. 의학 · 심리학 · 사회복지학 · 교육학 · 사회학 · 기타 전문지식을 활용하여 위탁 또는 불위탁소년에 대하여 가정 · 학교 · 사회 등 환경적 측면과 심리적 · 정신의학적 측면 등에서 요보호성[3] 여부와 그 정도를 과학적으로 진단하는 기능을 수행하고 있다. 이를 통하여 비행소년에 대한 '처우 개별화'에 기여하고 있다. 소년분류심사원은 위탁소년에 대한 비행진단 결과를 법원에 보내 조사 · 심리에 참작하도록 하여 개인에게 가장 적합한 처분을 하는 데 도움을 주는 한편, 소년원 · 보호관찰소에 교정지침을 제공하며, 보호자에게 사후지도 방법을 권고한다. 또한, 가정 · 학교 · 사회단체 등에서 의뢰한 문제소년(불위탁소년)에 대하여도 비행성향을 규명하여 구체적인 개선지침을 제시하는 기능을 수행하고 있다.

---

3) '요보호성'(要保護性)이란 소년의 성격과 행동에 나타난 여러 가지 문제점을 방치할 경우 범죄로 심화될 위험요인을 의미한다(법무부, 2011: 571).

(2) 분류심사의 의의 및 과정

① 분류심사의 의의

비행소년에 대한 '분류심사'란 임상경험과 전문지식을 갖춘 분류심사관이 법원에서 위탁된 소년의 비행원인과 자질을 과학적으로 규명하여 그에 적합한 처우지침과 지도방향을 제시하는 소년보호기관의 업무를 말한다. 분류심사의 목적은 청소년비행의 예방과 재발방지를 위하여 그들이 처해 있는 환경적 여건과 심신의 특성을 정확히 이해하여 그에 적합한 지도대책을 마련하기 위한 것이다(법무부, 2011: 575).

② 분류심사의 과정

분류심사를 위한 조사 및 진단의 범위는 기본적인 신상관계는 물론이고 비행소년이 처한 가정·학교·사회의 환경적 특성, 소년의 성격·지능·욕구 등 심리적 특성 그리고 행동적 특성 등 광범위한 영역에 걸쳐 있다. 이러한 광범위한 조사와 진단을 위해서 진찰법 및 신체검사, 면접조사, 심리검사, 정신의학적 진단, 행동관찰, 자기기록, 범죄경력 등 각종 자료조회와 현지조사 등 다양한 조사방법이 활용되고 있다(법무부, 2011: 576-577). 이와 같은 분류심사의 과정은 [그림 10-3]과 같다.

(3) 위탁소년에 대한 교육과정

비행소년이 소년분류심사원에 위탁될 경우, 우선 신입자 교육을 받게 된다. 이는 위탁소년의 심리적 안정을 도모하고 새로운 환경에의 적응력을 높이기 위한 것이다. 이 교육은 신입 위탁소년을 대상으로 생활안내, 분류심사 및 인성교육으로 1주 이내 30시간 이상으로 편성되어 있다. 이어지는 기본교육은 신입자 교육과정 이수자를 대상으로 2주 이내에 60시간 이상으로 편성되어 있다. 자기 자신에 대한 올바른 이해 및 수용과 반성과 자각의 기회를 부여할 목적으로 운영되며, 정신교육·체육훈련, 분류심사, 인성교육 등으로 구성되어 있다.

(4) 불위탁소년에 대한 상담조사

소년분류심사원은 「소년법」 제12조 및 제18조 제4항에 근거하여 불위탁소년에 대한 상담조사의 업무도 수행하고 있다. 이는 소년부판사가 보호소년의 보호처분을 결정하기 위해 전문가의 진단이 필요하다고 인정되는 경우, 일정 기간 소년분류심사원에 출석하

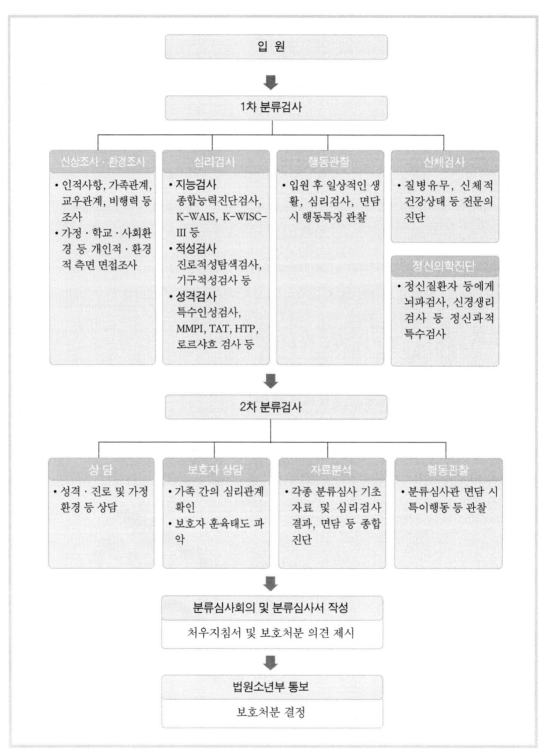

[그림 10-3] 분류심사 과정

출처: 법무부(2011), p. 857.

도록 하여 종합적인 진단과 비행예방교육을 실시하는 제도다. 상담조사를 위한 교육기간은 3~5일 정도이며, 교육내용은 상담, 심리검사, 심리치료, 인성·체험 교육, 사회봉사활동 등으로 편성되어 있다. 실제에서 서울소년분류심사원이 소재하고 있는 수도권을 제외하고는 전국적으로 '청소년비행예방센터'에서 이 기능을 수행하고 있다.

청소년비행예방센터

　2007년 7월 23일 소년보호기관 기능재편의 일환으로 위기청소년 및 비행 초기단계에 있는 청소년의 비행예방 및 재비행 방지를 목적으로 부산, 창원, 광주, 대전, 청주, 안산 등 6개 지역에 청소년비행예방센터가 신설되었다. 2013년 3월 현재 전국적으로 13개의 기관이 설치되어 있다.

　이 기관의 주요 업무는 일반 학교 부적응학생이나 기소유예자 등 위기청소년을 대상으로 한 대안교육, 법원 및 검사가 의뢰한 비행소년에 대한 비행원인진단(결정전조사제도)과 교육, 지역사회 청소년에 대한 상담 및 진로 지도 등 청소년심리상담, 위기 및 비행 청소년뿐 아니라 일반 학교 학생의 법의식 함양을 위한 법교육 등으로, 지역사회 청소년비행예방을 위한 폭넓은 활동을 펼치고 있다. 또한 법원 소년부가 보호처분 대상자 및 보호자 등을 대상으로 명령한 보호자교육도 병행하여 실시하고 있다.

3) 소년원 보호수용

(1) 소년원의 기능

　소년원은 다음과 같은 네 가지 기능적 성격을 가지고 있다(법무부, 2011: 850). 첫째, 소년원은 법원 처분에 의해 일정 기간 자유를 제한하는 '수용기관'이다. 다시 말해, 법원 처분에 의해 송치된 비행소년을 일정 기간 수용·보호하는 기관이다.

　둘째, 소년원은 사법적 기능보다 교육적 기능을 중시하는 '교육기관'이다.[4] 「소년법」은 반사회성이 있는 소년의 환경 조정과 품행 교정에 그 목적을 두고 있어 범죄에 대한 책임을 묻기보다 소년을 범죄 유발적 환경으로부터 보호한다는 국친사상(國親思想)에 입각하고 있다. 이에 따라 소년원은 '국가가 보호자'라는 입장에서 교정교육을 실시하

---

4) 1997년에는 「소년원 등의 명칭 복수사용에 관한 지침」(법무부훈령)을 제정하고, 기관 명칭을 법률상 소년원과 교육기관으로서의 학교 명칭을 복수 사용할 수 있도록 지정, 고시하였다.

고 있다.

셋째, 소년원은 심리치료·상담 프로그램을 통해 사회재적응을 도와주는 '치료기관'
이다. 사회적응에 실패한 미성숙한 소년을 보호·교육·치료하기 위해 집단지도, 집단
상담, 심리치료 프로그램을 통하여 재비행을 방지하고 바람직한 인성 함양을 도모하는
기관이다.[5]

넷째, 소년원은 비행소년의 자립지원 및 사회복귀를 지원하는 '복지기관'의 성격을 가
지고 있다. 소년원은 소년원생의 학업연계, 취업·창업 지원, 문신 제거시술, 무의탁자
에 대한 생활안정자금 및 장학금 지원 등을 통해 안정된 사회복귀를 지원하고 있다.

소년보호 교사강령

우리는 소년을 건전하게 육성하는 일이 국민으로부터 부여받은 소명임을 깊이 명심하
고, 사랑과 공평, 성실과 신뢰를 바탕으로 다음을 실천한다.

- 우리는 모든 소년을 사랑하고 존중하며, 적법한 절차와 방법에 따라 지도한다.
- 우리는 소외되거나 차별받는 소년이 없도록 정성을 다하여 보살핀다.
- 우리는 부모와 같은 마음으로 소년의 아픔을 헤아리고, 이들의 소질 계발과 꿈의 실
  현을 위하여 성심껏 지도한다.
- 우리는 교육자로서 끊임없이 성찰하고, 품성도야와 자기계발을 위하여 부단히 노력
  한다.

---

(2) 소년원 수용처분의 처우절차

법원 소년부에 의하여 6개월 미만(9호) 또는 2년 미만(10호)의 소년원 수용처분을 받게
된 비행소년은 수용된 이후 10일 이내에 신입자 교육을 통하여 소년원에서의 생활안내
를 받게 된다(「보호소년 등의 처우에 관한 법률 시행규칙」 제53조 2항). 또한 처우심사를 통
하여 수용되어 교육받게 될 학교(소년원)와 교육기간도 지정받게 된다. 기본교육은 통상

---

5) 소년원은 법교육, 예절교육, 정보화역기능예방교육, 독서지도 등 집단지도(집체교육)를 실시하고, 분노조절
훈련, 감수성훈련, 미술·작업·음악·연극·영화 등 예술치료, 진로탐색 등 집단상담 프로그램을 운영하는
한편, 절도·폭력·약물·교통안전 등 비행유형별로 전문적 치료프로그램도 실시하고 있다(법무부, 2011:
850).

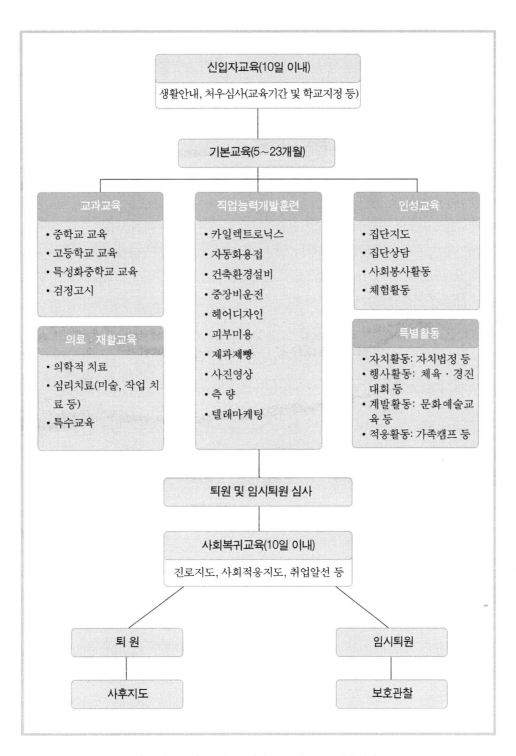

[그림 10-4] 소년보호처분 9호 및 10호 처우절차

출처: 법무부(2011), p. 851.

9호의 경우 5개월, 10호의 경우는 23개월 범위 내에서 이루어지며, 출원 10일 전부터는 사회복귀교육을 통하여 진로지도, 사회적응지도, 취업알선 등을 실시한다. 특히 소년원 생의 원활한 사회복귀를 지원하기 위하여 전국 소년원에 13개동 26세대의 가정관을 설치, 1~2일간 가족과 함께 생활하며 손상된 가정기능을 회복할 수 있도록 지원하고 있다 (법무부, 2011: 855). 이와 같은 처우절차를 그림으로 제시하면 [그림 10-4]와 같다.

(3) 소년원별 교육과정의 특성

법무부장관은 보호소년의 처우상 필요하다고 인정하면 대통령령으로 정하는 바에 따라 소년원을 초 · 중등교육, 직업능력개발훈련, 의료재활 등 기능별로 분류하여 운영하게 할 수 있다(「보호소년 등의 처우에 관한 법률」 제4조). 이에 따라 법무부가 분류하여 운영하고 있는 각급 소년원의 명칭 및 위치, 교육과정 등은 〈표 10-8〉과 같다.

① 초 · 중등교육 소년원

초 · 중등교육 소년원은 「초 · 중등교육법」에 따른 초 · 중등교육이 필요한 소년을 수용 · 교육하는 소년원이다. 의료 · 재활교육 소년원은 약물 오용 · 남용, 정신 · 지적발달장애, 신체질환 등으로 집중치료나 특수교육이 필요한 소년을 수용 · 교육하는 소년원이다. 직업능력개발훈련 소년원은 「근로자직업능력 개발법」에 따른 직업능력개발훈련이 필요한 소년을 수용 · 교육하는 소년원이다. 인성교육 소년원은 정서순화, 품행교정 등 인성교육이 집중적으로 필요한 소년을 수용 · 교육하는 소년원이다.

2011년 12월 현재, 초 · 중등교육 소년원으로는 서울 · 전주 · 안양 소년원이 지정되어 있다. 이들 소년원은 단기(9호처분) 및 장기(10호처분) 소년원 수용처분을 받은 보호소년을 대상으로 「초 · 중등교육법」에 의한 중 · 고등학교로 운영되고 있다. 이 중에서 서울소년원에는 일반 중 · 고등학교의 교과과정이 개설되어 있고, 전주 및 안양(여자)소년원은 전문교과(컴퓨터, 인성교육)를 50~70% 내외로 하는 특성화중학교과정으로 운영되고 있다(법무부, 2011: 852). 서울소년원 중 · 고등학교 과정의 구체적 교육과정은 〈부록 6〉에 제시되어 있다.

② 의료 · 재활교육 소년원

의료 · 재활교육 소년원으로는 대전소년원이 지정되어 있다(법무부, 2011: 852). 대전소년원에서는 소년의료보호시설 위탁처분(7호)된 보호소년과 전문적인 의료처우가 필

2. 소년보호제도와 교정복지   321

표 10-8 소년원의 명칭, 교육과정 및 위치

기관(학교명)	대상	교육과정	위치
서울소년원 (고봉중·고등학교)	9호 10호	• 중·고등학교 교과교육　　　• 보호자교육 • 직업능력개발훈련(제과제빵·사진영상·측량)	경기도 의왕시 고천동
안양소년원 (정심여자정보산업학교)	9호 10호	• 중학교 교과교육　　　• 보호자교육 • 직업능력개발훈련(미용·피부미용·제과제빵·텔레마케팅	경기도 안양시 만안구 석수1동
춘천소년원 (신촌정보통신학교)	9호 10호 위탁*	• 인성교육, 컴퓨터 교육, 검정고시 • 직업능력개발훈련(헤어디자인) • 분류심사, 상담조사, 검사결정전조사 • 위탁소년 인성교육 • 대안교육, 보호자교육, 청소년심리상담	강원도 춘천시 동내면
대전소년원 (대산학교)	7호, 8호 9호 10호 위탁	• 의료·재활 교육, 8호처분자(男) 교육 • 분류심사, 상담조사, 검사결정전조사 • 위탁소년 인성교육 • 대안교육, 보호자교육, 청소년심리상담	대전시 동구 대성동
청주소년원	8호 9호	• 8호처분자(女) 교육 • 인성교육, 컴퓨터 교육·검정고시　　　• 보호자교육	충북 청주시 흥덕구 미평동
전주소년원 (송천정보통신학교)	9호 10호 위탁	• 중학교 교과교육　　　• 위탁소년 인성교육 • 분류심사, 상담조사, 검사결정전조사 • 대안교육, 보호자교육, 청소년심리상담	전북 전주시 덕진구 송천동
광주소년원 (고룡정보산업학교)	10호 위탁	• 직업능력개발훈련 　(카일렉트로닉스·자동화용접·중장비·건축환경설비) • 분류심사, 위탁소년 인성교육, 보호자교육	광주시 광산구 고룡동
대구소년원 (읍내정보통신학교)	9호 10호 위탁	• 인성교육, 컴퓨터 교육·검정고시 • 직업능력개발훈련(제과제빵) • 분류심사, 상담조사, 검사결정전조사 • 위탁소년 인성교육 • 대안교육, 보호자교육, 청소년심리상담	대구시 북구 읍내동
부산소년원 (오륜정보산업학교)	10호 위탁	• 직업능력개발훈련 　(카일렉트로닉스·자동화용접·제과제빵·헤어디자인) • 분류심사, 위탁소년 인성교육, 보호자교육	부산시 금정구 오륜동
제주소년원 (한길정보통신학교)	8호 9호 10호 위탁	• 인성교육, 컴퓨터 교육·검정고시 • 8호처분자(제주지역 男) 교육 • 분류심사, 상담조사, 검사결정전조사 • 위탁소년 인성교육 • 대안교육, 보호자교육, 청소년심리상담, 청소년법교육	제주시 애월읍 소길리

* '위탁'은 법원 소년부로부터 결정전에 신병을 위탁받아 심판일까지 수용하여 보호하는 것을 말한다. 형사처분에서 미결구금에 해당하며, 원래 소년분류심사원의 기능이지만, 이 기관은 전국적으로 1개 기관만 설치되어 있어 각 지역의 소년원이 그 업무를 대행하고 있다.

요한 9, 10호 보호소년(약물 오용·남용, 정신·지적발달장애, 신체질환 등)을 대상으로 집중치료와 재활교육을 실시하고 있다. 교육과정은 약물중독 및 장애의 정도에 따라 개별교육을 실시하며 의학적 치료를 위해 지역사회 전문 인력을 활용하고 있다(법무부, 2011: 868). 신체질환 보호소년에 대해서는 의료조치 후 심사회의를 개최하여 적합한 교육과정을 편입하고 있다. 약물남용 보호소년과 정신 및 발달 장애 보호소년에 대해서는 준비과정, 집중치료과정 및 복귀과정의 3단계로 교육과정을 편성·운영하고 있다.

③ 직업능력개발훈련

직업능력개발훈련 소년원은 서울·부산·대구·광주·안양·춘천 소년원의 6곳이 지정되어 있다(법무부, 2011: 853). 장기 소년원 수용처분(10호)을 받은 보호소년을 대상으로 「근로자직업능력 개발법」에 의한 카일렉트로닉스, 자동화용접, 중장비, 건축환경설비, 헤어디자인, 피부미용, 제과제빵, 사진영상, 측량, 텔레마케팅 등 10개 직종이 설치·운영되고 있다. 현재 법무부에서는 「근로자직업능력 개발법」에 의한 10개 직종의 직업능력개발훈련과정을 운영 중에 있다. 1년 과정 1,400시간, 6개월 과정 700시간, 그리고 3개월 과정 350시간 이상으로 편성되어 있다. 이론과 실기의 비율을 30:70으로 하고 공통교과는 총 훈련시간의 10% 내외로 하며, 자율편성시간은 주로 인성교육 및 컴퓨터교육 중심으로 35% 범위 내에서 편성되어 있다(법무부, 2011: 867). 〈표 10-9〉는 소년원별로 편성된 직업훈련의 분야다.

표 10-9 직업능력개발훈련 소년원별 직종 편성

구분 기관	과정 수	직종
서울소년원	3	제과제빵, 사진영상, 측량
부산소년원	4	카일렉트로닉스, 자동화용접, 제과제빵, 헤어디자인
대구소년원	1	제과제빵
광주소년원	4	카일렉트로닉스, 자동화용접, 건축환경설비, 중장비운전
안양소년원	4	헤어디자인, 피부미용, 제과제빵, 텔레마케팅
춘천소년원	1	헤어디자인

④ 인성교육 전문소년원

인성교육 전문소년원은 대구·청주·춘천·제주 소년원의 4개 소년원이 지정되어 있

다. 단기 소년원 수용처분(9호)을 받은 보호소년을 대상으로 기본 교육과정의 50% 이상을 인성교육과정으로 편성·운영하고 있다. 나머지 교육과정은 검정고시 준비나 컴퓨터 교육으로 편성되어 있다. 특히 이 중에서 제주소년원은 품행교정이 집중적으로 필요한 보호소년을 대상으로 10주간의 집중처우를 실시하고 있다. 집중처우는 자기성찰, 법의식 및 책임감 함양 등을 통하여 성행을 교정하고 공동체 의식을 높일 수 있는 인성교육, 체험활동 등의 교육프로그램으로 편성되어 있다(법무부, 2011: 853-854).[6] 소년원별 인성교육과정의 구체적 커리큘럼은 〈부록 7〉에 제시되어 있다.

또한, 최근에 새로이 도입된 1개월 미만의 초단기 소년원 수용처분(8호)의 집행을 위하여 대전·청주·제주 소년원이 전담 소년원으로 지정되어 있다(법무부, 2011: 854). 이곳 소년원에서는 8호 처분자를 대상으로 4주 과정의 개방적 인성교육 프로그램을 운영하고 있다. 이 교육과정에는 학교폭력·절도 등 비행유형별 전문교육, 자연친화교육·봉사활동 등 체험활동, 가족관계회복·사회성향상 프로그램 등 집단상담, 기초질서 교육·생활예절 등 기본교육이 편성되어 있다.

📖 참고문헌

법무부(2011). 제4기 보호직 9급 신규자과정 교육교재. 용인: 법무연수원.
_____(2013a). 치료감호소 업무현황(2013년 1월 2일 기준). 법무부 범죄예방정책국 내부자료.
_____(2013b). 치료감호소 인성재활센터 유형별 성폭력 치료프로그램. 과천: 법무부.
_____(2013c). 2013년 3월 소년보호현황자료. 법무부 범죄예방정책국 내부자료.
법무연수원(2013). 2012년 범죄백서. 용인: 법무연수원.

---

6) 10주간의 집중처우 프로그램을 구체적으로 살펴보면 다음과 같다. 우선, 첫 1주일간은 '신입교육'으로서 학교 소개, 교육과정 및 생활안내, 인권교육 등 교육활동에 순조롭게 참여할 수 있도록 적응지도 및 상담활동에 비중을 두어 운영하고 있다. 이어서 8주간의 '기본교육'이 기초적 생활습관·사회규범·책임감·자기 및 타인 존중 등의 태도를 내면화할 수 있는 분노조절, 스트레스 치료, 집중력향상 프로그램 등으로 편성·운영되고 있다. 마지막으로, 1주일간의 '수료교육'에서는 긍정적 갈등해결 능력, 봉사활동을 통한 적응력 향상, 행동개선 의지 함양과 생산적인 미래설계 등을 위한 프로그램이 편성·운영되고 있다(법무부, 2011: 854).

제4부

교정복지의 실천기술

제11장 교정복지실천의 이론과 기본기술

제12장 교정복지 실천과정과 기술

제13장 범죄유형별 교정복지 실천기술

교정복지실천의 이론과 기본기술

이 장에서는 교정복지실천의 이론적 배경을 살펴봄으로써 교정복지 실천기술의 주요 범주 및 내용의 논의를 위한 기초적 이해를 도모한다. 또한, 교정복지의 실천과정과 개입모델을 정리하여 제시함으로써 전문적인 교정복지실천의 토대를 형성하도록 한다. 마지막으로, 교정복지실천의 구체적인 기법들을 살펴봄으로써 교정사회복지사가 현장에서 활용할 수 있는 유용한 실천지식을 제공하도록 한다.

1. 교정복지실천의 이론적 배경

1) 이론과 실천

(1) 이론의 유용성

이론은 현상에 대한 조직적 관점을 제공해 주는 개념과 명제의 집합으로서, 기술 (description), 설명, 예측, 통제와 결과의 초래 등의 기능을 수행한다. 이론과 관련된 용어로는 모델(model), 접근(approach), 기술(skill), 기법(technique) 등이 있다. 모델은 현상을 정의하고 질서를 부여하여 묘사하기 위해 사용되는 이론의 일종으로 현상에 낮은 수준의 질서를 부여하지만, 이론처럼 설명까지 시도하는 것은 아니다(김혜란, 홍선미, 공계순, 2007: 19-20).

한편, 이론은 '유용한 지식'이라는 건축물의 골격이며, 경험적 사실은 벽돌로 비유할 수 있다. 전문적 실천가는 그 전문직에서 활용될 수 있는 지식으로 충분히 무장되어야 한다. "이론이 없는 실무는 말이 없는 마차와 같아서 아무 곳에도 가지 못한다."고 할 수 있다(Walsh, 1997: 3). 그러나 이론은 모든 현상에 대하여 '참(true)'일 수 없다. 즉, 특정한 맥락(context-specific)에서만 설명력을 가지며, 그나마 절대적인 참은 아니다. 결국 "개개의 인간은 모든 다른 사람과 같고, 어떤 사람들과 같으며 다른 누구와도 같지 않다."(Walsh, 1997: 3-4)는 명제에 비유될 수 있다.

(2) 교정복지실천을 위한 이론

교정복지 현장에서 교정사회복지사는 클라이언트와 활동하면서 지향이론(orienting theory)과 교정복지실천의 준거 틀을 활용하는데, 지향이론은 실천에 중요한 배경이 되는 지식을 제공한다. 교정복지의 주요한 지향이론 중에는 인간발달, 성격, 가족체계, 사회화, 조직과 정치권력에 관한 다양한 이론뿐 아니라, 범죄현상이라는 구체적 문제유형과 관련된 이론들이 포함된다(Sheafor & Horejsi, 2005: 84). 결국 교정복지 실천이론은 범죄이론에 영향을 받고 보완되는 사회복지 실천이론이라고 할 수 있다. 교정복지실천에서 범죄이론은 ① 범죄행위 및 그와 관련된 현상에 대한 이해, ② 개인적 문제 및 범죄인 욕구의 사정, 그리고 ③ 범죄와 범죄인에 대한 이해(understanding)와 지식을 실천에 효과적으로 사용하는 것 등의 유용성이 있다(Walsh, 1997: 3-4).

그리고 교정복지실천의 준거 틀은 실천관점, 실천이론 및 실천모델로 구성된다(Sheafor & Horejsi, 2005: 84-86). 교정복지의 실천관점은 실천에 관해 생각하고 바라보는 특정한 방식이며, 카메라 렌즈처럼 특정 현상을 확대하거나 초점을 두는 데 도움이 된다. 교정복지의 실천이론은 범죄 및 그와 관련된 문제행동이나 상황을 설명하고 그러한 것들이 변화될 수 있는지에 관한 지침을 제공한다. '심리학적 치료'라는 실천이론이 정신역동이론과 자아심리학에 뿌리를 두는 것처럼, 대부분의 실천이론은 하나 이상의 지향이론에 기반을 두고 있다. 교정복지의 실천모델은 이와 달리, 행동에 대한 특정 설명에 얽매이지 않고 주로 경험이나 실험에서 개발되어 어떤 개입활동을 안내하는 데 사용되는 개념과 원리의 종합이다. 한편 교정복지의 실천지혜(practice wisdom)는 실천상황에서 발생하는 구체적인 문제와 관련된 것들이 대부분으로서, 교정사회복지사의 관찰과 이를 비공식적으로 공유하는 집합적 경험을 통해 귀납적으로 만들어진 것이다(김혜란 외, 2007: 23; Sheafor & Horejsi, 2005: 77).

교정복지실천의 준거 틀을 만들어 보면 [그림 11-1]과 같다.

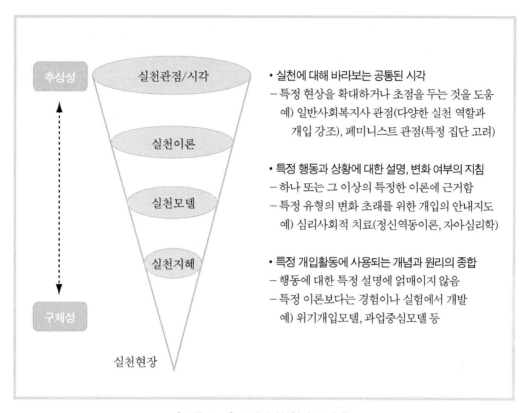

[그림 11-1] 교정복지실천의 준거 틀

출처: 김혜란 외(2007), p. 18의 그림 참조; Sheafor & Horejsi(2005), pp. 83-86의 내용을 요약 정리함.

2) 교정복지실천의 준거 틀

교정복지실천과 관련된 이론은 실천과정을 좀 더 효율적으로 이끌기 위해 각 학과의 여러 학자들의 임상경험과 연구에 의해 점차적으로 발전하여 왔기 때문에 그 이론범주가 모호하다. 또한 교정복지실천의 실제적이고 실천적인 성격에 따라 다양한 학문(주로 심리학)의 이론적 영향하에 실천가의 임상경험이 복합적으로 작용하고 있다.

그러한 다양한 이론을 모두 다루기에는 이 책의 특성과 분량에 비추어 부적절하다. 따라서 여기서는 교정복지 실천현장에서 활용가능성이 높고 시사점이 큰 실천 관점·이론·모델을 중심으로 살펴본다.

(1) 교정복지의 실천관점

사회복지사의 실천관점은 실천 준거 틀의 주요한 요소 중의 하나다. 주요한 실천관점으로는 일반사회복지사 관점, 일반체계 관점, 생태체계 관점, 강점관점, 페미니스트 관점, 민족관점 등이 있다. 이 중에서 일반체계적 관점과 생태체계적 관점은 인간과 환경의 관계를 사정하는 데 공통적으로 사용된다는 점에서 교정사회복지사의 실천관점으로 주요하게 다룰 필요가 있다. 또한 강점관점은 원조의 전 과정에서 수많은 실천 이론과 모델에 내재되어 있기 때문에 역시 살펴볼 필요가 있다(Sheafor & Horejsi, 2005: 130-139).

① 일반체계적 관점

일반체계이론은 생물학과 컴퓨터 과학에 기초한 개념으로 개인, 가족 및 조직과 같은 클라이언트 체계와 변화과정을 설명해 주는 데 유용하다. 체계는 확인 가능하고 조직화되어 기능하며 전체를 구성하는 상호 연관된 요인과 활동의 집합체다. 이러한 체계의 부분들 사이에는 공생관계가 존재하기 때문에 체계의 한 부분은 다른 부분의 변화에 영향을 받는다.

모든 생물학적·사회적 체계는 경계를 가지는데, 이 경계는 침투성이 있어서 에너지와 정보의 상호교환이 가능하도록 개방되어 있다. 체계는 지속적으로 변화하고 때로는 혼란스럽고 예측이 불가능하기도 하지만, 역동적 평형 또는 안정상태를 유지하고자 하는 기본 속성이 있다. 따라서 안정을 지향하는 체계의 변화를 추구하기 위해서는 변화에 대한 모든 체계에 내재된 저항을 인식할 필요가 있다. 한편, 사회복지실천은 체계가 분해되고 쇠퇴하는 엔트로피의 개념에 대비하여 체계를 유지·향상·생존하게 하는 '부적 엔트로피'를 증가하게 하거나 유지하도록 하는 원조활동을 포함한다. 또한 체계기능은 투입, 전환, 산출, 환류 등과 같은 상호 관련된 활동을 포함하며, 두 개 이상의 체계들이 만나거나 중첩되는 '공유영역'이 존재한다.

이와 같은 일반체계적 관점의 주요 개념들은 교정복지실천에서 교정사회복지사에게 범죄인이나 비행청소년의 체계를 변화시키는 데 필요한 개입의 초점과 유형을 상기시킨다. 특히 일반체계적 관점은 범죄인이나 비행청소년의 행동과 기능에 영향을 미치는 체계들의 역동적 상호작용에 초점을 맞추는 것으로서 원조과정의 초기단계, 특히 사정에 매우 유용하다.

2 생태체계적 관점

생태체계적 관점은 생태학에서 개념과 용어들을 빌려와서 교정사회복지사가 인간과 환경 간의 상호 의존성과 교환을 보다 적절하게 설명하여 초점을 유지하는 것을 돕는다. 이 관점은 개인의 행동은 항상 특정한 환경 내에서 발생하고 모든 개인과 집단의 행동은 다른 개인과 집단에 영향을 미친다는 것을 강조한다. 결국 전문적 교정복지실천의 계획된 변화활동은 보다 큰 경제적 · 정치적 · 문화적 환경에 의하여 촉진되거나 제한된다.

생태체계적 관점에 따르면 개인은 다른 환경보다 어떤 특정 환경에서 잘 적응하고 기능적이 되는데, 이는 생태학에서 일컫는 '활동공간'(niche)의 개념이다. 인간의 활동공간은 다른 식물이나 동물의 그것보다 확장되어 있다. 그리고 인간의 생태체계에도 '수용능력'(carrying capacity)의 개념이 적용되는데, 예컨대 지역사회의 인구밀도가 과도하면 질병, 기근, 약탈과 같은 문제가 발생하여 생태체계의 균형이 파괴될 수 있다. 한편 생태체계는 동적이기 때문에 그 안의 각 종(種)은 변화하는 환경에 느리지만 지속적으로 적응을 하는데, 변화가 너무 급격하면 생존력이 감소한다. 생태학적 지역사회를 형성하는 데 주요한 힘인 경쟁은 보다 높은 기능으로 향상되도록 하는 긍정적 힘으로도, 그리고 사회적 차별을 만들고 다른 집단을 억압하는 파괴적 힘으로도 작용할 수 있다. 또한 생태체계의 많은 상이한 종(種) 간의 상호작용은 포식관계(predation), 상호 부조(mutualism), 기생관계(parasitism) 등과 같은 몇 가지 형태가 있다.

교정복지실천의 준거 틀에서 생태체계적 관점은 개인, 가족 그리고 다양한 사회집단 간의 상호작용의 기능을 설명하는 새로운 방법을 제공한다. 이 관점은 범죄인이나 비행 청소년의 기능을 이해하기 위해서는 그의 상황적 · 환경적 맥락에서 배경조사가 반드시 필요하다는 것을 알려 준다. 따라서 이 관점은 사정과 계획 단계에서 가장 유용한 관점이다. 또한 생태체계 관점은 사회적 기능의 성패가 개인과 환경의 상호작용에서 비롯된다는 것을 상기시킨다. 생태체계적 관점은 교정복지적 개입이 범죄인이나 비행청소년의 성장과 적응능력을 촉진하고, 효과적인 기능수행을 방해하는 환경적 장애물을 제거하며, 부족한 자원의 활용 확대에 초점을 맞추게 한다. 즉, 범죄인이나 비행청소년이 환경에 대처하고 생존하며, 필요한 자원을 얻으려고 경쟁하기 위해서 변화하는 환경에 적응하는 다양한 방법을 이해할 수 있도록 돕는다.

③ **강점관점**

강점관점이란, 클라이언트가 문제나 결함을 제거하도록 노력하기보다 자신의 강점을 강화함으로써 긍정적이고 지속적인 변화가 더욱 용이하다고 보는 실천관점이다. '강점' (strengths)이란 클라이언트가 하고 있고, 할 수 있으며, 하기 원하는 중요하고 긍정적인 것이라고 할 수 있다.

이 접근은 다음의 가정과 원칙에 기초한다. ① 모든 개인, 집단, 가족 및 지역사회는 강점을 가진다. ② 부정적인 삶의 경험, 질병과 장애 등은 개인에게 상처를 주고 한계를 가져오지만 동시에 도전과 기회의 원동력이 된다. ③ 성장과 변화, 그리고 삶의 고난 극복을 위한 인간능력의 한계는 누구도 알 수 없다. ④ 모든 이웃과 지역사회는 유용하고 동원가능한 원조자원을 가진다. ⑤ 클라이언트는 일반적으로 자신의 문제와 관심을 잘 설명할 수 있으며, 자신에게 도움이 될 것과 되지 않을 것을 알고 있다.

이 관점은 모든 클라이언트와 활동할 때, 그리고 원조의 전 과정에서 필요하다. 사회복지사가 사용하는 수많은 실천 이론과 모델에 이 강점관점이 내재되어 있다. 따라서 교정복지실천에서도 강점관점은 교정사회복지사가 범죄인과 비행청소년을 사정하고 개입하는 동안 그들의 능력에 관심을 기울이도록 한다. 특히 교정복지 전달체계에 만연한 클라이언트(범죄인과 비행청소년)에 대한 부정적 인식과 선입견을 상쇄하는 데 중요한 영향력을 가지고 있다.

(2) 실천 이론 및 모델

교정복지의 실천현장에서 주요하게 적용할 수 있는 사회복지실천 이론과 모델은 매우 폭넓고 다양하다. 김혜란, 홍선미와 공계순(2007: 59-128)은 사회복지실천의 대표적인 실천모델로서 심리사회적 모델, 행동주의모델, 인지행동주의모델, 과제중심모델, 위기개입모델을 제시하였다. 이윤로(2006: 183-255)는 임상사회사업의 이론으로 정신역동모델, 행동주의치료, 인지치료기법, 강점모델, 자아심리학/심리사회적 접근, 위기개입, 문제해결모델 등을 제시하고 있다.

한편, 최옥채(2010: 235-241)는 주요한 교정상담의 이론으로서 인간관계이론, 정신분석이론, 가족치료이론, 합리적 정서 행동 치료(Rational-Emotive-Behavior Therapy: REBT), 사이코드라마 등을 제시하고 있다. 홍금자, 박영숙과 문영희(2009: 188-207)는 정신분석이론, 인지행동주의이론, 생태체계이론, 강점이론, 과제중심이론, 여성주의이론 등을 교정복지실천의 이론적 배경으로 들고 있다. 또한 그들은 교정복지의 직접적 실천모델로 향사회적 모델, 인지행동의 집단지도모델, 가족치료모델, 문제해결모델, 생활기능훈련(Social Skill Training: SST) 등을 제안하고 있다(홍금자 외, 2009: 228-252).

여기서는 이와 같은 여러 학자들의 견해를 종합하여, 정신분석이론·인지행동주의이론·인간중심이론에 기초한 실천과 과제중심모델·위기개입모델 등 사회복지실천의 핵심 실천 이론과 모델을 중심으로 교정복지실천에의 적용에 대하여 살펴본다(Sheafor & Horejsi, 2005: 142-159 참조).

① 정신분석(역동)이론에 기초한 실천

정신분석이론의 개요

정신역동이론, 즉 프로이트의 정신분석이론은 1909년 정신치료 목적으로 미국에 소개되면서 1920년대 사회복지실천에서 진단주의학파를 태동시켰다(홍금자 외, 2009: 188). 1970년대까지 사회사업실천에 중대한 영향력을 미친 정신역동이론은 개인, 가족 및 사회 문제를 심리학적으로 설명하고자 하는 개인주의 사회에 잘 적용되고 활용된다(Sheafor & Horejsi, 2005: 143).

사회복지실천은 정신분석이론에 강한 영향을 받아 왔다. 실제로, 정신분석적 접근방법은 거의 모든 사회복지실천의 기저에 어느 정도 깔려 있다고 볼 수 있다(이윤로, 2006: 188). 특히 심리사회적 치료(Woods & Hollis, 1999), 자아심리학(Goldstein, 1995), 문제해결접근법(Perlman, 1957) 등은 정신분석이론에 영향을 받은 이론이라고 할 수 있다(Sheafor & Horejsi, 2005: 144).

정신분석이론의 주요 개념

정신분석이론은 두 가지 중요한 기본적인 아이디어가 토대를 이루고 있다(이윤로, 2006: 184). 첫째, '정신적 결정론'으로서, 행위는 단지 유연히 발생한다기보다는 인간의 사고과정으로부터 일어난다는 원리다. 둘째, '무의식'이라는 아이디어로서, 어떤 생각과 정신행위는 우리의 지식으로 알 수 없게 숨겨져 있다는 것이다.

행동의 정신역동적인 해석은 모든 인간의 문제와 역기능은 인성의 정상적 발달을 왜곡시킨 어린 시절의 경험에서 비롯되는 내적인 갈등에 주목한다. 프로이트에 따르면, 인간의 정신은 생물학적 충동을 추구하는 원초자아(id), 욕구와 현실 사이를 중재하는 자아(ego), 그리고 사회의 도덕과 가치를 내면화한 초자아(superego)로 구성된다. 이 세 가지 부분이 조화롭고 균형 있게 발전하지 못할 때 다음과 같은 불안이 나타난다(김혜란

외, 2007: 62). ① 신경증적 불안: 억압되어 있던 원초자아의 성적 충동과 공격적 충동이
분출되어 처벌될 것에 대한 불안, ② 현실적 불안: 현실세계에 있는 위협적인 상황에 대
한 불안, 그리고 ③ 도덕적 불안: 도덕, 양심에 위배되는 생각이나 행동을 할 경우 초자
아에 나타나는 죄의식에 대한 불안이다.

그리고 정신분석이론은 비정상심리의 치료를 위하여 인간행동에 나타나는 두 가지 측
면에 관심을 가진다(Sheafor & Horejsi, 2005: 143). 하나는 억압, 부정, 회피, 투사, 합리
화, 반동형성, 퇴행 등과 같이 두려움과 심리내부의 갈등을 조절하기 위해 사용되는 무
의식적 자아방어기제이며, 다른 하나는 현재의 사고방식이나 행동이 무의식 수준에서
아동기의 타인관계를 반영하는지 설명하는 다양한 대상관계(인간관계)에 관한 것이다.
특히 후자에 중점을 두는 일련의 이론가들은 프로이트 이후에 소위 '대상관계이론' 을
발전시켰다. 이들은 이유기 때의 분리-개별화(separation-individuation)의 경험이 자녀의
안정적이고 독립적인 자기개념에 영향을 미치기 때문에, '적절한 부모역할' (good
enough parenting)이 무엇보다 중요함을 강조한다(김혜란 외, 2007: 63-64).

정신분석이론과 교정복지실천

정신분석(역동)이론에 기초한 교정복지실천은 범죄인이나 비행청소년의 내적 사고와
갈등을 보다 더 잘 이해하도록 도움으로써 개인의 사회적 기능을 향상시킬 목적으로 활
용될 수 있다(Sheafor & Horejsi, 2005: 142). 대부분의 정신분석기법은 숨겨진 생각과 감
정을 드러내는 데 주로 초점을 두기 때문에, 클라이언트는 이야기를 하고 치료자는 무의
식과의 어떤 관계를 해석한다. 예를 들어, 치료자는 '공백화면' (blank screens)이 될 것을
요구받는데, 이는 클라이언트의 무의식적 감정을 치료자에게 전이(transference)하는 것
을 자극하기 위한 것이다. 그 밖에 정신분석에서는 자유연상(free association), 꿈과 저항
에 대한 해석 등의 기법이 사용된다(이윤로, 2006: 187-188).

비행소년에 대한 정신치료로는 아이히호른(Aichhorn)의 정신분석적 시설치료, 맥코드
(McCord)의 환경치료, 맥코클(McCorkle) 등의 지도적 집단상호작용법 등이 시도되었다
(홍금자 외, 2009: 190-191). 특히 아이히호른은 정신분석적 이념에 기초한 시설내 치료경
험을 통해 다음과 같은 비행소년의 치료방침을 제시하였다. ① 소년의 애정욕구를 충족
시킬 것, ② 충분히 수용하고 일관되게 우호적인 태도를 취할 것, ③ 공격성이 표현되어
도 벌하지 않고 이야기를 나눌 것, 그리고 ④ 인간관계가 형성되면 과제를 제공해 책임
감을 육성할 것이다(홍금자 외, 2009: 190-191).

그러나 이 접근은 클라이언트가 규칙적으로 계획된 일련의 상담기간에 적극적으로 참여하고자 하는 동기가 있고, 할 수 있는 언어능력 등을 갖추어야 한다는 점에서 교정복지 실천현장에서 활용되는 데 일정한 제한점이 있다(Sheafor & Horejsi, 2005: 142).

② 인지행동주의 이론에 기초한 실천

인지행동주의 이론의 개요

인지행동주의 이론은 행동주의와 학습이론으로부터 선별된 개념을 통합한 것이다(Sheafor & Horejsi, 2005: 145). 인지행동적 접근에서는 드러난 행동뿐 아니라 숨어 있는 행동(covert behavior), 즉 상상, 사고, 감정 등에 대한 다양한 차원의 변화목표를 가지고 있다. 사회학습적 관점에서 행동의 변화는 결국 사고패턴의 변화를 통해 발생한다고 가정하고 있기 때문이다(Berlin, 1982). 이 접근의 목적은 클라이언트가 자신의 생활경험을 보다 현실적이고 긍정적으로 인식·사고·해석하는 방법을 학습하도록 지지함으로써 사회적 기능을 향상시키는 것이다(Sheafor & Horejsi, 2005: 145).

인지행동주의 이론의 주요개념

로넨(Ronen, 1997)은 인지행동모델에서의 사정은 목표, 표적행동 그리고 적절한 측정수단을 주의 깊게 규명하고, 환경과 개인을 통제하는 변수와 개인의 행동을 통제하는 사고방식과 정서를 구분하는 것을 특징으로 하고 있다고 하였다. 인간의 신념과 가정들은 그들의 정서적 반응과 행동에 중대한 영향을 끼친다. 이러한 생각의 도식들(schemes)은 전형적으로 환경과 개인적 상호작용에 의해서 아동기에 발달되고 자신과 타인, 할 수 있는 것과 기대하는 것에 대한 일련의 연속적인 확신을 형성한다(Sheafor & Horejsi, 2005: 145-146).

엘리스(Ellis)가 주장한 11개의 비합리적 신념 가운데, 범죄인이나 비행청소년에게 주로 나타나는 일곱 가지를 정리해 보면 다음과 같다(이형섭, 2003; Walsh, 1997: 146-148).

① 모든 주요 타자로부터 사랑받고 인정받는 것은 본질적인 것이다. 이러한 생각은 자신에 대한 열등감과 좌절을 쉽게 야기하고, 이에 따라 공격적이며 반사회적 행동이 촉발되는 원인이 되기도 한다.

② 가치 있는 사람이 되기 위해서는 가능한 한 모든 면에서 완전히 능력 있고, 적절하며, 성취적이어야 한다. 이러한 생각은 클라이언트에게서도 나타나지만, 교정사회

복지사에게서도 나타나는 비합리적 신념이다. 범죄인 혹은 대상자의 상당수는 다시 재범을 하기 마련이다. 끊임없이 겪게 되는 이러한 갈등과 좌절은 이러한 비합리적 신념에 압도되어 있을 경우 종종 실천가를 소진(burn-out)시키거나, 전문적 역할을 회피하게 만들기도 한다.

③ 불행은 우리가 통제할 수 없는 외부환경으로부터 비롯된다. 합리적인 사람은 불쾌한(unpleasant) 외부환경의 확대 해석을 피하고 자신 내부에 있는 성장의 잠재력을 찾는다. 그러나 많은 범죄인은 상대적으로 불쾌한 경험에 쉽게 압도되어 약물이나 알코올에 의존하는 경향이 크다.

④ 사악하고 나쁜 사람들의 악행에 대해 심하게 비난하고 처벌해도 된다고 생각하는 사람은 종종 '사적 응징'을 위한 폭력적 행동을 할 위험성이 있다.

⑤ 개인적 책임에 직면하기보다는 회피하는 것이 보다 쉽다. 범죄인은 개인적 책임에 직면할 자신감(self-confidence)이 결여되어 있기 때문에 자신의 책임을 회피하는 데 능숙한 것이 일반적이다. 이 분야의 실천가의 임무 중 하나는, 그들이 자신의 책임을 회피했을 때의 '눈덩이(rolling-snowball) 효과'를 이해하게 하는 것이다.

⑥ 우리는 의존할 수 있는, 자신보다 더 강한 사람이 있어야 한다. 많은 범죄인은 책임 있고 스스로 동기화된(self-motivated) 생활을 할 수 있는 자립감(self-reliance)의 결여로 의존적인 생활양식을 가진다. 다른 사람이나 약물에 대한 의존은 그 개인을 다른 사람, 특히 범죄적 성향을 가진 사람의 가치관과 행동에 쉽게 휩쓸리게 한다.

⑦ 과거는 현재 행동의 전적인 결정요인이며, 과거에 영향을 미친 것은 현재에도 비슷한 영향을 미친다. 전형적으로 범죄인은 자기 스스로 변화할 수 있는 능력에 대하여 인식하지 못하고 과거나 현재의 환경적 조건에 의해 이리저리 휘둘리는 경향이 크다. 이 분야의 실천가의 임무 중 하나는, 범죄인이 자신의 과거경험을 꼼꼼히 점검하여 그것이 현재의 부정적인 태도와 행동에 어떻게 영향을 미치고 있는지 깨닫게 하고, 그러한 과거경험이 현재 행동에 대한 변명이 될 수 없음을 보여 주는 것이다.

인지행동주의 이론과 교정복지실천

인지행동주의 이론은 특히 우울증, 낮은 자존감, 자아가 고갈된 사고와 행동을 가진 클라이언트에게 효과적이다(Sheafor & Horejsi, 2005: 145). 따라서 이러한 문제를 가진 범죄인과 비행청소년에게 적용될 수 있다. 또한 개입의 초점도 환경변화를 통하여 행동변화에 초점을 두기도 하고, 정서나 문제해결 능력과 구체적 상황에의 대처기술에 초점을 둘 수 있으며, 나아가 장애를 피하기 위하여 상황에 초점을 두기도 한다(Berlin, 1982).

버어린(Berlin, 1982)은 사회복지실천에서 인지행동적 개입절차가 클라이언트의 특성에 따라 다양할 수 있음을 인정하면서도, 문제해결 관점(problem-solving perspective)에 따라 다음과 같은 일반적인 절차를 제시하였다. 즉, ① 클라이언트의 문제범위를 탐색하고 규명하기, ② 그러한 문제들의 우선순위를 정하기, ③ 문제의 빈도, 강도, 혹은 기간 등 치료전단계(pre-treatment)의 (기초선) 정보를 수집하기, ④ 통제가 가능한 조건들(믿음, 행동, 감정, 대인관계적·상황적 요인)을 사정하기, ⑤ 해결책과 대안적 개입을 도출하기, ⑥ 전략을 세우고 실행하기, ⑦ 문제의 모니터링을 계속하기, ⑧ 개입을 조정하기, ⑨ 긍정적 결과(positive gains)의 유지를 강화하기 위한 계획을 도출하고 실행하기, ⑩ 치료를 종결하기, 그리고 ⑪ 평가와 긍정적 결과의 유지를 위한 추후접촉의 일정 짜기다. 캔퍼와 셰프트(Kanfer & Schefft, 1988)는 여기에 협약(alliance)의 창출, 변화를 위한 약속(commitment)의 발전 등 변화를 위한 클라이언트의 준비와 동기화를 촉진하는 요소를 포함시켜 보다 빠른 시기에 치료가 가능하도록 해야 한다고 제안하였다(Ronen, 1997 재인용).

인지행동적 접근은 전통적인 케이스워크(casework)에 비하여 보다 분명하고 명확한 목표와 구체화된 개입표적을 대상으로 경험적으로 연구되고 구조화된 기법들을 활용할 수 있다는 장점이 있다. 이것은 새로운 기법을 시도하는 데 자신감이 부족한 사회복지사에게 큰 도움이 될 수 있다. 특히 인지행동적 접근은 포괄적인 초점을 가지고 있으며, 행동치료와 통찰지향적 접근에서 차용한 절차들을 혼합하고 있기 때문에 매우 다양한 개입기법을 가지고 있다. 여기에는 문제와 가능한 해결책의 구체화, 모델링, 인지적·공개적 리허설, 조건관리(contingency management), 강화, 과제부여, 자기주장 훈련, 체계적 탈감화, 점진적 근육이완, 자기지시적 실천, 일상적 활동의 변경, 대인관계 지지, 사회기술훈련, 의사소통과 문제해결 훈련, 행동교환, 기본적 신념과 관련된 인지의 재구조화 등이 포함되며, 자연적·공식적 지지체계의 동원, 조직적 개입 등도 포함된다(Berlin, 1982; Payne, 2001; Toseland & Rivas, 2001).

스캇과 드라이덴(Scott & Dryden, 1996)은 이러한 광범위한 치료기법을 크게 다음과 같이 네 가지 범주로 나누어 설명하였다(Payne, 2001 재인용: 이형섭: 2003).

① 대처기술: 두 가지 요소가 포함되어 있는데, 하나는 자기 스스로에게 지시를 하는 '자기-언어화'(self-verbalisation)이며, 다른 하나는 그 결과로 나타나는 행동이다. 즉, 상황에 대처하는 데 어려움을 겪는 것은 자기-언어화를 위해 무엇을 해야 할지 밝혀내지 못하는 무능력이나, 자신의 지시에 따라 행동할 수 없는 무능력 때문이라는 것이다. 미센바움(Meichenbaum, 1985)의 스트레스 예방훈련(Stress Inoculation Training: SIT)은 클라이언트에게 어려운 상황에서 무엇을 말하거나 무슨 행동을 해야 할지 가르쳐 줌으로써 스트레스를 감소시키거나 예방하는 데 목적을 둔다. 또한 스트레스를 감소시키기 위해 클라이언트의 환경에 변화를 주기도 한다.

② 문제해결: 이는 펄먼(Perlman, 1957)의 정신역동적 사회복지실천이론과는 다른 것으로, 인생을 생활문제의 해결과정으로 본다. 여기서 문제해결은 과업중심 개입에 더 가깝다. 클라이언트가 문제에 확고하게 관여하여 이를 규정하고, 그에 대한 해결안을 내는 것이다. 또한 최선의 해결안을 선택하고 그에 따른 행동계획을 세우며, 진전과정을 검토하도록 촉진하는 것이다.

③ 인지적 재구조화: 아마도 가장 잘 알려진 인지치료형태로서, 벡(Beck)의 인지치료(CT)와 엘리스의 REBT(이전에는 RET)가 이에 포함된다. CT에서 클라이언트는 자신이 상황을 어떻게 해석하는지에 대한 정보를 수집하고, 치료자는 이것이 어떻게 작용하는지 질문하고 시험해 본다. REBT에서는 불합리한 신념이 클라이언트의 사고를 지배하여, '끔찍하다'(사건을 불합리하게 부정적으로 보는 것), '끝장났다'(불편한 상황을 견뎌낼 수 없다고 느끼는 것), '저주받아 마땅하다'(어떤 일에 실패했으므로 근본적으로 자신이 잘못되어 있다는 느낌) 등과 같은 반응을 초래한다고 본다. 치료자는 이러한 반응의 기저에 있는 불합리한 신념을 질문하고 공격한다.

④ 구조적 인지치료: 클라이언트 마음속 신념의 세 가지 '구조'에 대한 것이다. 핵심신념은 우리 자신에 대한 가정이며, 매개신념은 클라이언트가 세계에 갖는 명시적 설명이다. 주변적 신념은 매일 사용하는 활동계획과 문제해결전략이다. 치료자는 문제를 초래하는 주변 신념에 초점을 두지만, 변화과정을 이용하여 보다 심층적으로 이러한 신념의 근원을 탐색한다.

③ 인간중심이론에 기초한 실천

인간중심이론의 개요

인간중심이론 또는 내담자중심이론은 인간적이고 실존적인 철학적 전통을 기반으로 하고 있다. 이 실천이론은 모든 사람의 독특성, 자아인식, 개인적 경험의 의미 등을 강조하며, 긍정적이고 낙관적인 관점에 기초한다(Sheafor & Horejsi, 2005: 147). 특히 범죄인과 교정사회복지사와의 관계를 강조한다. 로저스(Rogers, 1952: 70)는 인간중심이론과 관련하여, "상담은 치료자(또는 상담자)와의 안전한 관계에서 내담자가 과거에 부정했던 경험을 다시 통합하여 새로운 자기로 변화하는 과정"이라고 정의하였다(Walsh, 1997: 127 재인용).

심리적 문제는 사람이 자신의 개인적 자기가치(self-worth)를 인정하는 조건(예, 돈, 직업)의 결과이기 때문에 조건 없이 개인으로서의 가치를 인정해 주는 것이 필요하다(Walsh, 1997: 147-148). 따라서 변화는 스스로 부여한 자아의 심리적인 장애물을 확인할 때, 긍정적인 성장을 위해 클라이언트의 내적인 잠재성을 자유롭게 펼칠 때 일어난다. 이 이론에 따르면, 교정사회복지사가 지녀야 할 세 가지 속성은 조건 없는 긍정적 관심, 진실성, 감정이입 등이다.

인간중심이론과 교정복지실천

교정사회복지사는 범죄인 및 비행청소년의 변화를 위해 바꿔 말하기(paraphrasing), 반영(reflection), 적극적 경청의 기법들을 사용할 수 있다. 이 이론에 입각할 때, 교정사회복지사는 비심판적 태도로 조언을 삼가고 진단의 유형화를 피하며 초점을 과거의 경험보다 '지금-여기'에 맞춘다(Sheafor & Horejsi, 2005: 147). 교정사회복지사의 진실성(authenticity)은 범죄인이 모방할 모델을 제시할 수도 있다. 그리고 인간중심이론에 기초한 교정복지 실천과정에서는 감정이입이 문제된다. 특히 중산층인 교정사회복지사는 범죄인에게 감정이입하는 것에 어려움을 겪을 수 있다. 발전된 감정이입 기법은 이면의 의미(between the lines)를 이해하는 것, 즉 경험, 인간행동에 대한 공부, 범죄인과의 의사소통에 대한 진실한 관심에 의해 습득된다.

④ 과제중심모델
과제중심모델의 개요

과제중심모델은 합의된 과제의 완수를 강조하는 것으로서, 클라이언트에 의한 활동단계들을 중시하는 개입구조의 활용을 통해 그들의 사회기능을 향상시키는 것을 목적으로 한다(Sheafor & Horejsi, 2005: 150). 과제중심모델은 특정한 이론적 지식에 근거하기보다는 사회복지사의 임상실험과 실천적 경험에 의하여 비롯되었다. 이 실천모델은 클라이언트가 직면한 문제해결을 통하여 변화가 일어날 수 있다고 전제하므로 그들 자신이 문제를 인식하고 그 문제를 해결하는 능력을 가지도록 지원하는 데 초점을 두고 있다(홍금자 외, 2009: 203). 이 접근법은 개인, 부부, 가족 및 소집단에 활용될 수 있고, 특히 비자발적인 클라이언트에게 적용이 가능하기 때문에 교정복지현장에서 활용 가치가 높다고 할 수 있다.

과제중심모델은 사회복지사가 효율적으로 학습하고 실천할 수 있도록 다음과 같은 특징적 요소를 가지고 있다(김혜란 외, 2007: 97-99). ① 단기개입: 과제중심모델은 시간제한적 단기치료모델로서 2~3개월 동안 8~12회기 전후로 이루어진다.[1] 또한 클라이언트가 장기간의 개입을 받고 있는 중에서도 필요한 시정에 부분적으로 사용될 수도 있다. ② 구조화된 접근: 과제중심모델은 다른 어떤 모델보다 구조화되어 사회복지사와 클라이언트가 다루어야 하는 구체적인 내용들이 5단계로 자세하게 제시된다. ③ 클라이언트의 자기결정권 강조: 클라이언트가 수행하기로 동의하고 계약한 구체적인 문제들로 표적문제를 규명한다. ④ 클라이언트 환경에의 개입 강조: 문제와 관련된 자원 탐색과 이를 활성화하기 위한 방안을 개입의 모든 과정에서 강조한다. ⑤ 개입 책무성 강조: 개입의 과정을 객관적으로 기록하고, 진전된 상황을 회기별로 모니터링하며, 클라이언트와 사회복지사 자신의 평가를 중시한다.

과제중심모델과 교정복지실천

과제중심모델은 범죄인이나 비행청소년의 모든 문제보다는 그들이 인식하고 변화를 수행하기로 동의한 문제를 중심에 두고 표적문제를 규명한다. 따라서 이 모델은 범죄인이나 비행청소년의 문제해결능력과 동기화, 그리고 교정사회복지사와 클라이언트 사이의 협력을 중시한다(홍금자 외, 2009: 206). 이때 클라이언트가 다른 기관에 의해 의뢰된 경우에는, 교정사회복지사는 의뢰기관에서 의뢰한 이유와 제시하는 문제 및 목표가 무엇인지 탐색하여야 한다(김혜란 외, 2007: 100). 예를 들면, 보호관찰소에서 수강명령 집행을 위하여 의뢰한 비행청소년의 경우에는 그러한 법적 처분을 받게 된 이유(약물남용, 학교폭력 등)와 함께 이에 대하여 클라이언트가 분명하게 이해하고 있는지 확인한다.

과제중심모델에서는 직접적인 개입기법으로 인식 증진, 지시, 격려 등이 활용되며, 간

---

1) 이런 단기개입은 대부분의 클라이언트가 8회 이내에 상당한 개입효과를 보고한다는 메타분석결과에 근거한다(김혜란 외, 2007: 98).

접적인 개입기법으로는 의사소통 기술, 탐색, 구조화, 상황분석 등이 활용된다(홍금자 외, 2009: 204). 한편 클라이언트가 수행하여야 할 과제들은 여러 형태가 될 수 있는데, 여기에는 일정한 시간 내의 의사결정, 필요한 자원의 확보, 기술 습득 등이 포함될 수 있다. 큰 과제들은 몇 개의 작은 과제로 세분화하여 성공을 경험하고 동기를 지속적으로 유지하도록 하는 것이 중요하다(Sheafor & Horejsi, 2005: 150-151).

⑤ 위기개입모델

위기개입모델의 개요

위기개입모델은 갑작스럽고 심각한 위기상황에서는 개인의 현재 기능수준이 방해를 받고 숨어 있던 심리적 어려움이 나타나게 된다고 가정한다(이윤로, 2006: 231). 위기는 일반적으로 재해, 발달적 위기 그리고 상황적 위기로 구분된다(김혜란 외, 2007: 111-112). 위기는 중요한 삶의 목적이나 욕구를 충족하는 데 장애가 생겨 혼란스러운 경우와 일상적인 문제해결방식으로는 극복하기 어려울 정도로 개인이나 가족의 안정이 깨진 상태를 말한다(Hepworth et al., 2006: 294). 이 모델의 기본원칙은 이러한 위기상태나 심각한 스트레스와 혼란에 의한 심리적 불균형에 대하여 일시적으로 원조하는 것이다(Sheafor & Horejsi, 2005: 149). 따라서 이 모델은 이러한 위기상황에 즉각적으로 개입하여 단기간의 전문적 원조를 제공하기 위하여 위기발생 직후 4~6주 동안 활용된다(김혜란 외, 2007: 111; Sheafor & Horejsi, 2005: 149).

이 모델은 과제중심모델과 유사하며, 다음과 같은 특징이 있다(Hepworth et al., 2006: 293). ① 시간제한이 있고, ② 정신병리적 문제보다는 삶의 문제에 초점을 맞추고, ③ '지금-여기'를 지향하며, ④ 사회복지사의 높은 수준의 활약이 필요하며, ⑤ 과제를 변화노력의 1차적 전술로 사용하며, 그리고 ⑥ 다양한 개입방법을 사용할 수 있는 절충주의적 구조다.

위기개입모델과 교정복지실천

범죄인이나 비행청소년은 불안정한 생활환경과 가족관계에 놓여 있는 경우가 많다. 즉, 이들은 가정 내의 불화나 갈등, 연인이나 배우자와의 결별, 학업중단, 잦은 이직과 직장 내 인간관계의 갈등 심각한 스트레스를 유발하는 상황에 봉착하는 경우가 많다. 이럴 경우 위기개입모델은 이러한 긴박한 심리적 위기에 처한 범죄인이나 비행청소년의 특별한 욕구와 관심에 대응하는 데 적절하게 활용될 수 있다.

이 접근방법을 활용할 때 교정사회복지사는 상당히 활동적이며 때로는 지시적이 되는
데, 교정복지실천에서 이 모델의 주요 요인은 다음과 같다(Sheafor & Horejsi, 2005: 149 참
조). ① 교정사회복지사는 클라이언트에게 신속하게 접근하고 즉각적으로 반응할 것이
요구되므로 시간제한이 있는 단기간의 집중적인 접근을 취한다. ② 교정사회복지사는
위기감을 가져온 사건과 클라이언트의 주관적인 느낌 등 위기유형에 관심을 가진다. ③
교정사회복지사는 클라이언트의 의사결정과 행동에 대한 원조를 강조하며, 그들의 사회
지지망 안에서 도움을 줄 수 있는 자원을 동원한다.

2. 교정사회복지사의 기본적 원조기술

1) 교정사회복지사의 자질 및 태도

(1) 교정사회복지사의 자기이해

① 자기이해의 필요성

교정사회복지사의 자기(self)는 교정복지실천의 주요한 도구(tool) 중 하나다. 따라서
휴먼서비스를 제공하는 교정사회복지사는 자기 스스로에 대한 이해를 높이기 위해 노력
해야 한다. 교정사회복지사가 범죄인이나 비행청소년 등과 긍정적인 원조관계를 수립하
고 그들의 사회적응력을 높이는 데 도움을 주기 위해서는 '자기의 활용'이 필요하다.
즉, 교정복지실천의 성패를 좌우하는 것은 '원조자의 자기의 질'(the quality of helper's
self)이다. 따라서 자신의 자아가 어떻게 타인과의 관계 속에서 기능하는가에 관한 객관
적 성찰을 반드시 해야 한다. 교정사회복사의 자기개념(self-concept)은 경험의 산물
(product)이자 경험의 생산자(producer)다(Walsh, 1997: 55). 긍정적 경험은 긍정적 자아
개념을 가져오고, 이는 다시 새로운 긍정적 경험을 하게 만든다.

사람은 누구나 완전한 합리성을 가진 존재가 아니며, 다양한 삶의 경험 속에서 자신만
의 독특한 경향성을 지니고, 그에 따른 행동양식을 만들어 낸다. 때로는 자신도 모르게
이런 자신의 방식이 타인에게 상처가 되고 의도와는 달리 해를 입히며 도움이 되지 않는
방향으로 작용할 수도 있다. 교정사회복지사는 항상 자신의 감정과 정서적 경향, 상황에
따른 기분의 변화 등에 대해 주의를 해야 하며, 이런 자신의 주관적 경향들이 클라이언

트에게 부정적 영향을 주지는 않는지 경각심을 가져야 한다.

② 교정사회복지사의 자아존중감과 자기표출

자아존중감

교정사회복지사가 범죄인을 긍정적으로 변화시키는 데 성공하기 위해서는 적정한 자아존중감(self-esteem)을 유지할 필요가 있다. 자아존중감은 자기개념과 혼동될 수는 있지만 동의어는 아니다. 자기개념은 두 가지의 주요한 모티브(motives)와 관련되어 있다(Rosenberg, 1979: 53). 하나는 자신을 좋게 생각하는 '자아존중감'(self-esteem)이며, 다른 하나는 변화로부터 자신을 보호하고자 하는 '자기일관성'(self-consistency)이다. 교정 분야의 모든 상담은 범죄인으로 하여금 자아존중감을 높이고 긍정적인 방향으로 변화하도록 자신의 자기일관성을 점검하도록 하는 노력과 깊은 관련이 있다.

모든 변화에는 저항이 따르기 마련이다. 특히 범죄인은 자신이 쓸모없다고 생각하여 낮은 자아존중감을 가지고 있고, 따라서 변화에 무기력하게 대응하거나 냉소적인 경우가 많다. 이러한 범죄인에게는 변화의 긍정적 결과에 대하여 확신을 줄 수 있는 자신감 있는 태도가 필요하다. 따라서 변화를 도와주는 교정사회복지사도 높은 수준의 자아존중감을 유지할 수 있어야 한다. 왜냐하면 변화매개자(change agent)로서 자신에 대한 긍정적인 인식과 존중감이 변화에 대한 저항을 자신 있게 다루는 밑바탕이 되기 때문이다.

자기표출

교정사회복지사에게 요구되는 가장 중요한 자질 중에 하나는 '자기표출'(self-disclosure)을 통하여 그들 자신을 다른 사람(범죄인을 포함하여)과 기꺼이 함께하고자 하는 자세다. 자기표출은 개인적 정보에 대하여 일반적으로 그 정보를 가지고 있지 않은 다른 사람과 의사소통하는 것을 의미한다(Walsh, 1997: 55). 예를 들면, '나는 이럴 때 가장 행복하다.' '나는 이런 종류의 사람이 가장 좋다.' '나는 알코올중독자에 대하여 진정으로 이렇게 생각한다.' '나는 누구다.' 등의 가치와 태도, 느낌, 정체성, 강점과 약점, 교정사회복지사로서의 효과성 등에 대한 표출을 의미한다. 이러한 자기표출의 장점은 자신을 나타내기 꺼리는 클라이언트로 하여금 자기 자신의 내밀한 사실을 털어놓도록 하는 모범적 행동(modeling behavior)이 된다는 데 있다. 이는 클라이언트에게 교정사회복지사의 입장에서 사물을 보는 새로운 관점을 제공하는 것이다. 이러한 자기표출 시에는 대상자의 느낌과 인간적 속성에 대해 인식하고 주의를 기울여야 한다. 또한 자기표출을 통해 자기개념의 성장을 도모하는 것이 가능하다.

(2) 효과적 교정복지실천을 위한 자질 및 태도

① 효과적 교정복지실천을 위한 요건

효과적 교정상담과 교정복지실천을 위한 요건은 다음과 같이 정리할 수 있다(Andrews & Bonta, 1994; Walsh, 1997: 49-50). ① 관계(relationship) 요인: 범죄인과 마음을 열고, 열정적이며 원조적인 방법으로 관계를 맺어야 한다. ② 권위(authority) 요인: 확고하되 공정해야 한다. 규칙(rule)과 요청(request)을 구분하여야 한다. 규칙에 순응하도록 노력하되 우월감을 보이거나 권한을 남용해서는 안 된다. ③ 반(反)범죄적 모델링과 강화: 사고, 감정 그리고 행동에서 반범죄적 방식을 보여 주고 강화한다. ④ 구체적 문제해결: 범죄인이 가정, 학교, 직장에서 친사회적(pro-social) 행동을 하는 데 필요한 기술을 습득하고 장애를 제거하도록 돕는다. ⑤ 옹호(advocacy)와 중개(brokerage): 범죄인의 구체적 문제해결을 위해 지역사회가 보유하고 있는 서비스를 연결하여 그들이 자립할 수 있도록 돕는다.

② 원조적 관계형성을 위한 자질과 태도

훌륭한 교정사회복지사가 되기 위한 자질과 태도는 일반적인 사회복지사에게 요구되는 품성과 크게 다르지 않다. 가장 기본적으로 중요한 것은 인간존엄에 대한 신뢰를 바탕으로 범죄인에 대한 선입견과 편견을 버리고 수용과 비심판적 태도를 보이는 것이다. 한편 범죄인 변화에 성공하는 교정사회복지사가 되기 위해서는 교정이라는 특수한 실천현장과 범죄인을 대하는 태도에 대한 전문적인 지식이 추가적으로 필요하다.

한편, 월시(Walsh, 1997: 50-51)는 교정 분야의 전문적 원조자가 효과적으로 자신의 일을 하기 위하여 요구되는 자질 및 태도를 다음과 같이 제시하였다. 첫째, 교정사회복지사는 범죄행동과 그에 관계되는 것에 대한 충분한 지식이 있어야 한다. 둘째, 교정사회복지사는 현실적이어야 하며, 인간관에 대한 극단적 입장을 취해서는 안 된다. 셋째, 교정사회복지사는 그들 자신의 욕구를 충족하기 위해 범죄인을 이용해서는 안 된다. 예를 들면, 권력에 대한 욕구로 대상자를 과도하게 통제하고 강압해서는 안 된다. 넷째, 교정사회복지사는 원조자(helper)로서의 신뢰와 믿음, 신용을 범죄인에게 심어 주어야 한다. 다섯째, 교정사회복지사는 자신의 태도와 사고에 대한 끊임없는 성찰이 필요하다.

여기서는 원조 관계형성을 위하여 사회복지사에게 공통적으로 요구되는 기본 자질과 태도를 중심으로 교정복지실천에의 시사점을 살펴본다.

인간의 존엄성에 대한 신뢰

「헌법」제10조는 "모든 국민은 인간으로서의 존엄과 가치를 가지며, ……국가는 이를 보장할 의무를 진다."고 천명하고 있다. 이는 국민 모두가 인간 그 자체로 목적적인 존중을 받아야 하며 어떤 수단적인 존재로 취급을 받거나 무시되어서는 안 된다는 것을 의미한다. 범죄인도 국민의 일부이며, 「헌법」이 보장하는 이러한 천부적 기본권의 대상이 된다. 인간존엄성에 대한 신뢰는 교정처우를 담당하는 교정사회복지사에게도 자신의 직업적 윤리체계에서 최상위의 가치를 두어야 하는 것이다. 이는 「헌법」의 기본권 차원을 넘어서 인간원조에 관련된 직업을 가진 사람에게는 가장 핵심적인 가치이기 때문이다.

교정처우 발달과정을 살펴보면, 교정복지는 과거의 전통적인 구금형과 처벌적 교정제도를 대체하여 왔다. 이러한 측면에서 교정의 발달사는 곧 '인간존엄성 인정'의 발달사다. 교정복지의 이념적 바탕에는 침해적 요소를 최소화하면서도 보다 효과적으로 범죄성을 개선하여 궁극적으로 인간의 존엄을 실현하려는 의지가 담겨 있기 때문이다. 따라서 범죄인은 자신의 범법행위에도 불구하고 그에 대한 법적 책임을 넘어서서 비난받고 처벌받지 않아야 한다. 법률적 수권에 의해 범죄인을 원조하는 교정사회복지사는 범죄인을 한 인간으로서 존중하고 존엄성이 보장되는 방향으로 처우를 하려고 노력하여야 한다. 이를 위해서 교정사회복지사는 범죄인 개개인의 다양성을 존중하는 한편, 평등하고 공정한 처우를 실시하여야 한다.

변화가능성에 대한 믿음

교정처우의 과정에서 교정사회복지사는 범죄인에 대한 인격적 실망, 원조 노력의 실패에 따른 배신감 등으로 인간의 변화가능성에 대한 낙관적인 관점을 포기하기가 쉽다. 대신에 범죄인에 대한 비인간적이고 통제적인 태도, 개인적 성취감의 결여, 무력감, 부정적 자아개념, 근무태만 등의 태도를 보일 수도 있다. 이는 대인서비스 분야에 종사하는 직업인에게서 흔히 발생하는 소진(burn out)으로서, 신체적 · 정신적 · 정서적 고갈상태를 의미한다. 처음에는 인간을 돕겠다는 소명의식을 가지고 일을 시작하지만, 자기도 모르게 수년간 점진적으로 이러한 태도로 바뀌어 갈 수도 있다. 만약, 교정사회복지사가 범죄인이 변화하지 못할 것이라는 선입견을 가지면 그들에 대하여 지지적이고 수용적인 자세보다는 통제적이고 비판적인 태도를 가지기 쉽다.

범죄인에 대한 교정복지실천의 목적은 단순히 통제와 자유제한을 완화하는 것이 아니다. 교정사회복지사에게는 인간행동에 대한 전문적 지식을 바탕으로 범죄인의 범죄성을 개선하고 범죄적 행동양식의 변화를 보다 잘 유도하는 것이 중요하다. 이를 위하여 교정사회복지사는 ① 범죄인을 정형화하지 않고, ② 범죄인의 강점을 발견·사용하도록 도우며, ③ 문제행동개선과 변화계획에 범죄인이 적극 참여하도록 유도하고, 그리고 ④ 범죄인에게 필요한 것보다 그가 원하는 것에 초점을 맞추는 것이 필요하다.

수용과 비심판적 태도

수용(acceptance)은 범죄인을 있는 그대로 이해하고 받아들여 주는 것을 의미하며, 비심판적 태도는 문제의 원인에 대해 범죄인에 대한 비난적 표현을 하거나 시시비비를 가리며 추궁하지 않는 것을 말한다(법무부, 2007). 범죄인, 특히 범죄전력이 많은 사람일수록 타인에 대한 기본적인 배려심이 부족하거나, 타인을 속이고 쉽게 이용하여 해를 가하고도 자신의 행위에 죄책감이 없는 경우가 일반인에 비하여 많은 편이다. 범죄인의 이러한 부정적인 모습과 행위 성향에 대해 교정사회복지사가 도덕적 선입견을 가지고 대할 경우 범죄인과의 관계형성은 요원해지게 된다.

물론 여기서 범죄인에 대하여 수용하는 것이 그들의 범죄행동이나 그릇된 태도 성향을 허용하고 받아들인다는 뜻은 전혀 아니다. 그리고 비심판적 태도를 취한다는 것도 반사회적·비윤리적 태도에 대해 사회적 평가를 하지 말라는 것이 아니다. 여기서의 수용과 비심판적 태도는 범죄인의 행동이나 가치관을 보다 효과적으로 수정하기 위한 수단적 가치를 가지는 것이다. 교정사회복지사가 범죄인에 대하여 관심을 가지고 이해해 주며 고민을 들어 주고 도움을 주려는 자세를 보인다면, 그들은 방어적인 태도를 버리게 될 것이다. 나아가 자신의 문제를 보다 현실적이고 적극적으로 인정하고 해결하도록 노력할 것이다.

범죄인은 연속되는 인생의 실패 경험 속에서 낮은 자아존중감을 가지는 경우가 많다. 따라서 열등감과 자신에 대한 불만, 타인과의 관계형성에 대한 두려움 등이 많으며, 타인의 비판이나 충고에 대하여 자신이 무시되고 비난받는 것으로 간주하기 쉽다(법무부, 2007). 또한 자신의 낮은 자존감에 대한 방어 전략으로 저항적이고 공격적으로 반응하는 경우가 많다. 교정사회복지사는 이러한 범죄인의 특성을 잘 이해하고 이들이 전문적 원조 관계형성을 통하여 긍정적으로 변화할 수 있도록 범죄인에 대한 수용과 비심판적 태도를 각별히 유지할 필요가 있다.

공감능력

다른 분야에 종사하는 사회복지사와 마찬가지로, 교정복지를 실천하는 교정사회복지사에게 가장 필요한 자질 중의 하나는 공감능력이다. 공감(empathy)은 다른 사람과 일치되는 느낌의 과정으로서 그들의 생각·느낌·환경을 이해하고 인식하는 것이다 (Cournoyer, 2002: 26-27). 즉, 상대방의 생각과 감정을 상대방의 입장이 되어 이해할 수 있는 능력을 말한다. 공감적 태도와 공감의 기술은 교정사회복지사와 클라이언트 사이의 긍정적이며 상호 협력적 관계형성에 기여한다(법무부, 2007). 공감적 태도란 판단을 유보하고 상대방의 세계를 있는 그대로 이해하려는 자세다. 즉, 타인의 생각, 느낌, 경험 및 환경을 타인의 입장에서 이해하고 인식하려는 노력을 말한다.

공감은 상대방의 편이 되어 상대방과 같은 정서를 느끼는 동정과는 다른 개념이다(법무부, 2007). 공감은 상대방을 이해는 하지만 객관적인 관점은 유지하는 것이다. 공감하기 위해서는 자신의 편견이나 클라이언트에 대한 가정, 첫인상에 의한 느낌 등 클라이언트의 온전한 이해를 방해할 수 있는 것들을 통제하도록 노력하여야 한다. 교정사회복지사는 클라이언트의 행동을 좋다고 인정할 수는 없지만, 그들을 판단하지 말고 그의 현재의 관점을 이해하려고 노력해야 하는 것이다.

범죄인은 자기 스스로도 자신의 감정과 행동을 유발한 심층적 원인에 대해서는 파악하지 못할 수 있다. 또 그들은 불신감, 판단에 대한 두려움, 좌절에서 비롯된 무기력감 등으로 자기를 솔직하게 표현하는 데 어려움을 느낄 수 있다. 공감적 태도는 클라이언트와 협력하여 그들의 자기인식과 이를 통한 변화의 동기화(motivation)를 유도하는 발판이 될 수 있다(법무부, 2007).

온화함과 진실성

온화함(warmth)은 "클라이언트가 안전감을 느끼고 수용되고 이해되고 있다고 느끼도록 하는"(김상균 외, 2007: 249) 교정사회복지사의 태도로서 신뢰를 형성하기 위한 전제다. 일반적으로 교정복지실천의 클라이언트는 형사사법과정을 거치면서 위축되거나 적대적인 감정을 가지고 있는 경우가 많다(법무부, 2007). 따라서 클라이언트가 교정사회복지사와의 만남에서 선의와 따뜻한 배려를 느낀다면, 자신의 심리적 방어태세를 허물고 문제 상황에 대한 적절한 인식과 대처를 할 여유를 찾게 된다. 온화함의 구체적인 표현은 형식을 가지는 것은 아니지만, 클라이언트에 대한 진지한 배려의 감정에서 우러나와야 한다. 그렇지 않은 형식적 표현은 진실이 결여되었다는 것을 클라이언트는 민감하게 파악한다. 교정사회복지사는 적절한 때에 미소를 짓거나 클라이언트에게 진지한 관심을 드러냄으로써 따뜻한 마음을 전달할 수 있다. 이는 언어적 표현방식 이외에 비언어적 수단으로도 많이 전달된다. 표정이나 몸짓, 시선, 어조 등에서도 따뜻함이 묻어나도록 평소의 생활습관을 익히는 노력도 필요하다.

한편, 진실성(genuineness)이란 교정사회복지사가 가식적이지 않은 자신의 참모습을 보여 주고 자발적 솔직성을 드러내는 것을 의미한다(김상균 외, 2007: 250). 즉, 클라이언트와 관계를 맺는 데 중요한 성실성, 정직성, 개방성의 표현을 말한다. 진실한 교정사회복지사는 범죄인에게 숨은 의도를 가지고 대하거나 위선적인 태도를 취하지 않는다(법무부, 2007). 또한 그들을 개방적이고 정직하게 대함으로써 클라이언트에 대한 존중을 표현한다. 교정사회복지사가 범죄인을 대하고 관계를 맺는 것은 근본적으로 그들을 위한 것이 되어야 한다. 그러나 클라이언트와의 관계에서 진실해야 한다는 것이 자기의 느낌이나 생각을 직설적으로 표현하는 것은 아니다. 진실성은 대상자에 대한 배려와 존중의 바탕에서 표현되어야 한다. 경우에 따라서는 범죄인의 억지스러운 표현이나 행동에 대해서는 자신의 부정적인 감정을 표출할 필요가 있다. 이때에는 그 이유가 된 클라이언트의 구체적 태도나 행동에 대해 솔직하게 지적하고 자신의 감정을 자기전달(I-message) 형식으로 표현하는 것이 바람직하다(법무부, 2007).

③ 효과적 면접을 위한 의사소통 기술

교정복지실천에서도 의사소통 기술, 특히 언어적인 의사소통 기술은 핵심적인 것이다. 언어적 의사소통은 크게 메시지의 수신과 전달로 구분된다. 클라이언트의 메시지를 수신하는 것과 관련해서는 '경청' 하는 자세와 클라이언트의 '정서와 감정을 이해' 하는 것이 중요하며, 메시지를 전달하는 방법과 관련해서는 '어투와 어조' 그리고 '나 전달법' (I-Statement)을 살펴볼 필요가 있다. 그리고 교정사회복지사와 같이 주로 비자발적 클라이언트와 일하는 경우에는 '방어적 의사소통에 대응하기' 가 중요하다.

듣는 기술: 경청

경청(listening)은 상대방의 말을 주의 깊게 듣고 그들의 비언어적 제스처와 포지션을 관찰하며, 상대방이 충분히 자신을 표현하게 격려하는 과정을 통해 상대방의 전달하고

자 하는 메시지를 파악하는 노력이다(Cournoyer, 2002: 127). 대부분의 사람들은 다른 사람이 전달하려고 하는 메시지보다는 자신의 생각과 감정에 더 많은 주의를 기울이기 때문에 잘 경청하지 못하는 편이다. 유능한 경청자는 이런 사람의 일반적 경향성을 극복한 사람이며, 이는 저절로 이루어지는 것이 아니다. 잘 경청하는 행위는 상호관계에서 상대방을 이해하고 도움을 주는 데 가장 중요한 일이라 할 수 있다.

범죄인이나 비행청소년은 일반적으로 타인으로부터 인정받고 존중받은 경험이 상대적으로 부족하며, 그들이 삶에서 경험한 부정적인 사건은 자존감을 약화시킬 수 있다.[2] 자존감이 약한 사람은 타인의 반응으로부터 쉽게 상처를 받고 이에 대해 분노를 표출하거나 회피적 태도를 취하는 경향이 있다. 특히 자아존중감이 약한 사람과의 관계형성에서 '경청'은 효과적인 수단이 된다. 자신의 말이 상대에게 경청되고 있다는 느낌은 그들 스스로의 가치를 타인에게서 인정받는 경험이 되고, 이런 경험 속에서 그들은 자신에 대한 성찰과 변화를 모색할 수 있는 심리적 여유를 갖게 된다. 교정복지실천에서 경청의 기능은 다음과 같다(Cournoyer, 2002: 127). 첫째, 효과적인 경청을 통해 사정과 분류, 처우계획에 필요한 중요한 정보를 얻을 수 있다. 둘째, 경청은 클라이언트로 하여금 긴장과 불안을 감소시키고 자신감을 불어넣을 수 있다. 셋째, 주의 깊은 경청은 클라이언트로 하여금 자신을 솔직하고 자유롭게 표현하도록 촉진한다. 넷째, 효과적인 경청은 클라이언트의 가치감을 고양시킨다. 다섯째, 경청은 클라이언트의 자기이해, 자존감, 문제해결 능력을 긍정적으로 변화시키는 데 기여한다.

구체적인 경청의 과정은 다음과 같이 듣기, 관찰, 격려 그리고 기억 요소로 구성된다(Cournoyer, 2002: 128-129). ① 듣기(hearing): 다른 사람의 목소리, 어투, 언어에 관심을 기울이는 경청의 과정으로 듣기를 잘하기 위해서는 상대방의 말과 소리에 집중해야 하며 선택적으로 듣는 경향을 줄여야 한다. ② 관찰(observing): 클라이언트가 세계를 어떻게 경험하는지를 보다 잘 이해하기 위한 것으로서, 면접 도중에 일어나는 미묘하거나 간접적인 의사소통을 살펴보는 것이다. 그들의 신체적 특징, 몸짓, 비언어적 행동에 관심을 기울일 때 일어난다. ③ 격려(encouraging): 한마디의 말이나 짧은 문구 또는 목소리나

---

2) 많은 범죄인이나 비행청소년은 자신의 고민, 인간적 고뇌 그리고 생활상의 어려움을 털어놓았을 때 이를 인정받고 이해된다는 느낌을 경험하지 못했을 것이다. 특히, 열악한 성장환경, 경제적 취약, 가족의 연대감 부족, 미흡한 사회적 지지 등 환경적인 영향으로 이들은 지적·정서적·행동적 취약성을 가졌을 확률이 높다. 즉, 사회구조의 소외계층으로서 그들이 사회에서 이해되고 정당하게 취급받지 못하는 과정에서 범죄의 굴레에 빠지는 순환이 발생하는 측면이 있다고 본다(법무부, 2007).

몸짓을 사용하여 상대방에 간단하게 반응함으로써 클라이언트가 자신을 계속 표현하도록 하는 것이다. 여기에는 들었던 내용을 재반복하는 환언(paraphrasing), 진술한 내용을 간단하게 정리하는 요약(summarizing), 클라이언트가 표현한 감정에 반응하는 반영(reflection) 등의 기술이 사용된다(이윤로, 2006: 119). ④ 기억(remembering): 정보를 나중에 사용할 수 있도록 일시적으로 저장하는 과정으로서, 이해한 것을 의사소통하거나 서로 다른 시점에서 표현된 메시지를 연결하거나 문서기록을 준비하는 데 사용할 수 있도록 정보를 저장하는 것이다.

경청에서 주의할 점은 성급하게 상대방의 말에 끼어들고 해결책을 제시하지 않는 것이다. 경청을 잘하기 위해서는 자신을 잘 통제해야 한다. 범죄인이나 비행청소년에 대하여 적극적으로 개입하고 그들의 범죄성을 개선하고자 하는 의지가 강한 교정사회복지사일수록 더 성급해지는 수가 있다. 그러나 섣부른 조언과 충고는 도리어 클라이언트의 솔직한 표현을 방해할 수 있고, 상식적이고 피상적인 대책만을 제시함으로써 오히려 역효과를 낼 수 있다.

말하는 기술: 어투 · 어조와 나 전달법

교정사회복지사의 말의 어감과 속도 그리고 말투는 클라이언트와 상호작용 과정에서 많은 것을 전달한다. 특히 범죄인이나 비행청소년 중에는 학력수준이 낮은 사람이 많으며, 심지어 문맹인도 간혹 있으므로 쉽고 이해하기 쉬운 용어를 사용하도록 각별히 노력하여야 한다. 특히 사람들을 낙인찍는 용어의 단정적인 사용에 주의를 기울여야 한다. 예를 들어, 성범죄로 교정복지 실천현장에 의뢰된 클라이언트에게 '성폭력범'이라는 표현을 단정적으로 사용하면 두 가지 측면에서 문제가 발생한다. 하나는 흉폭한 성폭력범죄인의 이미지와 연결되어 클라이언트를 고정관념화(stereotyping)하고 그들을 위축시켜 결과적으로 원조 관계형성에 방해요인이 된다. 다른 하나는 교정사회복지사 자신에게 부정적인 감정적 반응을 불러일으키는 문제가 있다. 물론 성폭력범죄는 절대로 용납되어서는 안 될 사회적 해악이다. 그러나 교정사회복지사는 이렇게 불행한 성폭력범죄의 재발을 막기 위하여 그들의 변화를 위해 개입하는 전문직업인이라는 사실을 잊어서는 안 된다.

한편, 교정사회복지사의 의사소통을 증진할 수 있는 메시지의 구조로서 '나-전달법'이 효과적으로 사용될 수 있다(Sheafor & Horejsi, 2005: 217). 일반적으로 범죄인이나 비행청소년은 타인의 평가에 방어적이며, 일반인보다 쉽게 분노와 좌절을 표출하는 성향이 있다. 그런데 '너-전달법', 예컨대 "너는 좀 더 노력해야 해." 등의 메시지 구조는 듣는 사람의 기분을 상하게 한다. 따라서 범죄인이나 비행청소년이 클라이언트일 경우에는 이러한 메시지 전달방법의 사용을 각별히 주의하여야 한다. 이에 비하여 나-전달법은 "이렇게 해 주었을 때 나는 좋게 생각한다."는 식으로 표현한다. 이는 교정사회복지사가 사용할 수 있는 매우 일반적인 의사소통 기술로서, 경우에 따라서는 클라이언트의 의사소통방식을 개선하기 위하여 직접 그들을 가르칠 수도 있다(Sheafor & Horejsi, 2005: 218).

방어적 의사소통에 대응하기

범죄인이나 비행청소년과 일하는 교정사회복지사는 자기보호적이며 비자발적인 클라이언트를 만나는 일이 많다. 이러한 클라이언트는 교정사회복지사와 일정한 거리를 유지하고 상호작용을 피하기 위하여 거부, 비난, 낙인, 회피, 무력감, 위기 또는 불화의 이용, 약한 척하기 등 다양한 방어적 노력을 기울인다(Sheafor & Horejsi, 2005: 222).

교정사회복지사는 클라이언트의 방어적 태도를 줄이기 위하여 다음과 같은 지침에 따라야 한다(Sheafor & Horejsi, 2005: 223-225). ① 방어적 태도는 실제 또는 가상의 위험으로부터 자기를 지키려는 시도이기 때문에, 교정사회복지사는 클라이언트의 두려움이 무엇인지에 대하여 초점을 맞추어야 한다. ② 방어적 태도가 과거에는 목적에 부합하는 행위였다는 점을 이해하고 방어적 행동에 대한 인내력을 기른다.[3] ③ 클라이언트가 방어적이지 않은 긍정적 행동을 보이면 이를 강화하고 보상하는 방법으로 반응하여야 한다.[4] ④ 되도록 클라이언트가 정보를 받는 지배적인 방법, 즉 시각적·청각적·촉각적 모드에 맞추어 단어나 어구를 사용한다. ⑤ 가능하면 언제나 클라이언트가 자신의 생활에서 일어나는 것에 대해 통제하고 선택할 여지를 준다. ⑥ 클라이언트의 감정에 동조함으로써 저항에 참여하는 기법을 사용한다. ⑦ 클라이언트에게 낙인적인 명칭을 붙이거나 함부로 특정 범주에 포함시키지 않는다. ⑧ 방어적인 클라이언트는 교정사회복지사의 노력을 방해하는 많은 시도를 할 수 있는데, 경우에 따라서는 직접적으로 그러한 시

---

3) 즉, 클라이언트의 방어적 행동이 일시적인 것이 아니며 장기적인 패턴이라면, 그것은 과거의 근원적인 어려움이나 두려운 사건의 고통으로부터 클라이언트를 지켜 주었던 방법이었다는 것을 이해하여야 한다.

4) 때로는 클라이언트의 어조, 말투, 자세 등 비언어적인 행동을 모방(mirroring)하여 방어적이지 않은 의사소통을 따를 수 있다. 반면에 방어적인 자세나 분노에 찬 빠른 어조를 취한다면 정확히 그 반대로, 개방적 자세를 취하고 부드럽고 느리게 반응하는 것이 클라이언트를 조용하게 만드는 데 효과적이다.

도 자체를 이슈로 다룰 필요가 있다. ⑨ 만약 클라이언트가 외설적이거나 욕설 같은 말을 쓰면, 침묵을 지키거나, 놀라거나 주의를 기울이는 등 이러한 행동을 강화할 수 있는 대응을 하지 않는다.[5)]

참고문헌

김상균 외(2007). 사회복지학개론. 서울: 나남출판.

김혜란 · 홍선미 · 공계순(2007). 사회복지실천기술론. 서울: 나남출판.

법무부(2007). 보호관찰 초기면담 관계형성론. 법무부 보호관찰비전연구팀.

이윤로(2006). 최신사회복지실천론. 서울: 학지사.

이형섭(2003). 효과적 보호관찰 지도감독 모델에 관한 연구: 인지행동적 개입을 중심으로. 법조, 통권15호, 191-235.

최옥채(2010). 교정복지론. 서울: 학지사.

홍금자 · 박영숙 · 문영희(2009). 교정복지론. 서울: 학현사.

Andrews, D. A., & Bonta, J. (1994). *The psychology of criminal conduct*. Cincinnati: Anderson.

Berlin, S. (1982). A cognitive behavioral interventions for social work practice. *Social Work, 27*.

Cournoyer, B. (2002). 사회복지실천기술연습(김인숙 · 김용석 공역). 서울: 나남출판. (원전 출판 2000년).

Goldstein, E. (1995). *Ego psychology and social work practice* (2nd ed.). New York: The Free Press.

Hepworth, D. H., Rooney, R. H., Rooney, G., Strom-Gottfried, K. J., & Larsen, J. A. (2006). *Direct social work practice* (7th ed.). Pacific Grove, CA: Brooks/Cole.

Meichenbaum, D. (1985). *Stress inoculation training*. New York: Peramon.

Payne, M. (2001). 현대 사회복지실천이론(서진환 외 역). 서울: 나남출판. (원전 출판 1997년).

Perlman, H. (1957). *Social casework: A problem-solving process*. Chicago: University of Chicago Press.

Ronen, T. (1997). Cognitive-behavioral therapy. In D. Martin (Ed.), *The Blackwell companion to*

---

5) 이는 '안개 속에 머물기'(fogging)와 같은 기법을 사용하는 것이다. 클라이언트가 공격적인 언어를 계속 사용하더라도 마치 안개 속의 강둑으로 던져진 돌처럼 아무 효과도 보지 못하도록 반응하지 않는 것이다. 이러한 반응은 클라이언트로 하여금 언어적 '돌'이 효과가 없다는 것을 인식하게 하여 불편함을 주려던 자신의 시도를 포기하게 만든다(Sheafor & Horejsi, 2005: 225).

social work. London: Blackwell Publisher.

Rosenberg, M. (1979). *Conceiving the Self.* New York: Basic Books.

Sheafor, B., & Horejsi, C. (2005). 사회복지실천 기법과 지침(남기철 외 역). 서울: 나남출판. (원전 출판 2003년).

Toseland, R. W., & Rivas, R. F. (2001). *An introduction to group work practice* (4th ed.). New York: MacMillan.

Walsh, A. (1997). *Correctional assessment, casework & counseling* (2nd ed.). Lanham, MD: American Correctional Association.

Woods, M. E., & Hollis, F. (1999). *Casework: A psychosocial therapy* (4th ed.). New York: McGraw-Hill.

제12장

교정복지 실천과정과 기술

이 장에서는 교정복지의 실천과정에 따른 개입기법과 지침을 점검해 본다. 교정복지의 실천과정이란 범죄인이나 비행청소년, 그 가족 그리고 그들의 집단을 대상으로 하는 사회복지 실천과정으로서 사회복지실천의 원리와 가치가 적용된다. 다만 교정복지실천을 할 때는 범죄인이나 비행청소년의 고유한 특성과 실천현장의 특수성 등을 세심하게 고려하여야 한다. 따라서 여기서는 일반적인 사회복지 실천과정의 단계에 따라 각 실천과정별로 강조되는 교정사회복지사의 활동과 기술을 살펴보고, 동시에 범죄인, 특히 보호관찰대상자의 효과적 지도감독을 위한 개입요소들을 살펴본다.

1. 실천과정의 이해와 인테이크 단계의 기술

1) 교정복지의 실천과정

문제해결과 변화를 지향하는 사회복지 실천과정은 학자들에 따라서 다양하게 제시되고 있다. 예를 들어, 헵워스와 라슨(Hepworth & Larsen, 1990)은 ① 문제탐색 · 사정 · 계획, ② 실행 · 목표달성, 그리고 ③ 종결 · 평가의 단계로 구분하였다. 반면 실천과정을

표 12-1 갬브릴 등의 12단계 개입과정

단계	목표	논리	실행수단
1. 문제영역의 목록	문제들의 전체적인 스펙트럼을 획득한다.	문제 영역의 윤곽을 묘사하도록 돕는다.	현존 문제들의 '모든 기술'(full descriptions)을 모으기
2. 문제선택과 계약	변화를 위해 선택된 문제 영역에 대한 클라이언트-치료자 간의 합의에 도달한다.	클라이언트의 공동 수행과 참여를 자극한다.	문제 목록에 대하여 이야기하고 선택에 대하여 협상하기
3. 공동수행의 약속	과정에 있어 공동 수행할 것에 대한 클라이언트의 동의를 획득한다.	순응을 촉진한다.	설명해 주고, 합의 내용을 읽어 주며, 동의를 요청하기
4. 표적행동의 구체화	선택된 문제를 상세한 부분까지 구체화한다.	문제를 유지하고 강화하는 것들을 보여 준다.	문제행동과 바람직한 대안 및 예시 사용하기
5. 표적행동의 기초선	문제의 개입 전 빈도와 기간을 획득한다.	변화를 판단할 구체적인 기초를 제공한다.	도표화하기와 추정하기
6. 문제를 통제하는 조건 규명	문제발생에 선행하거나 후행하는 조건을 배운다.	문제에 영향을 끼치는 차별적 자극의 중요성을 보여 준다.	문제발생 기간 동안, 그리고 전후의 사건들을 도표화하기
7. 환경적 자원 사정	클라이언트의 환경에서 활용 가능한 자원을 규명한다.	변화를 끌어내는 데 필수적인 환경적 원조를 목록화한다.	클라이언트에게 묻거나 환경상 중요한 타자 또는 중재자를 인터뷰하기
8. 행동적 목표의 구체화	수정계획의 행동적 목표를 구체화한다.	클라이언트의 최종적 행동 레퍼토리를 명백히 한다.	기초선 레퍼토리를 사용하기
9. 수정계획의 작성	적절한 기법을 선택한다.	변화를 위한 가장 효율적 프로그램의 선택을 가능하게 한다.	이전 단계의 정보를 재검토하고 가능한 개입을 검토하기
10. 수정계획의 실행	행동을 수정한다.	변화를 위한 노력에 집중한다.	구체적인 개입기법을 실시하기
11. 결과의 모니터	개입의 효과성에 대한 정보를 획득한다.	효과성에 대한 피드백을 준다.	자료수집 기법 활용하기
12. 변화의 유지	변화의 유지와 안정화를 얻는다.	재발을 방지하는 것을 돕는다.	변화 유지를 위한 환경과 특정한 계획을 활용하기

출처: Ronen (1997).

보다 세분하여 접수와 관여, 자료수집과 사정, 계획과 계약, 개입과 점검, 평가와 종결 등 5단계로 계획된 변화과정을 제시하거나(Sheafor & Horejsi, 2005), 나아가 문제해결과 정을 관계형성, 사정, 계획, 수행, 평가, 종결 및 사후지도의 7단계로 구분하는 경우도 있다(Kirst-Ashman & Hull, 1999). 한편, 갬브릴 등(Gambrill et al., 1971: Ronen, 1997 재인용)은 이보다 구체적으로 인지행동치료를 사회복지실천에 적용하여 사회복지사를 위한 개입절차의 가이드라인을 12단계로 제시하였다. 각각의 단계는 세 가지 구성요소, 즉 목표(objective), 논리(rationale) 그리고 실행수단(means of operation)으로 구성되어 있는데, 정리하면 〈표 12-1〉과 같다.

여기서는 명확히 구별되는 목표를 기준으로 범죄인의 변화와 문제해결을 위한 실천과 정을 ① 인테이크(접수 및 참여유도) 단계, ② 사정 및 계획 단계, ③ 개입단계, ④ 평가 및 종결 단계로 나누어 살펴본다(김융일, 조흥식, 김연옥, 2005: 171-174).

2) 인테이크 단계의 실천기술

인테이크(intake) 또는 인테이크 면접이라고 하는 초기 접수과정은 클라이언트와 교정 사회복지사 간에 이루어지는 최초의 대면 접촉이다. 교정복지의 여러 현장에서는 자발 적으로 찾아오는 클라이언트를 맞이하게 되는 일은 드물다. 보호관찰소와 같은 정부기 관뿐 아니라 공공기관과 협력관계를 맺고 있는 사회복지 기관 및 단체의 경우에도 법원 의 명령이나 이에 준하는 행정처분에 의하여 클라이언트가 강제적으로 위탁되는 경우가 대부분이다. 이러한 클라이언트의 비자발성은 교정복지실천의 가장 큰 특징이자 어려움 이다. 이 때문에 월시(Walsh, 1997: 2)는 교정상담이 일반적인 상담에 비하여 어려운 점으로서, 대상자의 비자발성(nonvoluntary nature), 권위에 대한 저항(resistance to authority), 정신심리적·가정적·사회경제적 열세(fewer coping resources) 등 세 가지 요소를 제시하였다.

초기단계의 원조과정에서 교정사회복지사가 완수해야 하는 주요 목표는 접수와 클라이언트의 참여 유도다(김융일 외, 2005: 178). 또한 최초의 만남이 이루어지는 시기이므로 이 단계에서 초기 저항을 효과적으로 다루면 이후의 실천과정에도 도움이 될 수 있다(김혜란, 홍선미, 공계순, 2007: 124).

(1) 인테이크 단계의 의의

범죄인이나 비행청소년이 교정사회복지사와 처음 대면하는 때는 법원의 판결 이후의 일이다. 예를 들면, 보호관찰대상자는 판결이 확정되고 10일 이내에 관할 보호관찰소로 출석하여 개시신고를 하여야 한다. 이 경우 보호관찰대상자를 비롯한 교정복지의 클라이언트는 불안, 긴장 등의 심리적 부담감을 경험한다. 이러한 심리적 부담감은 대상자의 죄책감, 형사제재의 진행에 따른 불안, 기타 생활에 대한 걱정들이 복합적으로 작용하여 위축되고 좌절된 상태일 것이다(법무부, 2007). 그러므로 접수단계에서 이러한 클라이언트의 심리적 상태에 대한 특별한 고려를 하여야 한다.

① 교정복지실천에서 관계형성의 중요성

교정복지는 기본적으로 형사사법절차의 교정 영역에서 클라이언트의 긍정적 변화를 유도하는 전문적 실천이다. 법집행의 영역에 속한다는 실천영역의 특성에 따라 선고된 법의 집행에 엄격하고 단호한 법적 권위를 행사하는 외부적 압력이 존재할 수 있다. 일부 교정사회복지사는 이러한 환경적 특성에 영향을 받아 클라이언트와의 관계를 형식적인 지시-복종의 관계로 단순화하는 것이 그들의 행동통제와 변화를 위한 효율적 방향이라고 인식할 위험성이 있다(법무부, 2007).

그러나 범죄인이나 비행청소년에게 강제적 지시를 하면 그들의 행동에 변화가 일어나기 힘들다. 클라이언트가 존중받고 관심을 받는다고 느끼면 자기 스스로 변화하려는 의지를 갖게 될 가능성이 증가한다는 점에서 교정사회복지사와 클라이언트의 관계형성의 중요성이 강조된다.

② 긍정적 관계형성을 위한 태도

앞서 살펴본 바와 같이, 전문적 원조관계(rapport)를 형성하기 위한 교정사회복지사의 기본적 태도로 온화함, 공감 및 진실성이 중요하다. 이 세 가지 조건이 교정복지 실천현장에서 긍정적 관계가 형성되고 발전될 가능성을 높여 준다. 클라이언트는 처음부터 교정사회복지사의 이러한 온화함·공감·진실성을 있는 그대로 받아들이고 자신의 마음을 개방한다는 보장은 없다. 특히 비자발적 클라이언트로서 범죄인이나 비행청소년은 대부분 방어적 태도를 가지고 첫 면담에 임하게 된다. 그들은 적대감, 분노, 무기력감, 당혹감 등의 부정적 감정을 가지고 있을 수 있다. 보호관찰대상자의 이런 부정적 감정에서 비롯되는 방어적 태도는 거부적 언행, 회피, 책임의 전가, 위협, 자포자기적 언행 등으로 나타난다(법무부, 2007).

교정복지의 클라이언트는 자신이 경험하는 정신적 고통, 자신의 삶에 대한 통제력의 상실, 자아정체감의 혼란 등의 심리적 위기상태에서 자신을 지키려는 수단으로 이런 방어적 태도를 취하게 된다. 교정사회복지사는 클라이언트의 부정적 언행과 방어적 태도를 자기 개인에 대한 공격으로 받아들일 수 있다. 그러나 이런 행동은 타인에게 자기 파괴적이고 바람직하지 않은 모습으로 비춰질 수 있지만, 클라이언트 자신은 이런 태도를 통해 자아존중감을 유지하고 자기 삶의 주도권을 회복한다고 느끼는 것이다. 따라서 이러한 클라이언트의 심리적 흐름을 이해한다면 좀 더 객관적으로 대상자와 상대할 수 있으며, 친화적 관계형성이 가능해질 것이다. 교정사회복지사가 전문가로서의 자세를 취한다는 것이 클라이언트의 모든 언행에 대해 이해하고 수용해야 된다는 것은 아니다. 만약 클라이언트가 신체적 위협, 욕설, 무단퇴실 등의 행위를 하는 경우, 그 행동의 결과에 대한 자기책임에 대해서는 단호하게 고지해 주어야 한다.

(2) 인테이크 단계의 실천기술

첫 면담에서 클라이언트는 약간의 불안감을 느끼는 것이 일반적이다. 더군다나 법적 강제로 신분적 불이익의 위험을 안고 있는 교정복지의 클라이언트는 이러한 긴장감이 훨씬 높을 것은 쉽게 짐작할 수 있다. 첫 만남은 교정사회복지사와 클라이언트가 서로를 평가할 수 있는 첫인상을 형성한다. 특히 보호관찰관과 같이 특수한 법적 책임을 가지고 있는 교정사회복지사는 클라이언트의 법적 지위와 의무에 대한 충분한 설명이 있어야 한다. 즉, 보호관찰대상자와 같은 법적 강제력하에 있는 클라이언트에 대해서는 그들이 받아들여야 하는 기본권 제한, 준수사항의 구체적 내용에 대하여 자세하고 명확하게 설명해 주어야 한다. 이때 교정사회복지사는 변화를 위한 기본적 관계형성의 조건들을 지키는 가운데에서도 우호적이면서 확고하고 침착한 태도로 설명하는 것이 필요하다. 앞서 설명한 대상자와의 친화적 관계형성의 기술들과 의무불이행에 대한 철저한 책임 부과가 꼭 배치된다고 볼 수 없다(법무부, 2007).[1)]

---

1) 예를 들면, 교통위반을 한 시민에게 경찰관이 딱지를 떼는 장면에서 꼭 권위적이고 질책하는 태도를 취해야 할 필요가 없는 것과 같다. 경찰관은 미소를 머금고 우호적 태도로 일종의 법적 제재절차를 진행한다. 이에 대해 시민이 불만을 표출하거나 거부적인 행동을 취하더라도, 경찰관은 차분하면서도 단호한 태도로 절차를 진행하는 것이다. 상대방에 대한 태도와 행동의 결과에 대한 상응하는 조치의 수행은 여러 조합이 가능하며, 담당자의 자질과 유연한 대처능력에 따르는 것이다(법무부, 2007).

보호관찰관과 같은 특수한 신분에 있는 교정사회복지사는 범죄인이나 비행청소년에 대한 원조가 · 조력자로서의 역할과 감시자 · 통제권자로서의 역할 사이의 역할갈등을 일으키는 경우가 많다. 그러나 이러한 두 가지 역할들은 꼭 이율배반적이고 갈등적인 것이라고 볼 수 없다. 궁극적으로는 이러한 역할수행의 목적이 공통적으로 클라이언트가 타인에 대한 해악을 끼치지 않는 건전한 사회인으로서 재활(rehabilitation)하는 데 있기 때문이다.

(3) 비자발적 클라이언트의 참여 유도

① 비자발적 클라이언트의 특성

비자발적 클라이언트는 전문적인 도움을 받도록 강제적으로 요구된 개인을 말한다 (Sheafor & Horejsi, 2005: 291). 보호관찰관이나 아동보호기관의 사회복지사는 주로 법원의 판결(결정)이나 권한 있는 행정당국의 처분과 같은 외부 강제력에 의하여 범죄인이나 비행청소년을 접촉하게 된다. 강제적으로 동원된 비자발적 클라이언트는 대체로 자신의 상황에 좌절하고 분노하며 수치심을 느끼고, 때로는 교정사회복지사에게 호전적이기도 하다.

② 비자발적 클라이언트를 상대하는 지침

보호관찰관 등 교정사회복지사는 비자발적 클라이언트에 대한 상당한 정도의 공식적인 법적 권한을 가지게 된다. 경우에 따라서 교정사회복지사는 반항하며 거칠게 행동하는 클라이언트를 심리적으로 제압하고 자신의 통제력을 확인하기 위하여 이러한 법적 권한을 오용하거나 남용하고 싶은 유혹에 빠지기도 한다. 따라서 비자발적 클라이언트와 상대하는 교정사회복지사, 특히 법적 권한이 있는 사회복지사는 이러한 권한을 목적 있고 사려 깊게 사용하도록 노력하여야 한다(Sheafor & Horejsi, 2005: 292). 이러한 측면에서 셰퍼와 호레이시(Sheafor & Horejsi, 2005: 292-294)가 제시한 다음의 지침은 교정사회복지사가 비자발적 클라이언트를 상대할 때 참고할 주요 사항이다.

- 자신이 원하지 않는 일을 강제로 할 때의 기분이 어떤가를 생각해 보고, 클라이언트가 어떤 반응을 보일지에 대해 예견하면서 회기를 준비한다.
- 클라이언트를 처음 만날 때, 클라이언트가 이 변화과정에 참여해야 하는 이유에 관

한 사실적 정보를 밝히고, 클라이언트의 입장에서도 이야기하도록 하여 오해라고 여겨지는 것을 바로잡도록 한다.

- 교정사회복지사의 역할과 책임, 클라이언트에 대한 사회복지사와 기관의 기대를 분명히 하고, 적용될 비밀보장의 원칙을 설명한다. 이 경우 기관 내의 행정적 기록과 법원에 제출할 보고서 등에 클라이언트가 말한 것이 포함될 수 있음을 알려 주어야 한다.
- 클라이언트가 협조하지 않을 때 발생할 수 있는 부정적 결과를 분명하고 정확하게 알려 준다.
- 교정사회복지사는 그들과 강제적으로 만나게 된 것에 대한 클라이언트의 적대감, 분노, 수치심, 당혹감 등 수많은 부정적 감정에 부닥칠 것에 준비할 필요가 있다. 따라서 무엇보다도 클라이언트의 부정적 감정을 피하거나 무시하지 말고 기본적인 면접기술을 사용하여 이를 직접적으로 다루며 표현하도록 돕는다.
- 클라이언트가 거짓말을 할 경우 발생하게 될 죄책감, 불안, 시간낭비 그리고 법적인 불이익 등에 대하여 클라이언트에게 설명해 주고, 거짓말하지 않기를 바란다는 것을 분명히 한다.
- 클라이언트가 사회복지사, 상담가 또는 다른 원조전문가에 대해 갖는 선입견과 과거 경험에 대하여 이야기를 나누고, 이것이 그들의 소외감과 억눌리는 감정에 어떻게 영향을 미쳤는지 이해한다.
- 클라이언트의 저항을 감소하기 위하여 교정사회복지사에게 부여된 법적 제약의 한계 내에서 사소한 것, 예컨대 만나는 요일 등에 대하여 클라이언트에게 되도록 많은 선택권을 주도록 노력한다.
- 클라이언트와 관계를 맺고 협력을 확립하기 위하여 그들이 특정한 과업을 완수하거나 협조한 대가로 불편을 덜어 주는 '거래' 전략을 사용할 것을 고려한다.
- 동기부여가 되지 않은 클라이언트는 없다는 것을 명심할 필요가 있다. 비록 비자발적 클라이언트라고 하더라도 동기부여가 되어 있어서 원하고 필요로 하며 좋아하는 것이 있으므로 교정사회복지사와 클라이언트 모두가 동의한 것으로 목적이나 바람직한 행동 방향이 되는 것을 찾기 위하여 열심히 노력한다.
- 일반적으로는 사회복지사가 어느 정도 자기노출을 하는 것이 방어를 없애는 데 효과적이지만, 교정복지 실천현장에서는 오히려 바람직하지 않을 수 있다. 범죄인이나 비행청소년 중에서는 사회병리적이거나 조종에 능숙한 사람이 있는데, 이들과

의 개인적 정보의 공유는 인간적 약점으로 작용하여 원치 않는 부정적 결과를 가져올 수 있기 때문이다. 비슷한 이유로 클라이언트를 위해서 기관의 규칙을 위반하거나 바꿔서는 절대로 안 된다. 아주 사소한 양보도 더 많은 요구 또는 교정사회복지사를 위협하는 상황으로 이끌 수 있다.

2. 사정 및 계획 단계의 실천기술

사정 및 계획 단계의 가장 중요한 과업은 일차적으로 클라이언트의 문제와 욕구를 파악하고, 범죄성의 개선과 완화를 위한 개입의 방향을 결정하는 것이다. 이를 위해서는 범죄원인적 요인(criminogenic factors)의 사정과 이러한 요인을 다루는 계획수립을 통해 변화의 과정에의 대상자 참여(engagement of the offender)가 무엇보다 중요하다(Taxman, 2002).

1) 자료수집과 사정 단계의 실천기술

교정복지 현장에서의 자료수집과 사정은 신고, 초기의 수회의 면담 그리고 가정방문, 사례회의 등의 연속적 과정을 통해 이루어진다. 자료수집은 사실적 자료인 정보를 모으는 것이고, 사정이란 이보다 한 단계 더 진전된 것으로 자료를 해석하고 의미를 부여하여 개입을 위한 함의를 도출하는 과정을 말한다(김용일 외, 2005: 220). 이 과정에서의 클라이언트와 그의 환경에 대한 풍부하고 심층적 정보를 수집하고 현재의 모습을 이해하게 된다. 이를 통하여 재범방지에 연결될 수 있는 다각적인 개입의 방법을 강구할 수 있고 실현 가능한 대안들이 도출될 수 있다.

(1) 자료수집

자료수집은 사회복지사가 클라이언트의 문제에 개입하기 위하여 그의 상황에 대한 사실을 수집·관찰하는 과정이다(김용일 외, 2005: 219). 교정복지실천 시 자료수집을 위한 주요 정보원은 신고단계에서 작성되는 신고서, 판결문을 비롯한 재판과 관련된 자료, 그밖의 조회자료 등이다. 또한 클라이언트의 생각·의견·문제·기분에 관한 이야기, 비언어적 행동에 관한 관찰, 가족과의 상호작용에 대한 관찰, 친구·친척·교사 및 기타 관계인으로부터 수집되는 정보, 심리검사 결과, 클라이언트에 대한 사회복지사의 개인적 경험 등이 주요한 자료수집의 정보원이 된다(김융일 외, 2005: 221). 특히 자료수집의 핵심이 되는 부분은 신고서와 초기면접을 통해 얻을 수 있는 클라이언트의 기본정보다. 범죄행위에 관련한 질문은 첫 만남을 통한 면접에서는 다루기가 힘들다. 강요된 형식적 답변은 들을 수 있지만 범죄에 관련된 심층적인 요인들에 관한 솔직한 답변은 기대하기 힘들기 때문이다. 첫 회기의 만남에서는 친화관계형성에 힘쓰며 신고서와 기타 개인적·환경적 요인에 관한 자료를 수집하고, 이후 판결문 접수와 범죄경력조회 등의 절차를 거친 후 2회 면접에서 다루는 것도 좋은 방법이다.

교정사회복지사는 신고서 이외에 클라이언트에 대한 종합적인 정보를 얻으려는 노력을 기해야 하며, 신고서 이외에 적절한 초기면접용 질문지를 통해 정보를 추가로 수집해야 한다. 교정사회복지사가 범죄인 및 비행청소년에 대하여 파악할 필요가 있는 자료는 대체로 〈표 12-2〉와 같다(김융일 외, 2005: 227-228; 법무부, 2007).

표 12-2 주요한 자료수집 내용

- 기본인적사항

- 문제(범죄행위)에 대한 정보: 교정복지 클라이언트의 문제는 범죄행위에 관한 것이며, 이에 대한 심층적인 파악은 무엇보다도 중요하다. 인간의 사고방식이나 행동 성향은 쉽게 수정되지 않는다. 클라이언트의 현재 사건을 비롯한 범죄행동에 관한 전후 맥락을 파악하고 이를 통한 범죄로 연결되는 클라이언트 문제에 대한 파악은 재범예방에서 불가결한 부분이다. 문제파악을 위한 구체적인 질문들은 다음과 같이 서술될 수 있다.

  - 범죄행동이 얼마나 많이 행해졌는가?
  - 범죄행동은 언제 처음 발생하였는가?
  - 어떠한 삶의 상황에서 범죄행동이 촉발되는가?
  - 범죄행동을 취한 대상자는 무엇을 원했는가?
  - 범죄행위 전의 대상자의 채워지지 않은 욕구는 무엇인가?
  - 대상자가 범죄를 유발하는 상황에서 대처한 방법은 어떠했는가?
  - 범죄행위 당시의 대상자의 정서 상태는 어떠했는가?
  - 추가범죄를 방지하기 위해 가장 시급한 과제는 무엇인가?
  - 재범의 방지를 위해 대상자에게 필요한 기술, 외적자원은 무엇인가?

- 개인력: 클라이언트가 출생 후 살아온 생의 역사에 대한 정보를 수집한다. 이에 대한 정보수집을 위해서 유용한 도구는 생활력도표(life history grid)다.

- 가족력: 원가족의 가족상황과 관계, 현재의 가족 구성과 관계, 상호작용과 결속력 등을 파악한다.

- 클라이언트의 자원 및 기능: 클라이언트의 지적 · 정서적 · 신체적 · 행동적 기능, 대인관계 능력, 교육 정도와 취업 경험, 문제해결 능력과 의사결정 능력, 개인적 자질과 성격, 물리적 · 재정적 자원 소유 등에 관한 정보가 필요하다.

- 환경적 측면: 클라이언트의 문제에 영향을 미치는 환경의 적절함과 부적절함, 긍정적 측면과 취약함을 평가한다. 클라이언트의 환경에는 부부관계나 가족 · 친구 · 친족 · 이웃 등 사회지원체계, 가용한 사회적 서비스, 취업구조, 행정조직 등이 포함된다.

전문적 원조의 다양한 실천현장에서 사용되어 온 여러 척도들은 클라이언트의 개인적 · 환경적 상황을 파악하는 데 유용한 도구로 활용될 수 있다. 이러한 척도로서 대표적인 것은 자존감 척도(〈부록 8〉 참조), 생활사건 질문지, 스트레스 원인척도 등이 활용될 수 있다.

(2) 사정

교정분야에서의 사정(assessment)의 기본 목적은 범죄인의 관련 특성을 명확히 하여 차별적 처우를 가능하게 하는 것이다. 예를 들면, 특정 범죄인을 약물치료프로그램에 참여시킬지 여부를 결정하고, 그들의 처우 및 감독수준을 결정하는 것 등이다. 따라서 다른 분야에 비하여 수집된 정보의 신뢰도(reliability)의 정확성과 타당도(validity)의 가치를 검증할 필요성이 크다.[2] 또한 외국에서는 범죄인처우에 특화된 사정도구를 개발하여 사용하는 것이 보편적이다. 예를 들면, 미국 펜실베이니아 주는 보호관찰대상자에 대한 사정표를 제정하여 운영하고 있는데, 보호관찰관은 이러한 도구를 의무적으로 활용하여 클라이언트의 초기사정에 임하여야 한다(〈부록 9〉 참조).

한편 사정과정에서는 기본적으로 얻어야 하는 일반 정보가 있지만, 치료적 모델에 따

---

2) 이러한 맥락에서 객관적 사정도구가 등장하였는데, 이는 보호관찰대상자나 교도소수용자에 대한 적절한 사정의 중요성이 증가함에 따른 것이었다. 객관적 범죄인 사정의 장점은 다음과 같다(Walsh, 1997: 105-106). 범죄인의 주요한 특성이 서로 다른 교정 분야 종사자에 의해서도 일관되게 확정이 가능하다는 점이다. 또한 산출된 결과에 따라 그러한 특성을 평가하는데, 사정결과에 따라 적정한 대응과 서비스 패키지를 제시할 수 있다. 또 다른 장점은 많은 수의 범죄인에 대한 사정결과를 수집하여 활용이 가능하다는 점이다. 이러한 '객관적' 사정도구는 반드시 통계적 방법에 의존하는 것은 아니며, 집합적 경험에 의해서도 추출이 가능하다. 객관적 사정도구의 활용은 자동적이며 차가운 과정이 아니라 다만 주관성을 제거하는 것이 목적이기 때문이다.

라 특정한 정보를 얻어야 하는 경우도 있다(이윤로, 2006: 148). 최근 교정 분야에서는 인지행동 개입프로그램이 가장 유력하게 활용되고 있다. 셀던(Sheldon, 1995)은 인지행동 사정의 특징을 〈표 12-3〉과 같이 정리하여 제시하고 있다(Payne, 2001: 211 재인용).

표 12-3 셀던의 인지행동 사정의 특징

초점	사정할 내용
명백한 문제유발 행동 혹은 나타날 것으로 기대되거나 적응적인 행동의 부재를 강조한다.	누가, 무엇을, 언제, 어떻게, 얼마나 자주, 누구와, 무엇이 이루어졌는가? 무엇이 이루어지지 않았는가? 무엇이 너무 많이 이루어졌는가? 무엇이 너무 적게 이루어졌는가? 무엇이 잘못된 장소 혹은 잘못된 시간에 있는가?
자극의 의미에 대해 사람들이 내리는 귀인에 초점을 둔다.	관련된 사람들에 의해 설명되었고, 행동이나 기대했던 행동의 부재로 인해 드러나게 된 의심, 걱정, 두려움, 좌절, 우울
현재의 행동 및 이에 수반되는 사고와 감정에 초점을 둔다.	작업을 방해하는 과거의 원인을 찾고 활동을 제한하기 위해 문제의 규모를 조절하고자 한다. 무엇 때문에 현재의 행동들을 계속하는지를 탐색한다. 과거사를 알아본다(예, 부적절한 반응, 학습능력 부족, 중요한 상황을 구분하는 능력 부족).
행동들의 목표를 정한다.	어떠한 행동이 증가되거나 감소될 필요가 있는가? 대안적인 행동을 위해서는 어떠한 새로운 기술 혹은 정서의 조절이 필요한가?
통제조건을 확인한다.	문제가 어디에서 일어나는가? 선행사건은 무엇인가? 진행 도중 무엇이 일어나는가? 사후에 무엇이 일어나는가?
다른 사람들이 어떻게 명명하는지를 확인하되, 편견적 귀인은 피한다.	관련된 사람들이 그 문제를 어떻게 기술 혹은 설명하는가? 그것이 설명적이기보다는 편견적이거나 비난적인 정도는 어느 정도인가?
행동에 대해 명확한 가설을 내릴 수 있도록 경청할 때 융통성을 갖는다.	사람들의 복잡한 이야기를 다 들어 보기 위해 너무 과업지향적 혹은 행동지향적이 되지는 말아야 한다. 클라이언트가 관련 있다고 생각하지 않았거나 제외한 일들을 탐색한다. 변화될 수 있는 행동들, 그리고 그것이 어떻게 변화될 것인가를 명확하게 진술한다.

출처: Payne (2001), p. 211.

사정에서 주의해야 할 점은 클라이언트의 문제점과 약점에 관해서만 초점을 맞추어서는 안 된다는 것이다. 개입의 방향을 설정함에 있어 클라이언트의 자발적 노력이나 강점을 살리는 접근이 필요하다. 클라이언트의 강점은 중요하고 긍정적인 것, 클라이언트가

하고 있고, 할 수 있으며, 하기를 원하는 것으로 정의할 수 있다(Sheafor & Horejsi, 2005: 343). 교정사회복지사는 개인과 가족의 행동을 주의 깊게 관찰함으로써 강점을 확인할 수 있는데, 예컨대 자기 행동에 대한 책임감, 타인에 대한 동정과 관심, 가족에 대한 존중과 희생정신 등은 개인과 가족 차원의 강점이 될 수 있다. 강점관점을 유지하는 것은 클라이언트가 자신의 문제를 능동적으로 해결하고 새로운 자원을 개발할 수 있도록 동기화해 주며 변화를 보다 현실화할 가능성을 높여 준다. 이런 시각은 대상자의 현재적인 부정적 문제점을 간과하자는 맹목적 낙관론은 아니다. 강점관점에 의한 사정은 원조전문직의 바람직한 태도와 관련되어 있다.

교정복지실천에서 클라이언트에 대한 강점의 발견은 다음과 같은 질문을 통해서 확인할 수 있다(법무부, 2007; Sheafor & Horejsi, 2005: 345).

- 당신이 이번에는 범죄를 저질렀지만 과거에 비슷한 유혹을 극복했던 때에 대해 이야기해 줄 수 있나요?
- 범죄를 다시 저지르지 않기 위하여 당신은 어떻게 관리하고 있나요?
- 범죄행동과 관련된 문제들을 다룰 용기와 에너지를 어디서 찾으셨나요?
- 현재의 문제에도 불구하고, 당신 삶의 어떤 부분이 꽤 잘되어 가나요?
- 다른 사람들은 당신의 어떤 부분을 좋아하나요?
- 당신이 살아가는 모습 중에서 다른 사람이 강점으로 보는 것은 무엇이지요?
- 어떤 상황에서도 당신이 지키고자 하는 것은 무엇이지요?
- 힘들 때 당신을 지탱하고 견딜 수 있게 하는 것은 무엇입니까?

(3) 자료수집과 사정을 위한 현장방문

교정복지실천에서 클라이언트 주거지 등에 대한 현장방문은 중요한 의미를 지닌다. 클라이언트의 가정은 그들의 과거와 현재를 파악하고 미래를 예측할 수 있는 정보의 근원지다. 상황에 구속되는 존재로서 인간이 가정환경에 얼마나 많은 영향을 받는가는 특별히 강조할 필요가 없다. 문제는 교정복지 실천현장의 특성 중 하나로서 클라이언트 자신의 비자발성에 더하여 가족구성원의 협조도 받기 어렵다는 데 있다. 특히 클라이언트의 범죄경력이 많으면 많을수록 그들의 긍정적 변화에 대한 가족의 관심과 기대는 낮아진다. 이러한 클라이언트의 가족은 교정사회복지사의 내방 요구에도 소극적으로 대응하는 경향이 있다. 여기에 교정복지 실천과정에서 적극적인 가정방문 등의 필요성이 강조되는 이유가 있다.

교정사회복지사가 클라이언트의 가정을 방문하는 첫 번째 이유는 클라이언트의 가정 방문을 통하여 그들 삶의 실제에 대한 사실 정보를 획득하기 위한 것이다. 클라이언트와의 접촉 초기단계에서 그들이 내방하여 작성한 신고서 등에 기초하여 초기면담을 실시함으로써 그들에 대한 일차적인 정보는 수집된다. 그러나 클라이언트로부터 획득한 정보는 가정방문을 통한 현장 실사와 가족구성원과의 면담을 통해 그 정보의 진실성과 구체성을 규명할 수 있다.

교정사회복지사가 현장에 방문해야 하는 또 다른 이유는 실천과정의 초기단계에서 클라이언트에 대한 처우계획을 수립하는 데 가족단위에 대한 접근은 꼭 필요하기 때문이다. 클라이언트의 문제행동과 관련된 그릇된 사고방식이나 무절제한 행동양식, 정서적 불안감 등은 긴장을 유발하는 가정환경에서 비롯되는 경우가 많다. 이러한 환경에 대한 개선 노력이 병행되지 않고서는 클라이언트의 범죄행동을 효과적으로 차단할 수 없다. 가족의 구조와 역동에 대한 세심한 파악은 클라이언트의 변화를 위한 개입계획을 마련하는 기초가 되기 때문에 현장에서의 확인과 관찰이 필요하다.

2) 계획단계의 실천기술

계획단계는 종합된 사정평가를 기초로 하여 개입목표의 설정과 계약을 성립시키는 과제를 수행하는 과정이다(김융일 외, 2005: 228-229). 교정복지실천의 궁극적인 목적은 클라이언트의 건전한 사회복귀와 재범방지에 있다. 이러한 목적 달성을 위하여 개별 클라이언트의 재범위험도, 행동특성 그리고 환경적 고려를 통해 그에게 적합한 구체적 목표의 설정이 필요하다. 이런 목표는 교정사회복지사가 구체적으로 클라이언트와의 관계에서 개입이 가능한 수준에서 설정되어야 한다.

한편, 개입목표의 실행을 위해서는 목표를 지향하는 구체적인 행동과제들을 마련해야 한다. 또한 이러한 계획과 행동과제는 가능한 명시적으로 계약될 필요가 있다. 암묵적이고 덜 합의된 계획은 긍정적 변화에 효과적이지 않고 클라이언트에게 불리한 것이기 때문이다.

(1) 개입목표의 설정

교정복지현장이 다른 실천현장과 뚜렷하게 구분되는 점은 클라이언트의 비자발성이다. 즉, 클라이언트는 자기 문제에 대한 적극적 인식과 해결의지를 가지고 교정사회복지사와 만나는 것이 아니다. 그들은 법원이나 행정기관의 강제처분에 따라 교정복지 실천현장에 진입하는 것이다. 따라서 이러한 클라이언트의 재범방지와 사회적응력 향상을 위하여 구체적 목표를 그들의 전폭적인 동의를 기초로 설정하는 것은 현실적으로 곤란한 일이다.

이러한 현실적 제약요건을 고려할 때, 교정사회복지사는 클라이언트의 문제에 대해 개입목표를 설정하기 위해 다음과 같은 사항을 고려하여야 한다. 첫째, 목표는 원조적 실천과정을 통해 달성 가능해야 한다. 즉, 클라이언트가 설정된 목표를 달성하는 것이 그의 의지나 능력의 한계를 넘어서서는 안 된다. 둘째, 목표는 구체적이고 명확하게 설정되어야 한다. 예를 들면, 클라이언트의 부부관계를 개선하기 위하여 '부부간의 친밀감 증진'이라는 목표를 설정하는 것보다 '부부간의 대화에 있어 비난하거나 폭언을 사용하지 않기' 또는 '하루에 30분 정도 서로의 이야기를 수용적으로 들어 주기' 등의 구체적인 목표설정이 바람직하다. 셋째, 목표는 기관과 교정사회복지사의 권한과 기능을 벗어나지 않아야 한다. 역으로, 목표설정에 대한 클라이언트의 거부와 저항을 적절히 다루기 위하여 교정사회복지사의 법적인 권한을 적절히 활용할 필요도 있다. 넷째, 목표설정에 클라이언트의 참여와 동의를 유도하는 것이 바람직하다. 만약, 대상자가 스스로 목표에 대해 의미를 부여하고 목표달성에 동기화가 되어 있다면, 변화의 성공할 가능성이 높고 또한 그 변화가 오래 지속되는 결과를 낳게 된다. 다섯째, 목표는 클라이언트의 발전과 성장에 도움이 되는 긍정적 진술로 한다. 이것이 변화에 대한 저항을 완화하고 동기를 유발하는 데 효과적이다. 예를 들면, 가정폭력으로 보호관찰을 받는 사람에게 "배우자에 대한 비난 빈도를 줄인다."고 하기보다는 "배우자의 장점을 찾아 칭찬하는 횟수를 늘린다."고 목표를 설정하는 것이 바람직하다.

목표설정을 위한 대상자와의 대화기술이 중요하며, 적절한 자극과 격려를 통해 대상자가 스스로 목표를 찾고 동기화될 수 있도록 도움을 주는 것이 중요하다. 질문은 클라이언트가 스스로 목표를 찾아가는 데 도움을 주는 방식이 적절하다. 예를 들면, "당신이 배우자와의 관계를 개선하고 싶어 하는 것이 분명한 것으로 보입니다. 어떻게 변화하고 싶은지에 대해 좀 더 구체적으로 이야기해 주실 수 있습니까?"라고 하거나 "우리는 알코올치료프로그램을 통해 당신이 술을 절제할 수 있기를 바라는데, 그와 관계없이 본인 스스로는 자신이 어떻게 바뀌기를 원합니까?" 하는 식으로 질문하는 것이다(법무부, 2007).

(2) 행동과제의 개발

개입목표를 달성하기 위해서는 구체적으로 그 목표를 지향하는 행동과제들이 설정되어야 한다. 예를 들면, '일자리를 구하기'란 목표의 설정만으로 클라이언트의 목표달성을 위한 노력을 담보하지 못한다. 이의 실행을 위하여 '직업훈련학교에 입학하기' 등의 구체적인 행동과제들을 마련해야 한다. 이 단계에서 교정사회복지사가 행동과제의 설정과 달성을 위해 클라이언트와의 관계에서 노력해야 할 점은 다음과 같다(법무부, 2007).

- 과제수행에 대한 클라이언트의 책임감을 강화한다. 클라이언트에게 행동과제수행의 동기를 부여하고 이를 통해 얻을 수 있는 이익에 대하여 설명한다. 이 경우 행동과제의 수행에 대해 적절한 보상을 강구하는 것도 중요하다. 구체적인 과제의 실행결과에 따라 클라이언트의 자율권을 강화하는 조치를 연계할 수도 있다.
- 과제수행을 위한 적절한 지원을 계획한다. 과제를 수행할 때 교정사회복지사는 클라이언트에게 과제수행에 필요한 적절한 정보를 제공하고 행동의 요령을 조언해 주며 도움이 되는 자원을 중개해 줄 수 있다.
- 과제를 수행하는 동안 맞닥뜨릴 수 있는 장애를 예상하고 해결한다. 클라이언트는 평소에 익숙하지 않은 과제수행과 관련하여 심리적 · 사회적 적응문제를 보일 수 있다. 따라서 클라이언트가 가지는 이러한 심리적인 불안감, 사회기술의 부족, 비합리적인 생각 등의 해소를 위해 다양한 노력이 필요하다.
- 과제수행에 대한 기대와 격려를 표현한다. 클라이언트의 과제수행을 위한 노력에 대한 격려와 지지는 중요한 기능을 발휘한다. 비록 과제의 일부분만이 달성된 상태라 하더라도 클라이언트가 성취한 것은 노력의 산물이므로 그러한 부분적 결과에 대해 초점을 맞추어 칭찬을 할 필요가 있다. 이를 통하여 클라이언트는 스스로 자신의 삶에 대한 통제력을 회복하고 자기효능감을 느낄 수 있다.

(3) 계약활동

교정복지실천에서 클라이언트에 대한 처우계획은 개인별로 다양한 방식으로 나타날 수 있다. 이런 처우방식의 다양성은 오랜 실무경험과 시행착오를 거쳐 체득되고, 교정사회복지사에 따라 직관적인 방법 등으로 고유하게 실천되고 있다. 그럼에도 불구하고 어떤 좋은 실천계획도 구체적 실행에 대한 상호 간의 이해와 합의가 분명하지 않으면 효과적인 결과를 기대하기가 힘들다. 교정사회복지사는 클라이언트에 대하여 그의 법적 현실과 기대되는 행동에 대해 당연히 잘 알고 있다는 가정을 할 수 있다. 그러나 클라이언트의 인지능력 한계와 주관적 해석 등으로 오해가 발생할 수 있다. 따라서 교정사회복지사와 클라이언트는 변화를 위한 원조관계에서 개입목표를 이루기 위해 공식화된 서면절차를 거쳐 개입계획에 대한 계약을 할 필요가 있다. 특히 법적 강제력 내에 있는 보호관찰대상자 등은 그들의 위반행동에 대한 결과를 책임 있게 수용하도록 엄정한 법적대응의 현실을 인식하는 과정이 반드시 필요하다.

3. 개입단계의 실천기술

1) 효과적 개입의 요소

지역사회 내에서 범죄인의 변화와 사회복귀를 위하여 노력하는 교정사회복지사는 보호관찰대상자의 효과적인 지도감독모델에 관한 연구에서 실천에 관한 시사점을 얻을 수 있다(이형섭, 2003). 보호관찰지도감독의 효과성에 관한 경험적 연구들을 정리한 택스만(Taxman, 2002)은 보호관찰관의 개입에서 중요하게 다루어질 다섯 가지의 치료적 요소들을 다음과 같이 제시하였다.

- 가족, 또래집단 그리고 지역사회는 법집행과 같은 공식적인 통제수단보다 클라이언트의 행동에 보다 직접적인 영향을 미친다. 비공식적 통제는 지역사회, 지지집단 또는 가족을 클라이언트의 책임감과 지역사회 소속감을 증진하는 과정에 포함시키는 것이 효과적이다. 특히 이러한 자연적 지지체계(natural support system)를 강화하는 것은 클라이언트가 공식적 통제에서 벗어났을 때 그들의 행동변화를 지속하게 하는 데 매우 중요한 역할을 한다.
- 개입의 기간에 대하여는 정확히 밝혀진 바는 없지만, 너무 짧은 기간의 개입은 행동변화의 지속을 위하여 충분치 못하다는 것이 일반적인 시각이다. 몇몇 경험적 연구는 약 18개월의 기간이 적당하다고 제시한다.
- 클라이언트에게 어느 정도의 감독과 서비스의 제공이 필요한가는 가장 중요한 문제다. 대부분의 보호관찰대상자는 복합적인 욕구(예, 주거, 직업, 약물남용, 정신건강 등)를 가지고 있으며, 이러한 욕구들을 정확히 사정하고 이에 대한 종합적인 서비스를

제공하는 것이 보다 효과적이다.

- 행동변화 개입의 지속성 또한 중요한 요소다. 예를 들면, 가석방 보호관찰대상자가 시설에서 지역사회로 이행될 때, 그 이후의 단계와의 연계를 고려하는 연속적인 프로그램이 중요하다. 또한 클라이언트의 상황 변화나 행동 변화에 맞추어 다양한 처우를 제공하되, 이것은 연속성을 유지하여야 한다.
- 행동관리나 형사사법 분야의 학자들은 대부분 일관된 규칙의 중요성을 강조한다. 변화의 과정 동안 지켜야 할 기본적 규칙의 명확한 제시와 행동주의적 접근에서 활용되는 강화조건 관리(contingency management)를 통한 클라이언트와의 접촉이 행동변화에 효과적이라는 것이다. 또한 클라이언트의 행동변화에 따른 단계적 대응(graduated response or graduate sanctions)도 중요하다.

〈표 12-4〉는 이러한 경험적 연구결과를 바탕으로 택스만(2002)이 제시한 '메릴랜드 지도감독모델'(Maryland Supervision model)의 효과적 지도감독 요소들이다.

표 12-4 효과적 개입의 요소

효과적 요소(What works)	메릴랜드 지도감독 모델(Maryland's Supervision Model)
범죄원인적 위험/욕구 요인의 규명	• 장소나 약물사용에 따라 고위험의 범죄인 규명 • 위험결정을 위한 새로운 위험측정도구 개발 • 욕구수준의 파악을 위한 도구 활용 • 약물사용 대상자를 확인하기 위한 약물검사
인지행동적 개입의 사용	• 지도감독의 접촉과 인지행동적 치료의 통합 • 지도감독 접촉의 부분으로서 동기화 인터뷰(Motivational Interviewing) 활용 • 서로 다른 유형의 대상자에게 효과적인 개입기법 규명 • 행동적 모니터링을 위한 단계적 제재
개입에서의 사회적 지지의 활용	• 경찰, 전문치료기관, 그 밖의 지역사회기관을 포괄하는 지역사회 팀 전략 활용 • 가정방문 접촉 사용

출처: Taxman (2002).

2) 특별한 문제를 가진 클라이언트를 위한 개입기법

(1) 거부적이고 저항적인 클라이언트

교정 분야의 클라이언트 중에는 세상에 대한 적대감을 품고 대화 시도에 적절하게 반응하지 않으며 기본 질문에 대한 대답도 회피하는 사람이 있다. 이러한 클라이언트에 대해서도 교정사회복지사는 그들이 어떤 감정을 느끼며 왜 그렇게 행동하는지를 이해하려고 노력해야 한다. 많은 클라이언트들은 무례하고 반항적으로 행동하는 것을 통하여 그들의 두려움을 위장하려고 한다. 어떤 클라이언트는 형사사법체계의 다른 종사자에게서 좋지 않은 경험을 했을 수도 있으며, 이에 따라 마음을 닫고 교정사회복지사를 대할 수도 있다. 클라이언트는 교정사회복지사가 수용적이고 조력하려는 의지가 충만하다는 사실을 모르고 이전의 행동양식을 반복할 수 있다. 또 어떤 클라이언트는 다른 상황에서 그들에게 불공정하였던 현실에 대한 분노를 교정사회복지사에게 대신 보복할 수도 있다.

전문가로서 교정사회복지사는 어떤 클라이언트에 대해서도 그들의 행동을 자기 자신에 대한 개인적 공격으로 해석해서는 안 된다. 대신에 교정사회복지사는 클라이언트의 적대적 감정이 가능한 이유에 대해서 고려하고 초연한 태도로 무시하지도 말고 그 진행과정을 지켜보아야 한다. 혼란스럽고 다루기 힘든 대상자에 대한 대처방법은 다음과 같

클라이언트가 보이는 침묵의 의미

- 초기에 일어난 침묵은 대개 부정적이며 두려움의 한 형태로 해석됨
- 생각이 바닥났거나 다음에 무슨 말을 해야 좋을지 헤매는 경우
- 담당 사회복지사 개인에 대한 적대감에서 오는 저항이나 불안 때문에 침묵이 생기는 경우
- 클라이언트가 자신의 느낌을 표현하려고 최대한 노력을 하는데도 말로 잘 표현하기 힘든 경우
- 사회복지사에게서 재확인을 바라거나 담당자의 해석 등을 기대하며 침묵에 들어가는 경우
- 클라이언트가 방금 이야기했던 것에 관하여 생각을 계속하고 있는 경우
- 클라이언트가 이전에 표현했던 감정상태에서 생긴 피로를 회복하고 있다는 것으로 해석되기도 함

다(법무부, 2007).

- 경청: 화난 대상자에 대해 진정하게 하는 최선의 방법은 그들이 분노를 다 표출할 때까지 들어주는 것이다.
- 반영: 들은 이야기를 적절하게 요약하여 되풀이함으로써 그들의 말을 잘 듣고 있음을 표현한다.
- 질문: 클라이언트가 기관과 교정사회복지사에게 바라는 것이 무엇인지는 물어보는 것이 때로는 효과적이다. 의견을 묻는다는 것 자체가 클라이언트가 자신의 삶을 통제하고 자존감을 유지하는 데 힘을 불어넣어 주는 것이기 때문이다. 그들의 요구를 받아들이기 어려운 경우에는 반드시 그 이유에 대해 차분히 설명하여야 한다. 이런 방식이 장기적으로 클라이언트와의 협력관계를 구축하는 데 성공적인 방법이 된다.

(2) 폭력적이고 위험한 클라이언트

클라이언트 중에는 폭력적 언어나 행위를 통해 적대감을 표출하고 법집행에 대한 의도적인 거부의사를 나타내는 사람이 있다. 클라이언트의 이러한 폭력적인 의사소통 방식은 오랜 기간을 통해 형성되고 고착되는 경우가 많다. 클라이언트의 폭력적 문제행동이 파악되었을 경우에는 교정사회복지사의 신변보호를 위해서도 기관의 다른 동료와 상의할 필요가 있으며, 적극적 개입과 조치가 반드시 필요하다. 클라이언트의 소환이나 다른 법적 조치를 취하는 과정에서는 교정사회복지사의 신변보호에 각별한 주의가 필요하며, 클라이언트가 폭력적인 행위를 할 우려가 상당하다고 판단되면 직접적인 접촉은 뒤로 미루어야 한다. 가정방문 등이 불가피한 경우에도 되도록 경험 많은 동료와 함께 방문하고 지나치게 개인적인 공간에는 불필요하게 진입하지 않도록 한다. 또한 현장에서 위급한 상황이 전개될 가능성이 있으면 지체 없이 경찰에 도움을 요청하여야 한다. 초기 사정을 통한 클라이언트의 개별적 위험성을 파악하는 것이 문제행동을 예방하기 위하여 매우 중요하다. 클라이언트의 폭력성의 표출이 진단 가능한 정신적 장애에서 비롯된 것이 아니라면, 그들의 행동이 상대방의 반응양식에 의해 촉진되어 왔다는 사실을 명심해야 한다. 그들이 상대방에게 위협적이고 폭력적으로 대하였을 때 상대방이 겁을 먹고 위축되거나 지나치게 회유적인 태도를 보일 경우, 이는 클라이언트가 바라는 것을 얻게 되는 것이고, 결과적으로 그의 부적절한 행위양식을 강화하게 된다.

특히 법적 강제력하에 있는 클라이언트에 대해서는 폭력적 성향을 보이는 것 자체가 법규위반이 될 수 있음을 사전에 명확하게 고지하여 주의를 촉구할 필요가 있다. 그러나 이러한 고지는 절대 감정적이거나 비난적으로 표현되어서는 안 된다. 교정사회복지사는 차분하면서도 진지한 태도를 취하며, 그러한 위협적 행동을 하는 이유에 대하여 진지한 수용적 대화를 원한다는 사실을 클라이언트에게 알려 주어야 한다. 이러한 비심판적 태도는 클라이언트의 저항감과 거부감을 진정시키는 기능을 할 수 있다. 교정사회복지사의 이러한 태도는 클라이언트가 자신의 부정적 감정을 가라앉히게 되었을 때 반성적 회고를 통해 서서히 자신의 행위를 변화시키는 하나의 계기가 될 수 있다.

(3) 관계형성이 어려운 클라이언트

클라이언트 중에는 관계형성이 매우 어려운 사람이 있다. 이러한 유형에 속하는 클라이언트는 대부분 사회적으로 고립되어 있고 두려워하며 의심이 많다. 이들 중 대다수는 타인에 의하여 상처를 받고 학대당하였던 경험의 결과로 두려움과 의심을 갖는다 (Sheafor & Horejsi, 2005: 295). 이러한 클라이언트는 첫인상이 매우 중요해서 빨리 판단해 버리고, 대개는 가장 부정적인 방식으로 상황을 해석한다. 이럴 경우 교정사회복지사는 특히 관계형성의 초기단계에서 클라이언트에게 따뜻하고 진실하게 대할 필요가 있다. 그러나 무조건 잘 대해 주려고 노력하기보다는 사랑하지만 엄격하고 공정한 부모상과 같은 모습을 보이는 것이 더욱 좋다. 엄격함과 관심은 전문적 관계에서 수용할 수 있는 행동과 그렇지 않은 행동에 한계를 설정함으로써 드러난다(Sheafor & Horejsi, 2005: 296).

클라이언트의 의존욕구를 충족시키고 안전하다는 확신을 심어 주기 위해서 카드 보내기, 식사 초대 등과 같이 관심을 구체적으로 표현하고 자주 만나려고 노력하는 것이 필요하다. 이런 유형의 클라이언트를 대할 때에는 과잉의존 문제는 나중에도 다룰 수 있으므로 최우선 목표는 인간적 유대 또는 관계를 형성하는 것이다.

(4) 타인을 조종하는 성향을 가진 클라이언트

타인을 조종하는 성향을 가진 위험한 사람도 있다. 이러한 유형에 속하는 클라이언트는 대부분 '사회병리' 또는 '반사회적 인격장애'로 진단받는다(Sheafor & Horejsi, 2005: 298). 그러나 이러한 극단적 유형의 사람도 다른 클라이언트와 마찬가지로 존중되어야 한다. 다만 이들과 접촉할 때 교정사회복지사는 전문가로서 여러 가지 시험적 행동을 참아 내고 더욱 신중해야 하며, 전문가로서의 역할과 클라이언트에 대한 기대 등을 명확히 할 필요가 있다.

타인을 조종하는 성향을 가진 클라이언트를 대할 때 교정사회복지사는 다음과 같은 지침을 고려할 수 있다(Sheafor & Horejsi, 2005: 298-301).

- 조종적인 클라이언트를 대할 때 교정사회복지사는 엄격함과 강한 신념을 보여 주어야 한다. 물론 이들도 다른 클라이언트와 마찬가지로 존중되어야 한다. 그러나 전문가가 자신감이 없거나 우유부단한 태도를 보이면 클라이언트에게 신뢰 또는 존경심을 심어 줄 수 없으며, 확고한 권위를 세울 수도 없다.
- 클라이언트가 교정사회복지사를 지나치게 치켜세우거나 의존적 태도를 보일 때는 조종을 의심한다. 예를 들면, "당신만큼 나에게 도움을 주는 사람을 만나 본 적이 없다."고 하거나 "당신이 나에게 한 가지만 해 줄 수 있다면 내 인생은 똑바르게 될 수 있다." 등과 같이 말할 때 특별히 조심한다.
- 클라이언트가 책임을 회피하거나 축소하는 말을 자주 사용할 때 조종의 가능성에 주의를 기울인다.
- 교정사회복지사는 조종당한다는 의심이 들면 다른 전문가와 상의하고 자신의 행동이나 감정을 검토할 필요가 있다.
- 클라이언트에게 거짓말하지 않기를 무엇보다 원한다는 사실을 알린다. 예를 들어, "대답하기 싫은 질문은 대답하기 싫다고 말하고 거짓말하지 마세요. 만약 거짓말을 한다면 우리의 관계가 지속될 수 없습니다."라고 분명히 밝혀 둔다.
- 거짓말하는 사람의 일반적 특징을 기억할 필요가 있다. 거짓말을 하는 클라이언트는 종종 목소리가 높아지고 말을 더듬는 경향이 있고, 설명하는 말과 손동작을 덜 사용하며, 구체적이기보다는 개략적인 대답을 한다. 특히 예기치 못한 질문을 받았을 때, 순간적으로 당황한 표정을 짓거나 대답을 망설이는 경향이 있다. 또한 사회복지사와 친밀감을 줄이는 경향이 있고, 시각적인 이미지를 꾸밀 때는 눈을 위로 올려 오른쪽(오른손잡이의 경우)으로 돌린다.
- 클라이언트에 대하여 기대할 때 공정하고 의연함을 유지하여 클라이언트의 선택에 의한 자연적 결과에 대하여 자신이 책임을 지도록 한다.
- 숙련된 전문가들도 이러한 클라이언트를 대할 때는 어쩔 수 없이 심판적 태도를 갖기도 한다. 따라서 조종이 클라이언트에게 필수적인 대처전략임을 기억함으로써, 이들에 대한 인내를 증가시키고 심판적 태도를 감소할 필요가 있다.

4. 평가 및 종결 단계의 실천기술

1) 평가단계의 실천기술

변화과정의 결론적 시점에는 최종 평가가 이루어져야 한다. 사회복지사는 실천개입을 점검하고 평가해야 하는 윤리적 책임이 있다. 평가를 위해서는 클라이언트의 변화 정도가 측정될 필요가 있다. 평가를 할 때, 클라이언트의 관점에서 성공과 유용성 여부를 판단하도록 그들을 참여시키는 것도 중요하다. 한편, 사회복지사의 실천평가는 자료에만 의존할 것은 아니고, 자기 스스로의 실천에 대한 관찰, 클라이언트의 인식, 가족이나 다른 전문가 등 영향력 있는 타자들의 관점이 일치할 때 비로소 확신을 가질 수 있다.

교정복지에서도 다른 실천현장에서와 마찬가지로 다음과 같은 일반적인 사회복지실천의 개입 평가방법이 유용하게 활용될 수 있다(김용일 외, 2005: 305-306; Sheafor & Horejsi, 2005: 588-612).

- 개별화된 척도(Individualized Rating Scales): 클라이언트의 독특한 행동·사건·정서·태도의 빈도나 기간, 강도 등을 측정할 수 있는 척도를 독특한 상황에 맞추어 개발하여 변화를 측정할 수 있다.
- 표준화된 척도(Standardized Rating Scales): 클라이언트의 다양한 차원의 기능수행을 측정하기 위하여 미리 개발된 표준화된 측정도구를 사용하는 것이다. 예를 들어, 정서적·사회적 고립척도, 대인관계기술척도 등을 사용하여 클라이언트의 사회기능수행의 변화 정도를 측정할 수 있다.
- 과제달성척도(Task Achievement Scaling: TAS): 클라이언트가 특정 과제를 완수했는지 여부를 측정하는 도구다. 예를 들면, 계약단계에서 클라이언트와 합의된 행동과제에 대한 달성 여부를 완전달성, 상당히 달성, 부분적 달성, 최소한의 달성, 진전 없음 등 5점의 서열척도로 평가하는 것이다.
- 목적달성척도(Goal Attainment Scaling: GAS): 보호관찰과 같은 교정복지 현장에서는 클라이언트의 재범률이 최종적 평가기준이 되지만, 개인정보 보호 등의 이유로 클라이언트의 재범 여부를 파악하는 것은 쉽지 않은 일이다. 따라서 프로그램 참가나 준수사항의 의무이행 등 2~5개의 대리지표를 활용하여 목적달성 여부를 평가할

수 있다.

- 클라이언트 만족도 질문지(Client Satisfaction Questionnaire: CSQ): 특정한 상황에서는 개입에 대한 클라이언트의 반응을 아는 것이 중요하다. 이 방법은 개입 도중이나 서비스 종결 이후에 다양하게 사용될 수 있고, 대부분의 클라이언트에게 손쉽게 사용될 수 있다는 장점이 있다.

2) 종결단계의 실천기술

모든 원조관계에는 종결이 있으며, 서비스를 종결하는 것은 원조과정의 계획된 구성요소로 보아야 한다. 효과적인 실천의 핵심요소는 원조관계가 만족스럽게 끝나도록 이끌어 가는 것이다(김융일 외, 2005: 308). 클라이언트와 관계를 종결하는 가장 일반적인 네 가지 형태는 인계, 의뢰, 종결 그리고 클라이언트에 의한 중단이다. 일방적인 마지막 종결 형태를 제외하고 처음 세 가지의 경우, 교정사회복지사는 클라이언트와 종결과정에 대해 개방적으로 이야기할 필요가 있다. 이때에는 과정에 대한 재검토, 최종적인 평가, 종결에 대한 감정을 공유하고 작별인사 나누기 그리고 사례종결 요약하기 등의 종결기술을 사용한다(Cournoyer, 2002: 345).

그리고 일반적으로 교정복지실천의 서비스 제공 기간은 외부적 요인에 의하여 미리 정해진 경우가 많다. 예를 들면, 소년 보호관찰대상자의 경우에는 통상 1~2년의 서비스 제공 기간이 법적으로 정해져 있다. 물론 교정사회복지사는 사후관리의 차원에서 클라이언트에 대한 개입을 연장하려고 노력할 수도 있지만, 이 경우 기관의 지원이나 클라이언트의 협조를 구하는 데 어려움이 있다. 교정사회복지사는 가능한 종결이나 의뢰가 긍정적인 경험이 되도록 다음과 같은 지침을 고려할 필요가 있다(Sheafor & Horejsi, 2005: 614-615).

- 교정사회복지사는 계획이나 계약단계에서 개입이 시간제한적이며 목적지향적이라는 것을 알려 주어 클라이언트가 종결에 대하여 미리 잘 알 수 있도록 해야 한다.
- 서비스를 제공하던 교정사회복지사의 직책이 변경되는 것과 같이 행정적 결정에 따라 서비스를 종결할 경우에는 특별히 주의하여 클라이언트를 옹호하는 활동을 할 의무가 있다.
- 교정사회복지사는 종결이 클라이언트 가족 내의 다른 성원이나 사회적 관계망에 어

떤 영향을 미칠지 예측해야 한다.

• 의미 있는 전문적 관계의 종결은 전환(transition)을 기념하는 특정 형태의 의식을 활용해야 한다. 이러한 의식에는 작은 선물의 교환, 간단한 소찬, 경험을 회고하는 축하의식 등이 있다.

참고문헌

김용일 · 조흥식 · 김연옥(2005). 사회사업실천론. 서울: 나남출판.

김혜란 · 홍선미 · 공계순(2007). 사회복지실천기술론. 서울: 나남출판.

법무부(2007). 보호관찰 초기면담 관계형성론. 법무부 보호관찰비전연구팀.

이윤로(2006). 최신사회복지실천론. 서울: 학지사.

이형섭(2003). 효과적 보호관찰 지도감독 모델에 관한 연구: 인지행동적 개입을 중심으로. 법조, 통권15호, 191-235.

Cournoyer, B. (2002). 사회복지실천기술연습(김인숙 · 김용석 공역). 서울: 나남출판. (원전 출판 2000년).

Hepworth, D. H., & Larsen, J. (1990). *Direct social work practice: Theory and skills*. Pacific Grove, CA: Brooks/Cole.

Kirst-Ashman, K. K., & Hull, G. H. (1999). *Understanding generalist practice*. Chicago: Nelson-Hall.

Payne, M. (2001). 현대 사회복지실천이론(서진환 외 역). 서울: 나남출판. (원전 출판 1997년).

Ronen, T. (1997). Cognitive-behavioral therapy. In D. Martin (Ed.), *The Blackwell companion to social work*. London: Blackwell Publisher.

Sheldon, B. (1995). *Cognitive-behavioral therapy: Research, practice and philosophy*. London: Routledge.

Sheafor, B., & Horejsi, C. (2005). 사회복지실천 기법과 지침(남기철 외 역). 서울: 나남출판. (원전 출판 2003년).

Taxman, F. S. (2002). Supervision-exploring the dimensions of effectiveness. *Federal Probation. Sep. 2002*.

Walsh, A. (1997). *Correctional assessment, casework & counseling* (2nd ed.). Lanham, MD: American Correctional Association.

제13장

범죄유형별 교정복지 실천기술

   이 장에서는 범죄인의 유형에 따라 적용될 수 있는 개인 및 집단 중심의 실천기술을 보호관찰소 등 실제 교정복지 현장에서 운영되고 있는 교화프로그램과 지도감독매뉴얼의 내용을 중심으로 살펴본다.

   범죄인의 유형을 구분하는 기준은 다음과 같은 세 가지가 있다. 첫째, 범죄의 원인과 관련되어 음주문제자 · 가출청소년 등의 유형으로 나누는 것이다. 예를 들면, 가정폭력 범죄인은 범죄유형에 따른 구분인데, 만약 가정폭력의 원인이 심각한 음주문제에 있다면 이 사람을 '음주문제범죄인'으로 구분하는 것이다(일본법무성, 2003; Walsh, 1997). 둘째, 범죄인의 인적 특성을 기준으로 나누는 것이다. 예를 들면, 소년 · 여성 · 노인 · 정신장애범죄인 등 범죄인의 연령 · 성별과 같은 인구사회학적 속성이나 정신장애와 같은 특유한 개별적 특성에 따라 구분하는 것이다(최옥채, 2010; McCathy, 2001). 셋째, 가장 일반적 구분방법으로서 범죄의 유형에 따라 분류하는 것이다. 약물 · 폭력 · 성폭력범죄인 등으로 나누는 경우다(김용우, 최재천, 2006). 실천현장에서는 첫 번째와 두 번째 유형의 구분도 유용할 수 있으나, 범죄원인은 이미 제3장에서 다루었을 뿐 아니라 범죄인 인적 특성에 따른 기준을 적용할 경우 범죄인의 유형이 너무 복잡해질 가능성이 있다. 따라서 여기서는 일반적으로 가장 많이 논의되는 세 번째 기준을 적용하여 범죄인의 유형에 따른 실천기술을 살펴본다.[1]

특히 범죄유형 중에서 피해정도가 심각하여 사회적 파장이 크고 범죄행동의 교정에서 전문적인 치료개입이 긴요한 성폭력, 약물, 폭력(학교 및 주취 폭력) 범죄 등을 중심으로 살펴본다.

1. 성범죄 대상 실천기술

여기서는 성범죄 흉포화 경향, 피해의 심각성 등 성범죄의 특성에 따른 치료개입의 필요성과 치료프로그램의 발전에 대하여 논의한다. 이어서 성범죄 치료프로그램의 대표적 모델과 주요 특성을 개관하고, 성범죄인에 대한 교정사회복지사의 주요 실천기술을 살펴본다.

1) 성범죄의 특성과 치료적 개입의 필요성

(1) 성폭력범죄의 심각성

① 성폭력범죄의 다양성과 흉포화 경향

성범죄는 범행의 동기와 양태, 피해자와의 관계 및 연령 등에 따라 매우 이질적인 특성을 지닌다(법무부, 2012a: 3). 연쇄적 성폭력, 친족 간 성폭력, 아동 성추행 및 강간 등 매우 다양한 성범죄 유형이 있다. 성범죄인의 재범에 관한 연구들에서는 일부 상습적인 성범죄인들의 동종 재범률이 매우 높은 것으로 나타났다. 연구에 따라 67.5%에서 83.4%로 나타나며, 1년 이내의 동종 재범률은 34.9%에서 44.2%까지 보고되고 있다(법무부, 2006; 법무부, 2012a; 여의도연구소, 2005). 특히 국내에서는 최근 성범죄사건의 수가 증가

---

1) 참고로 국내외 교정복지학자들의 유형 구분을 보면 다음과 같다. 우선 월시(Walsh, 1997)는 음주와 범죄인, 약물과 범죄인, 성범죄인, 정신장애범죄인, 비행청소년, 여성범죄인, 노인범죄인 등을 다루었고, 맥커시(McCathy, 2001)는 약물·알코올남용범죄인, 정신장애범죄인, 성범죄인, 여성범죄인, 소년범죄인에 대한 특별한 처우대책을 소개했다. 홍봉선(2007)은 여성·노인·(정신)장애인·외국인범죄를 취약계층의 범죄문제로 다루었으며, 최옥채(2010)는 교정복지의 특별영역으로 청소년비행, 여성범죄, 노인범죄와 정신장애인 범죄를 논의하였다. 한편 배임호 등(2010)은 유형론에서 청소년범죄, 여성범죄, 상습범·누범문제, 학교폭력, 정보범죄, 청소년 약물남용, 청소년 가출, 인터넷 중독, 학교 중퇴, 원조교제, 스토킹 등의 다양한 범죄 및 비행의 유형을 소개하고 있다. 한편 2011년판 『범죄백서』는 소년, 여성, 외국인, 공무원, 정신장애범죄인에 대하여 범죄인 유형별 범죄동향을 별도로 다루고 있다.

하고 있을 뿐 아니라 흉포화(凶暴化)되어 가고 있으며, 연쇄 성범죄사건들도 자주 발생하고 있다.[2] 「성폭력범죄의 처벌 등에 관한 특례법」 제정 및 「형법」 개정에 의한 법정형의 상향 조정 등 형벌의 강화와 위치추적 전자감독, 성충동 약물치료, 신상정보공개 등 새로운 법제도를 도입하여 왔다. 그러나 성범죄인의 재범을 효과적으로 방지하기 위해서는 이들의 위험 요인들을 다루는 치료적 접근이 반드시 필요하다는 지적에 따라 이에 대한 정책적 관심도 증가하게 되었다(법무부, 2012a: 4).

② 성폭력피해의 후유증

성폭력피해자는 다음과 같은 심각한 신체적·심리적·사회적 후유증을 겪게 된다(법무부, 2012a: 141-142). 우선, 신체적 후유증으로는 성폭행을 당한 후 처녀막, 질의 파열과

성폭력 피해사례

1991년 3월 수원구치소에 같은 마을에 살고 있는 최동만(가명, 50대)을 살해한 혐의로 수용된 피고인 김순정(가명, 30세)은 "나는 짐승을 죽인 것이지 사람을 죽인 것이 아니다."라고 말한다.

과거 김순정이 9살 때 어머니 심부름으로 물을 길러 가던 중, 옆집에 살고 있는 최동만이 김순정에게 자신의 심부름도 해 달라고 말하며 자신의 방으로 유인한 뒤 무참히 성폭행을 한 사건이다. 이후에도 상습적으로 성폭행이 이루어졌고, 김순정은 혼날까 봐 어머니에게 말하지 못했고 세월이 흘러 김순정은 결혼하였으나 성폭행을 당한 후유증인 성관계 발작 증세로 정상적인 부부관계에서도 혐오감을 느꼈다. 이로 인해 남편으로부터 이혼을 당하고 고향 집으로 돌아와 정신질환 치료를 받으며 일을 다녔고 이후 좋아하는 남자를 만나 재혼하여 아이를 낳고 살았지만, 다시 성폭력 후유증으로 인한 정신분열증으로 이혼하게 된다.

고향 집으로 다시 돌아와 살게 된 김순정은 성폭행 후유증인 신체적인 손상 및 생명을 위협하는 상황에 직면한 후에 나타나는 정신분열 상태로 인해 자신을 성폭행했던 옆집에 살고 있는 최동만을 흉기로 살인하게 된다.

출처: 법무부(2012a), p. 141.

---

2) 대표적으로 10여 년간 100명 이상의 부녀자들을 성폭행한 '대전 발발이' 사건이 있었는가 하면, 2008년에는 '혜진·예슬양' 사건으로 알려진 초등생 유괴 및 성폭행 사건이 있었다. 2009년에는 '조두순 사건(또는 나영이 사건)'이 발생하여 전 국민을 놀라게 하였다. 그 밖에 '김수철 사건' '김길태 사건' 등 사회적으로 큰 충격을 주고 시민의 불안감을 조성하는 사건들이 최근에 빈번히 발생하고 있다.

세균 감염, 성병, 타박상 외에도 임신, 낙태 등의 신체적 피해를 입는다. 또한 낙태 후 불임증, 흉터 등에 의한 장기적인 피해를 입기도 한다. 심리적으로는 남성에 대한 혐오감, 두려움 등과 함께 자기혐오에 빠져 자포자기하고 심지어 자살을 꾀하기도 한다. 경우에 따라 신경쇠약, 우울증, 자기 학대, 정신분열증, 대인기피증 등의 정신적 장애가 나타난다. 한편, 성행위에 대한 혐오감으로 결혼 후 남편과의 성관계를 거부하는 등 부부관계에 장애가 발생하기도 한다. 사회적으로도 심각한 후유증을 겪게 된다. 타인, 특히 남성에 대한 불신과 적개심으로 사회적으로 고립되고, 원만한 대인관계를 이루지 못할 가능성이 있다. 공부나 직장 일에 집중하기 어려워 중도에 그만두기도 하며, 가족관계에 문제가 생기고 부모역할을 제대로 수행하지 못하는 경우도 있다.

(2) 치료적 개입의 등장과 확대

① 치료적 개입의 필요성

성범죄인은 일반적으로 인지적 왜곡, 피해자에 대한 공감능력의 결여, 대인관계 능력의 부족, 성적 일탈 등의 경향을 보인다(법무부, 2009: 6; Abel, Mittleman, & Becker, 1984). 이런 특성들에 대해서 치료적 접근이 이뤄지지 않고서는 근본적으로 성범죄 재범을 억제하기 어렵다. 성범죄인에 대한 인지행동치료는 극단적인 행동주의에서 시작되었고, 점차 인지적 요소를 도입하게 되었다. 최근에는 성범죄인의 사회적 기술결여와 관련하여 발달적·사회문화적 영향력이 고려되고 있고, 인지적 왜곡이나 공감 등이 중요하게 다루어지고 있는 추세다(법무부, 2009: 6-7).

성범죄인 치료프로그램 계획에서는 성범죄인에 대한 신중한 평가가 실시되어야 하고 평가에 근거하여 치료프로그램이 이루어져야 한다. 성범죄인에 대한 치료기법으로는 인지행동치료가 가장 활발하게 사용되고 있으며, 그 밖에 정신역동적 심리치료기법, 화학적 약물치료 등이 있다. 연구에 따르면, 정신역동치료 프로그램은 성범죄를 감소시키는데 유의미한 효과가 없는 것으로 밝혀졌고, 화학적 약물치료의 경우 체중 증가, 피로감 증가, 두통, 우울 등의 부작용을 야기하는 것으로 밝혀졌다(법무부, 2009: 7). 반면 인지행동적 접근은 일탈적 성적 각성 및 환상의 수정, 사회적 능력의 향상, 분노조절, 피해자에 대한 인식 및 공감 능력 향상 등에 상당히 유의미한 치료효과가 보고되고 있다(Aos et al., 2001: 법무부, 2009 재인용).[3]

---

3) 미국 성학대 치료협회(Association for the Treatment of Sexual Abuse)는 각종 심리치료 프로그램의 효과성

1. 성범죄 대상 실천기술　383

② 치료적 개입의 확대

성범죄를 억제하기 위해 형벌의 강화와 함께 성범죄인에 대한 치료적 개입과 관련한 정책도 지속적으로 확대되었다. 2008년에는 「치료감호법」의 개정에 따라 심신장애인과 약물 또는 알코올 중독자에 더하여 정신성적 장애인을 치료감호대상자로 새로 지정하였다. 2010년에는 「아동청소년의 성보호에 관한 법률」 개정에 따라 아동 · 청소년 대상 성범죄인에게 수강명령 또는 성폭력 치료프로그램 이수명령을 반드시 병과하게 하였다. 또한 같은 해 「성폭력범죄인의 성충동 약물치료에 관한 법률」 제정으로 16세 미만의 사람에 대하여 성폭력범죄를 저지른 성도착증 환자에게 성충동 약물치료를 실시할 수 있도록 하였다. 이렇듯 성범죄인에 대한 치료적 개입이 정책적으로 확대되고 있는데, 이는 성범죄인에 대한 치료적 개입이 있어야 성폭력 재범을 근본적으로 예방할 수 있다는 입법 의지의 표현이라 할 수 있다(법무부, 2012a: 5).

2) 성범죄인 치료프로그램의 개관

(1) 성범죄인 치료프로그램의 발전[4)]

① 초기단계의 치료프로그램

성범죄인에 대한 초기 치료프로그램은 다음과 같은 단계를 거쳐 발전하였다(법무부, 2012a: 6-7). 우선, 1950년대 후반에는 일탈적 성적각성(deviant sexual arousal)을 수정하는 것에 주된 강조점을 두었다. 이는 스키너(Skinner)의 조작적 조건화와 파블로프(Pavlov)의 고전적 조건화에 따른 행동주의적 이론에 근거한다. 이 시기의 치료자들은 일탈적 성적환상이 성적각성과 조건적 연합에 의하여 일탈적 성적선호로 발전하고 이것이 성범죄의 주요 원인으로 작용한다고 믿었다. 따라서 이러한 일탈적 성적선호를 수정하기 위해 행동주의적 기술인 혐오치료 기법, 즉 약물 또는 전기쇼크 등의 혐오자극을 일탈적 이미지나 행동과 연합시켜 일탈적 환상이나 행동을 감소시키는 방법이 채택되었

에 대한 연구를 진행하였다(Aos et al., 2001). 여기에 청소년 및 성인 성폭력 가해자와 관련된 인지행동 치료 프로그램의 효과성이 평가되었다. 이를 비용효과 면에서 계산해 보면 청소년 한 사람의 치료에는 9,920달러가 소요되고, 그 효과로 잠재적 피해자에 의해 지출되는 금액을 포함하여 얻는 이익은 23,602달러에 해당하였다. 성인 대상자의 경우도 마찬가지로 한 사람당 6,246달러의 비용을 사용하여 치료하면 재범방지 효과로는 19,534달러의 이익이 발생하였다고 보고되었다(법무부, 2009: 8).

4) 노일석(2011). 소년 성폭력의 인지행동치료 효과성 평가. 보호관찰, 11(1), p. 56의 내용을 발췌하여 전재한 것이다.

다. 하지만 이러한 행동주의적 기법은 윤리적인 문제와 함께 실증적 증거 부족, 장기적 효과에 대한 의문 등으로 점차 영향력이 감소하였다.

1970년부터 성범죄인 치료에서 인지적 과정에 대한 개입의 필요성이 제기되기 시작하면서, 새로운 치료기법들이 혐오치료 위주의 기존 행동주의적 기법에 통합되기 시작하였다. 이 시기의 연구자 및 치료자는 상당한 성범죄인들에게서 성인과의 정상적 관계를 유지하는 데 필요한 사회적 기술이 부족함을 발견하였고, 이들에 대한 치료 내용에 사회기술 훈련과 자기주장 훈련 등이 필요함을 주장하였다. 1980년대에는 인지왜곡이 성범죄를 정당화하고 재범으로 이끄는 등의 부정적 역할을 하고 있음이 지적되어 성범죄인 치료에 인지왜곡을 수정하는 내용이 포함되기 시작하였다(Abel, Mittleman, & Becker, 1984). 또한, 이 시기에 약물과 알코올 문제 치료에 적용되어 오던 재발방지프로그램이 성범죄인에게도 처음 적용되기 시작하였다(Pithers et al., 1983).

② 치료프로그램의 최근동향

1990년대 이후 성범죄인에 대한 치료프로그램은 다요인적 접근과 변화 동기를 강조하는 방향으로 변화하고 있다(법무부, 2012a: 7). 1990년대 이후로는 다요인적 접근에 기초한 인지행동치료가 각광을 받기 시작하였다. 이는 일탈적인 성적각성을 포함하여 인지적 왜곡, 공감능력 부족, 성범죄에 대한 지지적 태도, 충동조절 결함, 대인관계 기술 결함 등을 치료 목표와 내용으로, 혐오치료, 자위적 재조건화(masturbatory reconditioning), 내재적 민감화(covert sensitization) 등의 기법을 활용하는 것이다. 이에 따라 성범죄인 치료프로그램에 성범죄 부인(denial) 다루기, 공감능력 배양, 인지적 왜곡 수정, 재발방지 교육, 문제해결 훈련, 친밀감 훈련, 분노조절 등의 다각적 내용이 포함되었다. 같은 시기에 이러한 교정처우프로그램의 효과성과 관련된 기본원칙으로 제안된 것이 위험성-욕구-반응성 원칙(risk-need-responsivity principle)이다(Andrews et al., 1990).[5]

2000년대에 접어들면서 '긍정심리학'(positive psychology)의 영향을 받아 성범죄인의 결함보다 '강점기반 재활'(strength-based rehabilitation)과 성범죄인의 '좋은 삶'(good

---

5) 이 원칙은, 재범을 방지하고 사회를 보호하기 위해서는 범죄인의 위험성-욕구-반응성 원칙에 입각하여 범죄인을 처우할 때 효과성을 가장 극대화할 수 있음을 강조한다. 먼저, 위험성 원칙(risk principle)은 교정처우의 개입 강도와 기간은 개별적인 위험성 수준에 따라 차별적으로 적용되어야 함을 강조하고, 둘째, 욕구 원칙(need principle)은 재범과 가장 밀접히 관련된 요인, 즉 동적 위험요인(dynamic risk factor) 또는 범인성 요인(criminogenic factor)에 초점을 맞추어 개입해야 한다는 원칙이다. 마지막으로 반응성 원칙(responsivity principle)은 개입대상자의 개별적인 반응성을 고려하여 적용되어야 함을 강조하는 원칙이다. 이 원칙들은

lives)에 초점을 맞추는 치료모델[6]이 새롭게 시도되고 있다. 최근에는 전반적으로 치료의 효과를 높이기 위해 치료에 참가하는 성범죄인의 변화 동기를 높이는 내용이 강화되고 있는 추세다.

(2) 성범죄인 치료프로그램의 특징 및 구성

① 성범죄인 치료프로그램의 특징

성범죄인 치료프로그램은 다음과 같은 특징이 있다(법무부, 2012a: 15). 첫째, 변화에 대한 동기가 없다. 법원에서 수강 혹은 치료이수명령 처분을 받고 프로그램에 참여하기 때문에, 스스로 불편감을 지각하고 상담소나 병원을 찾아오는 일반 심리상담 클라이언트들과는 다르다. 진행자는 프로그램 초반에 지속적으로 구성원들에게 변화에 대한 동기를 부여해야 한다.

둘째, 비밀보장 원칙의 한계가 발생할 수 있다. 원칙적으로 프로그램 내에서 구성원들이 언급했던 내용들은 진행자 및 다른 구성원들이 비밀을 보장해 주어야 한다. 그러나 자해 혹은 타해의 위험이 있거나 여죄 범죄가 발견되었거나 범행계획을 세우고 있는 등 재범 위험성이 높아 보이는 상황이 파악되면, 진행자는 경찰관이나 담당 보호관찰관에게 즉시 이 사실을 고지해야 한다.

셋째, 치료의 궁극적인 목적은 '재범 방지를 통한 지역주민의 안전'에 있다. 성범죄인에 대한 심리치료적 개입은 비단 성범죄인의 복지를 위해서만이 아니다. 그들이 친사회적이고 적응적인 방식으로 생활을 영위할 수 있게 함으로써 궁극적으로 지역주민이 그들의 잠재적인 위협에서 자유로워질 수 있다.

범죄인에 대한 치료적 개입을 포함한 교정제도 전반에 대한 반성적 고찰을 통해 확립되어, 현재까지 범죄인 관리와 처우의 가장 중요한 원칙으로 자리 잡고 있다. 이에 따라, 범죄인 관리의 측면에서는 위험성 원칙이, 범죄인 치료의 측면에서는 욕구 원칙이 강조되고 있고, 최근 들어 반응성 원칙은 성범죄인 치료현장의 임상가들을 중심으로 치료의 효과성을 담보하기 위하여 동기화 면담(motivational interviewing) 또는 강점기반 재활(strength-based rehabilitation)을 통해 재해석되고 있다(법무부, 2012a: 8-9).

6) 심리치료의 목적이 치료대상인 성범죄인의 '좋은 삶' 그 자체가 되어야 함을 강조하는 모델(Good Lives Model)이다.

② 성범죄인 치료프로그램의 구성

프로그램의 목표

성범죄인 치료프로그램은 다음과 같은 목표를 달성하기 위한 것이다(법무부, 2012a: 16). ① 성과 관련된 인지적 왜곡을 수정하고 건전한 성가치관을 형성한다. ② 성범죄 관련 법령을 이해하고 범법행위를 하지 않는다. ③ 피해자에게 끼친 피해를 인식하고 고통을 공감할 수 있다. ④ 충동적인 행동패턴에서 벗어나 '사고–감정–행동–환경'을 조절할 수 있다. ⑤ 긍정적인 방식으로 대인관계를 형성·유지할 수 있는 능력을 함양한다. ⑥ 재범위험요인들을 확인하고 스스로 관리할 수 있다. ⑦ 이와 같은 변화를 통해 궁극적으로 안전한 사회를 구축한다.

프로그램의 구조

일반적으로 심리치료 프로그램의 충분한 효과를 얻으려면 최소 3개월 정도의 시간이 필요하다. 따라서 프로그램은 행정적인 여건을 무시할 수는 없지만 매주 1~2회씩 진행하되 하루에 소요되는 시간은 2~3시간 정도로 구조화하는 것이 좋다. 프로그램의 참여 인원은 5~10명 정도로 구성하는 게 좋다. 지나치게 많으면 일방적인 교육으로 흘러가기 쉽기 때문에 좋지 않다.

프로그램의 진행

프로그램의 진행 장소는 바깥에서 안이 들여다보이지 않는 조용하고 아늑한 방이 필요하며, 인원에 비해 방이 너무 크거나 작지 않아야 한다. 구성원들이 둥글게 둘러앉을 수 있어야 한다.

그리고 프로그램의 진행자는 소정의 자격을 갖춘 치료자가 바람직하다. 진행자들은 가능하다면 사회복지나 심리치료 관련 분야 석사 이상의 학위 소지자, 혹은 관련 분야에서 독립적으로 활동할 수 있는 자격증 소지자 등 깊은 이해를 가지고 있어야 한다. 또한 성범죄인 치료 분야 관련 교육을 이수하고, 성범죄인 치료 전문가의 슈퍼비전을 받는 등 충분한 경험을 갖추고 있어야 한다. 주 진행자와 보조 진행자가 다른 성(性)이면 보완적인 효과가 있으며, 치료자의 비율이 구성원의 수에 맞게 구성되어야 한다.

3) 성범죄인에 대한 주요 실천기술

(1) 성범죄 재범방지모델

① 핀켈호(Finkelhor)의 전제조건 모델

이 모델에 따르면, 성폭력은 우발적으로 발생하는 것이 아니며 성폭력 행위를 저지르지 못하도록 막는, 다음의 네 가지 장벽들을 부수고 넘어섰을 때 성폭력이 발생한다(법무부, 2012a: 123).

첫째, '성폭력을 하게 된 동기'에는 '성적인 충동, 환상, 혹은 생각' 등이 있다. 그러나 그런 생각들을 했다고 해서 모두 성폭력 행위와 연관되지는 않는다. 성범죄인은 여러 가지 방법으로 자신의 성적 공격을 유도하는 동기를 조금씩 키워 가는 경향이 있다.

둘째, 성폭력에 대한 '내부 장벽'은 기존에 갖고 있던 가치관, 윤리관, 양심의 소리, 범행 후 자신에게 돌아올 부정적 결과에 대한 예상 등이 내적 억제 요인으로 작용될 수 있다. 그러나 성범죄인은 왜곡된 성적 환상에 의해 이런 요인들을 무시하고 자신의 행동을 합리화시킬 수 있는 인지적 왜곡을 사용한다.

〈표 13-1〉은 성폭력에 대한 내부 장벽을 허무는 사례를 보여 준다.

표 13-1 성폭력에 대한 내부 장벽을 허무는 사례

이런 행위는 다른 사람에게 해서는 안 되는 거야.	괜찮아, 아무도 모를 거야.
이런 행위는 상대방에게 치명적인 상처를 주는 거야.	아니야, 괜찮아. 그녀는 상처를 받지 않을 거야. 어쩌면 그녀도 좋아할 거야.
그래도 내가 이래선 안 되지. 이건 옳지 않은 일이야.	이건 그 애하고 나만 아는 일이니까 아무도 모를 거야.
미성년자와 성관계를 갖는다는 것은 어른으로서 할 짓이 못 돼.	아니야, 괜찮아. 그 애도 인터넷 채팅으로 나를 원했어.
나를 믿고 따라온 여자인데, 내가 이래서는 안 돼.	그녀는 술이 취해 아무것도 모를 거야. 술이 취했다는 건 이미 자기 방어를 포기한 거야.
성범죄는 사람이 해서는 안 되는 일 중에 하나야.	괜찮아, 아무도 몰라. 들키지 않으면 별 문제 없어. 남자라면 다 나처럼 할 거야.

출처: 법무부(2012a), p. 123.

셋째, 성폭력범죄인은 '외부 장벽'을 허물기 위하여 범행 장소로 사람들이 눈에 띄지 않는 장소를 선정한다거나 자신의 행동이 들키지 않을 가능성이 큰 피해자를 물색하는 등 성폭력 행위를 실현할 수 있는 외적 조건을 조성한다. 이때 성폭력범죄인은 '피해자가 혼자 살기 때문에 소리쳐도 아무도 못 들을 것이다.'라고 하거나 '이 골목에는 유동인구가 거의 없기 때문에 안전하다.'는 등의 인지적 왜곡을 하게 된다.

넷째, 성폭력범죄인은 '피해자의 저항'에 대해서도 이들의 저항이나 거부의 의사를 무시하거나 합리화하여 받아들이거나 저항할 수 없는 상태로 만들어 성폭력 행위를 실행한다. 예를 들면, 칼을 들고 저항하지 못하도록 위협하거나 거부하지 못하도록 주먹으로 얼굴을 때리는 것 등의 행위가 그것이다.

② 울프(Wolf)의 순환모델

이 모델에 따르면, 성폭력은 매우 부정적인 자아상에서 비롯된다(법무부, 2012a: 161). 자존감이 낮은 사람은 다른 사람이 자신을 좋아하지 않거나 자신이 실패할 것이라는 부정적 기대와 인지적 왜곡을 한다. 또한 그들은 정서적 고통이나 부정적 정서를 자주 경험하며, 다른 사람을 쉽게 비난하고 공감능력이 결여되어 대인관계가 좋지 않은 특징이 있다. 또한 자신의 능력을 과소평가하고 계획표에 따라 행동하지 못하기 때문에 성취도가 낮은 특징이 있다.

성폭력범죄인의 낮은 자존감은 우울감, 외로움 및 분노 등의 부정적 감정을 초래한다. 부정적 감정을 해소하기 위해 왜곡된 성적 환상으로 현실을 도피하는 경향이 있으며, 이는 포르노 등의 음란물을 통해 강화·형성된다. 왜곡된 성적 환상은 스트레스 상황 혹은 음주 상황 등과 같은 취약한 상황에서 건강하지 못한 대처방식의 하나로 이용되고, 더 나아가 현실과 상상의 경계를 구분하지 못하고 실제 성폭력 행동으로 연결된다. 발생한 성폭력 행위에 대한 죄책감이나 수치심은 기존의 낮은 자존감을 더욱 저하시킴에 따라 성폭력 행위를 다시 발생시키는 악순환을 반복한다는 것이 순환모델의 핵심적인 내용이다. 즉, 울프의 순환모델에서는 구성원의 성적 행동이 부정적인 감정으로부터 벗어나기 위한 대처 방식 중 하나로 이용됨에 따라 그 패턴이 형성되어 있고, 그 패턴의 고리를 끊음으로써 재범을 방지할 수 있다는 사실을 이해시키는 것이 중요하다(법무부, 2012a: 157).

(2) 이성과의 대인관계 능력증진

성폭력범죄인, 특히 아동성범죄인의 상당수는 소극적이며 내성적인 성격으로 인하여 성인 여성과의 정상적인 이성관계를 맺지 못하기 때문에 성범죄로 나아가는 경우가 있다. 따라서 이들의 이성에 대한 대인관계 능력을 증진하고 사회적 지지의 원천을 개발하여 재범에 대한 억제요소로 작용할 사회적 지지망을 구축하는 것은 매우 중요하다.

이러한 개입을 위해서는 먼저 사건 이후 대인관계의 변화를 이야기하고, 대인관계 및 의사소통에 대한 자가진단과 해석을 하여 사정한다. 이어서 애착유형과 건강한 이성관계를 설명하여 인지적 왜곡을 수정하고 이를 행동으로 옮기기 위한 대인관계 개선방법을 제시한다.

성폭력범죄인의 대인관계와 의사소통의 수준을 측정하기 위하여 각각 표준화된 척도를 사용한다(〈부록 10〉〈부록 11〉 참조). 성범죄를 일으키는 가장 큰 요인 중 하나가 대인관계의 결핍이다. 관계의 진공상태에서 타인과의 소통을 강제로라도 추구하는 것이 성범죄의 원인 중 하나로 밝혀져 있다. 따라서 대인관계상황을 점검하고 범죄의 악순환에서 벗어나 사회적 지지와 강화를 받을 수 있도록 하는 것이 중요하다. 성범죄인의 대인관계 특성은 매우 다양하다. 다른 성인과 적절한 관계를 맺지 못하는 고질적인 문제를 가진 사람도 있지만, 주변에서는 눈치채지 못할 정도로 일상생활을 잘 진행하는 사람도 있다는 것을 유념할 필요가 있다(법무부, 2012a: 202).

(3) 강간통념의 수정

성범죄, 특히 강간범죄를 막기 위해서는 무엇보다 성범죄인이 강간에 대하여 잘못 가지고 있는 통념을 교정할 필요가 있다. 집단의 구성원이 성에 대한 왜곡된 사고나 자기중심적인 태도를 확인하고, 피해자에게 이중 잣대를 적용하여 자신의 범죄를 합리화하고 있음을 깨닫게 한다. 진행자는 자신의 강간통념 수준을 파악하고 무비판적인 태도로 구성원들의 강간통념을 다룰 필요가 있다.

강간통념을 수정하기 위한 회기는 다음과 같은 절차로 진행한다(법무부, 2012a: 114-118). 첫째, 통념이라는 개념에 대해 설명한다. 통념이란 일반적으로 널리 통하는 개념을 뜻하는 것으로 시대적·문화적 배경 등에 따라 달라질 수 있고, 같은 사회 구성원들이 모두 갖고 있는 생각이지만 그 정도에는 차이가 있다는 점 등을 이야기한다. 이 경우 구성원들이 통념의 개념을 쉽게 이해할 수 있는 자료, 예컨대 유행가의 가사 등을 활용하여 설명하면 도움이 된다.

둘째, 강간통념 척도(〈부록 12〉 참조)[7]를 활용하여 구성원 각자의 강간통념 수용 정도를 확인한다. 비교적 명확한 문항(예, 여자의 'No'는 'Yes'를 의미한다 등)을 선택하여 구성원들과 자유롭게 토론한다. 구성원들에게 선택한 문항의 경우, 폭력적이고 가학적인 음란물의 영향이나 인지적 왜곡 등이 반영되었는지 의문을 제기해 본다.

셋째, 강간통념을 재검증한다. 강간통념에 자신과 관련된 경우와 그렇지 않은 경우에 따라 달라지는 이중 잣대를 사용하고 있다는 사실을 짚어 주고, 강간 피해자 또한 어느 누군가의 소중한 사람임을 인식시킨다. 이때 진행자는 구성원들이 가족 등을 운운하는 것에 대해 반발하며 격앙된 태도를 보일 가능성을 염두에 두어야 한다. 이러한 저항이 표출될 경우, 일단 구성원들의 감정을 충분히 공감해 주고, 평소 남의 일이라고 여기던 암과 같은 심각한 질병이 자신이나 그 가족들에게도 일어날 수 있는 것처럼 성범죄 또한 구성원의 가족들에게 발생할 수도 있다는 사실을 깨닫게 한다.

(4) 자존감의 향상

성범죄의 원인 중 하나로 낮은 자존감이 지적되고 있으므로 성범죄인의 치료에 자존감을 향상시키는 노력이 필요하다. 이를 위하여 자존감의 정의 및 형성과정을 이해하고 자존감 수준을 파악하여 '타인이 보는 나'를 통해 자신에 대한 긍정적인 시각을 키울 필요가 있다. 이 경우 구성원들이 그릇된 행동을 저질렀지만 좀 더 긍정적인 속성들을 가지고 있는 사람으로 바라볼 수 있도록 해 주고 자신의 존재 자체와 범죄행동을 분리하여 자신의 행동을 변화시킬 수 있다는 희망을 갖게 하는 것이 중요하다.

자존감 향상을 위한 치료프로그램의 진행 절차는 먼저 자존감의 정의와 형성과정에 대해 알아보고, 이어서 구성원들이 자신에 대해 어떻게 긍정적 또는 부정적으로 평가하는지 기록하고 발표하는 순서로 진행한다. 자존감은 자아개념의 한 부분이라고 할 수 있

---

7) 강간통념, 즉 성폭행에 대해 사람들이 가지고 있는 왜곡된 신념의 수용도를 측정하기 위한 목적으로 이석재(1999)가 구성한 것이다. 이석재(1999)는 버트(Burt, 1980)가 개발한 강간통념 수용척도를 수정하고 새로운 강간통념을 추가하였다(법무부, 2012a: 241-242). 이 척도는 총 20문항으로 이루어지며, 각각의 강간통념 문항에 대해 9점 척도상에서 찬반의 정도를 나타내는데, 높은 점수는 강간통념에 대한 수용정도가 높음을 의미한다. 강간통념 척도에는 ① 책임귀인(구성문항: 5, 7, 8, 10, 11, 12, 14, 15번), ② 피해자의 성경험(구성문항: 1, 2, 4, 19번), ③ 음란성과 강간에 대한 허위조작(구성문항: 3, 16, 17, 18, 20번) ④ 이성행동에 대한 오해(구성문항: 6, 9, 13번) 등의 하위요인이 있다. 강간통념 척도의 전체 점수는 척도의 모든 문항들의 점수를 더한 후 전체 문항 수(20문항)로 나누어 평균값을 계산한다.

다.[8] 즉, 자신의 삶을 효율적으로 대처할 수 있는 능력이 자신에게 있으며 자신이 중요하고 가치 있는 사람이라고 믿는 자신에 대한 적극적인 신념이다(법무부, 2012a: 219). 진행자는 자신의 장점을 적을 수 있는 기록지를 나눠 주고 작성하는 이유를 설명해 준다. 발표한 장점 기록지 내용을 다른 사람과 이야기 나누기를 통하여 구성원이 보는 '나'와 내가 보는 '나'의 차이에 대해서 알아보고 구성원이 보는 '나'를 수용하도록 돕는다.

자존감 낮은 성폭력 가해자들이 집단에서 보이는 특징들은 다음과 같다(Spencer, Josephs, & Steel, 1993; 법무부, 2012a 재인용). ① 집단 토의에 전혀 참여하지 않으려 하기 때문에 치료에서 도움을 얻을 수 없게 되고 행동 변화도 가져오기 어렵다. ② 피해자를 부정적으로 언급한다. 예를 들면, 아동 성추행자의 경우 피해자의 나쁜 습관, 거짓말, 학교생활 부적응과 같은 아동의 결점에 초점을 맞춘다. ③ 정형화된 태도로 다른 사람에게 비판적 태도를 갖는다. 낮은 자존감을 가진 이들에게 다른 사람의 긍정적인 모습은 자신의 부정적인 모습과 비교되는 위협적인 것이므로 이들은 다른 사람의 장점보다 단점을 노출시키게 함으로 자신을 유지한다.

이러한 성폭력 가해자의 자존감을 높여 주기 위한 구체적인 전략은 다음과 같다(Marshall, 1999; 법무부, 2012a 재인용). ① 우선 가해자를 존중하고 공감하며 칭찬하는 태도를 보여야 한다. 그들을 그들의 행동과 분명하게 분리해서 대할 뿐 아니라 집단의 다른 사람들에게도 동일한 태도를 취하게 해야 한다. ② 가해자가 학력을 높이거나 직업기술을 갖게 하는 것도 중요한 자존감 상승의 방법 중 하나다. 이들의 지적능력을 개발하고 사회활동을 늘려 주며, 즐거운 경험을 자주 가질 수 있도록 도와주는 것은 이들의 자존감 향상에 큰 도움이 된다. ③ 외모를 가꾸거나 자기 제시(self presentation)를 효율적으로 하여 자신을 매력적으로 보이도록 도와준다. 외모나 매력은 긍정적인 사회적 피드백을 얻게 하고 자존감의 향상에 도움이 된다.

---

8) 자존감은 선천적인 것이 아니라 상황에 따라 변할 수 있다. 인간은 자기 자신에 대해서 어떻게 생각하고 느끼는지 학습하게 된다. 대부분은 어린 시절부터 학습되며 우리 주위에 있는 중요한 사람들, 특히 부모가 우리의 존재 및 가치에 대해 중요한 메시지를 주었을 때 학습된다. 자신의 가치를 높이 평가할 때 자신에 대한 존중감을 느끼게 되고 타인도 존중할 수 있게 된다. 구성원들은 자존감에 대한 용어에 대해 자존심 또는 우쭐대는 종류의 표현 등으로 잘못 해석할 수 있다. 따라서 자존감을 명명할 때 처음에는 자아존중감이라고 명명하다가 구성원들이 익숙해질 때쯤 자존감으로 줄여서 부르도록 한다. 자존감 형성과정에 대해 설명할 때, 자존감은 어릴 때부터 상호작용을 통해 형성되고, 구성원 자신들의 행동이 자녀의 자존감 형성에 지대한 영향을 미친다는 점을 강조한다(법무부, 2012a: 219).

2. 약물범죄 대상 실천기술

여기서는 약물남용범죄인에 대한 교정복지 실천기술을 살펴본다. 우선, 약물의 종류와 그 특성에 대하여 살펴보고, 이어서 약물범죄 및 약물범죄인에 대한 치료적 개입의 현황을 분석하고, 이에 대한 현행 처우대책의 실태와 문제점을 알아보도록 한다. 그리고 약물범죄의 재발을 막기 위한 전문적 치료프로그램을 개괄적으로 살펴보고, 현장에서 교정사회복지사가 약물범죄인에 대하여 개입할 때 사용 가능한 주요 실천기술을 알아보도록 한다.

1) 약물의 분류 및 특성

(1) 약물의 정의 및 분류

약물은 우리의 일상생활에서 다양한 차원에서 다의적으로 사용되는 용어다. 그러나 우리가 약물범죄를 논의할 때, '약물'의 개념은 신체적·정신적 의존성이 있는 마약류나 유해화학물질을 말한다. 이 중에서 마약류란 중추신경계에 작용하여 중추신경 작용을 앙양하거나 억제하는 물질 중에서 신체적 의존성(중독성)이나 정신적 의존성(습관성)이 있는 것으로 「마약류 관리에 관한 법률」에 의하여 규제대상으로 지정된 물질이다. 한편, 마약류는 아니지만 이와 유사한 환각작용을 일으키는 것으로 유해화학물질인 접착제(본드)와 부탄가스 등이 있으며, 「유해화학물질 관리법」에 의하여 규제된다. 약물 중에서 특히 마약류는 다음과 같이 분류된다(법무부, 2012b: 197-198).

① 약리작용별 분류

각성제

중추신경계를 자극하여 흥분을 유발하는 암페타민계 물질로서 아편, 마취제와는 달리 수면을 방해하고 혈압상승, 호흡·맥박이 빨라지고 피로감을 없애며, 공격 성향을 갖게 한다. 암페타민이 대표적이며, 필로폰, 살 빼는 약 등이 여기에 속한다.

억제제

중추신경계를 억제하여 중추신경이 비정상적으로 흥분한 상태를 진정시키는 약물이다. 호흡, 혈압, 심장 박동과 세포의 신진대사와 같은 활동을 억제하며, 긴장감을 풀어 주고 근육을 이완시켜 편안함과 함께 졸음을 유발한다. 바르비탈류, 벤조디아제핀계, GHB, 메타콰론 등이 여기에 포함된다. 알코올도 약리작용 면에서는 억제제에 속한다.

환각제

환각제는 현실의 왜곡과 같은 정신상태나 기분에 급격한 변화를 일으키는 약물이다. 감각의 변화, 망상, 환상, 환시, 환청, 환취, 환촉 등을 일으키는데, LSD, 사일로사이빈, 페이요티 선인장에서 추출하는 메스칼린 등이 대표적이다.

② 생성원별 분류

약물은 생성원별로 마약, 향정신성의약품, 대마 등으로 구분된다. 약물의 생성원별 분류는 〈표 13-2〉와 같다.

표 13-2 마약류의 생성원별 분류

분류		종류
마약	천연마약	양귀비(앵속), 생아편, 코카나무잎, 코카인, 모르핀, 코데인, 헤로인
	한외(限外) 마약[9]	코데날, 코데잘, 유코데, 후리코, 세코날, 인산코데인말
	합성마약	페치딘계, 메사돈계, 프로폭시펜, 모리피난계
	반합성마약	헤로인, 히드로모르폰, 옥시코돈, 아세트로핀
향정신성 의약품		메스암페타민, MDMA, 암페타민류, 펜플루라민, 암페르라몬, LSD, 페이요트(메스칼린), 사일로사이빈, 바르비탈염류제, 비바르비탈염류제, 벤조디아제핀염제류, 러미나, GHB(일명 물뽕), S정, 아로바르비탈, 알프라졸람
대마		대마초(마리화나), 대마수지(해시시), 대마수지기름(해시시오일)

출처: 법무부(2012b), p. 198.

---

9) 의약품으로 사용하는 합법적인 약품으로 일반약품보다 천연마약 및 화학적 마약성분을 미세하게 혼합하여 신체적·정신적 의존성을 일으킬 염려가 없는 것을 말한다.

(2) 약물의 종류별 주요 특성

① 마약

마약은 일반적으로 마약 원료인 생약으로부터 추출되는 천연마약과 화학적으로 합성되는 합성마약으로 분류한다.

천연마약

생약에서 추출되는 대표적인 천연마약에는 양귀비, 아편, 모르핀, 코데인, 코카인 등이 있다(법무부, 2012b: 199-201). 이 중에서 아편, 모르핀, 헤로인 등은 억제제로서 투약 시 3~6시간 약효가 지속되며 진정 및 진통의 약리효과가 있지만, 남용할 경우 도취감을 주고 신체조절 능력을 상실하게 하여 사망에 이르게 할 수 있다. 한편 코카인은 대표적 흥분제로서 약 2시간 정도 약효가 지속되는데, 정신혼동·환각 등의 부작용이 있으며, 역시 남용의 경우 사망에 이를 수 있다. 〈표 13-3〉은 천연마약의 종류와 그 특성을 보여 준다.

합성마약

합성마약은 모르핀과 유사한 진통효과를 가지면서 의존성이 적은 의약품을 개발하는 과정에서 합성된 마약으로서 페치딘계와 메사돈계가 가장 널리 남용되고 있다(법무부, 2012b: 201-202). 이러한 합성마약은 억제제로서 아편, 헤로인 등과 유사한 약리작용이 있다.

페치딘은 모르핀과 동일한 효과를 내기 위한 목적으로 개발된 대표적인 합성마약으로 현재 알려진 종류로는 페치딘, 펜타닐, 디펜녹실레이트 등 약 23종이 있다. 페치딘은 화학적으로는 모르핀과 다르나 중추신경계에 작용하여 진통효과를 가져오는 점에 있어서 모르핀과 유사하고 진통효과 외에 진정효과도 있으며, 투약 시 3~6시간 동안 약효가 지속된다.

메사돈은 제2차 세계대전 중 모르핀 부족을 해결하기 위한 목적으로 개발된 합성마약으로 현재 메사돈, 아세틸메사돌, 디피파논 등 약 22종이 알려져 있다. 화학적으로 모르핀이나 헤로인과 다름에도 불구하고 효과 면에서는 많은 유사점을 가지고 있고, 약효가 모르핀보다 더 긴 24시간 동안 지속된다는 점에서 제2차 세계대전 후 마약중독 치료제로도 사용되었다.[10]

---

10) 우리나라에서는 1965년 당시 23개의 제약회사들이 합성마약인 메사돈을 일반약품에 불법 혼합하여 해열진통제, 국소마취제, 비타민 영양제주사 등으로 속이고 팔다가 수만 명의 마약중독자를 발생시킨 소위 '메사돈 파동'이 발생하기도 하였다(법무부, 2012b: 202).

표 13-3 천연마약의 종류와 특성

약물명	사진	주요 특성
양귀비		일명 '앵속'(opium poppy, 罌粟)이라 불리는 식물로서 여러 종류가 있으나, 우리나라에서 재배를 금지하고 있는 식물은 Papaver Somniferum L. 종과 Papaver Setigerum D.C. 종임
아편		설익은 양귀비의 열매에 상처를 내어 흘러내리는 우유빛 추출액을 60℃ 이하의 온도에서 건조시킨 암갈색의 덩어리로 생아편이라고도 함
모르핀		아편으로부터 불순물을 제거하고 일정한 화학반응을 거쳐 추출한 강력한 진통성을 지닌 알카로이드로서 진통, 진정, 진해, 최면 효과가 뛰어난 반면, 구토, 발한, 발열, 설사 등과 함께 정신적·신체적 의존성을 유발하여 사용 중단 시 심한 금단증상을 일으킴
코데인		메틸 모르핀이라고도 불리는 알카로이드의 일종으로서 의학적으로 진통 작용은 모르핀의 1/6 정도에 불과하지만, 수면을 촉진하고 기침을 완화시키며 통증을 억제하는 진해 및 진정 작용은 탁월하며, 비교적 신체적 의존성은 적은 편이나 남용할 경우에는 정신적·신체적 의존성과 금단증상을 유발함
헤로인		양귀비의 열매에서 채취한 생아편에 소석회, 물, 염화암모니아 등을 첨가하여 혼합, 침전, 여과, 가열의 과정을 거친 후 모르핀 염기에 무수초산, 활성탄, 염산, 에테르 등을 화학 처리하여 만든 천연마약임. 백색 무취의 분말형태이며, 긴장 등을 억제하여 행복감과 도취감을 주는 중추신경 억제제의 일종으로 약리작용은 모르핀과 유사하나, 그 중독성은 모르핀의 10배에 달함
코카인		남아메리카 안데스산맥 고지대에서 자생하는 코카나무의 잎에서 추출한 알카로이드로 중추신경을 자극하여 쾌감을 일으키는 천연마약임. 약효가 빠르고 강력한 도취감을 일으키는 중추신경자극제(흥분제)로서 벌레들이 피부를 기어 다니는 느낌의 환각(Cokebugs)이 일어나고, 과다한 양을 흡입하면 호흡곤란으로 사망하기도 함
크랙		코카인과 탄산나트륨 등을 물에 희석하여 불로 가열한 다음 냉각시켜 추출하는 백색 결정체로서 코카인보다 약효가 몇 배나 강하고 중독성이 높으며, 유리관에 넣어 가열, 기포화하여 흡입함

출처: 법무부(2012b), pp. 199-201.

② 향정신성의약품

향정신성의약품은 그 약리작용에 따라 환각제 및 중추신경 흥분제(각성제), 억제제(진정제)로 구분된다(법무부, 2012b: 202-204). 〈표 13-4〉에 제시된 향정신성의약품 중에서 LSD는 대표적인 환각제이며, 메스암페타민은 흥분제, 나머지는 억제제다.

〈표 13-4〉는 향정신성의약품의 종류와 그 특성을 보여 준다.

표 13-4   향정신성의약품의 종류와 특성

약물명	사진	주요 특성
메스암페타민		암페타민류에는 메스암페타민을 비롯하여 암페타민, 덱스트로암페타민 등이 있는데, 이들은 매우 강력한 중추신경 흥분제로 강한 정신적 의존성을 야기함. 메스암페타민은 우리나라에서 가장 많이 남용되고 있는 흥분제(각성제)로서 속칭 '히로뽕' 또는 '필로폰'으로 널리 알려짐[11]
MDMA		식욕감퇴제로 최초 개발된 이래 강력한 환각성분으로 인하여 시중 유통이 금지되었으나 1980년대 이후 환각제로 둔갑하여 현재 전 세계적으로 남용되고 있음. MDMA의 별칭으로는 Ecstasy, XTC, Adam, Eve, M&M 등이 있는데, 우리나라에서는 엑스터시, 도리도리 등으로 통칭되고 있으며, 복용 시 신체 접촉 욕구가 강하게 일어나서 '기분이 좋아지는 약'(feel good drug) '포옹마약'(hug drug)으로도 지칭됨
LSD		무미, 무취, 무색의 환각제로 종이 또는 정제에 LSD 용액을 흡착시켜 사용함. 극소량으로도 환각효과를 나타낼 수 있어 1회 사용량이 $100 \sim 250 \mu g$에 불과하나, 환각효과는 코카인의 100배, 메스암페타민의 300배에 달하며 $8 \sim 12$시간 지속됨
날부핀		응급환자용 강력 진통제로 사용되는 약물이나 환각성으로 인해 한때 유흥업소 종사자 등 사이에서 필로폰 대용약물로 남용되었고, 일명 '누바인'이라고도 함. 피하 주사 시 모르핀의 2.3배에 이르는 진통효과를 보이고, 필로폰 2배에 해당하는 강력한 환각효과가 있으며, 중독성이 강하고 신체 금단 증상이 심하며, 매우 다양한 정신적·신체적 부작용이 있음
덱스트로메토르판 (러미나)		진해거담제로서 일명 '러미나'라고 불리는 약물로 필로폰, 날부핀 등에 비해 현저히 낮은 가격으로 유통되고, 일부 여성에게는 살 빼는 약으로 알려져 있어 유흥업소 종사자, 가정주부 등이 남용하고 있으며, 청소년이 소주에 타서 마시기도 하는데, 이를 '정글주스'라고도 함

(계속)

---

11) 불법사용자들 사이에서는 '뽕' '가루' '술' '크리스탈' '물건' 또는 '총'으로 불리고 있다. 미국의 경우 결정체는 'Ice', 가루·액체 형태는 'speed'로 각각 호칭된다(법무부, 2012b: 202).

약물명	사진	주요 특성
카리소프 로돌 (S정)		근육 이완제로서 일명 'S정'이라고 불리며, 러미나와 마찬가지로 가격이 낮고, 여성에게는 살 빼는 약으로 알려져 있음
펜플루라민		주로 중국에서 밀반입되는 약물인데, 중국산의 경우 '분불납명편 · 분미림편 · 섬수 · 상주청 · 철심감미교환 · 패씨감비환 · 건미소감비요환' 등의 제품명으로 일반인에게는 살 빼는 약으로 알려져 유통되고 있으며, 과다 복용 시 심한 두통, 설사, 구토, 혈관계 질환 등의 부작용이 있음
케타민		인체용 또는 동물용 마취제로 비교적 안전한 약물이지만, 오용 또는 남용할 경우 신체적 또는 정신적 의존성 및 금단증상이 있음. 유흥업소 및 클럽에서 'date rape drug'으로 불리며, 주사하거나 흡입할 경우 자신의 신체에서 벗어나는 것과 같은 강력한 환각효과가 나타나고, 남용방식에 따라 호흡장애, 심장마비의 위험성을 동반함

출처: 법무부(2012b), pp. 202-204.

③ 대마

대마는 대마초(Cannabis Sativa-L)와 그 수지를 원료로 하여 제조된 일체의 제품을 말한다. 다만 대마초의 종자, 뿌리 및 성숙한 대마초의 줄기와 그 제품은 규제하지 않고, 종자의 껍질은 규제하고 있다. 대마는 다음과 같이 크게 대마초와 대마수지, 즉 해시시로 구분된다(법무부, 2012b: 205-206).

우선, 대마초는 대마의 잎과 꽃대 윗부분을 건조하여 담배 형태로 만든 것으로, 북남미에서는 일반적으로 마리화나(Marijuana)라고 불리고 있다. 그중 암나무의 경우에는 씨앗 생성시기에 비교적 풍부하게 생성되는 THC(tetrahydrocannabinol)[12]라는 물질 때문에 도취, 환각 상태가 높게 나타나는 특성이 있다. 약리작용으로는 흥분과 억제 작용을 동시에 지니고 있는데, 일반적으로 환각제로 분류된다. 적은 양을 복용하였을 때에는 초조감, 풍족감, 이완감을 수반한 꿈꾸는 듯한 느낌, 공복감 등을 느끼며, 사고의 형성 및 표현의 예민한 변화와 함께 시각, 후각, 촉각, 미각 등도 오묘하게 변화한다. 하지만 많은

---

12) THC는 대마초 성분 중 마취, 환각작용을 유발하는 성분으로 정식 명칭은 'Delta-9 tetrahydrocannabinol'
   이며, 통상 대마잎에는 1~3.5%, 해시시에는 2~10%, 대마유(해시시 오일)에는 20~63%의 THC가 함유되
   어 있다(법무부, 2012b: 205).

양을 남용할 때에는 공중에 뜨는 느낌과 함께 빠른 감정의 변화를 경험하며 집중력의 상실, 자아상실, 환각, 환청 등이 나타나는데, 이러한 증상은 제3자도 알아차릴 수 있을 정도로 뚜렷하다. 대마의 남용으로 환각상태에서 강력범죄를 저지르거나, 대마보다 약효가 강력한 다른 마약류를 사용할 위험성이 있다.

한편, 대마초로부터 채취된 대마수지를 건조시키고 압착시켜 여러 가지 형태로 제조한 것이 해시시다. 이는 갈색, 연갈색, 암갈색, 흑색 등의 덩어리이며, 약 10%의 THC를 함유하고 있어서 대마초보다 8~10배 정도 작용이 강하다.[13] 대마수지의 지속적인 남용은 정신운동 및 내분비 기능의 장애, 면역능력 감소를 초래할 뿐만 아니라 심할 경우 정신분열증과 같은 중독성 정신병을 초래하기도 한다.

④ 유해화학물질

통상 마약류로 불리는 마약, 향정신성의약품, 대마 등은 일반적 사용이 금지되어 있고 의료적 또는 학술적 목적 등 법률이 정한 제한적인 경우에만 그 사용이 가능하다(「마약류 관리 등에 관한 법률」 참조). 그러나 유해화학물질, 그중에서 환각물질은 이와는 달리, 공업용 또는 가정용으로 사용이 허가되어 있으나, 다만 흥분·마취·환각 등의 목적으로 섭취·흡입 및 그 목적으로 소지하는 행위만을 금지한다는 점에서 차이가 있다(「유해화학물질관리법」 제43조).

유해화학물질 중 중독성이 있어 약물로 분류되는 대표적 환각물질은 본드(접착제)와 부탄가스가 있다. 본드의 종류에는 흥분 및 환각작용이 있는 톨루엔, 마취작용이 있는 초산에틸, 휘발성이 있고, 실명의 위험이 있는 메틸알코올 및 환각작용이 있는 노르말핵산·사이클로 핵산 등이 있다. 한편 부탄가스의 종류에는 프로판, 노르말부탄, 이소부탄 등이 있다.

본드와 부탄가스의 경우 처음에는 몇 번 냄새를 맡음으로써 취한 기분을 느낄 수 있지만, 점차로 내성이 생기게 되며 약물의 효과는 노출된 양의 농도에 따라 15분에서 수 시간에 이르기까지 다양하다. 톨루엔 및 기타 유사성 용제가 체내에 높은 농도로 존재하면 골수, 뇌, 간장 및 신장에 조직손상을 줄 위험이 있으며, 또한 조직 손상이 회복 불가능할 수도 있다. 나아가 과다한 양을 복용할 경우에는 호흡 정지로 사망을 초래하는 수도 있다. 이들 용제에 중독된 청소년은 공격적·충동적 성격을 가지게 되는 경우가 있고,

---

13) 보통 1kg의 해시시를 제조하기 위해 약 30kg의 대마초 처리를 요한다.

동시에 판단력 장애를 나타내기 때문에 위험하며, 때로는 생명의 위협이 되는 행동을 할 수도 있다.

2) 약물범죄 및 치료적 개입의 현황

(1) 약물범죄의 현황

① 약물범죄의 발생현황

마약류[14]사범은 2000년 10,304명에서 2009년에는 11,875명으로 10년 동안 약 15% 증가하였다. 2009년의 경우 전체 마약류사범 11,875명 중 향정사범은 7,965명으로 67.1%를, 마약사범은 2,198명으로 18.5%를, 그리고 대마사범은 1,712명으로 14.4%를 점유하고 있다(대검찰청, 2011 참조).

2009년의 마약류사범의 지역별 현황을 보면 인천·경기가 3,485명(29.3%), 서울이 2,482명(20.9%), 부산이 1,405명(11.8%), 대구·경북이 1,180명(9.9%)의 순을 보이고 있어, 대도시 지역에서 집중적으로 발생하고 있는 것을 알 수 있다. 주목할 점은 2009년에는 서울의 마약류 사범 발생이 크게 증가하였다는 점이다(법무부, 2012a: 5). 한편 『2010년 마약류범죄백서』를 보면, 지난 10년간 마약범죄인의 직업별 현황에서 무직인 사람이 줄곧 30% 정도의 가장 높은 점유율을 나타내고 있다. 2009년의 경우를 보면 회사원, 농업, 공업, 노동, 서비스업, 도소매업 종사자가 마약류사범에서 높은 점유율을 보이고 있다.

② 약물범죄 재판결과 현황

2009년도 전체 마약류사범의 구공판(求公判)율[15]은 전년 대비 8.7% 감소한 33.7%이나 일반 형사사범보다 여전히 높게 나타나는데, 이는 범죄의 중대성 및 마약류사범의 재범률이 높은 데 기인한다. 참고로, 2009년 일반 형사사범의 구공판율은 6.1%다(법무부,

---

14) '마약류'라 함은 마약, 향정신성의약품, 대마 등을 포함한다. 마약은 천연마약(양귀비, 아편, 모르핀, 코데인, 헤로인, 코카인), 합성마약(페치딘계, 메사돈계, 모르피난계, 아미노부텐계, 벤조모르판계 5종)으로 구분된다. 향정신성의약품은 메스암페타민(히로뽕), 엑스터시, LSD, 야바, 물뽕, 날부핀, 펜플루라민, 엑스트로메트로판, 케타민 등이 포함되며, 대마류에는 대마초와 해시시가 포함된다(법무부, 2012b: 2).

15) 정식재판을 청구하는 비율을 말한다. 심리 없이 서면으로 판결하는 약식재판을 청구하는 '구약식'(求略式)에 대비되는 말이다.

2012a: 7).

2009년도 마약류사범 법원 1심 재판결과를 보면, 실형(55.0%), 집행유예(35.5%), 벌금 (6.5%) 순으로 실형 선고율이 집행유예 및 벌금의 점유율에 비해 높은 것은 마약류사범 의 경우 재범률이 높아 집행유예 결격자가 많고 범죄 내용이 중대하기 때문인 것으로 분 석된다(대검찰청, 2011 참조).

③ 약물남용자의 재범 현황

2009년도 전체 마약류사범의 재범률은 33.8%로서, 매년 30% 이상의 재범률을 유지 하고 있다(〈표 13-5〉 참조). 최근 5년간 마약류사범별 재범률은 향정, 대마, 마약사범 순 으로 나타나고 있는데, 특히 2005년 이후 향정사범의 재범률이 40%를 상회하고 있어 향 정이 다른 마약류보다 심각함을 보여 주고 있다(법무부, 2012a: 6).

한편, 마약류사범 중 보호관찰을 받고 있는 사람들의 재범률을 살펴보면, 2010년 12월 기준 약 15.2%다. 이는 절도(14.3%), 폭력(7.8%), 성폭력(6.7%), 교통(6.6%), 풍속(1.6%) 사

표 13-5 마약류사범의 연도별 재범률

연도 구분	2005	2006	2007	2008	2009
전체사범(명)	7,154	7,709	7,709	7,709	11,875
재범인원(명)	3,059	3,468	4,328	3,793	4,018
재범률(%)	42.8	45	40.6	38.3	33.8

주: 1. 2010년 마약류범죄백서
　　2. 재범인원은 마약류사범으로 입건된 전과가 1회 이상 있는 인원임
출처: 대검찰청(2011).

플래시백(Flashback) 현상

- 플래시백 현상은 환각제 남용자가 환각제 복용을 중단하였음에도 불구하고 복용 당시 경험하였던 환각상태를 다시 경험하게 되는 현상을 말한다.
- 플래시백 현상은 약물을 중단한 지 일주일 만에 또는 수년 후에도 나타날 수 있고, 지속 시간 또한 수초에서 수시간까지 일정하지 않다.
- 플래시백 현상이 즐거움을 유발하는 경우에는 별 문제가 없으나, 공포와 두려움을 자아 내거나 심한 감정억제를 일으켜 자살을 유도하는 경우도 있다.

범 등의 재범률에 비하여 월등히 높은 편이다. 특히 재범자 중에서 같은 유형의 범죄로 재범하는 동종재범률은 최근 5년간 통계적으로 67.3~80.3%로 다른 범죄에 비하여 월등히 높은 비율을 기록하고 있다(법무부, 2012d 참조).

(2) 현행 치료적 개입의 현황

우리나라의 전체 마약류사범의 재범률이 매년 30% 이상을 상회하는 것을 볼 때, 마약류 경력자에 대한 효과적인 치료 및 재활 체계를 갖추는 것이 시급한 실정이다. 보호관찰을 받은 마약류사범의 경우도 보호관찰 기간 중 재범률이 15.2%로 타 범죄 사범에 비해 월등히 높다. 이런 이유로 선진국의 경우, 약물남용자에 대한 체계적인 치료 및 재활처우는 전체 형사정책 중에서 가장 많은 가용자원이 투입되는 핵심 분야로 꼽히고 있다(법무부, 2012b: 16).

그러나 현재 우리나라에서는 약물남용자에 대하여 치료적 개입이 부족하고 지역사회 전문자원의 연계·활용도 미흡한 상황이다(법무부, 2012b: 19-20). 미국 등 외국의 경우 '약물법원제도'를 통해 단순 약물남용자의 경우 일정 기간의 전문적인 치료를 받게 한다. 보호관찰 기간 중에도 전문성 있는 치료기관을 통해 대용약물, 심리치료, 자조집단(NA) 등의 치료를 의무적으로 받도록 하고 있다. 그러나 우리나라의 경우 약물남용자에 대한 치료적 개입사례는 전반적으로 극소수이고, 보호관찰 등 일선 교정복지 실천현장에서도 적절한 치료기관의 지원을 받기가 쉽지 않은 현실이다. 그동안 약물남용자의 치료 및 자립지원을 위한 사회자원의 체계적 연계 및 활용 노력이 부족하였기 때문이다.

현재 우리나라의 대표적인 약물남용 치료 및 재활기관은 국가에서 지정한 마약류 치료보호기관과 시민단체인 '한국마약퇴치운동본부' 등이 있다(〈부록 13〉 참조). 마약류사범의 치료 및 재활에 외부 사회자원을 활용하는 것은 비교적 단기간의 공식적 통제기간이 종료된 이후에도 이들이 평생 동안 해야 할 힘든 '약물과의 싸움'을 지속할 수 있게 한다는 측면에서 특히 유효하다.

3) 약물남용범죄인에 대한 주요 실천기술

(1) 약물남용자에 대한 사정

약물남용자에 대한 교정복지실천에서도 재범위험성 평가를 바탕으로 전문적인 사정을 통해 클라이언트의 특성에 맞는 개입계획을 수립할 필요가 있다. 이 경우 약물남용자의 특성상 약물경력 및 약물의 사용 빈도가 재범가능성의 중요한 잣대이므로 약물경력 및 사용빈도에 관하여 사정하는 것이 중요하다.

약물범죄경력 2회 이상, 약물투여 횟수 3회 이상인 경우에는 약물남용의 문제가 비교적 심각한 것으로 보아야 한다. 유흥업소 종사자 등 직업의 종류가 약물남용 가능성과 깊은 연관이 있거나, 장기간 무직상태가 지속되고 있고, 향후에도 건전한 직업 및 구직 가능성이 낮은 경우, 알코올 중독, 정신병력 등으로 정신과적 치료가 시급하지만 본인이 치료를 거부하는 경우 등은 각별한 주의집중이 필요한 클라이언트다(법무부 「보호관찰대상자 분류감독지침」 참조).

약물남용자에 대한 사정에서 필수적인 것은 단약의지를 확인하는 것이다. 단약에 대한 의지와 자신감은 향후 전문적 원조관계에서 약물남용문제를 효과적으로 다루는 데 가장 핵심적 사항 중 하나이기 때문이다. 이 경우 클라이언트의 단약에 대한 자기 효능

마약류범죄인의 은어

뽕, 술, 피로회복제	필로폰
도라이	중독자
가루쟁이, 약장사	필로폰 밀매 등 취급자
지게꾼	해외밀반입지 운반책
매판	판매꾼
바이어	구매자
쪽장이	투약사범
크리스탈	양질의 필로폰
크랭크	저질의 필로폰
똥술, 멍텅구리	가짜 필로폰
작대기, 연필	주사기
한사끼	1회용 주사기에 들어 있는 필로폰
고사 났다	검거되었다, 사고 났다
4949	핸드폰 문자로 검거됨을 알릴 때 쓰는 용어
몰래 뽕	음료수 또는 맥주에 상대방 모르게 마약류를 집어넣어 마시게 하는 것

출처: 법무부(2012b), p. 153.

감을 알아보는 척도를 사용할 수 있다(〈부록 14〉 참조). 한편 약물남용의 문제가 있는 클라이언트와의 관계형성을 위해서는 마약 등 약물사용과 관련하여 그들이 사용하고 있는 은어에 대하여 익숙할 필요가 있다.

(2) 약물남용의 원인과 영향 이해하기

교정사회복지사가 약물중독의 문제를 다루기 위해서는 클라이언트가 약물을 하게 된 동기와 그것이 그의 인생에 미친 영향을 점검해 보는 것이 필요하다.

① 약물남용의 원인

약물중독은 호기심으로 시작해 점차 정신적·신체적으로 보다 더 깊이 의존하게 되어 작은 스트레스에도 약물을 하는 경우가 많다. 따라서 교정사회복지사는 약물남용자를 클라이언트로 대할 때 약물을 하게 된 처음의 동기, 그리고 어떤 상황에서 약물을 하게 되었는지에 대하여 좀 더 명확히 파악하는 것이 필요하다. 해당되는 동기를 파악하고 그에 맞는 전략을 세우는 것이 중요하다. 이때 클라이언트 자신의 마음속에 남아 있는 문제를 무시하고 넘겨 버리면, 또다시 약물의 유혹에 빠져 행동으로 옮기게 될 수 있다는 점을 알려 주는 것이 필요하다.

약물남용의 유혹에 빠지는 것은 우울, 분노, 성급함, 자만심 등 정서적인 원인에서 기인하는 경우가 많다. 슬픔이나 무력감이 깊어지면 현재의 삶에 회의를 갖고 변화를 위한 노력을 포기하기 쉽다. 교정사회복지사는 클라이언트에게 우울한 기분을 느낀다는 것은 자신이 힘든 것에 대해 누군가에게 이야기할 때가 되었다는 신호라는 사실을 알려 줄 필요가 있다.

한편, 사랑받고 인정받고 싶은 마음이 충족되지 않았을 때 분노의 감정이 나타날 수 있다. 분노의 감정으로 충동적으로 반응하고 실수할 가능성이 높아진다. 만약 클라이언트가 속상하고 화나는 일을 토로한다면, 교정사회복지사는 시간을 갖고 분노 뒤에 숨겨진 다른 감정이나 욕구가 무엇인지 살펴보는 노력이 필요하다. 특히 클라이언트가 일정 기간 단약 상태를 유지한 이후에는 자만심이 생길 수 있다. 지금까지 참아 온 사실에 자신하며 긴장을 늦추는 순간 약물의 유혹은 보다 강하고 구체적으로 다가올 수 있다. 따라서 교정사회복지사는 클라이언트가 중독문제가 있고 약물 앞에 취약하다는 것을 인정할 수 있도록 안내할 필요가 있다.

마약은 나의 인생 모두를 빼앗아 갔다

사람은 누구나 평범한 삶을 추구하면서도 남들보다 좋은 환경과 여건 속에서 행복한 가정을 꾸미고 누리기를 원하고 있다. 나 역시 꿈과 희망을 가지고 미래를 설계하는 엘리트 엔지니어라는 칭찬을 받으며 젊은 시절 의욕적인 직장생활을 하였다. 석유화학건설현장에서 수년간 엔지니어로 근무하다가 그동안의 경험을 바탕으로 플랜트 건설회사를 설립해 운영하는 동안 성실하고 책임 있는 공사로 업계에서는 기술적 우월성을 인정하는 소문과 함께 공사의 수주량은 회사 규모로는 처리해 나갈 수 없을 만큼 발전해 나갔다.

이 무렵 나는 십여 년간 사귀어 오던 여자와 결혼을 하였고 이듬해 첫아들을 얻었다. 회사의 운영은 순조로웠고 가정에서의 행복 또한 최상이었다. 하지만 많은 사람에게 아픔을 주었던 IMF의 여파는 나에게도 어김없이 닥쳐왔고, 회사의 부도로 2년여의 수형생활을 해야 하는 혹독한 시련과 고통을 겪어야 했다.

출소 이후 재기를 위한 나의 노력은 그동안 힘들게 살아온 아내에게는 허황된 꿈으로만 비춰져 나를 더욱 힘들게 했다. 나의 처지와 입장을 잘 알고 있던 친구는 나를 위로하겠다며 접대부가 있는 술집으로 데려갔다. 아내와의 갈등으로 재기의 의욕을 잃고 좌절하며 방황하던 나는 이곳에서 만난 여인의 위로에 마음을 빼앗기며 필로폰의 유혹에 빠지기 시작했다. 한순간 현실을 망각하고 잘못 판단한 자신을 후회하고 자학하면서도 타락과 향락에 빠져 헤어 나오지 못한 채 아내와 결별하는 어리석음을 저질렀고 필로폰을 판매하고 함께 투약하던 여자와 함께 2001년 5월 검찰에 구속되어 집행유예를 선고받고 풀려났다.

석방된 이후 특별히 하는 일이 없었던 나는 어머니를 하늘나라에 보내는 아픔과 함께 정신적 지주로 생각했던 형님마저 폐암으로 잃게 되었다. 이혼이라는 동병상련의 시련과 아픔을 경험한 착한 여인과의 새로운 삶을 위하여 나는 충북 단양에 귀농하여 1년이 넘도록 열심히 살고 있었다.

교도소에서의 인연으로 나를 찾아온 사람으로부터 중국에 함께 가서 새로운 사업을 구상해 보자는 제의에 새로운 삶을 강조하며 거절하였으나 이 사람과의 인연은 이때부터 악연으로 이어지기 시작했다. 필로폰을 가져와서 소비해 줄 것을 요구하며 수회 투약할 수 있는 필로폰을 나에게 무상으로 교부하고 돌아간 이후 나는 또다시 마약을 투약하게 되었으며 재혼한 아내에게는 거짓말을 하고 나는 집을 나오게 되었다. 이후 나는 필로폰을 밀수입 판매하는 이들 조직에 의하여 아내까지도 이용되고 있는 것을 알고 있음에도 이를 제지할 수 없는 상황까지 오고야 말았다. 이후 나는 7년의 중형을 선고받고 복역 중이다.

아내는 자수를 권유한 나의 의중과는 다르게 기소중지되어 있는 상황에서 팔순의 고령이신 아버님의 중풍을 수발하고 부양하다가 지난 2월 구속되어 3년의 징역형을 받고 고등법원에 항소 중이다. 1년여의 수형 생활을 하면서 나와 같은 불행한 사람이 없도록 예방할 수 있기를 희망하면서 간절한 마음으로 이 글을 쓴다.

한순간의 잘못된 유혹을 뿌리치지 못하고 선택하게 되는 마약. 이를 접하는 순간 어느 누구를 막론하고 나의 전철을 밟을 수 있다는 경각심을 가지고 당사자의 인생은 물론이며 가족 모두의 상처이며 고통이 될 것이라고 확언하고자 한다. 가정을 파괴하고 사회악의 원흉인 마약의 근절과 예방을 위하여 용기 내어 나의 치부를 드러내고 망가진 나의 모습을 보이는 것은 뼈를 깎는 성찰과 반성의 계기가 되어 새로운 삶을 찾기 위함이며, 마약의 사각지대에 있는 모든 사람에게 경각심을 심어 주기 위함임을 나는 분명히 말하고 싶다.

나의 고백이 마약을 퇴치하는 데 조금이라도 도움이 되었으면 한다.

출처: 『후회와 눈물 그래도 희망이 Ⅲ』 중에서 발췌.

[2] 약물남용(중독)의 영향

약물을 사용하는 것이 자신의 삶에 어떠한 영향을 미쳤는지 상세히 알아보고, 현실을 직시한다면 단약을 하겠다는 의지를 좀 더 확실히 할 수 있다. 약물로 인해 클라이언트의 경제적 상황, 신체적 건강, 가족 및 지인과의 관계, 직장생활 등 모든 것이 파괴될 수 있으며, 그러한 손해를 회복하기 위해서는 얼마나 많은 시간과 비용 및 노력이 필요한지 함께 점검해 보는 것도 중요하다.

약물남용은 특히 남용자의 신체적 건강에 다음과 같은 치명적인 해악을 끼친다(법무부, 2012b: 86). 우선, 흡입제는 뇌의 화학물질을 변화시켜 뇌와 중추신경계를 영구적으로 손상시킬 수 있고, 정상적인 심장박동에 영향을 주어 심장의 활동을 억제함으로써 사망에 이르게 할 수도 있다. 대마초는 해마에 손상을 주어 기억손상이 올 수 있고, 대뇌부종, 뇌출혈, 편집증과 환각을 일으킬 수 있다. 필로폰은 뇌의 미세혈관을 손상시켜 발작이 올 수 있고 다양한 심혈관 문제를 야기하는데, 빠르고 불규칙한 심장박동, 혈압이 높아지며, 과도한 투여를 한다면 심장마비가 올 수 있다. 한편 오염된 주사기를 사용하는 약물남용자들은 HIV, B형 및 C형 간염과 다른 전염성 질환에 걸릴 가능성이 높고(전 세계 HIV 감염자의 5~10%), 혈관이 손상되거나 피부농양이 발생할 수 있다.

약물중독의 신체적 폐해

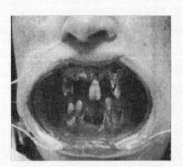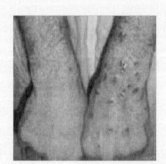

약물중독자는 흔히 'Meth mouse'라 불리는 썩어 부서지고 변색된 치아를 갖게 된다. 원인은 정신자극제, 특히 필로폰을 사용하게 되는 경우 반복적이고도 심하게 이를 갈게 되며, 침샘이 마름으로 인해서 구강 내 산도가 산성으로 변하면서 치아의 에나멜층이 녹아 내려 충치를 유발하게 된다. 또한 약물의 영향으로 인해 구강 내 혈액 공급이 원활하지 못하게 됨으로써 구강 내 면역성이 떨어지게 되어 치아가 부서지고 썩는 증상이 가속화된다. 한편 필로폰은 혈관 수축을 유발함으로써 신체 모든 부위의 혈류들의 원활한 흐름을 방해한다. 지속적인 필로폰 사용은 이러한 혈관들을 약화시키고 파괴시켜서 신체의 손상을 유발하는 것은 물론 신체 손상에 대한 회복 기능을 저해시키게 된다. 여드름이 생기게 되며 사소한 상처들도 잘 아물지 않거나, 피부의 탄력을 잃게 된다. 또한 피부 밑으로 벌레가 기어 다니는 듯한 환각으로 인해 강박적으로 피부를 잡아 뜯음으로 인해서 피부에 상처를 유발하게 되기도 한다.

출처: 법무부(2012b), p. 83.

(3) 약물중독에 대하여 바르게 이해하기

약물남용문제를 치료하는 데 가장 중요한 것은 단약생활을 유지하고 있는 현재의 클라이언트 자신에게 초점을 맞추는 것이다. 중독에는 약물중독, 도박중독, 인터넷중독 등 다양한 종류가 있으나, 공통점은 정신적·신체적 의존성이 생긴다는 점이다. 특히 약물의 경우 인위적으로 뇌의 물질을 조절하여 발생하는 중독이라 더욱 끊기가 어렵다.

마약은 인간의 뇌의 신경전달물질이 강제적으로 쉽게 분비되도록 하여 강력한 쾌락을 뇌에 전달해 준다. 그런데 중독이 진행될수록 과거에 쾌락을 느꼈던 약물의 양으로는 만족을 느낄 수 없는 '내성'이 생긴다. 따라서 점차 약물의 양을 늘리게 되며, 일상생활에서는 행복감을 느끼지 못하게 된다. 중독자는 중독에 빠져들수록 만성적인 불쾌감과 우울, 과민, 걱정, 짜증을 겪게 되며, 이러한 것으로부터 벗어나는 유일한 길은 약물 사용량을 늘리는 것뿐이라고 생각하게 된다.[16] 약물중독의 정도를 파악하기 위하여 '약물중독 선별 검사표'(〈부록 15〉 참조)를 사용할 수 있다.

이러한 약물에 관한 가장 흔한 오해와 진실을 살펴보면 〈표 13-6〉과 같다.

표 13-6　약물에 관한 가장 흔한 오해와 진실

Q1. 마약류 및 약물을 사용한다면 단지 나 자신에게 해가 될 뿐 타인에게는 해가 되지 않는다?
마약류 및 약물 사용은 작업장과 길거리에서 사고를 불러일으켜 타인에게 해를 입힌다.
예: 배우자와 아동 학대, 이혼, 폭력 범죄

Q2. 약물은 한 번으로 중독되지 않는다?
그렇지 않다. 처음 한 번으로도 환각이나 쾌감을 느끼는 경험을 하게 되면 급격한 의존에 빠지게 된다.

Q3. 나는 착실한 사람이므로 마약류 및 약물 사용은 안전하다?
마약류 및 약물을 남용하는 경우 일반적으로 발생한 문제에 대해 통제력을 상실하게 된다.

Q4. 본드 등의 환각물질은 마약에 비해서는 안전하며 단순히 오락적인 것이다?
본드를 포함한 각종 흡입제는 톨루엔이나 크실렌 등 여러 가지 유해화학물질이 포함되어 있어 이 물질들이 뇌세포에 치명적인 손상을 입힌다. 이러한 환각물질은 매우 중독성이 높으며, 육체적으로도 위험하기 때문에 남용하면 혼수상태와 죽음에 이를 수 있다.

(계속)

---

16) 사람의 뇌구조는 항상 쾌락을 추구하도록 되어 있다. 이는 뇌의 중뇌변연계회로에서 담당하는데, 사람이 쾌락, 즉 즐거움을 느끼도록 해 주는 뉴런(신경) 간 신경전달물질이 있기 때문에 가능하다. 도파민 수용체는 뇌에서 신경전달물질인 도파민을 받아주는 야구 글러브 같은 역할을 한다. 실험에 따르면, 약물을 사용할수록 도파민 수용체 수가 줄어드는데, 이는 뇌가 지나치게 활동하는 쾌락회로를 진정시키려 나타나는 현상으로 이해할 수 있다. 그런데 도파민 수용체가 줄어들면 신경세포 사이에 흥분전달이 되지 않으며, 이에 따라 쾌락회로의 활동이 감소한다. 따라서 약물의 효과는 처음보다 떨어지고 같은 쾌감을 얻으려면 점점 약물 사용량을 더 늘려야 한다. 뿐만 아니라 도파민 수용체가 부족하면 일상생활에서도 쾌감을 얻기가 어려워진다. 좋은 식사를 해도, 대화를 해도, 아름다운 경치를 봐도, 예전과 같은 행복감을 얻지 못하게 된다. 즉, 중독자의 쾌락회로는 약물 사용에 따라 쾌락회로의 반응성이 점점 떨어져 일상적인 자연보상에는 쾌락회로가 반응을 보이지 않고 오직 중독되어 있는 약물을 사용할 때만 쾌락회로가 반응을 보여 만족과 행복을 느낄 수 있게 된다는 것을 의미한다. 따라서 중독자는 일상적인 생활을 통해 얻는 작은 만족을 통해서는 절대로 행복하다고 느끼지 못하여 행복감을 느끼는 능력에 마비가 생긴다. 처음에는 쾌감을 얻기 위해 시작했지만 중독된 후에는 그칠 줄 모르는 우울, 불안, 고통 그리고 절망에서 벗어나기 위해서 약물을 사용하는 것이다. 약물을 끊을 때 생기는 고통도 뇌가 도파민 시스템을 복구하면서 생기는 결과다. 약물을 끊으면 감소되었던 도파민 수용체가 언젠가는 정상 수준으로 돌아온다. 따라서 도파민 수용체가 원래 상태로 돌아올 때까지 일상생활의 관계회복을 통해 만족하고 행복해하는 노력을 해야 한다.

Q5. 약물을 사용해도 나는 잡히지 않을 것이다?

확신할 수 없으며, 처벌은 혹독하다. 법적으로 금하고 있는 약물 사용은 그 자체가 범죄이며, 범죄임을 알면서도 사용한다는 것은 끊을 수가 없기 때문이다. 자신은 조절해서 사용한다고는 하나 냉철히 생각해 보면 법망에 걸릴 위험을 무릅쓰고 사용하는 것 자체가 중독이다.

Q6. 대마는 담배와 비슷한 것이며, 오히려 중독성이 담배보다 약하다?

대마는 담배보다 훨씬 중독성이 강하다. 담배보다 많은 자극제와 2배나 많은 타르를 함유하고 있기 때문이다. 대마는 환각제로 분류되는데 비현실적인 환각을 야기하고 감각을 비틀어 놓는다. 또한 수치심과 도덕감을 상실하게 되어 여러 가지 비도덕적이고 불법적인 행위들이 일어난다. 중단을 하게 되면 무의욕 증후군으로 아무런 의욕이 안 생기고, 흥미가 없어지게 된다.

Q7. 필로폰을 하면 살이 빠진다?

필로폰은 일종의 각성제로서 피로감을 줄여 주고, 배고픔을 느끼지 못하게 하며 집중력을 강화시키고, 다행감을 유도하는 작용이 있다. 그러나 이러한 작용들은 일시적이며, 효과가 사라지면 평소보다 기분이 더욱 침체되고 의욕도 없어지고, 피로감이 심해지며, 식탐이 생기기도 한다.

Q8. 필로폰을 하면 성기능이 좋아진다?

아니다. 오히려 성기능이 저하되며, 나중에는 성적 불구가 될 수 있다. 많은 마약 중독자들이 성적관계를 위해 필로폰을 사용하는데, 이는 일시적인 쾌감과 시간관념의 변화로 무의미한 행동을 반복하는 것뿐이다.

Q9. 약물을 남용하는 것은 병이 아니다?

병이다. 그것도 아주 무서운 만성적인 질병이다. 더구나 자신도 모르는 사이에 깊게 빠져들기 때문에 조기에 치료하기가 어려우며, 나중에 후회를 하게 될 때에는 치료가 매우 어려워진다. 약물남용은 질병이기 때문에 자신의 의지만으로 해결하기는 쉽지 않다. 당뇨병이나 고혈압과 같은 만성적 질병으로 꾸준한 치료가 필요하다. 물론 조기에 전문가의 도움으로 치료를 받는다면 쉽게 빠져 나올 수 있기 때문에, 하루 빨리 치료를 받는 것이 무엇보다 중요하다.

(4) 단약을 위한 거절훈련

약물중독에서 벗어나기 위해서는 현명하게 거절하는 방법을 습득하는 것이 중요하다. 클라이언트가 일상생활에서 얼마나 자기표현이나 거절을 잘하는지를 파악하기 위하여 '약물중독 예방하기'를 활용할 수 있다(〈부록 16〉 참조). 거절을 잘하는 방법에 대해서도 다음과 같은 요령으로 클라이언트를 훈련시킬 필요가 있다(법무부, 2012b: 132-133).

- 클라이언트가 착한 사람으로 보이기 위해 너무 애쓰지 않도록 한다. 클라이언트가 '착하다'는 말을 듣고 싶어 하는 이유는 어떻게든 다른 사람에게 칭찬과 호감을 얻으려는 욕구가 있기 때문이다. 자신을 주장하게 되면 다른 사람이 자신을 비난하거

나 외면할지도 모른다는 생각에 필요 이상으로 헌신한다면 사람들은 계속해서 클라이언트에게 헌신을 요구하게 될 것이고 결국 그는 불행해질 것임을 알려 준다.

- 클라이언트의 삶의 목표가 분명해야 거절할 수 있는 에너지가 생긴다는 점을 강조한다. 자신이 어떤 삶을 살고 싶은지에 대한 확고한 생각이 없으면 거절해야 하는 상황에 마주칠 때마다 감정적인 동요를 겪게 되고 거절을 해야 할지 말아야 할지 고민하게 된다. 원하는 삶의 목표가 분명할 때 거절의 기준도 분명해지고 거절할 수 있는 에너지도 생긴다.

- 클라이언트로 하여금 갈등 없는 대인관계란 불가능하다는 것을 인정하도록 한다. 관계에서 갈등과 고통이 생겼다는 것은 행동방식을 바꿔야 한다는 것을 의미한다. 갈등은 상호 간에 건드리지 말아야 할 부분과 존중해야 할 부분이 무엇인지 가르쳐 주고, 해서는 안 되는 행동과 말들을 가르쳐 준다. 클라이언트가 고통을 외면하지 않고 갈등이 대인관계를 살찌우기 위한 통과의례라는 점을 인식하도록 돕는다.

- 요청받은 내용 그 자체만 클라이언트가 직접 거절하도록 한다. 다른 사람이 아닌 클라이언트가 직접 거절하는 것이 기본이라는 사실을 강조한다. 요청받은 구체적인 내용을 거절하고, 사람이 아닌 요청 그 자체만 거절해야 한다는 점을 인식시킬 필요가 있다. 누군가 돈을 빌려 달라고 요청해 왔을 경우 바른 거절은 "나는 남에게 돈을 안 빌려 준다."도 아니고 "나도 돈이 없다."도 아닌 "나는 너에게 돈을 빌려 줄 수 없다."다.

- 거절당한 상대방이 클라이언트와 어떤 관계인지 파악하도록 한다. 거절에서 가장 중요한 관계 파악의 기준은 바로 관계의 지속성이다. 클라이언트에게 부탁을 한 사람이 그에게 어떤 의미를 갖는지 잘 평가해 볼 필요가 있다. 그리고 그리 중요하지 않은 사람에게 드는 에너지를 절약해 정말 그에게 의미 있는 사람이 부탁을 해 올 때 사용하도록 돕는다.

- 클라이언트가 거절한 후의 불편한 마음을 죄의식으로 키우지 않도록 한다. 거절 후 생기는 불편한 마음을 죄의식으로 발전시키거나 이후 벌어진 상황에 대해 자책해선 안 된다. 때로는 적절한 거절이 오히려 상대방에게 득이 된다. 무조건적으로 허락 일변도로 나가는 것은 클라이언트 자신을 위해서도, 다른 사람을 위해서도 좋지 않은 습관이 될 수 있다는 점을 분명히 인식시킨다.

3. 일반폭력범죄 대상 실천기술

여기서는 폭력범죄인에 대한 치료프로그램을 살펴본다. 우선, 폭력범죄의 현황 및 특성을 분석해 보고, 이들에 대한 집단중심의 치료프로그램을 살펴본다. 일반적으로 '신체에 대한 유형력'과 '해악의 고지'를 통해 형사 입건 처리된 범죄를 '폭력범죄'로 정의하며, 그러한 죄의 가해자를 '폭력범죄인'으로 정의한다. 다만 여기서는 주로 우발적인 동기로 인해 발생한 일반적인 폭력범죄를 다루며, 부분적으로 최근 사회적 이슈가 되고 있는 주취폭력의 문제를 살펴보도록 한다.

1) 폭력범죄의 개념 및 현황

(1) 폭력범죄의 정의 및 유형

① 폭력범죄의 정의

'폭력범죄'란 「형법」상 상해(제257조), 폭행(제260조), 협박(제283조), 체포·감금(제276조), 강요(제324조), 공갈(제350조) 등의 범죄로서, 피해자의 신체에 위해를 가하여 저지른 범죄를 말한다. '폭력범죄인'은 그러한 죄를 범한 사람을 말한다. 앞서 나열한 각 폭력범죄들은 모두 폭행 또는 협박을 구성요건으로 하고 있지만, 폭력의 개념을 단순히 폭행과 협박으로만 규정짓기도 어렵다. 일반적으로 폭행은 유형력의 행사를 의미한다. 죄에 따라 신체뿐만 아니라 물건에 대한 유형력이나 간접적인 유형력의 행사도 폭행으로 간주한다. 협박은 상대방에게 공포심을 일으키게 할 정도의 해악의 고지를 의미한다. 해악의 내용은 반드시 합리적이거나 실현가능성이 있을 필요는 없다. 단, 상대방에게 공포심을 줄 수 있는 상당한 정도의 구체적 해악이어야 한다.

여기서는 '신체에 대한 유형력'과 '해악의 고지'를 통해 형사 입건 처리된 범죄를 '폭력범죄'로 정의하며, 그러한 죄의 가해자를 '폭력범죄인'으로 정의한다. 단, 성폭력과 같이 주된 보호법익이 다르거나 가정폭력과 같은 가해자-피해자의 관계가 특수한 경우, 조직폭력과 같은 강력범죄는 제외한다. 주로 우발적인 동기로 발생한 일반적인 폭력범죄를 그 내용으로 하며, 청소년이 가해자와 피해자 관계에 있는 학교폭력 문제는 다음에서 별도로 다루기로 한다.[17]

② 폭력범죄의 유형

법률적 구분

폭력은 그 분류기준에 따라 다양하게 유형을 나눌 수 있다. 그중 「형법」의 관점에서 의미 있는 구분은 다양한 폭력범죄 중에서 특히 폭행죄와 상해죄의 개념 구분이다(법무부, 2012c: 2). 폭행죄와 상해죄는 사람의 신체에 대한 침해를 내용으로 한다는 점에서 공통점이 있다.

그러나 폭행죄는 상대방에게 부당한 물리적 힘을 행하는 행위 자체를 뜻하는 것으로 "타인의 신체적 안전을 해할 유형력의 행사"라고 정의할 수 있다. 「형법」상 폭행죄는 단순폭행죄를 기본 유형으로 하여 책임가중 유형으로 존속폭행죄와 상습폭행죄가 규정되어 있고, 행위방법으로 인한 불법가중 유형으로서 특수폭행죄가 있으며, 결과적 가중범으로 폭행치사상죄가 규정되어 있다. 한편 상해죄는 상대방에게 무엇인가 신체적인 상해를 끼치는 행위로 "타인의 신체적 건강을 훼손하는 행위"로 정의할 수 있다. 「형법」상 상해죄는 단순상해죄를 기본 유형으로 하여 책임가중 유형으로 존속상해죄와 상습상해죄가 규정되어 있고, 결과적 가중범으로 중상해죄와 존속중상해죄, 상해치사죄가 있다.

폭력의 내용에 따른 구분

폭력의 내용을 기준으로 구분된 폭력 유형에는 언어적 폭력과 심리적 위협 그리고 물리적 폭력과 성폭력(희롱) 등으로 구분된다. 폭력의 내용을 기준으로 한 폭력 유형론 중에서 세계보건기구에서는 이러한 세 가지 범주에 상실과 무관심(deprivation and neglect) 등의 범주를 추가하고 있다(법무부, 2012c: 12; Krug et al., 2002).

가해자의 특성에 따른 구분

폭력의 가해자를 기준으로 구분한 폭력 유형은 다음과 같다(법무부, 2012c: 12; Krug et al., 2002). 우선 조직 내부자에 의한 폭력과 조직 외부자에 의한 폭력이 있을 수 있다. 특히 후자의 경우에는 작업장 폭력에 대한 유형론에서 많이 사용된다. 제조업과 같이 외부 고객과 내부 조직원이 접촉하는 횟수가 적은 경우에는 주로 조직 내부 구성원에 의한 폭

---

17) 경찰관의 처리방식은 기본적으로 화해중재자로서의 임무를 수행한다. 이들은 우선 자신이 인지한 폭력사건의 경중을 판단하여 심각성이 높은 사건은 바로 공식 폭력사건으로 처리하지만, 경미한 사건의 경우에는 당사자에게 합의할 기회를 주거나 직접 합의를 유도하고, 실제로 합의가 이뤄질 경우에는 가벼운 경고나 지도장 발부 등만 할 뿐 공식적 폭력사건으로 처리하지는 않는 경향이 있다(법무부, 2012c: 11).

력이 대부분을 차지하지만 외부 고객을 대상으로 서비스를 제공하는 조직의 경우에는 외부 고객에 의한 폭력이 대부분을 차지하고 있는 것으로 알려져 있다(법무부, 2012c: 12). 한편 폭력범죄는 개인에 의한 폭력과 조직에 의한 폭력으로 구분되기도 한다. 일반적으로 폭력이라고 할 때 주로 개인에 의한 폭력을 의미하는 경우가 많다. 또한 세계보건기구에서는 폭력의 유형을 폭력 행위에 가담한 행위자의 특성을 기준으로 자신을 지향한 폭력(self-directed violence)과 개인 상호관계를 지향한 폭력(interpersonal violence) 그리고 집합적 폭력(collective violence) 등으로 구분한다(Krug et al., 2002).

(2) 폭력범죄의 현황 및 특성

① 폭력범죄의 일반적 현황

폭력범죄는 피해 정도가 심각할수록 야간에 많이 발생하는 것으로 알려져 있으며, 발생장소는 길거리나 업무 지구에서 발생하는 비율이 가장 높다. 2010년 발생한 폭행 범죄는 총 109,580건이다. 이는 하루에 약 300건, 한 시간에 약 12.5건의 빈도로 발생한 수치다. 이 중에서 비교적 심각한 폭력범죄로서 검찰에 송치되어 사건이 처리된 폭력사건은 약 37만 6천 건이다([그림 13-1] 참조). 2001년 이후 폭력범죄의 발생은 전반적으로 감소하고 있는 추세다(법무부, 2012c: 5).

2010년 기준, 인구당 폭행 발생비율(사건 수/인구×100,000)이 가장 높은 지역과 낮은 지역은 강릉, 원주, 구리 등의 순이며, 발생비율이 가장 낮은 지역은 대전, 아산, 논산 등

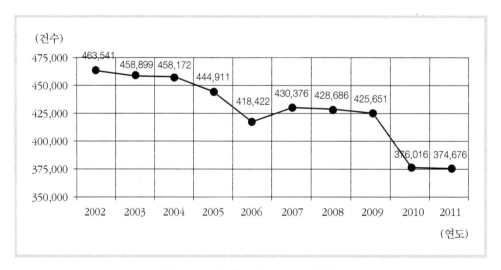

[그림 13-1] 폭력범죄인 처리 현황
출처: 대검찰청(2011).

이다(법무부, 2012c: 6).

② 폭력범죄인의 특성 및 재범 현황

폭력범죄인의 특성

폭력범죄인은 다음과 같은 특성이 있다(박형민, 황정민, 탁종연, 2010; 법무부, 2012c: 9-10). 폭력범죄 가해자는 대부분 남성으로 80% 이상을 차지하고 있으며, 연령으로는 20대와 30대가 가장 많은 것으로 나타났다. 폭행범의 경우 공범이 있는 비율은 3.6%이고, 공범관계는 동네친구 12.5%, 직장동료 12.5%, 친인척 10.3% 순이다. 범행동기는 우발적 동기가 74.0%, 현실불만이 2.4%, 가정불화가 1.7% 순으로 나타났다. 폭행범의 직업구성은 피고용자 44.4%, 자영업자 23.9%, 무직자 21.8% 순으로 나타났으며, 최종학력은 고등학교 졸업 47.1%, 일반대학 졸업 10.3%, 중학교 졸업 10.1% 순으로 나타났다. 가해자가 남성인 경우 모르는 사람을 대상으로 폭력이 이루어지는 경우가 많았지만, 여성은 갈등 및 호감 여부 등에 상관없이 이전부터 아는 사람을 대상으로 폭력을 행사한 경우가 상대적으로 많은 것으로 나타났다. 남성의 경우 사건 이후 적극적으로 합의를 원하는 경우가 많지만, 여성의 경우 가해자가 오히려 적극적으로 기소를 원하는 경우가 많다. 즉, 여성의 경우 갈등이 오래 지속된 사람과 싸우는 경우가 많고, 싸움 이후에도 갈등이 지속되는 경향이 있다.

한편, 폭력범죄의 피해자는 다음과 같은 특성이 있다(박형민 외, 2010; 법무부, 2012c: 10). 피해자 중에는 남성이 여성보다 상대적으로 많으며, 연령별로는 30대와 40대 피해자가 많은 것으로 나타났다. 가해자와의 관계는 전혀 모르는 타인인 경우가 가장 많고, 이러한 경향은 점점 증가하는 추세다. 폭력범죄의 피해자에 관한 정보는 확인하기 어려우며, 단순폭행의 경우 피해자임과 동시에 가해자인 경우도 적지 않다.

폭력범죄인의 재범 현황

폭력범죄 가해자에 대한 한 조사연구에서는 재범인 경우가 약 75%이며, 이 중 동종 전과자는 49.3%, 이종 전과자는 50.7%로 나타났다. 동종 전과자의 경우 1년 이내에 재범하는 경우가 29.5%에 달하며, 전과자일수록 단독으로 죄를 범하는 비율이 높아진다(박형민 외, 2010). 그러나 2011년 기준, 보호관찰 중인 폭력범죄인이 보호관찰기간 중에 재범하는 비율은 약 7.7%로 나타나 앞서 제시한 조사연구와는 다소 차이가 있다. 이는 절도범죄의 15.1%, 마약범죄의 14.7%에 비해서는 낮은 편이나, 경제사범이나 풍속사범의 재범률보다는 다소 높아 전체 평균 재범률 7.1%보다 0.6% 높은 것으로 나타났다(법무부, 2012d 참조).

(3) 주취폭력의 문제

① 주취폭력의 심각성

음주상태에서 폭력적인 행동으로 나아가는 것을 주취(酒臭)폭력이라고 한다. 최근 우리 사회에서는 주취폭력의 문제가 새롭게 부각되고 있다. 언론보도에 따르면, 2012년 한 해 전체 살인 범죄의 37.1%, 강간·추행의 30.6%, 폭력의 35.7%가 주취자에 의해 벌어졌다. 특히 공무집행방해의 경우 주취 상태에서 발생한 사건이 73.2%에 달했다(뉴시스, 2012. 6. 2.).

② 주취폭력의 원인

주취폭력이 심각한 사회문제로 대두되고 있는 현상의 원인은 우리 사회의 독특한 음주문화와 알코올 자체가 갖는 통제력 약화의 기능에서 찾아볼 수 있다(법무부, 2012c: 243-244).

음주폭력의 하위문화

우리 사회에는 음주행위를 다양한 상황에서 광범위하게 용인하고, 장려하고, 심지어 요구하는 특수한 형태의 하위문화가 존재한다. 음주는 학교·직장·군대·사교 모임 등 성인 남성이 주도하는 거의 대부분의 조직에서 활발히 이루어지고 있다. 음주행위는 구성원의 가입·탈퇴·축하·위로·업무의 성공과 실패, 또는 아무 이유 없이 이루어진다. 만일 성인 남성이 이 문화적 행위규범을 어길 시 상당히 심각한 제재를 감내해야 한다.

또한, 우리 사회에서는 음주 후에 저지르는 실수, 특히 폭력행사에 대해 다른 문화에서와 다르게 용인하는 경향이 있다. 즉, 일반 상황에서는 폭력의 사용이 요구되거나 용인되는 일이 거의 없지만, 술에 취한 상황에서는 약간의 폭력행사가 있을 수 있는 실수 또는 '주사'로서 이해되는 경향이 있다. 따라서 이러한 음주문화에 익숙한 사람은 그렇지 않은 사람에 비해 보다 많은 상황에서 폭력을 행사하는 경향이 있다. 이들은 매우 심각한 폭력행사가 아닌 경우에는 사회적 처벌을 걱정하지 않고 큰 죄의식도 갖지 않는다.

이러한 현상은 우리 사회의 일부에 존재하는 음주폭력의 하위문화를 반영하는 것으로 풀이된다.

음주에 의한 긴장의 증폭

폭력행위의 원인을 미시적으로 설명할 수 있는 이론으로 로버트 애그뉴(Robert Agnew)가 발표한 일반긴장이론(General Strain Theory)을 들 수 있다. 이 이론에 따르면, 범죄행위의 원인은 자신이 원하는 대로 대우받지 못해 받게 되는 스트레스 또는 긴장에서 찾을 수 있다.

애그뉴에 따르면, 사람들이 스트레스를 받게 되는 요인은 크게 세 가지다. 자신이 원하는 일을 성취하지 못했거나 그럴 것이 예상될 때, 자신이 소중히 여기는 대상물이 사라지거나 그럴 것으로 예상될 때, 그리고 자신에게 부정적 자극이 주어지거나 그럴 것으로 예상될 때다. 만일 누군가 자신에게 욕설을 하거나 밀치거나 폭력을 행사한다면 그런 행위는 전형적인 부정적 자극이 되는 것이다. 이런 스트레스 유발요인들은 여러 가지 부정적 감정을 초래하는데, 그중에서도 분노와 좌절 같은 반응들은 특히 범죄행위로 이어질 가능성이 높은 것들이다.

폭력은 상대방과의 상호작용 속에서 일어나는 범죄로 보는 것이 더 타당하기 때문에 상대방으로부터 어떤 형태로든 좋지 못한 자극을 받을 때 폭력 사용의 가능성이 높아질 것이다. 이런 자극의 구체적인 유형은 자신에 대한 언어적 또는 물리적 도발일 수 있고, 자신의 영역에 대한 침범 등 다른 요인이 될 수도 있다. 그런데 술에 취한 사람이 많고 인구도 밀집해 있는 우리나라의 밤거리에서는 부딪치거나 밀치는 등 원하지 않는 신체적인 자극이나 멸시·욕설·모욕과 같은 언어적 자극을 받는 경우가 흔히 발생한다. 특히 음주 상황이 되면 판단력과 통제력이 약화되어 부정적 자극이 더욱 크게 느껴질 수 있기 때문에 주취상태에서는 이런 자극에 대해 폭력적으로 대응하는 경향이 있다. 이런 현상을 '음주에 의한 긴장의 증폭'이라 할 수 있다.

2) 폭력범죄 치료프로그램 개관

(1) 치료프로그램의 이론적 배경

폭력범죄에 대한 치료프로그램의 이론적 배경으로는 폭력적 성향의 변화를 촉진하기 위한 '동기강화모델'과 폭력과 관련된 인지적·정서적·행동적 문제를 교정하기 위한

'인지행동모델' 이 주요하게 사용될 수 있다(법무부, 2012c: 22-24). 폭력범죄 치료프로그램에서는 폭력적 행동이 비합리적인 사고에서 비롯된다는 인지행동이론의 관점에서 이러한 인지적 왜곡을 수정하는 것에 주안점을 둘 필요가 있다. 나아가 폭력범죄인의 가족, 타인 그리고 사회 속에서의 적절한 대인관계 형성을 통해 비폭력적 행동을 재학습하는 것이 중요하다.

① 동기강화모델

동기강화모델에서는 클라이언트를 대할 때 공감적이고 반영적이며 무비판적인 태도로 경청한다. 개인적 목표와 가치관의 차이를 발견하도록 돕고, 논쟁을 피하고, 새로운 관점으로 변화할 수 있다는 신념을 강조한다. 이는 클라이언트가 진정으로 원하는 삶과 현재 행동이 얼마나 불일치하는지를 보도록 하며, 스스로 동기를 부여하도록 체계적으로 방향을 제시하고, 자기효능감을 높일 수 있도록 하는 것이다. 동기강화모델은 약물남용자의 상담에서 주로 사용하였으나, 최근에는 가정폭력 가해자에 대한 개입과 적용에 활용도가 높게 나타났다(Murphy & Baxter, 1997).

폭력범죄인에 대한 치료프로그램에서도 다음과 같은 동기강화모델의 주요 구성요소를 활용할 수 있다(법무부, 2012c: 22). ① 피드백(Feedback): 클라이언트의 사정과정을 통해 얻은 정보를 피드백한다. ② 책임성(Responsibility): 변화에 대한 개인의 책임을 강조한다. ③ 조언(Advice): 변화에 대해 조언해 준다. ④ 메뉴(Menu): 변화전략의 메뉴를 제공한다. ⑤ 공감(Empathy): 공감적인 대화의 파트너가 된다. ⑥ 자기효능감(Self-efficacy): 클라이언트의 자기효능감을 촉진한다.

② 인지행동모델

인지행동모델은 구조화되어 있고 단기적이며 현재 지향적인 행동교정이 접합되어 있는 형태로서, 문제행동은 그 행동을 일으키고 유지하게 하는 다양한 행동적 요인, 이러한 행동에 영향을 주는 인지문제가 존재한다는 가정에 기초한다.

인지행동모델은 가정폭력 가해자에게 보편적으로 적용·실시되는 모델로서 효과성 또한 인정받고 있는 모델이다(Tolman & Bennett, 1990). 일반적인 폭력범죄인에 대해서도 인지행동모델의 핵심적 내용, 즉 인지적 재구조화, 행동시연, 긴장이완, 비폭력에 대한 인식고취 등은 주요하게 사용될 수 있다. 폭력범죄인에게 인지행동모델을 적용하여 자기표현, 분노조절, 문제해결, 의사소통, 스트레스 관리를 효과적으로 다룰 수 있도록 훈련한다. 또한 폭력이 발생하는 잠재적 경우를 문제로 정하고 해결방법의 브레인스토 밍을 함으로써 대안적 행동을 학습할 수 있는 기회를 제공한다.

폭력범죄인에 대한 인지행동모델을 정리해 보면 〈표 13-7〉과 같다.

표 13-7 폭력범죄인에 대한 인지행동모델

영역	인지		정서		행동
	말(언어) / 사고(생각)	⇄	감정	⇄	태도
클라이언트 특성	역기능적 사고 비합리적 신념		부정적 감정		충동적 공격화
	↓		↓		↓
필요 요인	객관화		긍정화		조절화
개입 목표	• 긍정적 관점 전환 • 합리적 신념 확립 • 조망수용력 확립 • 객관적인 상황 인식 • 합리적 의사소통 기술 향상 • 인식의 변화	⇄	• 긍정감정 경험, 정서순화 • 폭력행동을 유발하는 감정 다루기	⇄	• 충동성 완화 • 자기통제력 강화 • 자발적 문제해결 인식 • 적극적 대처방안 찾기 • 순기능적 사회적응력 고취 • 친화적 행동 습관화
개입 내용	• 동기강화 상담 • 갈등관리기술 교육 • 의사소통기술 교육 • 비폭력대화법		• 자기표현력 훈련 • 감수성훈련		• 갈등관리 • 스트레스 관리 • 주도적 선택능력 확립 • 행동수정 • 비전코칭
개입 방법	1. 척도질문지, 평가지 사용 2. 활동 시트지, 자료 사용하기(그림카드, 각종 시각자료 활용) 3. 상담기법을 적용한 대화하기, 동기강화면담 적용 질문하기(탐색질문, 공감수용), 코칭 4. 개인별 변화행동 계획하고 실행 확인하기(개인행동 평가지 사용) 5. 자기표현과 효과적 의사소통훈련 6. 인지행동모델을 응용하여 인지적 재구성 시도 7. 클라이언트의 가치 탐색과 미래 설계				
	↓				
기대 효과	문제해결, 의사소통, 자기표현, 분노조절을 통한 대처기술 획득, 비폭력을 위한 대안적 행동선택, 현실적응력 고취, 주체성 확립을 통해 바람직한 사회인으로 주체적인 삶을 영위				

출처: 법무부(2012c), p. 24.

(2) 폭력범죄 치료프로그램의 목표

폭력범죄 치료프로그램의 목표는 폭력범죄인으로 하여금 '폭력의 가장 큰 피해자는 나'라는 인식을 강화하고 자신의 폭력적 행동에 대해 잘못된 태도를 변화시키고 대안적 행동을 찾고 적용할 수 있는 재학습의 기회를 제공하는 데 있다. 폭력범죄인에 대한 치료적 개입은 그들의 재범을 억제하고 피해자 보호와 지역사회의 안전을 도모하기 위한 것이다. 치료프로그램은 교정사회복지사가 폭력범죄인에 대하여 체계적인 개입을 실천하여 이들이 건전한 사회구성원으로 복귀할 수 있도록 도움을 주는 데 효과적이어야 한다. 이를 위하여 치료프로그램은 폭력범죄인이 올바른 자기이해를 바탕으로 정서·사고·행동 변화를 도모하고, 이를 통해 가족·타인과의 대인관계 개선과 사회적응기술을 습득하는 것을 목표로 한다. 구체적으로 개입 목표를 살펴보면 다음과 같다(법무부, 2012c: 21).

첫째, 클라이언트의 자기 이해다. 자신의 성격 및 장점을 이해하여 자아존중감을 높이고, 자신의 행동 및 성격상의 문제점을 파악하며, 감정·충동 등을 스스로 인식하고 인지적 재구성을 시도해 봄으로써 올바른 자기 이해를 통한 자존감 및 정체성 의식을 높인다.

둘째, 가족·타인 및 사회와의 관계형성의 중요성을 인식하는 것이다. 가족을 포함한 타인·사회와의 관계를 돌아봄으로써 과거와 현재의 대인관계 특성을 점검해 보고 관계를 좋게 하거나 문제가 되게 했던 행동 방식에 대해 성찰해 봄으로써 원만한 대인관계의 중요성을 인식하고 대인관계 개선을 위한 동기를 부여한다.

셋째, 효과적 의사소통의 기술과 비폭력 행동을 선택하는 것이다. 자기주장 및 올바른 의사소통 방법을 학습함으로써 상대방의 의견을 바르게 이해하며, 자신의 주장을 오해 없이 전달하고 공감적 경청을 하도록 한다. 또한 비폭력대화를 통해 상대방의 문제에 대해 적극적으로 이해하려고 노력한다.

넷째, 사회적 책임과 공동체성 인식을 통한 사회적응이다. 사회와 어울리기 위해서는 우선 공동체 생활 속에서 자신의 책임을 인식하고, 과거의 잘못에 대한 청산과 변화에 대한 희망을 가지는 것이다. 사회에 갖고 있던 무언의 불만과 분노를 인식, 수용, 공감, 해소 등의 과정을 거쳐 사회를 긍정적으로 바라볼 수 있는 기회를 마련하는 것을 목표로 한다.

3) 폭력범죄인에 대한 주요 실천기술

(1) 분노에 대한 이해와 조절

분노는 슬픔, 즐거움 등과 함께 인간의 자연스러운 감정 중 하나이며, 그 자체가 좋거나 나쁜 것은 아니다. 다만 표현하는 방법에 따라 정반대의 결과를 가져온다는 사실을 알려 주고, 자신의 분노 상황을 알아보게 한다. 자신을 분노하게 했던 사람을 용서하면서 얻게 되는 마음의 평화에 대하여 이야기를 나누고 느낀 점을 경청하게 한다. 효과적인 분노 표현은 문제의 정확한 요인 파악을 도와주고, 상대방과의 건전한 관계를 유지하면서 자기를 보호할 수 있도록 인식하게 하는 것이 중요하다. 클라이언트에게 분노를 긍정적으로 다룰 수 있는 방법과 분노감정을 효과적으로 표현하는 기법을 교육한다(법무부, 2012c: 63-89).

① 분노조절훈련의 전체적 진행과정

교정사회복지사는 클라이언트에게 가장 최근에 분노의 감정을 느꼈을 때를 회상하고 기록하도록 안내한다. 클라이언트는 간혹 자신이 화를 내어 후회했던 경험을 쉽게 떠올리지 못하는 경우가 있다. 이때는 교정사회복지사 자신이 분노를 경험한 사례를 소개함으로써 그들의 생각에 도움을 주는 것이 좋다. 이후 분노의 발생이 어디에서 기원하는지에 대하여 클라이언트가 작성한 분노 사례를 바탕으로 이야기를 나눈다. 이때에는 "어떨 때 주로 화가 나나요?"라거나 "혹시 자신이 화를 낸 걸 후회한 경험이 있나요?" 등의 질문이 유용하다.

대화가 끝난 후 교정사회복지사는 클라이언트와 이야기된 내용을 간략하게 정리해 주고 클라이언트에게 '분노'에 대해 어떻게 생각하는지 먼저 질문한다. 이후 교정사회복지사는 클라이언트에게 '분노에 대한 편견' '분노의 부정적인 측면' 등에 대하여 교육한다. 클라이언트는 '분노'에 대해 좋지 않은 선입견을 가지고 있다. 따라서 '분노'에 대한 클라이언트의 생각을 이야기한 후 교육하는 것이 좋다. 교육의 결론은 '분노'는 정상적인 감정이며, '분노' 자체가 비난을 받기보다는 상대에게 어떻게 표현되느냐에 따라 비난을 받을 수도 있고 그렇지 않을 수도 있다는 사실에 대해 중점을 둔다.

이어서 교정사회복지사는 클라이언트로 하여금 분노를 효과적으로 다루는 방법을 습득하도록 한다. 교정사회복지사는 대인관계에서 갈등이 생기고 화가 났을 때, '분노의 순간을 알고 어떻게 다스리는가?'가 매우 중요한 부분임을 설명한다. 분노를 다루기 위한 첫 번째 단계는 스스로 화가 나게 하는 생각들을 인식하고 바꾸는 것이고, 다음 단계는 분노증후에 따른 신체적 변화를 인식하고 조절하는 것이다. 이때에는 클라이언트에게 분노를 일으키는 잘못된 생각과 이를 극복하는 방법에 대해 설명하는 것이 중요하다. 교정사회복지사는 클라이언트의 설명이 끝나면, '분노에 이르는 생각들'을 작성하도록 하고, 클라이언트의 '자기 진술'을 확인한 후 잘못된 부분은 수정하도록 한다.

분노조절단계보다는 습관화를 통해 분노예방단계로 나아갈수록 더욱 좋다. 분노가 이미 일어난 후에는 '상대방의 의도는 그게 아닌데 내가 넘겨짚은 것 같다.'고 생각하며 스스로의 잘못을 인정하기는 그만큼 어렵기 때문이다. 교정사회복지사는 클라이언트가 분노 상황에 대해서 충분한 시간을 가지고 사고와 감정을 인식할 수 있도록 돕는다. 클라이언트가 가지고 있는 부정적인 사고, 역기능적 사고 등을 파악할 수 있도록 사례에 대해 구체적으로 접근하여 탐색하여야 한다.

② 분노에 대한 이해
자연스러운 감정 상태인 분노

분노는 다음과 같이 인간의 자연스러운 감정상태 중 하나이기 때문에 정당하게 자기를 주장하는 건전한 감정표출이 필요하다(법무부, 2012c: 69-70).

- 분노는 자연스러운 반응이다. 가장 일반적인 의미로 분노는 약간 짜증이 나는 정도에서 강한 분노나 격노에 이르는 범위의 느낌이나 감정을 의미한다. 분노는 우리가 위협을 느낄 때, 위해가 닥쳐 오고 있다고 생각될 때, 또는 다른 사람이 과도할 정도로 우리를 부당하게 대우하고 있다고 생각될 때와 같은 상황에서 발생하는 자연스러운 반응이다. 또한 분노는 우리의 욕구나 욕망, 목표가 충족되지 않았을 때 오는 좌절감에서 발생할 수도 있다. 화가 났다는 것은 내가 무엇인가 잘못된 사실을 접했다는 것을 의미한다. 화가 날 때, 우리는 평정심을 잃고 충동적이거나 공격적으로 또는 폭력적으로 행동할 수 있다.
- 분노는 공격성이나 적개심과는 다른 것이다. 사람들은 종종 분노와 공격성을 혼동한다. 공격성은 타인에게 위해를 가하거나 재물에 손괴를 일으키기 위해 의도되는 행동이다. 이러한 행동에는 언어적 학대, 위협, 폭력적 행동이 포함된다. 반면 분노는 감정의 한 종류이며, 반드시 공격성에 이르는 것은 아니다. 그러므로 공격적 행위를 수반하지 않고서도 분노가 일어날 수 있다. 한편 적개심은 공격적 행동을 야기할 수 있는

일련의 복잡한 상태인 태도와 판단을 말한다. 분노는 감정이고 공격성은 행동인 반면, 적개심은 타인을 싫어하고 그들을 부정적으로 평가하는 것과 연관된 태도다.

• 분노는 정당하게 자기를 주장하는 한 부분이다. 감정에 솔직하고 자신의 감정을 알리는 것은 자존감을 높인다. 이것은 때로는 위험을 감수해야 하지만, 다른 사람에게 자신이 어떤 상황에서 화가 나는지 알도록 해 주며, 상대방이 자신에 대한 불필요한 추측을 하지 않도록 해 준다.

• 분노는 건전한 방출이다. 분노를 억제할 경우 많은 에너지를 소모하게 되며, 이후에 화가 쌓여서 폭력적 행동으로 분출될 수 있다. 만약 자신의 감정을 억제하기 위해 모든 에너지를 사용한다면 무척 피곤하고 지루하고 고통스러울 것이다. 또한 자신의 분노를 적절한 방법으로 표현하지 않는다면, 자신의 분노를 왜곡하여 결국 나에게서 다른 사람을 멀어지게 만들 것이다.

분노의 부정적 측면

분노가 비록 인간의 자연스러운 감정상태의 하나라고는 하지만, 분노가 너무 강하거나 자주 발생한다고 느껴질 때, 또는 부적절하게 표출될 때 문제가 된다. 분노를 너무 강하거나 자주 느끼게 되면 신체에 극한 육체적 긴장이 일어나게 된다. 분노 상태가 지속되고 빈도가 증가되는 동안 신경계의 분열이 고도로 활성화된다. 결과적으로 혈압과 심장 박동이 증가하게 되고, 장기간 각성된 상태가 지속된다. 이러한 신체의 긴장감은 고혈압, 심장 질환, 면역력의 감소 등 많은 건강 문제를 일으킬 수 있다. 따라서 건강 측면에서 육체적 질병을 피하기 위한 동기로 분노를 통제할 필요성을 느낄 수 있다.

분노를 통제해야 할 또 다른 이유는 분노를 부적절하게 표현함으로써 야기되는 부정적 결과와 관련되어 있다. 극도로 치달았을 때, 분노는 폭력이나 신체적 공격을 일으킬 수 있다. 또한 분노의 부적절한 표출은 체포, 수감, 신체적 상해, 보복, 이별, 약물중독 치료나 사회재활 프로그램 중도 포기, 죄책감, 수치심, 후회 등과 같은 부정적 결과를 초래할 수 있다. 분노가 폭력의 상황으로 이르지 않을 때조차도, 언어적 학대나 협박, 위협하는 행동과 같은 부적절한 분노의 표출은 종종 부정적 결과를 야기한다. 예를 들어, 다른 사람이 분노를 폭발시키는 사람에 대해 두려움, 분노, 불신감을 느낄 수 있으며, 이것이 가족이나 친구, 직장 동료로부터 소외당하는 원인이 될 수도 있다. 이러한 분노로 인하여 클라이언트가 얼마나 공격성을 가지고 있는지에 대해서는 공격성 척도를 활용하여 진단할 수 있다(〈부록 17〉 참조).

공격성이란?

공격성의 개념에 대해 학자에 따라 조금씩 견해가 다를 수 있으나 대체적으로 '타인에게 상해를 가할 목적을 지닌 신체적·언어적 행동과 위협적인 자기 방어 태도뿐만 아니라 그러한 내용을 담은 사고 및 정서' 라는 정의에 대해서는 여러 이론가들이 상당한 의견일치를 보이고 있다. 따라서 공격성이란 충동적인 분노 감정을 가졌을 때 나타나는 심리적인 상황에서부터 외현적 행동까지 포함한다고 할 수 있다.

공격성에는 때리고 위협하고 욕하고 말다툼하는 외현적인 신체적·언어적 공격뿐 아니라 직접적인 공격행동을 유발하는 정서 상태인 분노가 포함되어 있다. 분노는 다른 정서와 마찬가지로 생존에 필수적·적응적 정서로서 그 자체가 문제가 되는 것은 아니다. 역경에 처했을 때 우리의 에너지를 활성화시켜 주고 좌절이나 부당함에 직면했을 때 인내심을 증진시켜 주며 가치관을 공고하게 해 준다. 그러나 분노 감정이 클수록 공격성은 높아지고 분노가 강해질수록 남에게 해를 입히고 싶어 한다. 모든 분노가 공격성으로 이어지는 것은 아니더라도 조절되지 않은 분노는 쉽게 공격성으로 전환된다.

분노의 적절한 표현 방법을 배운 적이 없는 경우 자신이 처한 환경에 적절하게 대처하지 못하고 분노는 좌절, 우울, 의존성과 강한 연관성을 가지며 결국 사회적으로 바람직하지 않은 방식으로 나타나기 쉽다. 그러므로 분노의 문제를 어떻게 다루는가 하는 것은 우리가 건강하게 살기 위해서 기본적으로 학습해야 하는 부분이다.

출처: 법무부(2012c), p. 42.

부적절하게 분노를 표출하면 처음에는 외견상 많은 이익을 얻을 수 있다. 한 가지 이익은 공격적이고 위협적인 행동을 통해 상대방을 조작하거나 제어할 수 있게 된다. 상대방은 언어적 위협이나 폭력이 두려워서 그러한 사람의 요구에 순응할 수도 있다. 또 다른 이익은 화를 내고 공격적으로 행동함으로써 긴장감을 완화시킬 수 있다는 것이다. 그러한 사람은 분노를 폭발시킨 후에 기분이 나아질 수도 있지만, 나머지 사람들은 기분이 나빠지게 된다. 그러나 장기적으로 볼 때 이러한 초기의 이익들은 부정적 결과에 이르게 된다. 이러한 이유로 초기 이익은 '외견상' 이익이라고 불리는데, 장기적인 부정적 결과가 단기적 이익을 훨씬 능가하기 때문이다.

③ 분노조절의 방법

'나를 화나게 하는 생각' 물리치기

나를 화나게 하는 생각들은 다음과 같은 인지적 왜곡에서 비롯되는 경우가 많다. 따라서 교정사회복지사는 클라이언트의 이러한 잘못된 생각을 바꾸도록 하여 〈표 13-8〉과 같이 대처하도록 훈련시킬 필요가 있다(법무부, 2012c: 74-77).

표 13-8   분노와 관련된 인지적 왜곡의 유형과 대처기술

구분	정의	인지적 왜곡의 내용	대처기술
명명하기	상대방을 전적으로 부정적으로 분류하는 것	상대방을 긍정적인 면과 부정적인 면으로 이루어진 복합적인 인격체로 인정하지 않고, 단지 하나의 특성, 즉 꼬리표를 달고 있는 대상물로 비하한다. 예를 들면, 바보, 천치, 병신, 사기꾼, 미친 것 등 그 사람 인격 전체를 판단하여 간주하는 부적절한 명명을 사용하는 것이다.	교정사회복지사는 ① 그 사람의 성격이 아닌 행동을 보는 것, 다시 말해 일반화시키지 않고 구체적인 행동만을 떠올리는 것, ② 자신이 명명한 것이 어떤 순간에만 적용되는 것인지 그리고 그 사람에게 정말 합당한 명명인지에 대하여 다시 생각해 보는 것, ③ 우리 모두는 똑같은 사람이며, 따라서 실수하면서도 최선을 다해 노력하며 살아가는 사람이라는 점을 기억하는 것 등의 대처요령을 교육할 수 있다.
마음읽기	상대가 어떤 행동을 했을 때 왜 그런지를 다 안다고 생각하는 것	그 사람의 행동에 대해 어떤 특정 동기가 있을 것이라고 생각하여 자기 스스로가 편하게 해석하는 것이다. 그리고 이러한 추측의 진위를 확인하려고 들지 않고, 그것이 의심의 여지가 없는 진실인 것처럼 행동한다. 예를 들면, "난 네가 욕하고 있는 줄 뻔히 알아!"라고 하거나 '내가 못 참는다는 것을 알면서 일부러 그러는 거야!' 등의 생각을 말한다.	교정사회복지사는 그 이면의 동기나 목적이 무엇이었느냐를 짐작하려 하지 말고 구체적인 행동에 초점을 맞추는 것을 강조할 필요가 있다. 동기를 가정하는 것은 항상 잘못되기 쉽다. 따라서 교정사회복지사는 클라이언트에게 상대방이 나를 못살게 하려고 고의로 그런 행동을 한다고 생각하지만 그러한 가정은 실제로 확인되기 전까지는 미루어져야 한다는 점을 강조한다.
점치기	장차 무슨 일이 일어날 것인가를 다 안다고 생각하는 것으로 미래를 예측하는 것	어떤 일이 과거에 일어났으므로 영원히 계속될 것이라고 단정 짓는다. 예를 들면, '내 아내는, 내가 바뀌더라도 바뀌지 않을 거야. 그러니 소용이 없을 거라고. 저 사람은 절대로 변할 사람이 아니야!'라고 생각하는 것이다.	교정사회복지사는 클라이언트에게 어느 누구도 나중에 무슨 일이 일어날지는 알 수가 없고 오직 추측만 있을 뿐이라는 점을 알려 줄 필요가 있다. 자신의 부정적 예측, 즉 나아지지 않을 것이라고 믿으면 실제로도 나아지지 않을 것이라는 점을 강조할 필요가 있다. 따라서 '나는 그 사람이 절대로 변하지 않을 것은 확신해!'라기보다는 '나 자신을 고치면서 기다리자.'라는 식으로 생각하도록 훈련시킨다.

(계속)

| 과장 하기 | 부정적인 일의 결과 또는 그 일의 중요성을 확대하는 것 | 어떤 사건에 대해 단지 조금 불편하거나 약간 거슬린다고 생각한다면 그 정도 이상으로 극도로 화를 내게 되지는 않는다. 예를 들면, "죽어도 못 하겠어." "나를 미치게 한다." 등은 모두 감정을 고조시키는 과장하기다. 특히 '반드시'라는 말은 분노와 불만을 유발하는 인지의 왜곡이다. 단지 선호하는 것을 흔히 명령 또는 요구로 해석할 때가 있다. 엘리스(Ellis)는 이러한 인지과정을 '자기강요행위'라고 불렀다. | 교정사회복지사는 언제나, 절대로, 누구든지, 아무도, 도저히 등 과장하는 표현의 사용을 피하도록 훈련시킬 필요가 있다. 특히 클라이언트가 '반드시'라는 말을 사용하지 않도록 교육한다. 그러한 생각들이 클라이언트를 지치게 할 뿐 아니라 효과적이지도 못하다는 점을 강조한다. 예를 들면, "나를 이렇게 취급하면 절대 안 되지. 공평치 못해."라는 말 대신 "이렇게 내가 하는 식으로 해 주면 얼마나 좋을까? 세상이 꼭 공평해야 하는 것은 아니지."라고 인정하게 하는 것이 중요하다. |

분노조절을 위한 자기진술

효과적인 분노 표현은 문제의 정확한 요인 파악을 도와주고 상대방과의 건전한 관계를 유지하면서 자기를 보호할 수 있는 기능임을 알게 해 준다. 클라이언트에게 분노를 긍정적으로 다룰 수 있는 방법과 분노감정을 효과적으로 표현하는 방법을 교육한다. 다음에 열거한 분노조절 목록 중 한두 가지를 선택하여 화나게 하는 생각(자동생각)을 물리칠 수 있도록 반복하여 자연스럽게 느껴질 때까지 연습하는 것이 좋다(법무부, 2012c: 84-85).

- 상대방이 화를 돋우려고 할 때의 준비
  - (깊이 숨을 들이쉬고) 한 시간 후면 괜찮을 것이다.
  - 냉정을 잃으면 나를 조절하지 못해.
  - 아무도 나를 화나게 할 수가 없어. 오직 나 스스로에게 달렸어.
  - 잠시 모든 것을 멈추어서 그리고 다른 편에서 생각하자.
  - 문제에만 집중하자. 문제를 그 사람 자체라고 생각하지 말자.
- 충돌 그리고 직면하기
  - 나는 냉정하며, 나를 조절할 수 있어.
  - 내 생각뿐 아니라 분노도 조절할 수 있어.
  - 화내서 도움될 것은 없어.
  - 지금 내가 할 수 있는 것이 무엇일까 생각해 보자.
  - 냉정하자. 편안함을 유지하자.

- 화가 치밀 때 대처하기
  - 문제에 집중하여 그 문제를 헤쳐 나가자.
  - 분노는 조절해야 할 필요가 있다는 것을 알리는 신호다.
  - 상대방의 시각으로 보고, 그것에 초점을 맞추자.
  - 화를 돋우는 생각들을 이성적이고 합리적인 생각으로 대처하자.
  - 근육이 뭉치면, 냉정을 유지하고 긴장을 풀자.
- 마지막으로 다시 확고하게 하기
  - 난 냉정을 지켰고, 나를 조절할 수 있었어.
  - 과거는 그냥 보내자. 잊어버리는 것도 괜찮아.
  - 점점 쉬워지고 있어.
  - 내가 옳게 한 일에 초점을 맞추자.
  - 기록해 놓자, 또 다른 성공을!

(2) 스트레스 및 갈등 관리

교정사회복지사는 클라이언트에게 스트레스가 신체에 미치는 영향과 범죄와의 관계를 설명하고, 같은 상황에서 사람에 따라 스트레스를 많이 받거나 적게 받을 수 있음을 알게 한다. 또한 행복한 생활을 위해서는 스트레스 관리가 매우 중요함을 알리고 클라이언트에게 올바른 스트레스 관리방법을 교육한다.

한편 의사소통이 원만하지 못할 경우 대인관계 갈등의 위험이 높다. 잘못된 의사전달방법은 상대방에게 오해를 불러일으키고, 이는 곧 상대방의 태도와 행동변화로 이어져 자신에게 되돌아오게 되므로 갈등관리능력을 향상시키는 기술이 매우 중요함을 교육한다. 갈등관리를 통한 관계능력을 향상하고 만족하는 갈등해결 방안을 찾도록 양보와 타협의 기술에 대해 언급한다.

① 스트레스에 대하여 이해하기

스트레스란 적응하기 어려운 환경에 처할 때 느끼는 심리적·신체적 긴장 상태를 말하며, 스트레스가 장기적으로 지속되면 심장병, 위궤양, 고혈압 등의 신체적 질환과 불면증, 노이로제, 우울증 따위의 심리적 부적응을 나타내기도 한다. 특히, 현재와 같은 고도 정보사회에서 많이 나타나는 사회적 병리 현상의 하나다.

스트레스는 다음과 같은 외적·내적 원인에 따라 발생한다(법무부, 2012c: 110-111).

외적 요인으로는 물리적 환경(소음, 강력한 빛, 열, 한정된 공간 등), 사회적 관계(무례함, 명령, 타인과의 격돌 등), 조직사회(규칙, 규정, 형식 등), 생활상의 큰 사건(친인척의 죽음, 직업 상실, 승진 등), 통근 등 일상의 복잡한 일 등이 있다. 내적 요인으로는 생활양식의 선택(카페인, 불충분한 잠, 과중한 스케줄 등), 부정적 생각(비관적인 생각, 자신에 대한 혹평, 과도한 분석 등), 마음의 구속(비현실적인 기대, 독선적인 소유, 과장되고 경직된 사고 등), 완벽주의자 · 일벌레 등 스트레스가 잘 생기는 개인특성 등이 있다.

이러한 스트레스로 다음과 같이 신체적 · 정신적 · 감정적 · 행동적 증상이 나타나기도 한다(법무부, 2012c: 111). ① 신체적 증상: 피로 · 두통 · 불면증 · 근육통이나 신체일부의 경직, 맥박 증가, 흉부 및 복부통증, 구토와 전율, 안면 홍조, 땀의 분비, 잦은 감기 등, ② 정신적 증상: 집중력이나 기억력이 감소하고 마음이 공허하거나 혼란스러움 등, ③ 감정적 증상: 불안, 신경과민, 우울증, 분노, 좌절감, 근심, 걱정, 불안, 성급함, 인내 부족 등, ④ 행동적 증상: 안절부절못함, 손톱 깨물기 · 발 떨기 등의 신경질적인 습관, 먹고 마시는 것에의 과도한 집착, 음주 및 흡연, 울거나 욕설 · 비난이나 물건을 던지거나 때리는 행동의 증가 등이다.

② 스트레스 관리하기

인간은 누구나 '스트레스'라는 외부적 자극 속에 살아간다. 스트레스 반응은 자극 호르몬인 아드레날린이나 다른 호르몬이 혈중 내로 분비되어 우리 몸을 보호하려고 하는 반응으로, 위험에 대처해 싸우거나 그 상황을 피할 수 있는 힘과 에너지를 제공한다. 그러나 평소에 스트레스를 많이 받는데 그때그때 해소를 하지 못하고 쌓아 두면 언젠가는 폭발하게 되고, 아무것도 아닌 일에도 쉽게 흥분하게 되고, 갈등을 유발하게 되는 경우가 많다. 따라서 〈표 13-9〉와 같은 방법으로 스트레스를 관리할 필요가 있다.

표 13-9	스트레스 관리의 일반적 방법
카페인, 담배, 술은 절대금물	카페인이 들어 있는 커피, 차, 초콜릿, 콜라 등은 신체에 스트레스를 주는 강력한 자극제이며 약물이기 때문에 신체의 스트레스를 더욱 증가시킨다.
규칙적인 운동	스트레스란 위험시기에 방어하기 위해 각성이 증가되어 있는 고에너지 상태이므로 운동은 이러한 과도한 에너지를 배출시키는 가장 합리적인 방법이다.
휴가와 여가	여가 시간과 스트레스 수준은 반비례한다.

(계속)

적절한 수면습관	– 하루 평균 7~8시간의 적절한 수면은 스트레스 해소에 중요하다. – 너무 많은 수면은 좋지 않으며, 30분 이상의 낮잠 또한 적절하지 않다.
스트레스의 속도조절	스트레스 상황에 있을 때 주기적인 휴식을 갖는다.
균형 잡힌 식사	– 음식을 천천히 먹는다. – 야채와 과일 섭취를 늘린다. – 식사를 거르면 저혈당 상태로 되어 스트레스 반응이 나타난다.
기타	– 스트레스를 다루기 위해서는 매일 스트레스를 풀어라. – 자신의 걱정이나 문제를 말해 버려라. – 자신이 변화시킬 수 없는 것도 받아들이는 법을 배우라. – 자신이 틀린 것은 인정하라. – 어느 누구도 완전하지 않다는 것을 기억하라. – 좌절하지 말라. – 더 즐거운 생활에 초점을 맞추라. – 자신의 목표를 알라. – 자신의 꿈을 따르라. – 비현실적인 목표로 시간을 낭비하지 말라. – 한 번에 한 가지씩만 하라. – 해야 할 일을 기록하고 우선순위에 따라서 하라.

(3) 비폭력적 대화기술 훈련

비폭력대화에서 가장 기본적인 자세는 상대방의 문제에 대해 자신의 생각이나 기분에 따라 반응하기에 앞서 상대방의 생각이나 기분을 이해하려고 노력하는 것이다. 이를 위해 상대방 및 그의 문제에 귀를 기울여 듣는 것이 중요하다. 로젠버그(Marshall B. Rosenberg)는 폭력적으로 살아가는 사람과 어려운 상황에서도 인간성을 잃지 않고 다른 사람에 대한 연민을 유지하고 있는 사람의 차이를 연구하면서 우리가 대화할 때 쓰는 말과 대화방법이 얼마나 중요한지 깨닫고 구체적인 대화 방법으로 비폭력대화를 창안하였다(법무부, 2012c: 184).

① 비폭력대화 모델의 단계

비폭력대화 모델에는 다음과 같이 관찰, 느낌, 욕구 그리고 부탁의 단계가 있다(법무부, 2012c: 185-186). 첫째, 어떤 상황에서 실제로 일어나고 있는 것을 있는 그대로 관찰한다. 나에게 유익하든 그렇지 않든 상대방의 말과 행동을 있는 그대로 평가가 아닌 관찰을 하는 것이다. 면담시간에 늦은 클라이언트에게 "당신은 시간개념이 없다."라고 하는 것은 평가이고, "지난 세 번의 면담 약속에서 모두 30분이 지난 후에 왔다."라고 말하는 것이 관찰이다.

둘째, 그 행동을 보았을 때 어떻게 느끼는지를 말한다. 가슴이 아프다거나, 두려웠거나, 기쁘거나, 즐겁거나, 짜증 나는 등의 느낌을 표현하는 것이다. "옳지 않다고 느낀다."는 의견이며, "당신과 마주 앉아 있으니 벽하고 말하는 것같이 느껴진다."는 비판이다. "당신이 그렇게 말하니 답답하다."거나 "마음이 상한다."가 느낌을 표현하는 말이다.

셋째, 자신이 알아차린 느낌이 내면의 어떤 욕구와 연결되는지를 말한다. 클라이언트를 관찰한 사실과 느낌을 말한 후 클라이언트가 변화되길 원하는 상을 말해 주는 과정이다. "법과 규정에 당신이 이렇게 행동하도록 되어 있다."라고 말하는 것보다 "내가 그렇게 느낀 것은 당신이 행동하길 원했기 때문이다."라고 말한다.

넷째, 클라이언트와의 관계, 클라이언트의 삶 등을 더 풍요롭게 하기 위해서 클라이언트가 해 주길 바라는 것을 표현한다. 클라이언트가 부탁을 들어주지 않는 것이 법적 처분을 위반하는 것임을 강조하다 보면 강요가 된다. 부탁과 강요의 경계가 모호할 수 있지만 클라이언트의 마음에 죄책감보다는 긍정적인 자발성이 발현되도록 표현에 주의를 기울인다.

② 교정복지실천에서 비폭력대화의 적용

교정사회복지사는 클라이언트가 어떠한 상황에서 폭력적 대화를 하는지 서로 이야기해 보고 그러한 상황에서 비폭력 대화모델을 적용할 수 있는지 함께 고민해 볼 필요가 있다. 또한 교정사회복지사는 클라이언트의 면담과정에서 자기 자신이 폭력적인 대화방법을 사용하는지 점검해 볼 필요도 있다.

"당신은 왜 그렇게 게으르냐." "왜 아무 생각 없이 사느냐." 또는 "왜 당신만 생각하느냐." 등은 비난, 모욕, 비하, 비교, 분석, 꼬리표 붙이기로 모두 판단하는 말이다. 이는 클라이언트를 있는 그대로 보는 것이 아닌 자신의 가치관과 욕구를 강요하는 표현이다. 상대방이 나보다 사소한 것에 더 신경을 쓰면 '강박관념이 있고 까다로운 사람'이 되며, 내가 상대방보다 더 세밀한 부분에 신경을 쓰면 상대방이 '꼼꼼하지 못하고 산만한 사람'이 되기도 한다. 도덕적 판단은 클라이언트가 거부감을 갖고 방어와 저항을 하게 만든다. "폭력은 나쁘다."라고 말하는 대신에 "나는 폭력으로 문제를 해결하는 것이 답답하다. 왜냐하면 나는 다른 방식으로 사람들 사이의 갈등을 해결하는 것을 중요하게 여기기 때문이다."라고 표현할 수 있을 것이다.

한편 교정사회복지사와 클라이언트 모두 법과 규정에 의하여 행하고 지켜야 할 사항이 있다. 그러나 교정사회복지사가 클라이언트에게 "당신은 규정에 의하여 이렇게 해야 한다."거나 "나는 규정에 의하여 당신이 준수사항을 어기면 어쩔 수 없이 처벌해야 한다."고 말하는 경우, 단지 법과 규정의 뒤에 숨어서 지도감독의 책임을 회피하는 것이 아닌지 생각해 보아야 한다. 물론 준수사항과 위반 시 불이익에 대하여는 정확히 고지해야 겠지만, 그것에 그치면 클라이언트의 자발적 변화를 이끌어내기 어렵다. 법과 규정의 준수가 클라이언트에게 어떤 도움이 되는지에 대한 설명이 따라야 한다.

(4) 주취폭력에 대한 개입

알코올남용과 이에 따른 충동성 조절의 실패 및 공격성이 발현되는 특성이 있는 클라이언트의 문제에 접근하기 위해서는 무엇보다 알코올치료에 개입의 우선순위를 둘 필요가 있다. 이를 위하여 클라이언트 스스로 알코올 의존도를 알고 절주 방법을 학습하도록 한다. 또한 클라이언트로 하여금 알코올이 충동적 행동에 미치는 영향을 이해하고 충동조절의 방법을 배울 수 있도록 한다.

① 알코올의존성 진단

교정사회복지사는 먼저 '한국형 알코올 의존선별도구'(NAST)와 '알코올 중독 자가진단검사'(AUDIT)를 클라이언트에게 나눠 주고 작성하도록 한 후 검사 해석을 해 줌으로써 클라이언트 스스로 자신의 알코올의존도를 알 수 있게 한다(〈부록 18〉, 〈부록 19〉참조). 교정사회복지사는 클라이언트의 음주 유형을 파악하고 정리하여 준 후 클라이언트 스스로 음주습관을 이해하도록 돕는다.

② 알코올이 인체에 미치는 영향 이해하기

교정사회복지사는 클라이언트에게 알코올이 인체에 미치는 영향을 개괄적으로 설명해 준다. 음주는 시각, 청각, 미각, 촉각, 언어감각, 균형감각, 집중력에 장애를 일으키며, 숙면방해, 소화기 장애 등을 일으키는 원인이 된다. 특히 지나친 음주는 간, 위, 근육, 심장 등 신체기관에 손상을 주고, 기억력 감퇴, 정신질환, 성기능 장애까지 유발할 수 있다는 점을 강조한다.

교정사회복지사는 클라이언트에게 알코올이 인체에서 억제제 역할을 한다는 점을 인식시켜 주면서 정리되지 않고 억제되어 오던 감정이 술을 통하여 감정에 대한 억제력을 상실하여 억제를 하지 못하는 상태가 된다는 것을 설명, 그로 인한 흥분이나 감정표출 등으로 평상시보다 쉽게 폭력을 행사할 수 있음을 설명한다.

③ 알코올남용에 따른 폭력문제 개입

교정사회복지사는 알코올에 대해 자주 언급하거나 알코올 문제와 관련된 클라이언트에게 알코올과 폭력이 상관관계가 있음을 스스로 느끼도록 유도한다. 미국에서 폭력범죄가 일어난 상황을 보면, 지난 1996년 일어난 770만 건의 폭력범죄 가운데 37%가 술에 취한 상태에서 일어난 것으로 집계되었다. 또 1998년 교도소에 수용된 성인 폭력범 530만 명 가운데 36%가 폭력을 행사할 당시 술에 취해 있던 것으로 나타났다(곽문수, 2005). 우리나라의 경우 「폭력행위 등 처벌에 관한 법률」 위반 등 형사범죄 특별법을 위반한 자중 24.9%가 술에 취한 상태에서 사고를 저지른 것으로 나타났다(대검찰청, 2011). 교정사회복지사는 클라이언트에게 술은 신체, 정신 및 행동 모두에 심각한 영향을 미친다는 것을 요약·정리해 주면서, 특히 음주와 폭력의 관련성을 인정하게 한 후 변화에 대한 책임감을 가지도록 한다.

교정사회복지사는 클라이언트에게 각 항목을 하나씩 작성하도록 격려하면서 '문제되는 충동을 정리'하고, '이겨내기 힘든 이유 찾기(충동조절의 방해요소 찾기)'와 '충동을 이기기 위한 방법'을 작성하도록 한다. 교정사회복지사가 사용한 경험이 있는 방법이나, 다른 프로그램에서 경험한 방법(이완요법, 긍정적 해결책 찾기, 주의전환, 이전의 부정적 결과 생각하기, 약물치료 등에서 전문가의 도움받기, 즉각적 도움을 줄 수 있는 사람의 연락처 및 활동 지역을 파악하기, 주변 사람의 도움받기) 등을 정보제공 차원에서 언급해 주는 것도 좋다. 하지만 답이라고 강요하기보다는 클라이언트 자신만의 방법을 찾을 수 있도록 격려해야 한다.

4. 학교폭력 대상 실천기술

1) 학교폭력의 문제

(1) 학교폭력의 정의

학교폭력이란 학교 내외에서 학생을 대상으로 발생한 상해, 폭행, 감금, 협박, 약취·

유인, 명예훼손·모욕, 공갈, 강요·강제적인 심부름 및 성폭력, 따돌림, 사이버 따돌림, 정보통신망을 이용한 음란·폭력 정보 등에 의하여 신체·정신 또는 재산상의 피해를 수반하는 행위를 말한다. 이 중에서 '따돌림'은 흔히 '왕따'라고도 하는데, 학교 내외에서 2명 이상의 학생들이 특정인이나 특정 집단의 학생을 대상으로 지속적이거나 반복적으로 신체적·심리적 공격을 가하여 상대방이 고통을 느끼도록 하는 일체의 행위를 말한다. 최근에는 휴대전화 메신저 등을 이용한 '사이버 따돌림'이 문제되고 있다. 이는 인터넷, 휴대전화 등 정보통신기기를 이용하여 학생들이 특정 학생을 대상으로 지속적·반복적으로 심리적 공격을 가하거나, 특정 학생과 관련된 개인정보 또는 허위사실을 유포하여 상대방이 고통을 느끼도록 하는 일체의 행위를 말한다(「학교폭력예방 및 대책에 관한 법률」 제2조 참조).

(2) 학교폭력의 실태 및 유형

① 학교폭력의 실태

2011년 전국 학교폭력 실태조사에서 최근 1년간 학교폭력 피해경험이 있는 비율은 18.3%, 학교폭력 가해 경험이 있는 비율은 15.7%로 조사되었다(청소년폭력예방재단, 2012). 참고로, 2006년부터 2011년까지 학교폭력 피해율과 가해율을 보면 〈표 13-10〉과 같다.

최근의 학교폭력의 특징은 다음과 같다(청소년폭력예방재단, 2011). 첫째, 학교폭력가해자가 저연령화, 집단화되고, 이들의 폭력에 대한 인식 부족, 폭력의 잔인화로 학교폭력의 유형이나 피해 정도의 수준이 증가하고 있다. 둘째, 가해학생의 학교폭력에 대한

표 13-10 학교폭력 피해율·가해율(2006~2011년)

연도	피해율(%)	가해율(%)
2006	17.3	12.6
2007	16.2	15.1
2008	10.5	8.5
2009	9.4	12.4
2010	11.8	11.4
2011	18.3	15.7

출처: 청소년폭력예방재단(www.jikim.net)

인식이 무감각하고, 일상화되어 죄책감을 느끼기 어렵다. 셋째, 목격 학생 역시 학교폭력에 적절하게 대처하지 못하고 있다. 최근 몇 년간 연도별 학교폭력 심각성 인식도를 보면 〈표 13-11〉과 같다.

표 13-11 연도별 학교폭력 심각성 인식도

연도	심각성 인식도(%)
2008	28.6
2009	32.8
2010	38.1
2011	41.7

출처: 청소년폭력예방재단(www.jikim.net)

② 학교폭력의 유형

학교폭력의 주요한 유형은 금품갈취, 폭력, 괴롭힘, 따돌림, 성폭력 등이 있다(법무부, 2012c: 230-231) 학교폭력의 피해 유형별 발생빈도를 살펴보면, 단순히 구타를 당한 것이 40.2%로 가장 많았으며, 욕설이나 모욕이 22.8%, 금품갈취가 14.0%, 집단따돌림이 9.4%, 협박이나 위협이 9.2%의 발생비율을 보이고 있다(청소년폭력예방재단 홈페이지 www.jikim.net).

- **금품갈취**: 금품갈취란 법적으로 "사람을 공갈하여 재물의 교부를 받거나 재산상의 불법한 이익을 취득하거나 타인으로 하여금 이를 얻게 함으로써 성립하는 범죄"라고 규정하고 있다. 금품갈취는 소위 폭행이나 협박을 동반하는 경우가 많기 때문에 강도와 유사한 성격을 지니고 있어 폭력범죄의 주요한 형태로 간주할 수 있다. 금품갈취는 약한 자를 위협하여 가진 것을 빼앗는 행위로서 혼자서 할 수도 있고 여럿이 어울려서 할 수도 있다. 이러한 행동은 게임, 오락, 사교, 유흥 등에 사용되는 비용을 쉽게 획득하고자 하는 경제적 이유에서 발생하기도 하지만, 상대방을 결핍시키고 자신을 보충시켜 심리적으로 대등하거나 우월한 관계를 만들어 보려는 욕구에서 비롯되기도 한다. 지적인 면에서나 경제적인 면에서나 열등의식을 갖는 청소년이 자기보다 나은 사람을 신체적인 힘으로 짓누름으로써 가진 것을 빼앗고 여기에서 일종의 쾌감과 만족감을 누리려는 부적응적 행위로 볼 수 있다.
- **폭력**: 신체적 · 물리적 폭력은 '폭행'에 해당하며, 언어적 · 심리적 폭력은 신체에

직접적인 유형력을 행사하는 것이 아니라 정서나 감정 등 정신적으로 부정적인 반응을 불러일으키는 언어나 상징의 사용에 중점을 두고 있다. 심리적 폭력은 겉으로는 언어를 사용하지만, 그 뒤에는 물리적인 힘이 뒷받침됨으로써 타인에게 피해를 주는 공갈, 협박 행위가 있다. 학교에서 다른 학우의 소유물을 빼앗기 위해서나 시험의 부정행위를 위해서나 교우관계 또는 불량하고 음성적인 서클의 가입을 강요하는 것 등에 이러한 폭행, 공갈, 협박행위가 많이 사용된다.

- **괴롭힘**: 괴롭힘은 언어적 폭력이나 신체적 폭력과는 구분된다. 물론 욕설이나 신체적인 폭력 등도 괴롭힘의 한 형태이기는 하지만, 특별히 심리적 억압이나 강제로 노무를 제공하게 하려는 특정 유형을 지칭하는 용어다. 이러한 현상은 집단 역할에서 구성원이 자신의 심리적 안정과 일정한 영향력을 확보하고 자신의 죄의식을 합리화 내지 타인에게 투사시키기 위해 집단방어의 한 형태로 희생양을 삼는 경우 흔히 나타나는 현상이다. 괴롭힘은 학교 내에서 주로 나타나는 폭력행위로 같은 반 학생에 의해 자행되다 보니 지속성을 갖게 되기 쉽고, 이렇다 할 구체적인 목적도 없이 오직 약자를 괴롭히는 재미 때문에 일어나는 현상이기에 그 가학성이 더욱 잔혹하다.

- **따돌림**: 학교에서 벌어지는 폭력의 유형 가운데 가장 많은 형태 중의 하나가 따돌림이다. 학교생활에서 집단으로 괴롭히는 '왕따'는 신체적인 폭력 못지않게 정신적으로도 매우 심각한 폭력 중의 하나이며, 청소년 사이에 가장 빈번하게 일어나는 사건이다. 따돌림은 다른 폭력과 달리 거의 집단으로 한 명에게 일어나는 폭력으로 그 피해가 심각하며, 집단적으로 한 사람을 희생양으로 만드는 일이다.

- **성폭력**: 성폭력은 강간뿐 아니라 성추행과 언어적인 희롱, 성기 노출 등 상대방의 의사에 반하여 가하는 성적 행위로 모든 신체적·언어적·정신적 폭력을 포괄하는 개념이다. 여기서 "상대방의 의사에 반한다."라 함은 원하지 않거나 거부하는 행위를 상대방에게 계속 강요한다는 의미로 상대방이 말이나 몸짓 등으로 거부표시를 분명히 하는데도 상대방의 의사를 무시하고 강제적인 성적 행동을 하는 것이 성폭력이다. 인터넷이 빠른 속도로 발달하고, 음란물들이 무분별하게 난무하면서 가치관이 완전히 정립되지 않은 채 사춘기의 혼란을 겪고 있는 청소년이 이러한 문화에 노출되어 성폭력을 저지를 가능성이 높아진다.

③ 학교폭력의 최근 동향

학교폭력은 최근 다음과 같은 경향을 보이고 있다(법무부, 2012c: 233-235).

- 학교폭력의 최초발생 연령이 연소화되고 있다. 학교폭력 피해학생 중 53.6%가 초등학교 때 최초로 학교폭력 피해를 경험했으며, 학교폭력 가해학생 중 58.0%가 초등학교 때 최초로 학교폭력 가해를 하는 등 학교폭력 경험 연령이 점점 낮아지고 있다(청소년폭력예방재단, 2011).

- 중학생의 학교폭력 발생 비율이 급증하고 있다. 학교폭력대책자치위원회 총 심의 건수 중 중학교가 차지하는 비율이 전체 심의건수의 69%에 달한다. 국민신문고에 신고된 학교폭력 관련 민원도 중학생의 증가율이 초등학생의 7배, 고등학생의 2배 수준이다(법무부, 2012c: 234).

- 가해자와 피해자 구분이 불분명하다. 학교폭력 피해 경험이 있는 학생이 다시 학교폭력을 당하지 않기 위해 다른 학생에게 학교폭력을 행사하는 피해와 가해의 악순환이 발생하고 있다. 2011년 조사에서는 피해와 가해를 모두 경험한 학생의 비율이 10.3%로 나타났으며(청소년폭력예방재단, 2011), 같은 기관의 2012년 조사에서는 그 비율이 8.6%였다(청소년폭력예방재단, 2012).

- 정신적 폭력이 증가하고 있고 폭력의 지속성이 확대되고 있다. 과거의 학교폭력이 단순한 신체적 폭력 중심이었던 것에 비해 최근 들어 강제적 심부름 46%, 사이버 폭력 34.9%, 성적 모독 20.7% 등 언어적·정신적 폭력이 증가하였다. 특히, 언어적·정신적 폭력은 휴대전화 문자 등 SNS 등을 통해 손쉽게 반복적으로 이루어지고 있다. 처음 피해를 준 학생이 보복폭행을 하거나(44.0%), 처음 피해를 준 학생이 친한 주위 학생과 함께 폭력행사를 하는 비율(33.4%)도 늘어나고 있다(법무부, 2012c: 234).

- 폭력서클 등 학교폭력의 집단화 경향이 나타나고 있다. 학교폭력 피해학생 중 67.9%가 2명 이상의 가해자에게 학교폭력을 당하고, 가해학생의 수가 '6명 이상' 인 경우도 15.9%에 이르렀다(청소년폭력예방재단, 2012). 학생이 학교폭력 피해를 입지 않기 위해 일진 등 조직에 가입하고, 학교별 일진이 정보를 공유해서 피해자를 지속적으로 괴롭히는 문제가 발생하고 있다.

2010~2011년 학교폭력 가해자 수를 보면 〈표 13-12〉와 같다.

표 13-12 학교폭력 가해자 수

항목	2010년		2011년	
	빈도 (명)	비율 (%)	빈도 (명)	비율 (%)
1명	141	33.8	512	32.1
2~5명	208	49.9	828	52.0
6명 이상	68	16.3	253	15.9
전체	417	100.0	1,593	100.0

출처: 청소년폭력예방재단(www.jikim.net)

학교폭력집단: 일진

1) 일진의 정의 및 역사(교육과학기술부, 2012)

학교에서 싸움을 잘하는 학생들로 구성된 폭력집단을 일컫는데, 1980년대까지는 학교 폭력조직을 흔히 '서클'이라고 불렀지만 1990년 들어 학생들 사이에서 '일진'이란 용어가 유행하기 시작하였다. 일본 고등학생들 사이에서 유행한 폭력용어가 만화책 등을 통해 국내에 전파된 것으로 추정된다.

일진회는 1997년에 경찰의 발표와 언론보도에 의해서 '학교폭력의 대명사'로 알려졌다. 1998년 9월부터 2001년 7월 31일까지 경찰이 적발·단속한 청소년 폭력조직은 모두 1,491개 중 27.5%인 414개가 일진회였다. 2001년부터 일진회 성원들은 자신들을 더 이상 '일진'이라고 하지 않고 자신들을 '노는 애'라고 칭하기 시작하였다.

2) 일진의 특성(이동진, 2003)

금품을 갈취하기 위한 시스템(상납구조)을 갖추고 있다. 대개 3학년인 일진이 2학년인 이진에게 모금을 지시하고 2진들은 3진(1학년)에게 지시하여 급우를 괴롭혀 금전을 갈취한 후 상납하는 구조를 가지고 있다. 3학년이 2학년을 건너뛰어 1학년을 갈취하는 것은 철저히 금기시되어 있다. 1995년 학교폭력근절을 위한 종합대책 시행 후 갈취가 음성화되어 생일선물, 일진의 여자 친구와의 기념일 선물, 의류의 강매 등으로 변형되어 이루어졌으며, 실제로 현금이 갈취되는 경우는 거의 없어졌다. 일진의 모임활동에는 폭력만이 목적이 아니고, 놀이(유흥)도 중요한 목적이 되었다. 모임 내부에 역할분담이 이루어져 실제 모임을 리드하는 자(대개 체격은 보통인데 독기가 있어 두려움을 삼), 외부에 폭력성을 과시하기 위한 자(머리는 아둔하나 대개 거구이며 완력이 셈), 놀이의 주선을 담당하는 자(대개 얼굴이 잘생겼고 말을 잘함)로 기능이 암묵적으로 분화되어 있다. 집단끼리 연합하여 다른 놀이집단과 알력이 있을 때에는 인맥을 활용하여 서로 돕거나 조정한다.

1980년대 불량서클과 가장 차이가 나는 부분으로, 학원폭력이 한 단계 성숙하여 정치화되었다는 것을 의미한다. 따라서 개인의 실제 싸움 실력은 그다지 중요하지 않게 되었고, 싸움을 잘한다고 '소문난' 다른 지역 다른 학교의 비행청소년과 술자리를 같이하여 친분을 쌓은 후 이러한 사진들을 자신들의 인터넷 카페에 게시하여 서로가 '빽'(인맥)임을 과시한다. 나이로 선후배를 구별하여 엄격한 위계질서하에 행동한다. 이들에게는 엄격한 연령규범이 있으며, 이를 무시하면 보복이 따르기에 저항할 수 없다.

한편 '일진'이라는 말은 금기시하고 철저하게 자신들이 일진임을 부정하며 후배들에게도 일진이라는 말을 쓰지 말 것을 교육시킨다. 각종 단속의 결과로 현재는 일진이라는 이름은 '노는 애'라는 명칭으로 변화하였으며, 현재 일진회라는 이름으로 조직된 학생 놀이 집단은 전국에 존재하지 않는다.

3) 일진의 실태(교육과학기술부, 2012)

2012년 일진에 관한 실태조사에 따르면, 전국 9,579개교의 32만 3000여 명이 학교에 일진이 있다고 대답하였다. 일진이 있다고 응답한 학생들 중에는 초등학생 4~6학년이 23.7%, 중학생이 33%, 고등학생이 11.6%이었다.

2) 학교폭력에 대한 개입

(1) 학교폭력 가해자에 대한 이해

학교폭력서클에 가입하는 것은 주로 친구나 선배의 권유나 강요에 의한 경우가 많다 (이덕인, 2006). 학교폭력서클 가입학생은 친한 친구들과 서로 의리 있게 지낼 수 있고 도와줄 수 있어서, 또는 먼저 가입한 선배나 친구의 모습을 보고 부러운 마음이 들어서 자연스럽게 가입한다(이동진, 2003). 집단에 소속되면 조직에서 필요로 하는 자가 되면서 실력과 연고가 생기고 보호받게 된다(이덕인, 2006). 그 밖에 재정적인 기회로 또는 단순히 같이 놀다가 우연히 어울리게 되어서 가입하기도 한다(이덕인, 2006).

한편 학교폭력의 가해학생과 가해학생의 부모는 내가 혹은 내 자녀가 폭력을 행했음에도 불구하고 대부분 폭력 자체를 부인하거나 최소화하려는 경향이 있다(김미연, 2010). 신체적 폭행이 아닌 정서적 폭력의 경우에 특히 그 자체가 폭력임을 인식하지 못하고 장난으로 취급하며, 가해학생이 집단일 경우에는 집단행동에 대해 합리화하며 개인의 행위에 대해서 책임감을 약화시킨다. 이들은 사회경제적으로 열악한 환경, 부모의 양육 태도의 문제, 부모 애정 표현 방법의 문제, 가정에 대한 불만, 자신에 대한 부정적 사고, 낮은 가치규범, 높은 충동성, 공격성, 동정심 부족, 질투심, 가정폭력에의 노출 등의 개인적 배경을 가지고 있는 경우가 많다(김미연, 2010). 학교폭력 가해학생들은 자신의 욕구 불만을 감정적·공격적으로 표현하고, 타인의 입장에 대해 무관심하며 동정심이 없고, 약물남용 및 흡연·가족 부적응·또래 부적응·의사소통 및 자기표현 부족 등의 특성을 보이기도 한다.

학교폭력 가해 이유에 대하여 가해학생을 대상으로 한 조사(청소년폭력예방재단, 2012)에 따르면, 이유가 단순한 '장난'이었다는 응답비율(34.3%)이 가장 많았고, 다음으로 '상대 학생이 잘못해서'(19.8%), '이유 없음'(17.7%)도 높은 응답비율을 보였다.

학교폭력 관련 용어

- 일짱: 일진 중 싸움을 가장 잘하는 사람. 밑의 일진을 심부름시키고 부하처럼 부리고 인간알람 역할을 시키는 등을 함
- 엄친아 일진: 겉보기에는 열심히 공부하며 성적이 좋을 뿐만 아니라 외모도 단정하며 예의 바르기 때문에 엄친아로 평가받으며, 교사와 부모의 눈에 띄지 않는 곳에서 친구들을 폭행하고 괴롭히는 학생, 다른 학생들을 배후 조종함
- 깡패형 일진: 성적이 나쁘고, 머리를 염색하고 복장이 불량하고, 치고받고 싸우는 유형
- 인맥: 일진형 학교 폭력배들 사이에서 자신이 맞거나 무시당하면 도와주러 와 줄 수 있는 싸움 잘하는 선배나 동갑을 통칭하며, 조직폭력의 일종인 일진형 학교폭력조직의 특성상 본인의 싸움 실력보다 인맥이 더 중요시됨
- 노는 애들: 일진의 다른 표현
- 양아치: 놀 줄 모르고 금전갈취에만 집착하는 품격 떨어지는 일진
- ○○빵
  • 일진들이 다른 학생을 심리적으로 괴롭히는 것을 '감정빵'
  • 담배로 몸에 상처를 내는 것을 '담배빵'
  • 칼로 몸에 상처를 내서 글자나 상징을 새기는 것은 '칼빵'
- 일락: '일일 락카페'의 줄임말로 카페를 통째로 빌려 함께 술을 마시며 춤을 추는 행위를 말함. '일락'에서 '섹스머신'이란 것을 벌이기도 함('일락'에서 일진들이 서로 보는 앞에서 자위행위 등 간접 성행위를 하는 것)

- 찌질이: 일진이 아니지만 일진 행세를 하는 학생을 일컫는 말
- 양(養): 일진 선후배 사이에 맺는 관계('의(義)' '빽' 등과 유사)
- 빽전: 다른 일진이 양동생을 괴롭히는 경우 양언니·양오빠·빽 등이 대신 싸워 주거나
  보복하는 행동
- 다굴: 여러 명이 한 학생을 다 같이 괴롭힌다는 뜻('밟는다'와 유사어)
- 원정온다: 한 지역에서 다른 지역으로 찾아가 싸움을 벌이는 것

출처: 교육과학기술부(2012).

(2) 학교폭력 클라이언트에 대한 개입

심각한 사회문제로 대두되고 있는 학교폭력문제에 효과적으로 대처하기 위한 전담기구의 설치, 정기적인 학교폭력예방교육의 실시, 학교폭력피해자의 보호와 가해자에 대한 선도·교육 등 학교폭력의 예방 및 대책을 위한 제도적 틀을 마련하기 위해 2004년 1월 29일 「학교폭력예방 및 대책에 관한 법률」이 제정되었으며, 2004년 7월 29일부터 시행되었다.[18]

같은 법에서 규정한 학교폭력 가해학생에 대한 조치는, ① 피해학생에 대한 서면사과, ② 피해학생 및 신고·고발 학생에 대한 접촉, 협박 및 보복행위의 금지, ③ 학교에서의 봉사, ④ 사회봉사, ⑤ 학내외 전문가에 의한 특별 교육이수 또는 심리치료, ⑥ 출석정지, ⑦ 학급교체, ⑧ 전학, ⑨ 퇴학처분 등이다(같은 법 제17조).

교정사회복지사는 학교폭력 가해학생을 클라이언트로 대할 때 다음과 같은 사항을 유의할 필요가 있다. 먼저 클라이언트가 폭력 가해상황에 대한 자기불만 및 감정을 충분히 털어놓을 수 있는 기회를 줄 필요가 있다. 억압하지 않고 자연스럽게 표현할 수 있는 자유로운 상황에서 가해학생은 자신이 존중받고 있다는 느낌과 함께 솔직히 자기를 개방

---

18) 이 법령의 특징은 오로지 학교 안팎에서 발생하는 학생 간의 폭력에 국한하여 적용하고 있으며, 특별법이 아닌 일반법이기 때문에 다른 법령에 폭력과 관련된 규정이 있을 경우 그 법을 준용하여야 한다. 학교폭력으로 발생한 분쟁에 대한 조정의 결과는 화해의 효력이 없다. 이는 학생 간의 분쟁은 고소·고발 또는 민사소송을 제기하기 전에 교육공동체가 교육적으로 해결해 보자는 데 그 근본 취지가 있기 때문이다. 주요내용으로는 교육과학기술부 산하에 '학교폭력대책기획위원회'를 두고, 학교마다 '학교폭력대책자치위원회'를 설치하게 하였다. 자치위원회는 피해학생의 보호와 가해학생의 선도·교육을 위하여 필요하다고 인정하는 때에 법률이 정하는 조치를 취하도록 교장에게 명할 수 있다. 학교폭력과 관련하여 분쟁이 있는 경우에는 자치위원회가 이를 조정할 수 있다. 또한 학교에 전문상담교사와 책임교사를 두고 예방교육을 실시하도록 하고 있으며, 학교폭력 신고의무를 규정하였다(법무부, 2012c).

할 수 있게 되기 때문이다. 이들이 폭력이라는 방법을 선택하게 된 심리내적 · 외적 요인들을 면밀히 탐색하고, 가해학생이 가지고 있는 인식 부분에 대해 우선 이해해 주는 공감이 필요하다. 교정사회복지사는 훈계나 행위에 대한 평가는 가해학생에게 오히려 역효과를 줄 수 있다는 점을 유의할 필요가 있다. 한편 학교폭력의 예방과 가해자에 대한 개입을 효과적으로 수행하기 위해서는 다양한 폭력예방관련 기관 및 단체(〈부록 20〉 참조) 등 사회자원의 연계 · 활용이 필요하다.

📖 참고문헌

곽문수(2005). 상습운전자 실태 및 대책에 관한 연구. 도로교통안전관리공단 교통안전교육논문.

교육과학기술부(2012). 제1차 학교폭력 실태조사. 동향/연구보고서.

김미연(2010). 학교폭력 가해학생의 집단결속력 형성 과정에 관한 연구. 인제대학교 박사학위논문.

김용우 · 최재천(2006). 형사정책. 서울: 박영사.

노일석(2011). 소년 성폭력의 인지행동치료 효과성 평가. 보호관찰, 11(1), p. 56.

대검찰청(2011). 2010년 마약류범죄백서.

박형민, 황정민, 탁종연(2010). 폭력범죄의 유형과 특성에 관한 연구. 한국형사정책연구원.

법무부(2006). 성폭력범죄자 재범방지 대책마련을 위한 세미나 자료집. 법무부 보호국 보호과.

_____(2009). 열정과 희망의 발자취: 한국보호관찰 20년사. 보호관찰제도 20년 기념자료집.

_____(2012a). 성범죄자 치료 수강명령프로그램 매뉴얼. 법무부 범죄예방정책국.

_____(2012b). 마약류 사범 지도감독 매뉴얼. 법무부 범죄예방정책국.

_____(2012c). 폭력사범 보호관찰 지도감독프로그램. 법무부 범죄예방정책국.

_____(2012d). 2011년 보호관찰통계연보. 법무부 범죄예방정책국.

법무연수원(2011). 2010년 범죄백서. 용인: 법무연수원.

배임호 · 박경일 · 이태언 · 신석환 · 전영록(2010). 교정복지론. 서울: 양서원.

여의도연구소(2005). 성범죄자 전자위치확인제도 도입방안. ·여의도연구소 이슈 브리프.

이덕인(2006). 조직폭력범죄에 관한 연구. 동아대학교 박사학위 논문.

이동진(2003). 청소년 폭력집단에 관한 연구. 한국형사정책연구원 동향/연구보고서.

이석재(1999). 강간통념 척도의 개발과 타당도 검증. 한국심리학회지: 사회 및 성격, 13(2), 131-149.

청소년폭력예방재단(2011). 2011년 전국 학교폭력 실태조사. 동향/연구보고서.

_____(2012). 2010년 전국 학교폭력 실태조사. 동향/연구보고서.

최옥채(2010). 교정복지론. 서울: 학지사.

홍봉선(2007). 교정복지론. 서울: 공동체.

한국마약퇴치운동본부(2009). 후회와 눈물 그대로 희망이 III. (마약류 의존 체험수기집). 한국마약
퇴치운동본부.

Abel, G. G., Mittleman, M., & Becker, J. V. (1984). Sex Offenders: Results of Assessment and Recommendations for Treatment. In H. H. Ben-Arcn, S. I. Hucker, & C. D. Webster (Eds.), *Clinical criminology: Current concepts* (pp. 191-205). Toronto: M. M. Graphics.

Andrews, D. A., Zinger, I., Hoge, R. D., Bonta, J., Gendreau, P., & Cullen, F. T. (1990). Does correctional treatment work? A clinically relevant and psychologically informed meta-analysis. *Criminology, 28*, 369-404.

Aos, S., Phipps, P., Barnoski, R., & Lieb, R. (2001). *The comparative costs and benefits of programs to reduce crime.* Washington State Institute for Public Policy.

Krug, E. G., Dahlberg, L. L., Mercy, J. A., Zwi, A. B., & Lozano, R. (2002). *World report on violence and health.* World Health Organization.

McCathy, B. R. (2001). *Community-based corrections* (4th ed.). Belmont, CA: Wadsworth/ Thompson Learning.

Murphy, C. M., & Baxter, V. A. (1997). Motivating batterers to change in the treatment context. *Journal of Interpersonal Violence, 12*, 607-619. NJ: Prentice Hall.

Pithers,W. D., Marques, J. K., Gibat, C. C., & Marlatt, G. A. (1983). Relapse prevention with sexual aggressiveness: A self-control model of treatment and maintenance of change. In J. G. Greer & I. R. Stuart (Eds.), *The sexual aggressor* (pp. 214-239). New York: Van Nostrand Reinhold.

Tolman, R., & Bennett, L. (1990). A review of quantitative research on men who batter. *Journal of Interpersonal Violence, 5*, 87-118.

Walsh, A. (1997). *Correctional assessment, casework & counseling* (2nd ed.). Lanham, MD: American Correctional Association.

日本法務省(2003). 類型別處遇マニュアル－保護觀察官版. 東京: 日本法務省 保護局.

기타 자료
뉴시스(2012. 6. 2.) '술이 강력범죄 부른다' … 경찰, 주폭척결 수사력 집중.
청소년폭력예방재단 www.jikim.net

제5부

교정복지의 동향과 발전과제

제14장 교정복지의 최근 동향

제15장 교정복지의 발전과제: '사법복지' 로의 전환

제14장

교정복지의 최근 동향

이 장에서는 교정복지와 관련하여 외국과 우리나라에서 최근에 나타나고 있는 동향에 대하여 살펴본다. 최근 20년간 회복적 사법은 형사사법제도의 새로운 패러다임으로 그 입지를 공고히 구축하여 왔다. 특히 회복적 사법이 지향하는 바는 사회복지실천의 기본 가치와 방법에도 부합하기 때문에 사회복지적 측면에서 회복적 사법에 대한 논의도 활발히 전개되어 왔다.

회복적 사법에 대한 논의는 필연적으로 형사사법제도에 있어서 범죄피해자의 위상과 관련된다. 따라서 범죄피해자의 지원문제와 회복적 사법제도는 불가분의 관계에 있다고 할 수 있다. 그러나 여기서는 피해자의 지원문제가 단순히 회복적 사법의 실천을 넘어서 형사정책 및 교정복지실천과 관련하여 중요한 의의를 가지는 문제이기 때문에 별도로 논의하여 보다 구체적으로 살펴보도록 한다.[1]

한편, 형사사법체계 내에서 민영화에 대한 논의는 외국의 형사사법제도 개혁 분야에

[1] 범죄피해자에 대한 문제는 엄격한 의미의 교정복지의 범위에 포함시키지 않는 것이 타당하다는 것은 앞서 기술한 바와 같다. 다만, 범죄피해자의 문제가 범죄인의 교정처우와 관련하여 의미가 있는 경우에 한하여 교정복지의 범위에 포함시킬 수 있다는 점도 이미 언급하였다. 예를 들면, 미국에서는 보호관찰프로그램의 일환으로 '피해자·가해자 중재프로그램'(Victim Offender Mediation Program: VOMP)을 운영 중에 있다(제1장 참조). 따라서 여기서도 이러한 개념적 경계선에 유의하여 교정복지실천과의 관련성을 중심으로 살펴보도록 한다.

서 오래된 주제다. 우리나라에서는 최근에 민영교도소가 설립됨으로써 이 분야의 민영화를 막 시작하는 단계에 있다. 민영교도소 도입 및 운영은 범죄인처우 문제에서 과거 국가주도의 공권적 접근방식 일변도에서 벗어나기 위한 것이다. 이와 같은 형사사법제도의 민영화는 민관의 협력을 통하여 교정행정의 새로운 길을 모색한다는 점에서 역시 교정복지의 주요한 이슈 중 하나다.

1. 회복적 사법과 교정복지

1) 회복적 사법의 의의

(1) 회복적 사법의 개념

① 회복적 사법의 정의

회복적 사법(restorative justice)은 범죄에 대한 새로운 사고방식의 틀로서 주목받고 있다(伊藤富士江, 2010). 일본에서는 'Restorative Justice'를 주로 '수복적 사법'(修復的 司法)으로 번역하고 있다. 형벌법령의 위반으로서의 범죄에 대응하는 것으로 한정하여 사용하지 않고 학교에서의 '왕따' 문제, 나아가 국가 간 분쟁이나 인종문제까지도 그 범위가 확대될 경우 '회복적(수복적) 정의'로 번역할 수 있다(平山眞理, 2010). 회복적 사법은 원래 범죄에 의하여 발생한 욕구(needs)와 역할을 재검토하는 과정에서 시작되었다(伊藤富士江, 2010). 즉, 회복적 사법은 종래의 전통적 형사사법제도와 달리 회복적 관점에서 피해자나 가해자 그리고 범죄현상을 바라보는 것이다. 따라서 회복적 사법은 범죄나 피해 그리고 각각에 대응하는 지역사회의 '사고방식'을 지칭하는 말이다.

② 기존 형사사법제도와의 차이

지금까지의 형사사법제도에서 던져진 질문은 '어떤 법률위반을 했는가?' '비난받아야 하는 것은 누구인가?' '그들에게 어느 정도의 응보를 가해야 하는가?' 등이었다. 그러나 회복적 사법에 따르면, '누가 상처를 받았는가?' '피해자와 가해자의 욕구는 무엇인가?' '그러한 욕구를 충족시킬 의무는 누구에게 있는가?' 등이다(平山眞理, 2010). 다시 말해, 종래의 형사사법제도에서는 과거의 행위에 대한 책임비난과 응보를 중시하였다고 한다면, 이에 비하여 회복적 사법은 범죄의 사후문제의 해결을 위하여 누가 누군가에 대하여 무엇을 할 것인가에 초점을 두는 미래지향적 접근이다.

이에 따라 '국가 대 가해자'라는 형사사법체계의 전통적인 도식에서 벗어나 범죄에 의하여 직접 영향을 받는 피해자, 지역사회의 구성원이 회복적 사법의 과정에 참여하는 것을 중시한다(伊藤富士江, 2010). 지역사회는 범죄의 간접적 피해자이기 때문에 범죄로 인한 욕구가 발생한다. 또한 피해자의 회복이나 가해자의 재활 면에서 일정한 역할을 하기 위하여 지역사회에 대해서도 범죄의 사후 문제해결에 능동적 참여를 요구하고 있다.

이러한 전통적 형사사법 회복적 사법을 비교해 보면 〈표 14-1〉과 같다.

표 14-1 전통적 형사사법과 회복적 사법의 비교

	응보적 사법 (retributive justice)	사회복귀적 사법 (rehabilitative justice)	회복적 사법 (restorative justice)
초점	범죄(offence)	범죄인(offender)	관계(relationship)
반응	처벌(punishment)	처우(treatment)	보상(reparation)
목표	억제(deterrence)	순응(conformism)	회복(restoration)
피해자의 입장	이차적(secondary)	이차적(secondary)	중심적(central)
사회적인 맥락	권위주의적(authoritarian)	복지적(welfare)	민주적(democratic)
범죄인의 반응	분노(anger)	의존(dependency)	책임(responsibility)

출처: Wernham (2005), p. 125.

(2) 회복적 사법과 법적 욕구

① 피해자와 관련된 욕구

회복적 사법에 의하여 충족되는 법적 욕구는 다음과 같이 정리할 수 있다(Zehr, 2002). 우선 피해자의 욕구와 관련해서는 다음의 네 가지가 있다.

• 정보: 가해자에 대하여 직간접적으로 얻을 수 있는 확실한 정보를 구한다.

- 진실을 말하는 것: 피해체험에 대하여 말할 기회를 얻는 것은 피해자가 치유를 얻고 피해체험을 넘어서는 데 중요한 요소다. 특히 해악을 일으킨 상대방에 대하여 그 영향을 이해시키기 위하여 말하는 것이 중요하다.
- 임파워먼트: 회복적 사법절차에 직접 관여하는 것은 범죄에 의하여 빼앗긴 통제감을 되찾고 임파워먼트되는 중요한 방법이 된다.
- 피해변상 또는 피해자의 정당화: 가해자에 의한 피해변상은 실제의 손실뿐 아니라 변상이 나타내는 상징적인 의미에서도 중요하다. 변상은 보다 근원적으로 피해자에게 흠이 없다는 것을 보여 주는 정당화의 욕구를 충족시키는 데 의미가 있다.

② **가해자 및 지역사회와 관련된 욕구**
회복적 사법에 의하여 충족되는 가해자의 욕구와 역할은 다음과 같다(Zehr, 2002).

- 책임을 지는 것: 이 책임에 대한 욕구는 종래의 형사사법에서 볼 수 있었던 것과 같이 처벌을 받는 것이 아니라 자신이 저지른 일에 대하여 확실히 마주하여 스스로 행위가 끼친 충격을 이해하고 그것을 바로잡는 것이 강조되고 있다. 이를 위하여 일시적 구속이 필요한 경우가 있다.
- 변화: 가해자에게는 사람으로서 변화하기 위한 경험을 하고 이러한 변화를 촉진하고자 하는 욕구가 있다.
- 지역사회에의 통합: 가해자는 지역사회의 정상적인 일원으로 통합되고자 하는 욕구가 있다.

또한 지역사회도 범죄에 의하여 영향을 받으며, 지역사회의 구성원에는 범죄로부터 발생하는 욕구와 역할이 있다(Zehr, 2002). 이러한 욕구와 역할은 광범위한 것으로서, 지역사회 구성원 자신들도 (잠재적) 피해자로서 유의할 것, 지역사회의 의식과 상호책임을 구축할 기회를 가질 것, 피해자 및 가해자를 포함한 지역사회 구성원의 복지를 위한 책임을 떠안을 것, 건전한 지역사회를 만들어 나가기 위하여 노력할 것 등이 있다. 한편 해외 여러 나라의 회복적 사법은 많은 민간단체 등에 의한 '풀뿌리' 활동에서 확대되어 온 측면이 크다. 더구나 회복적 사법의 운영에 참여하는 시민에 대하여 어떤 식으로 계몽활동을 전개해 나갈 것인지가 이 제도의 성패에 중요한 열쇠다(平山眞理, 2010).

2) 회복적 사법의 실천

(1) 회복적 사법의 운영 형태

영미에서 회복적 사법은 주로 소년, 성인에 대하여 사법절차의 각 단계에서 다이버전의 형태로서 도입되거나 법원의 판결로서 프로그램의 이행을 명령(보호관찰)하는 형태로 운영되고 있다(平山眞理, 2010).

한편, 뉴질랜드에서는 1989년 「아동·청소년 및 그 가족법」에 의해 이 법의 적용을 받는 사망사고 이외의 모든 사례가 회복적 사법에 입각한 접근방법에 의해 처리되고 있다. 회복적 사법 프로그램에 의하여 원만한 해결이 어려운 경우에는 소년심판절차에 의하여 법적으로 처리되고 있다. 회복적 사법에 관하여 규정하는 법률이 존재하는 것, 그리고 그에 입각한 제도가 주된 형사정책으로 운영된다는 점에서 뉴질랜드는 다른 나라와 차원을 달리하고 있다.

(2) 회복적 사법 프로그램의 유형

미국을 시작으로 세계 80개국에서 다양한 형태의 회복적 사법의 프로그램을 실시하고 있다(細井洋子也, 2006). 어떤 프로그램이건 간에 일반적으로 대화를 진행하는 중재자(facilitator 또는 mediator)에 의한 당사자 대면까지의 긴밀한 준비와 대화 중간에 중립적이고 공평한 개입이 중시된다(平山眞理, 2010).

① 피해자·가해자 중재 프로그램

회복적 사법의 프로그램으로 가장 알려진 것 중의 하나는 피해자와 가해자 간의 대화를 중심으로 한, '피해자·가해자 중재제도'(Victim Offender Mediation: VOM) 또는 '피해자·가해자 화해 프로그램'(Victim Offender Reconciliation Program: VORP)이다. 이러한 프로그램은 영미를 중심으로 채택되어 운영되고 있다.

② 이해관계인 회합 프로그램

'가족집단회의'(Family Group Conference: FGC)는 피해자와 그 가족, 가해자와 그 가족, 지역사회의 대표자 등 피해자나 가해자를 도와주는 많은 사람들이 한곳에서 만나 서로 이야기를 나누는 것이다. 주로 오스트레일리아와 뉴질랜드에서 운영되고 있다. 캐나다에는 '서클'(Circle)이라 불리는 유사한 프로그램이 있다. 이는 사건에 이해관계를 가진 사람들이 원탁에 모여 앉아 모든 참가자가 평등한 발언권을 가진 채 사건의 사후 문제해결에 대하여 이야기를 나누는 것이다. 이와 같은 이해관계인의 회합 프로그램은 각 나라에서 선주민들이 전통적으로 채택하였던 문제해결 방법에서 기원한다.

③ 원상회복(배상)

원상회복, 또는 배상(reparations)제도는 회복적 사법(restorative justice) 개념에 근거한 것이다. 회복적 사법은 초기에는 영미 국가에서 주로 소년사법에서 제도화되었는데, 영국의 경우 피해배상명령(reparation order)의 형식으로 소년범에게 부과되었다(손외철, 2011). 원래 고대 부족국가시대의 변상 또는 속죄금 전통에 뿌리를 두고 있다. 그러나 그 현대적 기원은 1970년대와 1980년대 미국의 소위 '피해자권리운동'(victim's rights movement)과 합의(mediation) 또는 분쟁조정(dispute resolution)과 관련된 프로그램들을 운영한 경험에서 찾을 수 있다(이형재, 2012). 우리나라의 경우에도 「소송촉진 등에 관한 법률」에 의거하여 형사배상명령제도가 도입되긴 하였으나, 피해자가 배상청구를 하는 경우에만 배상을 받을 가능성이 있을 뿐 아니라 배상액도 소액에 불과한 점 등 법 규정이 미비한 점이 많다는 비판이 있다(이형재, 2012).

(3) 회복적 사법과 교정복지실천

① 회복적 사법과 교정철학

교정사회복지사는 교정현장에서 일하기 때문에 사회복지실천의 가치와 윤리는 물론, 자신이 인식하든 못하든 간에 형사정책의 전반적 사조와 교정철학에의 영향을 받는다. 예를 들면, 보호관찰 분야에서 1997년 성인 형사범 확대 적용 시기를 전후하여 구인·유치 등 제재조치를 강조한 정책방향의 변화는 교육자적·상담가적 역할에서 경찰유사적 법집행관의 역할로 보호관찰관의 업무 방식에 큰 변화를 가져왔다(이형섭, 2012).

이렇게 범죄인에 대한 교정철학은 전통적으로 응보주의에 입각한 정의모델과 범죄인의 사회복귀를 강조한 처우모델 또는 의료모델로 크게 대별되어 왔다. 그러나 최근 회복적 사법모델에 입각하여 균형적 접근을 강조하는 새로운 교정철학이 등장하고 있다. 교정처우 분야에서 최초의 회복적 사법모델은 소년보호관찰의 새로운 접근방법으로 출발하였다. 그러나 1994년 세인트루이스 교정회의(Congress of Correction)에서 미국교정협회의 공식적 정책으로 인정되면서 전체 교정처우를 이끄는 지도이념으로 자리 잡게 되었다(Walsh, 1997).

② 회복적 사법과 균형적 접근

전통적 관점이 범죄인 개인에게 초점을 두던 것에서 피해자와 사회에 대한 관심을 포함하게 되었다. 또한 범죄의 문제를 추상적 사회 또는 국가에 대한 해악에서 개인에 대한 해악으로 자각하면서 범죄 이전 상태로의 회복(restoring)의 중요성이 부각되었다.

이러한 회복적 사법 이념에 입각할 때 구체적으로 범죄인에 대한 교정정책은 다음과 같은 세 가지 중요한 목적에 동등한 가치를 두는 균형적 접근(balanced approach)이 강조된다(Walsh, 1997).

- 지역사회 보호(community protection) / 공공 대중의 안전
- 범죄해악에 대한 책임 추궁(accountability)
- 사회적응력의 개발(competency development)

한편, 이러한 균형적 접근이 실체 형사사법제도에 어떠한 차별성을 가져오는지에 대해서는 구체적 사례를 통해 살펴보면 이해가 쉽다. 월시(Walsh, 1997)는 소년 보호관찰

표 14-2　미국의 균형적 접근에 의한 보호관찰과 우리나라 현행 제도의 비교

구분	미국	우리나라
지역사회 보호	• 60일간 구금형의 유예 • 1년간의 보호관찰	• 보호관찰제재조치 가능성 • 집중보호관찰 • 외출제한명령
사회적응 능력 개발	• 의사결정 프로그램 이수 • 절도 프로그램 이수 및 비용지불 • 약물/알코올 사정 및 권고사항의 이행 • 보호관찰기간 중 약물/알코올 사용 금지 • 법규 관련 프로그램의 이수	• 수강명령 • 각종 보호관찰 프로그램(청소년문화체험, 대안학교 등)의 실시 • 장학금 지급, 취업 알선 등 원호조치 • 특별준수사항 활용 가능
책임 추궁	• 소송비용의 부담 • 40시간의 사회봉사 • 공범과의 접촉금지	• 사회봉사명령 • 특별준수사항 활용 가능
회복적 사법	• 피해자에 대한 사과문 작성 • 피해자 좌담회에 참여 • 가피해자 조정에 참여(피해자가 원하는 경우)	• 보호관찰관의 지도 내용 • 특별준수사항 활용 가능

대상자에게 균형적 접근을 시도할 때 어떠한 형사제재의 옵션들이 선택되는지에 대하여 사례를 들어 상세히 설명하고 있다. 그가 제시한 사례자는 15세의 초범자로 친구 두 명과 주거침입과 소액절도의 죄를 범하였으며, 그의 부모는 이혼했으나 자녀에 대한 관심이 있었다. 이를 바탕으로 유사한 경우에 우리나라는 어떠한 형사정책적 수단이 적용되는지 일반적인 경우를 예상하여 비교하면 〈표 14-2〉와 같다.

③ 회복적 사법과 소년보호처분의 집행

현재 우리나라에서 소년보호처분은 여전히 소년이 이미 저지른 범죄 구성요건과 행위양태 등을 고려하여 부과되기 때문에 응보적 성격을 완전히 벗어나기는 어렵다. 즉, 현재까지의 방식은 소년보호처분을 받은 비행청소년이 자신의 범죄에 대한 대가로 처벌을 받은 것으로 그 책임성을 다한 것으로 여겨진다. 그러나 효과적 재범방지를 위해서는 처벌에 의한 위하적 효과에만 기댈 것은 아니다. 즉, 비행청소년에게 단순히 엄격한 처벌을 경험하도록 하는 것보다는 어떻게 하면 낙인효과를 차단하면서도 각종 처우프로그램의 효과를 극대화하는가가 핵심과제다. 이와 관련하여 회복적 사법의 패러다임을 소년보호처분에 적용할 경우 다음과 같은 효과가 기대된다(배임호, 김응수, 2011).

첫째, 회복적 사법의 패러다임에 의할 경우 비행청소년 등에게는 피해자에게 끼친 잘못된 행위에 대한 책임을 감당함과 동시에 깨어진 관계를 회복할 수 있는 진정한 피해회복의 길이 열리게 된다. 많은 비행청소년이 자신이 저지른 범죄행위로 인하여 피해자와 그 가족, 지역사회의 이웃들이 얼마나 심각한 고통을 겪었는지에 대하여 인식하지 못하는 경우가 대부분이다. 이럴 경우 비행청소년은 자신을 단지 사회에서 소외되어 범죄 행위를 저지른 '불운한 아이'로 치부하여 책임감 있는 성인으로 성장할 수 있는 기회를 놓치게 될 수 있다. 따라서 결과적으로 새로운 패러다임의 소년보호처분을 기대하게 되는데, 회복적 사법의 패러다임은 기존의 처우에 매우 의미 있는 변화를 가져올 수 있다.

둘째, 회복적 사법제도는 기존의 형사사법에 비하여 재범감소에 대한 기대효과가 큰 것으로 나타났다. 특히 소년의 경우 성인범보다 개선의 가능성이 크고 재범 방지를 위한 프로그램을 적용하는 경우 긍정적인 효과가 있다(Sarnoff, 2001: 배임호, 김응수, 2011 재인용). 따라서 소년보호처분의 과정에서 회복적 사법 프로그램은 재범을 방지하고 대상자의 사회통합과 적응에 도움을 줄 수 있다. 또한 회복적 사법이념에 기초하여 개발된 프로그램을 소년보호처분, 특히 수강명령의 교육 및 훈련에 적용하면 매우 유용할 것으로 기대된다.

셋째, 최근 개정된 「소년법」의 취지에 부합한 소년사법제도 운영이 가능해진다. 개정 「소년법」은 제25조의 3에서 화해권고제도를 도입하였다. 소년보호사건의 경우 소년부 판사가 범죄소년에게 피해자와의 화해를 권고할 수 있고, 화해가 되었을 경우 보호처분의 결정에 참작할 수 있도록 하였다. 이러한 화해권고제도를 활성화하기 위해서는 보호관찰관 또는 교정사회복지사가 중재자가 되어 가해자와 피해자의 화해를 이끌어 낼 수 있는 회복적 사법 프로그램의 개발과 시행이 필요하다.

3) 회복적 사법에 대한 비판

(1) 회복적 사법의 문제점

회복적 사법제도는 피해자와 가해자 간의 의사소통을 중시하지만, 실제에서는 어떠한 형태의 피해자라도 가해자와의 접촉을 꺼리는 것이 일반적이다. 또한 피해자 중에서는 회복적 사법에 참가함으로써 가해자에게 면죄부를 주는 것은 아닌지 하고 우려하는 사람도 많다(平山眞理, 2010). 이러한 맥락에서 회복적 사법에 대해서는 다음과 같은 비판이 제기되고 있다(이윤호, 2011: 433-444).

- 일부 피해자, 특히 강력사건의 피해자는 회복적 사법의 결과로 더 두려워할 수 있다. 회복적 사법이 충분히 구조화되어 관리되지 않으면 피해자가 회합에 참여하여 재피해를 받을 잠재성이 존재한다.
- 피해자는 회복적 사법의 결과로 권한불균형을 경험할 수 있다. 회복적 사법은 피해자와 가해자 사이에 이미 존재하고 있는 권한불균형을 반복하거나 영속화시킬 잠재성이 있다는 많은 비판을 받아 왔다.
- 피해자가 회복적 사법에 이용될 수 있다. 피해자가 참여를 강요받고 단순히 가해자의 교화개선을 위하여 회복적 사법 프로그램이 운영될 경우에 이러한 위험성은 더욱 커진다.
- 회복적 사법이 지나치게 피해자의 손상(harm)에 초점을 맞추고 강력범죄에서 핵심적 요소인 범죄인의 정신태도를 경시한다는 비판이 있다.
- 회복적 사법이 공익보다는 '사적 잘못'(private wrong)에 지나치게 초점을 맞춘다는 비판을 받고 있다. 즉, 비판가들은 회복적 사법이 사회 속의 개인이 경험한 손상에만 초점을 맞추어 사회 전체가 고통받는 손상에는 충분한 관심을 주지 않는다고 지

적한다.
- 회복적 사법은 양형에서의 예측가능성을 저해하여 양형불균형을 일으킬 수 있는데, 이는 법 앞에 동등한 보호를 받을 권리를 침해할 수 있다.

(2) 회복적 사법의 장점

회복적 사법에 대한 위와 같은 비판에 대하여는, 회복적 사법은 피해자와 가해자가 대화하는 과정 자체에 무게를 두는 것이지 '합의의 형성'을 목적으로 하는 것은 아니라는 주장이 유력하다(平山眞理, 2010). 또한 가해자를 용서할 것인지에 대한 문제는 전적으로 피해자에게 맡겨져 있다. 이러한 의미에서 회복적 사법은 피해자를 '임파워먼트'(empowerment)하는 것으로 볼 수 있다. 따라서 회복적 사법은 다음과 같이 기존의 응보적 사법제도를 보완할 수 있는 여지가 있다(이윤호, 2011: 432-433).

- 회복적 사법은 피해자가 사법과정에 직접적으로 개입하여 능동적 역할을 수행하고 그들의 견해를 반영한다. 이를 통하여 가해자는 피해자에게 일어난 일에 대하여 충분히 인식할 수 있게 된다.
- 회복적 사법은 피해자에게 참여의 기회를 부여하고 사건의 처리과정이나 결과에 대한 보다 많은 정보를 제공한다.
- 회복적 사법은 공정하고 존중해 주는 처우를 피해자에게 제공한다. 회복적 사법 프로그램에 참여했던 피해자나 중재자는 실제로 협의된 배상합의가 자신들에게 공정했다고 느낀다는 것이다.
- 회복적 사법은 물질적 회복을 가져다준다. 프로그램 참여자들 대다수가 가해자로부터 배상을 받는 것을 중시하고 실제로 가해자의 합의이행율도 높게 나타난다.
- 회복적 사법은 피해자에게 감정적 치유를 제공한다. 대부분의 회복적 사법 프로그램에서 가해자는 피해자에게 진심으로 사과하고 피해자는 이를 받아들인다.

2. 범죄피해자에 대한 지원

앞서 언급하였듯이, 피해자의 지원문제는 회복적 사법과 불가분의 관계가 있다. 그러나 여기서는 피해자의 지원문제가 단순히 회복적 사법의 실천을 넘어서 형사정책 및 교정복지실천과 관련하여 중요한 의의를 가지는 문제이기 때문에 별도로 논의함으로써 보다 구체적으로 살펴보고자 한다.

1) 범죄피해자 지원의 배경

(1) 범죄피해자의 문제 상황

범죄피해에 직면하는 것은 피해자 본인은 물론 가족에게도 매우 큰 불행이 아닐 수 없다. 범죄피해자 문제에 대한 올바른 이해는 과연 이들 범죄피해자가 얼마나 큰 고통과 곤란을 경험하는지에 대하여 알아보는 것에서 시작한다고 하여도 과언은 아니다. 범죄피해의 상황에서 피해자에게 발생하는 다양한 문제 중에 중요한 것들은 다음과 같이 정신적 영향, 사법절차에의 관여, 경제적 문제, 일상생활의 변화 등이 있다(森響子, 2010).

① 범죄피해의 정신적 영향

범죄에 의하여 심신에 손상을 입는 것은 물론 소중한 가족의 생명을 빼앗기는 경우도 발생하기 때문에 피해를 당한 본인이나 가족 또는 유족은 정신적으로 큰 충격을 받는다. 이러한 충격에 의하여 심신은 다양한 반응을 나타내며, 생활 전체에 큰 변화가 발생한다.

범죄피해가 예상치 못했던 것이기 때문에 피해 직후 피해자는 공황상태에 빠지게 된다. 외견상 냉정하고 침착해 보이더라도 이는 감정이나 감각, 사고가 정상적으로 기능하지 못하기 때문일 수도 있다. 또한 강한 공포, 불안, 분노, 긴장 등의 정서적 반응이나 동요, 과호흡, 불면증, 식욕 및 집중력 저하 등의 신체적 반응이 나타나는 경우도 많다. 또한 피해로부터 1개월까지의 기간에 많은 피해자들은 자신도 모르게 피해 당시의 공포나 고통을 반복적으로 상기하며 당시의 피해체험을 수없이 다시 경험하게 된다. 그 결과 피해를 생각나게 하는 장소를 피하는 등 생활의 제한이나 부적응을 일으키게 된다.

유족의 경우에는 타인의 불법행위에 의하여 귀중한 가족과 돌연 사별함으로써 일반적 사별의 경우보다 더욱 비탄에 빠지고 복잡한 정서체험을 하며 장기적인 고통을 경험한다. 범죄피해의 정신적 영향이 장기화, 만성화되면 외상 후 스트레스장애(PTSD)나 우울증 등 정신질환이 발병하는 경우도 적지 않다.

② 사법절차에의 관여

범죄피해를 당하면, 불가피하게 형사사법절차에 관여될 수밖에 없다. 구체적으로는 피해 직후부터 경찰이나 검찰이 진술을 요구하며, 형사재판으로 진행될 경우에는 증인으로 법원에 출정할 것도 요구받는다. 그러나 일반인에게 형사절차는 매우 생소한 것이며, 심지어 경찰과 검찰의 차이점도 정확히 모르는 경우도 있다. 따라서 범죄피해를 당함으로써 갑작스럽게 형사절차에 깊이 관여하게 되고 피해 진술을 반복하게 되면 불만과 불안을 느끼는 경우도 발생한다.

또한, 형사재판은 피해자에게 큰 정신적 고통을 수반하는데, 재판이 공개되기 때문에 재판의 관계자뿐 아니라 방청인이나 일반 시민의 시선을 받으며 그들 앞에 서야 하는 부담이 있다. 또한 재판과정에서 수차례 피해 장면을 구체적으로 회상하게 되고, 가해자의 입장에서의 항변 등을 청취하면서 그들의 행동이나 말에 의하여 심리적·정서적 상처를 받는 경우도 많다.

③ 범죄피해자의 경제적 문제

범죄피해 중에는 피해 직후 발생하는 다양한 경제적 부담도 있다. 구체적으로는, 우선 신체적 피해에 대한 치료비용 등의 의료비가 발생한다. 또한 그러한 신체적 손상이 장기화될 경우 다액의 의료비가 소요될 수도 있다. 사망사고의 경우에는 당장 장례비용 등이 필요하다. 주거지에서 범죄가 발생할 경우에 피해자는 통상 이사를 원하는 경우가 많기 때문에 주거이전 비용 등이 필요하다.

신체의 부상이나 정신적 충격으로 인하여 휴직 또는 퇴직하는 경우 수입이 감소하거나 중단되는 문제까지 발생한다. 상처의 후유증이 남아 영구적 장애가 발생할 경우에는 재취업이 어렵고, 장래에 대한 불안감이 늘어난다. 특히 피해자가 가족의 생계를 책임졌던 경우에는 그 영향이 가족 전체에 미치며 생계가 심각하게 곤란해진다.

또한, 형사 및 민사 재판에 관여될 경우에는 변호사 의뢰비 등 소송경비의 부담이 발생하며 소송참가를 위한 생업지장 등의 문제가 추가로 발생할 수 있다.

④ 일상생활의 변화

범죄피해가 일상생활에 미치는 영향도 상당하다. 우선 자신의 주거지가 사건현장이 될 경우에는 임시로 거주지를 따로 마련하여야 한다. 예를 들면, 주거지에서 강도나 강간을 당한 피해여성은 경찰의 수사 동안은 물론, 수사 종료 이후에도 불안감으로 같은

2. 범죄피해자에 대한 지원 455

장소에서 생활을 다시 하기는 어렵다.

또한, 가족 내에서도 피해를 받아들이고 해결하는 과정에서 가족구성원 간의 의견차이가 발생할 수 있다. 이에 따라 가족 상호 간 심적 상처를 받거나 관계가 악화되는 경우가 있다. 피해자가 부모인 경우에는 자녀양육에 소홀해지거나 심지어 정신적·신체적 학대로 이어져 자녀의 성장에 악영향을 미치는 경우도 발생할 수 있다.

또한 사회적으로는 자신에 대한 자존감이 저하되고 사회에 대한 안전감이나 타인에 대한 신뢰감을 상실한다. 사건을 피하지 못한 것에 대하여 자신을 자책하며 괴로워하는 사람들이 많다. 주위에서 단순한 호기심으로 접근하거나 피해를 초래한 것처럼 왜곡하는 경우도 있기 때문에, 피해를 숨기거나 외출을 삼가고 타인과의 관계를 피하는 일도 발생한다. 집중력 감소, 흥미 상실 등으로 일에서의 능률이 떨어지는 등 직업생활에서의 문제도 발생한다.

(2) 범죄피해자 지원문제의 부각

그동안 기존 형사사법제도에 대하여 범죄인의 재범률을 줄이지 못하고 '법과 질서'의 원칙을 제대로 적용하지 못했다는 비판이 지속적으로 제기되어 왔다. 특히 기존 형사사법제도에 대한 비판 중에는 범죄인의 권리에 지나치게 중점을 둔 나머지 피해자의 권리보호에 소홀했다는 지적이 대두되었다. 이렇게 형사사법제도가 변화해야 한다는 비판의 목소리 가운데에는 여권신장론자의 활동도 영향을 미쳤다. 즉, 주로 성폭력범죄의 희생양이 되는 여성의 권리증진을 위한 활발한 움직임이 형사사법 분야의 종사자들에게 피해자에 대한 새로운 관심을 환기시켰다.

1990년대 초반 이후 피해자학(victimology)의 부각은 피해자가 도움을 요청할 때 형사사법제도 내의 사람들에게 기대할 수 있는 권리와 서비스를 명백히 제시하는 '피해자 헌장'의 제정으로 이어졌다(Tapley, 2002). 피해자의 권리를 옹호하는 움직임은 범죄인 지향의 보호관찰서비스에 여러 가지 문제를 제기하였다. 동시에 관료주의적 절차에 따라 형사사법제도가 제고하는 서비스의 소비자로서 피해자에게 초점을 맞추게 하였다 (Dominelli, 2007: 281).

2) 범죄피해자지원의 일반적 방법

피해자에게 필요한 지원은 크게 ① 정신적 케어, ② 형사사법에 관한 지원, ③ 일상생활의 회복으로 나누어 볼 수 있다. 이러한 지원들은 피해 직후부터 장기간에 걸쳐 중점을 두어야 할 부분에서 각각 차이가 나타날 수 있다. 여기서는 방법론적 측면에서 '피해 직후의 정신적 케어활동' '형사사법에 관한 정보제공' 그리고 '일상생활 회복을 위한 사회자원의 활용'이라는 범죄피해자 지원활동을 살펴본다(森響子, 2010).

(1) 피해 직후의 정신적 케어

피해자는 피해 직후부터 장기간에 걸쳐 다양한 문제를 겪게 되는데, 특히 피해 직후 돌연한 상황으로 혼란한 상태에 있고 경찰이나 병원 등에서 긴급한 대응을 해야 하기 때문에 개인의 대응능력으로는 한계에 직면하게 된다.

피해 직후의 피해자는 어떠한 지원을 받을 수 있는지에 대한 정보를 가지고 있지 않은 경우가 대부분이다. 따라서 피해를 지원하는 주체가 피해자와 가능한 한 빠른 시간에 접촉하여 피해자의 욕구를 파악하고 여기에 적합한 지원을 제공하는 것이 이차적 피해를 방지하고 피해로부터 조기에 회복하는 데 매우 중요한 사항이다.

피해 직후 일반적으로 경찰관서에 의한 접촉이 이루어지지만, 장기적이고 지속적인 지원이 가능하기 위해서는 민간지원단체에 의한 조기개입이 유효하다. 따라서 경찰과 민간지원단체와의 연계 아래 효과적인 조기지원활동을 하는 제도가 필요하다.

또한 피해자가 추구하는 지원은 피해로부터 시간이 경과함에 따라 변화하는 것으로서 장기에 걸친 지속적 지원이 필요하다. 특히 살인사건의 경우 유족에게는 지속적인 정신적 지원의 필요성이 높다.

그 밖에 피해를 받은 이후에 생활상 피해에서 비롯된 문제나 염려되는 일들에 대한 상담지원이 필요한 경우도 있다. 가족 상황이나 생활환경, 사회생활 등에서 새롭게 직면하는 문제들에 대한 상담이 중요하다.

(2) 형사사법에 관한 정보제공

피해자지원활동에는 상담지원 등과 더불어 필요한 정보의 제공이나 전문가 및 지원기관의 연계 등이 지원활동에 포함될 수 있다. 특히 피해자에 대한 다양한 정보를 적절한 시기에 제공하는 것은 매우 중요하다. 형사사법에 관한 것을 비롯하여 심신에 일어난 다양한 반응이나 생활상 곤란에 대한 것, 가해자에 대한 것 등 피해자에게 필요한 정보는 그 종류가 다양하다. 또한 각각의 정보는 피해자가 필요로 하는 시기에 따라 다르기 때문에 피해 직후부터 장기에 걸친 정보의 제공이 요구된다. 특히 사건수사나 형사재판에 관한 제공에 대한 요구가 많다. 또한 피해자가 이후 어떠한 형태로 자신의 피해와 관련된 사건이 진행될지에 대해 불안을 느끼는 경우가 일반적이기 때문에 향후 형사재판의 흐름에 대한 설명을 요구하는 경우도 많다.

더구나 형사재판에서 피해자로서 이용 가능한 제도 등에 대한 정보제공도 긴요하다. 피해자가 주체적으로 관여하여 힘을 쏠 수 있다는 체험은 피해 후에 잃어버린 자신을 되찾게 하여 피해회복을 위한 한 단계의 발전이 이루어질 수 있다.

그 밖에 심신에 나타나는 반응에 대응하기 위한 의료기관 등에 대한 정보제공도 필요하다. 피해 후에 생겨날 수 있는 다양한 반응에 대하여는 그러한 피해에 직면한 사람들에게는 누구에게나 일어날 수 있는 정상적인 반응이라는 점을 확인시켜 주는 것이 중요하다. 의료기관의 전문의 등으로부터 이러한 진단과 처방을 받음으로써 피해자는 자신의 상황을 보다 잘 이해하고 이후의 진행과정에서 예측과 준비가 가능해져 불안이 경감될 수 있다.

또한 가해자에 대한 정보도 중요한데, 형사절차의 종료 이후에도 지속적으로 정보제공이 이루어질 필요가 있다. 가해자의 처우 및 출소 정보, 생활 상황, 사회복귀의 상황 등 다양한 정보를 획득함으로써 가해자로부터의 재피해의 공포로부터 벗어날 수 있게 된다.

(3) 일상생활 회복을 위한 사회자원의 활용

피해자의 일상생활 회복은 되도록 빨리 피해를 당하기 이전과 가까운 생활로 돌아가는 것을 말한다. 하지만 이는 단순히 피해 이전의 생활 상태로 복귀하는 것을 의미하지는 않는다. 피해를 당한 사실 자체를 지울 수는 없기 때문에 피해자는 피해체험을 받아들이는 전제에서 새롭게 인생을 재구축하는 것이 필요하다. 이러한 회복의 과정에 필요한 방법과 시간은 피해 정도, 피해 이전의 생활 상황, 사회자원, 피해 직후의 지원, 피해자 개인의 인생관 등에 의하여 크게 좌우된다.

하지만 위기 상황에서 벗어나 피해 이전의 정상적인 생활로 복귀하는 데에는 일반적으로 사회자원의 활용이 매우 중요하다. 피해자가 활용할 수 있는 사회자원은 비공식적인 것, 즉 가족, 친척, 친구, 동료, 이웃, 자원봉사자 등이 있지만, 여기서는 주로 공식적 사회자원의 활용이 문제된다.

피해자가 활용할 수 있는 공식적 사회자원이라 함은 행정 · 복지 서비스의 상담기관 및 조직으로서, 범죄피해자지원센터(검찰청 설치), 각급 지방자치단체의 행정기관, 각급

복지기관 및 단체, 아동상담소, 성폭력피해상담소, 가정폭력피해상담소, 가정지원센터, 정신보건센터, 지역 보건소, 기타 여성단체 등이 있다. 또한 사회복지사, 임상심리사, 정신보건사회복지사, 간호사, 자원봉사자, 보호관찰관, 범죄예방위원 등의 인적 자원의 활용도 가능하다. 이러한 사회자원은 피해자에게 유익하도록 그 전문성과 특성을 충분히 고려하여 활용할 필요가 있다.

나아가 지원자는 피해자에게 유효한 사회자원의 정보를 파악하여 피해자가 그 자원을 이용할 수 있도록 하는 것이 중요하다. 왜냐하면 피해지원의 기본은 어디까지나 '피해자의 자립을 지지하는 것'이며, 피해자 자신의 문제해결능력을 증진하는 데 있기 때문이다. 따라서 피해자지원활동은 어떠한 사회자원을 활용하고, 어떤 관계기관과 연계하더라도 기본적으로 피해자의 '임파워먼트'의 개념에 바탕을 둘 필요가 있다. 이는 피해자 자신의 자기결정과 선택이 가능하도록 올바른 정보를 제공하는 것이 매우 중요하다는 것을 의미한다.

3) 범죄피해자지원과 교정복지실천

(1) 미국의 교정 분야에서 피해자 역할 증대

1982년 미국의 '범죄피해자 대통령특별위원회'의 최종 보고서는 보호관찰부 가석방 (parole)에 대하여 다음과 같이 네 가지 권고안을 제시하였다(이윤호, 2011: 421). 즉, ① 범죄의 피해자와 그 가족에게 사전에 가석방심사 청문회에 관하여 고지할 것, ② 피해자와 그 가족 또는 대리인이 가석방심사 청문회에 출석하여 가해자의 범죄가 그들에게 미친 영향을 진술할 수 있게 할 것, ③ 가석방 중인 보호관찰 대상자가 범행을 하면 즉각 구금시킬 수 있도록 필요한 조치를 취할 것, 그리고 ④ 가석방취소 청문회에서는 배제법칙 (exclusionary rule)을 적용하지 말 것이다.

또한 1986년 미국교정협회(American Correctional Association)의 정책보고서에서 피해자의 존엄과 권리에 대하여 선언한 이후, 1991년 미국보호관찰협회(American Probation and Parole Association), 1995년 미국교정협회에 각각 피해자에 관한 위원회가 설치되기에 이르렀다(이윤호, 2011: 421-422).

이러한 추세를 반영하여 현재 교도소와 같은 교정시설에서는 재소자 상황에 대한 피해자 통보, 범죄피해에 대한 수용자 교육 등의 프로그램을 실시하고 있다. 또한 보호관찰 등 사회내처우에서는 회복적 사법의 일환으로 범죄피해자가 가해자의 교화개선에 참여함으로써 그들의 사회복귀는 물론 자신들의 피해감정 치유를 도모하고 있다.[2] 미국에서 회복적 사법은 원래 재산범 등 비교적 경미한 범죄나 소년범죄를 대상으로 실천되어 오던 것이었으나, 최근에는 음주운전에 의한 사망사고, 폭행, 강간, 살인 등 중대범죄에도 그 적용이 확대되고 있다. 회복적 사법에 의한 범죄피해자 지원의 실천 사례로는 델라웨어에서 실시된 대화프로그램(Dialogue program)인 '피해자의 목소리를 듣는 것' (Victim's Voices Heard: VVH)이 대표적이다. VVH는 외동딸이 살해된 유족인 킴 북(Kim Book)에 의하여 2002년에 설립되었다. 이는 민간의 소규모 프로그램이었지만, 살인 · 성범죄 등 폭력범죄에 대해 피해자와 가해자의 대화를 실시한다는 점에서 특색이 있다 (伊藤富士江, 2010).

(2) 일본 갱생보호 분야의 범죄피해자지원

일본에서는 2007년 「갱생보호법」의 개정을 통하여 범죄인에 대한 사회내처우 분야에서 피해자지원을 본격적으로 시작하였다. 주된 내용은 형사재판이나 소년심판에서 형벌이나 보호처분이 확정되어 집행되는 과정에서 가해자에 관한 정보를 피해자에게 제공하는 것이다. 구체적으로 보면, 각 보호관찰소에 피해자를 전담하는 보호관찰관이 배치되고 가해자의 가석방 · 가(임시)퇴원의 경우에 피해자의 의견을 청취하도록 하는 제도를 두고 있다. 또한 보호관찰 중에 가해자에 대한 피해자의 감정을 전달하는 제도와 피해자에게 보호관찰 상황 등 가해자에 대한 정보를 제공하는 정책도 시행 중이다. 피해자전담 보호관찰관은 경우에 따라서 피해자를 상담하고 지원하는 업무를 수행한다(森響子, 2010).

(3) 우리나라 보호관찰 분야의 범죄피해자지원

우리나라 보호관찰 분야에서 피해자지원과 관련되는 활동은 보호관찰관에 의한 피해자조사가 대표적이다. 보호관찰관은 법원 판결 및 결정을 지원하기 위하여 피고인에 대한 판결(결정)전조사를 수행하는데, 이 경우에 피해자에 미친 영향, 피해회복 여부 및 피

---

2) 미국은 다양한 민족과 인종, 문화와 종교가 공존하는 국가로서 개인주의가 중시되고 주권이 강한 지역의 독자성이 특징이다. 범죄발생의 측면에서도 연간 약 2,300만 명의 시민이 범죄의 피해를 당하며, 그중에 약 20%가 폭력범죄의 피해자로 알려져 있다(Hightower, 2009). 미국 사법통계국(Bureau of Justice Statistics)의 통계에 따르면, 2009년 살인사건의 희생자는 13,636명이었다. 우리나라와 비교하여 높은 범죄율을 보이는 범죄대국인 미국이지만, 한편 범죄피해자에 대한 지원체제 또한 두텁다. 1980년대에는 형사사법에서 피해자의 권리를 확립하는 움직임이 본격화되어, 연방, 주, 지역사회 단위의 다양한 지원서비스가 전개되고 있다 (伊藤富士江, 2010).

해자의 의견을 파악하여 통보하도록 되어 있다. 물론 모든 판결(결정)전조사에서 피해자의 의견이 청취되는 것은 아니다. 피해자가 의견진술을 거부하거나 피해자와의 연락두절 등 사실상 접촉이 제한되는 경우가 있기 때문이다.

한편, 아직 공식적으로 제도화되어 있지는 않지만 본격적 의미의 회복적 사법 프로그램인 '가해자 · 피해자 조정 프로그램' 등이 보호관찰 지도기법이나 처우프로그램의 일환으로 활용될 가능성이 있다.

3. 형사사법제도의 민영화

1) 형사사법제도 민영화의 배경

형사사법제도, 그중에서도 특히 '교정'의 민영화란 교도소 등 교정시설, 또는 그 안에서 이루어지는 일부 프로그램을 사적 영리를 목적으로 하는 조직에서 재정적으로 지원하거나 운영하는 것을 말한다(이윤호, 2011: 391). 교정민영화의 배경은 다음과 같이 크게 세 가지로 구분할 수 있다(이윤호, 2011: 392-394).

(1) 교정수요의 증대

범죄성을 악화시키는 사회 환경의 변화는 범죄발생을 증가시키고, 사회는 이러한 현상에 대하여 '보다 강경한 대응책'(get-tough policy)을 추구하게 된다. 그러나 이러한 강경대응으로 재소자의 수는 증가하고 수용 기간도 장기화되어 필연적으로 교정수요를 증대시키는 결과로 귀결된다.

이에 대한 대응은 크게 두 가지로 나타난다. 하나는 보호관찰과 같은 사회내처우를 활성화하여 시설수용을 대체하는 것이고, 다른 하나는 교정시설의 민영화를 통하여 실질적으로 수용시설을 증설하는 효과를 기대하는 것이다. 영국에서도 교도소 수감자의 증가를 우려하는 시나리오가 교도소의 민영화를 촉진하는 주요한 이유가 되었다(Dominelli, 2007: 276).

(2) 교정경비의 절감 추구

교정수요 증대와 같은 맥락에서 국가가 부담해야 하는 교정비용 역시 지속적으로 증가하게 되는데, 이에 대해서는 일반 시민의 조세저항에 직면하게 된다. 국가비용의 증대는 필연적으로 추가 세원의 확보와 연결되는데, 적정한 경제성장이 뒷받침하지 못할 경우에는 증세 이외에는 특별한 대책이 없기 때문이다.

문제는 늘어나는 세금부담에도 불구하고 사회의 범죄현상은 눈에 띄는 완화효과를 보이기 어렵다는 데 있다. 사정이 이러하다 보니 교정경비 사용의 효율성을 추구하기 위하여 시장원리를 교정 분야에 도입하자는 민영화의 논의가 힘을 받게 되었다. 형사사법제도, 특히 교도소의 운영 및 관리 비용을 줄이는 일은 민영화와 관련된 정부정책을 추진하는 주요한 요인이기 때문이다(Dominelli, 2007: 277).

(3) 공공 교정행정의 실패

국가기관에 의한 독점적 공공행정의 일부로서, 지금까지의 교정은 높은 재범률 등 만족스러운 결과를 보여 주지 못했다는 비판이 있다. 이는 사회재통합이라는 교정행정의 목표를 달성하는 데 기존의 공공 교정행정 시스템이 운영상의 한계가 있다는 점을 반증하는 것으로 볼 수 있다. 사회재통합이라는 교정목표를 달성하기 위해서는 '교정의 사회화', 즉 사회의 교정참여와 교정의 개방화가 실현될 필요가 있다. 이는 범죄인에 대하여 사법기관이 개입하면 할수록 낙인효과에 따른 그들의 사회복귀가 그만큼 어려워지기 때문에 국가기관보다는 복지기관이나 민간기관이 참여하여 교도소의 벽을 허무는 노력이 필요하다는 것을 의미한다.

2) 형사사법제도 민영화의 현주소

교정의 민영화는 현재 다양한 형태로 실험되고 있으며 폭넓은 발전의 가능성도 있다. 예를 들어, 영국 내무성은 1990년대 초반 이후로 형사사법제도의 민영화를 촉진하면서 민영교도소의 설립을 허용하고 보호관찰 서비스의 예산 일부를 자발적인 민간 부문에 할당하도록 하였다. 하지만 형사사법제도의 민영화와 관련하여 핵심적으로 논의되는 사항은 다음의 세 가지로 축약할 수 있다(이윤호, 2011: 396-398).

(1) 교도작업의 민영화

교도작업이 사적 이익을 위하여 이용되는 것은 전혀 새로운 사실이 아니다. 오히려 과거의 이윤추구형 교도작업이 이윤의 극대화에 집중함으로써 재소자에 대한 권익침해,

462 제14장 교정복지의 최근 동향

교화개선 노력의 부재, 민업에 대한 폐해 등으로 많은 반대에 부딪히면서 쇠퇴하게 된다. 그러나 최근에는 다시 출소 후 재소자의 취업에 도움이 될 수 있는 직업기술의 함양이 중시되고 교정경비의 증대에 따른 경비절감과 운영의 효율성 차원에서 교도작업의 민영화가 새롭게 부각되고 있다.

(2) 교정서비스 분야의 민영화

교정서비스의 민영화가 논의되는 이유는 보다 저렴하게 양질의 서비스가 재소자 등에게 제공될 수 있기 때문이다. 특히 의료서비스와 같은 특수한 서비스는 민간 분야에서 훨씬 효율적으로 전달될 수 있다. 교정기관에서 의료전문인력을 채용하거나 의료시설을 자체적으로 건립하기보다는 첨단시설을 갖춘 전문의료기관과 협력하는 것이 보다 양질의 서비스를 제공하는 데 효율적이기 때문이다.

더구나 교정서비스의 일부를 담당하는 민간기업의 입장에서는 이 분야에 계속 참여하여 안정적 수익을 확보하기 위해서 서비스의 개선 노력을 지속할 수밖에 없다. 교정서비스에 참여하는 이들 민간기업에게 '경쟁'이라는 시장원리가 적용된다는 측면에서 서비스 분야의 민영화의 의의가 있다.

(3) 사회내처우 분야의 민영화

형사사법제도의 민영화가 반드시 교도소의 민영화만을 의미하는 것은 아니다. 오히려 비시설 분야의 민영화가 범위가 넓고 용이하다. 예를 들어, 비행청소년을 대상으로 하고 있는 미국의 중간처우소(Halfway house)는 대부분 영리단체에 의하여 운영되고 있다. 한편 대부분 국가의 소년사법제도에서 채택하고 있는 비행청소년에 대한 다이버전이나 민간보호시설에의 위탁도 (비록 영리적 민간기업이 관여하는 것은 아니지만) 민간 참여라는 측면에서 크게 보면 민영화의 논의에 포함시킬 수 있다.

3) 교정민영화와 교정복지실천

형사사법제도의 민영화, 특히 교정민영화가 교정복지실천에 미치는 영향은 크게 긍정적 측면과 부정적 측면으로 나누어 살펴볼 수 있다.

먼저, 긍정적 측면으로는 민영교도소 등의 설립으로 전문적 소양을 갖춘 사회복지사의 진출 영역이 확장될 것이라는 기대가 있다는 점이다. 이러한 긍정적 전망의 배경에는 민영교도소의 도입이 기존의 공공교도소의 시설중심 프로그램에 획기적 변화를 초래할 것이라는 예측이 자리 잡고 있다. 즉, 심리상담과 같은 전문프로그램이 다수 도입되고, 결과적으로 전문인력의 확충이 필요하다는 근거를 가지고 있다(최옥채, 2010: 301). 더구나 교정의 민영화를 주장하는 입장에서는 민간기업이 국가기관에 비하여 보다 부드럽고 효과적으로 교정시설을 운영할 수 있으며, 양질의 서비스를 보다 저렴한 비용에 제공할 수 있다는 경제적 효율성을 주장하고 있다(이윤호, 2012: 398).

반면, 민영교도소의 도입 등 형사사법제도의 민영화 자체가 시장원리를 공공행정 분야에 접목하는 것으로서 오히려 장기적인 안목에서의 공공적 투자가 퇴색될 것이라는 반대의 우려도 존재하고 있다. 이러한 입장에서는 교정민영화가 오히려 복지적 실천에 방해 요인으로 작용할 것으로 전망하고 있다. 교정민영화와 관련하여 심각하게 고려되어야 할 문제점으로는 다음과 같은 사항들이 있다(이윤호, 2011: 400).

- 민간기업은 교정 분야의 숙련된 행정가 집단에 비하여 그 전문성이 떨어진다는 비판이다.
- 과연 사회통제나 형벌권을 국가가 아닌 민간기업이나 단체에 위임할 수 있는가의 문제다. 이는 국가의 고유한 형벌권이 교정행정에 참여하는 기업이나 단체의 사적 이익에 좌우될 위험성을 내포하고 있다.
- 교도소의 이익을 위하여 재소자의 노동력을 이용하는 것이 합당한 것인가에 대한 문제다. 만약 교도소의 교도작업을 민간에 전적으로 위탁할 경우, 결국은 이들 민간 기업의 이윤추구를 위하여 재소자의 노동력이 착취될 위험성이 존재한다.
- 교정의 민영화와 관련된 또 다른 문제점은 아직도 많은 시민이 부정적 태도를 유지하고 있다는 점이다. 사실 민영화의 결과 재소자는 오히려 처우와 권리측면에서 열악한 환경에 처해질 가능성도 있으나, 이러한 사실 여부와 관계없이 일반 시민에게는 교정의 민영화가 범죄인에 대한 지나친 관용으로 비춰질 가능성이 있다.

생각해 보면, 교정민영화 역시 다른 공공행정의 민영화와 달리 볼 것은 아니며, 이런 측면에서 시장원리를 철저히 추종하는 과도한 민영화의 논리는 오히려 장기적 측면에서 교정복지실천에 득보다 실이 많다고 볼 수 있다. 실제로 영국에서의 형사사법제도 민영화의 과정을 살펴보면, 특히 보호관찰 분야에서 시장 인센티브를 추종하는 개혁은 사회복지사로 하여금 이 분야에서 범죄인을 다룰 입지를 상실하게 만들었다(Dominelli, 2007: 274).

참고문헌

배임호 · 김응수(2011). 소년보호처분의 전문성 강화방안: 사회복지 관점을 중심으로. 보호관찰, 11(2), 73-108.

손외철(2011). 한국 소년보호관찰에서 회복적 사법의 실천방안. 보호관찰, 11(2), 109-145.

이윤호(2011). 교정학. 서울: 박영사.

이형섭(2012). 보호관찰관의 역할정체성 형성과정에 관한 연구: 사회복지사 자격을 소지한 보호관찰관의 사례를 중심으로. 서울대학교 대학원 박사학위논문.

이형재(2012). 한국 보호관찰제도의 발전과 향후 과제. 보호관찰, 12(2).

최옥채(2010). 교정복지론. 서울: 학지사.

Dominelli, L. (2007). 세계화와 사회복지실천(한인영 · 김성천 공역). 서울: 학지사. (원전 출판 2004).

Hightower, C. (2009). 25 Years of Progress for the Victims of Crime Act of 1984. *The Crime Victims Report: For Criminal Justice Professional and providers of Support Services, vol. 13* (3), 36-46.

Tapley, J. (2002). *Victims' Right: A Critical Examination of British Criminal justice system from Victims' Perspectives.* Ph D, Southampton University.

Walsh, A. (1997). *Correctional assessment, casework & counseling* (2nd ed.). Lanham, MD: American Correctional Association.

Wernham, M. (2005). *Police training on child rights and child protection: Lessons learned and manual.* London: Consortium for Street Children.

Zehr, H. (2002) *The little book of restorative justice.* Intercourse, PA: Good Books.

伊藤富士江(2010). アメリカにおける犯罪被害者支援. 伊藤富士江 編. 司法福祉入門: 非行・犯罪への對應と被害者支援 第11章 (pp. 333-350). 東京: 上智大學出版.

森響子(2010). 被害者支援の現場から. 伊藤富士江 編. 司法福祉入門: 非行・犯罪への對應と被害者支援 第9章 (pp. 257-288). 東京: 上智大學出版.

平山眞理(2010). 修復的司法. 伊藤富士江 編. 司法福祉入門: 非行・犯罪への對應と被害者支援 Column (pp. 351-353). 東京: 上智大學出版.

細井洋子也(2006). 修復的司法の總合的研究. 東京: 風聞書房.

교정복지의 발전과제: '사법복지'로의 전환

  이 장에서는 교정복지의 발전과제를 학문적 측면에서 살펴보고자 한다. 이는 '교정복지'의 분야론적 정체성을 '사법복지'로 확대·발전시키는 것에 대한 논의다. 이미 제1장에서 교정복지를 정의하면서, 피해자복지 및 사법복지와의 개념적 차이점을 알아보았다. 여기서는 이러한 개념적 정의를 바탕으로 향후 교정복지의 외연을 확장하여 학문적 정체성을 사법복지로 전환하는 데 참고가 될 만한 내용을 다룬다.

  미국 등에서는 교정복지가 보호관찰제도만을 중심으로 논의되는 데 비하여 사법복지에 대해서는 '사법사회복지사'(forensic social worker)의 전문단체가 결성되어 있으며, 하나의 실천영역으로 입지를 확고히 다지고 있다. 다만 국내의 사회복지학계에서는 그동안 이와 관련된 연구가 거의 이루어지지 않았고, 참고할 만한 자료도 매우 희소하다. 이런 점을 고려하여 여기서는 우선 사법복지의 개념과 역사 그리고 사법복지실천의 현황을 살펴보고, 향후 전망을 간략히 소개함으로써 문제를 제기하는 차원의 예비적 논의만을 다룬다.

1. 사법복지의 개념과 역사

1) 사법복지의 개념

(1) 사법복지에 관한 다양한 논의

최근 우리나라에서도 사회복지분야론 측면에서 '사법복지'라는 새로운 용어의 사용이 일부 제기되고 있다(이무웅, 2001, 2013). 사법복지는 의료복지, 교육복지, 노동복지 등과 유사하게 사회복지적 관점에서 '사법제도'라는 실천영역을 바라보는 것을 의미한다. 그러나 아직도 이 용어는 우리나라에서 거의 사용되고 있지 못하며 개념마저 불분명하다.

'사법복지'(forensic social work)의 개념은 어떠한 실천현장이나 대상 집단에 초점을 맞추는지에 따라서 매우 다양한 정의가 존재한다(Maschi & Killian, 2009). 바커와 브랜슨(Barker & Branson, 2000: 1)은 사법복지에 대해서 "법적(legal) 서비스와 인간적(human) 서비스 체계의 접점(interface)이라는 전문적 특수성"에 초점을 둔다고 하였다. '정신건강과 법률의 교차점'을 강조하거나 '범죄인과 범죄피해자에 대한 사회복지전문직의 실천'에 강조점을 두는 경우들도 있다(Maschi & Killian, 2009). 나아가 전미사법복지회(National Organization of Forensic Social Workers: NOFSW)는 사법복지란 "법률과 법적 체계와 관련된 문제와 이슈에 사회복지실천을 적용하는 것"(1997)이라는 폭넓은 정의를 내렸다.

한편 우리나라에서 '사법복지'의 개념을 주장하는 이무웅(2013: 3-6)은 협의와 광의의 개념을 구분하고 있다. 먼저 광의의 사법복지에 대해서는 "형사·민사 등 사법제도와 관련된 조사, 심리, 재판, 집행 과정에서 어려움에 처한 사람의 문제를 복지적 입장에서 해결 또는 완화하기 위한 사회복지서비스를 총칭한다."고 정의하였다. 한편 협의의 사법복지에 대해서는 "형사사법을 적용받는 범죄인에 대한 복지지향적 실천"을 의미한다고 주장하였다(山口幸男, 1991: 13: 이무웅, 2013: 4 재인용). 특히 그는 가해자의 교화개선을 위한 보호관찰제도 중심으로 사법복지의 구체적 내용을 설명하고 있다(이무웅, 2013: 51-188 참조).

(2) 사법복지의 개념 정의

원래 '사법'은 통상 입법과 행정에 대비되어 사용되는 용어로서, 국가가 법률에 근거하여 수행하는 민사 및 형사재판을 의미한다. 보다 엄격히 말하면, "민사·형사 및 행정 사건에 관한 쟁송에 관하여 소송절차를 통해 이를 확정하고 법규의 적용을 확보하며 권리의무관계를 명확히 하여 국민의 권리를 구제하는 국가적 활동"(菊地和典, 1988)을 의미한다. 이러한 측면에서 사법복지는, "형사 및 민사소송 절차에서 법률, 법적 이슈 그리고 소송 등에 초점을 두는 특수한 사회복지실천"(Barker, 2003; Green, Thrope, & Traupmann, 2005; NOFSW, 1997)을 의미한다고 폭넓게 정의내릴 수 있다.

그러나 사법복지의 개념을 이렇게 광의로 해석한다면, 아동·청소년 복지, 가정복지, 교정복지 그리고 정신보건의 문제까지 그 영역이 지나치게 확대될 수 있어 분야론으로서의 경계와 정체성이 적정하게 형성되기 어렵다. 따라서 사법복지의 분야론적 영역은 형사재판을 중심으로 재판기능 및 그 재판의 집행에 관한 것으로 한정하는 것이 타당하며, 민사재판에 대해서는 순수한 재산권 분야는 제외하고 아동의 보호, 이혼 및 친권의 조정 등 가사심판에 대한 것을 포함하는 것으로 경계를 짓는 것이 타당하다고 본다. 요

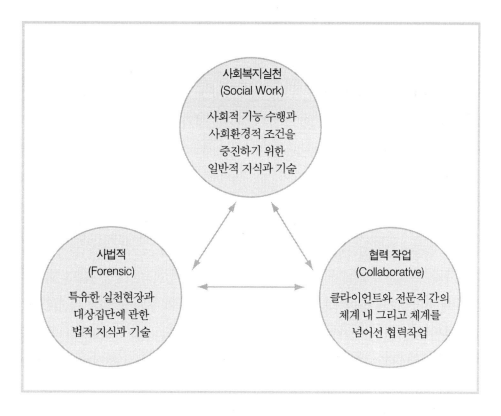

[그림 15-1] 사법복지의 개념정의

출처: Maschi & Killian(2009), p. 4.

약하면, 사법복지는 앞서 설명한 사법적 영역과 복지적 실천의 합작(collaboration)을 의미한다(Maschi & Killian, 2009).

2) 사법복지의 역사

사회복지사는 형사사법 시스템에 의해 영향을 받는 개인들, 즉 기소되거나 유죄 확정된 범죄인, 범죄의 피해자, 소년사법에 적용을 받는 비행청소년 등 다양한 사람들의 문제에 개입하여 왔다. 뿐만 아니라 사회복지사는 형사사법 시스템 자체와 이를 규율하는 국가적 법률체계의 변화를 위해서도 노력하여 왔다. 사회복지전문직은 사회정의(social justice)와 인권(hunan rights)을 중심으로 발전하여 왔다. 역사적으로 사회정의는 사회사업(social work)의 이론과 실무의 핵심이었다. 이러한 측면에서 사법복지의 역사도 전체 사회복지실천의 역사와 분리하여 생각하기 어렵다. 사법복지의 역사도 전체 사회복지실천의 역사만큼이나 유구한 것이다. 사실 사회복지실천의 첫 번째 전문적 단체의 하나가 바로 1879년에 결성된 '전미 자선 및 교정회의'(National Conference of Charities and Corrections)였으며, 1909년에는 선구적 사회복지사인 제인 애덤스(Jane Addams)가 이 단체의 지도자가 되었다(Maschi & Killian, 2009). 이는 교정 분야에 대한 사회복지적 개입이—과거에나 현재에 있어서 모두—얼마나 중요한 의미를 지니는지를 보여 주는 것이다. 사법복지의 역사는 다음과 같이 크게 3단계의 시대적 구분으로 조망하여 볼 수 있다(Maschi & Killian, 2009).

(1) 19세기의 사법복지

19세기는 새로운 법률과 교정정책이 활발하게 적용되던 시기였다. 19세기 중반에 이르러서는 이전의 교정철학이 효과적인지에 대한 많은 의문이 제기되었다. 특히 정해진 형기에 대한 엄격한 구금형 중심의 교정정책에 대하여, 범죄인이 그들의 재활을 위한 프로그램에 적극적으로 참여하도록 할 수 있는 동기부여가 부족하다는 비판이 집중되었다. 이에 따라 '선행보상'(Rewards for Good Behavior)의 형태로 조기에 가석방(parole)하는 제도가 도입되기에 이르렀다. 1876년 뉴욕에 있는 엘미라 감화원(Elmira Reformatory)에서 최초의 가석방자가 출소하였다.

1840년대 초반, 보스턴의 부유한 제화업자였던 존 어거스터스(John Augustus)는 구금을 기다리던 성인 범죄인을 면담하고, 그들을 신원보증의 형태로 출소시켜 그들의 사회복귀와 개선갱생을 위하여 노력하였다. 이러한 유형의 사회개혁(social reform) 운동은 매사추세츠 주를 시작으로 근대적인 보호관찰(probation)제도를 탄생시키게 되었다. 1920년대까지는 미국 전역의 2/3가 이와 같은 개혁적 제도를 받아들이게 되었고, 그만큼 사회복귀(rehabilitation)를 중시하는 인식은 확산되어 갔다. 비록 우리가 '존 어거스터스'를 사회복지사라고 주장할 수는 없다고 하더라도, 그의 행동은 사법복지 분야의 선구자들에게 중요한 영향을 미쳤다. 또한 변화하고 성장하는 인간의 속성을 강조한 사회복지실천의 기본적 접근방법을 공고히 하는 데 도움을 주었다.

(2) 20세기의 사법복지

① '전미 자선 및 교정회의'와 사법제도의 개혁

20세기를 전후해서 사회복지는 전문직으로 성장하기 시작하였다. 1898년에는 최초의 사회복지사 교육훈련학교가 설립되었다. 그러나 그 이전인 1879년에 '전미 자선 및 교정회의'가 창설되었는데, 이는 '전미사회복지실천회의'(National Conference of Social Work)의 전신이었으며 1955년 '전미사회복지사협회'(National Association of Social Workers)를 형성하는 데 협력한 구성단체의 하나였다(Zenderland, 1998). 선구적인 사회복지사들은 사회개혁, 법과 정의의 이슈에 일차적인 초점을 두었다(Barker & Branson, 2000).

초창기 사회복지사들의 중대한 업적 중의 하나는 범죄를 저지른 나이 어린 사람들에 관하여 정책적 변화를 이끌어낸 것이다(Platt, 1977). 초창기 선구자들의 노력으로 불과 5세의 어린아이도 성인과 함께 구금되었던 형벌제도가 개혁되었다. 1875년에는 뉴욕에 '아동학대방지회'(The Society for Prevention of Cruelty to Children: NYSPCC)가 설립되었고, 1899년 일리노이 주에 최초의 소년법원이 창설되는 등 소년사법 시스템이 탄생하였다. 이러한 제도적 변화는 인간의 속성과 아동기 성장에 관한 새로운 이론적 발전의 촉매가 되었다. 한편 소년사법제도의 출범과 동시에 전체 형사사법 시스템에 관한 정책도 요동치기 시작하였다. 1800년대 중후반에는 가석방(parole) 제도가 출현하였고, 감옥은 교도소(penitentiary)로 개명되었으며, 개인의 개선갱생과 사회복귀를 강조하는 교정이념은 급속히 확산되었다(Maschi & Killian, 2009).

이러한 사법제도의 변화는 사회복지실천의 두 가지 목적, 즉 '사회체계의 변화'와 '그러한 체계에서 이탈된 개인의 변화'에 매우 부합하는 것이었다. 특히 사회복지의 케이스워크(casework)는 교정시설의 재소자에 대한 적절한 대응책으로 부상하였다. 1921년 '미국사회복지사협회'(American Association of Social Workers)의 설립과 함께, 범죄인에 초점을 둔 서비스와 케이스워크에 숙련된 '교정치료전문가'(correctional treatment specialists)가 등장하였다(Roberts & Brownwell, 1999).

② 사회변화와 정부정책에서의 사법복지의 강조

미국의 1929년 대공황의 시작과 더불어 사회복지실천도 재차 사회변화를 강조하는 방향으로 변화하였다. 1920년대 초반에는 경찰에서 사회복지사의 활용이 일반적인 것이 되었다. '경찰사회복지사'(police social worker)는 주로 여성의 권리보호를 위하여 활동하는 여성사회복지사였다(Maschi & Killian, 2009). 1940년대에는 소년 갱들의 활동이 확산되었고 법원과 연계되어 이들의 지도와 개선을 위한 청소년클리닉이 다수 개설되었다. 학교탈락이나 문제가정의 구성원인 아동·청소년의 선도와 보호를 위한 지역사회 중심의 협의체와 비행예방프로그램이 속속 등장하였다(Roberts & Brownwell, 1999).

1960년대 이후에는 개혁과 사회적 책임에 강조점을 두는 사회적 분위기 속에서 형사 사법제도에 대한 접근방법이나 형사정책도 큰 변화를 겪게 되었다(Sullivan, 2007). 케네디와 존슨 행정부는 청소년비행을 예방하고 치료하는 연방정부의 정책과 기금을 확충하였다. 이러한 정책적 변화는 컬럼비아 대학교 사회복지대학원이 연방정부의 기금으로 창설한 '청소년을 위한 뉴욕시의 동원체제'(New York City Mobilization for Youth)가 모태가 되었다. 또한 사법복지사는 청소년 및 성인 보호관찰에서 그들의 역할을 증대하였다. '범죄 및 비행의 전국협의회'(National Council on Crime and Delinquency)의 사무총장이었던 밀턴 렉터(Milton Rector)는 보호관찰관이 되기 위해서는 사회복지대학원의 석사학위 이상이 필요하다고 생각하였다. 동시에 연방정부의 예산이 성인을 위한 교정치료프로그램, 재판 전 다이버전 프로그램 그리고 262개의 청소년국에 배당되었다. 이 시기에 수많은 사회복지사들이 경찰청, 정신치료시설, 소년사법프로그램 그리고 보호관찰소에 고용되어 활동하였다(Roberts & Brownwell, 1999).

③ 사회변화에서 개인의 책임성으로의 초점 이동

1980년대 들어서 교정정책은 '범죄에 대하여 보다 강경하게 대처할 것'(get tough on crime)을 요구받게 되었다. 교도소의 재소자 인구는 급속히 증가하였으며, 프로그램의 예산은 턱없이 부족하게 되었다(Maschi & Killian, 2009). 다수의 교정행정가들은 범죄인의 개선갱생을 위한 노력보다는 보안과 안전을 위한 현상 유지에 행정의 우선순위를 두게 되었다. 더구나 여성주의운동의 발전은 강간이나 가정폭력 피해자에 대한 재조명을 통하여 가해자의 교정보다는 피해자의 권리보호에 사회적 이목을 집중시키게 되었다(Maschi & Killian, 2009). 공공대중은 교도소가 범죄인의 개선갱생이라는 목적을 충실히 수행하는지 의심하게 되었고, 폭력적 범죄에 대한 대응으로 더 엄격한 양형을 요구하기 시작하였다(Haney & Zimbardo, 1998). 사회복귀를 강조하는 교정철학은 로버트 마틴슨(Robert Martinson)의 교정처우프로그램 평가보고서의 부정적 결론 발표와 함께 심각한 도전에 직면하였다.

이러한 분위기 속에서 협력적 사법복지실천의 중심은 교도소를 기반으로 하는 재활프로그램에서 지역사회 중심의 피해자/증인 지원프로그램으로 옮겨 갔고, 결과적으로 이러한 프로그램에 종사하는 사람들의 1/3 정도는 사회복지사로 충원되었다(Barker & Branson, 2000; Roberts & Brownwell, 1999). 또한 지역사회 중심의 범죄인 재활프로그램에서 사법복지사의 전문적 역량 발휘 기회가 늘어나게 되었다(Maschi & Killian, 2009).

(3) 9 · 11 테러 이후의 사법복지

2001년 9월 11일에 발생한 끔찍한 테러는 이후의 연방, 주, 기초단체 단위의 사법제도와 관련된 법률과 정책에 큰 변화를 가져왔다. 이에 따라 사법복지의 역사도 새로운 시대를 맞이하게 되었으며 사법복지사의 역할에도 중대한 변화가 나타나게 되었다. 미국의 조지 부시 대통령은 '테러와의 전쟁'(War on Terror)을 선언하고 테러리즘을 제어하고 통제하기 위한 적정수단을 강화하는 일련의 법안을 통과시켰다. 이러한 법률들은 특정한 범죄를 예측하고 방지하기 위한 정부의 기능을 강화하는 것으로서 기소된 범죄인의 보호를 약화시키는 것이었다. 또한 국제적 보안을 강조하면서 난민 등 이민자에 대한 법률적 규제를 강화하는 변화가 나타난다. 이러한 변화 속에서 사법복지사에게는 또다시 개인의 변화를 위한 케이스워크보다는 사회개혁과 정책적 변화를 강조하는 실천의 상대적 중요성이 점점 더 부각된다고 할 수 있다(Maschi & Killian, 2009).

2. 사법복지실천의 현황과 향후 전망

1) 사법복지실천의 현황

(1) 사법사회복지사의 조직

미국에서 사법복지 영역에 종사하는 사회복지전문직의 조직은 '전미사법사회복지사회'다. 이 조직은 이 특수한 분야의 발전을 촉진하고 이 분야 종사자들의 경험과 노하우를 공유하기 위하여 설립되었다(Barker & Branson, 2000: 31). NOFSW는 매년 개최되는 사법복지 발표회와 법적 이슈에 관심 있는 사회복지 실천가들의 워크숍을 지원하고 있으며, 정기적인 소식지와 연구 간행물도 발간하고 있다. 또한 이 조직은 관련 종사자의 실천표준 제정, 교육훈련의 개발, 연구 진흥, 대외홍보 등의 업무도 수행하고 있다. 1985년 NOFSW는 사법사회복지사자격증(Diplomate in Forensic Social Work)이라는 전문적 자격취득제도를 창설하고, 이후 이 자격증을 취득한 사회복지사를 회원으로 인정하고 있다(Barker & Branson, 2000: 31).

한편, 일본에서는 2000년에 '일본사법복지학회'(Japanese Association of Law Forensic Social Service)가 사법복지학의 발전을 위하여 창립되었다. 이 학회는 매년 사법복지학 강연대회를 개최하고 있으며, 학회의 구성원 300여 명 가운데 가정재판소, 보호관찰소, 소년원, 아동상담소, 아동자립지원시설 등의 실무종사자 비율이 높다(前野育三, 2010).

(2) 사법복지실천의 주요 내용과 사법복지사의 역할

① 사법복지실천의 주요 내용

교정복지는 법원의 판단에 근거한 처분의 집행이나 처우 영역에서의 복지활동에 주된 초점을 두고 있다. 이에 비하여 사법복지는 기존의 교정복지 범위를 넘어서, 경찰, 검찰, 재판(가사재판 포함), 교정, 보호관찰, 소년 및 범죄예방의 형사사법 및 가사재판 전 영역에서 복지적 기능을 강조한다. 구체적인 실천영역으로 ① 비행소년에 대한 보호적 조치, ② 환경조정, ③ 갱생보호(보호관찰), ④ 부부관계 조정, ⑤ 피해자보호, ⑥ 법률상담, 그리고 ⑦ 가사상담이 포함될 수 있다(山口幸男, 1991: 13: 이무웅, 2013: 4 재인용). 이와 관련된 이슈들은 아동복지, 아동의 시설보호, 이혼, 청소년비행, 방임, 친인척의 책임, 복지권, 유권적 처우 그리고 법적 능력 등에 관한 것이다(Barker, 2003).

② 사법사회복지사의 역할

사법사회복지사는 다음과 같이 적어도 열 가지의 주요한 역할을 수행한다(Barker & Branson, 2000: 15-17).

첫째, 사법사회복지사가 법원의 정신감정 등 전문가감정의 요구에 응하여 재판과정에 출석 또는 서면으로 진술하거나 증언한다.

둘째, 사법사회복지사는 개인에 대한 체계적 평가를 통해 취득한 정보를 법원이나 법집행기관에 제출한다. 이러한 역할수행 과정에서 사법사회복지사는 개인, 가족, 집단 그리고 지역사회의 복지욕구에 대한 일반적 정보를 제공한다.

셋째, 사법사회복지사는 범죄행동의 원인 등에 대하여 사례를 조사하고 이를 법원에 보고한다.

넷째, 사법사회복지사는 법원이나 다른 법적 당국에 범죄를 저지른 사람들에 대한 처벌, 재활, 문제해결을 위한 방법을 권고한다.

다섯째, 사법사회복지사는 유죄판결을 받은 사람에게 법원이 명령한 처분의 집행을 지원한다.

여섯째, 사법사회복지사는 분쟁 상태에 있는 개인이나 집단 간의 갈등을 중재하여 법적 소송절차로 이행하는 것을 막는 역할을 수행한다.

일곱째, 사법사회복지사는 전문직의 부당한 실천이나 비윤리적 행동에 과한 사례에 관하여 지원하기 위해 사회복지실천의 전문적 기준을 증언한다.

여덟째, 사법사회복지사는 전문직에 대한 법률의 영향에 관하여 그들의 동료를 교육하는 데 충분한 주의를 기울인다.

아홉째, 사법사회복지사는 전문적 사회복지실천을 규제하는 자격에 관한 법률의 개발과 실행을 촉진한다.

열째, 그리고 가장 중요하게 사법사회복지사는 법률의 규정 및 취지, 그리고 그들의 전문직 윤리에 입각하여 클라이언트와의 관계를 유지한다.

2) 사법사회복지사의 지원동기와 사법복지학의 전망

(1) 사법사회복지사의 처우와 지원동기

현실적으로 미국에서 사법사회복지사의 직무만족은 그다지 높은 편은 아니다(Barker & Branson, 2000: 17-18). 소송과정에 참여하고 전문가로서 증언하며 법적 분쟁에 휘말리거나 범죄인을 상대하여 그들의 불편한 범죄 내용을 심층적으로 분석해야 하는 것은 개인에게 그다지 긍정적인 경험이 되지 못하기 때문이다. 더구나 사법 시스템과 소송제도, 범죄와 관련된 다양한 법률과 폭넓은 사회적 이슈에 관하여 매우 높은 전문적 지식을 요구하는 업무의 특성은 사회복지사들에게는 큰 도전과 역경이 될 수 있는 것이다. 더구나 미국에서 적어도 2000년대 초반까지 사법복지 영역의 사회복지전문직에 대한 경제적 처우는 충분히 만족스러운 것이 아니라고 한다(Barker & Branson, 2000: 19).

그러나 사법사회복지사 역시 다른 분야에 종사하는 사회복지사들과 마찬가지로, 단지 경제적 이유에서 직업을 선택하지는 않는다. 의심할 여지없이 다양한 동기가 이들의 직업선택 배경에 존재한다. 일부는 새로운 영역에 도전하는 것을 흥미롭게 여길 것이며, 다른 일부는 그들의 직업경력에서의 다양성을 추구할 수 있다. 그러나 그들의 지원동기가 어떠하건 간에 이 분야에 종사하는 대부분의 사법사회복지사는 인간의 권리와 사회의 정의에 직접적으로 기여할 수 있는 실천에 적합한 현장의 매력을 발견할 것이다. 법정은 다른 사회복지 영역과 마찬가지로 다툼과 갈등이 존재하는 장소다. 사회정의를 촉진하기 위한 그들의 전문적 역량을 발휘하며 사회질서의 이익을 유지하고 사회문제를 없애는 데 기여할 수 있다는 점은 실천가에게 있어 사법복지 영역의 큰 매력이다.

(2) 소송 중시 사회의 도래와 사법복지학의 전망

① 소송 중시 사회의 도래

현재 미국 사회를 비롯한 선진국은 역사상 유래 없는 '소송 중시 사회'(litigious society)로 변화해 가고 있다(Barker & Branson, 2000: 9). 모든 분야의 전문가들은 그들의 고용주뿐 아니라 클라이언트, 전문직 동료 그리고 일반 대중에 대하여 전에 없는 법적 책임성을 요구받고 있다. 이러한 소송 중심의 현재 상황에서 일반 시민을 보호하기 위한 법률과 규정은 더욱 복잡하게 발전하고 있다.

사회복지전문직도 이러한 시대적 상황에서 예외가 될 수는 없다. 사회복지기관, 비영리사회단체 그리고 이러한 기관의 종사자들도 소송의 대상이 되는 경우가 부지기수다 (Reamer, 1995). 이러한 경향은 이미 1960년대 미국 케네디 대통령이 소비자의 4대 기본 권(안전권, 정보제공권, 선택권, 청문권)을 천명한 이후부터 본격화되었다고 할 수 있다 (Barker & Branson, 2000: 10).

② 사법복지학의 전망

법률과 소송을 중시하는 사회적 분위기 속에서 사회복지실천은 법에 대한 관심을 새롭게 할 수밖에 없다. 사법 시스템과 관련된 분야에 더 많은 사회복지전문직이 진출하고 있으며, 사회복지 대학원과정에서는 법과 윤리적 이슈에 관한 보다 많은 강좌를 다루고 있다(Gibelman, 1995). 사회복지사들은 법집행, 사법시스템 그리고 법률제정활동과 관련된 분야에 재진출하고 있다(Gendreau, 1996). 그들은 경찰사회복지(police social work), 소년보호관찰(juvenile probation), 가해자·피해자 중재나 폭력범죄피해자 분야 등에서 다양한 전문성을 발휘하고 있다. 또한 빈곤층이나 장애인, 정신적 문제를 가진 클라이언트 등 전통적 분야에서 활동하는 사회복지사들도 업무의 일환으로 법적 제도와 보다 깊은 관계를 맺게 되었다(Barker & Branson, 2000: 11).

경찰사회복지는 특히 미국과 유럽의 대도시에서 점점 더 중요성을 더해 가는 특수한 분야다(Treger, 1995). 법집행관들은 범죄인, 피해자 그리고 실종자의 사회심리적 행동을 해석하는 경우에 사회복지실천의 전문적 지식과 기술이 유용하다는 점을 깨닫는다.

이에 따라 보다 많은 사회복지사들이 피해자와 증인의 지원 프로그램에서 경찰을 돕기 위하여 채용되고 있다(Brown et al., 1990). 검찰 단계에서도 사회복지사의 활동은 점차 증가 추세에 있다. 가정 내 갈등문제, 강간 피해자, 아동학대 등의 문제를 다루기 위해 사회복지사의 실천이 요구되며, 특히 사회복지사의 중재활동은 미국과 캐나다의 아동보호 사례에서 주요한 역할을 수행하고 있다(Barker & Branson, 2000: 12). 무엇보다도 범죄인에 대한 교정처우단계에서 많은 임상실천가들이 다양한 강제적 프로그램의 계획수립과 진행을 위하여 법집행기관에 의해 채용되거나 프로그램 수행을 위탁받고 있다 (O'Hare, 1996). 시설내처우에서 사회내처우에 이르기까지 법원은 다양한 프로그램을 지역사회의 범죄인에게 처분하고 있는데, 이러한 처분의 집행 시 사회복지사는 법집행관들과 협력하여 중요한 역할을 수행하고 있다.

이러한 시대적·상황적 맥락에 비추어 보았을 때, 아직도 이 분야의 발전이 상대적으로 더딘 것은 놀라운 일이다. 그러나 앞으로의 사법복지는 사회복지전문직의 주요한 구성요소로 등장할 것으로 기대된다. 왜냐하면 사회복지실천이 보다 법률적인 사회로 가는 경향의 일부가 되면서, 이 분야에서 전문성을 개발하는 것이 사회복지실천 전반에 주요한 과제가 되고 있기 때문이다(Barker & Branson, 2000: 13-14).

🕮 참고문헌

이무웅(2001). 우리나라 사법보호복지 서비스에 관한 소고. 보호관찰실무연구논문집. 법무부 서울보호관찰소.
_____(2013). 사법복지론. 서울: 청문사.

Barker, R. L. (2003). *The Social Work Dictionary* (2nd ed.). Washington, DC: NASW Press.

Barker, R. L., & Branson, D. M. (2000). *Forensic social work: Legal aspect of professional practice* (2nd ed.). New York: Routledge.

Gendreau, P. (1996). The principles of effective intervention with offenders. In F. X. Harland (Ed.), *Choosing correctional options that work: Defining the demand and evaluating the supply* (pp. 117-130). Thousand Oaks, CA: Sage.

Gibelman, M. (1995). *What Social Workers Do.* Washington, DC: NASW Press.

Green, G., Thrope, J., & Traupmann, M. (2005). The sprawling ticket: Knowledge and specialisation in forensic social work. *Australian Social Work, 58*, 142-153.

Haney, C., & Zimbardo, P. G. (1998). The past and future of U.S. prison policy: Twenty-five years after the Stanford Prison Experiment. *American Psychologist, 53*, 709-727.

Maschi, T., & Killian, M. L. (2009). Defining collaborative forensic social work with diverse populations. In T. Maschi, C. Bradly & K. Ward (Eds.), *Forensic social work: Psychological and legal issues in diverse practice settings* (pp. 3-10). New York: Springer publishing company.

O' Hare, T. (1996). Court-ordered vs. voluntary clients: Problem differences and readiness for change. *Social Work, 41*, 417-422.

Platt, A. M. (1977). *The child savers: The invention of delinquency* (2nd ed.). Chicago: University of Chicago Press.

Reamer, F. G. (1995). Malpractice claims against social worker: First facts. *Social Work, 40*, 595-601.

Roberts, A. R., & Brownell, P. (1999). A century of forensic social work: Bridging the past to the present. *Social Work, 44*, 359-369.

Sullivan, P. M. (2007). A selected history of juvenile justice facilities. Retrieved July 21, 2007, http://www.aia.org/siteobjects/files/caj_a_20070323_juvenile_history.pdf

Treger, H. (1995). Police social work. In R. L. Edwards, et al. (Eds.), *Encyclopedia of social work* (9th ed.) (pp. 1843–1848). Washington, DC: NASW Press.

Zenderland, L. (1998). *Measuring minds.* New York: Cambridge University Press.

菊地和典(1988). 司法-サブシステム. 副田義也 編. 福祉と關聯サービス. 第5部 (pp. 209-251). 東京: 中央法規出版.

前野育三(2010). 日本司法福祉學會. 伊藤富士江 編. 司法福祉入門: 非行・犯罪への對應と被害者支援 Column. 東京: 上智大學出版.

부록

부록 1   사회복지사 등 전문자격증 소지자의 보호직 공무원 특별채용 현황

부록 2   연도별 보호관찰 실시사건 현황(1989-2013)

부록 3   연도별 보호관찰 준수사항위반자 제재조치 현황(1989-2013)

부록 4   경비처우급 판정기준 (2010. 12. 31. 기준)

부록 5   경비처우급별 처우기준 (2010. 12. 31. 기준)

부록 6   서울소년원의 교과교육과정 직제 및 시간배당 기준

부록 7   소년원별 인성교육과정

부록 8   자존감 척도

부록 9   펜실베이니아 보호관찰대상자 초기사정표

부록 10   대인관계 척도

부록 11   의사소통 척도

부록 12   강간통념 척도

부록 13   약물남용 치료기관 및 재활시설

부록 14   단약 자기 효능감 척도

부록 15   약물중독 선별 검사표

부록 16   약물중독 예방하기

부록 17   공격성 척도와 해석 요령

부록 18   한국형 알코올 의존선별방법(NAST)

부록 19   알코올 중독 자가진단검사(AUDIT)

부록 20   폭력예방관련 기관 및 단체

부록 1

사회복지사 등 전문자격증 소지자의 보호직 공무원 특별채용 현황

■ 2010년

구분	선발인원	최종합격인원	사회복지사			임상심리사		
			계	남	여	계	남	여
7급	10	10(여)	6	–	6	4	–	4
9급	45(남 35, 여 10)	45(남 35, 여 10)	43	34	9	2	1	1

• 7급: 정신보건사회복지사 1급 6명, 정신보건임상심리사 1급 4명
• 9급: 임상심리사 2급 남 1, 여 1

■ 2012년 상반기(1차)

구분	선발인원	최종합격인원	사회복지사			임상심리사		
			계	남	여	계	남	여
9급	78(남 63, 여 15)	78(남 63, 여 15)	77	62	15	1	1	–

■ 2012년 하반기(2차 및 3차)

구분	선발인원	최종합격인원	사회복지사			임상심리사			기타(전문상담교사 등)		
			계	남	여	계	남	여	계	남	여
7급	10	10(남 2, 여 8)	6	2	4	4	–	4	–	–	–
8급	25	25(남 7, 여 18)	20	6	14	3	1	2	2	–	2
9급	71(남 56, 여 15)	71(남 56, 여 15)	69	55	14	2	1	1			

• 7급: 정신보건사회복지사 1급 6명, 정신보건임상심리사 1급 4명
• 8급: 사회복지사 20(남 6, 여 14), 임상심리사 3(남 1, 여 2)
  - 사회복지사 남 6명 중 정신보건사회복지사 2급 2명 포함
  - 사회복지사 여 14명 중 정신보건사회복지사 1급 2명, 정신보건사회복지사 2급 7명 포함
  (8급의 경우 자격증 소지자가 아닌 프로그램 집행경력 3년 이상이 자격요건임)
• 9급: 사회복지사 69(남 55, 여 14), 임상심리사 2급(남 1, 여 1)

■ 2013년

구분	선발인원	최종합격인원	임상심리사			전문상담교사			중등학교 정교사		
			계	남	여	계	남	여	계	남	여
9급	40(남 20, 여 20)	40(남 20, 여 20)	18	8	10	21	12	9	1	–	1

• 9급: 임상심리사(1급 또는 2급) 자격증 소지자, 전문상담교사(1급 또는 2급) 자격증 소지자, 중등학교 정교사(1급 또는 2급) 중 자격증 소지자

출처: 2013년 법무부 범죄예방정책국 조직진단 및 인력현황 자료.

부록 2

연도별 보호관찰 실시사건 현황(1989-2013)

(단위: 건)

연도	실시종류					
	계	보호관찰	사회봉사	수강명령	선도위탁	존스쿨
1989	8,389	7,971	121	297	–	–
1990	24,057	20,356	2,224	1,477	–	–
1991	32,319	27,940	2,860	1,519	–	–
1992	38,941	31,787	4,961	2,193	–	–
1993	45,991	38,583	5,246	2,162	–	–
1994	53,340	43,099	7,149	3,092	–	–
1995	59,649	48,352	7,636	3,185	476	–
1996	67,947	53,523	10,076	2,481	1,867	–
1997	100,988	65,081	30,551	2,606	2,750	–
1998	135,216	81,600	46,637	4,402	2,577	–
1999	137,943	88,223	41,640	5,348	2,732	–
2000	151,180	94,705	42,761	9,390	4,324	–
2001	149,184	90,424	43,361	11,236	4,163	–
2002	149,565	89,163	45,026	11,901	3,475	–
2003	151,558	89,428	46,074	12,232	3,824	–
2004	151,958	88,182	45,252	15,384	3,140	–
2005	150,228	88,127	39,709	15,849	3,333	3,210
2006	154,120	87,247	35,886	13,783	3,749	13,455
2007	170,791	88,551	42,190	16,293	4,973	18,784
2008	189,827	93,274	47,654	22,083	5,014	21,802
2009	219,027	98,961	48,902	25,888	5,648	39,628
2010	190,995	101,924	42,469	24,275	6,751	15,576
2011	181,136	98,063	41,317	24,882	7,938	8,936
2012	181,060	97,886	41,560	28,144	7,516	5,954
2013	176,593	96,574	41,511	28,054	6,457	3,997
총 계	3,072,002	1,809,024	762,773	288,156	80,707	131,342

출처: 2013년 보호관찰통계. 법무부 범죄예방정책국 자료.

부록 3

연도별 보호관찰 준수사항위반자 제재조치 현황(1989-2013)

(단위: 건)

연도	구인	긴급 구인	유치	집행 유예 취소	보호 처분 변경	임시퇴원 취소	가석방 취소	기간 연장
'89-'91	29	–	23	11	1,000	98	11	0
1992	24	–	21	7	1,067	51	4	2
1993	23	–	18	20	1,331	9	1	2
1994	38	–	33	36	1,669	2	2	8
1995	57	–	49	34	1,717	1	1	0
1996	1,512	–	1,278	23	3,827	82	0	140
1997	2,029	279	2,087	52	1,484	202	0	150
1998	1,136	463	1,547	194	704	90	3	141
1999	1,356	505	1,812	221	733	97	7	131
2000	1,042	268	1,275	169	581	61	4	169
2001	1,320	240	1,468	219	602	124	11	140
2002	1,631	192	1,751	291	568	112	6	175
2003	1,605	204	1,720	327	644	125	11	114
2004	1,499	127	1,502	384	494	55	8	124
2005	1,259	137	1,276	354	433	28	10	82
2006	1,669	107	1,645	600	742	23	37	86
2007	1,788	89	1,737	693	896	63	40	76
2008	2,156	110	2,160	751	1,307	155	50	56
2009	2,617	109	2,609	650	1,703	161	48	50
2010	2,775	71	2,729	652	1,055	184	52	45
2011	2,562	62	2,471	536	1,903	145	47	86
2012	2,279	60	2,120	550	1,762	155	35	112
2013	2,431	67	2,287	635	1,960	149	26	80

출처: 2013년 보호관찰통계. 법무부 범죄예방정책국 자료.

부록 4

경비처우급 판정기준 (2010. 12. 31. 기준)

분류 영역	항목	범주			점수
본범 관련 사항 (43)	흉기 사용	미사용 (1)	미소지 사용 (3)	소지 사용 (5)	
	범죄동기	과실 (1)	우발·격정 (2)	고의 (3)	
	범죄 심각성	경범죄 (2)　　보통범죄 (5)　　중범죄 (8)　　초중범죄 (10)			
	전체형기	1년 미만 (1)　　1~3년 미만 (2)　　3~5년 미만 (4) 5~10년 미만 (6)　10~20년 미만 (8)　20년 이상(무기 포함) (10)			
	미결시태도 (형확정 후 분류심사 전까지)	양호 (1) (신청작업 등)	보통 (3) (훈계, 경고, 금치 외 처분)	불량 (5)　　매우 불량 (10) 　　　　(금치 1회 이상)	
	재범기간	이전범죄 없음 (1)　　5년 이상 (2)　　1~5년 미만 (3) 6월~1년 미만 (4)　　6월 미만 (5)			
과거범 죄력 (35)	범법행위 건수	이전범죄 없음 (1)　　1~2회 (2)　　　3~4회 (3) 5~6회 (5)　　　7~9회 (8)　　　10회 이상 (10)			
	최초경찰 입건연령	[남자] 25세 이상 (1)　19~24세 (2)　15~18세 (3)　14세 이하 (5) [여자] 36세 이상 (1)　26~35세 (2)　19~25세 (3)　18세 이하 (5)			
	교정시설 총 수용기간	수용경력 없음 (1)　　1년 미만 (3)　　1~4년 미만 (5) 4~7년 미만 (7)　　　　　7년 이상 (10)			
	과거수용 중 징벌횟수	징벌 없음 (1)　　경고 (2)　　경고·금치외처분 (3) 금치 1회 (4)　　　　　　금치 2회 이상 (5)			
	초중범죄·중범죄 유무	없음 (1)	1회 (3)	2회 이상 (5)	
위험성 및 개선도 평가 (12)	상담관찰태도	T 상담점수 61점 이상 (1)	T 상담점수 41~60점 (3)	T 상담점수 40점 이하 (4)	
	문제행동가능성 (교정심리검사 등 참고)	낮음 (1)	보통 (2)	높음 (4)	
	개선가능성	높음 (1)	보통 (2)	낮음 (4)	
도주 또는 위 반(10)	도주 또는 자살시도 (본건 또는 전과 포함)	없음 (1)	관찰요망 (3)	있음 (5)	
	보호관찰위반, 집행유예실효, 가석방취소·실효 등 (본건 또는 전과 포함)	없음 (1)	1회 (3)	2회 이상 (5)	

판 정 기 준	경비급	점수	판 정 결 과	총점	경비급
	개방경비급(S1)	23점 이하			
	완화경비급(S2)	24~37점			
	일반경비급(S3)	38~63점			
	중(重)경비급(S4)	64점 이상			

출처: 2011년 범죄백서, p. 305; 법무부 교정본부 자료.

부록 5

경비처우급별 처우기준 (2010. 12. 31. 기준)

처우	단계	1급	2급	3급	4급
물품 지급	원칙	처우급에 차이를 두어 지급할 수 있음			
	구별불가품	주식 · 부식, 음료, 그 밖에 건강유지에 필요한 물품 구별하지 않음			
	색상. 디자인 차이	S1급만 허용			
봉사원선정		S2급 이상		선별적 가능	
		교정성적, 나이, 인성 등을 고려 선정(활동기간 1년으로 하되, 1회 연장 가능)			
자치활동		S2급 이상 허용			
		• 범위: 인원 점검, 취미활동, 일정한 구역 안 생활 • 토론회 개최: 교육실, 강당 등 적당한 장소에서 월 1회 토론회 개최			
접견	허용횟수	1일 1회	월 6회	월 5회	월 4회
	장소	접견실 외의 적당한 장소(개방시설 수용자 포함)	접견실이 원칙, 처우상 필요시 접견실 외의 적당한 장소에서 접견 가능		
	기타	화상접견은 접견횟수에 포함, 징벌대상자 접견의 전부 또는 일부를 제한 구류형, 순수노역수형자는 S4급과 동일 적용			
전화 사용	횟수	월 5회	월 3회	처우상 필요시	처우상 필요시
	대상	• S1급, S2급, S3급 이하 처우상 필요시 2회 연장 및 월 2회 이내 허가 가능 • 소장은 처우상 필요하다고 인정되는 경우 전화사용 회수 확대 또는 통화차단 가능 • 전화사용료는 수형자 자신이 부담(공중전화기 카드), 1회 통화 3분 이내			
사회 복귀	모든 수형자	• 라디오 청취, TV시청, 시계착용, 신문열람, 가족사진 소지, 비치(직계존속 · 비속, 배우자) • 자기사진 송부: 직계존속 · 비속, 배우자에게 송부허가 가능, 교도관이 촬영, 자기부담 의류 착용 가능			
	가족 만남의 날 행사	S2급 이상(접견횟수에 포함하지 아니함)		처우상 필요시	처우상 필요시
	경기 또는 오락회	S2급이상 또는 자치생활 대상자 월 2회 이내(소년수형자는 횟수 증가 가능)			
	사회적 처우 (사회견학, 사회봉사, 종교행사 참석 등)	S2급 이상 (별도의 수형자 의류지정, 자비부담 의류 착용 가능)		처우상 필요시	처우상 필요시
작업	작업지정 및 변경	• 수형자분류처우심사표 참조하여 작업지정 • S4급 수형자는 전업 불허(처우상 또는 작업형평상 필요시 제외)			
	작업장려금 사용	2분의 1 이내	3분의 1 이내	4분의 1 이내	불허
	작업	• 직업 · 교육 등 지도보조: S2급 이상자로 작업성적 우수 및 기술있는 자 • 개인작업: S2급 이상자로 작업시간 외의 시간에 1일 2시간 이내 자신을 위한 개인작업 • 개인 작업용구: 개인작업 허용자에게 개인 작업용구 사용 허가, 특정용기 보관, 재료구입비는 자기부담			
	외부 직업훈련	S2급 이상자로서 직업능력 향상을 위하여 필요한 경우			

출처: 2011년 범죄백서, p. 307; 법무부 교정본부 자료.

부록 6

서울소년원의 교과교육과정 직제 및 시간배당 기준
(교육과학기술부 고시 제2009-41호 초 · 중등학교 교육과정 개정)

■ 중학교 과정

구 분		1~3학년 기준시수	1~3학년 운영시수
교과 (군)	국어	442	442
	사회(역사 포함)/도덕	510	510
	수학	374	374
	과학/기술 · 가정	646	646
	체육	272	272
	예술(음악/미술)	272	272
	영어	340	340
	선택	204	204
창의적 체험활동		306	510
총 수업 시간 수		3,366	3,570

주)
1. 1시간 수업은 45분을 원칙으로, 기후 및 계절, 학생의 발달정도, 학습 내용의 성격 등과 학교 실정을 고려하여 탄력
   적으로 편성 · 운영할 수 있다.
2. 교과(군)별 시간 배당은 연간 34주를 기준으로 한 3년간의 기준 수업시수를 나타낸 것이다.
3. 총 수업시간 수는 3년간의 최소 수업시수를 나타낸 것이다.

■ 고등학교 과정

구분	교과영역	교과(군)	필수 이수 단위		학교자율과정
			교과(군)	교과영역	
교과 (군)	기초	국어	15(10)	45(30)	학생의 적성과 진로를 고려하여 편성
		수학	15(10)		
		영어	15(10)		
	탐구	사회(역사/도덕 포함)	15(10)	35(20)	
		과학	15(10)		
	체육 · 예술	체육	10(5)	20(10)	
		예술(음악/미술)	10(5)		
	생활 · 교양	기술 · 가정/제2외국어 한문/교양	16(12)	16(12)	
소 계			116(72)		64
창의적 체험활동			24 → 30(소년원학교 ＋6)		
총 이수 단위			204 → 210(소년원학교 ＋6)		

주)
1. 1단위는 50분을 기준으로 하여 17회를 이수하는 수업량이다.
2. 1시간의 수업은 50분을 원칙으로 하되, 기후 및 계절, 학생의 발달정도, 학습 내용의 성격 등과 학교 실정을 고려하여 탄력적으로 편성 · 운영할 수 있다.
3. 필수 이수 단위의 교과(군) 및 교과 영역 단위 수는 해당 교과(군) 및 교과 영역의 '최소 이수 단위'를 가리킨다.
4. 필수 이수 단위의 ( ) 안의 숫자는 전문교육을 주로 하는 학교, 예체능 등 교육과정 편성 · 운영의 자율권을 인정받은 학교가 이수할 것을 권장한다.
5. 총 이수 단위는 교과(군)과 창의적 체험 활동의 이수 단위를 합한 것으로, 고등학교 졸업에 필요한 '최소 이수 단위'를 가리킨다.

출처: 법무부(2011). 제4기 보호직 9급 신규자과정 교육교재, pp. 863-864.

부록 7

소년원별 인성교육 과정

■ 소년원별 인성교육과정의 개요

과정 운영	전문 인성교육	특성화중학교	직업능력개발훈련 일반중 · 고등학교
대상기관	대구 · 청주 · 춘천 · 제주원	전주 · 안양원	서울 · 부산 · 대구 · 광주 · 안양 · 춘천원
교육편성	교육과정 50% 이상	교육과정 18%	자율편성 과목(직훈) 창의적 체험활동(교과)
교육시수	주당 15시간	주당 7시간	주당 2시간
교육과목	• 집단상담(10): 폐쇄집단 운영(12회기, 1회기 2시간) 강 · 절도, 성비행, 폭력예방, 교통안전, 정보화역기능예방교육 등 비행유형별 과목 자기성장, 가족관계회복, 대인관계능력 향상, 진로탐색 등 비행유형별 과목 이외 • 집단지도(10): 개방집단 운영(6회기) 준법교육, 생활예절, 단학수련, 성교육, 약물교육, 학교폭력예방교육 인터넷중독예방교육, 교통안전교육, 독서지도, 음악감상		
교육평가	• 프로그램 종료 후 '교육소감문' '교육평가설문' 작성 • 교육소감문 3년, 교육평가설문 엑셀 입력 후 3년간 파일 보관 · 관리		
시청각 자료활용	• TEAMS 내 사이버 인성교육 적극 활용 • 본부 제작 · 발송한 동영상, PPT 자료를 기관여건에 맞게 수정 활용		
교육기록	• 다른 교과와 동일하게 교무일지에 기록 • 집단상담의 경우 상세 내용을 '집단상담일지' 에 기록		
직원교육	• 자체교육, 워크숍, 각종 연수 등을 통해 직원 프로그램 운영 능력 제고 • 반기 1회 직원 인성교육 현황 보고		

■ 기관별 운영 프로그램

구분 기관	개수	운영프로그램 자체	외부(유급강사, 자원봉사자 등)
서울 소년원	7	법교육, 감수성훈련, 미술치료, MBTI, 도예작업, 영화치료	두드림
부산 소년원	5 (3)	학교폭력예방, 인터넷중독예방, 법교육	진로탐색, 미술치료, 종이접기, 요가심리치료, 성폭력가해자치료프로그램
대구 소년원	5 (1)	품성계발, 감수성훈련, 또래상담, 진로탐색	분노조절훈련, 음악치료
광주 소년원	4 (4)	분노조절훈련, 진로탐색 성폭력예방, 약물남용예방	음악치료, 미술치료 음악치료, 미술치료
전주 소년원	5 (2)	또래상담, 감수성훈련, 분노조절훈련, 세상열기, 미술치료, 또래상담, 진로탐색	또래상담, 감수성훈련, 분노조절훈련, 세상열기, 또래상담, 진로탐색
대전 소년원	15 (2)	의료: 집단상담, 퍼즐학습, 미술치료, 약물중독예방 8호: 폭력예방, 절도예방, 교통안전교육 위탁: 감수성훈련, 미술치료	의료: 미술치료, 음악치료, 작업치료, 도예치료 8호: 세상열기, 미술치료, 두드림, 인간관계훈련 위탁: 감수성훈련, 미술치료
청주 소년원	9	9호: 분노조절, 사회성향상훈련, 또래상담, 미술치료, MBTI 8호: 분노조절, MBTI	9호: 사회성향상훈련, 또래상담, 미술치료, 분노조절, 세상열기 8호: 심리극, 성교육, 미술치료
안양 소년원	9	법교육, 성교육	감수성훈련, 통합예술치료, 사진치료, 두드림, 예절교육, 원예치료
춘천 소년원	10 (3)	감수성훈련, 품성계발, 미술치료, 진로탐색, 학교폭력예방, 성비행예방, 절도비행예방	분노조절훈련, 청소년성장훈련, 세상열기, 사회성향상훈련, 또래상담, 성폭력가해자치료프로그램
제주 소년원	9	품성계발, 감수성훈련, 미술치료, 진로탐색	집중처우: 분노조절, 언어치유, 스트레스치료, 마음수련, 장애체험
서울 심사원	(9)	학교폭력예방, 절도비행예방, 성교육, 인터넷중독예방	분노조절훈련, 감수성훈련, 청소년성장훈련, 미술치료

주) 1. (   ) 안 숫자는 위탁소년 운영 프로그램의 개수를 의미한다.
    2. ___ 표시는 위탁소년 운영 프로그램을 의미한다.

출처: 법무부(2011). 제4기 보호직 9급 신규자과정 교육교재, pp. 865-866.

자존감 척도

여러분은 자신에 대해 어떻게 생각하고 계십니까?
아래에 있는 글을 잘 읽고 평소에 여러분이 자신에 대해 갖고 있는 생각과 일치한다고 판단되는 곳에 표시해 주십시오.

문항	전혀 그렇지 않다		중간 정도이다		매우 그렇다	
	1	2	3	4	5	6
1. 대체로 나 자신에 만족하고 있다.						
2. 때때로 내가 무능하다는 생각이 든다.						
3. 가끔 내가 아닌 다른 사람이었으면 하는 생각이다.						
4. 나를 제대로 이해해 주는 사람이 없는 것 같다.						
5. 나에게도 몇 가지 좋은 점이 있을 것이라고 믿는다.						
6. 내게는 자랑할 만한 점이 별로 없다.						
7. 때때로 내가 아주 쓸모없는 사람이라는 생각이 든다.						
8. 내 자신에 대해 좀 더 긍정적인 생각을 하고 싶다.						
9. 전반적으로 나는 실패작인 것 같다.						
10. 가끔 내가 불쌍하다는 생각이 든다.						
11. 나보다 똑똑한 사람이 많은 것 같다.						

출처: 법무부(2011). "생각하면 바뀌어요." 소년 심리치료 수강명령 전문프로그램 매뉴얼, p. 11.

부록 9

펜실베이니아 보호관찰대상자 초기사정표

클라이언트 명:	가석방번호:	증거인 명:	사무실:	날 짜:

<table>
<tr><td align="center">위험사정</td><td align="center">욕구사정</td></tr>
<tr><td valign="top">

1. 최초 확정 시 나이(소년법원 판결 시)
   24세 이상 ························· 0
   20~30세 ························· 2 ☐
   19세 이하 ························· 4

</td><td valign="top">

1. 학력/직업기술
   고등학교 혹은 이상의 기술수준 ··· –1
   적절한 기술: 일상적 요구를 다룰
   수 있음 ······················ 0 ☐
   약간의 적응 문제를 일으킬 수 있는
   늦은 기술 수준 ···············+2
   심각한 문제를 일으킬 수 있는
   가장 낮은 기술 수준 ··············+4

</td></tr>
<tr><td valign="top">

2. 과거의 보호관찰이나 가석방 취소 건수(성인
   혹은 청소년)
   없음 ························· 0
   1건 ························· 2 ☐
   1건 이상 ························· 4

</td><td valign="top">

2. 취업
   1년 혹은 그 이상의 만족스런 취업 ··· –1
   안전한 취업; 보고된 문제가 없음;
   혹은 주부, 학생, 정년퇴직자 ······ 0
   불만족한 직업; 혹은 실직상태이지만
   적절한 업무기술을 가지고 있음 ···+3
   실직 및 사실상의 실직상태;
   훈련필요 ·················+6 ☐

</td></tr>
<tr><td valign="top">

3. 과거의 중범 확정 건수(혹은 소년법원 판결)
   없음 ························· 0
   1건 ························· 2 ☐
   2건 이상 ························· 4

</td><td valign="top">

3. 재정관리
   장기적인 자기 충족 형태:
   예를 들면 좋은 신용점수 ·········· –1
   현재 곤란점 없음 ·············· 0 ☐
   상호아적 혹은 사소한 곤란점들 ······+3
   심각한 곤란점들: 지불악화, 부도 등 포함
   ···························· +5

</td></tr>
<tr><td valign="top">

4. 확정 혹은 소년법원 판결(적용 가능한 것을
   선택하여 점수를 더하시오. 총합 5를 초과하
   지 마시오. 현재 위법사항을 포함하시오.)
   강도, 절도, 자동차절도, 강도 ······ 2 ☐
   부도수표나 사기 ············· 3

</td><td valign="top">

4. 배우자 가족관계
   극히 강한 관계 몇 지지 ············· –1
   비교적 안정된 관계 ·············· 0 ☐
   약간의 해체 혹은 스트레스가 있지만
   개선 가능성 ·················+3
   심각한 해체 혹은 스트레스 ········+5

</td></tr>
<tr><td valign="top">

5. 과거 보호관찰/가석방 지도감독 기간 수:
   (성인 혹은 청소년)
   없음 ························· 0
   1건 이상 ························· 4 ☐

</td><td valign="top">

5. 동료
   좋은 지지 및 영향 ·············· –1
   반대 관계 없음 ·············· 0 ☐
   간혹 부정적 결과와 연합 ············· 2
   대개 완전히 부정적 연합 ··········· 4

</td></tr>
</table>

6. 폭력행위반으로 최소 5년 이내에 확정 혹은
   소년 법원 판결(무기, 무력 사용 혹은 협박
   관련 위법)
   예 ·························· +15
   아니요 ························ +0

7. 12개월 이내의 주소변경 횟수
   (가석방자에 대한 감금 이전)
   없음 ··························· 0
   1건 ························· 2 ☐
   2회 이상 ··················· 3

8. 최소 12개월 동안 취업시간 퍼센트
   (가석방자에 대한 감금 이전)
   60% 이상 ···················· 0
   40~50% ···················· 1 ☐
   40% 미만 ···················· 2
   적용 안 됨 ·················· 0

9. 알코올이용문제(가석방자에 대한 감금 이전)
   기능에 방해 안 됨 ············· 0
   간혹 이용: 기능에 약간 방해 ······ 2 ☐
   수시 이용: 심각한 방해: 욕구치료 ··· 4

10. 다른 약물 사용문제(가석방자에 대한 감금
    이전)
    기능에 방해 안 됨 ·············· 0
    간혹 이용: 기능에 약간 방해 ······ 1 ☐
    수시 이용: 심각한 방해: 욕구치료 ··· 2

11. 태도
    변화 동기: 원조 수용 ················ 0
    책임 수용에 의존적 혹은 거리낌 ··· 3 ☐
    행위를 합리화: 부정: 변화 동기 없음
    ······························ 5
    총합 (   )

6. 정서적 안정
   예외적으로 잘 적응된: 행동에 대한 책임감
   을 수용 ······················ −2
   정서 불안증세 없음: 적절한
   정서적 반응 ·················· 0 ☐
   제한적 증상이나 적절한 기능을 하지는
   않음: 예를 들면 과도한 불안 ······ +4
   적절한 기능을 금지하는 증상: 예를 들면
   경술 혹은 자기후퇴 ·············· +7

7. 알코올 사용
   기능에 방해 안 됨 ··············· 0
   간혹 이용: 기능에 약간 방해 ······ +4
   수시 이용: 실수한 방해: 욕구치료 ··· +6

8. 기타 약물 사용
   기능에 방해 안 됨 ··············· 0
   간혹 이용: 기능에 약간 방해 ······ +3
   수시 이용: 실수한 방해: 욕구치료 ··· +5

9. 정신력
   독립적 기능 가능 ··············· 0
   약간의 원조 필요: 적절한 적응 가능성:
   경중 지체 ·················· +3 ☐
   독립적 기능을 제한하는 중중 결함:
   보통의 지체 ················· +6

10. 건강
    육체적 건강 양호: 간혹 아픔 ······ 0
    재발기능에 결함 혹은 질병 방해 ··· +1 ☐
    심각한 결함이나 고질병: 빈번한
    의료보호 요구 ·················· +2

11. 성적 행동
    외면적 역기능 없음 ··············· 0
    실제상의 혹은 인식되고 있는
    상황적인 사소한 문제 ··········· +3 ☐
    심각한 문제 ·················· +5

최초 평가 척도

위험척도		욕구척도
0-5 ················ 제한적 지도감독 ·········	−8-10
6-18 ··············· 보통 지도감독 ···············	1-10
19-30 ············· 밀착된 지도감독 ·········	11-25
31이상 ··········· 강력 지도감독 ·········	26 이상

점수 및 지도감독 수준에 기초한 점수

··· 강력 ☐   보통 ☐
                                    밀착 ☐   보통 ☐

최소점수 ························· 아니요 ☐   예 ☐

지도감독 · 최종 등급   밀착 ☐   보통 ☐

취소 설명 ···························· 밀착 ☐   보통 ☐

12. 여가활동 및 취미

건전 ··· 0

약간 건전한 활동 ····················· +1 ☐

불건전한 여가시간 활동 및 취미 ··· +2

13. 클라이언트 욕구에 대한 중개자의 인상

최저 ··· −1

저 ··· 0 ☐

중 ··· +3

최고 ··· +5

총합(   )

출처: 이형섭(2003). 효과적 보호관찰 지도감독 모델에 관한 연구: 인지행동적 개입을 중심으로. 보호관찰 통권15호,
    p. 235.

부록 10

대인관계 척도

다음은 요즘 자신의 대인관계에 대해서 어떻게 느끼고 있는지를 알아보기 위한 질문들입니다.

번호	문항	거의 그렇지 않다	가끔 그렇다	종종 그렇다	자주 그렇다
1.	나에겐 친한 친구가 없다고 느낀다.	0	1	2	3
2.	다른 사람을 믿는 것이 두렵다.	0	1	2	3
3.	나에겐 이성친구가 없다고 느낀다.	0	1	2	3
4.	내 고민을 얘기하면 가까운 사람들이 부담스럽게 느낀다.	0	1	2	3
5.	나는 다른 사람에게 필요하지도 중요하지도 않은 사람이라고 느낀다.	0	1	2	3
6.	나는 누구와도 개인적인 생각을 나누기 어렵다고 느낀다.	0	1	2	3
7.	나는 다른 사람들로부터 이해받지 못하고 있다고 느낀다.	0	1	2	3
8.	나는 다른 사람들에게 다가가는 것이 편안하지 않다.	0	1	2	3
9.	나는 외로움을 느낀다.	0	1	2	3
10.	나는 어떤 친목집단이나 조직에도 소속감을 느낄 수 없다.	0	1	2	3
11.	나는 오늘 다른 사람과 교류를 가졌다는 느낌이 들지 않는다.	0	1	2	3
12.	나는 다른 사람에게 할 말이 별로 없다고 느낀다.	0	1	2	3
13.	나는 다른 사람과 함께 있으면 평소의 내 모습과 달라지는 것 같다.	0	1	2	3
14.	나는 다른 사람 앞에서 당황할까 봐 두려워한다.	0	1	2	3
15.	나는 재미있는 사람이 아니라고 생각한다.	0	1	2	3

주) 1~15번 문항의 점수를 모두 합하여 총점을 구한다. 총점의 점수대에 따라서 다음과 같은 해석이 가능하다.
  0~10점: 대인관계에 어려움(고독감)을 느끼지 않는다.
  11~20점: 보통사람들이 느끼는 평균적인 대인관계의 어려움(고독감)을 느끼고 있다.
  21~28점: 보통사람들보다 높은 수준의 대인관계의 어려움(고독감)을 느끼고 있다.
  29점 이상인 경우: 상당히 심한 대인관계의 어려움(고독감)을 느끼고 있다.

출처: 법무부(2012). 성범죄자 치료 수강명령프로그램 매뉴얼, p. 255. 법무부 범죄예방정책국.

부록 11

의사소통 척도

다음 각 질문에 대해 지난 한 달 동안에 당신의 입장을 가장 잘 나타낸 번호에 표시하십시오.

번호	문항	전혀 해당되지 않는다	가끔 해당된다	자주 해당된다	항상 해당된다
1.	나는 다른 사람과 일대일로 이야기하기를 좋아한다.	1	2	3	4
2.	나는 소집단에서 이야기하기를 좋아한다.	1	2	3	4
3.	나는 많은 청중 앞에서 이야기하기를 좋아한다.	1	2	3	4
4.	나는 집단 앞에서 이야기할 때 떨리지 않는다.	1	2	3	4
5.	사람들은 내가 이야기를 무척 편안하게 한다고 말한다.	1	2	3	4
6.	다른 사람들은 자신의 문제를 나에게 잘 털어놓는다.	1	2	3	4
7.	내가 이야기하면 다른 사람들이 잘 경청한다.	1	2	3	4
8.	다른 사람들이 내 이야기를 잘 이해한다고 느낀다.	1	2	3	4
9.	사람들은 내가 의사소통을 잘한다고 말한다.	1	2	3	4
10.	내 생각을 분명하고도 간결하게 말할 수 있다.	1	2	3	4

주) 1~15번 문항의 점수를 모두 합하여 총점을 구한다. 총점의 점수대에 따라서 다음과 같은 해석이 가능하다.
　　0~20점: 의사소통을 잘 못하는 편임
　　21~29점: 의사소통을 위해 노력해야 함
　　30점~34점: 의사소통을 잘하는 편임
　　35점~40점: 의사소통을 매우 잘하는 편임

출처: 법무부(2012). 성범죄자 치료 수강명령프로그램 매뉴얼, p. 257. 법무부 범죄예방정책국.

부록 12

강간통념 척도

번호	문항	매우 부정			보통				매우 긍정	
1.	강간을 당하는 여성은 이전에 학대받은 경험이 있다.	1 2 3 4 5 6 7 8 9								
2.	성욕이 왕성한 여자들이 대개 강간을 당한다.	1 2 3 4 5 6 7 8 9								
3.	강간을 보고하는 대부분의 여자는 그 사건 이전에 많은 성관계를 가졌다.	1 2 3 4 5 6 7 8 9								
4.	대부분의 강간피해자는 평소 성관계가 난잡하거나 평판도 좋지않다.	1 2 3 4 5 6 7 8 9								
5.	여자가 친근감 있게 남자를 대하는 것은 성적 접촉을 허용한다는 의사표시다.	1 2 3 4 5 6 7 8 9								
6.	남자가 식사 등으로 여자를 대접하면 여자는 대개 섹스를 허락한다.	1 2 3 4 5 6 7 8 9								
7.	여자가 처음 만난 남자의 집을 찾아가는 것은 그와의 성관계를 허락한다는 뜻이다 .	1 2 3 4 5 6 7 8 9								
8.	여자가 키스나 애무를 허용하는 것은 성관계를 허락한다는 뜻이다.	1 2 3 4 5 6 7 8 9								
9.	여자보다 남자는 성충동이 일어나면 이를 통제할 수 없기 때문에 해소해야 한다.	1 2 3 4 5 6 7 8 9								
10.	여자가 알지 못하는 사람의 차를 얻어 타려다 강간을 당했다면, 그녀는 당할 만하다.	1 2 3 4 5 6 7 8 9								
11.	만일 여자가 목을 껴안고 애무하다 사태를 걷잡을 수 없게 되어 남자가 성폭행을 했다면, 잘못은 여자에게 있다.	1 2 3 4 5 6 7 8 9								
12.	여자가 모임에서 술에 취해 처음 만난 남자와 성관계를 가졌다면, 그녀는 성관계를 갖자고 하는 다른 남자들에게 '봉'이다.	1 2 3 4 5 6 7 8 9								
13.	남자가 성관계를 요구할 때 여자가 "안 돼."라고 응답하는 것은 허락한다는 의미다.	1 2 3 4 5 6 7 8 9								
14.	여자가 노브라, 짧은 스커트, 꼭 끼는 상의를 입은 것은 성피해를 자초하는 것이다.	1 2 3 4 5 6 7 8 9								
15.	끼 있는 여자는 늦은 밤에 혼자 길을 걷는다.	1 2 3 4 5 6 7 8 9								
16.	보고된 대부분의 강간 사례는 임신된 사실을 알았거나 자신의 명예를 지키고자 하는 여성이 날조한 것이다.	1 2 3 4 5 6 7 8 9								
17.	강간을 보고하는 많은 여성들은 상대에 대한 분노와 보복하려는 심리로 거짓말을 한다.	1 2 3 4 5 6 7 8 9								
18.	많은 여자들은 강간을 당하고 싶은 무의식이 있고 무의식적으로 그러한 상황을 조성한다.	1 2 3 4 5 6 7 8 9								
19.	대개 강간을 당하는 여자는 저소득 가정 출신이다.	1 2 3 4 5 6 7 8 9								
20.	어떤 여자들은 성폭행 당하는 것을 즐긴다.	1 2 3 4 5 6 7 8 9								

출처: 법무부(2012). 성폭력사범 보호관찰 지도감독 매뉴얼, p. 141. 법무부 범죄예방정책국.

부록 13

약물남용 치료기관 및 재활시설

가. 약물남용 치료보호기관

1) 치료보호기관 및 시설

- 정신질환자와 마약류 중독자에 대한 전문적인 치료·재활훈련 및 연구를 위해 설립된 국립 특수 의료기관으로 국립부곡병원, 국립서울병원, 용인정신병원, 계요병원 등 23개 병원이 지정되어 있음(마약류대책협의회, 2011년)
- 보건복지부 산하에 있으며 정신질환자와 마약류 중독자에 대한 전문치료와 재활훈련 실시로 건전한 사회인으로의 복귀를 도모하는 것이 목적으로 운영됨
- 진료비는 무료이며, 마약사용자가 자진하여 입원치료를 받는 경우에는 사법처리에 있어 자수자에 준하여 최대한 관용하여 처리함

2) 주요 프로그램

- 교육프로그램: 명상록, 교본연구, 스트레스관리, 약물 및 증상 교육, 입원환자교육, 자기사랑하기, 재발방지 행동치료, 중독교육
- 치료프로그램: 대인관계훈련, 예술치료(미술, 음악, 무용 등), 일상생활훈련, 자서전발표, 행동치료(자극노출치료)
- 공동체프로그램: 단약(NA)모임, 병실자치회의
- 활동프로그램: 문예활동, 아침자율등산, 요리활동, 운동활동, 전산교육, 종교활동
- 여가오락프로그램: 노래방, 비디오감상, 오락활동

나. 약물남용 관련 주요 시민단체

1) 한국마약퇴치운동본부(Korean Anti-drug Campaign Center)

- 마약류로부터 인류를 지키기 위하여 설립한 민간 단체(NGO)로서 중앙본부를 비롯하여 전국에 12개의 지부가 있는 전국적 조직임(www.drugfree.or.kr)
- 약물중독자를 위한 집단상담 프로그램과 사회복귀시설(송천재활센터) 운영하고 마약류 및 약물남용 예방을 위한 대 국민 홍보, 계몽, 교육 등 활동 전개함
- 마약류 및 약물남용 예방을 위한 국제교류·홍보·조사 및 연구사업, 마약류 및 약물남용자의 치료, 재활사업, 상담소 설치운영, 마약퇴치 전문가 및 자원봉사자 양성사업 등을 실시함

2) 소망을 나누는 사람들(http://saramdeel.org)

- 국내 최초의 가족자조 모임 형태의 자활공동체로 약물중독자의 삶 전반을 변화시키고자 도움을 주고받는 자조모임임
- 기독교적 철학을 바탕으로 '회복으로 가는 길' 원리에 기반한 삶의 회복을 추구하고 있으며, 사회적·환경적 지지망을 형성하고 직업재활사업을 통하여 경제적 자립을 추진하고자 사회적 능력이 부족한 약물중독자를 재활사업에 투입시켜 새로운 환경을 열어 주는 목적으로 운영됨

출처: 법무부(2012). 마약류사범 지도감독 매뉴얼, pp. 231-217. 법무부 범죄예방정책국. 참조.

부록 14

단약 자기 효능감 척도

다음과 같은 상황에서 약물을 사용하지 않을 것이라고 얼마나 자신할 수 있나요?

번호	문항	매우 자신 없음	대체로 자신 없음	보통 자신 있음	대체로 자신 있음	매우 자신 있음
1	머리가 아플 때	0	1	2	3	4
2	약물을 끊은 것이 몹시 힘들고 고통스러울 때	0	1	2	3	4
3	마음속 깊이 화가 날 때	0	1	2	3	4
4	다른 사람이 약물을 하는 것을 보고 있을 때	0	1	2	3	4
5	몸이 피곤할 때	0	1	2	3	4
6	투약을 하면 어떻게 될까 한번 시도해 보고 싶을 때	0	1	2	3	4
7	되는 일이 없다고 느낄 때	0	1	2	3	4
8	흥분되거나 축하할 일이 있을 때	0	1	2	3	4
9	휴가 중이거나 긴장을 풀기 원할 때	0	1	2	3	4
10	약 생각만 나고 내 몸에 약이 필요하다고 생각될 때	0	1	2	3	4
11	누군가에 대한 생각에 빠져 있을 때	0	1	2	3	4
12	기분이 축 가라앉을 때	0	1	2	3	4
13	곧잘 같이 하던 친구가 약을 권할 때	0	1	2	3	4
14	단약에 대한 나의 의지력을 시험하고 싶을 때	0	1	2	3	4
15	몸에 상처가 있거나 통증이 있을 때	0	1	2	3	4
16	좌절로 인하여 내가 파괴될 것 같이 느낄 때	0	1	2	3	4
17	약을 함으로써 내가 무방비 상태로 되는 것을 느끼고 싶은 충동이 생기거나, 술 마시는 상상을 할 때	0	1	2	3	4
18	몹시 걱정스러운 일이 있을 때	0	1	2	3	4
19	약을 하는 상상을 할 때	0	1	2	3	4
20	접대나 일 때문에 술자리에 있어야 하는 상황일 때	0	1	2	3	4

출처: 법무부(2012). 마약류사범 지도감독 매뉴얼, p. 84. 법무부 범죄예방정책국.

부록 15

약물중독 선별 검사표

클라이언트명:		작성일시 :	20 . . .

1. 약물을 조절해서 사용하려 하지만 잘 안된다.	예 ☐ 아니요 ☐
2. 예전보다 약물의 사용량이 많이 늘어났다.	예 ☐ 아니요 ☐
3. 주변에서 약을 끊으라고 하지만, 그 말이 마음에 잘 와 닿지 않고 반발심만 생기며, 마음과 머릿속에도 약 생각이 잘 지워지지 않고 자주 떠오른다.	예 ☐ 아니요 ☐
4. 약물을 하고 싶은 충동이 일어나면 거의 참을 수가 없다.	예 ☐ 아니요 ☐
5. 약물을 일단 사용하기 시작하면 멈출 수 없다.	예 ☐ 아니요 ☐
6. 정신적 고통(예: 화남, 슬픔, 지루함 등)을 잊기 위해 약물을 사용한다.	예 ☐ 아니요 ☐
7. 최근에 약물사용 중의 일을 기억하지 못하는 경우가 몇 번 있었다.	예 ☐ 아니요 ☐
8. 혼자 약물을 사용하는 것을 좋아한다.	예 ☐ 아니요 ☐
9. 약물사용 전후에 자살하고 싶은 마음을 느낄 때가 있었다.	예 ☐ 아니요 ☐
10. 내가 불쌍하다는 생각이 자주 든다.	예 ☐ 아니요 ☐
11. 약물 때문에 친구가 떨어져 나갔다.	예 ☐ 아니요 ☐
12. 약물 때문에 가정에 문제가 일어나고 있으며, 내가 나가게 되거나(가출), 가족들이 나를 나가라고 한다.	예 ☐ 아니요 ☐

출처: 법무부(2012). 마약류사범 지도감독 매뉴얼, p. 67. 법무부 범죄예방정책국.

부록 16

약물중독 예방하기

클라이언트명:	작성일시 :	20 . . .(:)

번호	문항	극히 드물다	가끔 있다	보통 이다	자주 있다	매우 많다
1	나는 말하고 싶은 것이 있어도 참는다.					
2	대화가 끝날 무렵이 되어서야 겨우 내 의견을 말한다.					
3	나는 내가 무슨 내용에 대해서 말하는지 잘 모를 경우가 있다.					
4	나는 지나치게 사과를 많이 한다.					
5	나의 말하는 태도는 예의 바르지 않다.					
6	내 생각과 다른 의견에는 이유를 내세워 변명한다.					
7	친한 사람과는 별로 조심하지 않고 말한다.					
8	친한 사람에게는 나의 행동을 설명하지 않는다.					
9	친한 사람에게는 내 생각을 끝까지 고집한다.					
10	상대방이 알아듣기 어려울 만큼 작은 목소리로 말한다.					
11	분명하게 말하지 못한다.					
12	하고 싶은 말이 입안에서 맴돈다.					
13	억양이 자연스럽지 못하고 어색하다.					
14	"에~", "음~" 등 할 말이 중간에서 끊어진다.					
15	말하기 전에 망설인다.					
16	말하기 전에나 중간에 서두른다.					
17	말할 때 상대방의 얼굴을 똑바로 쳐다보지 못한다.					
18	웃거나 찡그리는 등 얼굴표정이 진지하지 못하다.					
19	손을 비비거나 발을 굴리는 등 손발처리가 어색하다.					
20	몸이 어딘가 굳어 있다.					

나의 가족을 위해 약물을 거절할 수 있는 방법에 대해 고민해 보고, 적어 봅시다.

출처: 법무부(2012). 마약류사범 지도감독 매뉴얼, p. 120. 법무부 범죄예방정책국.

부록 17

공격성 척도와 해석 요령

다음 질문들은 당신의 대인관계에서의 행동을 알아보려는 것입니다. 각 문장을 자세히 읽어 보고 자신의 평소 행동을 가장 잘 나타낸다고 생각되는 번호에 표시하여 주십시오.

질문내용	전혀 그렇지 않다	약간 그렇다	꽤 그렇다	확실히 그렇다
1. 나는 누가 나를 때린다고 할지라도 좀처럼 맞서서 같이 때리지 않는다.	1	2	3	4
2. 나는 때때로 싫어하는 사람 앞에서 그의 험담을 늘어놓는다.	1	2	3	4
3. 나는 때때로 사람을 해치고 싶은 충동을 억제할 수 없다.	1	2	3	4
4. 나는 아무리 화가 나도 결코 물건을 던지지 않는다.	1	2	3	4
5. 나는 상대방과 다른 의견이 있다면 그의 입장을 고려하지 않고 나의 입장을 말한다.	1	2	3	4
6. 나는 무슨 일이 있든지 간에 다른 사람을 때려서는 안 된다고 생각한다.	1	2	3	4
7. 사람들이 나에게 동의하지 않을 때에는 논쟁할 수밖에 없다.	1	2	3	4
8. 누가 먼저 나를 때린다면 나도 때리겠다.	1	2	3	4
9. 계속해서 나를 괴롭히는 사람은 나에게 한 대 얻어맞기를 자초하는 셈이다.	1	2	3	4
10. 사람들이 나에게 호통을 칠 때 나도 맞서서 호통을 친다.	1	2	3	4
11. 나는 매우 흥분했을 때 누군가는 때릴 수 있다.	1	2	3	4
12. 나는 때때로 시비조로 행동한다.	1	2	3	4
13. 나는 누가 괘씸해서 혼내주어야 할 때일지라도 차마 그의 자존심을 상하게 할 수 없다.	1	2	3	4
14. 나는 누구하고나 잘 싸운다.	1	2	3	4
15. 나는 거짓 협박을 자주 한다.	1	2	3	4
16. 나는 내가 싫어하는 사람에게는 좀 무례한 행동을 한다.	1	2	3	4
17. 나는 다른 사람들에 대한 나의 좋지 않은 견해를 보통 내색하지 않는다.	1	2	3	4
18. 나의 권리를 지키기 위해 폭력을 써야 한다면 쓰겠다.	1	2	3	4
19. 나는 논쟁할 때 언성을 높이는 경향이 있다.	1	2	3	4

20. 나는 나를 궁지에 빠지게 한 사람을 알면 그 사람과 싸운다.	1	2	3	4
21. 나는 어떤 일에 반박하여 논쟁하기보다는 차라리 상대편의 의견에 따른다.	1	2	3	4
합계				

공격성 척도 검사는 버스와 더키(Buss & Durkee, 1957)가 제작한 Buss & Durkee Hostility Inventory 중 고영인(1994)이 능동적 공격성을 측정하는 하위척도만을 발췌하여 공격성 척도를 구성한 것이다. 총 21문항으로 자기보고식이며, 각 문항에 대해 4점 척도로 평정한다.

1) 점수의 범위: 21~84점
3) 한국판 연구: 대학생 집단(389명), 평균 점수 46.25점(표준편차 7.91)
3) 역산 채점 문항: 1, 4, 6, 13, 17, 21
4) 상기 연구 결과를 토대로 다음과 같이 평가할 수 있음(각 문항의 총점)
   • 54~58점: 공격적 성향이 약간 있음
   • 59~61점: 공격적 성향이 상당히 있음
   • 61점 이상: 공격적 성향이 매우 높음

출처: 한국판: 고영인(1994), 대학생의 분노표현 양식과 우울 및 공격성과의 관계. 부산대학교 박사학위논문 / 원판: Buss, A. H. & Durkee, A.(1957). An inventory for assessing different kinds of hostility. Journal of Consulting & clinical psychology, 52, 343-349.

부록 18

한국형 알코올 의존선별방법(NAST)

내용	예	아니요
1. 자기 연민에 잘 빠지며 술로 인해 이를 해결하려 한다.		
2. 혼자 마시는 것을 좋아한다.		
3. 술을 마신 다음 날 해장술을 마신다.		
4. 취기가 오르면 술을 계속 마시고 싶은 생각이 지배적이다.		
5. 술을 마시고 싶은 충동이 일어나면 거의 참을 수 없다.		
6. 최근 취중의 일을 기억하지 못하는 경우가 있다(2회/6개월).		
7. 대인관계나 사회생활에 술이 해로웠다고 느낀다.		
8. 술로 인해 직업 기능에 상당한 손상이 있다.		
9. 술로 인해 배우자(보호자)가 나를 떠났거나 떠난다고 위협한다.		
10. 술이 깨면 진땀, 손 떨림, 불안이나 좌절 혹은 불면을 경험한다.		
11. 술이 깨면서 공포나 몸이 심하게 떨리는 것을 경험하거나 혹은 헛것을 보거나 헛소리를 들은 적이 있다.		
12. 술로 인해 생긴 문제로 치료받은 적이 있다.		

출처: 법무부(2012). 폭력사범 보호관찰 지도감독프로그램, p. 101. 법무부 범죄예방정책국.

부록 19

알코올 중독 자가진단검사(AUDIT)

1. 술을 얼마나 자주 마십니까?
   - (0) 전혀 마시지 않는다.
   - (1) 한 달에 한 번 미만
   - (2) 한 달에 2~4회
   - (3) 일주일에 2~3회
   - (4) 일주일에 4회 이상

2. 평소 술을 마시는 날 몇 잔 정도나 마십니까?
   - (0) 1~2잔
   - (1) 3~4잔
   - (2) 5~6잔
   - (3) 7~9잔
   - (4) 10잔 이상

번호	내용	전혀 없다 0	한 달에 한 번 미만 1	한 달에 한 번 2	일주일에 한 번 3	매일 같이 4
3.	한번 술을 마실 때 소주 1병 또는 맥주 4병 이상의 음주는 얼마나 자주하십니까?					
4.	지난 1년간 술을 한번 마시기 시작하면 멈출 수 없다는 것을 안 때가 얼마나 자주 있었습니까?					
5.	지난 1년간 당신은 평소 같으면 할 수 있었던 일을 음주 때문에 실패한 적이 얼마나 자주 있었습니까?					
6.	지난 1년간 술을 많이 마신 다음 날 아침에 일 나가기 위해 다시 해장술이 필요했던 적이 얼마나 자주 있었습니까?					
7.	지난 1년간 음주 후에 죄책감이 들거나 후회를 한 적이 얼마나 자주 있었습니까?					
8.	지난 1년간 음주 때문에 전날 밤에 있었던 일이 기억나지 않았던 적이 얼마나 자주 있었습니까?					
9.	음주로 인해 자신이나 다른 사람이 다친 적이 있었습니까?					
10.	친척이나 친구, 또는 의사가 당신이 술 마시는 것을 걱정하거나 술 끊기를 권유한 적이 있습니까?					

주) 점수의 합계가 8점 이상이면 알코올 문제를 의심할 수 있고, 13점 이상이면 알코올 중독을 의심할 수 있다.

출처: 법무부(2012). 폭력사범 보호관찰 지도감독프로그램, p. 102. 법무부 범죄예방정책국.

부록 20

폭력예방관련 기관 및 단체

> • 청소년폭력예방재단 (http://www.jikim.net/)
> 1995년 6월 학교폭력의 피해로 16살의 꽃다운 나이에 죽음을 선택한 외아들을 기리며 그 아버지(명예이사장 김종기)가 학교폭력의 심각성을 정부와 시민에게 알리기 위하여 설립한 비영리공익법인(NGO). 청소년폭력에 대한 예방교육, 상담 및 치료 등의 활동을 활발하게 진행함
>
> • wee센터 (http://www.wee.go.kr)
> 학교, 교육청, 지역사회가 연계하여 학생들의 건강하고 즐거운 학교생활을 지원하는 다중의 통합지원 서비스망. 학교에는 wee클래스, 지역교육청에는 wee센터, 시·도 교육청에는 wee스쿨이 있음. 지역의 wee센터에는 임상심리사, 전문상담사, 사회복지사 등 여러 전문가들이 진단-상담-치유, 경제적·사회적 지원 등 전문적인 맞춤형 서비스를 지원하며, 서울지역 11곳 등 전국에 110곳이 있음
>
> • 전국 청소년상담기관
> 「청소년기본법」 제46조에 의거하여 설립된 청소년 상담전문기관으로 상담서비스의 제공은 물론 보호, 교육, 연구사업 등을 수행하며 한국청소년상담원(www.kyci.or.kr)과 전국 15개의 청소년상담지원센터가 운영되고 있음
>
> • 한국비폭력대화센터 (www.krnvc.org)
> 비폭력대화교육과 트레이너 양성을 통해 우리 사회의 비폭력대화를 확산시키기 위하여 설립. 한국NVC센터(Nonviolent Communication Center)는 2008년도부터 (사)가족아카데미와 함께하고 있으며, CNVC(1984년 마샬 로젠버그가 설립한 국제조직)의 지역조직으로서 협력하고 있음

출처: 법무부(2012). 폭력사범 보호관찰 지도감독프로그램, p. 258. 법무부 범죄예방정책국.

• 찾아보기 •

〈인명〉

Addams, J. 468
Agnew, R. 163, 415
Aichhorn, A. 334
Aichhorn, A. 126
Akers, R. L. 141, 144
Andrews, D. A. 146
Aschaffenburg, G. 77
Augustus, J. 59

Bandura, A. 129
Beccaria, C. 93, 210
Beck, A. T. 338
Becker, H. S. 141, 154
Bentham, J. 93
Bernard, T. 182
Bonta, J. 146
Braithwaite, J. 176
Burgess, E 158
Burgess, R. L. 141, 144

Cloward, R. 166
Cohen, A. 165
Cohen, L. 100
Colvin, M. 180
Cooley, C. H. 152
Cressey, D. R. 142

Darendorf, R. 170
Durkheim, E. 161

Ellis, L. 121
Exner, F. 78
Eysenck, H, J. 121

Felson, M. 100
Ferri, E. 81
Feuerbach, L. A. 209
Finkelhor, D. 387
Fishbein, M. 117

Freud, S. 124, 333

Garofalo, R. 77
Gibbs, J. P. 96
Giddens, A. 76
Glueck, E. 183
Glueck, S. 183, 112
Goring, C. 109, 124
Gottfredson, M. R. 141, 149

Hamel, H. 45
Hegel, G. W. F. 209
Hirschi, T. 141, 149
Hooton, E. A. 110
Howard, J. 44, 212

Kant, I. 209
Kohlberg, L. 132
Krohn, M. D. 181

Lange, A. B. 113
Laub, J. 185
Lemert, E. M. 141, 154
Liszt, F. 23
Lombroso, C. 45

Matza, D. 141, 147
Mckay, H. 158
Mead, G. H. 143, 152
Mednick, S. A. 115
Meichenbaum, D. 338
Merton, R. 161
Miller, J. M. 165

Nye, F. I. 146

Ohlin, L. 166

Park, R. 158
Pavlov, I. P. 383
Perlman, H. 338
Piaget, J. 132

Quinney, R. 173

Reckless, W. 147
Rogers, C. 339

Sampson, R. 185
Schur, E. M. 141, 155
Sellin 170
Shaw, C. 158
Simmel, G. 170
Skinner, B. F. 383
Stooss, C. 216

Sutherland, E. H. 106, 141, 143, 170
Sykes, G. M. 141, 147

Tannenbaum, F. 154
Tarde, G. 124, 143
Thornberry, T. P. 181
Tittle, C. R. 96
Turk, A. 171

Vold, G. 170
Vonger, W. 173

Wagnitz, H. 212
Walsh, A. 118
Whister, R. 57

〈내용〉

19세 미만의 소년수형자 286
1일 평균 수용인원 283
23세 미만의 청년수형자 286
65세 이상의 노인수형자 286
8조의 금법 47
K-PRAI 257
LSD 393
LSI-R 257
MSPP 264
OASYS 257
rolling-snowball 336
THC 397
UN 피구금자처우최저기준규칙 33,
    288
UN 범죄방지 및 범죄인처우에 관한
    회의 81

VOMP 443

가석방심사위원회 289
가석방자 230
가석방제도 289
가정폭력치료 244
가족 만남의 집 289
가족력 364
가족집단회의 447
가출소자 230, 258
가해자의 욕구 446
각성이론 121
각성제 392
간접(indirect) 통제 146
갈등론적 관점 169
갈등적(conflict) 갱단 167

감강종경(減降從輕) 65
감옥개량운동 44, 212
감형제도 49
강간통념 389
강간통념 척도 390
강간통념의 수정 389
강압 180
강압적 가족훈육 181
강점관점 332
강점기반 재활 384
강제수사 196, 203
강제적으로 조직화된 결사체 170
강화조건 관리 371
개방교도소 282
개방처우 286, 287
개별처우(individualized treatment)

의 원칙 32
개별처우급 286
개별화된 척도 376
개별화된 치료 134
개선모델 83
개인력 363
개인적(personal) 146
개인중심 범죄원인론 106
개입 책무성 강조 340
개입단계 370
개입목표 367
개입의 기간 370
갱생보호 272
갱생보호법인 272
갱생보호위원 239
갱생보호회 272
거부적이고 저항적인 클라이언트 372
거울자아 152
거절훈련 408
검사선의주의 297
검험 66
격리구금 123
격세유전 107
격정범 77
결과적 가중범 411
결정론 91
결정전조사제도 297
결합적 지능 124
경고 261
경고장 262
경력경쟁채용 273
경력범죄인 98
경면형 52
경비급 285
경비등급별 처우 285
경비처우급 286
경찰사회복지 475
경찰사회복지사 470
경찰유사적 63

경청(listening) 348
계약활동 369
계획단계 367
고전적 억제이론 93
고전주의 범죄학 91
고정관념화 350
곤장 54
골상학 106
공감 134, 347
공개재판의 원칙 197
공격성 422
공공보호 63, 269
공공보호모델 269
공리주의 93
공백화면 334
공소 196
공소의 제기 196
공유영역 330
공판절차 194
공평처우의 원칙 31, 32
공포와 경고 228
공형벌(公刑罰)시대 42
과밀수용 233
과장하기 424
과제달성척도 376
과제수행 369
과제중심모델 339, 340
과학적 분류 33
과학적 처우 41
과학주의의 33
과학주의의 원칙 31
관계형성 능력 134
관계형성이 어려운 클라이언트 374
관리주의 265
관용작업 286
교도관 283
교도소 203, 279
교도작업 290
교도작업 관용(官用)주의 291

교육적 개선주의 41
교육적 · 치료적 프로그램 244
교육주의 44
교육학 34
교육형주의 44
교정 13
교정기관 280
교정민영화 462
교정복지 13
교정복지 실천과정 355
교정복지 실천기술 327
교정복지론 15
교정복지실천 327, 328
교정복지실천의 준거 328
교정복지의 실천관점 330
교정복지학 36
교정본부 280
교정비용 28
교정사회복지사 22
교정사회사업 18
교정상담 17
교정서비스 14
교정시설 14
교정시설 279
교정이념 14
교정적 관계 22
교정정책 27
교정제도 35
교정주의 14
교정직 14
교정처우 14, 82, 285
교정철학 448
교정치료전문가 470
교정치료프로그램 146
교정학 34, 35
교정현장 24
교화소 212
교회법 42
구공판 399

구금처우만 33
구금형 211
구류 213
구약식 399
구인 · 유치 261
구인장 262
구조적 마르크스주의 172
구조적 인지치료 338
구조화된 접근 340
구치소 279
국가가 보호자 317
국가보안법 81
국친사상 219, 317
권위 있는 지배집단 171
권위갈등 경로 185
권위에 대한 저항 357
귀휴(歸休) 66
귀휴제 288
귀휴제도 288
규범적 갈등이론 170
균형적 접근 449
균형적 접근모델 82
극형 210
금고 213
금고형 수형자 286
금품갈취 432
급진적 갈등이론 169, 172
급진적 비개입 155
긍정심리학 384
긍정적 강화 151
긍정적 관계형성 358
기결수 283
기능취득 지원사업 273
기생관계 331
기소독점주의 196
기소유예제도 197, 202
기소절차 194
기소절차의 특칙 296
기소중지 197

기소편의주의 196, 197
기시 52
기업범죄 174
기호학 175
기회적 범죄인 107
긴급원호 272
긴장, 통제, 사회학습 178
긴장, 통제, 사회학습의 통합이론모
    델 178
긴장이론 139, 158, 161
긴장이완 416
꼬리표 붙이기 428

나－전달법 350
낙인이론 46, 139, 141
낙인형 49
낙형 53
난장 53
날부핀 396
남성호르몬과 공격성 117
낮은 각성수준 128
낮은 자기통제력 150
내부 장벽 387
내성 406
내재적 민감화 384
내적 차단 147
내적 통제 146
넓은 의미의 보호관찰 240
네트워크분석 181
노역장 유치 243
뇌 화학물질 121
누범 80
누범화 284
누진계급 56
능지처참 52

다요인적 접근 384
다원적 범죄인 유형론 78
다이버전 34, 46, 156

단기개입 340
단기자유형의 폐해 213
단일자유형제도 213
담론분석 175
대마 393
대마수지 398
대마유 397
대마초 397
대명률 43
대상관계 334
대상자의 비자발성 357
대중매체와 폭력 130
대처기술 338
대체주의 217
대화프로그램 459
도(徒)형과 유(流)형 49
도구적 마르크스주의 172
도덕적 발달단계 132
도박중독 406
도파민 121, 407
도피적 갱단 167
독거제 213
동기강화모델 415
동기와 면담 385
동기화 인터뷰 371
동어반복의 문제 133
동어반복적 151
동해보복(同害報復) 사상 42
뒷골목집단 165
뒷문형 대안 218
따돌림 431
또래집단 145
또래친구 178

러미나 396
리비도 125

마르크스범죄학 169
마르크스주의 이론 172

마리화나 397
마약 393
마약류사범 399
마음 읽기 423
마취제 392
만성적 범죄인 129
매사추세츠 주법 61
메릴랜드 지도감독모델 371
메사돈 394
메스암페타민 396
멘터링 269
면담사전예약제 256
명명하기 423
명백 경로 185
명예경찰 201
명예형 210
모노아민산화효소 122
모니터링 269
모르핀 394
모방 145
모방의 법칙 143
목적달성척도 376
목적형주의 209
몰관(沒官) 53
몰수(沒收) 53
무기징역 284
무력화 123
무인단말기(kiosk) 264
무인접견 시스템 296
무죄추정의 원칙 194
문제해결 338
문제해결 관점 337
문제해결접근법 333
문제행동증후군 184
문화갈등이론 170
문화적 일탈이론 139
미결구금 203, 279
미결수용 203
미결수용자 283

미국교정협회 448
미국보호관찰협회 458
미국사회복지사협회 470
미네소타 다면성격검사 127
민간자원봉사자 239
민관협력모델 238
민영교도소 280

바꿔 말하기 339
박애주의 41
반(反)범죄적 모델링 344
반동형성 166
반사회적 인격장애 374
반사회적 잠재력 186
반역 162
반영 339
발달론적 접근 124, 140
발달범죄학 183
발달이론 177, 183
방어적 의사소통 351
방어적 태도 351
배상 242, 448
벌금 214
벌금대체 사회봉사 231, 243
벌금형 214
범법자 특화범죄 98
범법행위 특화범죄 98
범죄 73, 75
범죄 및 비행의 전국협의회 470
범죄 삼각형 101
범죄개념 73
범죄경력연구 177
범죄경제학 97
범죄대책 27
범죄를 끌어당기는 자석 159
범죄성의 구조화 98
범죄소년 75, 222
범죄에 상응하는 처벌 95
범죄예방 199

범죄예방 자원봉사위원 239
범죄예방위원 202
범죄예방정책국 280
범죄예방활동 198
범죄와 낙인과정 153
범죄와 인간본성 186
범죄와 형벌 43, 94, 210
범죄원인론 91
범죄원인적 요인 362
범죄유발적 환경 232
범죄의 구조화 99
범죄의 사회적 실재 173
범죄의 조발성 183
범죄의 통합된 갈등이론 182
범죄이론 89
범죄이론의 유용성 89
범죄인 76
범죄인 유형이론 77
범죄인류학 77
범죄인보호관찰법 62
범죄인의 분류 33
범죄인의 유형별 분류 76
범죄인의 유형이론 77
범죄인처우 32, 41, 81
범죄적(criminal) 갱단 167
범죄통제 233
범죄포화의 법칙 109
범죄피해자 17, 453
범죄피해자 구조제도 20
범죄피해자 지원 453
범죄피해자구조법 19
범죄피해자지원센터 457
범죄학 34, 35
범죄학교 232
범죄행위 95
범죄화 171
법과 질서 27
법률구조공단 207
법률주의 32

법률주의의 원칙 31
법사 50
법사랑위원 202
법원선의주의 297
법적 욕구 445
법적 지위에 상응한 처우 31
법정범 109
법정형 205
법조복지 22
법집행관 역할 267
변화의 동기화 347
보도금지의 원칙 298
보방(保放) 65
보상과 처벌 144
보수적 갈등이론 170
보스턴 도심계획 168
보안처분 208, 225
보안처분 법정주의 216
보호(선도)위원 239
보호감호소 55, 230, 258
보호관찰 46, 56, 63, 213, 218
보호관찰 국가표준안 257
보호관찰 대상자관리 프로그램 264
보호관찰 면담 255
보호관찰 무인정보 시스템 264
보호관찰 시험실시 229
보호관찰 심사위원회 230
보호관찰 업무전산화 종합계획 264
보호관찰 정보화 263
보호관찰 준수사항 260
보호관찰 지도감독 63
보호관찰 통합정보시스템 264
보호관찰관 24, 57, 204, 237
보호관찰관의 사무공간 253
보호관찰관의 역할정체성 267
보호관찰관의 주요역할 267
보호관찰담당 237

보호관찰대상자 분류감독지침 257
보호관찰법 230
보호관찰소 230, 236
보호관찰소 기관평가 지침 267
보호관찰의 아버지 59
보호관찰전문성 273
보호관찰제도 15, 41
보호관찰제도 도입요강(안) 229
보호관찰제도 도입준비위원회 229
보호관찰행정의 관리주의 265
보호국 234
보호선도위원 239
보호소년 312
보호직 237
보호처분 219, 225
보호처우 82
보호통합지원 시스템(U-PIIS) 264
복수주의 41
복지지향적 교정 29
복지지향적 접근 29
복지행형 23
복합적인 욕구 370
부가형 210
부르주아적 실증주의 175
부모의 효율성 140
부분적 합리성 100
부적 엔트로피 330
부정기형 298
부정적 감정 163
부착장치 248
부처(付處) 52
부탄가스 398
분노에 대한 이해 420
분노조절의 방법 423
분노조절훈련 419
분류등급 255
분류심사 56, 314, 315
분류처우 285
분류평가 257

분리 수용 308
분리-개별화 334
분쟁조정 448
불기소 처분 196
불위탁소년 315
비결정론 91
비공식적 사회통제 185
비공식적 통제 370
비난자 비난 148
비례성의 원칙 216
비문명성(incivilities) 159
비밀보장 원칙 385
비범죄화 74
비심판적 태도 346
비자발적 클라이언트 360
비판범죄학 152, 169
비폭력대화 모델 427
비폭력적 대화기술 훈련 427
비행 75
비행 하위문화 147
비행소년 166
비행의 상호작용이론 181
비행의 원인 148
비행청소년 75
비행친구 145
비행하위문화 165
비행하위문화이론 158, 165
빈곤과의 전쟁 168

사(死)형 49
사기꾼이론 116
사법 466
사법복지 21, 465
사법복지실천 472
사법복지학 475
사법사회복지사 465
사법사회복지사의 역할 473
사법적 처우 82, 223
사상범죄인 81

사이버 따돌림 431
사이버보호관찰(CPO) 264
사이코패스(psychopath) 128
사적 복수 41
사전면담 272
사정 18, 362, 364
사헌부 50
사형 210
사형존치론 211
사형존폐론 210
사형폐지론 210
사형확정자 295
사회갈등이론 139, 169
사회개발모형 152
사회견학 및 봉사활동 289
사회경제적 지위 168
사회과정이론 139
사회구조이론 139
사회기술훈련 337, 384
사회내처우 15, 223
사회내처우 최저기준규칙 238
사회내처우의 지향 31
사회반응이론 140
사회보호법 230
사회복귀 14, 233
사회복귀모델 82
사회복귀사상 14
사회복귀적 사법 445
사회복귀적 이상 65, 266
사회복귀프로그램 182
사회복지사 역할 267
사회봉사명령 213, 218
사회생물학적 관점 122
사회생태학 159
사회유대론 141, 150
사회재통합 33, 233, 242
사회적 권리보장 41
사회적 기술 학습 134
사회적 기업 육성사업 273

사회적 반응이론 139
사회적 상호작용 144
사회적 암시 120
사회적 정당방위와 유사한 상황 215
사회적(social) 통제 146
사회주의적 개입 174
사회중심 원인론 139
사회통제 139
사회통제이론 140
사회학 34
사회학습이론 129
사회학적 원인론 139
사회해체론 139, 158, 159
사회화 139
사회화와 범죄 140
삼복제(三覆制) 49
상담 18
상담조사 315
상습범죄인 80
상습적 범죄인 177
상위의 충성심 요구 148
상호관계를 지향한 폭력 412
생래적 범죄인 105, 107
생명형 210
생물사회이론 114
생물사회적 이론 91
생물학적 범죄원인론 105, 106
생물학적 범죄학 106
생애범죄학 177
생애지속형 비행자 183
생태체계적 관점 331
생화학물의 불균형 116
생활력도표 363
생활보고서 264
생활양식적 접근 100
생활지도 286
생활지도교육 291
석방예정자 교육 291

선고유예 198
선고형 205
선도조건부 기소유예제도 198
선행보상 468
선행의 서약제도 218
성격(personality) 127
성격이론 124, 134
성구매자 교육프로그램 이수 조건부 기소유예 202
성도착증 환자 383
성범죄인 치료프로그램 385
성심리적 발달단계 126
성인 성폭력치료 244
성직자의 특혜 218
성충동 약물치료 231, 381
성폭력 가해자 391
성폭력피해의 후유증 381
세로토닌 121
세인트루이스 교정회의 448
소년감별소 311
소년교도소 279
소년범죄인 81
소년보호교사강령 318
소년보호기관 310
소년보호의 이념 81
소년보호처분 221
소년분류심사원 303
소년사법 208
소년선도위원 239
소년심리치료 244
소년원 303
소년원 보호수용 317
소년전문처우프로그램 271
소도 47
소송 중시 사회 474
소진(burn out) 268
속전(贖錢)제도 47
속죄금 214
속죄형(贖罪刑)제도 42

손상 부정 148
수강명령 213, 218
수복적 사법 444
수사권 독립 199
수사절차 194
수용(acceptance) 346
수용능력 331
수용인원 283
수형자 196
수형자처우 285
숙식제공 272
순금사옥 54
순환모델 388
스테로이드 118
스트레스 관리하기 426
스트레스 예방훈련 338
시민적 · 정치적 권리에 관한 국제
　　규약 32
시설내처우 14, 223
시애틀 사회발달모델 187
시카고지역 프로젝트' (CAP) 161
시카고학파 158
신(新)고전주의 이론 93
신경심리학적 모델 120
신경전달물질 121
신경증적 경향 128
신경증적 불안 334
신경학적 장애 129
신고서 256
신념 149
신상공개제도 156
신상정보공개 381
신입자교육 291
신체에 대한 유형력 410
신체유형론 110
신체적 의존성 392
신체질환 또는 장애가 있는 수형자
　　286
실증주의 범죄학 77, 91

실증주의 범죄학자 45
실질적 범죄개념 74
심리강제설 209
심리사회적 치료 333
심리학 34
심리학적 범죄원인론 105, 133
심신장애범죄인 80
심판절차의 특칙 297
쌍생아 연구 113

아노미 91, 161
아노미적 사회 161
아노미적 살인 161
아동구제운동 58
아편 394
악덕의 부화장 45
악의 극화 154
안정성-불안정성 128
안치(安置) 52
알코올 중독 자가진단검사 429
알코올의존성 진단 429
암수범죄의 문제 201
암페타민 392
압력(pushes) 요인 147
압슬 53
앞문형 대안 218
애착 149
애착관계 129
약물남용(중독)의 영향 405
약물남용의 원인 403
약물남용자 401
약물범죄 399
약물중독 406
약물중독 선별 검사표 407
약물중독 예방하기 408
약물중독재활센터 304
약물중독치료, 244
양형 205
양형과정 205

양형기준표 205
양형서클 176
양형의 합리화 204
양형지침서 205
억압적 접근 29
억제 233
억제이론 91
억제제 392
엄벌주의 48
엘렉트라 증후군 126
엘마이라 감화원 298
여성수형자 286
여자교도소 282
역동적 평형 330
역할갈등 268
역할정체성 70
연좌제 54
영장실질심사제도 203
영장주의 196
예방적 사법 61
오번 체제 212
오이디푸스증후군 126
외국인수형자 286
외부 장벽 388
외부통근제 288
외상성 사회화 128
외적(outer) 차단 147
외출제한명령 231
외향성-내향성 128
요보호성 314
우발범죄인 80
우범소년 75, 222
움직임의 실현가능성 171
원상회복 명령 176
원조적 관계형성 344
원조적 포지션 269
원조지향(care-oriented) 269
원초자아 125
원형옥 47

원호 270
월경전 증후군(PMS) 112, 117
위기개입모델 341
위기청소년 313
위성항법시스템 248
위치추적 247
위치추적 전자감독제도 91, 218, 247, 381
위치추적 전자장치 248
위치추적제도 248
위탁소년 314
위하 43
위하주의 41, 43
위험성-욕구-반응성 원칙 384
유교적 전통형벌 67
유아기의 기억상실 126
유엔 범죄방지 및 범죄인처우회의 288
유인(pulls) 요인 147
유전과 범죄 112
유치허가장 262
유해화학물질 398
은둔 162
은둔 경로 185
음주에 의한 긴장의 증폭 415
응급구호 270
응보적 구금처우 56
응보적 사법 445
응보형주의 209
의금부 50
의례 162
의료·재활교육 소년원 320
의료모델 83
의료소년원 221
의료처우 286
의사소통 기술 134, 348
의사소통과 문제해결 훈련 337
이상성격 128
이상아 125

이수명령 383
이완요법 430
이원주의 217
이차적 일탈 154
이탈리아 실증주의학파 109
이해관계인 회합 프로그램 447
인간주의 심리학 131
인간중심이론 338
인도적 처우의 원칙 31
인도주의 31
인도주의적 형사정책 28
인상학 106
인생항로이론 184
인성교육 291
인성치료재활센터 304
인지발달이론 132
인지심리학 131
인지왜곡 384
인지의 재구조화 337
인지이론 124
인지적 재구조화 338, 416
인지행동모델 416
인지행동적 개입 371
인지행동주의 335
인터넷중독 406
인테이크(intake) 357
일관된 규칙의 중요성 371
일반 예방 43
일반긴장이론 163
일반방범활동 199
일반억제 96
일반예방주의 209
일반준수사항 260
일반체계적 관점 330
일본사법복지학회 472
일사부재리의 원칙 198
일상활동이론 100
일원적 범죄인 유형론 77
일진 435

일차적 일탈 154
일책십이법 47
일탈 76
일탈적 부모모형 145
일탈적 성적 각성 382, 383
임의수사 196, 203
입건 194
입양연구 114

자격형 197
자기 제시 391
자기 효능감 402
자기개념 342
자기보고식 조사 168
자기-언어화 338
자기이해 342
자기전달 348
자기주장 훈련 337, 384
자기지시적 실천 337
자기통제력 145, 150
자기통제론 141
자기통제이론 149
자기표출 343
자료수집 362
자신을 지향한 폭력 412
자아 125
자아관념 147
자아방어기제 334
자아심리학 333
자아존중감 146, 343
자아훼손이론 181
자연범 77, 109
자연적 지지체계 370
자위적 재조건화 384
자유박탈 보안처분 217
자유연상 334
자유제한 보안처분 218
자유형 44, 197, 210, 279
자자(刺字)형 51, 52

자치처우 286
작업장려금 290
작업지도 286
잔혹하고 이상한 형벌 210
잠재적 비행 126
잠재적 속성 186
잠재적 속성이론 186
장기수형자 284, 286
장예원 50
재범방지 269
재범위험성 평가도구 257
재사회화 34
재산형 197, 210
재택감독장치 248
재통합모델 84
재통합적 수치심론 176
재판절차 197
재활이념 64, 269
저항범죄 174
적극적 경청 339
적대적 반항장애 127
적몰(籍沒) 53
적법절차의 원칙 194
적응범죄 174
적응적 역할 268
적절한 부모역할 334
전국보호관찰기관장회의 273
전념 149
전문적 실천 62
전문적 원조관계 358
전미 자선 및 교정회 469
전미사법사회복지사회 472
전옥서 49
전이 334
전이지역 158
전자감독 218, 247, 231
전자감시 247
전자경비 시스템 295
전자발찌 247

전자발찌제도 248
전자장치 부착명령 248
전제조건 모델 387
전형적 범죄행위 74
점치기 423
접견교통권 204
정당한 응보 83
정보처리이론 131
정부범죄 174
정신감정 308
정신감정유치제도 308
정신박약 124
정신병질적 경향척도 133
정신분석이론 124, 333
정신역동이론 333
정신역동치료 382
정신이상 127
정신이상 범죄인 107
정신적 각본 131
정신적 결정론 333
정신적 의존성 392
정신질환 또는 장애가 있는 수형자
    286
정역 213
정의모델 82, 269
정형주의 49
제재조치 260
조건관리 337
조건부특사제도 207
조건부관결제도 207
조선감옥령 55
조선사법보호사업령 239
존스쿨(John School) 제도 202
좁은 의미의 보호관찰 235
종결단계 377
좋은 삶 384
좌파관념론 174
좌파실재론 169, 174
죄형법정주의 44, 94

죄형전단주의 44
주거 · 창업 지원 272
주거지원사업 272
주뢰 53
주변성 175
주의력결핍과잉행동장애(ADHD)
    120
주취폭력 414
주형 210
준법운전 수강명령 244
준수사항위반자 260
중(重)경비시설 287
중간처우 46, 288
중간처우소 462
중산층 측정잣대 165
중점적 관심사항 165
중추신경계 392
중화 및 표류 이론 141
중화기술 147
지능과 비행 119
지능형 보호관찰 통합정보시스템
    264
지도감독 253, 270
지도감독매뉴얼 256, 379
지리정보시스템(GIS) 264
지방교정청 280
지배와 억압의 범죄 174
지역사회프로그램 156
지위좌절 166
지향이론 328
직수아문 66
직업능력개발훈련 322
직업훈련 272, 286
직업훈련교도소 282
진실성(genuineness) 348
진정제 396
진통효과 394
진화이론 114
집단갈등이론 170

집중 보호 관찰 231
집중보호관찰제도 258
집중처우 286
집합적 폭력 412
집행상황통보서 264
집행유예 197
징역 213

차단이론 147
차별강화이론 141, 144
차별기회 167
차별적 교제 139
차별적 교제-강화 144
차별적 기회구조론 166
차별접촉이론 141
참여 149
책임 부정 148
책임원칙 209
처단형 205
처벌 14, 233, 242
처벌의 엄격성 94
처벌의 확실성 95
처벌의 신속성 95
처우(treatment) 81
처우 지향 64
처우계획 285
처우급 285
처우불복제도 290
처우의 개별화 31
처우의 사각지대 204
천도(遷徒) 52
천연마약 394
청구전조사 231
청소년 동기화계획 168
청소년기 한정형 비행자 183
청소년비행예방센터 311
체계적 탈감화 337
초·중등교육 소년원 320
초범자보호관찰법 61

초자아 125
촉법소년 75, 222
촉법행위 81
최근의 범죄학 이론 140
최초의 보호관찰관 59
추징(追徵) 53
출석요구 261
출석요구서 262
출소자 사회정착 지원사업 271
취업성공 패키지 사업 273
취업알선 272
치료 위탁자 230
치료감호 80, 217, 303
치료감호 보안처분 198
치료감호법 198, 383
치료감호소 304
치료모델 62, 269
치료적 개입 382
친(親)사회화 15
친사회적 행동의 모델링 134

카롤리나 형법전 43, 216
칼리지보이 166
캘리포니아 심리검사 127
코너보이 166
코데인 394
코카인 394
쾌락원칙 125
크랙 395
크리밍(creaming) 현상 267
크리스티안젠 113
클라이언트 만족도 질문지 377
클라이언트 환경에의 개입 강조 340
클라이언트에 의한 중단 377
클라이언트의 자기결정권 강조 340
킥스(KICS) 264

타나토스 125

타인을 조종하는 성향을 가진 클라이언트 374
탈(脫)사회화 15
탈리오(talio)의 원칙 42
탈사회화 228
탈억제(disinhibition) 130
태(笞)형과 장(杖)형 49
테러와의 전쟁 471
테스토스테론 117
톨루엔 398
통고처분제도 196
통제 146
통제균형 180
통제균형이론 180
통제범죄 174
통제비율 180
통제이론 146
통제적 포지션 269
통제지향(control-oriented) 269
통합교화방송 시스템 296
통합이론모델 140, 177
통합적 구조-마르크스주의 비행생산이론 180
특별방범활동 199
특별사법경찰 194
특별억제 96
특별예방 91
특별예방주의 209
특별준수사항 260
특성이론 105

판결전조사 198, 204
패롤(parole) 218
페미니즘 169, 174
페치딘 394
펜실베이니아 체제 212
평가단계 376
평화금 42
평화주의 범죄학 169, 174

포스트모더니즘(해체주의) 169
포식관계 331
폭력범죄 410
폭력범죄 치료프로그램 415
폭력범죄의 유형 411
폭력범죄인 410
폭력범죄인의 특성 413
폭력적이고 위험한 클라이언트 373
폴리베이션 63
표류 이론 147
표준화된 척도 376
품행장애 120
프로베이션(probation) 206, 218, 228
플래시백(Flashback) 현상 400
피고인 196
피의자 196
피지배집단 171
피해배상명령 448
피해자 부정 148
피해자-가해자 중재제도 447
피해자-가해자 중재프로그램 20
피해자-가해자 중재프로그램 443
피해자-가해자 화해 프로그램 447
피해자-가해자 중재프로그램 176
피해자복지 17, 465
피해자의 욕구 445
피해자학(victimology) 455
필로폰 392

하위계층 문화 165
학과교육 286, 291
학교폭력 430
학교폭력 가해자 436
학교폭력서클 436
학교폭력의 실태 431
학교폭력의 유형 432
학업성취도 142
한계의 설정 261

한계적 억제 96
한국 형사사법정보 시스템 264
한국법무보호복지공단 272
한국형 알코올 의존선별도구 429
한성부 50
합리적 선택이론 93, 97
합성마약 394
합성통합 180
합의론(기능주의)적 관점 169
해시시 398
해시시 오일 397
해악의 고지 410
행동과제 369
행동모델 129
행동변화 개입의 지속성 371
행동수정프로그램 146
행동시연 416
행동주의 이론 124
행동주의적 기법 384
행위규범 170
행위의 경계선 262
행정관료 역할 267
행형제도 44
향정신성의약품 393
헤드스타트 168
헤로인 394
혁신 162
현대적 억제이론 96
현장방문 366
현장업무지원 시스템(MOPIS) 264
혐오치료 384
형무관 56
형무소 55
형벌 208
형벌의 국가화 42
형벌의 법률화 43
형벌제도 24, 41
형법학 34, 35

형사배상명령제도 448
형사법원 222
형사사법망의 확대 27
형사사법절차 21
형사사법제도 민영화 460
형사사법체계 193
형사소송법 203
형사절차법정주의 194
형사절차의 일반원칙 194
형사정책 강경일변도 27
형사정책학 34, 35
형식적 범죄개념 74
형의 유예제도 228
형장(荊杖) 51
형평법사상 220
혼거제 213
화상 감독 264
화이트칼라범죄 143
화학적 거세 123
화학적 억제 123
화해권고제도 451
확신범 81
환각제 393
환경물질과 범죄 118
활동공간 331
회복적 사법 84, 174, 176, 443, 444
효과적 개입의 요소 370
효과적 교정상담 344
효수 52
후기자본주의사회 172
휴대용 추적장치 248
휼수(恤囚)의 규정 65
휼인(恤人)제도 49
휼형(恤刑) 41, 65
흉포화(凶暴化) 381
흥분제 394

저자 소개

조흥식(Cho Heung Seek)

서울대학교 사회복지학 학사
서울대학교 사회복지학 석사
서울대학교 사회복지학 박사

현 서울대학교 사회복지학과 교수, 대한법률구조공단 이사, 한국법무보호복지공단 이사

경력: 청주대학교 사회복지학과 부교수, 영국 Hull 대학교, Birmingham 대학교 객원교수, 미국 Chicago Loyola 대학원 교환교수, 한국사회복지학회 회장, 한국보호관찰학회 회장, 한국사회정책학회 회장, 한국학교사회복지학회 회장, 한국군(軍)사회복지학회 회장, 서울대학교 사회과학연구원 원장, 참여사회연구소 소장, 법무부 정책자문위원, 국가인권위원회 정책자문위원

저서: 평화복지국가(공저), 한국 사회복지실천의 고유성(공저), 대한민국, 복지국가의 길을 묻다(공저), 인간생활과 사회복지, 한국복지국가의 전망(공저), 가족복지학(공저), 사회복지실천론(공저), 여성복지학(공저), 한국사회복지의 현실과 선택(공저), 多樣な家族時代における 新しい福祉モデルの國際比較研究 외 다수

이형섭(Lee Hyung Seob)

서울대학교 사회복지학 학사
일본 국립사이타마대학교 정책과학대학원 정책분석학(MPA) 석사
서울대학교 사회복지학 박사

현 서울북부보호관찰소 소장

경력: 제38회 행정고등고시 합격, 서울보호관찰소 보호관찰관, 법무부 보호국 관찰과 기획사무관, 법무연수원 교수, 법무부 범죄예방정책국 사회보호정책과 서기관, 영국 포츠머스 대학교 형사사법연구소(ICJS) 객원연구원, 부천보호관찰소장, 위치추적중앙관제센터장

저서: 한국전자감독제도론(공저)

교정복지론

-이론, 현장 그리고 실천-

Correctional Welfare: Theory, Field and Practice

2014년 8월 5일 1판 1쇄 발행
2021년 9월 15일 1판 5쇄 발행

지은이 • 조흥식 · 이형섭

펴낸이 • 김 진 환

펴낸곳 • (주) **학지사**

　　　　04031 서울특별시 마포구 양화로 15길 20 마인드월드빌딩 5층

대표전화 • 02) 330-5114　　　팩스 • 02) 324-2345

등록번호 • 제313-2006-000265호

홈페이지 • http://www.hakjisa.co.kr
페이스북 • https://www.facebook.com/hakjisabook　　　　•

ISBN 978-89-997-0432-1 93330

정가 **22,000원**

저자와의 협약으로 인지는 생략합니다.
파본은 구입처에서 교환하여 드립니다.

이 책을 무단으로 전재하거나 복제할 경우 저작권법에 따라 처벌을 받게 됩니다.

이 도서의 국립중앙도서관 출판시도서목록(CIP)은 서지정보유통지원시스템
홈페이지(http://seoji.nl.go.kr)와 국가자료공동목록시스템(http://www.nl.go.kr/kolisnet)
에서 이용하실 수 있습니다.
(CIP제어번호: CIP2014021067)

출판 · 교육 · 미디어기업 **학지사**

간호보건의학출판 **학지사메디컬** www.hakjisamd.co.kr
심리검사연구소 **인싸이트** www.inpsyt.co.kr
학술논문서비스 **뉴논문** www.newnonmun.com
원격교육연수원 **카운피아** www.counpia.com